205298

Gustave Adman

Y²

Extrait du journal LA FRANCE.

ZÈNO CABRAL

PAR

GUSTAVE AIMARD

ENVOI

A EUGÈNE OUDINOT

PEINTRE VERRIER

Cher ami,

Reçois la dédicace de ce livre, que tu m'as vu faire; je souhaite que tu trouves, en lisant ton nom sur sa première page, autant de plaisir que j'en ai eu à l'y écrire.

A toi,

GUSTAVE AIMARD.

Viry-Châtillon, août 1863.

UNE PAGE DE MA VIE.

I

La première campagne.

Descendu à terre pour chasser aux environs de la baie de Barbara, près le cap Horn, j'avais été surpris avec deux de mes compagnons, enlevé, fait prisonnier par les Patagons, et j'avais eu la douleur d'assister, du haut d'une falaise assez élevée, au départ du baleinier à bord duquel je m'étais embarqué, au Havre, en qualité de harponneur, et qui, après des recherches infructueuses pour nous retrouver, s'était enfin décidé à remettre à la voile et à fuir au plus vite ces plages inhospitalières où il était contraint d'abandonner trois hommes de son équipage.

Ce fut avec un serrement de cœur inexprimable et les yeux baignés de larmes, que je vis se confondre avec l'horizon les voiles blanches du navire sur lequel j'avais, pendant deux, ans été si heureux, au milieu d'hommes que j'aimais et auxquels me rattachaient les liens indissolubles de la patrie.

Lorsque, comme une aile d'alcyon, le navire se fut effacé au loin, que la mer fut redevenue solitaire, je me laissai tomber sur le sol en proie à un sombre désespoir, accusant le ciel de mon malheur et résolu à mourir plutôt que de rester esclave des barbares aux mains desquels j'étais tombé.

Chose étrange! ce navire, dont je pleurais d'être séparé, était condamné à subir un sort plus horrible encore que celui qui m'attendait parmi les sauvages, et sa fin devait être enveloppée d'un mystère impénétrable. Ainsi que je l'appris plus tard, à mon retour en France, on ne reçut jamais aucunes nouvelles de lui ni des hommes qui le montaient.

Sans doute, comme tant d'autres, hélas! surpris par le brouillard, il aura heurté une banquise, et son vaillant équipage aura été enseveli sous les flots glacés de la mer Polaire!

Dieu, dont les desseins sont impénétrables à la raison humaine, voulait donc, en me séparant ainsi brusquement de mes compagnons, me sauver de la mort terrible à laquelle il les avait condamnés.

Mais alors tout entier à ma douleur, ne songeant qu'à l'affreuse position dans laquelle je me trouvais tout à coup jeté, et à celle plus affreuse encore, sans doute, à laquelle me réservaient les sauvages féroces dont j'étais fatalement devenu l'esclave, je me tordais sur le sable de la plage avec des cris de douleur impuissante et des hurlements de bête fauve.

Deux heures plus tard, dépouillés de tous nos vêtements et attachés par les poignets à la queue des chevaux des Patagons, nous étions entraînés à coups de fouet dans l'intérieur des terres.

Les Patagons, sur le compte desquels on s'est plu à raconter tant de fables, ne sont ni aussi grands de taille, ni aussi méchants de caractère qu'on les représente.

Comme tous les peuples nomades et imprévoyants, ils mènent une existence précaire et misérable, ne demeurant stationnaires au même endroit qu'autant que leurs chevaux trouvent à paître une herbe rare et à demi gelée, et souffrant sans se plaindre les plus effroyables privations.

Ces hommes, qui croupissent dans la plus abjecte barbarie, n'ont conservé des instincts nobles de l'homme qu'un amour de l'indépendance poussé à la plus extrême limite. Le moindre joug leur pèse; plutôt que de consentir à se courber sous la volonté d'un chef quelconque, ils préfèrent s'exposer aux plus dures alternatives d'un exil cruel loin des membres de leur tribu.

Bien que mes compagnons et moi nous fussions traités avec une douceur relative par ces hommes incultes, cependant la vie que n'us menions avec eux était horrible, tellement horrible que, six mois à peine après notre capture, un de mes compagnons était devenu fou furieux, et l'autre avait été poussé au suicide par le désespoir et s'était pendu pour mettre un terme à ses maux.

Je restai donc seul, privé de la dernière consolation que j'avais eue jusqu'alors, celle de causer avec mes compagnons, de leur parler de la patrie perdue, de les encourager, et d'être à mon tour encouragé par eux à souffrir avec patience cette affreuse captivité, dont je ne pouvais prévoir la fin.

Cependant, une réaction singulière s'était opérée dans mon esprit : presque à mon insu, l'espoir de la délivrance s'était glissé dans mon cœur.

J'avais vingt ans, une santé de fer, dans l'esprit un fonds d'insouciance, d'audace et de fermeté qui, après quelques jours à peine de captivité, me sauvèrent de moi-même, en me permettant de réfléchir et d'envisager ma position sous son véritable jour; si cruelle qu'elle fût, elle était loin d'être désespérée; du moins, je la jugeai telle et j'agis en conséquence.

Mon premier soin fut, par une gaieté inaltérable et une complaisance à toute épreuve, de capter la bienveillance des sauvages, ce à quoi je réussis assez facilement, plus facilement même que je n'aurais osé l'espérer; ma situation se trouva ainsi améliorée autant que le permettaient les malheureuses circonstances dans lesquelles je me trouvais.

Cependant, lorsque le soir après une course de toute une journée dans les steppes sans fin de la Patagonie, je me laissais tomber accablé de fatigue devant le feu du bivouac, tandis que les sauvages riaient et chantaient entre eux, souvent je sentais ma poitrine sur le point de se briser à cause des efforts que je faisais pour étouffer mes sanglots, et je laissais mes larmes couler de mes yeux brûlés de fièvre et inonder mes mains que je plaçais devant mon visage pour cacher ma douleur.

Combien de fois ai-je senti faiblir mon courage! Combien de fois la pensée du suicide a-t-elle, comme un jet de flammes, traversé ma pensée! Mais toujours, à l'instant le plus critique, l'espoir de la délivrance surgissait plus vivant dans mon cœur, ma souffrance se calmait peu à peu, mes artères cessaient de battre, et je m'endormais en murmurant à demi-voix un de ces refrains du pays, qui sont pour l'exilé comme un doux et lointain écho de la patrie absente.

Quatorze mois, quatorze siècles s'écoulèrent ainsi heure par heure, seconde à seconde; dans une incessant et affreuse torture, dont tout langage humain serait impuissant à exprimer l'horreur.

Toujours aux aguets afin de saisir l'occasion de m'échapper, mais ne voulant rien laisser au hasard, j'avais eu le plus grand soin de ne pas éveiller, par des tentatives maladroites, l'ombrageuse méfiance des Patagons; j'avais toujours affecté, au contraire, de ne pas trop m'éloigner de la tribu pendant les chasses ou les marches; aussi les Indiens avaient-ils fini par me laisser jouir d'une liberté relative parmi eux, et, au lieu de me contraindre à les suivre à pied, ils avaient consenti de leur propre mouvement, sans que jamais je leur en eusse témoigné le désir, à me permettre de monter à cheval.

C'était à cheval seulement que je pouvais songer à m'échapper.

Les Patagons sont les premiers cavaliers du monde; à leur école mes progrès furent rapides, selon l'expression italienne, je devins en peu de temps un ginete consommé et un véritable hombre de a cavallo; c'est-à-dire que, si sauvage et si méchamment fût-le cheval qu'on me donnait, en quelques minutes je le domptais et m'en rendais complètement le maître.

Nos courses vagabondes et sans but nous conduisirent enfin à une dizaine de lieues environ du Carmen de Patagones, le fort le plus avancé construit par les Espagnols sur le Rio Negro, à l'extrême frontière de leurs anciennes possessions.

La horde dont je faisais partie campa, pour la nuit, à peu de distance du fleuve, aux environs d'une chacra (ferme) abandonnée.

L'occasion que j'attendais vainement depuis si longtemps était enfin venue. Je me préparai à en profiter, comprenant que, si je ne m'échappais pas cette fois-là, tout serait fini pour moi, et je mourrais esclave.

Je ne fatiguerai pas le lecteur des détails de ma fuite; je me bornerai à dire seulement qu'après une course affolée qui dura sept heures, et pendant laquelle je sentis constamment les naseaux fumants des chevaux, lancés à ma poursuite, sur la croupe de celui que je montais; après avoir échappé vingt fois par miracle aux bolas que me jetaient les Patagons, et à la pointe acérée de leurs longues lances, je vins donner en aveugle dans une patrouille de cavaliers buenos-ayriens, au milieu desquels je tombai évanoui, brisé par la fatigue et l'émotion.

Les Patagons, surpris à l'improviste par l'apparition des blancs que les hautes herbes leur avaient dérobés jusque-là, tournèrent bride avec épouvante et s'enfuirent en poussant des hurlements de fureur.

J'étais sauvé !

A mon singulier accoutrement,—je ne portais pour tout vêtement qu'une fressada (couverture) en guenilles attachée autour du corps par une lanière de cuir,—les soldats me prirent d'abord pour un Indien, erreur rendue plus probable encore par mon teint hâlé par les intempéries des saisons auxquelles j'avais été si longtemps exposé et qui avait contracté presque la couleur du cuivre. Aussitôt que je repris connaissance, je me hâtai de les désabuser aussi bien que je le pus, car, à cette époque, je ne parlais que fort imparfaitement la langue espagnole ou, pour mieux dire, je ne la parlais pas du tout.

Les braves Buenos-Ayriens écoutèrent avec les marques de la plus vive sympathie le récit de mes souffrances et me prodiguèrent les soins les plus touchants.

Mon entrée dans le Carmen, au milieu de mes sauveurs, fut un véritable triomphe.

J'étais comme fou de joie, je délirais, je riais et pleurais à la fois, tant je me trouvais heureux d'avoir enfin reconquis ma liberté.

Cependant, il me fallut près d'un mois pour me remettre complètement des longues souffrances que j'avais endurées et des privations de toutes sortes auxquelles j'avais, pendant un grand laps de temps, été condamné; mais, grâce aux soins dont j'étais entouré et surtout grâce à ma jeunesse et à la force de ma constitution, je parvins enfin à me rétablir et à sentir succéder à la surexcitation nerveuse à laquelle j'étais en proie le calme et la raison.

Le gouverneur du Carmen, qui s'était vivement intéressé à moi, consentit, sur ma prière, à me faire donner mon passage à bord d'un petit brick buenos-ayrien, alors mouillé devant le fort, et je partis pour Buenos-Ayres dans la ferme intention de retourner en France le plus tôt possible, tant le rude apprentissage que j'avais fait de la vie américaine m'avait dégoûté des voyages et m'avait donné le désir de revoir mon pays.

Mais il ne devait pas en être ainsi, et avant de rentrer enfin en France, je n'ose pas encore dire pour ne plus la quitter, — je devais errer pendant vingt ans à l'aventure dans toutes les contrées du monde, du cap Horn à la baie d'Hudson, de la Chine en Océanie, et de l'Inde au Spitzberg.

A mon arrivée à Buenos-Ayres, mon premier soin fut de me présenter au consul de France, afin de lui demander les moyens de retourner en Europe.

Je fus parfaitement reçu par le consul qui, sur les preuves que je lui donnai de mon identité, m'annonça tout d'abord qu'il n'y avait aucun navire français en rade, mais que cela ne devait pas m'inquiéter, parce que ma famille, ne recevant pas de nouvelles de moi, et craignant que je ne me trouvasse dans une position

difficile par le manque d'argent, si un malheur m'était arrivé pendant mon voyage, avait écrit à tous nos agents à l'étranger, afin que celui devant lequel je me présenterais me donnât, sur ma demande, une somme nécessaire pour subvenir à mes besoins et me mettre à même, si j'en témoignais le désir, de tenter la fortune dans le pays où le hasard m'aurait conduit; il termina en ajoutant qu'il tenait à ma disposition une somme de vingt-cinq mille francs, et qu'il était prêt à me la compter sur l'heure.

Je le remerciai et n'acceptai que trois cents piastres, somme que je jugeai suffisante pour attendre le moment de m'embarquer.

Quelques mois se passèrent pendant lesquels je fis plusieurs connaissances agréables parmi les membres de la bonne société buenos-ayrienne et je me perfectionnai dans l'étude de la langue espagnole.

A plusieurs reprises, le consul avait eu l'obligeance de me faire prévenir que, si je voulais partir pour la France, cela dépendait entièrement de ma volonté, mais chaque fois, sous un prétexte ou sous un autre, je déclinais ses offres, ne pouvant me résoudre à quitter pour toujours cette terre où j'avais tant souffert et à laquelle, pour cela même, je m'étais attaché.

C'est que ce n'est pas impunément qu'on a une fois goûté les âcres saveurs de la vie indépendante du nomade et qu'on a respiré en liberté l'air embaumé des hautes savanes! J'avais senti se réveiller en moi mes instincts aventureux. J'éprouvais un secret effroi à la pensée de recommencer l'existence décolorée, compassée et mesquine à laquelle m'obligerait la civilisation européenne. Ces intérêts étroits, ces jalousies basses et sournoises de nos villes du vieux monde me répugnaient; j'aspirais secrètement à me lancer de nouveau dans le désert, malgré les périls sans nombre et les cruelles privations qui m'y attendaient, plutôt que de retourner végéter au sein de nos cités si magnifiquement alignées, où tout se paye au poids de l'or, jusqu'à l'air vicié qu'on y respire.

Et puis je m'étais lié d'amitié avec des gauchos; j'avais, avec eux, fait des excursions dans la pampa, couché dans leurs ranchos, chassé avec eux les taureaux et les chevaux sauvages; toute cette poésie du désert m'était montée à la tête, je m'aspirais plus qu'à retourner dans les savanes si chères à mes premières années, quelles que dussent être pour moi les conséquences d'une telle détermination.

Bref, un jour, au lieu de m'embarquer, ainsi que je l'avais presque promis au consul, pour retourner en France, j'allai le trouver et je lui expliquai franchement mes intentions.

Le consul ne me blâma ni ne m'approuva, il se contenta de hocher la tête avec ce sourire mélancolique de l'homme chez lequel l'expérience a tué une à une toutes les illusions de la jeunesse, me compta la somme que je lui demandai, me serra la main avec un soupir de regret et de pitié, sans doute, pour ma folie, et tout dit, je ne le revis plus.

Quatre jours plus tard, monté sur un excellent cheval sauvage, armé jusqu'aux dents et accompagné d'un Indien guarani que j'avais engagé pour me servir de guide, je sortis de Buenos-Ayres dans l'intention de me rendre par terre au Brésil.

Qu'allais-je faire au Brésil ?

Je ne le savais pas moi-même.

J'obéissais, sans m'en rendre compte à un besoin d'émotions, à un désir de l'imprévu que je n'aurais su m'expliquer, mais qui me poussait en avant avec une force irrésistible et devait, pendant vingt ans sans motifs sérieux et sans la moindre cause logique aux yeux des hommes habitués aux joies et aux douceurs de la vie européenne, si bien réglée par toises, pouces et mètres, me faire laisser les empreintes de mes pas au fond des déserts les plus inexplorés, en me

procurant des bonheurs ineffables, des voluptés étranges et sans nom, et, en résumé, de
cruelles douleurs.

Mais ce n'est ni mon histoire ni celle de mes
sensations que je raconte ici; tout ce qui
précède, trop long peut-être au gré du lecteur,
n'a d'autre but que celui de préparer le récit,
malheureusement trop véridique, que j'entre-
prends aujourd'hui et qui, sans cela, n'aurait
peut-être pas été aussi clairement expliqué
qu'il faut qu'il le soit pour être bien compris. Sautant donc d'un seul bond par-dessus
quelques aventures de chasses trop peu importantes pour être mentionnées, je me trans-
porterai sur les bords de l'Uruguay, un peu
au-dessus du *Salto*, quatre mois environ
après mon départ de Buenos-Ayres, et j'en-
trerai immédiatement en matière.

L'Uruguay (1) prend sa source vers le vingt-
huitième degré de latitude australe, dans
la *Sierra do Mar*, au Brésil, assez près de l'île
Santa Catarina. Son cours est rapide, obstrué
par des récifs et des cataractes; son embou-
chure est entre la petite île du *Juncal* et le
hameau de *las Higueritas*, à la hauteur de
la *Punta Gorda*, un peu au-dessus de Buenos-
Ayres.

A partir du *Salto* jusqu'à *Itapuy*, l'Uruguay
ne présente sur ses deux rives qu'une bor-
dure, peu étendue en largeur, d'arbres assez
variés, mais dont les espèces sont les mêmes
dans tout le cours du fleuve : ce sont des *es-
pinillos*, les saules, des *laurcles*, des *seïbos*,
des *nantu baïs*, des *timbos*, des *talas*, des *za-
puchos*, des palmiers et beaucoup de buissons
épineux, dont quelques-uns, entre autres les
mimosas, portent de charmantes fleurs; des
lianes nombreuses, des plantes parasites, des
fleurs de l'air, — *flores del ayre*, — qui s'en-
trelacent de toutes parts en semant des fleurs
de toutes couleurs, jusqu'aux sommets des
arbres les plus touffus. Ce spectacle charmant,
offert par les rives du fleuve, forme un complet contraste avec les savanes qui s'étendent
à droite et à gauche jusqu'à l'horizon, en plaines basses faiblement ondulées, dépouil-
lées d'arbres, n'offrant à l'œil fatigué qu'une
herbe épaisse, plus haute qu'un homme,
mais rôtie par les rayons ardents du soleil,
bien qu'à l'époque des débordements pério-
diques de l'Uruguay, elle soit baignée jusqu'à de grandes distances. Çà et là apparais-
sent sur la pente de quelques coteaux boisés,
dominés toujours par d'élégants palmiers
aux touffes globuleuses des *estancias* et des
chacras, dont les fiches propriétaires se livrent en grand à l'élève des bestiaux.

Après une journée assez fatigante, je m'é-
tais arrêté pour la nuit dans un *pagonal*, à
demi inondé à cause de la crue subite du
fleuve, et où il m'avait fallu entrer dans
l'eau presque jusqu'au ventre de mon cheval, afin de gagner un endroit sec. Depuis quelques jours le Guaranis que j'a-
vais engagé à Buenos-Ayres ne semblait
plus m'obéir qu'avec une certaine répugnance; il était triste, morose, et le plus souvent
ne répondait que par des monosyllabes aux
questions que parfois j'étais dans la nécessité
de lui adresser. Le caractère de mon guide
m'inquiétait d'autant plus que,
connaissant assez bien le caractère des Indiens, je craignais qu'il ne machinât quelque
trahison contre moi; mais tout en feignant
de ne pas m'apercevoir de son changement
d'humeur, je me tenais sur mes gardes, résolu à lui casser la tête à la moindre démon-
stration hostile de sa part.

Dès que nous fûmes campés, le guide, malgré les préventions que j'avais conçues contre
lui, s'occupa, avec une activité dont je lui
sus [gré intérieurement, à ramasser du bois
sec pour allumer le feu de veille et préparer
notre modeste repas.

Le souper terminé, chacun s'enveloppa
dans ses couvertures et se livra au repos.

(1) Uruguay se compose de deux mots guaranis,
uruqua, limaçon d'eau, et *y*, eau; littéralement,
rivière des *limaçons d'eau*. — Gustave Aimard.

Au milieu de la nuit, je fus réveillé en sursaut par un bruit assez fort dont je ne pus
tout d'abord m'expliquer la nature; mon
premier mouvement fut de saisir mon fusil
et de regarder autour de moi.

J'étais seul : mon guide avait disparu; c'é-
tait le galop du cheval sur lequel il s'était
enfui qui m'avait éveillé.

La nuit était noire, le feu éteint; pour
comble de disgrâce, mon bivouac venait d'ê-
tre envahi par les eaux du fleuve, dont la
crue continuait avec une rapidité extrême.

Je n'avais pas un instant à perdre pour
échapper au danger qui me menaçait. Je me
levai à la hâte, et, me jetant en selle, je m'é-
lançai à toute bride dans la direction d'une
colline assez rapprochée, dont la noire silhouette se détachait en vigueur sur le fond
sombre du ciel.

Là j'étais relativement en sûreté; je passai
le reste de la nuit éveillé, tant pour surveiller
les bêtes fauves dont j'entendais les hurlements aux environs du lieu où j'avais cherché un refuge, que parce que ma position
présente devenait assez critique, seul, abandonné dans un pays désert et complètement
ignorant de la route qu'il me fallait suivre
pour atteindre, soit un village, soit une ferme où je me renseignerais.

Au lever du soleil, j'interrogeai l'horizon
autour de moi; aussi loin que ma vue pouvait s'étendre régnait la solitude la plus complète; rien ne me laissait l'espoir, tant le paysage affectait une apparence sauvage et désolée, qu'il se trouvât une habitation quelconque dans un périmètre d'au moins vingt
lieues.

Cette quasi certitude était assez triste pour
moi; pourtant par une singulière disposition
de mon esprit, elle ne m'affecta que médiocrement; ma position, sans être fort gaie,
n'avait cependant rien de positivement triste
en elle-même. Je possédais un bon cheval,
des armes, des munitions en abondance, que
pouvais-je désirer de plus, moi qui depuis
si longtemps aspirais après la vie aventureuse du gaucho et du coureur des bois? Mes
souhaits se trouvaient ainsi accomplis un peu
brusquement peut-être, mais pourtant dans
des conditions aussi bonnes que je l'aurais
désiré.

En conséquence, je pris assez facilement
mon parti de l'abandon de mon guide et je
me résignai, moitié riant moitié pestant contre l'ingratitude du Guaranis, à commencer
mon apprentissage de la vie du désert.

Mon premier soin fut d'allumer du feu, je
préparai un *maté cimarron*, c'est-à-dire sans
sucre, et, reconforté par cette chaude boisson,
je montai à cheval dans le but de chercher
mon déjeuner en tuant une ou deux pièces
de gibier, chose facile dans les parages où je
me trouvais; puis je repris insoucieusement
ma route à l'aventure, ne sachant à la vérité
où j'allais, mais cependant poussant hardiment en avant et me dirigeant tant bien que
mal sur le cours du fleuve dont j'avais soin
de ne pas trop m'écarter.

Quelques jours se passèrent ainsi. Un matin, au moment où je me préparais à allumer, ou plutôt à raviver mon feu de bivouac
pour cuire mon déjeuner, je vis tout à coup,
sans cause apparente, plusieurs *venados* se
lever du milieu des hautes herbes, et, après
avoir senti le vent, détaler avec une rapidité
extrême en passant à portée de pistolet du
fourré où je m'étais établi pour la nuit; au
même instant un vol d'*urubus* (vautours)
passa au-dessus de ma tête en poussant des
cris discordants.

Tout est matière à réflexion au désert, tout
y a sa raison d'être. Bien que novice encore
dans mon nouveau métier, je compris instinctivement que quelque chose d'extraordinaire se passait non loin de moi.

Je fis coucher mon cheval, lui serrai avec
ma ceinture les naseaux afin de l'empêcher
de hennir, et, m'étendant moi-même sur le
sol, j'attendis le doigt sur la détente de mon
fusil, le cœur palpitant, l'œil et l'oreille au

guet, interrogeant du regard les ondulations
des hautes herbes de la plaine qui se déroulait devant moi, et prêt à tout événement.

J'étais tapi au milieu d'un fourré presque
impénétrable, sur la lisière d'un bois qui
formait une espèce d'oasis au milieu de ce
désert morne et désolé; je me trouvais donc
dans une excellente embuscade et parfaitement à l'abri du danger dont je pressentais
l'approche.

Je ne me trompais pas. A peine un quart
d'heure s'était-il écoulé depuis que les venados et les urubus m'avaient donné l'éveil,
que le bruit d'une course précipitée arriva
distinctement à mon oreille, bientôt j'aperçus
un cavalier couché sur le cou de son cheval,
fuyant avec une rapidité vertigineuse et se
dirigeant en droite ligne vers le bois où moi-
même j'étais caché.

Ce cavalier, arrivé à vingt pas de moi au
plus, arrêta subitement son cheval, sauta à
terre, et, se faisant un abri d'un quartier de
roche masqué par un bouquet d'arbres, il arma son fusil, et, penchant le corps en avant,
il sembla interroger avec inquiétude les
bruits du désert.

Cet homme, autant qu'il me fut possible
de m'en assurer par un coup d'œil jeté à la
hâte sur lui, paraissait appartenir à la race
blanche; il avait de trente-cinq à quarante
ans; ses traits énergiques, animés par la
course qu'il avait faite et sans doute par l'é-
motion, étaient beaux, réguliers, empreints
d'une certaine noblesse, et respiraient une
audace peu commune; sa taille était un peu
au-dessous de la moyenne, mais bien prise;
ses épaules larges dénotaient une grande vigueur; il portait le costume des gauchos
de la banda orientale, costume que j'a-
vais moi-même adopté : la jaquette mar-
ron, gilet blanc, *chiripa* bleu de ciel, *calzon-
cillos* blanc, avec franges, au-dessous d'un
pantalon de drap bleu, le poncho jeté sur
l'épaule gauche, le couteau passé dans la
ceinture du *chiripa* derrière le dos, le bonnet
phrygien rouge enfoncé sur le front et laissant échapper les boucles d'une épaisse chevelure noire qui lui descendait en désordre
sur les épaules.

Ainsi vêtu, cet homme que le danger qui le
menaçait entourait d'une mystérieuse auréole, avait quelque chose de grand, de fier et
de résolu qui éveillait l'intérêt et attirait la
sympathie.

Tout à coup, il se rejeta vivement en arrière, mit un genou en terre et épaula son
fusil.

Une dizaine de cavaliers venaient de surgir
comme par enchantement, émergeant avec
une rapidité extrême des herbes qui jusqu'a-
lors les avaient dérobés à ma vue, et se précipitaient en brandissant leurs longues lances,
faisant tournoyer leurs terribles *bolas* au-
dessus de leur tête et poussant des hurlements de fureur vers l'endroit où le gaucho
s'était embusqué.

Ces cavaliers étaient des *Indios bravos*.

Je ne pus retenir un tressaillement de
frayeur en les reconnaissant; j'allais, selon
toute probabilité, assister, témoin invisible et
ignoré des deux camps, à cette lutte insensée
d'un homme seul contre dix, car le gaucho,
bien que, sans doute, il ne conservât aucun
doute sur l'issue funeste de cet assaut, demeurait froid et calme en apparence, les
sourcils froncés, le regard fixe, le front pâle,
mais résolu à combattre jusqu'à la dernière
goutte de son sang et à se jeter que mort
entre les mains de ses féroces ennemis.

II

Le gaucho

Cependant, les Indiens s'étaient arrêtés à portée de fusil de l'endroit où le gaucho et moi nous étions cachés; ils semblaient se consulter entre eux avant de commencer l'attaque.

Ces Indiens, ainsi groupés, formaient au milieu de ce désert aride dont ils étaient les véritables rois, le plus singulier et en même temps le plus pittoresque tableau avec leurs gestes nobles et animés, leur taille haute, élégante, leurs membres bien proportionnés et leur apparence féroce.

A demi-vêtus de ponchos en lambeaux et de morceaux de fressadas retenus par des courroies autour de leur corps, ils brandissaient fièrement leurs longues lances garnies d'un fer tranchant et ornées, près de la pointe d'une touffe de plumes d'autruche.

Leur chef, fort jeune encore, avait de grands yeux noirs voilés par de longs cils; ses joues, aux pommettes saillantes, encadrées dans une masse de cheveux noirs lisses et flottants, retenus sur le front par un étroit ruban de laine rouge; sa bouche, grande, meublée de dents d'une éclatante blancheur, qui contrastait avec la couleur rouge de sa peau, imprimaient à sa physionomie un cachet de vigueur et d'intelligence remarquables. Bien qu'il connût à peu près l'endroit où le gaucho était embusqué et que, par conséquent, il se sût exposé au danger d'être frappé par une balle, cependant, s'exposant à découvert aux coups de son ennemi, il affectait une insouciance et un mépris du péril dont il était menacé, qui ne manquaient pas d'une certaine grandeur, que malgré moi je ne pouvais m'empêcher d'admirer.

Après une discussion assez longue, le chef fouetta son cheval, tandis que ses compagnons demeuraient immobiles, et il s'avança sans hésiter vers le rocher derrière lequel se tenait le gaucho.

Arrivé à dix pas de lui tout au plus, il s'arrêta et, s'appuyant nonchalamment sur sa longue lance qu'il avait conservée à la main :

— Pourquoi le chasseur blanc se cache-t-il comme une viscacha timide? dit-il en élevant la voix et s'adressant au désert. Pour qu'il sorte de son embuscade, et qu'il montre qu'il n'est pas une vieille femme peureuse et bavarde, mais un homme brave.

Le gaucho ne répondit pas.

Le chef attendit un instant, puis il reprit d'une voix railleuse :

— Allons, mes guerriers se trompaient; ils croyaient avoir débusqué un hardi jaguar, et ce n'est qu'un lâche chien revenant de la pampa qu'ils vont être contraints de forcer.

L'œil du gaucho étincela à cette insulte, il appuya le doigt sur la détente et le coup partit.

Mais, si brusque et si inattendu qu'ait été son mouvement, le rusé Indien l'avait pressenti, ou pour mieux dire deviné; il s'était brusquement jeté de côté, puis bondissant en avant avec l'élasticité et la justesse d'une bête fauve, il retomba en face du gaucho avec lequel il se prit corps à corps.

Les deux hommes roulèrent sur le sol en se débattant avec fureur.

Cependant, au bruit du coup de feu, les Indiens avaient poussé leur cri de guerre et s'étaient élancés en avant dans le but de soutenir leur chef qu'ils ne pouvaient voir, mais qu'ils supposaient aux prises avec leur ennemi.

C'en était fait du gaucho; quand même il serait parvenu à vaincre le chef contre lequel il combattait, il devait évidemment succomber sous les coups des dix Indiens qui se préparaient à l'assaillir tous à la fois.

En ce moment, je ne sais quelle révolution s'opéra en moi, j'oubliai le danger auquel je m'exposais moi-même en découvrant ma retraite pour ne songer qu'à celui que courait cet homme que je ne connaissais pas et qui soutenait si vaillamment une lutte insensée à quelques pas de moi; épaulant instinctivement mon fusil, je lâchai mes deux coups de feu, suivis immédiatement de l'explosion de deux pistolets, et, m'élançant de ma retraite, mes deux autres pistolets au poing, je les déchargeai à bout portant sur les cavaliers qui arrivaient sur moi comme la foudre.

Le succès de cette intervention à laquelle ni l'un ni l'autre parti ne s'attendait fut immense et instantané.

Les Indiens, surpris et épouvantés par cette fusillade qu'ils ne pouvaient prévoir puisqu'ils croyaient n'avoir qu'un seul adversaire à combattre, tournoyèrent sur eux-mêmes et s'échappèrent dans toutes les directions en poussant des hurlements de frayeur, abandonnant, non-seulement leur chef occupé à se défendre contre le gaucho, mais encore les cadavres de quatre des leurs frappés par mes balles ; pendant que je rechargeais mes armes je vis deux autres Indiens tomber de cheval sans que leurs compagnons s'arrêtassent pour leur porter secours tant leur frayeur était grande.

Certain de ne plus avoir rien à redouter de ce côté, je courus vers le gaucho afin de lui porter secours si cela était nécessaire, mais, au moment où j'arrivai près de lui, la lame de son couteau disparaissait tout entière dans la gorge du chef indien.

Celui-ci expira, le regard fixé sur son ennemi, sans pousser un cri, sans essayer même de détourner le coup qui le menaçait et de prolonger une lutte désormais sans espoir.

Le gaucho retira son couteau de la blessure, enfonça à plusieurs reprises la lame dans la terre pour essayer le sang dont elle était souillée, puis, repassant tranquillement son couteau dans son chiripa, il se leva, considéra pendant quelques secondes son ennemi étendu à ses pieds; enfin il se tourna vers moi.

Son visage n'avait pas changé, malgré le combat corps à corps qu'il venait de soutenir; il avait conservé cette expression de froide impassibilité et d'implacable courage que je lui avais vue d'abord; seulement son front était plus pâle et quelques gouttelettes de sueur perlaient à ses tempes.

— Merci, caballero, me dit-il en me tendant la main par un mouvement rempli de noblesse et de franchise ; à charge de revanche. Vive Dios! il était temps que vous arrivassiez ; sans votre brave assistance, j'avoue que j'étais un homme mort!

Ces paroles avaient été prononcées en espagnol, mais avec un accent qui dénotait une origine étrangère.

— J'étais arrivé avant vous, répondis-je dans la même langue, ou pour mieux dire, j'avais passé la nuit à quelques pas seulement de l'endroit où le hasard vous a si heureusement fait chercher un refuge.

— Le hasard, reprit-il d'une voix austère en hochant doucement la tête, le hasard est un mot inventé par les soi-disant esprits forts des villes ; nous l'ignorons nous autres au désert, c'est Dieu, Dieu seul qui a voulu me sauver et m'a conduit près de vous.

Je m'inclinai affirmativement, cet homme me semblait encore plus grand en ce moment avec sa foi naïve et son humilité sincère et sans emphase, que lorsque seul il préparait à combattre dix ennemis.

— D'ailleurs, ajouta-t-il en se parlant à lui-même et répondant à sa propre pensée plutôt que m'adressant la parole, je savais que Dieu ne voudrait pas que je succombasse aujourd'hui ; chaque homme a en ce monde une tâche qu'il doit remplir ; je n'ai pas encore accompli la mienne. Mais, pardon, me dit-il en changeant de ton et en essayant de sourire, je vous dis là des paroles qui doivent vous sembler sans doute fort étranges, surtout en ce moment, où nous avons à songer à des choses bien autrement importantes qu'à entamer une discussion philosophique qui ne doit avoir pour vous, étranger et Européen, qu'un intérêt très secondaire. Voyons ce que sont devenus nos ennemis; bien que nous soyons deux hommes résolus maintenant, si l'envie leur prenait de revenir, nous serions fort empêchés de nous en débarrasser.

Et, sans attendre ma réponse, il quitta le bois, en prenant toutefois la précaution de recharger son fusil en marchant.

Je le suivis silencieusement, ne sachant que penser de l'étrange compagnon que j'avais si singulièrement trouvé et me demandant quel esprit paraissait si fort au-dessus de la position que semblaient lui assigner les vêtements qu'il portait et le lieu où il se trouvait.

Qu'il s'aperçût ou non de mon étonnement, mon nouveau camarade n'en laissa rien paraître.

Le gaucho, après s'être assuré que les Indiens restés sur le champ de bataille étaient bien morts, il monta sur un terre assez élevé, interrogea l'horizon de tous les côtés pendant un assez long espace de temps, puis il revint vers moi en tordant nonchalamment une cigarette entre ses doigts.

— Nous n'avons rien à craindre quant à présent, me dit-il ; cependant, je crois que nous agirons prudemment en ne demeurant pas davantage ici ; de quel côté allez-vous?

— Ma foi ! lui répondis-je franchement, je vous avoue que je ne le sais pas.

Malgré sa froideur apparente, il laissa échapper un geste de surprise, en me considérant avec la plus sérieuse attention :

— Comment! fit-il, vous ne le savez pas?

— Mon Dieu non ! Si bizarre que cela vous paraisse, c'est ainsi ; je ne sais ni en quel lieu je me trouve, ni où je vais.

— Voyons, voyons, c'est une plaisanterie, n'est-ce pas ? Pour un motif ou pour un autre, vous ne voulez pas, ce qui montre votre prudence, puisque vous ignorez qui je suis, me faire connaître le but de votre voyage; mais il est impossible que vous ne sachiez réellement pas en quel endroit vous vous trouvez et le lieu où vous vous rendez.

— Je vous répète, caballero, que je ne plaisante pas ; ce que je vous ai dit est vrai, je n'ai aucun motif pour cacher le but de mon voyage; j'ajouterai même que je vous serai très obligé de me laisser vous accompagner jusqu'au rancho le plus prochain, où je pourrai me procurer les renseignements nécessaires pour me diriger dans ce désert que je ne connais pas, et dont je me suis égaré par suite de l'infidélité d'un guide que j'avais engagé, et qui m'a abandonné, il y a quelques jours, pendant mon sommeil.

Il réfléchit un instant, puis se serrant cordialement la main :

— Pardonnez-moi des soupçons absurdes dont j'ai honte, me dit-il, mais que la situation dans laquelle je me trouve excuse suffisamment à mes yeux. Montons à cheval et éloignons-nous d'ici; chemin faisant nous causerons ; j'espère que bientôt vous me connaîtrez davantage, et qu'alors nous nous entendrons à demi-mot.

— Je n'ai pas besoin de vous connaître davantage pour vous estimer, lui répondis-je, me suis senti entraîné vers vous.

— Merci, dit-il en souriant. A cheval, à cheval ! nous avons une longue traite à faire avant que d'atteindre le rancho où j'ai l'intention de conduire pour la nuit.

Cinq minutes plus tard, nous nous éloignions au galop, abandonnant aux urubus qui déjà tournaient en longs cercles au-dessus de nos têtes, avec des cris rauques et discordants, les cadavres des Indiens tués pendant le combat.

Tout en cheminant, je racontai au gaucho,

de ma vie et de mes aventures, ce que je jugeai nécessaire de lui en apprendre. Ce récit l'égaya par sa singularité; je crus même remarquer que le goût que je lui laissai voir pour la vie du désert lui donna pour moi une certaine considération, que probablement je n'aurais pas obtenue de lui par un étalage déplacé de titres ou de richesses. Cet étrange personnage ne semblait estimer l'homme que pour l'homme lui-même et professer un profond mépris pour toutes les distinctions sociales inventées par la civilisation, et qui, le plus souvent, ne servent qu'à cacher, sous des mots sonores et des apparences pompeuses, des nullités ridicules et de profondes incapacités.

Cependant, il était facile de reconnaître que, malgré les dehors brusques et parfois durs qu'il affectai t, cet homme possédait, une science profonde du cœur humain et une grande connaissance pratique de la vie des villes, et qu'il devait avoir longtemps fréquenté, non-seulement la haute société américaine, mais encore visité l'Europe avec profit et vu le monde sous ses faces les plus disparates. Ses pensées élevées, nobles presque toujours, son sens droit, sa conversation vive, colorée, attachante, m'intéressait de plus en plus à lui, et bien qu'il eût gardé le plus complet silence sur ce qui le regardait personnellement et ne m'eût même pas dit son nom, cependant je me laissais de plus en plus dominer par le sentiment de sympathie qu'il m'avait inspiré tout d'abord, et, sans chercher à combattre cette influence que je subissais, j'éprouvais un vif désir que ma liaison avec lui, bien que due à une circonstance fortuite, ne fût pas brusquement brisée; mais devînt au contraire intime et de longue durée.

Peut-être entrait-il à mon insu un léger calcul d'égoïsme dans ma pensée, au point de vue des services que je serais en droit, moi voyageur novice, d'attendre d'un homme pour lequel le désert n'avait pas conservé de secrets, et qui, s'il le voulait, pourrait en un peu de temps m'aplanir les difficultés du rude apprentissage que j'avais à faire pour devenir, selon sa propre expression, un véritable coureur des bois.

Mais si cette pensée existait réellement en moi, elle était si bien cachée au fond de mon cœur, que je l'ignorais moi-même et que je croyais naïvement n'obéir qu'à ce sentiment de sympathie qu'inspirent toujours les natures fortes, énergiques et élevées, aux caractères expansifs et loyaux.

Nous passâmes ainsi la journée entière, en riant et en causant entre nous, tout en avançant rapidement vers le rancho où nous devions passer la nuit.

— Tenez, me dit le gaucho en me désignant du doigt une légère colonne de fumée qui, aux premières heures du soir, montait en spirale vers le ciel où elle ne tardait pas à se confondre avec les nuages, voilà où nous allons, dans un quart d'heure nous serons rendus.

— Dieu soit loué, répondis-je, car je commence à me sentir fatigué.

— Oui, me dit-il, vous n'avez pas encore l'habitude des longues courses, vos membres ne sont pas rompus comme les miens à la fatigue; mais patience, dans quelques jours vous n'y penserez plus.

— Je l'espère.

— A propos, fit-il comme si ce souvenir lui venait subitement, vous ne m'avez pas dit le nom du picaro qui vous a abandonné, en vous volant, je crois?

— Oh! peu de choses, un fusil, un sabre et un cheval, objets dont j'ai fait mon deuil.

— Pourquoi donc cela?

— Dame, parce qu'il est probable que le bribon ne me les rapportera pas et que, par conséquent, je ne les reverrai jamais.

—Vous avez tort de supposer cela; bien que le désert soit grand, un coquin ne s'y cache pas aussi facilement que vous le croyez, lorsqu'un homme comme moi a intérêt à le retrouver.

— Vous, c'est possible, mais moi, c'est autre chose, vous en conviendrez.

— C'est vrai, fit-il en hochant la tête; c'est égal, dites-moi toujours son nom.

— A quoi bon?

— On ne sait pas ce qui peut arriver, peut-être un jour me trouverai je en rapports avec lui, et, le connaissant, je m'en méfierai.

— C'est juste; on l'appelait, à Buenos-Ayres, Pincheira, mais son véritable nom parmi les siens est le Venado; il est borgne de l'œil droit; j'espère que voilà des renseignements détaillés, ajoutai-je en riant.

— Je le crois bien, répondit-il de même, et je vous promets que si je le rencontre quelque jour, je le reconnaîtrai; mais nous voici arrivés.

En effet, à vingt pas devant nous apparaissait un rancho dont les premières ombres de la nuit m'empêchaient de saisir complètement l'ensemble, mais dont la vue, après une journée de fatigue et surtout l'abandon auquel j'avais longtemps été condamné, était faite pour me réjouir le cœur en me laissant espérer cette franche et cordiale hospitalité, qui non-seulement ne se refuse jamais dans la pampa, mais encore s'exerce dans de si larges proportions envers les voyageurs.

Déjà les chiens saluaient notre arrivée par des cris assourdissants et venaient sauter avec fureur autour de nos chevaux; nous fûmes contraints de cingler quelques coups de fouet à ces hôtes incommodes qui s'enfuirent en hurlant, et bientôt nos montures s'arrêtèrent devant l'entrée même du rancho où un homme se tenait, une torche allumée d'une main et un fusil de l'autre, pour nous recevoir.

Cet homme, d'une taille élevée, aux traits énergiques et au teint bronzé, éclairé par les reflets rougeâtres de la torche qu'il élevait au dessus de sa tête, me représentait bien avec ses formes athlétiques et son apparence farouche le type du véritable gaucho des pampas de la banda orientale; en apercevant mon compagnon, il fit un geste de respectueuse surprise, et s'inclina avec déférence devant lui.

— Ave Maria purisima! dit celui-ci.

— Sin peccado concebida, répondit le ranchero.

— ¿ Se puede entrar, don Torribio, demanda mon compagnon.

— Pase V. adelante, senor don Zeno Cabral, reprit poliment le ranchero, esa casa y todo lo que contiene es de V. (1).

Nous mîmes pied à terre sans nous faire prier davantage, et après qu'un jeune homme de dix-huit à vingt ans, à demi-nu, qui était accouru à l'appel de son maître ou de son père, je ne savais encore lequel des deux, eut pris la bride de nos chevaux et les eut emmenés, nous entrâmes, suivis pas à pas par les chiens qui avaient si bruyamment annoncé notre arrivée et qui maintenant, au lieu de nous être hostiles, sautaient joyeusement autour de nous avec des cris de plaisir, supposant sans doute qu'en faveur de notre arrivée il leur serait permis de dormir auprès du feu, au lieu de passer la nuit au dehors.

Cette habitation, comme toutes celles des gauchos, était une hutte de terre entremêlée de roseaux, couverte en paille coupante, construite, enfin, avec toute la simplicité primitive du désert.

Elle était composée de deux pièces: la

(1) Ces paroles sont la formule consacrée pour toute demande d'hospitalité dans la pampa. Voici leur traduction:
— Je vous salue, Marie très pure.
— Conçue sans péché.
— Peut-on entrer, don Torribio
— Entrez, senor don Zeno Cabral, cette maison et tout ce qu'elle renferme vous appartient.

Gustave Aimard.

chambre à coucher et l'appartement de réception; servant aussi de cuisine.

Un lit formé de quatre piquets plantés en terre, supportant une claie en roseaux ou des courroies de cuir entrelacées, sur lequel se place, en guise du matelas européen, inconnu dans ces contrées, une peau de bœuf non tannée; quelques autres cuirs étendus à terre, près de la muraille pour coucher les enfants, des bolas, des lazos, armes indispensables des gauchos, des harnais de chevaux suspendus à des piquets de bois fichés dans les parois du rancho formaient l'unique ameublement de la chambre intérieure.

Quant à la première, cet ameublement était plus simple encore, si cela est possible; il se composait d'une claie en roseaux supportée par six piquets et servant de sofa, deux têtes de bœufs en guise de fauteuil, un petit baril d'eau, une marmite en fonte, quelques calebasses servant de vases, une jatte en bois et une broche en fer, piquée verticalement devant le foyer, placé au milieu même de la pièce.

Nous avons décrit ce rancho ainsi minutieusement, parce que tous se ressemblent et sont pour ainsi dire construits sur le même modèle.

Seulement, comme celui dans lequel nous nous trouvions alors appartenait à un homme relativement riche, à part le corps de logis principal, à une vingtaine de mètres à peu près, il s'en trouvait un autre servant de magasin pour les cuirs et les viandes destinées à être séchées, et entouré d'une haie assez étendue et d'une hauteur de trois mètres formant le corral, et derrière laquelle les chevaux s'abritaient des bêtes fauves pendant les nuits.

Les habitants du rancho furent faits par deux dames, que le gaucho nous présenta comme sa femme et sa fille.

Celle-ci, âgée d'une quinzaine d'années, était grande, bien faite et douée d'une beauté peu commune; elle se nommait Eva, ainsi que je l'appris plus tard; sa mère, bien que fort jeune encore, — elle avait au plus trente ans,— n'avait plus que quelques restes fugitifs d'une beauté qui avait dû être fort remarquable, mais qui s'était promptement fanée au contact de la vie misérable à laquelle la condamnait le désert au milieu duquel s'était écoulé son existence.

Mon compagnon paraissait être un intime du ranchero et de sa famille, par lesquels il fut reçu avec les témoignages de la joie la moins équivoque, bien que tempérés par une nuance presque insaisissable de respect et presque de crainte.

De son côté, don Zeno Cabral, car je savais enfin son nom, agissait avec eux avec un sans façon protecteur qui témoignait de rapports sérieux entre lui et le gaucho.

La réception fut ce qu'elle devait être, c'est-à-dire des plus franches et des plus cordiales; ces braves gens ne savaient que faire pour nous être agréables, le moindre remerciement de notre part les comblait de joie.

Comme nous l'avons dit plus haut, notre appétit se composa, comme toujours, de l'asado, ou rôti de bœuf, du queso ou fromage de Goya, et, après l'avoir présentée à son père qui, tout en fumant, commença à préluder sur les quatre doigts réunis, elle dansa devant nous, avec cette grâce et cette désinvolture qui n'appartiennent qu'aux femmes de l'Amérique du Sud, un cielito suivi immédiatement d'une montonera; puis, le jeune garçon dont j'ai déjà eu occasion de

Comme complément à ce repas, beaucoup plus confortable que ne le supposera sans doute le lecteur européen, lorsque nos cigarettes furent allumées, doña Eva décrocha une guitare, et, après l'avoir présentée à son père qui, tout en fumant, commença à préluder sur les quatre doigts réunis, elle dansa devant nous, avec cette grâce et cette désinvolture qui n'appartiennent qu'aux femmes de l'Amérique du Sud, un cielito suivi immédiatement d'une montonera; puis, le jeune garçon dont j'ai déjà eu occasion de parler, et qui était non pas le serviteur mais le fils du ranchero, chanta d'une voix fraîche, bien timbrée, et avec un accent qui nous alla à l'âme, quelques *tristes* et quelques *cielitos* nationaux.

Il se passa alors un incident bizarre et dont je ne pus m'expliquer le motif. Don Quino, le jeune homme, chantait avec une passion indicible ces vers charmants de Quintana :

> Feliz aquel que junto a ti suspira
> Que el dulce néctar de tu risa bebe
> Que a demandarte compasion se atreve
> Y blandamente palpitar te mira! (1)

Tout à coup don Zèno devint d'une pâleur cadavéreuse, un tressaillement nerveux agita tout son corps et deux larmes brûlantes jaillirent de ses yeux, cependant il garda le plus profond silence; mais le jeune homme s'aperçut de l'effet produit sur l'hôte de son père par les vers qu'il chantait, et immédiatement il entonna une joyeuse *jarana*, qui bientôt ramena le sourire sur les lèvres pâlies du gaucho.

La tertulia se prolongea ainsi gaiement assez avant dans la nuit; au dehors, le vent soufflait avec fureur, et les hurlements des bêtes fauves qui s'élevaient par intervalles formaient un étrange contraste avec notre insouciante gaieté, cependant, vers onze heures, les dames se retirèrent, don Torribio et son fils, après avoir fait un dernier tour dans le rancho, afin de s'assurer que tout était en ordre, prirent congé de nous pour la nuit et nous laissèrent, mon compagnon et moi, libres de nous étendre sur le lit préparé pour nous et où la fatigue ne tarda pas à nous faire trouver le sommeil.

III

Le Rancho.

Le lendemain, au lever du soleil, j'étais debout, mais si matinal que j'eusse été, mon compagnon m'avait précédé, sa place auprès de moi était vide.

Je sortis espérant le rencontrer en train de fumer sa cigarette au dehors.

Je ne le vis pas; la campagne autour de moi était déserte et calme comme au jour de la création, les chiens, sentinelles vigilantes, qui pendant la nuit avaient veillé sur notre repos, se levèrent en m'apercevant et vinrent me caresser avec des grognements joyeux.

L'aspect de la pampa (2) est des plus pittoresques au lever du soleil. Un silence profond plane sur le désert; il semblerait que la nature se recueille et reprend ses forces à l'aurore du jour qui commence. La fraîche brise matinale frissonne doucement à travers les hautes herbes qu'elle incline par des mouvements légers et cadencés; çà et là les venados lèvent leur tête effarée et jettent autour d'eux des regards craintifs. Les oiseaux, blottis frileusement sous la feuillée, préludent par quelques notes timides à leur hymne du matin; sur les monticules de sables, formés par les tanières des viscachas, de petites chouettes attardées, immobiles comme des sentinelles, et à demi endormies, clignent de l'œil aux rayons de l'astre du jour, en enfonçant leurs têtes rondes dans les plumes de leur cou, tandis qu'au plus haut des airs, les urubus et les caracaras planent en longs cercles, se balançant nonchalamment au gré du vent et cherchant la proie sur laquelle ils se laisseront tout à coup tomber avec la rapidité de la foudre.

La pampa, en ce moment, ressemble à une mer aux eaux vertes et calmes, dont les rivages se cachent derrière les plis de l'horizon.

Je m'assis sur un tertre de verdure; tout en fumant une cigarette, je me pris à réfléchir, et bientôt je fus complètement absorbé par mes pensées.

En effet, ma position était singulière; jamais je ne l'avais envisagée sous le jour où elle m'apparaissait en ce moment.

Perdu dans un désert, à plusieurs milliers de lieues de mon pays, ayant volontairement rompu tous ces liens de famille et d'amitié qui rattachent l'homme à sa patrie, je n'avais devant moi d'autre avenir que celui réservé aux coureurs des bois, c'est-à-dire une lutte incessante de chaque jour, de chaque heure, sans trêve ni merci, contre la nature entière; hommes et animaux, pour finir dans quelque embuscade, misérablement tué sur le rebord d'un fossé par une flèche ou une balle inconnue. Cette perspective, surtout à l'âge que j'avais, vingt ans à peine, lorsque par la surabondance de sève, l'âme dans le naïf enthousiasme de la jeunesse, se sent entraînée vers les grandes choses, n'avait rien de fort gai, au contraire; mais si j'errais maintenant dans ces savanes sans fin, en compagnie d'un homme rencontré par hasard ; qui demeurait une énigme pour moi et m'imposait presque sa volonté, pour m'abandonner au premier caprice, ou peut-être à la première pression de la nécessité, cette loi de fer de la vie du désert, je ne pouvais me plaindre ; je ne devais accuser que moi, car moi seul, contre tous, m'étais obstiné à mépriser les sages conseils et les exhortations pleines de sens que l'expérience et l'intérêt avaient engagé mes amis à me prodiguer à tant de reprises, pour me lancer comme un fou dans cette existence vagabonde, que je commençais à peine depuis quelques jours et qui déjà me paraissait si dure et si décolorée.

Lorsque plus tard je me rappelai ces premières impressions si navrantes faites au moment où j'entrais à peine dans cette vie aventureuse, qui devait pendant de si longues années être la mienne, je me pris en pitié; c'est que le désert ne se révéla que peu à peu aux yeux de celui qui le parcourt, il faut l'étudier longtemps avant de comprendre les beautés qu'il recèle dans son sein et d'éprouver les joies inexprimables et les voluptés pleines d'une âcre saveur qu'il révèle à ses adeptes seuls.

Mais, je le répète, lorsque ces idées tristes que plus haut j'ai cherché à rendre, envahissaient mon cœur et me noyaient dans les flots d'une navrante tristesse qui me conduisait presque au découragement, c'est que je me sentais seul, isolé de tout homme de ma race, de tout ami avec lequel je pusse laisser déborder le flot de pensées qui montaient incessamment de mon cœur à mes lèvres, et que j'étais contraint de renfermer au dedans de moi.

C'est que j'ignorais alors que le seul ami d'un homme, c'est lui-même, et que, dans les situations difficiles de la vie comme dans les plus indifférentes, il ne doit se fier qu'à lui et ne compter que sur lui-même s'il ne veut être exposé aux trahisons de l'égoïsme, de l'envie et de la peur, ces trois féroces ennemis qui rôdent sans cesse autour de toute amitié pour la briser et la changer en haine.

Mais ma tâche a été rude en ce monde; Dieu en soit béni ! j'ai beaucoup souffert, par conséquent, beaucoup appris, et j'en suis arrivé aujourd'hui à l'indifférence la plus sceptique sur les beaux sentiments que parfois on cherche vainement à étaler devant moi. Je ne demande pas à la nature humaine plus qu'elle ne peut donner, et mes amis sont d'avance absous par moi du bien comme du mal qu'ils essayent de me faire ; aussi ne demandant rien et n'attendant rien de personne, je suis parvenu à être sinon heureux, le bonheur, je le sais par expérience, n'est pas fait pour l'homme, du moins tranquille, ce qui pour moi est le point culminant où puisse atteindre l'ambition humaine dans les conditions sociales où nous place la civilisation, qui n'est et ne peut être que le résultat de notre organisation vicieuse et incomplète.

Je fus tout à coup tiré de mes réflexions par une voix qui m'interpellait d'un ton de bonne humeur.

Je me retournai vivement.

Don Torribio était près de moi, bien qu'il fût à cheval, je ne l'avais pas entendu venir.

— Holà , caballero , me dit-il d'un ton joyeux, la pampa est belle au lever du soleil, n'est-ce pas ?

— En effet, répondis-je sans trop savoir ce que je disais.

— La nuit a-t-elle été bonne ?

— Excellente, grâce à votre généreuse hospitalité.

— Bah ! ne parlons pas de cela, j'ai fait ce que j'ai pu, malheureusement la réception a été assez mesquine; dame, les temps sont durs, il y a seulement quatre ou cinq ans c'eût été autre chose, mais vous le savez, à la guerre comme à la guerre ; il a fallu qu'il fait tout le possible, on ne doit pas demander davantage.

— Je suis loin de me plaindre, au contraire; mais vous revenez de route, il me semble ?

— Oui, j'ai été donner un coup d'œil à mes taureaux qui sont au pasto; mais, ajouta-t-il en levant les yeux au ciel et en calculant mentalement la hauteur du soleil, il est temps de déjeuner ; la señora doit avoir tout préparé, et, sauf respect, ma course du matin m'a singulièrement aiguisé l'appétit. Rentrez-vous avec moi ?

— Je ne demande pas mieux ; seulement, je ne vois pas mon compagnon; il me semble qu'il serait peu convenable à moi de ne pas l'attendre pour déjeuner.

Le gaucho se prit à rire.

— S'il n'y a que cela qui vous arrête, me dit-il, vous pouvez vous mettre à table sans crainte.

— Il va revenir ? demandai-je.

— Au contraire, il ne reviendra pas.

— Comment cela? m'écriai-je avec une surprise mêlée d'inquiétude, il est parti ?

— Depuis plus de trois heures déjà ; mais remarquant combien ma physionomie s'assombrissait à cette nouvelle, il ajouta aussitôt :

— Nous le reverrons bientôt, soyez tranquille.

— Vous l'avez donc vu, ce matin ?

— Certes, nous sommes sortis ensemble.

— Ah ! il est à la chasse, sans doute?

— Probablement; seulement, vous sait quelle espèce de gibier il se propose d'atteindre.

— Cette absence me contrarie beaucoup.

— Il voulait vous en parler avant de monter à cheval; mais en y réfléchissant, vous paraissiez si fatigué hier au soir, qu'il a préféré vous laisser dormir. C'est si bon le sommeil.

— Il reviendra sans doute bientôt?

— Je ne saurais le dire. Don Zèno Cabral est un homme qui n'a pas l'habitude de raconter ses affaires au premier venu. Dans tous les cas, il ne tardera pas beaucoup, nous le reverrons ce soir ou demain.

— Diable ! comment vais-je faire, moi qui comptais sur lui?

— Pour quoi donc?

— Mais pour m'enseigner la route que je dois suivre.

— Si ce n'est que cela, ce n'est pas un motif pour vous tourmenter; il m'a recommandé de vous prier de ne pas quitter le rancho avant son retour.

---

(1) Heureux celui qui soupire près de toi, qui boit le doux néctar de ton sourire, qui ose te demander pitié, et doucement te voit palpiter.

(2) Le mot *pampa* appartient à la langue nichua (langue des Incas); il signifie textuellement place, terrain plan, savane ou grande plaine. — Gustave Aimard.

— Je ne puis cependant pas demeurer ainsi chez vous.

— Parce que?

— Dame, parce que je crains de vous gêner ; vous n'êtes pas riche, vous-même me l'avez dit ; un étranger ne doit que vous causer de l'embarras.

— Señor, répondit avec dignité le gaucho, les étrangers sont les envoyés de Dieu ; malheur à l'homme qui n'a pas pour eux les attentions qu'ils méritent; quand même il vous plairait de demeurer un mois dans mon humble rancho, je me trouverais heureux et fier de votre présence dans ma famille. N'insistez donc pas davantage, je vous prie, et acceptez mon hospitalité aussi franchement qu'elle vous est offerte.

Que pouvais-je objecter de plus? rien. Je me résignai donc à patienter jusqu'au retour de don Zèno, et je retournai au rancho en compagnie du gaucho.

Le déjeuner fut assez gai ; les dames s'efforcèrent de réveiller ma bonne humeur en me comblant de soins et d'attentions.

Aussitôt après le repas, comme don Torribio se préparait à monter à cheval, car la vie d'un gaucho se passe à galoper de çà et de là pour surveiller ses nombreux troupeaux, je lui demandai à l'accompagner ; il accepta. Je sellai mon cheval et nous partîmes au galop à travers la pampa.

Mon but, en accompagnant le gaucho, n'était pas de faire une promenade plus ou moins agréable, mais de profiter de notre isolement pour le sonder adroitement et le faire causer sur mon compagnon, qu'il paraissait fort bien connaître, de façon à obtenir certains renseignements qui me permissent de me former une opinion sur cet homme singulier, qui avait pour moi l'attrait d'une énigme indéchiffrable.

Mais tous mes efforts furent vains, toutes mes finesses en pure perte, le gaucho ne savait rien, ou, ce qui est plus probable, ne voulait rien me dire; cet homme si communicatif et si enclin à raconter, d'une façon souvent trop prolixe ses propres affaires, devenait d'une discrétion à toute épreuve et d'un mutisme désespérant aussitôt que, par une transition adroite, je mettais la conversation sur le compte de don Zèno Cabral.

Il ne me répondait plus alors que par des monosyllabes ou par cette exclamation : Quien sabe! (qui sait), à toutes les questions que je lui adressais.

De guerre lasse, je renonçai à le presser davantage, et je me mis à lui parler de ses troupeaux.

Sur ce point, je trouvai le gaucho disposé à me répondre, plus même que je ne l'aurais désiré, car il entra avec moi dans des détails techniques sur l'élève des bestiaux, détails que je fus contraint d'écouter avec un apparent intérêt, et qui me firent trouver la journée d'une interminable longueur.

Cependant, vers tro s heures de l'après-midi, don Torribio m'annonça, ce qui me causa une vive joie, que notre tournée était terminée, et que nous allions reprendre le chemin du rancho, dont nous étions alors éloignés de quatre ou cinq lieues.

Un trajet de cinq lieues, après une journée passée à galoper à l'aventure, n'est qu'une promenade pour les gauchos montés sur les infatigables chevaux de la pampa.

Les nôtres nous mirent en moins de deux heures en vue du rancho, sans mouiller un poil de leur robe.

Un cavalier arrivait à toute bride à notre rencontre.

Ce cavalier, je le reconnus aussitôt avec un vif sentiment de joie, était don Zèno Cabral ; il nous eut bientôt rejoint.

— Vous voilà donc, nous dit-il en faisant ranger son cheval auprès des nôtres ; je vous attends depuis plus d'une heure. Puis, s'adressant à moi : Une vive ménage une surprise qui, je le crois, vous sera agréable, ajouta-t-il.

— Une surprise! m'écriai-je, laquelle donc?

— Vous verrez, je suis convaincu que vous me remercierez.

— Je vous remercie d'avance, répondis-je, sans chercher à deviner de quel genre est cette surprise.

— Regardez, reprit-il en étendant le bras dans la direction du rancho dont nous n'étions plus qu'à une centaine de pas.

— Mon guide! m'écriai-je en reconnaissant mon coquin d'Indien attaché solidement à un arbre.

— Lui-même ; que pensez-vous de cela?

— Ma foi ! cela me semble tenir du prodige; je ne comprends pas comment vous avez pu le rencontrer aussi vite.

— Oh ! cela n'était pas si difficile que vous le supposez, surtout avec les renseignements que vous m'aviez donnés ; tous ces bribons sont de la famille des bêtes fauves, ils ont des repaires dont ils ne s'éloignent jamais et où, tôt ou tard, ils reviennent toujours ; pour un homme habitué à la pampa, rien n'est plus facile que de mettre la main dessus; celui-ci surtout, se fiant à votre qualité de forastero et à votre ignorance du désert, ne se donnait pas la peine de se cacher ; il voyageait tranquillement et à découvert, persuadé que vous ne songeriez pas à le poursuivre ; cette confiance l'a perdu, je vous laisse à penser quelle a été sa frayeur, lorsque je l'ai surpris à l'improviste et que je lui ai signifié péremptoirement qu'il fallait qu'il m'accompagnât auprès de vous.

— Tout cela est fort bien, señor, répondis-je, je vous remercie de la peine que vous avez prise; mais que voulez-vous que je fasse de ce picaro, à présent?

— Comment, s'écria-t-il avec étonnement, ce que je veux que vous en fassiez, je veux que vous le corrigiez d'abord, et cela d'une façon exemplaire dont il garde le souvenir; puis, comme vous l'avez engagé pour vous servir de guide jusqu'au Brésil et qu'il a reçu d'avance une partie du prix convenu, il faut qu'il remplisse son engagement loyalement, ainsi qu'il a été fait.

— Je vous avoue que je n'ai pas grande confiance dans sa loyauté future.

— Vous êtes dans l'erreur à cet égard, vous ne connaissez pas les Indiens mansos; celui-ci, une fois qu'il aura été corrigé, vous servira fidèlement, rapportez-vous-en à moi là-dessus.

— Je le veux bien; mais cette correction, quelle qu'elle soit, je vous confesse que je me sens incapable de la lui administrer.

— Qu'à cela ne tienne! Voici notre ami don Torribio, qui n'a pas le cœur aussi tendre que vous et qui se chargera de ce soin.

— Je ne demande pas mieux pour vous être agréable, appuya don Torribio.

Nous arrivions en ce moment en face du prisonnier. Le pauvre diable, qui savait sans doute ce qui le menaçait, avait l'air fort penaud et fort mal à son aise; du reste, il était solidement attaché, le visage tourné vers l'arbre.

Nous mîmes pied à terre.

Don Zèno s'approcha du prisonnier, pendant qu'avec un imperturbable sang-froid don Torribio s'occupait à plier son lazo en plusieurs doubles dans sa main droite.

— Écoute, picaro, dit don Zèno à l'Indien attentif, ce caballero t'a engagé à Buenos-Ayres; non-seulement tu l'as lâchement abandonné dans la pampa, mais encore tu l'as volé; tu mérites un châtiment, ce châtiment, tu vas le recevoir. Don Torribio, mon cher seigneur; veuillez, je vous prie, appliquer cinquante coups de lazo sur les épaules de ce bribon, et cela de façon à ce qu'il les sente.

L'Indien ne répondit pas un mot, le gaucho s'approcha alors, et avec la conscience qu'il mettait à tout ce qu'il faisait, il leva son lazo qui retomba en sifflant sur les épaules du pauvre diable, où il traça un sillon bleuâtre.

L'Indien ne fit pas un mouvement, il ne poussa pas un cri ; on l'aurait cru changé en statue de bronze tant il était immobile et indifférent à force de volonté et de stoïcisme.

Quant à moi, je souffrais intérieurement, mais je n'osais intervenir convaincu de la justice de cette exécution sommaire.

Don Zèno Cabral comptait impassiblement les coups au fur et à mesure qu'ils tombaient.

Au onzième le sang jaillit.

Le gaucho ne s'arrêta pas.

L'Indien, bien que ses chairs frissonnassent sous les coups de plus en plus pressés, conservait son impassibilité de marbre. Malgré moi, j'admirais le courage de cet homme, qui réussissait si complètement à dompter la douleur et à retenir même le plus léger signe de souffrance, bien qu'il dût en éprouver une atroce.

Les cinquante coups auxquels le guide avait été condamné par l'implacable don Zèno lui furent administrés par le gaucho, sans qu'il en manquât un seul; au trente-deuxième, malgré tout son courage, l'Indien avait perdu connaissance ; mais cela n'avait pas, malgré ma prière, interrompu l'exécution.

— Arrêtez, dit enfin don Zèno, lorsque le nombre fut complet, détachez-le.

Les liens furent coupés, le corps du pauvre diable, que les cordes seules soutenaient, tomba inerte sur le sable.

Le fils du gaucho s'approcha alors, frotta avec de la graisse de bœuf, de l'eau et du vinaigre les plaies saignantes de l'Indien, lui rejeta son poncho sur les épaules, puis il le laissa là.

— Mais cet homme est évanoui ! m'écriai-je.

— Bah ! bah ! fit don Zèno, ne vous en occupez pas, ces démons ont le cuir dur ; dans un quart d'heure, il n'y pensera plus ; allons dîner.

Cette froide cruauté me révolta. Cependant, je m'abstins de toute observation et j'entrai dans le rancho ; j'étais bien novice encore ; j'étais réservé à assister plus tard à des scènes près desquelles celle-là n'était qu'un jeu d'enfant.

Après le dîner qui, contre l'habitude, se prolongea assez longtemps, don Zèno ordonna au fils de don Torribio d'amener le guide.

Au bout d'un instant, il entra ; don Zèno le fixa quelques secondes avec attention, puis il lui adressa la parole en ces termes :

— Reconnais-tu avoir mérité le châtiment que je t'ai infligé?

— Je le reconnais, répondit l'Indien d'une voix sourde, mais sans la moindre hésitation.

— Tu n'ignores pas que je sais où te trouver, quel que soit l'endroit où tu te caches.

— Je le sais.

— Si, sur ma prière, ce caballero consent à te pardonner et à te reprendre à son service, lui seras-tu fidèle?

— Oui, mais à une condition.

— Je ne veux pas de conditions de ta part, bribon, reprit durement don Zèno, tu mérites la garote.

L'Indien baissa la tête.

— Réponds à ma question.

— Laquelle?

— Seras-tu fidèle?

— Oui.

— Je le saurai ; châtiment ou récompense, je me charge de régler ton compte, tu entends?

— J'entends.

— Maintenant, écoute-moi, ton maître et toi vous partirez d'ici demain au lever du soleil; il faut que dans neuf jours il soit à la fazenda de rio d'Ouro. Tu la connais?

— Je la connais.

— Y sera-t-il?

— Il y sera.

— Pas d'équivoque entre nous, tu me comprends bien, je veux que ce caballero soit rendu dans neuf jours à la fazenda de rio d'Ouro, en bonne santé, libre, et sans qu'il manque rien à son bagage.

— J'ai promis, répondit froidement l'Indien.

— C'est bien, bois ce trago de caña pour te

remettre des coups que tu as reçus et va dormir.

Le guide saisit la calebasse que lui tendait don Zèno, la vida d'un trait avec une satisfaction visible et se retira sans ajouter une parole.

Lorsqu'il fut sorti, je m'adressai à don Zèno de l'air le plus indifférent que je pus affecter.

— Tout cela est bel et bon, lui dis-je, mais je vous certifie, señor, que malgré ses promesses, je n'ai pas la moindre confiance dans ce drôle.

— Vous avez tort, señor, me répondit-il, il vous servira fidèlement, non pas par affection, peut-être ce serait trop lui demander après ce qui s'est passé, mais par crainte, ce qui vaut mieux encore; il sait fort bien que s'il vous arrivait quelque chose, il aurait un compte sévère à me rendre de sa conduite.

— Hum! murmuré-je, cela ne me rassure que médiocrement; mais pourquoi, si, ainsi que vous me l'avez laissé entrevoir, vous vous rapprochez des frontières brésiliennes, ne me permettez-vous pas de vous accompagner?

— C'était mon intention; malheureusement certaines raisons, inutiles à vous faire connaître, rendent impossible l'exécution de ce projet; cependant je compte vous voir à la fazenda de rio d'Ouro, où peut-être j'arriverai avant vous. Dans tous les cas, veuillez y demeurer jusqu'à ce que je vous aie vu, et alors, peut-être, me sera-t-il permis de vous reconnaître, ainsi que j'en ai le vif désir, l'éminent service que vous m'avez rendu.

— Je vous attendrai puisque vous le désirez, señor, répondis-je, prenant bravement mon parti de ce nouveau contre-temps, non pas pour vous rappeler l'événement auquel vous faites allusion, mais parce que je serais heureux de faire avec vous une connaissance plus intime.

Don Zèno me tendit la main, et la conversation devint générale.

Le lendemain au lever du soleil, je me levai, et, après avoir pris affectueusement congé des hôtes qui m'avaient si bien reçus et que je croyais ne jamais revoir, je quittai le rancho sans avoir pu dire adieu à don Zèno Cabral qui s'était éloigné bien avant mon réveil.

Malgré les assurances réitérées de don Torribio et celles de don Zèno, je ne me fiai que médiocrement à mon guide, et je lui ordonnai de marcher devant moi, résolu à lui brûler la cervelle au premier geste suspect de sa part.

IV.

La Fazenda de rio d'Ouro.

Mon voyage se continuait ainsi dans des conditions assez singulières, livré dans un pays inconnu, loin de tout secours humain, à la merci d'un Indien dont la perfidie m'avait été déjà surabondamment prouvée et duquel je ne devais rien avoir de bon à attendre.

Cependant, j'étais bien armé, vigoureux, résolu, et je partis dans d'assez bonnes dispositions, convaincu que mon guide ne se hasarderait jamais à m'attaquer en face et qu'en le surveillant avec soin je parviendrais toujours à en avoir bon marché.

Du reste, je me hâte de constater que j'avais tort de supposer de mauvaises intentions au pauvre Indien et que mes précautions furent inutiles; don Torribio et don Zèno Cabral avaient dit vrai. La rude correction infligée à mon Guaranis avait eu la plus salutaire influence sur lui et avait entièrement modifié ses intentions à mon égard; nos relations ne tardèrent donc pas à devenir

des plus cordiales, et, fort satisfait du résultat obtenu par les coups de fouet du gaucho, je me réservai in petto, le cas échéant, de ne pas hésiter à employer le même moyen pour rappeler au devoir les Indiens mansos avec lesquels le hasard me mettrait en rapport.

Mon guide était devenu plus gai, plus aimable, et surtout plus causeur je profitai de cette modification, fort agréable pour moi, dans son caractère, pour essayer de le sonder et lui adresser plusieurs questions sur le compte de don Zèno Cabral.

Cette fois encore j'échouai complétement, non pas que l'Indien refusât de me répondre, au contraire, mais tout au contraire.

En résumé, voici tout ce que je parvins à apprendre après des questions sans nombre et tournées de toutes les façons.

Don Zèno Cabral était fort connu et surtout fort redouté par tous les Indiens qui vivent au désert et le parcourent incessamment dans tous les sens; c'était pour eux un être étrange, mystérieux, incompréhensible, dont le pouvoir était fort grand; nul ne connaissait son habitation habituelle; il possédait presque le talent d'ubiquité, car on l'avait souvent rencontré à des distances fort éloignées les unes des autres presque à la même heure; les Indiens lui avaient souvent tendu des pièges pour le tuer, sans jamais réussir à lui faire la plus légère blessure; il avait su prendre une influence telle sur leur esprit qu'ils le croyaient invulnérable et le regardaient comme un être d'une essence beaucoup supérieure à la leur.

Souvent il disparaissait pendant des mois entiers sans qu'on sût ce qu'il était devenu, puis, tout à coup on le voyait subitement campé au milieu des tribus indiennes, sans qu'on comprît comment il était arrivé là.

Au total, les Indiens, à part la crainte respectueuse qu'il leur inspirait, lui avaient pour la plupart de grandes obligations. Nul mieux que lui ne savait guérir les maladies réputées incurables par leurs sorciers; instruit de tout ce qui se passait au désert, souvent il avait sauvé de la mort des familles entières, perdues dans les forêts sans vivres et sans armes; aussi, ajouta mon guide, en terminant, cet homme est-il pour tous un de ces génies puissants pour le bien comme pour le mal, dont il vaut mieux ne pas s'entretenir de peur de le voir subitement paraître et d'encourir sa colère.

Ces renseignements, si je puis donner ce nom aux divagations craintives et superstitieuses de mon guide, me laissèrent plus perplexe que je ne l'étais auparavant sur le compte de cet homme, qui tout semblait conspirer à entourer à mes yeux d'une auréole mystérieuse.

Un mot prononcé, par hasard, peut-être par l'Indien éveilla davantage encore si cela est possible la curiosité dévorante qui s'était emparée de moi.

— C'est un Paulista, m'avait-il dit à demi voix en jetant autour de lui des regards effarés, comme s'il redoutait que cette parole ne tombât dans une oreille indiscrète et fût répétée à celui qu'elle intéressait.

A plusieurs reprises, pendant mon séjour à Buenos-Ayres, j'avais entendu parler des Paulistas; les renseignements qu'on m'avait donnés sur eux, bien que très incomplets et erronés sur la plupart, avaient cependant excité ma curiosité à un tel point, qu'ils entraient pour beaucoup dans ma résolution de me rendre au Brésil.

Les Paulistas ou Vicentistas, car ces deux noms leur sont indistinctement appliqués par les historiens, fondèrent leur premier établissement dans les vastes et magnifiques plaines de Piratininga.

Alors là, sous la direction intelligente et paternelle des deux jésuites Anchieta et Nobrega, s'organisa une colonie à part dans la colonie, une sorte de métropole demi-barbare, qui dut à son courage une prospérité et une influence toujours croissante, et dont les exploits, si quelque jour on les raconte, for-

meront, j'en suis convaincu, la partie la plus intéressante de l'histoire du Brésil.

Dans le nouveau monde, dès qu'on veut parler de progrès, d'abnégation et de civilisation, il faut remonter aux jésuites dont les conquêtes pacifiques ont plus fait pour l'extinction de la barbarie que tous les efforts réunis des aventuriers de génie, qui allèrent au seizième siècle fonder en Amérique les puissances espagnole et portugaise.

Grâce à l'intervention des jésuites au Brésil, les Européens ne dédaignèrent pas de s'allier avec ces fortes et belliqueuses races indiennes, qui tinrent si longtemps en échec les Portugais et firent parfois reculer la conquête.

De ces unions, il résulta une race guerrière, brave, endurcie à toutes les fatigues, audacieuse surtout, qui bien dirigée, produisit les Paulistas, ces hommes auxquels on doit presque toutes les découvertes qui se firent dans l'intérieur du Brésil et dont les prodigieuses excursions et les téméraires exploits sont passés aujourd'hui à l'état de légendes fantastiques dans les contrées mêmes qui en furent le théâtre.

On a adressé plusieurs reproches sérieux aux Paulistas : on les a accusés d'avoir, dès l'origine de leur colonie, montré un caractère indomptable et indépendant, un dédain affecté pour les lois de la métropole, un orgueil inouï vis-à-vis des autres colons; on a prétendu que, sortis des rangs les plus turbulents et les plus corrompus des aventuriers européens, ils avaient puisé dans leur origine et leurs alliances indiennes un principe de cruauté et de mépris pour la vie des autres hommes qui en faisait, non-seulement des hôtes et des voisins dangereux, mais encore des natures essentiellement insociables et ingouvernables.

A ces accusations, les Paulistas ont donné le plus complet démenti.

La province de Saint-Paul, habitée et peuplée par eux seuls, est aujourd'hui la plus civilisée, la plus industrieuse et la plus riche du Brésil.

D'ailleurs notre avis, avis partagé du reste par beaucoup d'historiens, est qu'à une nature indomptée il faut des hommes indomptables, et que sur ce sol vierge que foulaient les Paulistas au milieu de ces nations farouches, impatientes de toute sujétion, et qui préféraient mourir que se soumettre à une domination étrangère qu'ils ne pouvaient et ne voulaient pas comprendre, il fallait ces organisations d'élite, insensibles à toutes les faiblesses comme à tous les égoïsmes des conventions sociales de la civilisation, et, pour cette raison, capables d'accomplir de grandes choses.

En entendant à Buenos-Ayres parler ainsi des Paulistas avec un enthousiasme d'autant plus vrai que les Espagnols sont de temps immémorial les implacables ennemis des Portugais, et que cette haine, née en Europe, se poursuit en Amérique avec une force décuplée par la rivalité; je ne sentais, malgré moi, entraîné vers ces hommes étranges, aventuriers, qui avaient conquis un monde à leur patrie et dont, malgré les modifications apportées par le temps et la civilisation, j'espérais être assez heureux pour retrouver debout quelque type attardé.

Aussi, à cette désignation de Paulista appliqué à l'homme qui m'était apparu dans des circonstances si singulières et qui, pendant le peu de temps que j'étais demeuré près de lui, s'était révélé à moi sous des aspects si bizarres, si heurtés et si insaisissables, je sentais se réveiller toute mon ardeur et je n'aspirai plus qu'à me rencontrer de nouveau avec ce personnage pour lequel j'avais, dès le premier moment, éprouvé une si vive sympathie.

Je pressentais donc mon voyage le plus possible, d'autant plus que mon guide m'avait appris que la fazenda de rio d'Ouro, où don

Paris. — Imp. Ch. Schiller, faub. Montmartre, 10.

Zéno Cabral m'avait assigné rendez-vous, était située sur la frontière de la province de Saint-Paul, dont elle était une des plus riches et des plus vastes exploitations.

Afin d'atteindre plus vite le but de notre longue course, mon guide m'avait, malgré les difficultés du chemin, fait suivre les rives inondées du rio Uruguay.

Le quatrième jour après notre départ du rancho, nous atteignîmes l'aldea de *Santa Ana*, première garde brésilienne en remontant le fleuve.

La crue excessive du fleuve avait causé des ravages terribles dans ce pauvre village composé d'une douzaine de ranchos à peine; plusieurs avaient été emportés par les eaux et le reste était menacé d'être prochainement envahi; les pauvres habitants, réduits à la plus affreuse détresse, campaient sur un monticule en attendant le retrait des eaux.

Cependant ces pauvres gens, malgré leur misère, nous reçurent de la façon la plus amicalement hospitalière, se mettant à notre disposition pour tout ce qu'ils pouvaient nous fournir et se désespérant de n'avoir presque rien à nous donner.

Ce fut avec un indicible serrement de cœur et une profonde reconnaissance que le lendemain, au lever du soleil, je quittai ces bonnes gens qui nous comblèrent, à notre départ, de souhaits pour la réussite de notre voyage.

Du reste, j'avais accompli le plus dur du trajet que j'avais à faire.

Je continuai d'avancer à travers un paysage charmant et accidenté; trois jours après ma halte à Santa Ana, vers deux heures de l'après-midi, à un angle de la route, je tournai subitement la tête, et, malgré moi, je m'arrêtai en poussant un cri d'admiration à l'aspect inattendu de la plus délicieuse campagne que jamais j'aie contemplée.

Mon Guarani, désormais complètement réconcilié avec moi, sourit avec joie à cette manifestation enthousiaste. C'était à lui que se devais cette splendide surprise qu'il me préparait depuis quelques heures en m'obligeant à prendre, sous prétexte de raccourcir la route, des sentiers perdus à travers des bois presque infranchissables.

Devant moi, à mes pieds, car je me trouvais arrêté sur le sommet d'une colline assez élevée, s'étendait, encadrée dans un horizon de verdure, formé par une ceinture de forêts vierges, une campagne d'un périmètre d'une dizaine de lieues environ, dont, grâce à ma position, les regards saisissaient les moindres détails. Au centre à peu près de cette campagne, sur une étendue de deux lieues, se trouvait un lac aux eaux transparentes d'un vert d'émeraude; les montagnes boisées et très pittoresques qui l'entouraient, étaient couvertes de plantations aux places où des brûlis avaient été ménagés.

Nous étions à l'endroit où le Curitiba ou Guazu, fleuve assez important, affluent du Parana que nous avions atteint, après avoir traversé le *Paso de los enfiolés*, entre dans le lac. Ses bords étaient garnis de grands buissons de sayacous (1), de cocobois (2) et d'aningas, sur les branches desquels étaient en ce moment perchées des troupes de petits hérons. Ces oiseaux se tenaient suspendus au-dessus de la surface de l'eau pour faire la chasse aux poissons, aux insectes ou à leurs larves.

A l'entrée du Guazu, j'aperçus une île que mon guide m'assura avoir été autrefois flottante; mais elle s'est peu à peu rapprochée de la rive où elle s'est fixée. Formée primitivement par des plantes aquatiques, la terre végétale s'y est amoncelée, et maintenant elle est couverte de bois assez épais; puis au loin, au milieu d'une échappée entre deux collines couvertes de forêts, j'aperçus un nombre considérable de bâtiments s'élevant en amphithéâtre et dominés par un clocher aigu.

(1) Cancroma cochlearia.
(2) Ardea virescens.

Au-dessous du flanc escarpé de la hauteur sur laquelle s'élevaient ces bâtiments, le Guazu s'élançait en grondant par-dessus les obstacles que lui opposaient des rochers abrupts et couverts d'un lichen verdâtre; puis, se partageant en plusieurs bras, il allait se perdre dans les sombres vallées qui s'étendaient à droite et à gauche. Je ne pouvais détacher mes yeux du spectacle de cette nature grande, sauvage et réellement imposante; je demeurais là comme fasciné, ne songeant ni à avancer ni à reculer, tout à l'émotion intérieure que j'éprouvais et oubliant tout pour regarder encore, sans me rassasier jamais de cette vue splendide à laquelle rien ne peut être comparé.

— Que c'est beau! m'écriai-je emporté malgré moi par l'admiration.

— N'est-ce pas? me répondit comme un écho le guide qui s'était tout doucement rapproché.

— Comment nommez-vous ce magnifique pays?

L'Indien me regarda avec étonnement.

— Ne le savez-vous pas, mi amo, me dit-il.

— Comment le saurais-je, puisque je viens ici aujourd'hui pour la première fois.

— Oh! c'est que ce pays est bien connu, mi amo, reprit-il, de bien loin on vient pour le voir.

— Je n'en doute pas, cependant je désirerais savoir son nom.

— Eh! mais c'est l'endroit où nous nous rendons, mi amo; vous voyez devant vous la fazenda de rio d'Ouro, il paraît que dans les anciens jours toutes ces montagnes que vous voyez étaient remplies d'or et de pierres précieuses.

— Et maintenant? demandai-je intéressé malgré moi.

— Oh! maintenant, on ne travaille plus aux mines, le maître ne le veut pas; elles sont combiées ou envahies par l'eau; le maître prétend qu'il vaut mieux travailler la terre, et que c'est là le véritable moyen de se procurer la richesse.

— Il n'a pas tort; comment se nomme l'homme bon qui raisonne d'une façon aussi juste?

— Je ne sais pas, mi amo; on prétend que la fazenda et toutes les terres qui en dépendent appartiennent à don Zéno Cabral; mais je n'oserais l'assurer; du reste, cela ne m'étonnerait pas, car on raconte de singulières choses sur ce qui se passe dans les *caldeiras* que vous voyez là-bas, ajouta-t-il en me désignant du doigt des trous ronds en forme d'entonnoir, percés dans les rochers, lorsque le *Virapao* s'élève sur la surface du lac et en agite les eaux avec tant de violence que les pirogues sont en danger de périr.

— Que raconte-t-on donc de si extraordinaire?

— Oh! des choses effrayantes, mi amo, et moi, qui suis un pauvre Indien, je n'oserais jamais répéter à un señor comme vous.

J'eus beau presser mon guide pour l'obliger à s'expliquer, je ne pus en tirer que des interjections de frayeur accompagnées d'innombrables signes de croix. De guerre lasse, je renonçai à l'interroger davantage sur un sujet qui paraissait lui déplaire tant, et je changeai de conversation.

— Dans combien de temps arriverons-nous à la fazenda? lui demandai-je.

— Dans quatre heures, mi amo.

— Croyez-vous que don Zéno sera déjà arrivé et que nous le rencontrions?

— Qui sait, mi amo; si le señor don Zéno veut être arrivé, il le sera; sinon, non.

Battu par ce point comme le premier, je renonçai définitivement à adresser à mon guide des questions auxquelles, comme à plaisir, il faisait de si ridicules réponses, et me bornai à lui donner l'ordre du départ.

Au fur et à mesure que nous descendions dans la vallée, le paysage changeait et prenait des aspects d'un effet saisissant; je parcourus ainsi, sans m'en apercevoir, l'espace assez étendu qui me séparait de la fazenda.

Au moment où nous commencions à gravir un sentier assez large et bien entretenu qui conduisait aux premiers bâtiments, j'aperçus un cavalier qui accourait vers moi à toute bride.

Mon guide me toucha légèrement le bras avec un frémissement de crainte.

— Le voyez-vous, mi amo? me dit-il.

— Qui? lui répondis-je.

— Le cavalier.

— Eh bien?

— Ne le reconnaissez-vous pas, c'est le señor don Zéno Cabral.

— Impossible! m'écriai-je.

L'Indien hocha la tête à plusieurs reprises.

— Rien n'est impossible au señor Zéno, murmura-t-il à demi voix.

Je regardai plus attentivement; je reconnus en effet don Zéno Cabral, mon ancien compagnon de la pampa, il portait le même costume que lors de notre rencontre.

Au bout d'un instant il fut près de moi.

— Soyez le bienvenu à la fazenda du rio d'Ouro, me dit-il joyeusement en me tendant la main droite que je le serrai cordialement; avez-vous fait un bon voyage?

— Excellent, je vous remercie, quoique très fatigant; mais, ajoutai-je en remarquant un léger sourire sur ses lèvres, bien que je ne me doute pas encore pour un voyageur de votre force, je commence à parfaitement m'habituer; d'ailleurs, l'aspect de votre admirable pays m'a complètement fait oublier ma fatigue.

— N'est-ce pas qu'il est beau, me dit-il avec orgueil et qu'il mérite d'être vu et apprécié même après les plus beaux paysages européens.

— Certes, d'autant plus qu'entre eux et lui toute comparaison est impossible.

— Vous avez été satisfait de ce bribon, je suppose, dit-il en se tournant vers le guide qui se tenait modestement et craintivement en arrière.

— Fort satisfait; il a complètement racheté sa faute.

— Je le savais déjà, mais je suis content de l'entendre dire par vous, cela me raccommode avec lui. Cours en avant, picaro, et n... monte notre arrivée.

L'Indien ne se fit pas répéter l'ordre qui lui était donné, il pressa les flancs de son cheval et partit au galop.

— Ces Indiens sont de singulières natures, reprit don Zéno en le suivant du regard, on ne peut les dompter qu'en les menaçant avec rudesse, mais, somme toute, ils ont du bon et avec de la volonté on parvient toujours à en faire quelque chose.

— Vous exceptez sans doute, répondis-je en souriant, ceux qui voulaient vous faire un si mauvais parti lorsque j'eus le plaisir de vous rencontrer.

— Pourquoi donc cela? les pauvres diables agissaient dans de bonnes intentions au point de vue de leurs idées étroites, en cherchant à se débarrasser d'un homme qu'ils redoutent et qu'ils croient leur ennemi, je ne puis pas leur garder rancune pour cela.

— Vous ne craignez pas, en vous aventurant ainsi, d'être un jour victime de leur perfidie?

— Il en sera ce qu'il plaira à Dieu! quant à moi, j'accompirai jusqu'au bout la mission que je me suis imposée. Mais laissons cela, vous resterez quelque temps avec nous, n'est-ce pas, don Gustavio?

— Deux ou trois jours seulement, répondis-je.

Le visage de mon hôte se rembrunit subitement à cette déclaration.

— Vous êtes bien pressé? me dit-il.

— Nullement; je suis, au contraire, absolument maître de mon temps.

— Alors pourquoi vouloir nous quitter si vite?

2

— Dame, répondis-je, ne sachant trop que dire, je crains de vous gêner.

Don Zéno Cabral me posa amicalement la main sur l'épaule, et me regardant attentivement pendant une minute ou deux :

— Don Gustavio, me dit-il, quittez une fois pour toutes ces façons européennes qui ne sont pas de mise ici; on ne gêne pas un homme comme moi, dont la fortune s'élève à plusieurs millions de piastres, qui est maître après Dieu d'un territoire de plus de trente lieues carrées et qui commande à plus de deux mille individus blancs, rouges et noirs; en acceptant franchement l'hospitalité que cet homme vous offre loyalement comme à un ami et à un frère, on lui fait honneur.

— Ma foi, répondis-je, mon cher hôte, vous avez une façon de prendre les choses qui rend un refus tellement impossible, que je me mets complétement à votre discrétion; faites de moi ce que bon vous semblera.

— A la bonne heure, voilà qui est parler à la française, sans ambages et sans réticences; mais rassurez-vous, je n'abuserai pas de la latitude que vous me donnez en vous conservant malgré vous auprès de moi; peut-être même, si vos idées vagabondes vous tiennent toujours au cœur, vous ferai-je d'ici quelques jours une proposition qui vous sourira.

— Laquelle? m'écriai-je vivement.

— Je vous le dirai ; mais, chut! nous voici arrivés.

En effet, cinq minutes plus tard nous entrâmes dans la fazenda entre une double haie de domestiques rangés pour nous recevoir et nous faire honneur.

Je ne m'étendrai pas sur la façon dont l'hospitalité me fut offerte dans cette demeure réellement princière.

Quelques jours s'écoulèrent pendant lesquels mon hôte chercha par tous les moyens à me distraire et à me faire agréablement passer le temps.

Cependant, malgré tous ses efforts pour paraître gai, je remarquai qu'une pensée sérieuse le préoccupait; je n'osais l'interroger craignant de lui paraître indiscret, seulement j'attendais avec impatience qu'il me fît une ouverture qui me permît de satisfaire ma curiosité en lui adressant quelques questions que j'avais incessamment sur les lèvres et que je retenais à grand'peine.

Enfin, un soir, il entra dans ma chambre ; un domestique dont il était accompagné portait plusieurs liasses énormes de papiers.

Après avoir fait déposer sur une table et renvoyé le domestique, don Zéno s'assit près de moi, et après un instant de réflexion :

— Don Gustavio, me dit-il, je vous ai parlé d'une expédition à laquelle j'avais l'intention de vous associer, n'est-ce pas ?

— En effet, répondis-je, et je suis prêt à vous suivre, don Zéno.

— Je vous remercie, mon ami ; mais avant que d'accepter votre consentement, laissez-moi vous donner quelques mots d'explication.

— Faites.

— L'expédition dont il s'agit est des plus sérieuses; elle est dirigée vers des contrées inconnues qui n'ont été que rarement et à de longs intervalles foulées par les pieds des blancs ; nous aurons des obstacles presque infranchissables à surmonter, des dangers terribles à courir; malgré les précautions prises par moi pour assurer notre sûreté, je dois vous avouer que nous risquons de trouver la mort au milieu des hordes de sauvages qu'il nous faudra combattre; moi, mon sacrifice est fait, j'ai mûrement réfléchi et pesé avec soin dans mon esprit toutes les chances de réussite ou d'insuccès que nous devons rencontrer.

— Et vous partez?

— Je pars, oui, parce que j'ai les plus sérieux motifs pour le faire; mais vous, votre position n'est pas la même, si ne me reconnais pas le droit de vous entraîner à ma suite dans une tentative désespérée, dernier coup d'une partie commencée depuis longues années et dont le résultat doit, à part votre amitié pour moi, vous demeurer indifférent.

— Je partirai avec vous, don Zéno, quoi qu'il advienne, mon parti est pris, ma résolution ne changera pas.

Il garda un instant le silence.

— C'est bien, me dit-il enfin d'une voix émue, je n'insisterai pas davantage; plusieurs fois nous avons, entre nous, parlé des Paulistas, vous m'avez demandé des renseignements sur eux, ces renseignements vous les trouverez dans ces notes que je vous laisse; lisez-les attentivement, elles vous apprendront les motifs de l'expédition que je tente aujourd'hui; et lorsque vous aurez lu ces notes, la cause que je défends vous paraît encore juste et que vous consentiez toujours à m'accorder votre concours, je l'accepterai avec joie. Adieu, vous avez trois jours devant vous pour apprendre ce qu'il vous faut savoir; dans trois jours nous nous séparerons pour ne plus nous revoir, ou nous partirons ensemble.

Don Zéno Cabral se leva alors, me serra la main et quitta la chambre.

Trois jours après je partais avec lui.

Ce sont ces notes, mises en ordre par moi, suivies de l'expédition à laquelle je pris part, que le lecteur va lire aujourd'hui; je n'ai pris que la précaution de changer certains noms et certaines dates, afin de ne pas blesser la juste susceptibilité de personnes encore existantes et dignes, sous tous les rapports, de la considération dont elles sont entourées au Brésil; mais, à part ces légères modifications, de je pourrais, au besoin, fournir les preuves à l'appui de leur véracité.

J'ai aussi jugé nécessaire de complétement m'effacer dans la dernière partie du récit pour laisser à cette histoire, dont je fais à son tour juge le lecteur, toute sa couleur et tout son cachet de sauvage et naïve grandeur. Puissé-je avoir réussi à intéresser ceux qui me liront, en leur faisant connaître des mœurs si différentes des nôtres, qui s'effacent tous les jours sous la pression incessante de la civilisation et bientôt n'existeront plus que dans le souvenir de quelques vieillards, que le flot du progrès monte rapidement, même dans les contrées les plus éloignées.

PROLOGUE

EL DORADO

I

O Sertâo.

Le 28 juin 1790, vers sept heures du soir, une troupe assez nombreuse de cavaliers déboucha subitement d'une étroite ravine et commença à gravir un sentier assez roide tracé, ou plutôt à gravir le flanc d'une montagne formant l'extrême limite de la sierra de Ibatucata, située dans la province de São Paulo.

Ces cavaliers, après avoir traversé le rio Parana-Pane, se préparaient sans doute à franchir le rio Tieti, si, ainsi que semblait l'indiquer la direction qu'ils suivaient, ils se rendaient dans le gouvernement de Minas Geraés.

Bien vêtus pour la plupart, ils portaient le pittoresque costume des Sertanejos et étaient armés de sabres, pistolets, couteaux et carabines; leur laço pendait roulé, attaché par un anneau au côté droit de leur selle.

Nous ferons remarquer que les bolas, cette arme terrible du gaucho des pampas de la Banda orientale, sont complétement inusitées dans l'intérieur du Brésil.

Ces hommes au teint hâlé, à la mine hautaine, fièrement campés sur leurs chevaux, la main reposant sur leurs armes, prêts à s'en servir, et leurs regards incessamment fixés sur la route et d'éventer les embuscades, offraient aux rayons obliques et sans chaleur du soleil couchant, au milieu de cette nature majestueuse et sauvage, une ressemblance frappante avec ces troupes d'aventuriers paulistas qui, au seizième et au dix-septième siècle, semblaient conduits par le doigt de Dieu pour tenter ces explorations téméraires qui devaient donner de nouvelles contrées à la métropole et finir par refouler dans leurs impénétrables forêts les tribus guerrières et insoumises des premiers habitants du sol.

Cette ressemblance était rendue plus frappante encore, en songeant au territoire que traversaient en ce moment les cavaliers, territoire aujourd'hui habité seulement par des blancs et des métis nomades, chasseurs et pasteurs pour la plupart, mais qui alors était encore parcouru par plusieurs nations indiennes, rendues redoutables par leur haine instinctive pour les blancs et qui, considérant, non sans quelque apparence de raison, cette terre comme leur appartenant, faisaient une guerre sans pitié aux Brésiliens, les attaquant et les massacrant partout où ils les rencontraient.

Les cavaliers dont nous parlons étaient au nombre de trente, en comptant les domestiques affectés à la surveillance d'une dizaine de mules chargées de bagages et qui, en cas d'attaque, devaient se joindre à leurs compagnons dans la défense générale, et pour cette raison étaient armés de fusils et de sabres.

A quelque distance en arrière de cette première troupe en venait une seconde, composée d'une douzaine de cavaliers au milieu desquels se trouvait un palanquin hermétiquement fermé, porté par deux mules.

Ces deux troupes obéissaient évidemment au même chef, car lorsque la première fut parvenue au point culminant de la montagne, elle s'arrêta, et un cavalier fut détaché afin de presser l'arrivée de la seconde.

Les hommes de la deuxième troupe affectaient une certaine tournure militaire et portaient le costume des *soldados da conquista*; ce qui, au premier coup d'œil, pour une personne au fait des mœurs brésiliennes, laissait deviner que le chef de la caravane était non-seulement un personnage riche et puissant, mais encore que son voyage avait un but sérieux et hérissé de périls.

Malgré la chaleur du jour qui finissait en ce moment, ces soldats se tenaient droits en selle et portaient, sans en paraître nullement incommodés, l'étrange accoutrement qui est le plus souvent une expédition, c'est-à-dire la cuirasse nommée *gibao de armas*, espèce de casaque rembourrée en coton et piquée, qui descend jusqu'aux genoux, défend aussi les bras et les préserve, mieux que toute autre armure, des longues flèches indiennes.

Comme, lorsqu'ils poursuivent les sauvages dans les forêts, ils sont contraints d'abandonner leurs chevaux avec lesquels ils ne pourraient pénétrer dans les forêts vierges, ils ont au côté une espèce de grande serpe nommée *façao*, qui leur sert à trancher les lianes et à s'ouvrir un passage; ils ont en outre chacun une espingole ou un fusil sans baïonnette qu'ils ne chargent ordinairement qu'avec du gros plomb à cause de la presque impossibilité de diriger une balle avec certitude dans les inextricables fouillis de verdure rendus plus épais encore par la disposition bizarre des branches et l'enchevêtrement des lianes.

Ces soldats sont extrêmement redoutés des Indiens et des nègres marrons qu'ils ont surtout mission de traquer et de surprendre. Indiens eux-mêmes pour la plupart ou métis, ils connaissent à fond toutes les ruses des sauvages, luttent constamment de finesse avec eux et ne leur font jamais qu'une guerre d'embuscade.

Ils sont fort estimés dans le pays à cause de leur courage, de leur sobriété et de leur fidélité à toute épreuve; aussi la présence d'une douzaine d'entre eux dans la caravane était-elle un indice certain de la position élevée qu'occupait dans la société brésilienne le chef de l'expédition ou du moins de la troupe de voyageurs.

La caravane s'était arrêtée, avons-nous dit, sur le point culminant de la montagne; de cette hauteur la vue planait de tous les côtés à une distance considérable sur un magnifique paysage de forêts, de vallées accidentées traversées par d'innombrables cours d'eaux, mais pas une maison, pas une hutte ne venait animer cette splendide et sauvage nature; c'était bien le sertao, c'est-à-dire le désert dans toute sa majestueuse et abrupte splendeur.

Les voyageurs, peu sensibles aux attraits du magique kaléidoscope qui se déroulait devant eux, et, d'ailleurs, fatigués d'une longue route faite à travers des chemins presque impraticables, tandis qu'un soleil torride déversait à profusion ses rayons incandescents sur leurs têtes, se hâtèrent d'installer leur campement de nuit.

Tandis que quelques-uns d'entre eux déchargeaient les mules et entassaient les ballots, d'autres dressaient une tente au milieu de ce camp improvisé, les plus vigoureux faisaient un abatis d'arbres centenaires destinés à servir de retranchements provisoires, et les derniers allumaient les feux destinés aux apprêts du soir, feux qui devaient être entretenus toute la nuit, afin d'éloigner les bêtes fauves.

Lorsque le campement fut complètement installé, une tente de haute mine, de vingt-huit à trente ans au plus, dont les manières aristocratiques, le regard fier et la parole brève dénotaient l'habitude du commandement, donna l'ordre de faire approcher le palanquin qui, jusqu'à ce moment, était demeuré arrêté en dehors des lignes, toujours entouré de son escorte.

Le palanquin s'avança aussitôt jusqu'au près de la tente et s'ouvrit; le rideau de la tente s'agita, puis il retomba sans qu'il fût possible de savoir à quel sexe appartenait la personne qu'il renfermait et qui venait de le quitter; le palanquin s'éloigna aussitôt. Les soldats, qui avaient probablement reçu antérieurement une consigne sévère, entourèrent, à portée de pistolet, la tente de laquelle ils ne laissèrent approcher personne.

Le chef de la caravane, après avoir assisté à l'exécution de l'ordre qu'il avait donné, se retira sous sa tente un peu plus petite, dressée à quelques pas de la première, et, se laissant tomber sur un siège, il ne tarda pas à se plonger dans de profondes réflexions.

Ce cavalier, ainsi que nous l'avons dit, était un homme de vingt-huit à trente ans, aux traits fins et aristocratiques, d'une beauté et d'une délicatesse presque féminines; sa physionomie, douce et affable au premier aspect, perdait cependant cette apparence dès qu'on l'étudiait avec soin, pour prendre une expression de méchanceté railleuse et cruelle qui inspirait la crainte et presque la répulsion; ses grands yeux noirs avaient un regard vague qui ne se fixait que rarement; sa bouche, garnie de dents d'une éclatante blancheur, surmontée d'une fine moustache noire cirée avec soin, ne s'entr'ouvrait que pour laisser filtrer entre ses lèvres un peu minces, un sourire ironique qui en relevait légèrement les coins. Tel qu'il était cependant, pour des yeux superficiels c'était un

admirable cavalier rempli de noblesse et de séduisante désinvolture.

À peine était-il depuis une vingtaine de minutes seul sous sa tente, si absorbé en lui-même qu'il semblait avoir non-seulement oublié les fatigues d'une longue journée passée tout entière à cheval, mais encore le lieu où il se trouvait, que le rideau de la tente se souleva doucement pour livrer passage à un homme qui, après s'être assuré par un regard circulaire que le cavalier dont nous avons esquissé le portrait était bien seul, fit deux pas dans l'intérieur, ôta son chapeau et attendit respectueusement que celui auquel il se présentait lui adressât la parole.

Ce personnage formait avec le premier le plus complet et le plus brutal contraste; c'était un homme jeune encore, aux formes musculeuses, aux traits anguleux, à la physionomie basse, cruelle et chafouine, empreinte d'une expression de méchanceté sournoise; son front bas et déprimé, ses yeux gris, ronds, profondément enfoncés sous l'orbite et assez éloignés l'un de l'autre, son nez long et recourbé, ses pommettes saillantes, sa bouche grande et sans lèvres lui donnaient une lointaine ressemblance avec un oiseau de proie de l'espèce la moins noble; sa tête monstrueuse, supportée par un cou gros et court, était enfoncée entre deux épaules d'une largeur démesurée; ses bras mal attachés, mais recouverts de muscles énormes lui donnaient une apparence de force brutale extraordinaire, mais dont l'aspect général avait quelque chose de repoussant. Cet individu, qu'il était facile de reconnaître tout de suite pour un métis mamaluco (1), portait le costume des sertanejos, mais ce costume cependant fort élégant et surtout fort pittoresque, loin de relever sa tournure et de dissimuler sa laideur, ne servait pour ainsi dire qu'à la rendre plus hideuse.

Plusieurs minutes s'écoulèrent sans que le jeune homme parût s'apercevoir de la présence de son singulier visiteur; celui-ci, fatigué sans doute de cette longue attente, et désirant la faire cesser au plus vite, ne trouva pas de moyen plus efficace que celui de laisser tomber sur le sol la lourde carabine sur laquelle il s'appuyait. Au bruit retentissant de l'arme sur les pierres, le jeune homme tressaillit et releva brusquement la tête. Reconnaissant alors l'homme qui se tenait devant lui, immobile et roide comme une idole indienne, il passa à plusieurs reprises la main sur son front comme pour en chasser des pensées importunes, dissimula un mouvement de dégoût et, affectant de sourire:

— Ah! c'est vous, Malco Diaz? lui dit-il.

— Oui, monsieur le marquis, c'est moi, répondit le mamaluco d'une voix basse et à demi étouffée.

— Eh bien! que me voulez-vous encore?

— Eh! fit l'autre avec un ricanement mal, la réception que me fait Votre Seigneurie n'est guère caressante. Voilà deux jours que je ne vous ai parlé.

— Je n'ai pas besoin, je le suppose, de me gêner avec vous; à quoi bon me gêner? n'êtes-vous pas à ma solde, et par conséquent mon serviteur? reprit le marquis avec une nuance de hauteur, destinée sans doute à rappeler à son interlocuteur la distance que les convenances sociales établissaient entre eux.

— C'est juste, répondit l'autre, un serviteur est un chien et il doit être traité comme tel, cependant, vous connaissez le proverbe: A bom jogo boa volta (1).

— Faites-moi grâce de vos stupides proverbes, je vous prie, et dites-moi sans plus de détours ce qui vous amène, répondit le jeune homme avec impatience.

Le mamaluco fixa sur le marquis un regard d'une expression sinistre.

— Au fait, reprit-il, Votre Seigneurie a raison, mieux vaut en finir tout de suite.

— J'attends!

— Je viens régler mes comptes avec vous, senhor; voilà tout en deux mots.

— Hein! fit le jeune homme, régler vos comptes, qu'est-ce à dire, velhaco?

— Velhaco ou non, monsieur le marquis, je désire régler avec vous.

— Je ne vous comprends pas, expliquez-vous, mais soyez bref, je vous prie, je n'ai pas de temps à perdre à écouter vos pataratas.

— Je ne demande pas mieux, monsieur le marquis, encore que ce ne soient pas des pataratas, ainsi qu'il vous plaît de le dire.

— Voyons, au fait.

— Eh bien! le fait, le voici, Seigneurie, je me suis engagé avec vous pour deux mois, à Rio Janeiro, afin de vous servir de guide, moyennant quatre onces espagnoles par mois, ou, si vous le préférez, cent six mille reis (1); n'est-il pas vrai, Seigneurie?

— Parfaitement, seulement vous oubliez, maître Malco Diaz, que vous avez reçu, sur votre demande, avant de quitter Rio Janeiro.

— Un mois d'avance, interrompit le mamaluco, je me le rappelle très bien, au contraire, Seigneurie.

— Que demandez-vous, alors?

— Dame, je demande le reste.

— Comment le reste, pour quelle raison, s'il vous plaît?

— Oh! pour une raison bien simple, Seigneurie, c'est que notre marché expirant demain à dix heures du matin, je préfère régler avec vous ce soir que de vous causer ce dérangement pendant la marche.

— Comment, y a-t-il déjà si longtemps que nous sommes en route?

— Calculez, Seigneurie.

— En effet, tout autant, reprit-il tout pensif.

Il y eut un assez long silence, le jeune homme le rompit brusquement; et, relevant la tête en même temps qu'il regardait le métis bien en face.

— Ainsi, vous désirez me quitter, Malco Diaz, lui dit-il d'un ton plus amical que celui qu'il avait employé jusqu'alors.

— Mon engagement n'est-il pas terminé, Seigneurie?

— Effectivement, mais vous pouvez le renouveler.

Le mamaluco hésita, son maître ne le quittait pas du regard; il parut enfin prendre une résolution.

— Tenez, Seigneurie, dit-il, laissez-moi vous parler franchement.

— Parlez.

— Eh bien! vous êtes un grand seigneur, un marquis, c'est vrai; moi je ne suis qu'un pauvre diable auprès de vous, bien petit et bien infime; cependant, tout misérable que vous me supposez, il est une chose inappréciable pour moi, bien que j'aie commis la sottise d'aliéner une fois.

— Et ce bien, c'est...

— Ma liberté, Seigneurie, mon indépendance, le droit d'aller et de venir, sans rendre à personne compte de mes pas, de parler sans avoir besoin de mesurer mes paroles et de choisir mes expressions; je reconnais humblement que je ne suis pas fait pour être domestique. Que voulez-vous, nous autres sertanejos, nous sommes ainsi faits, que nous préférons la liberté avec la misère à la richesse avec l'esclavage; c'est stupide, je le sais, mais c'est comme cela.

— Avez-vous tout dit.

— Tout, oui, Seigneurie.

— Mais vous n'êtes pas domestique, vous me servez de guide, voilà tout.

(1) On donne ce nom aux métis nés d'un blanc et d'une Indienne, et vice versâ. G. Aimard.
(1) A beau jeu, beau retour.

(1) Le reis est une monnaie fictive, cette formidable somme fait, argent de France, environ 340 fr. seulement.

— C'est vrai, Seigneurie; mais souvent malgré vous, vous oubliez le guide pour ne songer qu'au domestique, et moi je ne puis m'habituer à être traité de cette façon; mon orgueil se révolte malgré moi, je sens mon sang bouillonner dans mes veines, et je crains que la patience m'échappe.

Un sourire de mépris erra sur les lèvres du jeune homme.

— Ainsi, répondit-il, le motif que vous me donnez est le seul qui vous pousse à me quitter?

— C'est le seul, Seigneurie.

— Mais, si fort satisfait de vos services je vous proposais cinq quadruples au lieu de quatre, vous accepteriez sans doute?

Un éclair de convoitise jaillit de l'œil voilé du mamaluco, mais aussitôt il s'éteignit.

— Pardonnez-moi, Seigneurie, dit-il, je refuserais.

— Même si je vous en offrais six?

— Même si vous m'en offriez dix?

— Ah! fit le marquis en se mordant les lèvres.

Il était évident que le jeune homme était en proie à une sourde colère, qu'il ne renfermait qu'avec peine.

— Quand comptez-vous nous quitter? dit-il.

— Lorsque Votre Seigneurie me le permettra.

— Mais si j'exigeais que vous demeurassiez avec nous jusqu'à demain matin dix heures?

— Je resterais, Seigneurie.

— C'est bien, dit le jeune homme d'un ton d'indifférence, je vois que c'est un parti pris de votre part.

— Oh! complétement, Seigneurie.

— Je vais donc vous payer immédiatement ce que je reste vous devoir; vous serez libre ensuite de vous éloigner à l'instant si bon vous semble.

Le mamaluco fit un geste ressemblant au remerciement, mais il ne prononça pas une parole.

Le jeune homme tira plusieurs pièces d'or d'une bourse et les présenta au métis.

— Prenez, dit-il.

Malco avança la main, mais se ravisant aussitôt:

— Pardon, Seigneurie, dit-il, mais vous vous trompez.

— Moi! comment cela?

— Dame! vous ne me devez que quatre onces, à ce me semble.

— Eh bien?

— Vous m'en donnez huit.

— Je vous donne quatre onces parce que je vous les dois, et j'en ajoute quatre autres parce que, avant de vous quitter, je veux vous donner une preuve de ma satisfaction pour la façon dont vous avez rempli votre devoir pendant le temps que vous êtes demeuré à mon service.

Une seconde fois le mamaluco hésita, mais faisant un violent effort sur lui-même et reculant d'un pas comme s'il eût voulu échapper à la fascination exercée sur lui par la vue du métal, il posa, bien qu'avec une répugnance visible, quatre des pièces d'or sur un coffre, en répondant d'une voix étrangée par une émotion intérieure:

— Je vous suis fort reconnaissant, Seigneurie, mais je ne saurais accepter un aussi riche cadeau.

— Pourquoi donc, s'il me plaît de vous le faire Malco, ne suis-je pas le maître de disposer de ce qui m'appartient et de vous témoigner ma satisfaction?

— Oui, Seigneurie, vous êtes libre de faire cela, mais je vous répète que je n'accepterai pas.

— Au moins, vous me donnerez l'explication de cette énigme, car si je ne me trompe pas sur votre compte, vous n'êtes pas autrement organisé que les autres hommes, et vous aimez l'or.

— Oui, Seigneurie, lorsqu'il est loyalement gagné, mais je ne suis pas un mendiant, pour accepter une rémunération à laquelle je re-

connais n'avoir aucun droit.

— Ces sentiments vous font honneur, répondit le jeune homme avec une mordante raillerie; je vous en félicite, je retire ma proposition.

Il reprit alors les quatre pièces d'or, les fit un instant sauter dans sa main, puis il les remit dans sa bourse.

— Maintenant, nous sommes quittes.

— Oui, Seigneurie.

— Et nous nous séparons bons amis?

— Bons amis.

— Passez-vous la nuit au camp?

— Je suis jusqu'à demain aux ordres de Votre Seigneurie.

— A mon tour, je vous remercie señhor Malco, nos affaires sont terminées maintenant à notre satisfaction mutuelle, rien ne vous retient plus près de moi, je vous laisse donc libre de partir quand cela vous plaira.

— Alors, puisque mon cheval est encore sellé, je profiterai de votre permission, Seigneurie.

— Ah! ah! il paraît que vous aviez prévu le cas?

Le mamaluco, malgré son impudence, tressaillit imperceptiblement.

— Maintenant, adieu, reprit le jeune homme, vous êtes libre, puisque bien vous fasse; seulement comme, ainsi que vous l'avez dit vous-même, nous nous séparons amis, tâchons de demeurer toujours dans les mêmes termes.

— Je ne vous comprends pas, Seigneurie.

— Souvenez-vous du proverbe que vous m'avez cité au commencement de notre entretien, et faites-en votre profit; sur ce, bon voyage.

Et il ordonna au mamaluco de se retirer. Celui-ci, fort mal à son aise sous le regard inquisiteur du marquis, ne se fit pas répéter l'invitation; il salua gauchement et sortit de la tente.

Il alla prendre son cheval, qu'il avait attaché à quelques pas à un piquet, se mit en selle et s'éloigna d'un air pensif, descendant au petit trot la montagne dans la direction du Sertao, à l'entrée duquel la caravane avait établi son bivouac.

Lorsqu'il fut assez éloigné pour ne pas craindre d'être vu, il fit un brusque crochet sur la droite et retourna sur ses pas, en évitant avec le plus grand soin de donner l'éveil aux sentinelles brésiliennes.

— Diable d'homme! murmurait-il à voix basse tout en surveillant attentivement les buissons et les halliers de crainte de surprise, il est évident qu'il se doute de quelque chose; je n'ai pas un instant à perdre, car, je le connais, si je me laisse prévenir, je suis un homme perdu; oui, mais je ne me laisserai pas prévenir, il est trop belle proie que je me mette à tous mes soins à la conduire à bonne fin; nous verrons qui l'emportera de moi ou de ce beau seigneur musqué.

Faisant alors vigoureusement sentir l'éperon à son cheval, le mamaluco lui fit prendre le galop, ne tarda pas à disparaître dans l'obscurité; car, pendant son entretien avec son ancien maître, la nuit était tombée et d'épaisses ténèbres couvraient la terre.

Cependant, aussitôt que le mamaluco eut quitté la tente, le marquis se leva avec un geste de colère et de menace, mais, se laissant presque aussitôt retomber sur son siège:

— Non, dit-il d'une voix sourde, donnons-lui le temps de s'éloigner, laissons-lui une sécurité complète; le traître ne me croit pas aussi bien informé. Oh! je me vengerai cruellement de la contrainte que je me suis imposée devant lui! une preuve! une seule! mais cette preuve il me la faut, je veux l'avoir!

Il se leva de nouveau, souleva le rideau de la tente, et jeta un regard au dehors; la plus grande tranquillité, le calme le plus complet régnaient dans le camp; le marquis appela alors à deux reprises différentes, d'une voix contenue:

— Diogo! Diogo!

À cet appel qu'il semblait attendre, un homme s'approcha presque immédiatement.

— Me voilà, dit-il.

— Entrez vite, reprit le marquis.

Cet homme était le chef des soldados da conquista, il entre.

Le rideau de la tente retomba derrière lui.

II

Tarou-Niom (1).

De tous les Indiens du nouveau monde, les aborigènes du Brésil sont ceux qui ont défendu le plus opiniâtrement leur indépendance et lutté avec le plus d'acharnement contre l'envahissement de leur territoire par les blancs. Aujourd'hui encore, cette guerre commencée aux premiers jours de la conquête se continue, aussi implacable des deux parts, sans que l'issue s'en puisse prévoir autrement que par l'entière destruction de la race infortunée et déplorablement spoliée par les Européens.

Nous croyons nécessaire, pour l'intelligence de cette histoire, d'entrer dans quelques détails sur les mœurs de ces nations dont beaucoup n'existent plus aujourd'hui et dont les autres, ne tarderont pas, à moins d'un miracle, à disparaître à jamais de la surface du globe.

L'histoire des origines américaines est encore aujourd'hui un mystère; une seule chose, à notre avis, est maintenant prouvée, c'est que la population de l'Amérique opérée graduellement et sur plusieurs points l'a été par des races différentes, qui elles-mêmes ont asservi, ainsi que le démontrent d'anciens monuments, ceux de Palenque entre autres, dont la date est plus ancienne que les plus vieux monuments égyptiens, ont asservi, disons-nous, une race autochthone dont il n'est plus possible aujourd'hui de découvrir l'origine, mais qui avait atteint un état de civilisation avancée.

Les grandes nations indiennes qui couvraient le sol du Brésil à l'époque de la conquête, les Botocudos ou Botocudis, les Tubaïaras, les Tupinambas, les Tumoyos, les Tupiniquins, les Aymorés, et tant d'autres trop nombreuses pour être citées, sont détruites ou réduites à un trop petit nombre pour continuer à former un corps de nation; elles se sont fondues les unes dans les autres, et, tout en se retirant pas à pas devant les blancs, elles ont formé des confédérations afin de résister plus facilement à l'envahissement de leur territoire, et ont ainsi donné naissance aux tribus qui, aujourd'hui, continuent la guerre.

Les principales nations existant aujourd'hui au Brésil sont les Botocudos ou Botocudis, descendants des Aymorés dont ils ont conservé presque toutes les coutumes, entre autres celle de s'introduire dans la lèvre inférieure un disque de bois, de jade vert ou de coquillage large souvent de deux ou trois pouces.

Viennent ensuite les Patachos, les Machacutis, les Malalis, les Maconis, les Camacans (ceux-ci sont civilisés), les Mucunis, les Panhames, les Capochos, et beaucoup d'autres encore, mais moins importantes et qui sont plutôt de simples tribus que des nations. Ces Indiens, indépendants presque tous et menant la vie nomade, se sont réservé dans les dé-

---

(1) En botocoudo, tarou, soleil; niom, venir; soleil levant. — G. Aimard.

serts et les forêts vierges du Brésil des repaires inexpugnables d'où ils bravent presque avec impunité la puissance portugaise.

Bien que toujours en guerre entre eux, car le plus futile prétexte leur suffit pour s'entre-détruire, cependant ils oublient leur haine et se liguent ensemble dès qu'il s'agit d'attaquer les blancs; aussi sont-ils tellement redoutés des Portugais que ceux-ci les traquent comme des bêtes fauves et les exterminent sans pitié, lorsque, ce qui est rare à cause de leur finesse et de leur astuce poussées à un degré fabuleux, ils réussissent à les surprendre.

Le principal reproche adressé par les historiens anciens comme par les modernes, aux Indiens est celui d'anthropophagie.

Malheureusement, malgré les énergiques dénégations des Indiens, cette coutume horrible ne peut pas être mise en doute. Depuis le malheureux Hans Staden, prisonnier au seizième siècle des Tupinambas et auquel son maître, le féroce Konian-Bèbe, disait avec d'affreuses menaces qu'il avait déjà dévoré cinq Européens, jusqu'à aujourd'hui l'anthropophagie s'est conservée parmi les indigènes du Brésil.

Cette épouvantable coutume n'est pas pour eux le résultat du manque d'aliments; ils mangent par goût, et quelquefois par vengeance, la chair humaine. Souvent, après une bataille, ils dévorent leurs prisonniers, réservent seulement les têtes qu'ils momifient et conservent comme trophées.

Cependant, pour être juste, nous constaterons ici que quelques tribus, sept ou huit, peut-être, ont toujours su se garder de cette affreuse coutume et sont demeurées pures de ce crime.

Au fur et à mesure que nous avancerons dans notre récit, nous donnerons des détails plus circonstanciés sur les mœurs singulières et bizarres des nations brésiliennes, mœurs à peu près ignorées en France. Cependant elles sont d'autant plus intéressantes à connaître, que dans un jour prochain elles n'existeront plus qu'à l'état de fossiles, à cause des progrès incessants de la civilisation qui amèneront l'extinction complète de la race aborigène dans ces contrées, de même que dans toutes les autres parties du nouveau monde.

À une dizaine de lieues environ du plateau où la caravane dont nous avons précédemment parlé avait campé pour la nuit, le même jour, un peu avant le coucher du soleil, dans une vaste clairière située sur la rive gauche du Rio Paraguay, à l'entrée d'une caatinga ou forêt basse assez étendue, trois hommes assis sur des troncs d'arbres morts et renversés sur le sol avaient entre eux une conversation fort animée.

Ces personnages, bien qu'il fût facile au premier coup d'œil de les reconnaître pour Indiens, appartenaient cependant sinon à des races, du moins à des nations complètement distinctes.

Le premier, autant qu'on pouvait le supposer, car l'âge des Indiens est extrêmement difficile à préciser, était un homme qui pouvait avoir le milieu de la vie, c'est-à-dire trente-cinq à quarante ans; sa taille était haute et bien proportionnée; ses membres vigoureux et bien attachés montraient une grande vigueur; ses traits réguliers auraient été beaux s'ils n'eussent été défigurés par des peintures et des tatouages bizarres, incisés à la pointe du diamant; mais, en l'examinant avec soin, on voyait briller dans ses yeux une finesse qui dénotait une intelligence peu commune; la noblesse de ses gestes et sa contenance fière et hautaine donnaient à toute sa personne un cachet de grandeur sauvage parfaitement en harmonie avec le sombre et mystérieux paysage dont il était le centre.

Le costume de cet Indien, quelque fort simple, ne manquait cependant ni de grâce, ni d'élégance; le bandeau d'un rouge vif, dans lequel étaient fichées quelques plumes d'aras et qui lui ceignait la tête dont les cheveux étaient rasés comme ceux des re-

ligieux franciscains, dénonçait non-seulement sa nationalité de chef; un collier en dents de jaguar entourait son cou, un poncho aux couleurs voyantes était jeté sur ses épaules, son large caleçon de cuir tombant au genou était serré aux hanches par une ceinture en peau de tapir dans laquelle était passée un long coutelas; ses jambes étaient protégées contre les morsures des serpents par des bottes faites avec le cuir des jambes de devant d'un cheval, enlevé d'une seule pièce, et tout chaud encore, entré comme un fourreau, de sorte que ce cuir, en se séchant, avait pris la forme des membres qu'il devait préserver.

Outre le couteau pendant à sa ceinture, le chef guaycurus avait posé sur le sol, auprès de lui, un carquois de quatre pieds de long, en peau de tapir, rempli de flèches; un arc de palo d'arco poli et luisant, d'une force et d'une dimension peu communes, gisait près du carquois et à portée de sa main; appuyé contre un palmier, se trouvait une énorme lance, longue d'au moins quinze pieds et armée d'un fer tranchant, garni à son extrémité inférieure d'une touffe de plumes d'autruche.

Le second Indien était à peu près du même âge que son interlocuteur; les traits de son visage, malgré la peinture et les tatouages qui les défiguraient, étaient beaux, et sa physionomie, douée d'une extrême mobilité, il était vêtu et armé comme le premier; seulement, à la coiffure faite avec le cocon fibreux et élastique de la fleur du palmier ubassa, qui lui couvrait le sommet de la tête, il était facile de le reconnaître pour un chef payagoas, nation presque aussi puissante que celle des Guaycurus, et qui a avec elle une origine commune, bien que souvent elles soient en guerre l'une contre l'autre.

Le dernier Indien était le pauvre diable, à demi-nu, maigre, courbé, d'une apparence timide et maladive: un esclave, selon toute probabilité; il se tenait craintivement hors de portée de voix des deux chefs, dont il surveillait les chevaux qu'il était chargé de garder. Ces chevaux, peints comme leurs maîtres de différentes couleurs, n'avaient pour tout harnachement qu'une selle grossière, garnie d'étriers de bois, recouverte d'une peau de tapir, et à droite et à gauche de laquelle pendaient un lasso et ces redoutables bolas; on guise de bride, ils n'avaient qu'une corde filée avec les fibres de l'ananas sauvage.

Au moment où nous mettons en scène nos trois personnages, le chef guaycurus parlait, tout en fumant une espèce de calumet fait de feuilles de palmier roulé, écouté avec la plus sérieuse déférence par l'autre chef, qui se tenait debout devant lui, appuyé nonchalamment sur sa longue lance.

— L'homme que mon frère Emavidi-Chaïmé m'a annoncé ne vient pas, dit-il, le soleil descend rapidement sous la terre; plusieurs heures se sont écoulées depuis que j'attends au rendez-vous; que pense le chef des Payagoas?

— Il faut attendre encore; l'homme viendra; il a promis; bien que dégénéré, ce n'est point une face pâle; il a dans les veines quelques gouttes du sang des Tupis.

Le Guaycurus hocha à plusieurs reprises la tête d'un air de dédain.

— Quel est le nom de cet homme? reprit-il.

— Tarou-Niom le connaît; il a une fois déjà traité avec lui; c'est un mamaluco: son nom est Malco Diaz.

— Je l'ai vu, dit laconiquement le chef en penchant d'un air pensif la tête sur sa poitrine.

Il y eut un silence de quelques instants; ce fut le Guaycurus qui le rompit.

— Mon frère Emavidi-Chaïmé a-t-il vu jamais, dit-il d'une voix sourde, les jaguars s'attaquer entre eux et se faire la guerre?

— Jamais, répondit le chef payagoas.

— Alors, pourquoi le chef croit-il à la bonne foi de cet homme? Le sang indien,

s'il lui en reste quelques gouttes, est tellement mêlé dans ses veines avec celui des blancs et des noirs, qu'il a perdu toute sa vigueur et n'est plus qu'une eau rougeâtre sans qualité efficace.

— Mon frère parle bien, ses paroles sont justes, aussi n'est-ce pas sur la bonne foi de ce mamaluco que je compte.

Tarou-Niom leva la tête.

— Sur quoi donc alors? demanda-t-il.

— Sur sa haine, d'abord, et ensuite...

— Ensuite?...

— Sur son avarice.

Le chef Guaycurus réfléchit un instant.

— Oui, reprit-il enfin, c'est à ces deux sentiments seuls qu'on doit s'adresser lorsqu'on veut s'allier à ces chiens sans foi; mais ce mamaluco n'est-il pas un Paulista?

— Non, c'est au contraire un Sertanejo.

— Les blancs, n'importe à quelle classe ils appartiennent sont toujours mauvais; quelle garantie ce Malco a-t-il donné au capitao des Payagoas?

— La meilleure que je puisse désirer; son fils, qu'il avait chargé de me porter son message, est venu dans mon village avec deux esclaves noirs; un esclave est reparti, mais l'autre est demeuré avec l'enfant, entre les mains de mes guerriers.

— Bon, répondit Tarou-Niom avec un geste de satisfaction, je reconnais à ce trait la prudence de mon frère Emavidi-Chaïmé; si le père est un traître, l'enfant mourra.

— Il mourra.

Le silence régna de nouveau pendant un laps de temps assez long entre les deux interlocuteurs.

Le soleil avait complètement disparu, l'ombra couvrait la terre, les ténèbres enveloppaient comme d'un linceul funèbre la forêt où se trouvaient les deux hommes; déjà, dans les profondeurs inexplorées du désert, de sourds rugissements commençaient à retentir et annonçaient le réveil des hôtes sinistres de la nuit.

L'esclave qui était un Indien mundrucus, sur l'ordre de son maître Tarou-Niom, le capitao des Guaycurus, — car les Indiens de cette nation ont adopté les titres portugais, — rassembla du bois sec, en forma une espèce de bûcher entre les deux chefs et y mit le feu, afin que la lueur éloignât les bêtes fauves.

— Il est bien tard, dit encore le Guaycurus.

— La route est longue pour venir ici, répondit laconiquement le Payagoas.

— Le mamaluco a-t-il expliqué à mon frère pour quelle raison il désirait le concours de ses guerriers et des miens.

— Non, Malco est prudent, un esclave peut trahir la confiance de son maître et vendre son secret à un ennemi; le mamaluco se réserve de nous instruire lui-même de l'affaire qu'il nous veut proposer; mais je connais Malco depuis longtemps déjà, et je sais que jusqu'à un certain point nous aurions tort de ne pas nous fier à lui.

— Bon! répondit le chef avec hauteur; à moi, que m'importe cet homme? je ne suis venu que sur l'invitation de mon frère; je sais que lui ne me trahira pas, cela me suffit.

— Je remercie mon frère Tarou-Niom de son opinion sur moi; depuis longtemps déjà je lui suis dévoué.

En ce moment, on entendit un bruit éloigné, léger, presque insaisissable d'abord, mais qui se rapprocha rapidement et ressembla bientôt au grondement d'un tonnerre lointain.

Les deux Indiens prêtèrent l'oreille pendant quelques secondes, puis ils échangèrent un sourire.

— C'est le galop d'un cheval, dit Tarou-Niom.

— Dans quelques minutes, il sera ici.

Les chefs ne s'étaient pas trompés; c'était en effet le galop furieux d'un cheval qui arrivait avec une extrême rapidité.

Bientôt les branches se brisèrent, les buissons s'écartèrent sous l'effort puissant du poitrail d'un cheval lancé à toute course, et un cavalier bondit dans la clairière.

Arrivé à deux pas des guerriers, il arrêta court sa monture, sauta à terre et abandonna la bride à l'esclave, qui s'en empara et conduisit le noble animal auprès des deux autres qu'il surveillait déjà.

Le cavalier, qui n'était autre que le mamaluco que nous avons déjà présenté au lecteur dans la tente du marquis, salua les Indiens et s'assit en face d'eux.

— Mon ami a bien tardé, lui dit au bout d'un instant le Payagoas.

— C'est vrai, capitao, répondit Malco en essuyant au revers de la main droite son front couvert de sueur; depuis longtemps déjà j'aurais dû être ici; mais cela m'a été impossible : mon maître a campé dans un lieu plus éloigné que je ne le supposais, et, malgré mon vif désir d'être exact au rendez-vous que je vous avais assigné, il m'a été impossible de venir plus tôt.

— Bon; ce n'est rien, puisque voilà le Sertanejo. Quelques heures de perdues ne sont rien, si l'affaire qu'il nous veut proposer est bonne.

— Bonne, je la crois telle; d'ailleurs, vous la jugerez; êtes-vous toujours résolus de rompre la trêve que, il y a sept lunes, vous avez conclue avec les blancs?

— Que fait cela au Sertanejo? répondit sèchement le Guaycurus.

— J'ai besoin de le savoir avant de vous expliquer ce qui m'amène.

— Que le guerrier parle, des capitaos l'écoutent; ils jugeront de la franchise de ses paroles.

— Fort bien. Voici pourquoi je vous ai de prime abord adressé cette question : je sais la loyauté que vous apportez dans toutes vos transactions, même avec les blancs, malgré la haine que vous avez pour eux; si vous consentiez, comme on vous en prie, je le sais depuis quelques jours, à prolonger la trêve, je n'aurais rien à vous proposer, par la raison toute simple que vous refuseriez, j'en suis convaincu d'avance, de m'accorder votre concours contre des gens avec lesquels vous seriez en paix et que nulle considération ne vous persuaderait de trahir. Vous voyez que je vous parle loyalement.

Ces paroles, qui témoignaient du respect des Indiens pour la foi jurée et de l'honnêteté qu'ils apportent dans leurs relations avec leurs mortels ennemis, furent, malgré l'éloge qu'elles renfermaient, écoutées froidement et presque avec indifférence par les deux chefs.

— Deux soleils déjà se sont écoulés, répondit fièrement le Guaycurus depuis que j'ai fait signifier aux Paulistas la rupture de la trêve.

Malco Diaz, si maître qu'il fût de lui-même, ne put contenir un geste de satisfaction à cette déclaration si nette et si péremptoire.

— Ainsi, vous avez recommencé la guerre? dit-il.

— Oui, répondit simplement l'Indien.

— Alors, tout est bien, fit le métis.

— J'attends, reprit le Guaycurus.

— Mais il n'y avait donc pas quelque chose que le mamaluco...

La nuit s'avance, le Sertanejo n'est pas venu aussi vite au rendez-vous que lui-même a donné, pour parler de choses futiles aux puissants capitaos, ajouta le Payagoas.

Malco Diaz sembla se recueillir pendant quelques minutes, puis il reprit la parole.

— Je vous compter sur mes frères? dit-il en jetant aux Indiens un regard de vipère sous ses sourcils croisés.

— Nous sommes des guerriers, que le mamaluco s'explique; si ce qu'il veut faire peut être avantageux à la guerre qui recommence, nous le servirons nous-mêmes, répondit Tarou-Niom, en éteignant un sourire de mépris entre ses lèvres serrées.

Le métis connaissait trop bien les Indiens pour ne pas comprendre l'intention ironique des paroles prononcées par le chef guaycurus. Cependant, il sembla ne pas avoir saisi cette intention, et il reprit d'un ton dégagé:

— Je vous amène une caravane nombreuse, d'autant plus facile à surprendre que, n'ayant point la moindre méfiance et croyant que la trêve existe toujours, elle marche presque sans se garder.

— Ah! firent les deux Indiens.

— Oui, reprit Malco, je suis d'ailleurs d'autant plus certain de ce que j'avance, que depuis deux lunes, c'est-à-dire depuis le jour où cette caravane a quitté Netherohy (1), c'est moi qui lui ai servi de guide.

— Bon, ainsi le doute n'est pas possible? dit le Guaycurus.

— En aucune façon.

— Et vers quels pays se dirige cette caravane?

— Elle ne compte s'arrêter que lorsqu'elle aura atteint le rio San Lorenço.

Malco Diaz comptait beaucoup, pour la réussite de ses projets, sur l'effet produit par cette révélation; en effet, le rio San Lorenço est situé au cœur du pays habité et possédé par les Guaycurus; mais il se trompa, les deux chefs demeurèrent froids et immobiles, et il fut impossible d'apercevoir sur leurs visages impassibles la moindre trace d'émotion.

— Ces hommes sont des Paulistas? demanda Tarou-Niom.

— Non, répondit nettement le métis.

Les deux chefs échangèrent un regard.

Malco Diaz surprit ce regard.

— Mais, reprit-il, bien qu'ils ne soient pas Paulistas, cependant ce sont pour vous des ennemis.

— Peut-être, fit le Payagoas.

— Est-il ami celui qui entre dans un pays pour s'emparer des richesses qu'il renferme sans l'autorisation des véritables maîtres de ce pays?

— Telle est la pensée du chef de cette caravane? demanda Tarou-Niom.

— Non-seulement sa pensée, mais encore son but bien arrêté.

— Que pense de cela le Sertanejo?

— Moi?

— Oui.

— Qu'il faut l'en empêcher.

— Fort bien, mais quelles sont les richesses dont ces hommes prétendent s'emparer?

— L'or et les diamants qui sont dans le pays.

— Ils savent donc qu'il y en a?

Le métis sourit avec ironie.

— Non-seulement ils le savent, dit-il, mais encore ils connaissent si bien tous les gisements, qu'ils peuvent s'y rendre sans guide.

— Ah! firent les deux Indiens en couvrant le métis d'un regard scrutateur.

— C'est comme cela, fit-il sans se déconcerter.

— Et qui donc les a si bien instruits des richesses de notre pays? demanda le Guaycurus.

— Moi, répondit effrontément Malco.

(1) Nom donné à Rio de Janeiro par les Indiens Tupinambas, et qui signifie littéralement eau cachée. Le nom de Rio de Janeiro, c'est-à-dire Rivière de Janvier, a une origine toute religieuse. Nous citons ce fait, parce qu'il consacre une grave et sérieuse erreur géographique. D'après Rocha Pitta, lorsque les Portugais, commandés par Mem de Sa, repoussèrent les Français de Villegagnon de la baie de Gambara, où ils s'étaient établis, ils virent soudain apparaître un jeune homme, éclatant de lumière, qui combattit avec l'armée portugaise et lui donna la victoire; ils crurent si bien reconnaître en lui saint Sébastien dont le nom avait été imposé à l'héritier présomptif de la couronne de Portugal qu'ils le donnèrent à la ville nouvelle dont les murs ne tardèrent pas à s'élever et qu'ils appelèrent en conséquence San Sebastiao; quant au nom de Rio de Janeiro plus généralement usité, il vient simplement de ce que cette baie magnifique fut découverte le 15 du mois de janvier; malheureusement, ainsi que nous l'avons dit déjà, cette dénomination consacre une grave erreur, par la raison toute simple que la baie de Rio de Janeiro n'est pas formée par un fleuve, et les Indiens avaient raison en lui donnant le nom de Nelheroby, c'est-à-dire eau cachée. — G. Aimard.

— Toi! s'écria Tarou-Niom, alors tu es un traître.

Le mamaluco haussa les épaules.

— Un traître, fit-il avec ironie, suis-je donc un des vôtres, moi? Est-ce que j'appartiens à votre nation? M'avez-vous donc confié ce secret en me défendant de le révéler; je l'ai découvert, je l'ai divulgué, c'était mon droit.

— Mais alors, si tu as vendu ton secret à ces hommes, pourquoi nous les dénonces-tu aujourd'hui?

— Cela est mon affaire et me regarde seul; quant à vous, voyez s'il vous convient de laisser des étrangers pénétrer chez vous.

— Écoute, dit sévèrement Tarou-Niom, tu es bien l'homme que désigne la couleur, c'est-à-dire un faux blanc, tu vends tes frères; nous ne chercherons pas à découvrir quel motif assez sérieux te pousse à cette indigne trahison; c'est un compte à régler entre toi et ton honneur, cette trahison nous est avantageuse, nous en profiterons. Quel prix exiges-tu? Réponds, et sois bref.

Le métis fronça les sourcils à cette rude apostrophe, mais se remettant aussitôt:

— Peu de chose, dit-il, le droit de choisir le prisonnier qui me conviendra et de le prendre sans que nul s'y puisse opposer.

— Soit, il sera fait ainsi.

— Alors, vous acceptez?

— Certes, seulement, comme d'après ton propre aveu ces gens ignorent la rupture de la trêve, et qu'il ne serait pas loyal de les attaquer à l'improviste, nous les ferons avertir de se tenir sur leurs gardes.

Un éclair de fureur jaillit des yeux du métis, mais il s'éteignit aussitôt.

— Et si après cet avertissement ils renonçaient à leur projet? demanda-t-il.

— Alors ils seraient libres de se retirer sans craindre d'être inquiétés dans leur retraite, répondit sèchement le Guaycurus.

Malco Diaz fit un geste de fureur; mais, au bout d'un instant, un sourire railleur plissa ses lèvres.

— Oh! murmura-t-il, ils se feront tuer tous avant de reculer d'un pas.

III

Le marquis de Castelmelhor.

L'homme que le marquis avait appelé immédiatement après son entrevue avec le mamaluco, et qu'il avait aussitôt fait entrer dans sa tente, était petit, trapu, mais bien fait et nerveux; âgé d'une quarantaine d'années au plus, il avait atteint le point culminant du développement des forces humaines.

Indien de pure race, il portait sur son visage intelligent, que ne défiguraient ni tatouages ni peinture, les traits distinctifs, bien qu'un peu effacés, de la race mongole; ses yeux noirs, vifs et bien ouverts, son nez droit, sa bouche grande, lui formaient une physionomie qui, sans être belle, ne manquait pas d'un certain charme sympathique, tant elle respirait l'audace et la franchise, mêlées à la finesse inhérente à sa race. Ainsi que nous l'avons dit, il commandait les quelques soldats de la conquista attachés à la caravane.

Le capitao, car tel était le titre qu'il portait, salua respectueusement le marquis et attendit qu'il lui plût de lui adresser la parole.

— Asseyez-vous, Diogo, lui dit avec bonté le marquis, nous avons à causer longuement ensemble.

L'Indien s'inclina et s'assit modestement sur l'extrême bord d'un siège.

— Vous avez vu l'homme qui est sorti de

cette tente il n'y a qu'un instant, n'est-ce pas? reprit le marquis en entrant du premier coup dans le cœur de la question.

— Oui, Excellence, répondit le capitao.

— Et sans doute vous l'avez reconnu?

L'Indien sourit sans autrement répondre.

Le capitao fit tourner avec embarras son feutre entre ses mains, en baissant les yeux pour éviter le regard que le marquis fixait sur lui.

— De qui, Excellence? dit-il.

— De l'homme dont je vous parle et que vous connaissez bien.

— Dame! Excellence, reprit-il, j'en pense ce que vous en pensez vous-même probablement.

— Je vous demande votre opinion, senhor dom Diogo, afin de juger si elle se rapporte à la mienne.

— Eh! eh! fit l'Indien en hochant la tête.

— Ce qui signifie...

— Que cet individu est un traître, puisque vous exigez absolument que je le dise, Excellence.

— Ainsi, vous aussi vous croyez à une trahison de sa part?

— Dame! Excellence, pour parler franchement, car c'est une explication franche que vous me demandez, n'est-ce pas?

— Certes!

— Eh bien! je suis convaincu que ce mamaluco maudit nous mène tout doucement à quelque traquenard qu'il a préparé de longue main sous nos pas, et dans lequel il nous fera tomber au moment où nous y penserons le moins.

— Ceci est fort sérieux, savez-vous? répondit le marquis d'un air rêveur.

— Très sérieux, en effet, Seigneurie; Malco est un Sertanejo, et, dans la langue du désert, *sertao* est le synonyme de trahison.

— Eh bien! je vous l'avoue, capitao, les soupçons que vous émettez en ce moment sur notre guide ne m'étonnent pas : ils m'étaient, depuis quelques jours, venus à moi-même.

— Je suis heureux, Excellence, de vous voir partager mon opinion; seulement, permettez-moi de vous dire que je n'ai pas de soupçons.

— Comment, vous n'avez pas de soupçons? s'écria le marquis avec surprise.

— Non, j'ai une certitude.

— Une certitude! et vous ne m'en avez rien dit jusqu'à présent.

— Excellence, c'est toujours une chose fort sérieuse que de dénoncer un homme et de l'accuser, lorsque surtout on n'a à l'appui de cette accusation à montrer aucune preuve matérielle; j'ai une certitude morale, oui, mais il me serait impossible de prouver ce que j'avance en ce moment devant vous.

Le marquis laissa tomber sa tête sur la poitrine et demeura silencieux pendant quelques instants.

— Mais, reprit-il, cette certitude morale dont vous me parlez se base sur des indices quelconques?

— Oh! les indices ne manquent pas, Excellence; malheureusement, ces indices paraîtraient bien futiles si je les révélais à des personnes qui ne seraient pas prévenues; voilà pourquoi je me suis abstenu de vous rien dire que vous ne m'interrogiez.

— Peut-être avez-vous eu raison d'agir ainsi, don Diogo, mais maintenant la position est changée; c'est moi qui de mon propre mouvement vous ai demandé cet entretien; la situation dans laquelle nous nous trouvons est critique, elle peut le devenir davantage encore, ne craignez donc pas de vous expliquer nettement avec moi.

— Je le ferai, puisque vous le désirez, Seigneurie; d'ailleurs, quoi qu'il arrive, j'ai pour moi la conviction de faire mon devoir, et cela me suffit, quand même Malco parviendrait à prouver à Votre Excellence que je ne lui ai pas dit la vérité.

— Vous n'avez rien à redouter du senhor Malco.

— Tout violent et tout méchant qu'il est, Seigneurie, répondit le capitao avec une certaine animation, je ne le crains pas, et il le sait bien; cette fois-ci n'est pas la première où nous avons eu maille à partir ensemble; déjà à diverses reprises nous nous sommes mesurés et nos griffes se sont trouvées de même longueur.

— Je n'attachais pas à mes paroles le sens que vous leur prêtez, senhor, vous n'avez rien à redouter de Malco Diaz, par la raison toute simple qu'il n'est plus à mon service et qu'il a quitté le camp pour ne plus y revenir, sans doute.

— Comment, Seigneurie, s'écria l'Indien avec étonnement, vous l'avez congédié?

— Non pas, c'est lui-même, de son plein gré qui nous a abandonnés à nous-mêmes.

Le capitao fronça les sourcils en hochant la tête à plusieurs reprises.

— Votre Excellence a eu tort de le laisser partir; lorsqu'on tient un tel pouvoir un coquin de cette trempe, on ne le lâche pas.

— Que pouvais-je faire? Son engagement était terminé, il a refusé de le renouveler ou seulement de le prolonger de quelques jours, j'ai été contraint de consentir à son départ.

— C'est juste, Excellence, pardonnez-moi; cet homme était libre, vous ne pouviez pas le retenir; c'est égal, en pareil cas, moi je n'aurais pas agi ainsi, surtout après les soupçons que vous m'avez dit avoir sur lui.

— Je sais bien que j'ai eu tort; malheureusement je n'avais aucun prétexte à lui donner, aucune raison plausible à faire valoir pour l'arrêter, cela aurait produit un scandale que j'ai voulu éviter; si j'avais échoué cela aurait probablement précipité la catastrophe qui sans doute nous menace.

— Oui, oui, tout cela est vrai; mais, croyez-moi, Seigneurie, si Malco nous a aussi brusquement quittés, c'est qu'il avait de fortes raisons pour cela, qu'il nous a sans doute conduits juste au point où il voulait nous faire arriver, et qu'à présent d'ici des affidés avec lesquels il prépare notre perte.

— Je le crois comme vous, don Diogo; mais quels sont ces affidés? où sont-ils embusqués? voilà ce que je ne saurais dire, et cependant ce qu'il serait fort important pour nous de savoir, et cela le plus tôt possible.

Le capitao sourit avec finesse.

— Seuls des oiseaux et des poissons ne laissent pas de traces de leur passage, dit-il; si adroit que soit un homme, on peut toujours, en s'en donnant la peine, découvrir sa piste.

— Ainsi, vous vous feriez fort de savoir où cet homme s'est retiré?

— Parfaitement, Excellence; malgré les précautions dont il a entouré sa fuite et le soin qu'il a pris pour cacher sa piste, je me fais fort de la découvrir en moins d'une heure, et cela d'autant plus facilement que depuis longtemps déjà je le surveille et que j'ai étudié ses habitudes.

— Malheureusement, avant de rien entreprendre, il nous faut attendre le lever du soleil, et la nuit lui suffira pour se mettre à l'abri de notre atteinte.

— Pourquoi attendrions-nous jusqu'à demain, Excellence? Je vous prie de me pardonner d'oser vous interroger.

— Dame, il me semble que pour découvrir une piste, serait-elle même très bien indiquée, la première condition est d'y voir clair, et en ce moment nous sommes enveloppés de ténèbres d'autant plus épaisses que la nuit est sans lune.

— Ceci est de peu d'importance, Seigneurie, répondit en souriant le capitao; pour un homme accoutumé, ainsi que je le suis, à parcourir le désert à toute heure et dans tous les sens, les ténèbres n'existent pas.

— Ainsi, s'écria le marquis avec un vif mouvement de satisfaction, si je vous ordonnais de monter à cheval?...

— J'y monterais à l'instant, Seigneurie.

— Et vous me rapporteriez des nouvelles?

— Cela ne fait pas de doute; ne suis-je

pas un Indien moi-même, Excellence, un Indien civilisé, il est vrai, mais cependant j'ai conservé assez de la sagacité qui distingue la race à laquelle j'appartiens, pour ne pas craindre d'échouer dans une démarche qui, quoiqu'elle vous semble très difficile à mener à bien, n'est pourtant pour moi qu'un jeu d'enfant.

— Puisqu'il en est ainsi, don Diogo, mettez-vous donc en selle le plus tôt possible, et allez, au nom du ciel; j'attends votre retour avec la plus vive impatience.

— Avant le lever du soleil, je reviendrai, soyez sans inquiétude, Excellence, et avec de bonnes nouvelles; mais j'ai besoin que vous me laissiez conduire cette affaire à ma guise.

— Agissez comme vous le voudrez, capitao, je m'en rapporte à votre finesse et à votre loyauté.

— Je ne tromperai pas votre attente, Seigneurie, répondit le capitao en se levant.

Le marquis l'accompagna jusqu'au rideau de la tente, puis il revint s'asseoir; mais, après quelques minutes de réflexion, il se leva brusquement, sortit et se dirigea à grands pas vers la tente mystérieuse dont nous avons déjà eu occasion de dire quelques mots, et dans laquelle il entra après s'être fait reconnaître par les sentinelles qui avaient été, sur son ordre exprès, chargées de veiller sur elle.

Cette tente, beaucoup plus vaste que celle dressée pour le marquis, était divisée en plusieurs compartiments par des murailles de toile ingénieusement adaptées, et ressemblait plutôt, pour le luxe et le confort, à une habitation disposée pour durer plusieurs mois, qu'à un campement éphémère de quelques heures.

Le compartiment dans lequel s'était introduit le marquis était garni de sofas : un tapis recouvrait le sol, et une lampe d'argent curieusement ciselée, posée sur un meuble, répandait une lumière douce et mystérieuse.

Une jeune négresse d'une vingtaine d'années, à la mine éveillée et à la tournure friponne, s'occupait, à l'entrée du marquis, à agacer un magnifique ara posé sur un perchoir de bois de rose, où il était retenu par une chaîne d'or attachée à l'une de ses pattes.

La négresse, sans interrompre l'occupation dans laquelle elle semblait se complaire, et tout en faisant pousser à l'oiseau des cris discordants, se pencha nonchalamment vers le marquis, et se tournant à demi de son côté par un mouvement rempli d'une suprême insolence, laissa filtrer un regard railleur entre ses longs cils et attendit qu'il lui adressât la parole.

Le marquis, sans paraître remarquer l'attitude hostile arborée par l'esclave, fit quelques pas vers elle et, la touchant légèrement du doigt :

— Phœbé, lui dit-il en espagnol, vous plairait-il de remarquer ma présence?

— Que me fait votre présence à moi, señor marquès, répondit elle en haussant légèrement les épaules.

— A vous, rien, Phœbé, c'est vrai, aussi n'est-ce pas pour vous que je suis venu, mais pour votre maîtresse, à laquelle je vous prie d'annoncer sans plus de retard ma présence.

— A cette heure?

— Pourquoi pas?

— Parce que doña Laura, fatiguée à ce qu'il paraît de le long trajet qu'il lui a fallu faire aujourd'hui, s'est retirée en m'ordonnant de ne laisser personne parvenir jusqu'à elle, et que, selon toute probabilité, elle s'est immédiatement livrée au repos.

Une rougeur fébrile envahit le visage du marquis, ses sourcils se froncèrent à se joindre; il fit un geste de colère, mais, comprenant sans doute le ridicule d'une scène avec une esclave qui accomplissait un ordre donné, il se maîtrisa aussitôt et, s'inclinant avec un sourire :

— C'est bien, dit-il en haussant avec intention légèrement la voix, votre maîtresse est libre chez elle d'agir à sa guise; je ne me permettrai pas d'insister davantage, seulement cet entretien que depuis quelques jours elle me refuse avec une si grande obstination, je saurai la contraindre à me l'accorder.

A peine avait-il prononcé ces paroles qu'un rideau fut soulevé, et doña Laura entra dans le salon :

— Retire-toi, Phœbé, ajouta-t-elle; mais ne t'éloigne pas assez pour que, si j'avais besoin de toi, tu ne pusses accourir aussitôt.

Phœbé baissa la tête, jeta un dernier regard au marquis et sortit du salon.

— Maintenant, señor caballero, reprit doña Laura dès que l'esclave eut disparu, parlez, je vous écoute.

Le marquis s'inclina respectueusement devant elle.

— Pas avant, señorita, que vous ayez daigné prendre un siége.

— A quoi bon; mais, ajouta-t-elle avec intention, si cette preuve de condescendance de ma part doit abréger cette entrevue, j'aurais mauvaise grâce de ne pas vous obéir.

Le marquis se mordit les lèvres, mais il ne répondit pas.

Doña Laura alla s'asseoir sur le sofa le plus éloigné, et, croisant d'un air ennuyé les bras sur la poitrine, tout en fixant sur son interlocuteur un regard hautain :

— Parlez donc maintenant, je vous prie, dit-elle, Phœbé ne vous a pas menti, caballero, je suis extrêmement fatiguée, et l'obligation dans laquelle je suis d'obéir à vos ordres a pu seule, me contraindre à vous recevoir.

Ces paroles furent sifflées, si nous pouvons employer l'expression d'un vieil auteur, du bec le plus affilé qui se puisse imaginer et doña Laura pencha sa tête sur un coussin en dissimulant à demi un bâillement.

Mais la résolution du marquis était prise de ne rien voir et de ne rien comprendre; il s'inclina en signe de remerciement et se prépara à parler.

Doña Laura avait seize ans; elle était toute gracieuse et toute mignonne; sa taille hardiment cambrée avait cette désinvolture que possèdent seules les femmes espagnoles; sa démarche était empreinte de cette nonchalante langueur si remplie de voluptueuses promesses dont les Hispano-Américaines ont dérobé le secret aux Andalouses. Ses longs cheveux châtain foncé tombaient en boucles soyeuses sur ses épaules d'une blancheur éclatante; ses yeux bleus et rêveurs semblaient refléter l'azur du ciel et étaient couronnés par des sourcils noirs dont la ligne pure était tracée comme avec un pinceau; son nez droit aux ailes roses et mobiles, sa bouche petite et charmante, qui laissait en s'entr'ouvrant paraître le double chapelet de ses dents de perles, lui complétaient une beauté rendue plus suave et plus noble encore par la finesse et la transparence de son épiderme, sous lequel on voyait circuler un sang riche et généreux.

Vêtue de gaze et de mousseline de même que toutes les créoles, la jeune fille était ravissante, blottie sur son sofa, comme le beija flor dans le calice d'une fleur, en ce moment surtout qu'une colère contenue et maîtrisée à grand'peine faisait palpiter son sein virginal et couvrait ses joues d'un incarnat fébrile, doña Laura avait en elle quelque chose de séduisant et de majestueux à la fois qui imposait le respect et commandait presque la vénération.

Don Roque de Castelmelhor, malgré le parti pris et l'intention formelle qu'il avait laissé se deviner, ne put résister au charme puissant de cette beauté si noble et si pure; son regard se baissa devant celui de la jeune fille tout chargé de haine et presque de mé-

pris, et ce fut d'une voix légèrement émue qu'il entama cet entretien auquel il paraissait attacher tant de prix.

— Nous avons atteint, señorita, dit-il, après des fatigues extrêmes, la limite des contrées civilisées du Brésil, car, si je ne me trompe, la route que maintenant il nous faut suivre, s'enfonce dans des déserts où, avant nous, quelques hardis explorateurs seulement ont osé s'aventurer; je crois donc que le moment est venu de nous expliquer franchement et de bien établir notre situation vis-à-vis l'un de l'autre.

Doña Laura sourit avec dédain et, l'interrompant du geste :

— Cette situation, caballero, dit-elle avec amertume, est cependant on ne peut plus claire et surtout on ne peut plus nette, je vous éviterai et vous le désirez l'embarras d'entrer dans certains détails en vous les rappelant moi-même... Oh! ne m'interrompez pas, fit-elle avec vivacité, car le jeune homme essayait de lui couper la parole, voici le fait en deux mots : mon père, Don Zéno Alvarez de Cabral, descendant de l'un des plus illustres conquistadores de ce pays, réfugié aux environs de Buenos-Ayres pour des motifs que j'ignore, mais qui sans doute vous importent peu, donna l'hospitalité à un voyageur égaré qui, vers le milieu de la nuit, pendant un orage effroyable se présenta à la porte de son habitation; ce voyageur c'était vous, señor, vous descendant d'une race non moins illustre que la nôtre, puisqu'un de vos ancêtres a été gouverneur du Brésil pour le roi. Le nom du marquis don Roque de Castelmelhor offrait à mon père toutes les garanties d'honneur et de loyauté qu'il pouvait désirer, vous fûtes donc reçu par l'exilé, non pas comme un étranger, non pas même comme un compatriote, mais comme un ami, comme un frère. Notre famille devint la vôtre; tout cela, n'est-il pas vrai? Répondez-moi, señor.

— Tout cela est vrai, señorita, répondit le marquis, dominé, malgré lui, par l'accent de la jeune fille.

— Je vois avec plaisir que vous avez, à défaut d'autre qualité, la franchise, señor, reprit ironiquement la jeune fille. Je continue : dépouillée de tous ses biens, ma famille, exilée depuis près d'un siècle du pays découvert par un de ses ancêtres, ne vivait que difficilement et ne parvenait à conserver son rang, au milieu de la population étrangère parmi laquelle le sort la contraignait à vivre, qu'en se livrant à l'élève des bestiaux sur une grande échelle et en faisant valoir des terres acquises péniblement sur la limite du désert. Vous vous étiez présenté à mon père comme une victime des intrigues politiques des gens entre les mains desquels le roi de Portugal a délégué ses pouvoirs; cette raison suffisait pour que notre maison devînt la vôtre et que mon père ne conservât pas de secrets pour vous; il en était un cependant dont, malgré toute votre adresse, il vous fut impossible d'obtenir la révélation; c'est que le découverte de ce secret dépendait la fortune à venir de sa famille, si, ainsi que mon père l'espérait, le roi lui permettait un jour de rentrer au Brésil; ce secret que mon père, mon frère et moi nous savions seuls, par quels moyens êtes-vous arrivé, sinon à le découvrir entièrement, du moins à le pénétrer assez pour vous convaincre lise et votre avarice s'éveillassent au point de vous faire trahir vos bienfaiteurs, voilà ce que je ne chercherai pas à expliquer; la bassesse humaine a des replis dans lesquels il ne saurait me convenir de fouiller; bref, vous qui, pendant plusieurs mois, aviez vécu dans notre intimité sans paraître m'honorer de la moindre attention, me traitant plutôt en enfant qu'en jeune fille, ne m'accordant que cette politesse banale dont l'éducation vous faisait un devoir, je remarquai que tout à coup vos manières avaient complètement changé à mon égard et que vous me faisiez une cour assidue. Folle et rieuse enfant, com-

me je l'étais alors, cela m'étonna, sans cependant me toucher; vos attentions, loin de me plaire, me fatiguaient. Vous voyez que moi aussi je suis franche, caballero.

— Continuez, señorita, répondit en souriant le marquis, depuis longtemps déjà je connais votre franchise, et je suis à apprendre si vous poussez aussi loin la perspicacité.

— Vous ne tarderez pas à en juger, señor, reprit-elle ironiquement; peut-être vos soins et vos attentions auraient obtenu le résultat que vous en espériez, et en seriez-je arrivée, sinon à vous aimer, du moins à m'intéresser à vous, mais malheureusement ou heureusement pour moi, je ne tardai pas à voir clair, sinon dans votre cœur, du moins dans votre pensée. Emporté par l'insatiable avarice qui vous dévorait, et vous dévore sans doute encore, vous vous étiez, à plusieurs reprises, laissé aller devant moi à me parler de toute autre chose que de votre feint amour.

— Oh! señorita, exclama le marquis avec un geste de dénégation.

— Oh! señorita, avec une amère raillerie, je sais que vous êtes un comédien consommé, et qu'il ne tiendrait qu'à moi, aujourd'hui encore, de croire à cette passion dont vous faites un si grand étalage; malheureusement les faits sont là, péremptoires et sans réplique, pour donner un éclatant démenti à vos paroles.

La jeune fille fit une pause de quelques secondes comme pour donner au marquis la facilité de lui répondre, mais celui-ci, loin de le faire, se mordit les lèvres avec dépit et courba la tête.

Doña Laura sourit.

— La façon brutale dont vous m'avez enlevé traîtreusement au mépris de toutes lois divines et humaines, lorsque mes dédains réitérés vous eurent fait acquérir la certitude que je vous avais deviné, est pour moi la preuve la plus évidente de l'odieuse machination dont j'ai été la victime; si vous m'aimiez réellement, rien ne vous était plus facile que de demander ma main à mon père; pourquoi ne l'avez-vous pas fait?

— Vous-même, señorita, n'aviez-vous pas répondu par un refus à la demande que j'avais eu l'honneur de vous adresser, répondit le marquis avec un accent de sarcasme caché.

— Certes, mais je ne suis qu'une jeune fille, répondit-elle avec animation, une enfant, vous-même l'avez dit, qui s'ignore soi-même et qui ne sait encore ni ce qu'elle aime ni ce qu'elle hait. Cette demande en mariage ne devait donc en aucune façon, et surtout au point de vue des convenances, m'être adressée à moi, mais à mon père seul, ou, à son défaut, à mon frère; mais non, vous aviez un autre but : ce mariage n'était qu'un prétexte pour vous emparer des immenses richesses que vous convoitez. En ce moments vous n'oseriez me soutenir en face le contraire.

— Qui sait, murmura-t-il d'un air railleur.

— Aussi vous avez préféré me faire tomber dans un guet-apens, m'enlever à ma famille, que ma disparition plonge dans le plus profond désespoir, et me forcer à vous suivre, moi pauvre enfant innocente et sans défense, prisonnière au milieu des bandits dont vous êtes le chef, au fond d'horribles déserts.

— Depuis que, señorita, avec votre expression, señorita, je vous ai si brutalement enlevée à votre famille, me suis-je conduit envers vous autrement que doit le faire un gentilhomme de mon nom et de ma race? N'ai-je pas, au contraire, toujours été pour vous l'esclave le plus dévoué et le plus attentif; ne vous ai-je pas, autant que le permettent les circonstances difficiles où je me trouve, entourée des soins les plus assidus et du respect le plus profond.

— C'est vrai, répondit-elle en éclatant d'un rire nerveux, de cela je dois convenir, mais quelle est la cause de ces soins et de ces respects?

Paris. — Imp. Ch. Schiller, faub. Montmartre, 10.

— L'amour le plus sincère et le plus....
— Assez de mensonges, señor, s'écria-t-elle
avec violence, votre premier mot, en entrant
sous cette tente, vous a trahi malgré vous!
— Señora!
— Vous vous croyez arrivé dans les parages du pays, diamantaire, découvert par un de mes ancêtres, et vous voulez essayer d'obtenir enfin de moi, par persuasion ou peut-être par violence, car l'avarice vous aveugle, la révélation du secret que vous vous imaginez que je possède! Osez me soutenir le contraire!

IV

Un noble bandit.

Il y eut, après cette accusation si énergiquement formulée par la jeune fille, quelques minutes d'un silence funèbre sous la tente.

Au dehors, le vent fouettait les arbres et faisait s'entre-choquer leurs branches avec des grincements sinistres ressemblant à des plaintes humaines.

Les feuilles tourbillonnaient dans l'air et retombaient en grésillant sur les buissons à de courts intervalles; la note lugubre de la chouette cachée dans le creux des rochers s'élevait, répétée de loin en loin comme un morne écho; des rumeurs vagues et sans nom passaient, emportées sur l'aile de la brise, mourant pour renaître sans cesse, ajoutant encore à la mystérieuse horreur de cette nuit sombre et sans lune, dont les ténèbres épaisses imprimaient aux objets une apparence fantastiquement fatale.

Le marquis s'était levé, les bras croisés derrière le dos, la tête penchée sur la poitrine; il marchait à grands pas dans la tente, en proie à une agitation intérieure, qu'il faisait de vains efforts pour dissimuler.

Doña Laura, à demi couchée sur le sofa, la tête rejetée en arrière, le suivait d'un regard fixe et moqueur, attendant avec une inquiétude secrète l'explosion prochaine de cette colère qu'elle n'avait pas craint d'exciter, redoutant, sans nul doute, les conséquences que pourraient avoir pour elle les paroles cruellement vraies qu'elle s'était laissé emporter à prononcer; mais trop fière pour consentir à une rétractation et, ne voulant pas que son visage révélât à l'ennemi qu'elle avait bravé et au pouvoir duquel elle se trouvait, les terreurs dont elle était en ce moment assaillie.

Enfin, au bout de quelques minutes, qui parurent un siècle à la jeune fille, le marquis s'arrêta en face d'elle et releva la tête.

Son visage était pâle, mais ses traits avaient repris leur apparence insouciante et railleuse; seul, un léger tressaillement nerveux de ses sourcils, indice chez lui d'une colère furieuse maîtrisée à grand'peine, témoignait des efforts qu'il lui avait fallu faire pour se dompter et reprendre sa puissance sur lui-même.

Ce fut d'une voix douce, harmonieuse et exempte d'émotion qu'il reprit l'entretien si brusquement rompu.

— Je vous ai laissé, n'est-ce pas, señorita, parler sans vous interrompre; j'ai, dans cette circonstance, — vous me rendrez au moins cette justice, — fait preuve, non-seulement de patience, mais encore de bon goût; en effet, ajouta-t-il avec un sourire ironique qui glissa à travers ses lèvres contractées et vint frapper la jeune fille au cœur d'un douloureux pressentiment: à quoi bon discuter un fait accompli? rien de ce que

vous direz ne changera votre position actuelle, vous êtes en mon pouvoir; nulle puissance humaine ne parviendra à modifier mes intentions sur vous; cet entretien que j'aurais désiré laisser se dérouler dans des conditions plus amicales peut-être, vous-même, de votre plein gré, l'avez placé sur le terrain brûlant où il se trouve en ce moment; qu'il soit fait selon votre volonté; j'accepte la lutte aussi franchement que vous me la présentez. Expliquons-nous donc une fois pour toutes, afin de bien nous comprendre et de ne plus revenir sur un sujet qui, sous tant de rapports, doit nous être à tous deux si pénible.

Il s'arrêta, la jeune fille appuya coquettement sa tête sur sa main droite et, la couvrant d'un regard où le mépris et la raillerie se mêlaient à un degré extrême, elle lui répondit d'une voix nonchalante et ennuyée:

— Vous commettez une grave erreur, caballero, si je dois après ce qui s'est passé entre nous vous donner encore ce titre; cet entretien, auquel vous tenez tant, je m'en soucie fort peu; en vous voyant, mon indignation longtemps contenue a débordé malgré moi, j'ai voulu vous prouver que je n'étais pas votre dupe, et que je connaissais aussi bien que vous les projets chimériques que vous caressez au fond de votre cœur, voilà tout. Maintenant que je me suis expliquée clairement et sans ambages, je vous laisserai parler tout autant que cela vous plaira, puisqu'il m'est impossible de vous imposer silence et que je suis condamnée à vous entendre, je vous en préviens d'avance, afin de vous éviter des frais d'éloquence inutiles, quoi que vous me disiez, quelles que soient les menaces que vous me fassiez, vous n'obtiendrez de moi l'honneur d'une réponse; maintenant, parlez ou retirez-vous, à votre choix, l'un m'est aussi indifférent que l'autre.

Le marquis se mordit les lèvres avec tant de violence que le sang en jaillit, mais, reprenant son apparente insouciance, il répondit en ricanant:

— En vérité, señorita, cette résolution est bien arrêtée dans votre esprit? vous ne daignerez pas me répondre? je serai privé d'entendre résonner à mon oreille l'harmonieuse musique de votre voix si douce? Voilà qui est cruel; mais qui sait, peut-être parviendrai-je à éveiller votre curiosité ou à faire vibrer une des fibres secrètes de votre cœur, la sympathie à une si grande puissance; alors, malgré vous, j'en suis convaincu, vous manquerez à votre héroïque serment.

— Essayez, répondit-elle en souriant avec dédain, l'occasion est belle pour me donner un démenti.

— Je n'aurai garde de la laisser échapper, señorita.

Le marquis approcha une butacca, la plaça à quelques pas, juste en face de la jeune fille, s'assit, prenant une pose remplie de grâce et de nonchalance, il continua d'un ton aussi paisible que s'il eût entamé une causerie intime:

— Señorita, dit-il, vous avez parfaitement, je dois en convenir, défini notre position respective; en secret que vous possédez m'a été révélé par hasard par un ancien serviteur de votre famille qui, soit qu'il entre parmi thèse, me l'a vendu fort cher; c'est donc avec l'intention la plus formelle d'obtenir les renseignements indispensables à la réussite de mes plans que je me suis présenté à votre père. Vous voyez que j'imite votre franchise... le temps de la dissimulation est passé entre nous... l'heure est arrivée de nous parler à cœur découvert. J'ai semblé, il est vrai, pendant les premiers jours ne vous accorder qu'une médiocre attention, ce qui n'est pas un de mes moindres griefs vis-à-vis, car, je l'avoue, votre beauté est éclatante, votre intelligence supérieure, vous êtes une femme désirable sous tous les rapports, comme beaucoup d'hommes seraient heureux d'en rencontrer une pour

passer leur vie avec elle; mais je n'avais pas entrepris un aussi long voyage pour en perdre les fruits dans une amourette. Je ne vous aimais pas, et, pour tout vous dire, je ne vous aime pas davantage aujourd'hui. Une femme comme vous, si ravissante que vous soyez, ne saurait me convenir: votre caractère a trop de rapports avec le mien; tous deux nous sommes trop fiers, trop jaloux de notre liberté, trop désireux d'imposer notre volonté, pour qu'il existe entre nous la moindre sympathie et que la vie en commun nous soit possible. J'ai essayé d'abord de votre père et sur votre frère les moyens de séduction dont je disposais, malheureusement, tous mes efforts ont été inutiles, ma diplomatie perdue, et ce n'est qu'en désespoir de cause que je me suis adressé à vous; je vous aurais épousée probablement si vous aviez consenti à m'accorder votre main: pardonnez-moi cette franchise brutale, mais j'aurais, pour m'assurer la possession, accompli ce que je regarde comme le sacrifice le plus grand, c'est-à-dire l'acte d'aliéner à tout jamais ma liberté en faveur d'une femme que je n'aimais pas. Vous-même, señorita, avez pris soin de me sauver de ce suicide moral en répondant par un refus formel à la demande que je vous adressais, recevez ici, señorita, l'expression de mes remercîments les plus sincères.

La jeune fille s'inclina avec un sourire moqueur, et elle frappa dans ses mains à deux ou trois reprises.

Presque aussitôt le rideau fut soulevé, et l'esclave parut.

— Phœbé, lui dit doña Laura, comme probablement je ne pourrai prendre que fort tard le repos dont j'ai besoin, et que je sens malgré moi s'appesantir mes paupières et le sommeil me gagner, sers-moi le maté, mon enfant, et apporte-moi en même temps quelques papelitos, peut-être que ces deux excitants combinés et pris à forte dose triompheront de la somnolence qui m'accable et me permettront d'écouter les charmants discours du señor marquis aussi longtemps qu'il lui plaira de me les continuer.

L'esclave sortit en riant, et le marquis demeura un instant atterré devant ce sang-froid superbe de la jeune fille et son héroïque indifférence.

Quelques minutes s'écoulèrent pendant lesquelles les deux interlocuteurs s'observèrent silencieusement, puis le pas léger de la négresse se fit de nouveau entendre, et elle reparut tenant dans ses mains un plateau d'argent sur lequel se trouvaient le maté, des cigarettes en paille de maïs et un braxerito d'argent plein de feu.

Phœbé présenta le maté à sa maîtresse et fit un mouvement pour se retirer.

— Demeure, chica, lui dit doña Laura, ce que le señor marquis a à me dire encore ne doit pas être assez sérieux pour que toi, née sous l'habitation de mon père, tu ne puisses l'entendre.

La jeune servante posa sur une table le plateau qu'elle tenait, et vint incontinent se coucher aux pieds de sa maîtresse, en échangeant avec elle un sourire moqueur qui redoubla encore, si cela est possible, la colère du marquis; cependant il ne fit pas la moindre observation et ne laissa rien paraître de l'effet produit sur lui par cette nouvelle raillerie.

— Soit, dit-il en s'inclinant, je continuerai devant votre esclave, écoutez, peu m'importe qui m'entende et qui m'écoute; d'ailleurs, rassurez-vous, je n'ai plus que quelques mots à dire, puis je vous laisserai libre de vous livrer au repos si tel est votre désir.

Doña Laura aspirait son maté sans s'occuper en aucune façon des paroles du marquis.

— Tu ne jamais assez de sucre dans le maté, chica, dit-elle, celui-ci est amer; mais peut-être m'en vaudra-t-il que mieux pour me tenir éveillée.

— Je vous disais donc, señorita, continua

imperturbablement le marquis, que, repoussé par vous, mais ne voulant pas renoncer à des projets depuis longtemps mûris et arrêtés dans mon esprit, j'avais enfin résolu de vous enlever. Chez un homme de mon caractère, une résolution prise est immédiatement exécutée. Je ne vous ennuierai pas du récit des moyens employés par moi pour réussir à tromper l'inquiète vigilance et la sollicitude de votre famille. Puisque vous êtes ici seule, en mon pouvoir, à plusieurs centaines de lieues de la résidence de votre père, c'est que, non-seulement j'ai réussi à vous faire tomber dans le piége tendu par moi sous vos pas, mais encore à si bien égarer les soupçons de ceux qui s'intéressent à votre sort, qu'ils ne savent même pas encore aujourd'hui quelle direction il leur faudrait prendre pour retrouver vos traces.

— Décidément, Phœbé, ce maté est trop amer, dit la jeune fille en repoussant la tasse; donne-moi une cigarette.

L'esclave obéit.

— Maintenant, señorita, continua le marquis toujours impassible, j'arrive au but de cet entretien dont tout ce qui a été dit jusqu'à présent n'est en quelque sorte que la préface, préface un peu longue peut-être, mais que vous me pardonnerez, car elle était indispensable pour que je fusse bien compris de vous. Je vous ai enlevée, cela est vrai, mais rassurez-vous : tant que vous demeurerez sous ma garde, votre honneur sera sauvegardé, je vous en donne ma foi de gentilhomme. Vous souriez, vous avez tort. Je suis honnête à ma manière. Jamais, quoi qu'il arrive, je n'abuserai de votre position autrement que pour obtenir de vous la révélation de ce secret que vous vous obstinez sans raison à garder. Que vous importe la connaissance de ce riche gisement de diamants, puisque jamais ni vous, ni aucun des membres de votre famille vous ne serez en position de l'exploiter; il est donc inutile entre vos mains. Pourquoi moi que tout favorise, qui en ce moment peux ce que je veux, n'en profiterai-je pas. Dieu n'a pas créé de telles richesses pour qu'elles demeurent éternellement enfouies. A l'or et au diamant il faut le soleil, comme à l'homme il faut l'air. Réfléchissez, toute dénégation de votre part serait inutile. Donnez-moi les indications exactes que j'attends de vous, et immédiatement je vous rends, non-seulement la liberté, mais encore je m'engage à vous faire remettre saine et sauve, sans que votre honneur puisse être suspecté, aux mains de votre famille, si longue que soit la distance qui nous sépare d'elle actuellement. Si bizarre que vous paraisse cette proposition, elle est sérieuse pourtant, et mérite, il me semble, d'être par vous prise en considération. Réfléchissez-y bien, il s'agit, pour vous, de tout votre bonheur à venir que vous jouez en ce moment sur un point d'honneur mal compris. Votre père ou votre frère seraient tel qu'ils vous ordonneraient eux-mêmes de parler, j'en suis convaincu, et, de retour près d'eux, ils vous absoudront avec joie, en vous revoyant, d'avoir manqué à votre parole; répondez-moi un mot, un seul : Oui, et à l'instant vous êtes libre.

Le marquis fit une pause. Doña Laura demeura muette, elle semblait n'avoir pas entendu.

Don Roque fit un geste de dépit.

— Vous vous obstinez, señorita, reprit-il avec une certaine animation, vous avez tort; vous jouez, je vous le répète, votre avenir et votre bonheur futur en ce moment, mais je veux être de bonne composition avec vous. Faites bien attention à ce que je vais vous dire, señorita, je vous laisse jusqu'à demain à l'heure du départ, pour me donner une réponse catégorique.

— Une autre cigarette, Phœbé, interrompit doña Laura en haussant les épaules.

— Prenez-y garde, s'écria don Roque avec une irritation mal contenue. Prenez-y garde, señorita, il faut en finir une fois pour toutes avec ces continuelles dénégations.

La jeune fille se leva, fit un pas vers le marquis, le toisa un instant de la tête aux pieds en le couvrant pour ainsi dire d'un regard chargé de tout le mépris qu'elle éprouvait pour lui, et, se tournant vers Phœbé immobile et muette à ses côtés :

— Viens, chica, lui dit-elle en appuyant la main sur son épaule, la nuit est fort avancée, il est temps de nous retirer et de nous livrer au sommeil; le sommeil fait oublier.

Et sans accorder un regard de plus au marquis, muet et stupéfié de cette audacieuse initiative, la jeune fille quitta le salon.

Malgré lui, le marquis demeura un instant immobile à la place qu'il occupait, les yeux opiniâtrément fixés sur le rideau dont les plis conservaient encore une dernière et presque insensible vibration. Tout à coup, il se redressa, passa sa main sur son front moite de sueur, et, lançant un regard de haine du côté où doña Laura avait disparu :

— Oh! s'écria-t-il d'une voix étouffée par la fureur, de combien de tortures payerai-je tant d'insultes!

Il quitta la tente en chancelant comme un homme ivre.

L'air froid de la nuit en frappant son visage lui fit éprouver un indicible soulagement; peu à peu ses traits se rassérénèrent, le calme rentra dans son esprit; un ironique sourire plissa ses lèvres minces, et il murmura à demi-voix, tout en se dirigeant à grands pas vers sa tente :

— Insensé que je suis de m'emporter ainsi contre une folle enfant; que me font, en réalité, ses insultes et ses mépris? ne suis-je pas le maître de briser son orgueil? Patience! patience! ma vengeance, pour être longue à arriver, ne la frappera que plus cruellement et ne sera que plus terrible.

Le plus profond silence régnait dans le campement. Sauf les sentinelles qui veillaient sur la sûreté commune, tous les Brésiliens dormaient du sommeil le plus calme, étendus çà et là autour des feux à demi-éteints, on n'entendait d'autre bruit que celui de la brise sifflant à travers les arbres et la note plaintive de la chouette qui parfois se mariait aux hurlements lointains des fauves en quête d'une proie.

Le marquis rentra dans sa tente. Après avoir relevé la mèche d'une lampe dont la lueur tremblotante éclairait faiblement les objets environnants, don Roque approcha un escabeau d'un ballot qui lui servait de table, et sortant de sa poitrine un papier jauni et maculé, sur lequel était grossièrement dessiné, par une main inhabile, une espèce de plan informe, il se mit à l'étudier avec le plus grand soin et ne tarda pas à être complétement absorbé par les réflexions que sans doute ce plan suggérait.

La nuit tout entière s'écoula ainsi, sans que le marquis quittât la position qu'il avait prise et sans que ses yeux se fermassent un seul instant.

C'est que ce plan, tout informe et incomplet qu'il paraissait être, était celui du pays diamantaire qui recélait les incalculables richesses si ardemment convoitées par le jeune homme, et que, commençant presque à entrevoir la possibilité d'un refus de la part de la jeune fille, refus contre lequel viendraient se briser, comme sur un roc, toutes les combinaisons élaborées avec tant de soin par lui, il cherchait, en redoublant de soin dans l'étude de ce plan, à éluder cette difficulté à trouver, sans secours étranger, cette riche proie qui menaçait de lui échapper et dont la pensée seule lui brûlait le cœur.

Mais ce plan fait de mémoire longtemps après avoir vu le pays, et ce, d'une façon superficielle, par un homme ignorant, ne pouvait malheureusement être que d'un faible secours au marquis; il le sentait malgré lui, et cette certitude redoublait sa fureur.

Mais que faire à une femme plus qu'il avait fait à doña Laura? Comment vaincre sa résistance et la contraindre à parler? Si profondément corrompu, si complétement vicieux que fût le marquis, cependant il était gentilhomme de haute race, il restait encore en lui quelque chose de sa noble origine, et, quels que fussent les projets de vengeance qu'il recélât dans sa pensée contre cette frêle créature qui s'obstinait à lui tenir tête, il y avait des moyens dont la seule idée le faisait frémir et devant lesquels il reculait avec horreur, tant il lui répugnait d'en arriver à des violences matérielles, lâchetés honteuses, indignes de lui.

Depuis plus de trois heures déjà le soleil était levé; le marquis, toujours plongé dans ses réflexions, n'avait pas semblé s'apercevoir du retour de la lumière, lorsque le galop d'un cheval, qui se rapprochait rapidement, lui fit subitement relever la tête.

Au même instant, le rideau de la tente fut soulevé et le capitan entra.

L'Indien était couvert de poussière, ses traits enflammés et son front inondé de sueur témoignaient de la vélocité de la course qu'il venait d'accomplir.

— Ah! c'est vous, Diogo, s'écria le marquis en l'apercevant, soyez le bienvenu. Quoi de nouveau?

— Rien, Excellence, répondit le capitao.

— Comment rien, est-ce que vous n'auriez pu parvenir à découvrir la piste de ce Malco?

— Pardonnez-moi, Excellence, j'ai suivi au contraire cette piste pendant plus de trois heures.

— Alors, vous devez avoir des nouvelles?

— J'en ai, oui, Excellence, mais non pas, sans doute, celles que vous attendez.

— Expliquez-vous, mon ami, j'ai la tête un peu fatiguée, et je ne suis nullement en train de deviner des énigmes.

— Voici le fait en deux mots, Excellence. Après avoir, ainsi que je vous l'ai dit, suivi pendant environ trois heures sans dévier d'une ligne la piste de Malco, piste, soit dit à son honneur, parfaitement embrouillée et à laquelle tout autre que moi se serait inévitablement laissé tromper; tant elle était habilement faite, je suis arrivé sur la lisière d'une forêt où je n'hésitai pas à entrer; absorbé par le soin que je prenais de ne pas m'écarter de cette piste endiablée, je ne songeai pas à veiller autour de moi, de sorte que j'allai tout droit donner dans un campement indien.

— Un campement d'Indiens si près de nous! s'écria le marquis avec surprise.

— Mon Dieu oui, Excellence.

— Mais d'Indiens mansos, sans doute.

— Non pas, Excellence; d'Indiens bravos, au contraire, et des plus bravos de cette contrée encore.

— Hum! déjà.

— Oui; je me trouvai donc subitement face à face avec trois Indiens, dont l'un était un chef guaycurus, l'autre un Payagoas; quant au troisième, c'était tout simplement un esclave mondurucu.

— Oh! oh! Voilà qui est sérieux pour nous.

— On ne peut plus sérieux, Excellence.

— Et comment vous êtes-vous sorti de ce guêpier?

— De la manière la plus simple du monde, Excellence; ces sauvages ont de l'honneur à leur façon s'entend; bien que mon uniforme leur révélât à l'instant qui je suis, c'est-à-dire un de leurs ennemis les plus acharnés, cependant, ils m'accueillirent amicalement, et m'invitèrent à m'asseoir près de leur feu.

— Cela est étrange, murmura le marquis.

— Pas autant que cela doit sembler aux personnes qui ne connaissent pas les mœurs de ces barbares, Excellence. Voyant qu'ils me recevaient ainsi, j'acceptai franchement leur invitation et je m'assis près d'eux; mon but était de les faire causer, ce à quoi du reste je réussis complétement.

— Ah! ah! et que vous dirent-ils?

— Ils m'apprirent que Malco les était venu trouver quelques heures avant moi; qu'il s'était longuement entretenu avec eux et qu'il leur avait appris votre présence, le nombre d'hommes dont vous disposiez et jusqu'à l'endroit juste où vous aviez assis votre camp pour la nuit.

— Le misérable! le double traître! s'écria le marquis avec colère.

— Je partage entièrement votre opinion, Excellence; cette révélation, je vous l'avoue, me donna fort à réfléchir, et me mit dans un grand embarras dont je ne savais comment sortir, lorsque les Indiens eux-mêmes me fournirent les moyens de faire une retraite honorable.

— Comment cela?

— Le chef guaycurus m'annonça avec courtoisie que la trêve conclue avec les blancs était rompue depuis deux jours.

— Oh! exclama le marquis, quelle fatalité! échouer si près du but.

— Permettez-moi d'achever, Excellence.

— Parlez, parlez.

— Le chef ajouta que probablement, comme depuis longtemps déjà vous aviez quitté les plantations, vous ignoriez cette rupture; en conséquence, il n'était pas juste d'abuser de votre bonne foi en vous attaquant.

— Ah! fit le marquis, en respirant avec force, et alors?

— Alors, comme ils ne veulent pas manquer aux lois sacrées de l'hospitalité, ils vous accordent deux jours pour sortir de leur territoire.

— Hein! s'écria le marquis, que ces dernières paroles replongeaient plus profondément dans ce perplexité dont un instant il avait cru sortir, que me dites-vous donc là, Diogo?

— La vérité la plus stricte, Excellence, sur mon honneur!

— Je vous crois, mon ami, je vous crois; mais achevez, de grâce.

— Oh! je n'ai plus grand'chose à ajouter, sinon qu'ils m'ont averti que dans le cas où vous refuseriez d'accepter cette condition vous seriez inévitablement attaqué au bout des quarante-huit heures convenues.

— Et de Malco, ils ne vous ont rien dit de plus?

— Pas un mot, Excellence.

— De sorte que vous ignorez complètement où se cache ce misérable?

— Absolument, Excellence; j'ai cru que ce que m'avait appris le chef guaycurus était d'une assez grande importance pour que vous désiriez aussi en être instruit le plus tôt possible; aussi je suis revenu à franc étrier.

— Vous avez bien fait, mon ami, je vous remercie.

Le marquis fit quelques pas dans la tente en marchant avec agitation; puis, revenant vers le capitao:

— Dans une circonstance semblable, lui demanda-t-il, comment agiriez-vous?

— Moi, Excellence?

— Oui, mon ami, que feriez-vous?

— Je n'hésiterais pas, Excellence.

— Ah!

— Je battrais en retraite.

— Battre en retraite, jamais! Devant de tels barbares, ce serait une honte.

Le capitao hocha la tête.

— Alors nous serons massacrés jusqu'au dernier.

— Vous le croyez?

— J'en suis convaincu, Excellence; vous ne savez pas ce que sont les Guaycurus; moi je les connais depuis longtemps déjà.

— N'importe, je pousserai en avant! vous ne m'abandonnerez pas?

— Moi, Excellence, mon devoir est de vous suivre; partout où vous irez, je vous suivrai. Qu'est-ce que cela me fait d'être tué, cela ne doit-il pas m'arriver tôt ou tard?

— Répondez-vous de vos hommes?

— De ceux-là, oui! mais non pas des vôtres.

— Je suis sûr des miens.

— Alors, nous partons?

— Dans une heure.

— Et nous poussons en avant?

— Oui, quand même il nous faudrait passer sur le ventre de tous ces bandits.

— Alors, à la grâce de Dieu! Excellence, j'ai bien peur que nous ne revenions pas.

Et après avoir salué respectueusement le jeune homme, le capitao se retira d'un pas aussi tranquille et aussi insouciant que s'il n'était pas certain d'avance que l'ordre qui lui était donné équivalait à une condamnation à mort.

Lorsqu'il fut seul, le marquis demeura un instant immobile; puis, frappant du pied avec rage et lançant au ciel un regard de défi:

— Oh! s'écria-t-il d'une voix étranglée, ces diamants maudits, je les aurai, dussé-je pour m'en emparer marcher dans le sang jusqu'à la ceinture!

V

A travers le désert.

Pendant que, d'après ses ordres, le capitao des soldados da conquista faisait lever le camp et charger les mules, préparant tout pour un départ immédiat, le marquis, en proie à une agitation terrible, marchait à grands pas dans sa tente, maudissant la fatalité qui semblait s'attacher à ses pas et s'obstiner à détruire ses plus adroites combinaisons, éloignant constamment de lui, lorsque déjà il croyait le tenir, le riche trésor qu'il convoitait; trésor qui, depuis qu'il s'était mis à sa recherche, lui avait coûté tant de fatigues et d'ennuis de toutes sortes, et pour lequel il avait, pendant un laps de temps si long, bravé des périls immenses et presque perdu son honneur.

Soudain, il s'arrêta en se frappant le front: une idée subite avait traversé son cerveau en l'illuminant d'un radieux éclair; il déchira une page de ses tablettes, écrivit quelques mots à la hâte, plia le papier et le remit à un esclave en lui ordonnant de le porter de sa part à doña Laura Antonia.

La journée était splendidement belle, le soleil s'était levé radieux à l'horizon dans des flots de pourpre et d'or, la brise matinale rafraîchissait doucement l'atmosphère et les oiseaux craintivement blottis sous la feuillée chantaient à pleine gorge leurs joyeuses chansons.

Au loin s'étendait, encadré dans de hautes montagnes couvertes d'impénétrables forêts, le Sertao que les Brésiliens se préparaient à traverser et qui, vu du point où ils avaient campé, leur apparaissait comme un immense tapis de verdure, coupé dans tous les sens par d'innombrables cours d'eaux, qui miroitaient aux rayons du soleil et semblaient des fleuves de diamants.

Tout était joie et bonheur dans cette nature si calme et si majestueuse, que la main de l'homme n'avait pas encore déformée et qui était demeurée telle qu'elle était sortie des mains du Créateur.

Les esclaves noirs, les chasseurs métis et les soldats indiens qui composaient la caravane subissaient, malgré eux, l'influence magnétique de cette délicieuse matinée et semblaient avoir oublié leurs fatigues et leurs périls passés pour ne plus songer qu'à l'avenir qui leur apparaissait si doux et si rempli de séduisantes promesses; c'était en riant, en chantant et en causant gaiement entre eux qu'ils s'acquittaient de la rude tâche

de lever le camp.

Seul, malgré tous ses efforts pour feindre, sinon la joie, du moins l'insouciance, le marquis restait sombre et pensif; c'est que, brûlé par la honteuse passion de l'or, son cœur recelait de terribles tempêtes et demeurait insensible aux magnifiques harmonies de la nature, qui agissaient si puissamment sur les organisations abruptes mais honnêtes des Indiens et des nègres.

Cependant, les chevaux étaient sellés, les mules avaient repris leur charge, les tentes roulées étaient placées sur une charrette traînée par plusieurs bœufs; doña Laura était montée dans son palanquin, qui s'était immédiatement refermé sur elle; on n'attendait plus pour se remettre en route que l'ordre du marquis.

Don Roque se promenait à l'écart, absorbé dans ses pensées; il semblait avoir oublié que tout était prêt pour le départ et que le moment était venu d'effectuer la descente de la montagne pour entrer dans le désert.

Depuis quelques minutes, le capitao qui avait présidé avec activité et intelligence à la levée du camp, tournait d'un air embarrassé autour de son chef, dont il cherchait à attirer l'attention; mais tous ses efforts étaient en pure perte; le marquis ne prenait aucunement garde à lui; enfin le capitao se hasarda à lui toucher légèrement le bras.

Don Roque tressaillit à cet attouchement et fixant un regard interrogateur sur le capitao:

— Que me voulez-vous, don Diogo? lui demanda-t-il sèchement.

— Excellence, répondit-il, on n'attend plus que votre bon plaisir pour se mettre en marche.

— S'il en est ainsi, partons à l'instant, répondit-il en faisant un mouvement pour aller prendre son cheval, qu'un esclave tenait en bride à quelques pas.

— Pardon, Excellence, reprit l'Indien en l'arrêtant respectueusement; mais, avant que vous donniez l'ordre de la marche, j'aurais, si vous le permettez, quelques importantes observations à vous soumettre.

— A moi? s'écria le marquis en le regardant bien en face.

— A vous, oui, Excellence, répondit froidement l'Indien.

— Est-ce une nouvelle trahison dont je suis menacé, reprit-il avec un sourire amer, et me voulez-vous abandonner vous aussi, don Diogo, comme votre camarade Malco?

— Vous êtes doublement injuste à mon endroit, Excellence, répondit nettement l'Indien, je n'ai pas l'intention de vous abandonner, et Malco n'a jamais été ni mon ami, ni mon camarade.

— Si j'ai tort, ce qui est possible, excusez-moi, don Diogo, et venez au fait, je vous prie; le temps se passe, nous devrions être partis depuis longtemps déjà.

— Quelques minutes de plus ou de moins ne signifient rien, Excellence, nous arriverons toujours assez vite où nous allons, soyez tranquille.

— Que voulez-vous dire? expliquez-vous.

— Ce que déjà j'ai eu l'honneur de vous dire ce matin, Seigneurie, que pas un de nous ne reviendra de cette expédition, et que tous nous y laisserons nos os.

Le marquis fit un geste d'impatience.

— Est-ce donc pour me répéter ces sinistres prédictions que vous m'arrêtez ainsi? s'écria-t-il en frappant du pied.

— Nullement, Excellence, je ne me reconnais le droit ni de contrôler vos actes, ni de contrarier vos projets; je vous ai averti, voilà tout; malgré l'avertissement que j'ai cru devoir vous donner, vous voulez pousser en avant, soit, cela ne me regarde plus, je suis à vos ordres, je vous obéis.

— Vous n'avez pas, je l'espère, soufflé mot à qui que ce soit des lubies absurdes que vous trottent dans la cervelle?

— A quoi bon, Seigneurie, révéler sans votre autorisation ce que vous nommez des lubles et que moi j'appelle des certitudes ? Les soldats placés sous mes ordres et les chasseurs métis savent aussi bien que moi ce qui les attend dans le désert qui se déroule à nos pieds, je n'avais donc rien à leur apprendre; quant à vos esclaves, à quoi bon les effrayer d'avance? ne vaut-il pas mieux les laisser dans la plus complète ignorance? Peut-être à l'heure du danger, lorsqu'ils se verront en face de la mort, puiseront-ils dans cette ignorance même la force de se faire bravement tuer? car, je le répète, pour échapper, cela nous est impossible.

Le marquis fronça les sourcils et se croisant les bras avec colère :

— Voyons, reprit-il d'une voix contenue, mais que l'émotion faisait légèrement trembler, finissons-en, Diogo.

— Je ne demande pas mieux, Excellence.

— Parlez, mais soyez bref; je vous répète que le temps s'écoule et que peut-être, dans une heure, nous devrions être en route.

Le capitão se gratta le front d'un air embarrassé, mais semblant tout à coup prendre un parti décisif :

— Voici ce dont il s'agit, Excellence, dit-il, jusqu'à présent nous avons traversé des pays civilisés ou à peu près, où nous ne courions d'autres dangers que ceux ordinaires, c'est-à-dire les morsures des bêtes fauves ou celles des reptiles, mais aujourd'hui, ce n'est plus la même chose.

— Eh bien?

— Dame, vous comprenez, Excellence, nous allons dans quelques minutes entrer sur le territoire des Peaux-Rouges, les Indiens bravos ne sont pas tendre pour les blancs et les gens civilisés, il va nous falloir user de la plus grande prudence pour nous défendre des pièges et des embuscades qui nous attendent à chaque pas, car nous serons en pays ennemi. Je sais bien, ajouta-t-il avec une naïveté pleine d'une bonhomie d'autant plus terrible, qu'elle provenait d'une intime conviction, que toutes ces précautions ne serviront à rien et n'aboutiront qu'à prolonger notre existence de quelques jours seulement; mais enfin nous aurons en mourant cette satisfaction de d'avoir tout fait pour tirer le meilleur parti d'une position désespérée.

— Où voulez-vous en venir avec ces interminables préambules, répondit le marquis auquel l'abnégation si franche de ce pauvre diable arracha, malgré sa colère et ses préoccupations personnelles, un pâle sourire.

— A ceci, Excellence; vous êtes un grand seigneur, vous, expert dans toutes les choses de la vie des villes, mais, pardonnez-moi de vous le dire, d'une complète ignorance de l'existence du désert, des embûches, des dangers qu'il recèle et des moyens à employer pour se défendre des uns et éviter les autres. Je crois donc, avec tout le respect que je vous dois, Excellence, qu'il serait bon que vous me permissiez d'assumer sur moi seul, à partir d'aujourd'hui, la responsabilité de la marche de la caravane, que vous me la laissassiez diriger à ma guise; en un mot, que vous me remissiez le commandement. Voilà, Excellence, ce que je désirais vous dire et pourquoi j'ai pris la liberté de vous arrêter.

Le marquis demeura quelques instants silencieux, les yeux fixés sur le visage calme et loyal du capitão indien, comme s'il eût voulu lire jusqu'au fond de son cœur ses plus secrètes pensées.

Celui-ci supporta sans se troubler le regard qui pesait sur lui.

— Ce que vous me demandez est fort grave, don Diogo, répondit enfin le marquis d'un air pensif; la trahison m'entoure de toutes parts; les hommes sur lesquels je me croyais le plus en droit de compter ont été les premiers à m'abandonner; vous-même, vous considérez cette marche avec une folie et semblez assiégé des plus sombres pressentiments; qui me prouve, pardonnez-moi à mon tour de vous parler aussi franche-

ment; qui me prouve que vous ne voulez pas me tromper et que votre feint dévouement à ma personne ne cache pas un piège.

— Excellence, je ne vous en veux pas des soupçons qui s'élèvent contre moi dans votre esprit, je les trouve, au contraire, tout naturels. Vous êtes un Portugais d'Europe, et à cause de cela vous ignorez bien des choses de ce pays, celle-ci entre autres que les soldados da conquista sont tous des hommes éprouvés, choisis avec le plus grand soin, et que, depuis la formation de ce corps, il ne s'y est pas rencontré un traître; je ne vous dis pas cela pour moi, vous me connaissez à peine depuis quelques jours, et vous n'avez pas encore été en situation de me mettre à l'épreuve, mais la manière loyale dont je vous ai parlé, les choses que je vous ai dites auraient dû provoquer, sinon votre entière confiance en moi, du moins le commencement de cette confiance.

— Oui, je sais que depuis hier toutes vos démarches ont été loyales, toutes vos actions franches; vous voyez que je vous rends justice.

— Pas assez encore, Excellence; vous me jugez avec vos connaissances acquises au point de vue de la vie civilisée et non à celui du désert; donc, vous commettez, malgré vous, de graves erreurs; permettez-moi de vous faire une simple observation, qui, je le crois, vous semblera juste.

— Parlez.

— Nous sommes à cinquante lieues au moins de la ville la plus prochaine, à quelques lieues seulement d'Indiens ennemis qui nous guettent et n'attendent qu'une occasion pour nous assaillir.

— C'est vrai, murmura le marquis tout pensif.

— Bien, vous me comprenez, Excellence; maintenant, supposons que je sois un traître.

— Je n'ai pas dit cela.

— Pas positivement, c'est vrai; mais vous m'avez donné à entendre que je pouvais en être un. Eh bien! je l'admets pour un instant: rien ne me serait plus facile que de vous abandonner à vous-même ici où nous sommes; de partir avec mes soldats, et, croyez-le, Excellence, vous seriez aussi irrémissiblement perdu que si je vous livrais demain ou un autre jour aux Indiens; car il vous serait matériellement impossible de retourner aux habitations et d'échapper au moindre des mille dangers qui vous enveloppent et dont, sans vous en douter, vous formez le centre.

Le marquis pâlit et laissa tomber avec découragement sa tête sur la poitrine, la logique du raisonnement du capitão l'avait frappé en plein cœur, en lui prouvant son impuissance et la grandeur du dévouement de cet homme qu'il accusait, et qui faisait si noblement le sacrifice de sa vie pour le servir.

Il lui tendit la main, s'inclinant devant lui :

— Pardonnez-moi mes injustes soupçons, don Diogo, lui dit-il, mes doutes sont dissipés pour toujours; j'ai foi en vous, agissez à votre guise, donc même me consulter, si vous le jugez nécessaire; je vous jure, sur ma parole d'honneur de gentilhomme que je ne vous gênerai en rien et que, en toute circonstance, je serai le premier à vous donner l'exemple de l'obéissance. Etes-vous satisfait de moi? croyez-vous que je répare assez largement la faute que j'ai commise en vous accusant?

Le capitão serra avec émotion la main qui lui était tendue.

— Je regrette de n'avoir qu'une vie à vous sacrifier, Excellence, répondit-il.

— Ne parlons donc plus de cela, mon ami, et faites tout le mieux.

— J'y tâcherai, Excellence. D'abord, veuillez m'apprendre vers quel lieu vous comptez vous diriger.

— Il nous faut atteindre les bords d'un petit lac que je trouve, dit-on, — car, vous le comprenez, je ne connais nullement l'endroit et je n'y suis jamais allé, — aux environs du Rio

Vermejo, non loin du pays des Indiens Frentones.

L'Indien fronça le sourcil.

— Oh! oh! répondit-il, la route est longue. Nous avons à traverser, avant que d'y arriver, tout le pays des Guaycurus et des Payagoas; puis nous passerons le Rio Pilcomayo pour entrer dans le llano de Manso; c'est un rude chemin que celui-là, Excellence, et celui que nous avons fait jusqu'à présent n'est rien en comparaison.

— J'ai toujours pensé que Malco Diaz nous avait fait prendre une mauvaise direction, et qu'il nous a fait errer à plaisir dans ces déserts sans bornes.

— Vous avez eu tort, Excellence; Malco vous a au contraire guidé par la route la meilleure et la plus courte. Du reste, la façon dont il vous a abandonné montre qu'il avait le plus grand intérêt à vous mettre dans le plus bref délai sur le territoire indien.

— C'est juste.

— Maintenant, Seigneurie, s'il vous plaît de monter à cheval, nous partirons quand vous voudrez.

— Tout de suite, répondit le marquis; et, faisant signe à l'esclave qui tenait son cheval en bride de le lui amener, il se mit en selle.

— Je vous laisse donner les ordres que vous jugerez nécessaires, dit-il.

— C'est convenu, Excellence.

Le jeune homme se dirigea vers le palanquin, dans lequel doña Laura était renfermée, tandis que le capitão rejoignait ses soldats et préparait tout pour le départ.

Le marquis rangea son cheval au côté droit du palanquin, et, s'inclinant légèrement sur sa selle :

— Doña Laura, dit-il, m'entendez-vous?

— Je vous entends, répondit la jeune fille, bien que malgré une légère agitation des rideaux elle demeurait invisible.

— Voulez-vous m'écouter pendant quelques minutes? reprit le marquis.

— Il m'est impossible de faire autrement, murmura-t-elle.

— Vous avez reçu ma lettre, ce matin?

— Je l'ai reçue, oui.

— L'avez-vous lue?

La jeune fille hésita.

— L'avez-vous lue? insista le marquis.

— Je l'ai lue.

— Je vous en remercie, señorita.

— Je n'accepte pas ce remerciement que je ne mérite pas.

— Pour quelle raison?

— Parce que cette lettre n'a en rien influé sur mon immuable détermination.

Le marquis fit un geste de dépit.

— Vous n'acceptez pas mes conditions ?

— Non.

— Songez qu'un danger terrible vous menace.

— Il sera le bienvenu, quel qu'il soit, s'il me délivre de l'esclavage dans lequel vous me tenez, et de l'horreur que m'inspire votre continuelle présence à mes côtés.

— C'est votre dernier mot, señorita ?

— Le dernier.

— Mais une telle obstination est de la folie.

— Peut-être; dans tous les cas elle me venge de vous et c'est tout ce que je puis désirer dans le malheureux état où je suis réduite par votre coupable conduite.

— C'est à la mort que vous marchez.

— Je l'espère, mais vous ne m'avez demandé que quelques minutes d'entretien, elles sont presque écoulées, dispensez-vous donc, señor, de me parler davantage, car je ne vous répondrai plus; d'ailleurs, je serais, au mouvement du palanquin, que vos bandits reprennent leur route.

En effet, la caravane commençait à descendre le versant de la montagne; le sentier se rétrécissait de plus en plus, et une plus longue conversation devenait matériellement impossible.

— Oh! malheur sur vous! s'écria le marquis avec rage.

La jeune fille ne lui répondit que par un éclat de rire moqueur.

Don Roque lui fit un dernier geste de menace, enfonça les éperons dans les flancs de son cheval, le fit bondir en avant et alla se placer au centre de la petite troupe.

Le capitao avait pris pour la marche ses dispositions en soldat aguerri et en coureur des bois expérimenté.

Les soldats da conquista, habitués de longue date à guerroyer avec les Indiens, dont ils connaissaient toutes les ruses, avaient été par lui disséminés en avant et sur les flancs de la caravane, avec ordre d'éclairer la route et de fouiller avec soin les buissons à droite et à gauche.

Les chasseurs métis, formés en une seule troupe compacte, s'avançaient, le fusil sur la cuisse, le doigt sur la détente, l'œil et l'oreille au guet, prêts à faire feu au premier signal.

Les nègres esclaves, dans lesquels, bien qu'ils fussent armés, le capitao, avec raison, n'avait pas grande confiance, formaient l'arrière-garde.

La caravane ainsi disposée ne laissait pas que de présenter une ligne assez étendue et surtout imposante; elle se composait de cinquante-cinq hommes en tout, dont quarante-cinq environ étaient des gens résolus, habitués depuis longtemps à parcourir le désert, et sur lesquels, avec raison, on pouvait compter le cas échéant. Quant aux dix qui restaient, c'étaient des esclaves nègres ou mulâtres qui n'avaient jamais vu le feu, avaient une horreur instinctive des Indiens, et au cas d'une attaque devaient, selon toutes les probabilités, lâcher pied à la première décharge.

Le marquis, malgré les sombres prévisions du capitao, ne pouvait se persuader que les Indiens osassent attaquer une troupe aussi nombreuse et aussi bien armée que la sienne de fusils et de pistolets; il taxait intérieurement don Diogo de lui avoir exagéré le danger, afin de capter sa confiance et de faire valoir à ses yeux les services qu'il serait censé lui rendre pendant l'expédition.

Cependant, comme à part cette exagération qu'il supposait exister dans les renseignements que lui avait fournis le capitao, il ne se dissimulait pas que la situation dans laquelle il se trouvait, sans être désespérée, était cependant difficile; que la trahison ou du moins l'abandon de son guide le laissait dans une situation assez embarrassante, il n'était pas fâché que de son mouvement le capitao eût assumé sur lui la responsabilité du commandement et se fût ainsi chargé de le tirer d'affaire, ce à quoi il ne convenait pas qu'il n'aurait jamais réussi.

Le marquis commettait une grave erreur; erreur pardonnable en ce sens que, depuis qu'il était à peine en Amérique, il n'avait jamais été mis à même de se rendre un jugement sain sur ce qui se passait autour de lui, ni sur les hommes avec lesquels le hasard le mettait en rapport.

Elevé en Europe, membre de la plus haute et de la plus orgueilleuse noblesse du vieux monde, dont il avait dès l'enfance adopté tous les préjugés; habitué à la vie facile et sans arrière-pensée des castes riches, il ignorait ces natures fortes, vigoureusement trempées, qui ne se rencontrent que dans les pays placés sur la limite de la barbarie, et pour lesquelles le dévouement et l'abnégation sont une des conditions vitales de l'existence. Aussi ne pouvait-il les comprendre, et malgré ce que lui avait presque prouvé Diogo pendant le court entretien qu'il avait eu avec lui, conservait-il au fond du cœur une secrète arrière-pensée qu'il ne s'avouait peut-être pas à lui-même, mais qui lui faisait, à son insu, chercher dans le dévouement si loyalement vrai et naïf de cet homme un calcul d'intérêt ou d'ambition.

Cependant la caravane descendait lentement la montagne, éclairée à droite et à gauche par les soldats envoyés par le capitao en batteurs d'estrade.

Au fur et à mesure que les voyageurs s'approchaient du désert, le paysage changeait et prenait un aspect plus imposant et plus grandiose.

Quelques minutes encore et la descente serait terminée.

Don Roque s'approcha de don Diogo et, lui touchant légèrement l'épaule :

— Eh bien! lui dit-il en souriant, nous voici bientôt dans la plaine, et nous n'avons vu âme qui vive; croyez-moi, capitao, les menaces faites par les Indiens ne sont que des rodomontades, ils ont essayé de nous effrayer, voilà tout.

L'Indien regarda le marquis avec une stupéfaction profonde.

— Parlez-vous sérieusement, Excellence, répondit-il, croyez-vous réellement ce que vous dites?

— Certes, cher don Diogo, et tout me donne raison, il me semble.

— Alors il vous semble mal, Excellence, car je vous certifie, moi, que les Guaycurus n'ont rien avancé qu'ils n'aient l'intention de tenir, et avant peu vous en aurez la preuve.

— Redouteriez-vous une attaque? fit le marquis avec un commencement d'inquiétude.

— Une attaque, non peut-être pas tout de suite, mais au moins une sommation.

— Une sommation! de la part de qui?

— Mais de la part des Guaycurus, probablement.

— Allons donc, vous voulez rire. Sur quoi basez-vous une telle supposition?

— Je ne suppose pas, Excellence; je vois, voilà tout.

— Comment, vous voyez?

— Oui, et il vous est facile d'en faire autant, car, avant un quart d'heure, l'homme que je vous annonce sera devant vous.

— Oh! oh! voilà qui est fort.

— Tenez, Excellence, reprit-il en étendant le bras dans une certaine direction, voyez-vous ces herbes qui frissonnent et se courbent par un mouvement régulier.

— Oui, je les vois; après?

— Vous remarquez, n'est-ce pas, que ce mouvement n'est que partiel et se rapproche incessamment de nous?

— En effet, mais qu'est-ce que cela prouve?

— Cela prouve, Excellence, qu'un Indien arrive sur nous au galop, et probablement cet Indien est porteur de quelque important message qu'il est chargé de nous communiquer.

— Allons donc! vous plaisantez, capitao.

— Pas le moins du monde, Excellence, bientôt vous en aurez la preuve.

— Je ne le croirai que lorsque je le verrai.

— S'il en est ainsi, reprit le capitao en simulant un sourire, croyez donc alors, Excellence, car le voici!

Le marquis regarda.

En ce moment, un Indien guaycurus, armé en guerre et monté sur un magnifique cheval, émergea tout à coup des hautes herbes et s'arrêta fièrement, en travers du sentier, à portée de pistolet des Brésiliens, en agitant entre ses mains une peau de tapir qu'il faisait flotter comme un étendard.

— Feu sur ce brigand! s'écria le marquis en épaulant sa carabine.

Le capitao l'arrêta vivement :

— Gardez-vous-en bien! lui dit-il.

— Comment! n'est-ce pas un ennemi? reprit le marquis.

— Cela peut être, Excellence; mais, en ce moment, il vient en parlementaire.

— En parlementaire, ce sauvage! vous vous moquez de moi sans doute, s'écria le marquis en haussant les épaules.

— Nullement, Excellence, écoutons ce que cet homme a à nous dire.

— A quoi bon? fit-il avec mépris.

— Quand ce ne serait que pour connaître les projets de ceux qui nous l'envoient, il me semble que ce serait déjà assez important pour nous.

Le marquis hésita un instant, puis rejetant sa carabine en bandoulière.

— Au fait, c'est possible, murmura-t-il, mieux vaut le laisser s'expliquer; qui sait ce que ces Indiens peuvent avoir résolu entre eux, peut-être désirent-ils traiter avec nous?

— Ce n'est pas probable, répondit en riant le capitao; mais, dans tous les cas, si vous me le permettez, Excellence, je le vais interroger.

— Faites, faites, don Diogo, je suis curieux de connaître ce message.

Le capitao s'inclina; puis, après avoir jeté à terre son tromblon, son sabre et son couteau, il se dirigea au trot de son cheval vers l'Indien, toujours immobile comme une statue équestre en travers du chemin.

— Vous êtes fou, s'écria don Roque en s'élançant vers lui; comment, vous abandonnez vos armes; vous voulez donc vous faire assassiner?

Don Diogo sourit en haussant les épaules avec dédain, et retenant le cheval du marquis par la bride pour l'empêcher d'avancer davantage:

— Ne voyez-vous donc pas que cet homme est sans armes? dit-il.

Le marquis fit un geste de stupéfaction et s'arrêta; il n'avait pas remarqué cette particularité.

Le capitao profita de la liberté qui lui était laissée pour se remettre en route.

VI

Les Guaycurus.

Le vaste territoire du Brésil est habité aujourd'hui encore par de nombreuses tribus Indiennes répandues dans les sombres forêts et les vastes déserts qui couvrent ce pays.

Si on croyait ces tribus toutes issues d'une même nation ou offrant les mêmes caractères de sociabilité, on commettrait une grave erreur; rien au contraire n'est plus différent que leurs mœurs, leurs usages, leurs langues et leur organisation particulière. On ne connaît guère en Europe, et ce à peine de nom, que les Botocudos ou Botocudis, qui doivent cette pseudo-renommée à leur voisinage des établissements brésiliens et à la férocité qu'ils déploient dans leurs guerres contre les blancs. Ces Indiens, qui n'ont d'autre qualité qu'une haine poussée au plus haut degré pour le joug tyrannique de l'étranger, ne sont à part cela nullement intéressants. Sales, plongés dans la plus complète barbarie, anthropophages même, ils ont, dans leur aspect farouche, quelque chose de répugnant à cause de l'horrible botoque, ou rondelle de bois d'une largeur de plusieurs pouces, qu'ils s'introduisent dans la lèvre inférieure et qui les défigure d'une telle façon, qu'ils ressemblent plutôt à de hideux orangs-outangs qu'à des hommes.

Mais si l'on s'enfonce dans l'intérieur des terres, et si on se dirige vers le sud, on rencontre de puissantes nations indiennes qui peuvent, au besoin, mettre jusqu'à quinze mille guerriers sous les armes, et jouissent d'une civilisation relative fort curieuse et surtout fort intéressante à étudier.

De ces nations, deux surtout tiennent une place fort importante dans l'histoire des races aborigènes du Brésil, ce sont les Payagoas et les Guaycurus.

Ces derniers doivent plus particulièrement nous occuper ici.

Les Guaycurus, ou Indios cavalheiros, ainsi que les nomment les Brésiliens, paraissent, de temps immémorial, avoir occupé sur une étendue d'au moins cent lieues les bords du rio Paraguay.

Aujourd'hui, forcés de reculer peu à peu devant la civilisation qui les circonscrit de plus en plus, leur position a un peu varié; cependant, on les rencontre surtout entre les rios San Lorenço et Embotateu ou Mondego.

Les Guaycurus ne sauraient être sans injustice rangés parmi les races purement sauvages. Ils tiennent à notre avis, — soit dit entre parenthèse, partagé par beaucoup de voyageurs, — dans la hiérarchie sociale des peuples du nouveau monde, à peu près le rang qu'y tiennent aujourd'hui les Araucanes du Chili, dont nous avons, dans un précédent ouvrage, décrit les mœurs, et presque révélé l'existence aux lecteurs européens (1).

Cependant, hâtons-nous de constater que les mœurs de cette nation n'ont qu'un rapport fort indirect avec celles des Guaycurus.

Ceux-ci offrent trois divisions complètement distinctes :

Ceux qui occupent encore le Paraguay, ou ils étaient connus sous le nom de Lingoas ; les habitants des rives orientales du grand fleuve, et, enfin, ceux qui demeurent sur les possessions brésiliennes.

Nous ne nous occuperons, quant à présent, que de ces derniers.

Les Guaycurus brésiliens se partagent en sept hordes différentes, presque toujours en guerre entre elles, et qui parcourent en liberté d'immenses plaines couvertes de magnifiques pâturages, situées entre les rios Ipany et Tocoary.

Cette race est essentiellement belliqueuse; elle n'entreprend une guerre que dans le but de faire des prisonniers pour les réduire en esclavage.

L'incontestable supériorité des Guaycurus a contraint plusieurs tribus voisines de se soumettre vis-à-vis d'eux à une espèce de vasselage, librement consenti du reste.

Ces tribus, cependant assez puissantes, sont au nombre de seize. Nous citerons parmi elles les Xiquitos, les Guatos, les Lodeos et les Chingolees, c'est-à-dire les plus redoutables nations du Sud.

Les Guaycurus maintiennent parmi eux une sorte de hiérarchie sociale bien marquée, dont les exemples sont fort rares parmi les peuplades du nouveau monde; ils se partagent en chefs, guerriers et esclaves. Cette organisation intérieure est d'autant plus facilement maintenue, que les descendants des prisonniers ne peuvent, sous aucun prétexte, s'allier aux personnes libres; une union semblable déshonorerait celui qui l'aurait contractée; il n'y a pas d'exemple qu'un esclave ait jamais été émancipé; d'ailleurs leur religion exclut les esclaves du paradis.

On voit, par ce qui précède, que si la caste des chefs se conserve dans toute sa pureté primitive, peu de nations présentent dans la classe inférieure d'éléments aussi hétérogènes et n'ont soumis les esclaves à un plus complet nivellement.

Au fur et à mesure que nous avancerons dans notre récit, nous ferons plus particulièrement connaître ce peuple si singulièrement placé sur les limites extrêmes de la barbarie et de la civilisation, et tenant, en quelque sorte, la balance égale entre les deux. Nous reprendrons maintenant notre histoire au point où nous l'avons abandonnée en terminant le précédent chapitre.

Après avoir échangé avec le marquis les quelques paroles que nous avons rapportées, don Diogo s'était avancé seul et sans armes vers l'indien fièrement campé en travers du sentier, et qui le regardait s'approcher sans faire le plus léger mouvement.

Ces deux hommes, bien qu'ils eussent une commune origine et descendissent tous deux

(1) Voir le Grand chef des Aucas, 2 vol. in-12. Amyot, éditeur.

de la race aborigène et des premiers propriétaires du sol qu'ils foulaient, offraient cependant deux types bien distincts et formaient entre eux le plus complet contraste.

Le Guaycurus, peint en guerre, fièrement drapé dans son poncho, hardiment posé sur son cheval aussi indompté que lui-même, l'œil bien ouvert et franchement fixé sur l'homme qui s'avançait vers lui, tandis qu'un sourire de dédain orgueilleux errait sur ses lèvres, représentait bien aux yeux d'un observateur le type de cette race puissante, confiante en son droit et en sa force, qui, depuis le premier jour de la découverte, a juré une haine implacable aux blancs, s'est reculée pas à pas devant eux sans jamais leur tourner le dos, et qui a résolu de périr plutôt que de subir un joug odieux et une servitude déshonorante.

Le capitao, au contraire, moins vigoureusement charpenté, gêné dans ses étroits vêtements d'emprunt, portant sur ses traits la marque indélébile du servage consenti par lui ; embarrassé de sa contenance, remplaçant la fierté par de l'effronterie et ne fixant qu'à la dérobée un regard sournois sur son adversaire, représentait, lui, le type abâtardi de cette race à laquelle il avait cessé d'appartenir et dont il avait répudié les coutumes pour adopter, sans les comprendre, celles de ses vainqueurs, sentant instinctivement son infériorité et subissant peut-être à son insu l'influence magnétique de cette nature forte parce qu'elle était libre.

Lorsque les deux hommes ne furent plus qu'à quelques pas l'un de l'autre, le capitao s'arrêta.

— Qui es-tu, chien? lui dit durement le Guaycurus en lui jetant un regard de mépris, toi qui portes des vêtements d'esclave, et qui pourtant sembles appartenir à la race des enfants de mon père.

— Je suis comme toi un fils de cette terre, répondit le capitao d'un ton bourru; seulement, plus heureux que toi, mes yeux se sont ouverts à la vraie foi, et je suis entré dans la famille des blancs que j'aime et que je respecte.

— N'emploie pas ta langue menteuse à faire ton éloge, je serais mal venu près de moi, répondit le guerrier, à me vanter les douceurs de l'esclavage. Les Guaycurus sont des hommes, et non pas des chiens poltrons qui lèchent la main qui les fouette.

— Es-tu donc venu te placer sur ma route pour m'insulter? dit le capitao avec un accent de colère mal contenue. Mon bras est long et ma patience courte ; prends garde que je ne réponde par des insultes à tes insultes.

Le guerrier fit un geste de dédain.

— Qui oserait se flatter d'effrayer Tarou-Niom, dit-il.

— Je te connais, je sais que tu es renommé dans ta nation par ton courage dans les combats et ta sagesse dans les conseils; cesse donc de vaines forfanteries et laisse aux femmes débiles le soin de se servir de leur langue envers un homme qui, pas plus que toi, ne peut être effrayé.

— Un fou donne parfois un bon conseil, repartit le guerrier; ce que tu dis est juste; arrivons donc au sujet réel de cet entretien.

— J'attends que tu l'expliques. Ce n'est pas moi qui me place sur ta route.

— Pourquoi n'as-tu pas rapporté aux visages pâles dont tu es l'esclave, le message dont je t'avais chargé pour eux.

— Je ne suis pas plus l'esclave des blancs que tu ne l'es toi-même; je leur ai textuellement rapporté tes paroles.

— Et, malgré cet avertissement, ils ont continué à marcher en avant?

— Tu le vois.

— Ces hommes sont fous; ne savent-ils donc pas que tu les conduis à une mort certaine?

— Ils ne partagent nullement cette opinion; plus sensés que vous, sans vous craindre, ils ne vous méprisent pas et n'ont nullement l'intention de vous offenser.

— N'est-ce pas la plus grande insulte qu'ils puissent nous faire que d'oser, malgré nos ordres, envahir notre territoire?

— Ils n'envahissent pas votre territoire, ils suivent leur route, pas autre chose.

— Tu es un chien à langue fourchue, les visages pâles n'ont pas de chemin qui traverse notre pays.

— Vous n'avez pas le droit d'empêcher le passage sur vos terres à des citoyens paisibles.

— Si nous n'avons pas ce droit, nous le prenons; les Guaycurus sont les seuls maîtres de ces contrées, qui jamais ne seront souillées par le pied d'un blanc.

Diogo réfléchit un instant.

— Écoutez-moi, dit-il; ouvrez vos oreilles, afin que la vérité pénètre jusqu'à votre cœur.

— Parle, ne suis-je pas ici pour t'écouter.

— Nous n'avons pas l'intention de pénétrer plus avant dans votre pays; tout le temps que nous serons forcés d'y demeurer, nous nous tiendrons près de la frontière le plus possible, nous ne faisons que passer pour aller plus loin.

— Ah! ah! et comment nommez-vous ce pays où vous vous rendez? reprit le chef d'un air sardonique.

— Le pays des Frentones.

— Les Frentones sont les alliés de ma nation; mes intérêts sont communs : entrer sur leur territoire, c'est entrer sur le nôtre; nous ne souffrirons pas cette violation. Va rejoindre celui qui t'envoie et dis-lui que Tarou-Niom consent à le laisser fuir, à la condition qu'il tournera immédiatement la tête de son cheval vers le nord.

Le capitao demeura immobile.

— Ne m'as-tu pas entendu, reprit le guerrier avec violence; à cette condition seule, vous pouvez espérer d'échapper tous autant que vous êtes à la mort ou à l'esclavage. Va donc, sans plus tarder.

— C'est inutile, répondit le capitao en haussant les épaules; le chef blanc ne consentira pas à retourner d'où il vient, avant d'avoir accompli jusqu'au bout son voyage.

— Quel intérêt pousse donc cet homme à jouer ainsi sa vie dans une partie désespérée?

— Je l'ignore, cela n'est pas mon affaire, j'ai pour habitude de ne jamais me mêler de ce qui ne me regarde pas.

— Bon. Ainsi, malgré tout ce que je lui dirais il continuera à s'avancer.

— J'en suis convaincu.

— C'est bien, il mourra. Que son destin s'accomplisse.

— C'est donc la guerre que vous voulez?

— Non, c'est la vengeance ; les blancs ne sont pas pour nous des ennemis, ce sont des bêtes fauves que nous tuons, des reptiles venimeux que nous écrasons chaque fois que l'occasion s'en présente.

— Prenez-y garde, chef, la lutte sera sérieuse entre vous ; nous sommes des hommes braves, nous ne vous attaquerons pas les premiers, mais si vous essayez de nous barrer le passage, nous résisterons vigoureusement, je vous en avertis.

— Tant mieux ! voilà longtemps que mes fils n'ont rencontré d'ennemis dignes de leur courage.

— Cet entretien est maintenant sans objet, laissez-moi retourner vers les miens.

— Va donc, je n'ai plus, en effet, rien à te dire, souviens-toi que c'est l'entêtement de ton maître qui aura appelé sur sa tête les malheurs qui, bientôt, fonderont sur elle. Marchez sans crainte de vous égarer, ajouta-t-il avec un sourire sinistre, je me charge de si bien marquer la route que vous suivrez, qu'il vous sera impossible de ne pas la reconnaître.

— Je vous remercie de ce renseignement, chef, je le mettrai à profit, soyez-en certain, fit-il avec ironie.

Le Guaycurus sourit sans répondre, mais, enfonçant les éperons dans les flancs de sa monture, il lui fit exécuter un saut énorme et disparut presque instantanément dans les hautes herbes.

Le capitao rejoignit au petit trot la caravane.

Le marquis attendait avec impatience le résultat de cette entrevue.

— Eh bien? s'écria-t-il, dès que don Diogo fut auprès de lui.

L'Indien hocha tristement la tête.

— Ce que j'avais prévu est arrivé, répondit-il.

— Ce qui signifie?...

— Que les Guaycurus ne veulent, sous aucun prétexte, nous laisser mettre le pied sur leur territoire.

— Ainsi?

— Ils nous ordonnent de rebrousser chemin, nous avertissant qu'au cas où nous n'y consentirions pas, ils sont résolus à ne pas nous livrer passage.

— Nous ne frayerons un en passant sur leurs cadavres, s'écria fièrement le marquis.

— J'en doute, Excellence; si braves que soient les hommes qui vous accompagnent, aucun d'eux, pris individuellement, n'est capable de lutter avec avantage contre dix ennemis.

— Les croyez-vous donc si nombreux?

— Je me suis trompé; ce n'est pas dix, mais cent que j'aurais dû dire.

— Vous cherchez à m'effrayer, Diogo.

— A quoi bon, Excellence; je sais que rien de ce que je pourrais vous dire ne réussirait à vous persuader; que votre résolution est irrévocable, et que vous pousserez en avant quand même. Ce serait donc gaspiller en pure perte un temps précieux.

— Alors, c'est vous qui avez peur! s'écria le marquis avec ironie.

L'Indien, à cette insulte si peu méritée, pâlit à la façon des hommes de sa race, c'est-à-dire que son visage prit subitement une teinte d'un blanc sale, ses yeux s'injectèrent de sang, et un tremblement convulsif agita tous ses membres.

— Ce que vous faites, non-seulement n'est pas généreux, Excellence, répondit-il d'une voix sourde, mais est maladroit en ce moment. Pourquoi insulter un homme qui pendant une heure, par dévouement pour vous, a supporté sans se plaindre, de la part de votre ennemi, de mortelles injures. Voulez-vous donc me faire me repentir de vous avoir sacrifié ma vie?

— Mais enfin, reprit d'une voix plus douce don Roque, qui déjà se repentait de s'être laissé emporter à prononcer ces paroles, notre position est intolérable; nous ne pouvons rester ainsi; comment sortir de l'impasse dans laquelle nous nous trouvons?

— Voilà, Excellence, ce à quoi je songe; une attaque immédiate des Guaycurus n'est pas ce qui me préoccupe le plus en ce moment : le pays est trop boisé, le terrain trop inégal et trop coupé par des cours d'eaux pour qu'ils essayent de nous surprendre; je connais leur manière de combattre; ils doivent avoir en ce moment intérêt à nous ménager, pourquoi? je ne saurais le deviner encore, mais je le saurai bientôt.

— Qui vous fait supposer cela?

— Mon Dieu! l'opiniâtreté qu'ils mettent à essayer de nous faire retourner sur nos pas, au lieu de nous assaillir à l'improviste; après cela, ces démarches peut-être sont-elles un stratagème pour nous inspirer de la confiance.

— Que comptez-vous faire?

— D'abord étudier les plans de l'ennemi, Excellence, et, si Dieu me vient en aide, si fins que soient les Guaycurus, je parviendrai, je vous le jure, à les percer à jour.

— Soyez assuré que, si nous réussissons à déjouer leurs projets et à leur échapper, la récompense que je vous réserve équivaudra au service que vous m'aurez rendu.

Le capitao haussa les épaules.

— Il est inutile de parler de récompense à un homme mort, et je me considère comme

tel, répondit-il d'une voix brève.

— Toujours cette pensée, fit le jeune homme avec impatience.

— Toujours, oui, Excellence; mais soyez tranquille, cette certitude qui, avec tout autre, aurait sans doute des conséquences désastreuses, me donne, au contraire, la liberté de mes actions et, au lieu de paralyser ma pensée, la rend plus claire et plus lucide. Sachant que je ne puis échapper au sort qui me menace, je tenterai tout ce qu'il sera humainement possible de faire pour éloigner la catastrophe inévitable; cela doit vous rassurer.

— Pas trop, répondit le marquis avec un pâle sourire.

— Seulement, Excellence, je vous le répète, j'ai besoin de toute ma liberté d'action, il ne faut pas que, soit par paroles, soit d'une autre façon, vous entraviez les projets que je médite et les moyens que je compte employer.

— Je vous ai donné ma parole de gentilhomme.

— Et je l'ai reçue, Excellence; la guerre que nous commençons aujourd'hui n'a rien de commun avec celles que, m'a-t-on dit, vous êtes accoutumé à faire en Europe. Nous avons en face de nous des ennemis dont l'arme principale est la ruse. Ce n'est donc qu'en nous montrant plus fins et plus rusés qu'eux que nous parviendrons à les vaincre, s'il est, ce que je ne crois pas, possible d'obtenir ce résultat. Les observations que vous penseriez devoir me faire n'aboutiraient qu'à consommer plus promptement notre perte si j'étais contraint de m'y conformer.

— Une fois pour toutes, je vous promets de vous laisser la liberté la plus entière, si bizarres et si singulières que me paraissent les dispositions que vous jugerez nécessaire de prendre dans l'intérêt général.

— Voilà qui est parler en homme sage, Excellence; espérez. Qui sait, peut-être Dieu daignera-t-il faire un miracle en notre faveur; du moins y aiderons-nous de tout notre pouvoir.

— Je vous remercie de me donner enfin un peu d'espoir, Diogo, et cela avec d'autant plus de joie, fit le marquis en souriant, que c'est une marchandise dont vous n'êtes pas prodigue à mon égard.

— Nous sommes des hommes auxquels il faut parler franchement pour qu'ils se mettent sur leurs gardes, Excellence, et non des enfants peureux qui ont besoin d'être trompés. Maintenant, ajouta-t-il en étendant le bras vers un léger monticule situé à environ une lieue en avant et un peu sur la droite du chemin suivi par la caravane, si vous n'y trouvez pas d'inconvénient, voilà où nous allons placer notre campement pour la nuit.

— Comment! déjà nous arrêter? se récria le jeune homme, et la journée est à peine à la moitié.

— Quel dommage, s'écria l'Indien avec un accent de railleuse pitié, que cette expédition soit condamnée à finir si mal, je vous aurais donné certaines leçons, Excellence, qui auraient fait de vous, j'en suis convaincu, avec le temps, un des plus fins et des plus expérimentés coureurs des bois du Brésil.

Malgré la situation critique dans laquelle il se trouvait, le marquis ne put s'empêcher de rire à cette naïve boutade du digne capitao.

— C'est égal, don Diogo, lui répondit-il, ne m'épargnez pas vos leçons, on ne sait pas ce qui peut arriver, peut-être me profiteront-elles.

— A la grâce de Dieu, Excellence. Ecoutez-moi bien, voici ce que nous allons faire.

— Je suis tout oreille.

— Nous ne devons pas nous enfoncer davantage dans le désert avant d'avoir, sur les mouvements de nos ennemis, des renseignements positifs; ces renseignements, moi seul puis les obtenir, en me faufilant parmi eux et en m'introduisant jusque dans leurs villages; d'un autre côté, lorsque leurs éclaireurs qui nous surveillent derrière chaque

buisson et épient nos moindres gestes, nous verront nous arrêter et camper aussi hardiment, ils ne sauront que penser de cette façon d'agir; l'inquiétude leur viendra, ils chercheront les motifs de notre conduite, hésiteront et nous donneront ainsi le temps de préparer une vigoureuse résistance. Me comprenez-vous, Excellence?

— A peu près, une seule chose demeure obscure pour moi dans ce que vous m'avez dit.

— Laquelle?

— Vous avez l'intention d'aller vous-même chercher des nouvelles et de vous introduire dans les villages indiens?

— En effet, telle est mon intention.

— Ne croyez-vous pas que ce soit là une grande imprudence? vous risquez d'être découvert.

— C'est vrai, et si cela arrive, mon sort est décidé d'avance; que voulez-vous, Excellence? c'est une chance à courir, mais il n'y a pas moyen de faire autrement. Cependant, si, périlleuse que soit une telle expédition, elle ne l'est pas autant que vous le supposez, mon homme qui, ainsi que moi, appartient à la race indienne et connaît naturellement les coutumes des hommes qu'il veut tromper; d'ailleurs je n'ai pas besoin d'ajouter, Excellence, que je prendrai toutes les précautions nécessaires pour ne pas être surpris.

Pendant que le marquis et le capitao causaient ainsi entre eux, la caravane continuait à s'avancer lentement à travers les méandres inextricables d'un étroit sentier, tracé avec peine par le passage des bêtes fauves et presque perdu dans les hautes herbes.

Le silence le plus complet, le calme le plus profond régnaient dans ce désert, que le pas de l'homme semblait n'avoir jamais foulé depuis l'époque de la découverte.

Cependant, les chasseurs métis et les soldados de conquista, mis en éveil par la présence inattendue devant eux du chef guaycurus, et inquiets du long entretien qu'il avait eu avec le capitao, se tenaient sur leurs gardes. Ils s'avançaient, selon l'expression espagnole, que la barbe sur l'épaule, l'œil et l'oreille au guet, le doigt sur la détente du fusil, et prêts à faire feu à la moindre alerte.

La caravane atteignit ainsi la colline sur laquelle don Diogo se proposait de camper.

L'Indien, avec ce coup d'œil infaillible que donne une longue expérience et que possèdent seuls les hommes rompus depuis des années à la vie si accidentée et si pleine de péripéties imprévues du désert, avait choisi admirablement le seul endroit où il fût possible d'établir un camp facile à être promptement mis en état de résister à une attaque subite des ennemis.

Cette colline formait une accore avancée de l'une des plus larges rivières de la plaine, ses flancs escarpés étaient dépourvus de verdure, son sommet seul était recouvert d'un bois épais; du côté de la rivière, la colline, taillée à pic, était inabordable; seulement elle était accessible par le désert, sur un espace de dix mètres tout au plus.

Le marquis félicita don Diogo sur la sagacité avec laquelle il avait choisi cette position.

— Cependant, ajouta-t-il, je me demande s'il était nécessaire, pour une seule nuit, de nous établir au sommet d'une telle forteresse.

— Si nous ne devions y rester qu'une seule nuit, répondit l'Indien, je ne me serais pas donné la peine de vous indiquer ce lieu, mais les renseignements que nous avons à prendre seront peut-être longs à obtenir, et il est bon, si nous sommes contraints de demeurer quelques jours ici, de ne pas avoir à redouter une surprise.

— Demeurer quelques jours ici, reprit le marquis avec une nuance de mécontentement.

— Damel je ne saurais positivement vous dire ce qui arrivera. Peut-être repartirons-nous demain, peut-être non; cela dépenda des circonstances. Bien que notre position ne soit pas bonne, encore dépend-il un peu de nous, Excellence, de ne pas la rendre pire.

— Vous avez toujours raison, mon ami, répondit le jeune homme; campons donc, puisque vous le voulez.

Le capitao quitta alors le marquis et alla donner les ordres nécessaires pour que le campement fût établi ainsi qu'il l'avait arrêté dans son esprit.

Les Brésiliens s'occupèrent d'abord à mettre en sûreté leurs choses les plus précieuses c'est-à-dire les provisions de bouche et les munitions de guerre; puis, ce soin pris, on installa le camp sur le bord même de la plate-forme de la colline; on forma un rempart de troncs d'arbres enlacés les uns dans les autres; derrière ce premier rempart, les wagons et les charrettes furent enchaînés et placés en croix de Saint-André.

D'après l'ordre exprès du capitao, les arbres strictement nécessaires aux fortifications avaient été abattus; les autres, demeurés debout, devaient, non-seulement donner de l'ombre aux Brésiliens, mais encore leur servir de défense en cas d'assaut, et, de plus, empêcher les Indiens, s'ils ne l'avaient fait déjà, ce qui n'était guère probable, de les compter et de connaître ainsi le nombre des ennemis qu'ils attaquaient.

Un peu avant le coucher du soleil, le camp se trouva complètement en état de résister à un coup de main.

Diogo, pour plus de sûreté, ordonna qu'une sentinelle demeurerait nuit et jour au sommet de l'arbre le plus élevé de la colline, afin de surveiller le désert et d'avertir les aventuriers des mouvements des Indiens.

Cette dernière précaution, la plus importante de toutes, assurait en quelque sorte la sûreté du camp; aussi Diogo ne voulut-il confier le soin de veiller sur le salut commun qu'à un homme expérimenté et ordonna-t-il que la sentinelle, placée ainsi en vedette, serait toujours un de ses soldats.

Indiens eux-mêmes, ils étaient plus que tous autres en état de déjouer les ruses des Guaycurus et de ne pas laisser surprendre leurs compagnons.

VII

Assaut de ruses.

Lorsque la nuit fut venue et que l'obscurité eut complètement noyé le paysage, don Diogo entra dans la tente où le marquis se promenait tout pensif, marchant de long en large, la tête basse et les bras croisés sur la poitrine.

— Ah! c'est vous, capitao, lui dit le jeune homme s'arrêtant, quelles nouvelles?

— Rien que je sache, Excellence, répondit l'Indien; tout est calme, les sentinelles veillent; la nuit, je le crois, sera tranquille.

— Cependant, vous aviez, si je ne me trompe, quelque chose à me dire?

— En effet, Excellence, je venais vous annoncer que je quitte le camp.

— Vous quittez le camp?

— Ne faut-il pas que j'aille à la découverte?

— C'est vrai. Combien de temps comptez-vous rester dans cette excursion?

— Qui saurait le dire, Excellence? peut-être un jour, peut-être deux, peut-être quelques heures, tout dépendra des circonstances; et il est possible aussi que je sois découvert, et alors je ne reviendrai pas.

Le marquis demeura un instant les yeux fixés avec une expression étrange sur le capitao.

— Don Diogo, lui dit-il enfin en lui posant amicalement la main sur l'épaule, avant de me quitter, laissez-moi vous adresser une question.

— Faites, Excellence.

— Quelle est la raison qui vous engage à me témoigner un dévouement si grand, une abnégation si complète?

— A quoi bon vous le dire, Excellence? vous ne me comprendriez pas.

— Voilà plusieurs fois que je m'interroge à ce sujet sans pouvoir me répondre. Nous ne nous connaissons que depuis deux mois; avant la trahison de Malco, à peine avais-je échangé quelques banales paroles avec vous; vous n'avez, que je sache, aucun motif plausible pour vous intéresser à mon sort?

— Mon Dieu! Excellence, répondit insouciamment l'Indien, je ne m'intéresse nullement à vous, croyez-le bien.

— Mais alors, s'écria le marquis au comble de la surprise, pourquoi risquer ainsi votre vie pour moi?

— Je vous ai dit, Excellence, que vous ne me comprendriez pas.

— C'est égal, mon ami, répondez, je vous prie, à ma question; si dures que soient à entendre les vérités qui sortiront de votre bouche, j'ai cependant besoin que vous me les disiez.

— Vous le voulez, Excellence?

— Je l'exige, autant qu'il m'est permis de manifester ma volonté sur un tel sujet.

— Soit! Écoutez-moi donc, Excellence; seulement je doute que vous me compreniez bien, je vous le répète encore.

— Parlez! parlez!

— Ne vous fâchez donc pas, je vous prie, Excellence, si ce que vous allez entendre vous semble un peu dur; à une question franchement posée, je dois faire une réponse franche. Vous, personnellement, vous ne m'intéressez nullement, vous, avez-je dit vous-même; à peine est-ce si je vous connais. Dans toute autre circonstance il est probable que, si vous réclamiez mon aide, je vous la refuserais, car, je vous l'avoue, vous ne m'inspirez aucune sympathie et je n'ai naturellement aucune raison pour vous aimer. Seulement il arrive ceci, que vous êtes en quelque sorte sous ma garde; que, lorsqu'on m'a placé sous vos ordres j'ai juré de vous défendre envers et contre tous pendant le temps que nous voyagerions ensemble; lorsque ce misérable Malco vous a trahi, j'ai compris la responsabilité que cette trahison faisait peser sur moi; j'ai immédiatement, sans hésiter, accepté cette responsabilité avec toutes ses conséquences.

— Mais, interrompit le marquis, cela ne va pas jusqu'à faire le sacrifice de la vie, surtout pour un homme envers lequel on n'éprouve aucune sympathie.

— Ce n'est pas à vous, Excellence, c'est à moi que je fais ce sacrifice, à mon honneur, qui serait flétri si je ne tombais pas à vos côtés en essayant jusqu'au dernier moment de vous protéger et de vous faire un bouclier de mon corps; vous, Excellence, gentilhomme d'Europe, aussi noble que le roi de Portugal, vous entendiez autrement certaines exigences de la vie civilisée, cela ne m'étonne pas et n'a rien qui me doive surprendre; mais nous autres, pauvres Indiens, nous ne possédons à notre bien que notre honneur et nous ne consentons jamais à en faire bon marché; j'appartiens à un corps de soldats qui, depuis sa création, a continuellement donné des marques d'une fidélité à toute épreuve, sans que jamais un traître se soit rencontré dans ses rangs. Ce que je fais pour vous, tout autre à ma place le ferait; mais, ajouta-t-il avec un sourire triste, à quoi bon nous appesantir davantage sur ce sujet, Excellence? mieux vaut nous arrêter là; profitez de mon dévouement sans vous inquiéter d'autre chose; d'ailleurs, il n'est pas aussi grand que vous le pensez.

— Comment cela?

— Eh! mon Dieu, Excellence, par une raison toute simple: nous autres soldados da conquista qui sans cesse guerroyons contre les Indiens bravos, nous jouons continuellement notre vie et nous finissons toujours par être tués dans quelque embuscade; eh bien, je ne fais qu'avancer de quelques jours ou, peut-être seulement de quelques heures le moment où il me faudra rendre mes comptes au Créateur; vous voyez que le sacrifice que je vous fais est minime et ne mérite en aucune façon que j'essaye de m'en prévaloir.

Don Roque se sentit ému malgré lui par la naïve loyauté de cet homme à demi civilisé qui, à lui homme du monde, lui donnait, sans chercher à s'en apercevoir ou même le soupçonner, une si haute leçon de morale.

— Vous valez mieux que moi, Diogo, lui dit-il en lui tendant la main.

— Eh! non, Excellence, je suis moins civilisé, voilà tout; et il continua ainsi, après lui avoir, avec une bonhomie extrême, décoché ce dernier trait: Maintenant que j'ai répondu à votre question, nous reviendrons s'il vous plaît, Excellence, à notre affaire.

— Je ne demande pas mieux, capitao. Vous me disiez, je crois, que vous aviez l'intention de quitter le camp?

— Oui, Excellence, pour aller à la découverte.

— Fort bien; quand comptez-vous partir?

— Mais tout de suite, Excellence.

— Comment, si tôt?

— Nous n'avons pas un instant à perdre pour essayer de nous renseigner; nous avons affaire, ne l'oubliez pas, Excellence, aux Indios bravos les plus fins et les plus braves du désert. D'ailleurs vous les verrez bientôt à l'œuvre, ce sont de rudes adversaires, allez.

— Je commence à le croire.

— Bientôt vous en aurez la certitude.

— Que dois-je faire pendant votre absence?

— Rien, Excellence.

— Cependant, il me semble...

— Rien, je vous le répète. Demeurer sans sortir; dans le camp, faire bonne garde, et vous assurer par vous-même que les sentinelles ne s'endorment pas à leur poste.

— Rapportez-vous-en à moi pour cela.

— J'oubliais une chose fort importante, Excellence; si, ce que je ne suppose pas, vous étiez attaqué par les Indiens pendant mon absence, et serré de près, faites attacher une faia rouge à la plus haute branche de l'arbre de la vigie; je comprendrai ce que cela voudra dire, et j'en prendrai en conséquence les précautions qu'exige le cas.

— Cela sera fait. Avez-vous d'autres recommandations?

— Aucune, Excellence; il ne me reste plus qu'à prendre congé de vous. Souvenez-vous de ne pas sortir avant mon arrivée; vous seriez perdu.

— Je ne bougerai pas d'une ligne; c'est convenu, et vous me retrouverez, je l'espère, dans une situation aussi bonne que celle dans laquelle vous me laissez.

— Je l'espère, Excellence; au revoir!

— Au revoir et bonne chance!

— Je tâcherai.

Diogo s'inclina une seconde fois et quitta la tente.

Le capitao sortit du camp à pied.

Les soldados da conquista se servent rarement du cheval, ils ne l'emploient que lorsqu'ils ont à faire un long trajet en plaine, car les forêts brésiliennes sont tellement épaisses et encombrées de lianes et de plantes grimpantes, qu'il est littéralement impossible de les traverser autrement que la hache à la main, ce qui rend le cheval non-seulement inutile, mais en quelque sorte nuisible par l'embarras qu'il cause sans cesse à son maître.

Aussi les soldados da conquista sont-ils généralement d'excellents piétons. Ces hommes ont un jarret de fer; rien ne les arrête ou ne les retarde: ils marchent avec une vé-

Paris. — Imp. SCHILLER, 10, Faub.-Montmartre.

locité et une sûreté qui feraient pâlir de jalousie nos chasseurs à pied, qui cependant jouissent à juste titre d'une réputation bien établie de marcheurs émérites.

Les distances que franchissent en quelques heures ces Indiens, dans des chemins impraticables, sont quelque chose de prodigieux et qui surpasse tout ce qu'on saurait imaginer.

Trente et même quarante lieues dans une journée ne sont rien pour eux; ils courent toujours, bien que chargés de leurs armes et de leur lourd bagage; ils suivent, sans se gêner, un cheval lancé au grand trot, et pourtant, pendant ces courses rapides, rien ne leur échappe, le plus petit indice est observé par eux; l'empreinte la plus fugitive laissée par mégarde sur le sol est aperçue et relevée avec soin; pas un bruit du désert qu'ils ne saisissent et ne commentent aussitôt: le bris d'une branche dans les taillis, le vol subit d'un oiseau, l'élan rapide d'un fauve quittant son repaire à leur approche; ils entendent et comprennent tout, et sont continuellement sur leurs gardes, prêts à faire face à l'ennemi, quel qu'il soit, qui surgit souvent tout à coup devant eux, et dont ils ont, avec leur infaillible expérience, deviné ou pressenti l'approche bien avant qu'il apparaisse.

Le capitao Diogo, nous n'avons pas besoin de le dire, le lecteur a déjà été à même de le reconnaître, jouissait parmi ses compagnons, bons appréciateurs en pareille matière, d'une réputation de finesse peu commune; il avait en plusieurs circonstances donné des preuves d'adresse et de sagacité admirables, mais jamais il ne s'était trouvé dans des circonstances aussi difficiles, car jamais il n'avait été en face d'ennemis aussi rusés que ceux qu'il lui fallait combattre en ce moment.

Les Indiens bravos dont il était l'implacable ennemi et auxquels il avait causé d'irréparables pertes, avaient pour lui une haine mêlée d'une superstitieuse terreur. Diogo avait si souvent et avec tant de bonheur évité les pièges tendus sous ses pas, si souvent échappé à une mort presque certaine, que les Indiens en étaient arrivés à supposer que cet homme était protégé par quelque charme inconnu et qu'il disposait d'une puissance surnaturelle qui l'aidait à surmonter les plus grandes difficultés et à sortir sain et sauf des plus affreux dangers.

Le capitao connaissait parfaitement l'opinion que les Indiens avaient de lui; il savait que, s'il tombait jamais entre leurs mains, non-seulement il n'avait pas de quartier à espérer, mais encore il devait s'attendre à en durer les plus effroyables supplices. Pourtant, cette certitude n'avait aucune influence sur son esprit; son audace n'en était pas abattue, et, loin de prendre des précautions pendant le cours de ses diverses expéditions, c'était avec un plaisir indicible qu'il bravait en face ses adversaires, luttait de ruse avec eux et déjouait toutes leurs combinaisons pour s'emparer de sa personne.

L'expédition qu'il faisait en ce moment était la plus téméraire et la plus difficile de toutes celles qui, jusque-là, il avait tentées.

Il ne s'agissait de rien moins que de s'introduire dans un village des Guaycurus, d'assister à leurs réunions et de parvenir ainsi à surprendre leurs secrets.

Diogo se considérait comme perdu, il avait la conviction que lui et tous les hommes qui composaient la caravane à laquelle il appartenait, tomberaient dans le désert massacrés par les Indiens; aussi, comptait n'avoir rien à ménager, agissait-il en conséquence, jouant, ainsi qu'on le dit vulgairement, le tout pour le tout, résolu à disputer jusqu'au bout la terrible partie dont sa vie était l'enjeu, et voulant, avant de succomber, prouver à ses ennemis ce dont il était capable, leur donner, en un mot, la mesure de ses forces.

Après être sorti du camp, le capitao descendit rapidement la colline, se dirigeant, malgré les ténèbres épaisses qui l'enveloppaient, avec autant de certitude qu'en plein jour, et marchant avec une légèreté si grande, que le bruit de ses pas aurait, à quelques mètres seulement, été imperceptible à l'oreille la plus exercée et à l'ouïe la plus fine.

Lorsqu'il eut atteint le bord de la rivière, il s'orienta un instant, puis il se coucha sur le ventre et commença à ramper doucement dans la direction d'un buisson voisin, dont une partie baignait dans l'eau de la rive.

Arrivé à deux ou trois pas du buisson, l'Indien s'immobilisa subitement, et demeura l'espace de plusieurs minutes sans que le bruit même de sa respiration le pûtdénoncer.

Puis, après avoir d'un regard circulaire sondé les ténèbres, il se ramassa et se pelotonna sur lui-même comme une bête fauve, prête à prendre son élan ; saisissant son couteau de la main droite, il leva légèrement la tête et imita avec une rare perfection le sifflement du giboya ou boa constrictor, cet hôte redoutable des grands déserts brésiliens.

A peine ce sifflement se fut-il fait entendre que les branches du buisson s'agitèrent ; elles s'écartèrent avec violence, et un Indien guaycurus bondit épouvanté sur la rive. Au même instant, le capitao surgit derrière lui, lui enfonça son couteau dans la nuque et le renversa mort à ses pieds, sans que le malheureux sauvage, surpris à l'improviste, eût eu le temps de pousser un cri d'agonie.

Ce meurtre avait été commis en moins de temps qu'il ne nous en a fallu pour le raconter; quelques secondes à peine s'étaient écoulés, et le guerrier gisait sans vie devant son implacable ennemi.

Don Diogo essuya froidement son couteau à une touffe d'herbe, le replaça à sa ceinture et, se penchant sur sa victime chaude encore, il la considéra attentivement pendant assez longtemps.

— Allons, murmura-t-il enfin, le hasard m'a favorisé, ce misérable était un guerrier d'élite, son costume me conviendra parfaitement.

Après cet aparté qui expliquait le motif secret du meurtre qu'il venait de commettre d'une façon si brusque, et cependant si sûre, le capitao chargea sur ses épaules le corps du Guaycurus et se cacha avec lui dans le buisson, dont il l'avait si adroitement obligé à sortir.

Si on concluait, de ce que nous venons de raconter, que le capitao était un homme féroce et sanguinaire, on serait dans une grave erreur; don Diogo jouissait, dans la vie privée, d'une réputation justifiée de bonté et d'humanité, mais les circonstances dans lesquelles il se trouvait en ce moment étaient exceptionnelles : il se considérait avec raison dans le cas de légitime défense; il était évident que, si l'espion guaycurus qu'il avait surpris et si impitoyablement tué, avait aperçu le premier, il l'aurait poignardé sans hésitation, puisqu'il était en quelque sorte embusqué, puisqu'il avait eu le soin de se dire lui-même au marquis : la guerre qui commençait était toute de ruse et d'embûche, malheur à celui qui se laissait surprendre!

Aussi, le capitao n'éprouvait-il aucun remords de son action; bien au contraire, il en était fort satisfait, puisqu'il se trouvait propriétaire du costume qu'il convoitait pour se glisser inaperçu au milieu de ses ennemis.

Les moments étaient précieux; il se hâta donc de dépouiller sa victime, dont il revêtait au fur et à mesure les vêtements; par une heureuse coïncidence, les deux hommes étaient à peu près de la même taille, ce qui rendait l'échange encore plus facile.

Les Indiens possèdent un talent particulier, non-seulement pour se grimer, mais encore pour se mettre, dirons-nous, dans la peau de ceux dont ils veulent emprunter les traits.

A très peu de différences près, les peintures des chefs guaycurus sont toutes les mêmes; leurs allures ne diffèrent que fort peu, et, lorsque c'est un Indien de pure race

qui prend un de leurs costumes, il atteint facilement une rare perfection de déguisement.

En quelques instants, le mort fut complétement dépouillé; seulement, le capitao eut soin de placer sous son poncho ses pistolets et son couteau, armes dans lesquelles il avait plus de confiance que dans la lance, le carquois et les flèches du sauvage.

Après avoir caché avec soin ses propres vêtements dans un trou qu'il creusa à cet effet, le capitao s'assura que le silence le plus profond régnait aux environs; puis, rassuré ou à peu près, il chargea de nouveau le cadavre sur ses épaules, lui attacha une grosse pierre au cou pour l'empêcher de surnager, et, entr'ouvrant avec soin les branches du buisson dont les racines trempaient dans l'eau, il fit glisser doucement, et sans produire le moindre bruit, le corps dans la rivière.

Cette opération délicate terminée, le capitao se glissa de nouveau dans le buisson avec un sourire de satisfaction et attendit patiemment l'occasion, que le hasard ne pouvait manquer de lui fournir, de sortir avec honneur de sa cachette.

Deux heures s'écoulèrent pendant lesquelles le calme mystérieux du désert ne fut troublé par aucun bruit.

Diogo commençait à se fatiguer de la longueur de sa faction; déjà il cherchait dans sa tête un moyen de la faire cesser et de joindre les Guaycurus, qui ne devaient pas, selon toute probabilité, être fort éloignés, lorsqu'un léger froissement de feuilles sèches éveilla son attention et lui fit tout à coup dresser les oreilles.

Il distingua bientôt le pas d'un hommequi s'approchait de lui; cet homme, bien que marchant avec prudence, ne croyait point cependant la situation assez périlleuse pour qu'il fût nécessaire d'user de grandes précautions; de là ce léger froissement qui, bien que léger, n'avait cependant pas échappé à l'ouïe fine et exercée du capitao.

Mais quel était cet homme ? que voulait-il?

Ces questions que s'adressait Diogo, et auxquelles il lui était impossible de répondre, ne laissaient pas que de l'inquiéter sérieusement pour sa sûreté personnelle.

Ce visiteur était-il seul ou suivi d'autres guerriers?

A tout hasard, le capitao se tint sur ses gardes; le moment suprême était arrivé de lutter de finesse avec ceux qu'il voulait tromper; il se tint prêt à soutenir bravement le choc, quel qu'il fût, dont il était menacé. Il fit appol, non-seulement à tout son courage, mais encore à toute sa présence d'esprit, car il savait fort bien que de cette première rencontre dépendrait le succès de sa périlleuse expédition.

Arrivé à quatre pas environ du buisson au fond duquel le capitao se tenait immobile et silencieux comme un bloc de granit, le rôdeur inconnu s'arrêta.

Pendant quelques secondes, il y eut un silence suprême, durant lequel on aurait presque entendu battre dans sa poitrine le cœur du brave soldat.

Il ne pouvait, à cause de l'obscurité, voir son ennemi; mais il devinait sa présence et s'inquiétait intérieurement de son immobilité et de son silence de mauvais augure; il redoutait instinctivement un piège semblable à celui qu'il avait employé, un pressentiment secret l'avertissait qu'il se trouvait en face d'un adversaire redoutable, et qu'il ne parviendrait peut-être pas à tromper.

Soudain le cri de la chouette s'éleva dans l'air à deux reprises différentes.

Si parfaitement modulée que fût l'imitation, l'oreille d'un Indien ne pouvait s'y tromper.

Le capitao comprit que ce cri était un signal de son visiteur inconnu.

Mais à qui s'adressait ce signal, était-ce à lui? était-ce à d'autres guerriers blottis dans les halliers environnants?

Peut-être les précautions de Diogo n'avaient-elles pas été bien prises: le nœud qui

4

serrait la corde autour du cou du guerrrier qu'il avait tué avait pu se défaire, le corps surnager, et les Guaycurus, en apercevant le cadavre, avoir découvert la trahison et venir en ce moment pour venger leur frère en tuant son assassin.

Ces diverses pensées traversèrent comme un éclair l'esprit du soldat ; cependant il fallait répondre, toute hésitation le perdait ; se recommandant au hasard, le capitao fit un effort suprême et imita à son tour, à deux reprises, le cri de la chouette.

Puis il attendit avec anxiété le résultat de cette tentative désespérée, n'osant croire à sa réussite.

Cette attente fut courte; presque au même instant, l'homme quel qu'il fût, qui se tenait auprès du buisson, fit entendre sa voix; il parlait en langue guaycuru que Diogo, non-seulement comprenait, mais parlait avec une rare perfection.

— *Ato ingote canché Kjick piep, Pai* (1), demanda-t-il.

— *Mochi* (2), répondit aussitôt le capitao à voix basse.

— *Epoï, aboui* (3), reprit le Guaycurus.

Après avoir échangé ces quelques mots, que nous avons mis en guaycuru pour donner au lecteur un spécimen de cette langue, don Diogo obéit à l'adjonction qui lui était faite et sortit hardiment du buisson, bien que, malgré le succès de son stratagème, il ne se sentit cependant pas complètement rassuré.

L'Indien, qu'il reconnut au premier coup d'œil pour être Tarou-Niom lui-même, était si convaincu d'avoir affaire à un de ses guerriers, qu'il ne se donna même pas la peine de l'examiner, se contentant de jeter sur lui un regard distrait ; d'ailleurs le chef paraissait fort préoccupé.

Il reprit presque aussitôt l'entretien que cette fois nous traduirons en français.

— Ces chiens n'ont donc pas essayé de battre la plaine pendant l'obscurité? demanda-t-il.

— Non, répondit Diogo, ils sont serrés comme des chiens poltrons, ils n'osent bouger.

— *Epoï* je les croyais plus braves et plus rusés; ils ont avec eux un homme qui connaît bien le désert, un traître de notre race auquel je me réserve de mettre des charbons ardents dans les yeux et de couper sa langue menteuse.

Le capitao frémit intérieurement à ces menaces qui s'adressaient à lui ; cependant, il fit bonne contenance.

— Ce chien mourra, dit-il.

— Lui et ceux qu'il conduit, répondit le chef ; j'ai besoin de mon frère.

— Je suis aux ordres de Tarou-Niom.

— Les oreilles de mon frère sont ouvertes?

— Elles le sont.

— *Epoï*, je parle. Pour la réussite de mes projets, il faut l'assistance des Payagoas ; sans leurs *hobkaka* (4), je ne puis rien tenter. Emavidi-Chaimé m'a promis de m'en envoyer cinquante, montées chacune par dix guerriers, aussitôt que je témoignerai le désir. Mon frère le Grand-Sarigue ira demander les pirogues.

— J'irai.

— J'ai moi-même amené ici près le cheval de mon frère afin qu'il ne perde pas de temps à l'aller chercher. Voici mon *keaio* (5). Mon frère lui montrera à Emavidi-Chaimé, le chef des Payagoas, qui est avec moi Tarou-Niom, le capitao des Guaycurus, et il lui dira : « Tarou-Niom réclame l'accomplissement de la promesse faite. »

— Je le dirai, fit Diogo, qui répondait aussi laconiquement que possible.

(1) Traduction littérale : Mon frère, le Grand-Sarigue a-t-il vu les blancs ?   G. Aimard.
(2) Non.
(3) C'est bon, viens.
(4) Pirogues de guerre.
(5) Couteau.

— C'est bon ; mon frère est un grand guerrier ; je l'aime, qu'il me suive.

Les deux hommes commencèrent alors à marcher rapidement, sans parler, l'un derrière l'autre.

Don Diogo bénissait intérieurement le hasard qui s'était plu à arranger si bien les choses ; car il redoutait l'œil clairvoyant du chef guaycurus, et ce n'avait été qu'avec une apprehension secrète qu'il avait pensé au moment où tous deux seraient arrivés au camp, où la lueur des brasiers de veille aurait pu dénoncer son déguisement aux yeux si difficiles à tromper des Guaycurus, et qui, d'ailleurs, connaissaient sans doute trop bien l'homme dont il avait pris la place pour espérer de leur donner le change.

Mais, maintenant, la position était changée; car, si par un malheureux hasard, le chef des Payagoas connaissait le guerrier mort, ce ne devait être que très superficiellement et sans avoir jamais eu avec lui des rapports assez intimes pour qu'il en eût gardé un souvenir bien net.

Cependant, les deux hommes atteignirent une clairière où se trouvaient deux chevaux tenus en bride par un esclave.

— Voici le cheval de mon frère, qu'il parte, dit Tarou-Niom ; j'attends son retour avec impatience ; il se dirige vers le midi, moi, je retourne au camp ; à bientôt.

Diogo ignorait lequel des deux chevaux était le sien ; craignant de se tromper et de prendre l'un pour l'autre, il feignit de trébucher afin de laisser au chef le temps de se mettre en selle, ce que celui-ci, dont la méfiance n'était pas éveillée, fit immédiatement; Diogo imita son exemple.

Les deux hommes enfoncèrent leurs éperons dans les flancs de leur monture et s'éloignèrent à toute bride dans des directions différentes.

Lorsqu'il fut enfin seul, le capitao ne put retenir un soupir de soulagement.

— Ouf! dit-il à part lui, l'épreuve a été rude, mais je crois m'en être assez bien tiré jusqu'à présent ; cependant il ne faut pas encore chanter victoire, attendons que nous sachions la fin de tout cela, pourvu que ce démon de chef payagoas, que l'on dit si rusé, ne devine pas mon stratagème. A la grâce de Dieu ! lui seul me peut sauver à présent.

Il hocha deux ou trois fois la tête d'un air de doute.

— C'est un miracle que je lui demande, ajouta-t-il, mais voudra-t-il le faire?

VIII

E-Canan-Payagoaï (1).

LE VILLAGE.

Les Guyacurus et leurs alliés les Payagoas sont essentiellement pasteurs, ce qui a beaucoup retardé leurs progrès dans l'art de bâtir ; cependant, depuis quelques années, ils semblent avoir une tendance à devenir plus sédentaires, et même ils commencent à s'occuper d'agriculture.

Alliés ensemble depuis nombre d'années, les Guaycurus et les Payagoas paraissent s'être partagé le désert.

Les premiers, et essentiellement cavaliers qu'ils sont nommés *Indios cavalheiros* par les Brésiliens, passent pour ainsi dire leur vie

(1) Textuellement : Beaucoup de monde.
G. Aimard.

à cheval, gardant, dans les vastes plaines qu'ils parcourent, ces innombrables troupeaux de taureaux sauvages qui forment leur principale richesse.

Les Payagoas, au contraire, sont sédentaires; ils établissent leurs demeures sur les bords des fleuves, des rivières ou des lacs, s'occupant principalement à pêcher, et vivant plutôt sur l'eau que sur terre. Aussi ont-ils acquis une expérience assez grande de la navigation et possèdent-ils une science assez avancée de l'astronomie maritime.

Quant aux mœurs et aux coutumes, les Guaycurus et les Payagoas diffèrent fort peu entre eux; parler de l'une de ces deux nations est faire connaître l'autre.

Nous avons dit plus haut que c'est ordinairement au bord des rivières que choisissent ces nations pour s'y établir durant quelques mois, c'est-à-dire pendant tout le temps que d'un côté on trouve du poisson et de l'autre des pâturages pour les animaux.

Cependant le sort de ces demeures éphémères dépend beaucoup, soit du caprice du chef, de l'avertissement mystérieux du sorcier de la tribu ou de la présence imprévue de quelque oiseau prophétique qui vient par hasard se percher sur une cabane; de sorte qu'il arrive souvent que des guerriers, partis depuis quelques semaines en expédition, sont tout étonnés de voir que, lorsqu'ils se croyaient rendus chez eux, leur village a disparu, et qu'il leur faut le chercher dans le coin reculé d'un autre désert.

Ces villages sont cependant construits d'après certains principes et ne manquent pas de régularité : les rues sont, en général, fort larges, très droites, et les maisons conservent un certain alignement entre elles.

Les maisons, avons-nous dit, — ces habitations, comme du reste celles de tous les peuples nomades, méritent à peine ce nom, — ce sont des espèces de granges faites en troncs de palmier ou d'autres arbres, dont les cloisons sont composées de feuilles superposées ; des espèces de nattes de jonc, posées horizontalement pendant le temps sec et sur un plan incliné dans la saison des pluies, forment le toit ; l'eau pénètre facilement ce frêle rempart pendant les orages, et alors les femmes et les enfants sont obligés de l'éponger ou de la vider avec des *couïs* et des paniers tressés.

Seules les cabanes des chefs sont exemptes de ce désagrément et abritent aussi bien leurs propriétaires de l'eau que de la chaleur, à cause des nombreuses nattes superposées à différents intervalles, et qui, par ce moyen, deviennent impénétrables.

Chaque village possède une large place, au centre de laquelle s'élève l'arbre dédié au *Nunigogigo*, ou esprit de vie, auprès duquel les sorciers ou *piayés viinagegistos*, gens qui jouissent d'un immense crédit chez ce peuple crédule et superstitieux, sont sans cesse occupés à faire de bizarres cérémonies et à invoquer l'oiseau prophétique, le messager des âmes, nommé *Macauhon*, que, bien que demeurant invisible au vulgaire, ils écoutent pendant des journées entières, l'évoquant au moyen d'une espèce d'instrument appelé *maraca*; puis ils supplient le grand génie de leur expliquer le sens mystérieux des chants qu'ils ont entendus.

C'est au pied de cet arbre que se réunissent les chefs pour délibérer et que se tiennent les grands conseils de la nation, conseils dans lesquels ne se traitent que les questions d'intérêt général.

Contrairement à tous les autres Indiens de l'Amérique méridionale qui ont l'habitude d'enterrer les morts dans les cabanes que ceux-ci ont jadis habitées, les Guaycurus ont, à l'entrée de chaque village, un cimetière général, espèce de grand hangar recouvert de nattes où chaque famille choisit le lieu de sa sépulture.

Les Indiens évitent de passer la nuit auprès de ce cimetière, à cause de la persuasion dans laquelle ils sont que les simples guerriers et les esclaves, étant exclus du paradis, sont destinés à devenir après leur mort des ombres errantes, contraintes à demeurer dans l'enceinte funèbre du cimetière.

Diogo ne savait trop quelle route suivre pour se rendre au village des Payagoas, dont il ignorait, non-seulement la position, mais même l'existence.

Comme souvent déjà il s'était trouvé en rapports avec eux et qu'il connaissait leurs usages, il est cependant distincte pour son regard perçant, un amas confus et assez considérable de cabanes, au-dessus desquelles planait un nuage épais de fumée.

Diogo descendit le monticule et reprit sa course, piquant droit au village; lorsqu'il en approcha, il reconnut qu'il était beaucoup plus important qu'il ne l'avait supposé d'abord et fortifié au moyen d'une enceinte formée par un fossé large et profond, derrière lequel on avait élevé une rangée de pieux reliés et attachés entre eux par des lianes.

Le capitao appela à lui toute son audace et, après un instant d'hésitation, il s'avança bravement vers le village, dans lequel il entra au galop de son cheval, qu'il se plaisait à faire piaffer et caracoler.

Comme c'était le matin, l'œil plongeait facilement dans les cabanes ouvertes.

Les guerriers dormaient encore pour la plupart, couchés sur des cuirs étendus à terre, —car ils ignorent l'usage du hamac,—le corps couvert par des vêtements de femme et la tête posée sur les petites bottes de foin dont leurs compagnes se servent pour monter à cheval.

Dans les rues que traversait le capitao, il ne rencontrait que des enfants ou bien quelques femmes allant chercher leur provision de bois; quelques-unes, accroupies devant leurs cabanes, fabriquaient la farine de manioc; quelques-unes, accroupies devant leurs cabanes, fabriquaient la farine de manioc; quelques-unes, soit des coquilles, mais le plus grand nombre étaient occupées à tisser les étoffes de coton dont elles se servent pour se vêtir.

Du reste, malgré l'heure matinale, une grande activité régnait dans le village, qui paraissait être fort peuplé; le capitao ouvrait, au passage, un regard curieux sur tout ce qui s'offrait à sa vue, et s'étonnait intérieurement de l'existence sérieuse et laborieuse de ces pauvres Indiens qu'on se plaît à représenter comme tellement indolents, que le moindre travail leur répugne, et comme aimant mieux passer la journée entière à fumer ou à dormir qu'à vaquer aux soins que réclament si impérieusement les besoins de la vie.

Cependant, malgré la curiosité qui le dévorait et l'admiration que lui causait ce spectacle, la prudence lui ordonnait impérieusement de ne rien laisser paraître sur son visage et de feindre l'indifférence la plus complète, de crainte d'attirer trop l'attention sur lui et d'éveiller les soupçons.

Bien qu'il eût heureusement pénétré dans l'intérieur du village, Diogo cependant ne laissait pas que d'être assez embarrassé pour trouver la case habitée par le capitao des Payagoas, indication qu'il ne lui était pas permis de demander sous peine de se rendre immédiatement suspect, par la raison toute simple que l'alliance entre les deux nations était tellement étroite, que de continuelles relations devaient exister entre elles et rendre impossible l'ignorance dont il ferait preuve.

Diogo cherchait vainement dans son esprit, tout en continuant à faire galoper son cheval, le moyen de sortir d'embarras, lorsque le hasard, qui semblait définitivement le protéger, vint encore une fois à son aide dans cette circonstance. Au moment où il passait devant une cabane de belle apparence formant l'angle de la place, son cheval, effrayé par un pécari apprivoisé, qui vint tout à coup avec d'affreux hurlements se jeter dans ses jambes, commença à se cabrer et à lancer des ruades qui, en un instant, réunirent autour de lui une vingtaine de ces oisifs qui foisonnent toujours dans les centres de population, qu'ils soient indiens ou civilisés.

Ces oisifs, dont le nombre croissait de minute en minute, se pressaient de plus en plus autour du cheval que le capitao avait une peine extrême à retenir et à empêcher d'écraser quelques-uns des imprudents dont les cris commençaient à effrayer sérieusement l'animal.

Au même instant, un homme de haute taille sortit de la hutte dont nous avons parlé et, attiré par le bruit, fendit la foule, qui s'écarta respectueusement sur son passage, et se trouva bientôt en face du capitao.

Celui-ci qui, deux jours auparavant, lorsqu'il avait été à la recherche du guide, s'était rencontré avec le chef des Payagoas, le reconnut aussitôt.

Le saluant alors à l'indienne, et du même coup arrêtant son cheval avec un prodige d'adresse et de force, il s'élança à terre.

— Ai ! s'écria le chef, un guerrier guaycurus ! Que se passe-t-il donc ici ?

— A l'instant où j'allais arrêter mon cheval devant la case du capitao, pour lequel j'ai un message, répondit Diogo sans se déconcerter, un pécari l'a effrayé.

— Eh oui ! mon frère est bien un Guaycurus cavalheiros, dit gracieusement Emavidi; l'animal est dompté et n'a garde de remuer à présent. Comment se nomme mon frère ?

— Le Grand-Sarigue, dit Diogo en s'inclinant et se souvenant à propos du nom que lui avait donné Tarou-Niom.

— Ai ! je connais le nom de mon frère. C'est un guerrier renommé, j'en ai souvent entendu parler avec éloge; je suis heureux de le voir.

Le capitao jugea nécessaire de s'incliner de nouveau à ce compliment flatteur.

Emavidi continua :

— Mon frère a fait une longue traite pour arriver ici ; il acceptera l'hospitalité d'un chef; les Payagoas aiment les Guaycurus, ils sont frères.

— J'accepte l'offre gracieuse du chef, répondit le capitao.

Emavidi-Chaimè, frappa dans ses mains ; un esclave accourut. Le chef lui ordonna de prendre soin du cheval de Diogo. Il congédia d'un geste la foule arrêtée devant sa porte et introduisit son hôte dans la maison dont il ferma l'entrée avec une claie, pour éviter les regards curieux des oisifs rassemblés dans la rue et qui s'obstinaient, malgré son ordre, à ne pas s'éloigner.

La cabane du chef était spacieuse, bien aérée, propre et disposée intérieurement avec une intelligence peu commune; quelques meubles grossiers, tels que tables, bancs et tabourets, la garnissaient seuls.

Dans un angle éloigné de la pièce, les esclaves se livraient à certains travaux sous la direction de la femme du chef.

Sur un signe d'Emavidi, elle vint avec empressement souhaiter la bienvenue à l'étranger et lui offrir tous les rafraîchissements dont elle supposait qu'il aurait besoin.

L'hospitalité est parmi les Indiens la loi la plus sacrée et la plus inviolable.

Cette femme se nommait Pinia-Paï (l'étoile blanche). Elle était grande, bien faite; ses traits étaient fins et intelligents, sans être complètement beaux; l'expression de sa physionomie était douce; elle paraissait avoir vingt-deux ou vingt-trois ans au plus.

Son costume se composait d'une pièce d'étoffe rayée de plusieurs couleurs, qui l'enveloppait assez étroitement depuis la poitrine jusqu'aux pieds, serrée aux hanches par une ceinture fort large nommée ayulate, d'un rouge cramoisi. Cette ceinture est blanche chez les jeunes filles, et elles ne doivent la quitter que lorsqu'elles se marient. Pinia-Paï n'était ni peinte ni tatouée ; ses longs cheveux noirs, tressés à la mode brésilienne, tombaient presque jusqu'à terre; de petits cylindres d'argent, enfilés au bout les uns des autres et formant une espèce de chapelet, entouraient son cou; des plaques de métal, attachées sur sa poitrine, voilaient à demi les seins, et de larges demi-cercles en or étaient suspendus à ses oreilles.

Sous ce costume pittoresque, cette jeune femme ne manquait pas d'une certaine grâce piquante et devait, ce qui arriva en effet, paraître charmante au capitao, Indien lui-même, et qui prisait surtout le genre de beauté qui distingue les femmes de sa race.

Avec une célérité pleine d'égard, l'Étoile-Blanche eut, en un instant, fait garnir la table du mets dont l'abondance faisait excuser la frugalité, car ils ne se composaient que de laitage, de fruits, de poisson bouilli et de viande séchée au soleil et rôtie sur les charbons ardents.

Diogo, sur l'invitation du chef, se mit en devoir de faire honneur au repas improvisé dont il commençait à sentir intérieurement la nécessité après la longue nuit qu'il avait passée à galoper à travers la plaine.

Le chef, bien que lui-même ne prit aucune part au repas, excitait son hôte à manger, et le capitao, dont l'appétit semblait croître en raison de ce qu'il engloutissait, ne se faisait pas prier pour attaquer vigoureusement tous les plats.

D'ailleurs, à part la faim qu'éprouvait Diogo, il savait que ne pas manger lorsqu'on est invité à la table d'un chef est considéré par celui-ci comme une impolitesse et presque une marque de mépris; aussi, sans qu'il lui importât de gagner les bonnes grâces du capitao et de s'en faire un ami, faisait-il des efforts réellement prodigieux pour absorber le plus possible de victuailles.

Cependant, il arriva un moment où, malgré toute sa bonne volonté, force lui fut de s'arrêter.

Emavidi-Chaimè, qui avait suivi avec intérêt les prouesses accomplies par son hôte, semblait charmé; il lui offrit alors, en guise de digestif, du tabac contenu dans un tuyau de feuilles de palmier roulées, et les deux hommes se mirent à fumer et à s'envoyer réciproquement, dans le plus grand silence, des bouffées de fumée au visage.

Pendant que sa présence n'avait plus été nécessaire auprès de son hôte, l'Étoile-Blanche s'était discrètement retirée dans un autre compartiment de la case, en faisant signe à ses esclaves de la suivre, afin de laisser aux deux hommes liberté complète de causer entre eux.

Cependant un laps de temps assez long s'écoula avant qu'une seule parole fût échangée; la nature de l'Indien est contemplative et a beaucoup de rapport avec celle des Orientaux. Le tabac produit sur eux l'effet d'un narcotique, et s'il ne les endort pas complétement, du moins il les plonge pour un temps assez long dans une espèce d'ivresse somnolente pleine de douces et voluptueuses rêveries, qui a de grands rapports avec le kief des Turcs et des Arabes.

Ce fut Emavidi-Chaimè qui, le premier, rompit le silence.

— Mon frère, le Grand-Sarigue, est-porteur pour moi d'un message de Tarou-Niom? dit-il.

— Oui, répondit Diogo rentrant immédiatement dans son rôle.

— Ce message m'est-il personnel ou s'a-
dresse-t-il aux autres capitaés de la nation et
au grand conseil.

— Il n'est que pour mon frère Emavidi-
Chaimé.

— Epoï, mon frère juge-t-il convenable de
me le communiquer en ce moment, ou pré-
fère-t-il attendre et prendre quelques heures d'un repos qui, peut-être, lui est nécessaire?

— Les guerriers guaycurus ne sont pas
des femmes débiles, répondit Diogo; une
course de quelques heures à cheval ne saurait rien ôter à leur vigueur.

— Mon frère a bien parlé; ce qu'il dit est
vrai; mes oreilles sont ouvertes, les paroles de Tarou-Niom réjouissent toujours
le cœur de son ami. Le capitao des Guaycurus
a, sans doute, remis à mon frère un objet
quelconque qui me fasse reconnaître la vérité de son message.

— Tarou-Niom est prudent, répondit Diogo, il sait que les chiens Paï foulent maintenant la terre sacrée des Guaycurus et des
Payagoas, la trahison est venue avec eux.

Otant alors de la ceinture, où il l'avait placé, le couteau que lui avait remis le chef, il
le présenta au Payagoas.

— Voici, dit-il, le feato de Tarou-Niom, le
capitao Emavidi-Chaimé le reconnaît-il?

Le chef le prit dans ses mains, le considéra un instant avec attention et le replaçant
sur la table.

— Je le reconnais, dit-il; maintenant mon
frère peut parler, j'ai foi en lui.

Diogo s'inclina en signe de remerciement,
passa de nouveau le couteau à sa ceinture et
répondit:

— Voici les paroles de Tarou-Niom; elles
sont gravées dans le cœur du Grand-Sarigue; il n'y changera pas un mot. Tarou-
Niom rappelle au capitao des Payagoas sa
promesse; il lui demande s'il a réellement
l'intention de la tenir.

— Oui, je tiendrai la promesse faite à mon
frère, le capitao des Guaycurus; aujourd'hui
même le grand conseil s'assemblera, et demain les pirogues de guerre remonteront la
rivière; moi-même les dirigerai.

Diogo fit un geste d'étonnement.

— Que veut donc dire mon frère? fit-il, je
ne le comprends pas; ne dit-il point que les
pirogues de guerre remonteront la rivière?

— Je l'ai dit, en effet, répondit le chef.

— Pour quelle raison mon frère prendra-t-
il cette direction?

— Mais pour aider, ainsi que cela a été convenu entre nous, Tarou-Niom à vaincre les
chiens Paï, n'est-ce pas l'accomplissement de
cette promesse que réclame de moi le capitao?

— Ecoutez les paroles du chef; les Paï
sont enveloppés par mes guerriers; la fuite
leur est impossible; déjà découragés et à
demi-mourants de faim, dans deux ou trois
soleils au plus tard ils tomberont entre mes
mains, que mon frère Emavidi-Chaimé se
souvienne de sa promesse.

— Eh bien! interrompit le chef.

— D'autres ennemis plus sérieux, continua
imperturbablement Diogo, nous menacent en
ce moment et réclament notre attention.

— C'est donc vrai ce que m'a, ce matin
même, annoncé un de mes éclaireurs? s'écria
le chef avec une émotion mal contenue.

— Ce n'est malheureusement que trop vrai,
répondit froidement Diogo, qui ne soupçonnait pas le moins du monde à quoi le Payagoas faisait allusion, mais qui brûlait de le
savoir; c'est spécialement pour vous confirmer cette nouvelle et de prendre
avec vous les dispositions nécessaires, c'est-
à-dire, fit-il avec un sourire gracieux, concerter seulement les mesures de sûreté qu'il
vous plaira d'adopter dans l'intérêt général
et les reporter immédiatement à Tarou-Niom,
afin qu'il puisse vous appuyer efficacement,
qu'il m'a envoyé près de son frère.

— Ainsi, les blancs entrent par tous les côtés à la fois sur notre territoire?

— Oui.

— Le capitao Joachim Ferreira serait donc
réellement parti de Villa Bella, à la tête d'une
expédition nombreuse?

— Il ne peut y avoir le moindre doute à
cet égard, répondit résolûment Diogo, qui
pour la première fois entendait parler de
cette expédition.

— Et Tarou-Niom, reprit le chef, pense
que je dois disputer le passage aux Paï?

— Six mille guerriers se joindront à ceux
du chef payagoa.

— Mais c'est surtout le passage de la rivière qu'il est important de défendre.

— Cette opinion est aussi celle de Tarou-
Niom.

— Epoï, mes guerriers, aidés par ceux de
mon frère Tarou-Niom, garderont le gué de
Camato (cheval), tandis que les grandes pirogues de guerre intercepteront les communications et inquiéteront les Paï le long de la
rivière. Est-ce cela que désire le capitao guaycurus?

— Mon frère a parfaitement saisi ma pensée
et compris ses intentions.

— A combien fait-on monter le nombre
des Paï qui viennent de Villa Bella?

— On a assuré à Tarou-Niom qu'ils étaient
au moins deux mille.

— Aï! voilà qui est extraordinaire, s'écria
le chef; on m'avait certifié, à moi, que leur
nombre ne dépassait pas cinq cents.

Diogo se mordit les lèvres, mais se remettant aussitôt:

— Ils sont plus nombreux que les feuilles
balayées par le vent d'orage, dit-il; seulement, ils se sont divisés en petits détachements de guerre, afin de tromper l'œil clairvoyant des Payagoas.

— Eha! s'écria le chef avec stupeur, voilà
qui est terrible!

— De plus, ajouta Diogo qui connaissait la
répulsion que les Indiens éprouvent pour les
nègres et la profonde terreur que leur vue
leur inspire, chaque détachement de guerre
est suivi d'une quantité considérable de Coatas (nègres), qui ont fait le redoutable serment de massacrer tous les guerriers paya-
gos et prétendent faire leurs esclaves.

— Oh! oh! fit le chef avec un sentiment
d'épouvante mal dissimulé, les Coatas ne
sont pas des hommes, ils ressemblent au génie du mal. L'avertissement de mon frère ne
sera pas perdu; ce soir même les femmes et
les enfants abandonneront le village pour se
retirer dans le llano de Manso, et les guerriers se mettront en marche pour le gué de
Camato, suivis de toutes les pirogues de
guerre. Il n'y a pas un instant à perdre.

Diogo se leva.

— Le Grand-Sarigue part-il donc déjà? demanda le chef en se levant aussi.

— Il le faut, chef; Tarou-Niom m'a recommandé la plus grande diligence.

— Epoï! mon frère remerciera le grand
capitao des Guaycurus: son avis sauve la
nation des Payagoas d'un massacre complet.

Les deux hommes sortirent. Sur l'ordre d'E-
mavidi-Chaimé, un esclave amena le cheval
de Diogo; celui-ci sauta en selle, échangea
quelques paroles encore avec le chef, puis ils
se séparèrent.

Le capitao était radieux; jusque-là tout lui
avait réussi dans le dédale de ses espérances; non-
seulement il connaissait les projets de l'ennemi, mais encore il avait appris que les
Paulistas, entrés tout à coup en campagne,
pourraient, à un moment donné, leur venir
en aide si, toutefois, il parvenait à persuader
au marquis de renoncer à s'opiniâtrer davantage dans l'exécution d'un voyage que tout
rendait impossible; de plus, il avait empêché la jonction des deux nations indiennes
ce qui, en conservant libre le passage des
fleuves, offrait une chance de salut à la caravane, chance bien faible, il est vrai, mais qui
n'en était pas moins positive.

Diogo sortit au petit pas du village, plongé
dans ces réflexions couleur de rose et ne désirant plus qu'une chose: rejoindre le plus
vite possible ses compagnons afin d'apprendre au marquis ce qu'il avait à craindre et à
espérer.

Lorsque le soldat vit se dérouler devant lui
la plaine déserte, il se pencha sur le cou de
son cheval, rafraîchi et reposé par deux heures de repos, lui fit sentir l'éperon et commença à filer avec la rapidité du vent, piquant droit à la colline où campait le marquis.

Soudain, au détour d'un sentier, il se
croisa avec un cavalier qui arrivait sur lui
avec une rapidité égale à la sienne; les deux
hommes échangèrent un regard au passage.

Diogo ne put retenir une exclamation de
surprise et presque de crainte. Dans ce cavalier
il avait reconnu Malco Diaz!

— Voilà la chance qui tourne! grommela-
t-il entre ses dents, tout en excitant encore
son cheval, qui semblait dévorer l'espace.

IX

La Chasse

La rencontre imprévue du mamaluco avait
subitement bouleversé le cours des idées de
don Diogo, si joyeux de la façon dont il s'é-
tait tiré de la scabreuse expédition dans laquelle il s'était engagé un peu à l'aventure.

Le regard inquisitoir que lui avait jeté
l'ex-guide au passage, le cri que lui-même
avait, dans l'explosion de la surprise, laissé
échapper, toutes ces circonstances, frivoles
en apparence, lui donnaient fort à penser et
l'inquiétaient sérieusement.

L'œil de la haine est clairvoyant; l'Indien
ne se dissimulait pas que le métis devait lui
conserver au fond du cœur une rude rancune, non-seulement pour la façon dont il
l'avait poursuivi après son départ du camp,
mais parce que lui, Diogo, avait en quelque
sorte pris sa place auprès du marquis, pouvait réussir, grâce à sa connaissance approfondie du désert, à le faire échapper au
piège si adroitement tendu par le métis et
depuis si longtemps préparé.

Ce qui donnait un peu d'espoir à l'Indien,
c'est que la rencontre avait été si fortuite et
si rapide en même temps que, grâce à son
déguisement, dont la perfection avait trompé
Emavidi-Chaimé lui-même, c'était chose
presque impossible que le reconnaître sans
examen.

Diogo commettait une erreur; il en eut
bientôt la preuve.

Son déguisement même l'avait fait, non
pas reconnaître, mais deviner par son ennemi; la raison en est simple; en deux mots
nous l'expliquerons au lecteur.

Malco Diaz, habitant depuis longues années
le Sertao, faisant un peu, selon que l'y
obligeait son intérêt, tous les métiers plus ou
moins honnêtes exploités sur la frontière,
avait eu de fréquents et intimes rapports
avec les Indiens bravos, ses voisins, que pour
beaucoup de raisons il était contraint de ménager et de traiter en amis; la plupart de
leurs guerriers renommés étaient connus assez particulièrement de lui; plusieurs les
apercevait-il même de loin, il pût à première
vue, à des ornements distinctifs que chacun
d'eux adopte et affectionne, les nommer sans
craindre de se tromper.

Or, le matin même du jour où nous le retrouvons, deux heures environ avant le lever
du soleil, Malco Diaz avait eu avec Tarou-
Niom une assez longue conversation relative

aux derniers arrangements convenus entre eux, et dont le métis venait réclamer l'exécution immédiate, aussitôt que les Brésiliens seraient tombés aux mains des Guaycurus.

Pendant le cours de cet entretien, comme Malco Diaz insistait pour que le chef attaquât les blancs sans plus de retard, celui-ci lui avait répondu qu'il ne pouvait livrer l'assaut avant l'arrivée de ses alliés les Payagoas ; qu'il ne voulait pas, par une précipitation dont rien ne justifiait l'urgence, compromettre le succès d'une entreprise si bien conduite jusque-là ; que, du reste, le retard était insignifiant et ne se prolongerait pas au delà de quelques heures, puisqu'il avait expédié à Emavidi-Chaîmé un de ses plus fidèles guerriers, le Grand-Sarigue, afin de l'engager à se presser de le rejoindre ; que, du reste, si cela ne le satisfaisait pas, il était libre de se rendre lui-même au village des Payagoas, et de s'assurer auprès du chef de la façon dont le guerrier s'était acquitté de la mission qui lui avait été confiée.

Malco Diaz n'en demanda pas davantage ; il prit congé du capitao guaycurus, et, montant immédiatement à cheval, il se dirigea vers le village, les yeux incessamment fixés sur la rivière, espérant à chaque instant découvrir la flottille payagoas.

Il n'avait garde d'apercevoir les pirogues, nous en connaissons les motifs ; seulement arrivé à un certain endroit, il lui sembla distinguer une masse, dont l'apparence lui parut tout de suite suspecte, embarrassée dans les roseaux.

Malco Diaz était curieux, il aimait surtout à se rendre compte des choses et à trouver l'explication de ce qu'il ne comprenait pas.

Il s'approcha donc du rivage dans le but de s'assurer de ce qu'était cette masse suspecte, dans laquelle il reconnut bientôt un cadavre.

Le mamaluco mit pied à terre, jeta le lasso, attira à lui le cadavre, et le regarda. Son étonnement fut grand lorsque, dans ce corps mutilé, à demi dévoré déjà par les caïmans, il reconnut le Grand-Sarigue, ce même guerrier que Tarou-Niom avait, quelques heures auparavant, expédié aux Payagoas.

Le doute n'était pas possible sur la cause de la mort de l'Indien ; une large plaie béante derrière le cou montrait assez qu'il avait été assassiné par surprise.

Le métis laissa là le cadavre sans s'en occuper davantage, remonta à cheval et reprit sa course, course d'autant plus rapide, que, puisque le message était mort, il n'avait pu remplir son message, lacune involontaire qu'il était important de réparer.

Seulement, qui avait tué le Grand-Sarigue, dans quel but le meurtre avait-il été commis? Voilà ce que le métis ne réussissait pas à s'expliquer, et ce qui le tourmentait fort.

Sur ces entrefaites, il croisa un cavalier venant du village des Payagoas où lui-même se rendait, et dont il n'était éloigné que d'une lieue à peine; et, chose extraordinaire, ce cavalier était l'homme qu'il avait trouvé mort et à demi dévoré quelques instants auparavant!

L'affaire prenait des proportions inquiétantes ; le métis ne savait plus que penser, il se demandait s'il ne s'était pas trompé, si le cadavre qu'il avait découvert était bien celui du Grand-Sarigue, ou si ses yeux ne l'avaient pas induit en erreur.

Tout à coup une idée lumineuse lui traversa l'esprit. Il y avait trahison évidemment: l'homme qu'il avait rencontré portait un déguisement. Alors une lueur jaillit de son cerveau et tout fut aussi clair pour lui que s'il avait assisté à ce qui s'était passé.

Un homme seul pouvait parvenir à une aussi rare perfection de costume et d'allure, cet homme était Diogo.

Aussitôt que cette pensée fut venue au métis, elle se changea en certitude dans son esprit. Écumant de rage d'avoir été ainsi pris

pour dupe et brûlant de se venger, il fit brusquement tourner bride à son cheval et se lança éperdument à la poursuite de son ennemi.

Mais pendant que Malco faisait ces réflexions tout en galopant, et de déduction en déduction arrivait enfin à la vérité, un temps assez long s'était écoulé, temps que l'Indien avait mis à profit pour prendre de l'avance et préparer une ruse qui l'aidât à échapper si, comme il en avait le pressentiment, le métis le poursuivait.

Les personnes qui ne connaissent pas cette noble et intelligente race des chevaux des déserts américains se feront difficilement une idée, même lointaine, des proportions grandioses qu'une poursuite arrive à prendre dans la prairie.

Il vient un moment où le cheval sans cesse excité, subissant pour ainsi dire l'influence magnétique de son cavalier, semble s'identifier avec lui, comprendre sa pensée, et entrer réellement dans la lutte pour son compte particulier.

Beau de fureur et d'énergie, les yeux pleins de feu, les naseaux sanglants, la bouche écumante, ne sentant plus ni le mors, ni la bride, il dévore l'espace, sautant les ravins, escaladant les collines, traversant les rivières, franchissant tous les obstacles avec une dextérité, une adresse et une vélocité qui passent toute croyance, s'animant à la course et arrivant par degré à une espèce de folie orgueilleuse et superbe, d'autant plus belle qu'il paraît comprendre qu'il mourra dans la bataille insensée qu'il livre; mais que lui importe s'il atteint le but et si son maître est sauvé?

C'était une course semblable à celle que nous venons de décrire que soutenaient en ce moment, nous le dirons, les deux chevaux, car leurs cavaliers, tout à leur haine implacable, ne voyaient plus, ne pensaient plus et les laissaient libres de se diriger à leur guise.

Malco Diaz redoublait d'efforts afin de regagner l'espace qu'il avait perdu; mais en vain interrogeait-il le désert dans toutes les directions, rien n'apparaissait: il était seul, seul toujours, et cependant son cheval avait atteint l'extrême limite de la vélocité.

Les bois succédaient aux bois, les collines aux collines, Diogo demeurait toujours invisible ; il semblait avoir été subitement englouti, tant cette disparition tenait du prodige.

C'est que si le métis était bien monté, le capitao avait, lui aussi, un excellent coursier, et, comme la haine ne l'aveuglait pas, tout au contraire, il calculait froidement les chances que lui restaient d'échapper, et il les employait toutes.

Enfin, après trois heures d'une course insensée, Malco Diaz, arrivé au sommet d'un monticule élevé qu'il avait gravi au galop, aperçut bien loin devant lui un nuage de poussière qui semblait s'enfuir emporté par un ouragan.

Il venait son ennemi et excita de nouveau son cheval, dont les efforts étaient déjà prodigieux.

Peu à peu, soit que le cheval que montait Diogo fût plus fatigué que celui du métis à cause de sa longue course de la nuit, soit que celui de Malco Diaz fût plus vite, il s'aperçut qu'il gagnait son ennemi et que la distance diminuait sensiblement.

Le mamaluco poussa un cri de joie semblable à un rugissement de bête fauve et saisit sa carabine, prêt à s'en servir dès qu'il serait à portée.

Cependant la course continuait toujours, on apercevait au loin, au dernier plan de l'horizon, la colline au sommet de laquelle les Brésiliens avaient assis leur camp. Évidemment, les sentinelles des blancs postées sur les arbres devaient distinguer, bien que vaguement encore, les péripéties singulières de cette lutte étrange, sans en comprendre les motifs.

Il fallait en finir, d'autant plus que, chose extraordinaire, les Guaycurus demeuraient invisibles et laissaient ainsi supposer qu'ils avaient reconnu l'inutilité d'un plus long blocus et avaient renoncé au siége de la forteresse improvisée.

Cette solitude et cet abandon, qu'il ne s'expliquait pas de la part de ses alliés et dont les motifs lui échappaient, inquiétaient le métis.

Enfin, la distance entre les deux cavaliers devint si minime, qu'ils ne se trouvèrent bientôt qu'à portée de pistolet l'un de l'autre.

Malco Diaz arma sa carabine, l'épaula, et, sans ralentir l'allure de son cheval, il lâcha la détente.

Le cheval de Diogo, frappé en plein corps, fit un bond prodigieux en avant, se leva convulsivement sur ses pieds de derrière, poussa un hennissement de douleur et se renversa en arrière, en entraînant son cavalier dans sa chute.

Malco jeta sa carabine et arriva comme la foudre, avec un rugissement de triomphe, sur son ennemi gisant immobile sur le sol.

Sautant immédiatement à terre, il s'élança vers lui par un bond de tigre et leva son poignard pour l'achever, au cas où il ne serait pas tout à fait mort.

Mais son bras retomba inerte à son côté, et il se redressa avec un hurlement de désappointement et de rage.

Au même instant, il fut vigoureusement saisi à bras le corps par derrière et renversé sur l'herbe, avant qu'il eût seulement eu le temps d'essayer de résister.

— Eh! eh! compagnon, lui dit alors la voix railleuse de Diogo, car c'était lui qui le tenait cloué au sol et lui appliquait le pied sur la poitrine. Comment trouvez-vous celui-là? C'est bien joué, n'est ce pas?

Voici ce qui était arrivé:

Diogo avait promptement reconnu que s'il continuait à fuir en ligne droite, son ennemi, monté sur un cheval frais, ne tarderait pas à l'atteindre et que, dans ce cas où il lui échapperait, il tomberait inévitablement aux mains des Guaycurus.

Il avait donc calculé sa fuite de façon à biaiser peu à peu d'une manière insensible d'abord, afin d'éviter l'endroit où il supposait que ses ennemis avaient établi leur camp et à tourner complétement la forteresse.

Ce premier stratagème avait parfaitement réussi; Malco Diaz, aveuglé par le désir d'atteindre son ennemi, l'avait suivi dans les détours qu'il lui plaisait de faire, sans songer à se rendre compte du chemin qu'il prenait; cela expliquait l'absence, incompréhensible pour Malco, de ses alliés.

Puis l'Indien, arrivé à l'angle d'un bois, s'était jeté à terre et avec cette dextérité si remarquable que possèdent ceux de sa race, il avait, en quelques minutes, confectionné un mannequin avec des herbes qu'il avait recouvert des vêtements qu'il portait lui-même; puis, après l'avoir solidement attaché sur le dos du cheval, sous la selle et aux flancs duquel il avait placé des épines tranchantes, il avait lancé l'animal dans la direction qu'il devait suivre; quant à lui, il avait continué sa route en courant, tout en ayant grand soin de demeurer toujours hors de vue.

C'était quelques instants après sa sortie du bois que, pour la première fois, Malco Diaz avait aperçu le cheval qui détalait d'autant plus rapidement devant lui que le poids qu'il portait maintenant était beaucoup moins lourd.

Cette explication que Diogo, d'un air narquois, donna en quelques mots au métis augmenta encore la fureur de celui-ci.

— Vous avez tué un cheval que j'aimais, ajouta l'Indien, une noble bête que je remplacerai difficilement, je devrais vous tuer, Malco, mais nous avons dormi longtemps côte à côte, nous avons partagé la même nourriture ; je ne rougirai pas mon couteau de votre sang.

— Vous aurez tort, Diogo, répondit sourdement le métis, car, aussi vrai qu'il y a un Dieu au ciel, je vous jure qu'à la première occasion je vous tuerai, moi.

— Vous agirez selon vos instincts, Malco, je sais que vous êtes un méchant homme et que vous n'hésiterez pas à le faire.

— Oui, je le turais, je vous le jure sur ma part de paradis, mille diables !

— Votre part de paradis me paraît bien compromise, mon pauvre ami ; mais ce n'est pas de cela qu'il s'agit en ce moment, je ne veux pas que vos alliés me surprennent, ce qu'ils feront si je perds mon temps à causer avec vous, si agréable que soit votre conversation. Je vais donc, en conséquence, terminer au plus vite.

— Que prétendez-vous faire ? puisque, dites-vous, vous ne voulez pas me tuer.

— Chose promise, chose due, Malco ; non je ne vous tuerai pas, mais je vous mettrai dans l'impossibilité de me nuire, du moins pendant quelque temps ; cela est juste, n'est-ce pas ?

Le métis ne répondit pas, il écumait de fureur et se tordait comme un serpent sur le sol.

— Tenez-vous donc un instant tranquille, Malco, lui dit paisiblement le capitao ; vous êtes réellement insupportable, si vous continuez, je ne finirai jamais de vous attacher.

Et, de fait, tout en parlant ainsi, il l'attachait bel et bien avec son lasso, malgré les efforts prodigieux du métis pour lui échapper.

— Là, voilà qui est fait, reprit-il dès que le dernier nœud fut serré ; maintenant, je n'ai plus qu'à vous bâillonner, et tout sera fini.

— Me bâillonner, s'écria le métis, me bâillonner, moi, et pourquoi !

— Dame, mon ami, je vous trouve naïf ; permettez-moi de vous le dire, si je vous bâillonne, c'est probablement pour vous empêcher de crier et d'appeler à votre aide vos amis qui, sans doute, ne sont pas très loin.

Il y eut un instant de silence : le métis réfléchissait, Diogo confectionnait un bâillon avec le soin de l'attention qu'il apportait à tout ce qu'il faisait.

— Combien de temps vous faut-il pour vous mettre en sûreté ? demanda enfin le métis.

— Pourquoi m'adressez-vous cette question ? répondit le capitao en s'agenouillant auprès de lui et se préparant à lui attacher un tampon d'herbe sur la bouche.

— Que vous importe ? Répondez-moi franchement.

— Si cela peut vous faire plaisir, je le veux bien, Malco ; deux heures me suffiront.

— Deux heures ?

— Oui.

— Eh bien ! si je vous promettais de demeurer tranquille et sans crier où je suis, me bâillonneriez-vous ?

— Hum ! fit le capitao ; une promesse, c'est bien vague, Malco ; lorsqu'il s'agit de vie ou de mort.

— C'est vrai ; mais si je vous la faisais, cette promesse ?

Diogo se gratta la tête d'un air embarrassé.

— Répondez, voyons, reprit le métis.

— Eh bien ! non, je ne pourrais l'accepter, dit Diogo ; là, je vous le certifie, ce serait trop dangereux pour moi.

Et il se prépara à attacher le bâillon.

— Attendez, s'écria vivement le métis.

Diogo s'arrêta.

— Eh bien ! maintenant, reprit Malco, si au lieu de cette promesse que je vous faisais, je je vous donnais ma parole d'honneur de cavalheiro, que feriez-vous ?

— Hum ! répondit l'autre, vous m'en diriez tant ; mais vous ne me la donneriez pas.

— Pourquoi donc cela ?

— Parce que vous la tiendriez, et que vous ne voulez pas vous engager envers moi.

— Ainsi, vous croyez à ma parole ?

— Certes.

— Eh bien ! ne me bâillonnez pas, Diogo, je vous la donne.

— Allons donc, vous voulez rire.

— Nullement, je vous donne ma parole d'honneur de demeurer ainsi que je suis, non pas deux heures mais trois, sans bouger et sans pousser un cri.

— Oh ! oh ! fit le capitao en le regardant bien en face, c'est sérieux alors.

— Très sérieux, est-ce convenu ?

— C'est convenu, répondit Diogo, et il jeta le bâillon.

Etrange anomalie du caractère de certains hommes et qui se rencontre fréquemment, surtout chez les métis brésiliens ; pour eux la parole est tout, rien ne saurait les contraindre à y manquer. Malco Diaz, bien que ce fût un bandit de la pire espèce, obéissant sans le moindre remords aux instincts les plus sanguinaires, se serait sérieusement cru déshonoré, lui, voleur et assassin à l'occasion ; si, une fois sa parole engagée, il l'avait faussée.

Diogo savait si bien qu'il pouvait se fier à cette parole, qu'il l'accepta sans hésiter ou même sans faire la moindre objection.

— Je vous quitte, Malco, lui dit-il, ne vous impatientez pas trop. Ah ! à propos, j'emmène votre cheval qui vous est inutile en ce moment, et dont moi j'ai le plus grand besoin, mais soyez tranquille, vous le retrouverez au pied de la colline. Je ne veux pas vous en priver. Allons, adieu.

— Allez au diable, mais souvenez-vous que je vous ai promis de vous tuer.

— Bah ! bah ! répondit l'autre avec sa railleuse bonhomie, vous dites cela maintenant parce que vous êtes furieux ; je le conçois, vous n'avez pas eu de chance avec moi aujourd'hui, vous serez plus heureux une autre fois.

— Je l'espère, fit le métis en grinçant des dents.

Diogo, sans s'occuper davantage de lui, rattrapa facilement le cheval qui ne s'était pas beaucoup éloigné et partit aussitôt.

Avant de rentrer au camp, le capitao, qui était un homme d'ordre et qui, surtout, se souciait médiocrement de s'exposer à être tué par ses amis à cause de son déguisement, se dirigea par un chemin oblique vers la rivière.

Dès qu'il eut atteint le rivage, il abandonna le cheval, entra dans l'eau et se mit à la nage.

Bien que cette rivière fourmillât littéralement de caïmans, le capitao n'avait pas hésité à entrer dedans ; il savait par expérience que les caïmans attaquent rarement l'homme et que le plus léger mouvement suffit pour les effrayer et les éloigner.

La seule chose qu'il redoutât, c'était d'être aperçu par les sentinelles indiennes qui sans doute étaient embusquées dans les buissons environnants, car, pour retrouver ses habits, il lui avait fallu aller du côté où les Guayacurus avaient établi leur invisible blocus.

Mais le hasard, qui jusqu'à ce moment avait favorisé le capitao, ne l'abandonna pas à cette suprême et dernière épreuve.

Arrivé à quelque distance du buisson qu'il voulait atteindre, il se coula entre deux eaux. Du reste, cette précaution était, hâtons-nous de le dire, presque inutile ; ce n'était pas la rivière, sur laquelle ils n'avaient rien à redouter, que surveillaient les Guayacurus, mais seulement la colline où se trouvaient leurs ennemis.

Diogo se glissa donc sans encombre dans le buisson, ouvrit la cachette qu'il avait pratiquée pour cacher ses habits, et les en retira avec un vif sentiment de plaisir ; mais, au lieu de s'en couvrir, il en fit un paquet, ainsi que de ses armes, et de nouveau il descendit dans la rivière.

Ce chemin lui paraissait plus court et plus sûr, et de plus il n'était pas fâché de se débarrasser complètement des quelques peintures qui lui restaient sur le corps.

Afin de ne pas attirer l'attention sur lui, le apitao avait enveloppé son paquet dans des cfeuilles de palmier et avait attaché le tout sur sa tête.

Or, comme il nageait juste au niveau de l'eau, ce paquet semblait dériver doucement en suivant le fil du courant ; de la rive, il avait complètement l'apparence d'un amas de feuilles de branches, et il aurait été impossible à l'œil le plus perçant d'apercevoir la tête du nageur, cachée par les herbes qui la recouvraient.

Il atteignit bientôt le pied de la colline.

Là il était sauvé et ne pouvait être vu que par les personnes que le hasard aurait conduites sur l'autre rive ; mais, grâce à la largeur de la nappe d'eau et aux armes dont usent les Indiens, il ne songea pas à se cacher.

Après avoir calculé du regard la hauteur qu'il lui fallait gravir, hauteur assez considérable, disons-le tout de suite, et s'élevant presqu'à pic au-dessus de la rivière, le capitao prit d'une main son poignard, de l'autre le couteau que lui avait confié Tarou-Niom comme signe de reconnaissance, et il commença avec une facilité et une dextérité extrêmes à escalader cette espèce de muraille, en plantant tour à tour ses armes dans les anfractuosités des rochers, et s'élevant ensuite à la force du poignet, exercice gymnastique, soit dit en passant, très fatigant et surtout très périlleux.

L'ascension du capitao fut longue ; un instant il demeura suspendu entre ciel et terre, sans pouvoir ni monter ni descendre ; mais Diogo était un homme doué de trop de sang-froid et de courage pour se désespérer ; une seconde de réflexion lui fit apercevoir une pente moins raide que celle qu'il suivait ; il obliqua légèrement, redoubla d'efforts, et bientôt mit le pied sur la plate-forme de la colline.

Arrivé là, il fit halte un instant pour reprendre haleine et remettre un peu d'ordre dans ses idées ; sa difficile expédition était, contre toutes probabilités, terminée heureusement ; les renseignements qu'il avait obtenus ne manquaient pas d'importance ; tout était donc pour le mieux, et il se félicitait intérieurement, non pas de la façon dont il avait conduit cette scabreuse affaire, mais du plaisir que son retour allait causer à ses compagnons, et surtout au marquis.

Il se redressa au bout d'un instant et se remit à marcher d'un pas aussi libre et aussi relevé que s'il n'avait pas, pendant les quelques heures de son absence, supporté des fatigues surhumaines.

Le soleil se couchait au moment où le capitao atteignait le sommet de la colline ; la nuit était donc sombre déjà lorsqu'il entra dans le camp.

Dès que son retour fut connu, tous ses compagnons se pressèrent autour de lui avec des cris de joie, qui donnèrent l'éveil au marquis et le firent accourir.

Le capitao poussa une exclamation de surprise et de douleur à la vue du spectacle qui s'offrit à ses yeux, lorsqu'il se trouva dans l'enceinte du camp.

Les tentes et les chariots avaient été réduits en cendres ; la plupart des mules et la plus grande partie des chevaux avaient été tués, sept ou huit cadavres de chasseurs et de nègres jonchaient çà et là le sol ; les arbres, à demi-brûlés et tordus convulsivement, renversés sur les autres, ajoutaient encore à l'horreur de ce spectacle.

Doña Laura Antonia, réfugiée tant bien que mal sous une enramada (1) ouverte à tous les vents, et accroupie tristement devant un feu mourant, préparait, aidée par son esclave Phœbé, son repas du soir.

Enfin, tout présentait l'aspect de la ruine et de la désolation dans ce camp que, la veille, le capitao avait quitté si formidablement établi.

— Qu'est-ce que cela signifie, mon Dieu ? s'écria-t-il avec douleur.

_____

(1) Espèce de hangar fait de branches.

— Cela signifie, répondit amèrement le marquis, que vous ne vous étiez point trompé, Diogo, et que les Guaycurus sont de rudes adversaires.

— Mais il y a donc eu combat pendant mon absence ?

— Non, il y a eu surprise; mais venez, Diogo, un instant à l'écart, je vous expliquerai ce qui s'est passé, puis vous me rendrez compte de ce que vous avez fait.

Le capitao le suivit.

Lorsqu'ils furent hors des regards des Brésiliens, le marquis commença son récit, récit fort court, mais terrible.

Deux heures après le départ de Diogo, sans que les sentinelles eussent aperçu un seul ennemi, une nuée de flèches enflammées avaient plu tout à coup sur le camp de tous les côtés à la fois, et cela d'une façon si inopinée que d'abord les Brésiliens ne surent où courir ni de quelle manière se défendre; le feu s'était presque aussitôt déclaré avec une intensité telle, qu'il avait été impossible de l'éteindre; puis, pour ajouter encore à l'horreur de la situation, une flèche étant malheureusement tombée sur le chariot qui contenait les poudres, le chariot avait sauté en tuant et blessant plusieurs hommes.

Les Guaycurus avaient profité de la stupeur des Brésiliens pour tenter un assaut furieux, assaut qui avait été repoussé, c'est vrai, après un combat acharné corps à corps, mais pendant lequel le reste des munitions avait presque complétement été épuisé.

Diogo hocha tristement la tête à ce sombre récit; puis, sur la prière du marquis, il commença le sien, que son interlocuteur écouta avec la plus sérieuse attention. Lorsqu'il eut terminé, il se fit un instant de silence.

— Que me conseillez-vous? dit enfin le marquis.

— La situation est presque désespérée, répondit nettement le capitao. Le plus prudent, à mon avis, serait de tenter une sortie, d'essayer de s'ouvrir un passage et de regagner au plus vite les habitations.

— Oui, murmura à part lui le marquis, peut-être cela vaudrait-il mieux; mais je veux attendre encore; j'ai expédié un batteur d'estrade au dehors pour prendre des nouvelles de l'ennemi; qui sait ce qu'il nous dira?

— Vous êtes le seul maître, répondit Diogo qui l'avait entendu; mais chaque minute qui s'écoule nous coûte, croyez-le bien, plusieurs jours d'existence.

— Peut-être! s'écria violemment le marquis en frappant du pied avec colère, mais, vive Dieu! tout n'est pas dit encore; non, quoi qu'il arrive, je ne reculerai pas lâchement devant ces barbares; ne puis-je donc pas essayer de joindre dom Joachim Ferreira?

— Certes, vous le pouvez, Excellence.

— Eh bien! j'écria-t-il avec joie.

— Eh bien! vous ne réussirez qu'à nous faire tous massacrer plus vite, voilà tout.

Après avoir prononcé ces paroles, le capitao tourna le dos au marquis et rejoignit ses compagnons, ne voulant pas continuer plus longtemps un entretien inutile et dédaignant de discuter contre un parti si opiniâtrement pris.

X

Désastre.

La nuit fut tranquille.

Les Brésiliens la passèrent plongés dans un profond sommeil; Diogo seul, dont l'organisation de fer semblait ne pas connaître la fatigue, veilla sur le salut commun.

Deux heures environ avant le lever du soleil, le batteur d'estrade, expédié par le marquis, rentra au camp.

Il était porteur d'étranges nouvelles : les Indiens avaient disparu sans laisser de traces.

Diogo écouta attentivement le rapport de cet homme ; puis, se tournant vers le marquis qui, lui aussi, avait passé la nuit sans que le sommeil vînt clore ses paupières :

— Eh bien? lui demanda-t-il.

— Mais il me semble... répondit le marquis.

— Attendez, interrompit Diogo. Mon ami, dit-il en s'adressant au batteur d'estrade, allez vous reposer, vous devez avoir besoin de réparer vos forces.

Le Brésilien salua et se retira aussitôt.

— Il est inutile, reprit Diogo, que cet homme entende ce que nous avons à nous dire. Maintenant que nous sommes seuls, parlez, Excellence, je vous écoute.

— Je crois que si ces nouvelles sont vraies, elles sont excellentes.

— Vraies ou fausses, moi, je les trouve exécrables.

— Ah !

— Comprenez-moi bien, Excellence, et persuadez-vous que je possède des Indiens et de leurs mœurs une connaissance trop approfondie pour me tromper.

— Je le reconnais, mon ami, parlez donc, je vous prie.

— Je croirais, Excellence, manquer à tous mes devoirs, si, au point où nous en sommes arrivés, je ne vous parlais pas avec la plus grande franchise ; or, il est évident pour moi que les Indiens vous tendent un piège, les Guaycurus vous ont loyalement averti de vous retirer, ils vous ont laissé la liberté de le faire ; à tort ou à raison vous avez méprisé leurs avis et vous vous êtes obstiné à pousser en avant. Je ne discute pas avec vous, remarquez-le bien, Excellence, l'opportunité de cette détermination, je constate un fait, voilà tout.

— Continuez, mon ami.

— Ils ont si peu l'intention de se retirer, qu'ils m'ont expédié, moi, sans savoir naturellement à qui ils s'adressaient, demander des secours à leurs alliés les Payagoas ; puis ils vous ont attaqué avec fureur, non pas dans le but de s'emparer de votre camp, ils savaient d'avance qu'ils ne réussiraient pas, mais pour vous réduire dans l'état où vous êtes, c'est-à-dire aux abois, et à cela, vous en conviendrez vous-même, ils ont complétement réussi.

— Concluez, concluez, interrompit le marquis avec violence.

— La conclusion est des plus simples, Excellence, reprit le capitao avec ce ton de bonhomie qui lui était naturel: les Guaycurus ont fini de se retirer afin de vous attirer en plaine et avoir meilleur marché de vous, à cause des armes à feu que vous possédez, et dont la supériorité disparaîtra lorsque vous serez accablé par le nombre.

— Auriez-vous peur, Diogo ? lui demanda ironiquement le marquis.

— Certes, Excellence, grand' peur même.

— Vous?

— Pardon, ceci demande une explication. J'ai peur, non pas de mourir, dès l'instant où vous m'avez fait connaître votre formelle intention, j'ai fait le sacrifice de ma vie.

— Alors, que me dites-vous donc ?

— Je vous dis, Excellence, que je ne crains pas de mourir, mais que j'ai horriblement peur de me faire tuer bêtement, ce qui n'est pas du tout la même chose. J'ai une réputation à soutenir, Excellence.

Malgré la gravité de la situation, le marquis éclata de rire.

— Bah! bah! fit-il, les choses, j'en suis convaincu, tourneront mieux que vous ne le supposez.

— Je le souhaite sans l'espérer, Excellence.

— Voyons, vous croyez-vous en état de nous guider vers l'endroit où le chef des Paulistas se trouve en ce moment?

— Pour vous mettre sur la route, cela est on ne peut plus facile, Excellence; quant à vous conduire jusqu'à l'armée paulista, je ne m'en charge pas.

— Pourquoi donc?

— Dame! parce que nous serons tous massacrés auparavant.

— Hum, Diogo, vous devenez monotone, mon ami, vous vous répétez.

— La fin me donnera raison, Excellence.

— Taisez-vous, prophète de mauvais augure; à quelle distance croyez-vous que nous soyons des Paulistas?

— Oh! la distance n'est pas longue.

— Mais encore?

— Trente lieues au plus.

— Comment, trente lieues, pas davantage! Allons, vous êtes fou avec vos craintes puériles, il est impossible que nous n'opérions pas notre jonction, y eût-il dix mille sauvages sur notre route.

— Vous verrez, Excellence, vous verrez, je ne vous dis que cela.

— Eh bien ! soit; le sort en est jeté, j'essayerai, quoi qu'il arrive ; au point du jour nous partirons.

Diogo hocha la tête.

— Avec votre permission, Excellence, dit-il, je crois que puisque vous voulez absolument faire une folie, encore serait-il convenable de la faire d'une façon logique.

— Ce qui signifie ?.....

— Que demain il sera trop tard.

— Ainsi, à votre avis, il faudrait?.....

— Partir à l'instant, Excellence.

— Allons, soit, partons; vous voyez que je fais tout ce que vous voulez.

— Oui, lorsque cela cadre avec vos idées, grommela le capitao en allant donner les ordres du départ.

Dans cette circonstance, comme dans toutes les précédentes, Diogo ne négligea aucune précaution pour assurer la retraite; cette fois même, il se surpassa, tant il fit preuve, non-seulement de prudence, mais encore de présence d'esprit.

Quatre de ses soldats, hommes éprouvés et surtout expérimentés, furent par lui tout d'abord expédiés en avant pour éclairer la route et dépister les Indiens.

Dans l'assaut précédent, les chariots et les bagages avaient été brûlés, la plupart des mules de charge tuées; de sorte que la caravane, débarrassée de ses convois, se trouvait en mesure d'accélérer sa marche, ce qui ne laissait pas, dans le cas présent, d'être un précieux avantage.

Diogo fit garnir les pieds des chevaux de sacs de peau de mouton remplis de sable, afin d'étouffer le bruit de leurs pas; de plus, il ordonna de serrer, au moyen d'un lacet, la bouche de chaque animal pour l'empêcher de hennir.

Lorsque chacun fut en selle :

— Compagnons, dit-il, pas un cri, pas un soupir; nous tentons en ce moment une expédition dont dépend le salut général. Si nous étions découverts, nous serions perdus; ayez constamment les yeux et les oreilles au guet, et surtout soyez prêts à toute éventualité.

— Un mot, Diogo, lui dit le marquis; pourquoi avez-vous exigé que nous partions si subitement?

— Parce que, Excellence, les Indios bravos se gardent ordinairement fort mal et qu'ils passent la nuit à dormir, au lieu de surveiller leurs ennemis ou de chercher à les attaquer.

— Merci; maintenant partons.

— Un instant, Excellence; et, s'adressant à ous les aventuriers : Je vais marcher le premier, dit-il ; vous me suivrez un à un, en tenant vos chevaux en bride pour les empêcher de trébucher et de donner l'éveil à l'ennemi; vous fâcherez de marcher dans mes pas, afin de laisser une piste moins large; maintenant, faites bien attention de vous souvenir de ceci : le cri de l'alligator vous avertira de faire halte, le même cri répété deux fois voudra dire de se mettre en selle, le cri de la chouette commandera au galop; vous m'avez bien entendu, bien compris?

— Oui, répondirent à voix basse les Brésiliens.

— Alors, en route.

La descente commença.

C'était un étrange spectacle que celui qu'offrait cette longue ligne de spectres noirs qui glissaient silencieux dans la nuit et semblaient ramper sur les flancs de cette colline.

Il faut avoir fait une marche semblable pour en bien comprendre toutes les terreurs secrètes.

Le bruit d'une branche fouettée par le vent, le froissement d'une feuille, le vol inattendu d'un oiseau nocturne, tout est sujet de crainte, tout fait tressaillir; l'homme le plus brave sent malgré lui le sang se glacer dans ses veines, car derrière chaque tronc d'arbre, chaque angle de rocher, il redoute de voir tout à coup surgir devant lui l'ennemi qu'il essaye d'éviter.

La descente fut longue, on ne marchait que lentement. Diogo qui semblait voir dans la nuit comme en plein jour, choisissait son terrain avec le plus grand soin et n'avançait que lorsqu'il était bien sûr que le sol sur lequel il posait le pied était solide.

Parfois on s'arrêtait pendant quelques secondes, alors un frémissement d'épouvante parcourait comme un courant électrique toute la ligne et faisait battre le cœur le plus ferme.

Enfin au bout d'une heure, dont chaque minute parut durer un siècle aux Brésiliens, on atteignit la plaine.

Le cri de l'alligator qui s'éleva dans le silence avertit les Brésiliens qu'ils devaient faire halte.

Deux minutes plus tard le même cri répété deux fois les fit se mettre en selle, puis enfin, au cri de la chouette, ils s'élancèrent au galop et partirent avec une rapidité doublée par la frayeur instinctive qu'ils éprouvaient d'un danger terrible qu'ils sentaient être suspendu au-dessus de leur tête.

Le marquis avait ordonné à doña Laura de monter à cheval; la jeune fille avait obéi passivement sans prononcer une parole, et sur l'injonction de don Roque, elle s'était placée ainsi que son esclave au milieu de la ligne des cavaliers.

Le marquis l'avait voulu ainsi parce que cette place lui paraissait la moins dangereuse et qu'il lui était ainsi plus facile de surveiller sa captive.

Pendant toute la nuit, les Brésiliens, penchés sur le cou de leurs chevaux, galopèrent à la suite du capitao.

Au lever du soleil, ils avaient fait dix-huit ou dix-neuf lieues, ce qui était énorme, mais les pauvres chevaux étaient rendus et ne pouvaient plus se tenir.

A une lieue devant eux les fugitifs apercevaient un large cours d'eau.

C'était le Pilcomayo, un des affluents les plus considérables du rio Paraguay.

Le marquis s'approcha du capitao.

— Vous avez fait merveille, Diogo, lui dit-il; grâce à vos intelligentes dispositions, nous sommes sauvés.

— Ne me remerciez pas encore, Excellence, répondit l'indien avec un sourire railleur, tout n'est pas fini encore.

— Oh! oh! nous avons maintenant une avance sur nos ennemis qui nous met hors de leur portée.

— Il n'y a pas d'avance avec les Guaycurus, Excellence; notre seule chance de salut était d'atteindre la rivière et de la traverser.

— Eh bien! qui nous en empêche?

— Regardez les chevaux; avant que nous soyons arrivés à la moitié de la distance qui nous sépare du Pilcomayo,— car cette rivière que vous voyez là-bas se nomme ainsi,— les ennemis seront sur nous.

— C'est trop d'entêtement à la fin, voyez vous-même, la plaine est déserte.

— Vous croyez, Excellence?

— Dame, j'ai beau regarder dans toutes les directions, je ne vois rien.

— C'est que vous n'avez pas l'habitude de la prairie, voilà tout. Tenez, ajouta-t-il, en allongeant le bras dans la direction du nord-est, remarquez-vous cette ondulation convulsive des hautes herbes.

— En effet, mais qu'est-ce que cela prouve?

— Voyez-vous encore, continua l'impassible capitao, ces compagnies de ñandus et de seriemas qui courent éperdus dans toutes les directions, ces volées de guaros et de kamichis qui s'élèvent subitement en poussant des cris discordants?

— Oui, oui, je vois tout cela; après?

— Après, eh bien, Excellence, l'ondulation des herbes, sans cause apparente, puisqu'il n'y a pas un souffle de vent dans l'air; la course éperdue des ñandus et des seriemas, et le vol effaré des guaros et des kamichis signifient simplement que les Guaycurus sont à notre poursuite, et qu'avant une heure, ils nous auront atteints.

— Mais dans une heure nous aurons franchi la rivière.

— Avec nos chevaux, c'est impossible; c'est à peine s'ils parviennent à mettre un pied devant l'autre: regardez, ils trébuchent et s'abattent à chaque pas.

— C'est vrai, murmura le marquis; mais alors que faire?

— Nous préparer à mourir.

— Oh! ce n'est pas vrai, ce que vous dites là, Diogo!

— Dans une heure, aucun de nous n'existera, répondit froidement le capitao.

— Mais nous ne nous laisserons pas assassiner ainsi sans nous défendre!

— Ceci, c'est une autre question, Excellence; voulez-vous combattre jusqu'au dernier souffle?

— Certes.

— Très bien; laissez-moi faire alors. Nous serons tués, je le sais bien; mais la victoire coûtera cher à nos ennemis.

Sans perdre un instant, le capitao prit ses dispositions pour le combat; elles furent d'une simplicité que les circonstances exigeaient impérieusement.

Les Brésiliens mirent pied à terre, égorgèrent leurs chevaux, et, avec les cadavres des malheureux animaux, ils formèrent un cercle assez grand pour les contenir tous.

Le marquis occupé en ce moment à parler avec animation à doña Laura ne s'aperçut de cette boucherie que lorsqu'il fut trop tard pour s'y opposer.

— Que faites-vous? s'écria-t-il.

— Des retranchements, répondit impassiblement Diogo. Derrière ces cadavres nous tirerons à l'abri jusqu'à ce que nos munitions soient épuisées.

— Mais comment fuirons-nous après le combat?

L'indien éclata d'un rire nerveux et strident.

— Nous ne fuirons pas, dit-il, puisque nous serons morts!

Le marquis ne trouva rien à répondre, il baissa la tête et retourna auprès de la jeune fille.

Doña Laura s'était laissée tomber à terre en proie à un profond désespoir; son cheval était le seul qu'on n'eût pas tué, il se tenait auprès d'elle, la tête basse et frissonnant de terreur.

— Vous allez mourir, dit don Roque à la jeune fille.

— Je l'espère, répondit-elle d'une voix basse et entrecoupée.

— Vous me haïssez donc bien.

— Il n'y a pas dans mon cœur place pour la haine, je vous méprise.

Il fit un mouvement de colère.

— Doña Laura, reprit-il, il en est temps encore, révélez-moi votre secret.

— Pourquoi faire? lui dit-elle en le regardant en face, puisque nous allons mourir.

— Malédiction! s'écria-t-il en frappant du pied avec rage; cette femme est un démon.

Doña Laura sourit tristement.

— Rien ne saurait-il donc vous convaincre? A quoi vous servirait maintenant la possession de ce secret?

— Et à vous? répondit-elle froidement.

— Dites-le-moi, dites-le-moi, et, je vous le jure, je vous sauverai; quand je devrais pour cela marcher dans le sang jusqu'aux genoux. Oh! si j'étais possesseur de ce secret précieux, je sens que je réussirais à échapper au danger terrible qui nous menace. Dites-le-moi, doña Laura, je vous en supplie.

— Non! je préfère mourir que d'être sauvée par vous!

Le marquis eut un moment de fureur folle.

— Meurs donc! et sois maudite! s'écria-t-il en saisissant un pistolet à sa ceinture.

Une main arrêta son bras.

Il se retourna en lançant un regard farouche à celui qui avait osé le toucher.

— Excusez-moi, Excellence, lui dit Diogo toujours impassible, si j'interromps votre intéressante conversation avec la señorita.

Doña Laura n'avait pas fait un mouvement pour se soustraire à la mort; ses yeux ne s'étaient pas baissés, ses joues n'avaient pas pâli; la mort, pour elle, c'était la délivrance.

— Que me voulez-vous encore? s'écria le marquis.

— Vous annoncer, Excellence, que le moment est proche où il va falloir faire preuve d'adresse. Voyez.

Le marquis regarda.

— Mais, misérable! s'écria-t-il au bout d'un instant, si vous n'êtes pas un traître, vous vous êtes grossièrement trompé.

— Plaît-il, Excellence?

— Par le saint nom de Dieu, c'est une manada de chevaux sauvages que vous avez prise pour nos ennemis.

— Définitivement, Excellence, répondit le capitao avec un sourire de dédain, vous n'avez pas la moindre expérience de la façon de combattre des Guaycurus, ni de la vie du désert; voici probablement la dernière chose que je vous apprendrai; mais il est toujours bon que vous la sachiez. Les Guaycurus sont les premiers ginetes du monde. Voici la tactique qu'ils emploient pour surprendre l'ennemi: ils lancent en avant une troupe de chevaux sauvages afin de dérober leur nombre, puis derrière ils se tiennent couchés de côté sur leurs chevaux, la main gauche à la crinière et le pied droit appuyé sur l'étrier; de cette façon, il est facile de se tromper et de supposer, ainsi que vous-même l'avez fait, que tous les chevaux sont libres; mais vous allez bientôt voir les cavaliers se redresser et vous les entendrez pousser leur cri de guerre.

Nous avons dit que tous les Brésiliens étaient étendus derrière les cadavres de leurs chevaux, prêts à faire feu au commandement.

Au-dessus d'eux, les vautours et les urubus, attirés par l'odeur du carnage, volaient en longs cercles en poussant des cris rauques et discordants.

A une demi-lieue dans la plaine, une manada de chevaux accourait avec une extrême rapidité, en soulevant d'épais nuages de poussière.

Les Brésiliens étaient mornes et silencieux; ils se sentaient perdus.

Seul, Diogo avait conservé sa physionomie calme et son expression insouciante.

— Enfants! cria-t-il, ménagez vos munitions et ne tirez qu'à coup sûr; vous savez qu'il ne nous reste plus de poudre.

Tout à coup, les chevaux sauvages arrivèrent comme la foudre sur les retranchements, et, malgré une décharge meurtrière faite à bout portant, ils les franchirent d'un élan irrésistible.

Les guerriers Guaycurus se mirent en selle en poussant d'affreux hurlements, et le massacre commença avec un acharnement incroyable.

Au premier rang, auprès de Tarou-Niom, se tenait Malco Diaz.

Les yeux du métis lançaient des éclairs, il se ruait avec une furie extraordinaire au plus épais de la mêlée, et faisait des efforts inouïs pour se rapprocher de doña Laura.

Par un mouvement plutôt instinctif que calculé, les Brésiliens, dès que leur retranchement improvisé avait été forcé, s'étaient groupés autour d'elle.

La jeune fille, agenouillée sur le sol, les mains jointes et les yeux au ciel, priait avec ferveur.

La pauvre Phœbé, la poitrine traversée par une lance, se tordait à ses pieds dans les dernières convulsions de l'agonie.

Il y avait quelque chose de réellement beau dans le spectacle offert par ces vingt et quelques hommes immobiles, silencieux, serrés les uns contre les autres, et luttant désespérément contre une multitude d'ennemis, ayant fait le sacrifice de leur vie, mais résolus à combattre jusqu'au dernier soupir, et ne tombant que morts.

Diogo et le marquis faisaient des prodiges de valeur ; l'Indien, avec un mépris superbe de la mort ; le blanc, avec la rage du désespoir.

— Hein ! Excellence, dit le capitao, commencez-vous à croire que nous y resterons ?

Cependant les rangs des Brésiliens s'éclaircissaient de plus en plus, mais ils ne tombaient pas sans vengeance ; les Guaycurus, décimés par les balles, éprouvaient des pertes énormes.

Soudain, Malco Diaz bondit en avant, renversa le marquis en le frappant du poitrail de son cheval, et, saisissant doña Laura par les cheveux, il l'enleva, la jeta en travers sur le cou de son cheval et s'élança à travers la plaine.

La jeune fille jeta un cri terrible et s'évanouit.

Ce cri, Diogo l'avait entendu ; le capitao sauta par-dessus le corps du marquis étendu sans connaissance et, renversant tout sur son passage, il se précipita à la poursuite du métis.

Mais que pouvait un homme à pied contre un cavalier lancé à toute bride ?

Le métis s'arrêta, un éclair jaillit de sa fauve prunelle, et il épaula son fusil.

Diogo le prévint.

— C'est ma dernière charge, murmura-t-il ; elle sera pour elle.

Et il lâcha la détente.

Malco Diaz chancela tout à coup ; ses bras s'ouvrirent convulsivement, et il roula sur le sol en entraînant la jeune fille dans sa chute.

Il était mort.

Diogo s'élança vers lui, mais tout à coup il fit un bond de côté, et, prenant son arme par le canon, il la leva au-dessus de sa tête : un Indien venait sur lui ; mais, changeant presque aussitôt de position, il bondit comme un jaguar, enlaça de ses bras nerveux l'Indien qui le poursuivait, le renversa, et du même coup se mit en selle à sa place. Ce prodige d'adresse et d'agilité accompli, il vola au-secours de la jeune fille.

A peine la soulevait-il dans ses bras pour la mettre sur le cheval qu'il s'était si miraculeusement approprié, que des guerriers guaycurus l'enveloppèrent dans un cercle infranchissable.

Diogo jeta un regard douloureux à la jeune fille qu'il posa à terre, et, retirant de sa ceinture ses pistolets, seules armes qui lui restaient :

— Pauvre enfant ! murmura-t-il, j'ai fait ce que j'ai pu ; la fatalité était contre moi !

Il arma froidement ses pistolets.

— J'en tuerai bien deux encore avant de mourir, dit-il.

Tout à coup les rangs des guerriers s'ouvrirent, Tarou-Niom parut.

— Que nul ne touche à cet homme et à cette femme ; dit-il, ils m'appartiennent.

— Allons, ce sera pour une autre fois, dit le capitao en replaçant ses pistolets à sa ceinture.

— Tu es brave, je t'aime, reprit Tarou-

Niom ; prends cette *gni-maack* (plume), elle te servira de sauvegarde. Reste ici jusqu'à ce que je revienne, et veille sur l'*etlatoum* (femme) que tu as si bien défendue.

Diogo prit la plume et s'assit tristement auprès de la jeune fille.

Une heure plus tard le capitao et doña Laura accompagnaient les guerriers guaycurus qui retournaient à leur village.

La jeune fille était toujours évanouie et ne connaissait pas encore toute l'étendue du nouveau malheur qui était venu fondre sur elle.

Diogo la portait sur le cou de son cheval et la soutenait avec précaution ; le brave capitao paraissait déjà, non pas résigné, mais complètement consolé de sa défaite, et causait amicalement avec le capitao Tarou-Niom, qui lui témoignait beaucoup d'égards.

Le combat avait fini ainsi qu'il devait finir ; c'est-à-dire par la mort de tous les Brésiliens. Ils avaient été impitoyablement massacrés. Seuls, Diogo et la jeune fille avaient survécu, par un miracle incompréhensible, qui avait fait jaillir un éclair de pitié dans le cœur féroce du chef guaycurus.

Quant au marquis de Castelmelhor, nul ne savait ce qu'il était devenu ; malgré les recherches les plus actives, il avait été impossible de retrouver son corps.

Était-il mort ? était-il vivant et avait-il contre toute probabilité réussi à s'échapper ?

Son sort demeurait enveloppé d'un impénétrable mystère.

Bientôt les Indiens disparurent, la plaine où s'était passée cette effroyable tragédie redevint solitaire, et les vautours, s'abattant sur les cadavres, commencèrent une horrible curée de chair humaine.

FIN DU PROLOGUE.

PREMIÈRE PARTIE.

LE GUARANIS

I

El Vado del Cabestro.

Le 23 décembre 1815, entre deux et trois heures de l'après-midi, c'est-à-dire au moment le plus chaud de la journée, deux voyageurs, venant l'un du nord l'autre du sud, se rencontrèrent face à face, sur les bords d'une petite rivière, affluent du rio Dulce, à un endroit nommé el *Vado del Cabestro*, c'est-à-dire le gué du Licol, situé à égale distance des villes de Santiago et de San Miguel de Tucuman.

En arrivant au bord de l'eau, comme d'un commun accord, les deux voyageurs retinrent la bride et s'examinèrent attentivement pendant quelques instants.

La rivière que tous deux se préparaient à traverser en sens contraire, grossie par les pluies d'orage, était assez large en ce moment, ce qui empêchait les deux voyageurs de se distinguer réciproquement assez complètement pour se former l'un de l'autre une opinion rassurante.

Tout étranger qu'on rencontre au désert est sinon un ennemi, du moins, jusqu'à plus ample renseignement, un individu dont la prudence exige qu'on se méfie.

Après une hésitation courte, mais bien marquée, chaque voyageur ramena à sa portée le long fusil qu'il avait jeté en bandoulière, l'arma en faisant craquer avec bruit la détente et, semblant prendre une résolution suprême, chatouilla légèrement de l'éperon les flancs de son cheval et entra dans l'eau.

Le gué était large et peu profond ; l'eau arrivait à peine au ventre des chevaux, ce qui laissait aux cavaliers liberté entière de se diriger à leur guise.

Tout à coup ils poussèrent une exclamation joyeuse et s'arrêtèrent en riant à gorge déployée.

A plusieurs reprises, ils essayèrent de parler ; mais le rire, plus fort que leur volonté, les en empêcha, et ils éclatèrent de plus belle.

Cependant, ils avaient subitement désarmé leurs fusils, qui avaient aussitôt repris leur position inoffensive en bandoulière, ce qui témoignait que la sécurité la plus complète avait succédé chez leur esprit à l'inquiétude qui d'abord les agitait.

Enfin, l'un d'eux parvint à reprendre assez son sang-froid pour que les paroles se fissent jour à travers sa gorge et parvinssent jusqu'à ses lèvres.

— Pardieu ! s'écria-t-il en français, en tendant la main droite à son singulier interlocuteur, qui riait toujours, la rencontre est précieuse et je m'en garderai longtemps le souvenir ; je n'ose encore en croire mes yeux : êtes-vous un homme ou un fantôme ? est-ce bien vous, cher monsieur, vous que j'ai vu, il y a deux ans à peine, postulant à Paris auprès du gouvernement, pour je ne sais plus quel emploi, que je retrouve aujourd'hui au fond de ce désert, portant poncho et sombrero, et ressemblant à s'y méprendre, par votre singulier accoutrement, à un gaucho de la bande orientale.

— Oui, répondit l'autre, en jetant un regard de satisfaction sur sa personne ; le costume est assez bien réussi ; mais, ajouta-t-il entre deux éclats de rire, je suis en droit, il me semble, de vous retourner la question ; comment se fait-il que je vous rencontre ici, vous dont la haute position ?...

— Chut ! interrompit le premier interlocuteur en devenant subitement sérieux, rien n'est stable en ce monde, vous le savez, monsieur Gagnepain.

— Hélas ! qui plus que moi a été à même de l'apprendre ! fit tristement le premier voyageur.

— Vous soupirez ! seriez-vous devenu comme moi le jouet de la fortune ?

— La fortune et moi, nous nous sommes trop peu connus jusqu'ici, pour qu'elle ait songé à moi d'une façon ou d'une autre ; je ne me plains au contraire que de son indifférence à mon égard. Quant à vous, monsieur, je croyais que les derniers événements, dont notre malheureux pays a été le théâtre, événements dans lesquels, si je ne me trompe, vous avez joué un rôle assez important, ne pouvaient qu'avoir influé avantageusement sur votre fortune.

Le second voyageur sourit amèrement.

— L'ingratitude et la proscription sont la monnaie courante des cours, dit-il. C'est en vain que l'homme se croit habile et fin en ce monde, il s'agite et Dieu le mène.

— Sans compter les passions qui le conduisent, interrompit le premier interlocuteur avec un léger accent de raillerie. Mais se reprenant aussitôt et changeant de conversation : Où allez-vous donc ainsi ?

— A San Miguel de Tucuman, puis de là au Chili.

— Seul ?

— Oh ! non, mes gens viennent derrière

5

moi ; je les ai seulement un peu devancés, afin de me livrer en toute liberté à mes réflexions. Et vous ?

— Oh! moi, c'est différent; je suis presque sur mes terres, ici.

— En vérité ?

— Ma foi, oui; seulement, entendons-nous, je ne compte pas habiter éternellement ce pays ; cependant, si vous le désirez et que vous ne soyez pas trop pressé de continuer votre voyage, je serai heureux de vous faire visiter ma maison, dont nous ne sommes guère éloignés que d'une vingtaine de milles, et de vous y offrir l'hospitalité.

— Comment ! votre maison? vous avez une maison ici?

— Mon Dieu! oui ; il fallait que je vinsse en Amérique pour accomplir ce miracle d'être propriétaire. C'est piquant, n'est-ce pas? fit-il en riant. Mais il me semble que, depuis bien longtemps déjà, nous sommes arrêtés au milieu de l'eau. Que dites-vous de ma proposition ? vous sourit-elle ? Rebroussez-vous chemin avec moi ou continuez-vous votre route ?

L'autre hésita un instant.

— Décidez-vous, monsieur, le hasard, ou si vous le préférez, la Providence, qui nous a fait nous rencontrer ainsi inopinément, a peut être de secrets desseins sur nous; ne la contrarions pas. Ces paroles furent prononcées d'un ton semi-sérieux, semi-railleur.

— Pourquoi plaisanter sur ce sujet, monsieur Gagnepain, répondit l'autre avec un léger accent de reproche, bien que vous soyez artiste, et par conséquent esprit fort, ce que vous dites est plus vrai que vous ne voulez sans doute vous l'avouer à vous même.

— Pardon, j'avais oublié que vous êtes un ancien oratorien, mettons que je n'ai rien dit ; ainsi vous rebroussez chemin avec moi ?

— Certes, rien ne me presse, j'arriverai toujours assez tôt là où je vais ; j'aurai le plus grand plaisir à passer quelques heures en votre compagnie, les occasions de ne point parler cette affreuse langue espagnole et de causer avec un compatriote ne sont pas assez fréquentes dans cet abominable pays, pour qu'on les laisse échapper quand on a le bonheur de les rencontrer.

— Venez donc, alors; nous nous étendrons sur l'herbe, à l'ombre de ces magnifiques palmiers, et, pendant que nos chevaux se délasseront, nous laisserons passer la grande chaleur du jour en causant et en attendant vos gens.

— Votre offre est si cordiale que je ne veux pas la refuser.

— Parfaitement parlé, mon cher duc.

— Silence, interrompit vivement celui auquel on venait de donner ce titre; je me nomme Dubois, et je suis naturaliste; souvenez-vous de cela, je vous en supplie.

— Ah! fit l'autre avec un léger étonnement, comme vous voudrez; va pour Dubois, c'est un nom aussi bon qu'un autre.

— Meilleur pour moi en ce moment. Allons donc sans plus de retard.

Les deux voyageurs regagnèrent alors le bord de la rivière où, suivant le programme convenu entre eux, ils enlevèrent la bride à leurs chevaux, tout en ayant soin de les attacher par la longe, de peur qu'ils ne s'écariassent ; et, après avoir battu les buissons du canon de leurs fusils pour chasser les reptiles, ils s'étendirent sur l'herbe verte et touffue, sous l'ombre protectrice d'un palmier gigantesque, en poussant un soupir de volupueuse satisfaction.

Le pays au centre duquel s'étaient rencontrés nos personnages était loin sous tous les rapports de mériter l'épithète dont l'un deux l'avait flétri ; c'était, au contraire, une admirable contrée, dont les paysages grandioses et accidentés ont toujours fait l'admiration des explorateurs, bien rares à la vérité, que l'amour de la science a poussés à les visiter, et qui ont été à même de les voir sous tous leurs aspects.

Le Tucuman où se passent en ce moment les événements de notre histoire, est une des contrées les plus heureusement situées de l'Amérique du Sud.

Placée au nord de la province de Catamarca, cette contrée, traversée par une branche des Andes, jouit d'un climat tempéré en été et presque froid en hiver ; une grande partie de son territoire se compose d'immenses plateaux ou *llanos*, couverts d'une luxuriante végétation, entretenue par de nombreux cours d'eau et des rivières considérables qui, ne trouvant pas de débouché, à cause du peu de pente du terrain, y forment de nombreux lacs sans écoulement.

Cette région est aujourd'hui une des plus vastes, des plus peuplées et des plus riches de la Confédération buenos-ayrienne.

De l'endroit où les voyageurs s'étaient arrêtés, ils jouissaient d'un coup d'œil enchanteur et voyaient se dérouler devant eux un paysage ravissant : à leurs pieds, une rivière large et profonde serpentait comme un ruban d'argent à travers les plaines couvertes de hautes herbes d'un vert d'émeraude, du milieu desquelles bondissaient à chaque instant des cerfs, des vigognes, jouant par troupes, tandis que les taureaux sauvages levaient leurs larges têtes armées de cornes formidables, et jetaient autour d'eux des regards empreints d'une pensive tristesse; des volées de pigeons et de perdrix volaient dans les airs en jetant dans l'air les notes stridentes ou douces de leurs chants, tandis que de magnifiques cygnes noirs s'ébattaient sur la rivière et se laissaient nonchalamment emporter au courant, défilant devant les flamands roses et les hérons, occupés à pêcher sur la rive; d'immenses forêts lenaient tout l'arrière-plan du paysage et s'élevaient, de gradin en gradin, sur les versants lointains des Cordillières, dont les cîmes dentelées et couvertes de neiges éternelles se confondaient avec les nuages.

Le soleil répandait avec profusion ses rayons éblouissants sur cette nature primitive et faisait scintiller, comme des millions de diamants, les sables incessamment mouillés des plages de la rivière.

Un calme profond régnait dans ce désert, si vivant et si animé cependant, et du sein duquel s'élevait, comme un hymne solennel vers Dieu, les chants des innombrables oiseaux blottis sous la ramée.

Avant que d'aller plus loin et de rapporter la conversation de nos personnages, nous les ferons plus intimement connaître au lecteur en traçant leur portrait en quelques lignes.

Le premier, celui qui ne voulait pas qu'on lui donnât le titre de duc et qui prétendait se nommer Dubois et exercer la profession de naturaliste, était un homme d'environ cinquante-deux ans, mais qui en paraissait plus de soixante; son corps, long et maigre, était légèrement courbé; ses membres grêles se perdaient pour ainsi dire dans les larges plis de ses vêtements, ses traits fatigués par les veilles et les travaux intellectuels, sans doute, devaient avoir été admirablement beaux : son front était large, mais sillonné de rides profondes; ses yeux noirs bien ouverts, surmontés d'épais sourcils,avaient un regard fixe pénétrant, qui, lorsqu'il s'animait, devenait impossible à supporter; son nez était droit, sa bouche un peu grande, mais garnie de dents magnifiques; ses lèvres un peu minces, sur lesquelles un sourire froid et railleur, semblait stéréotypé; son menton carré lui complétait, avec l'absence complète de barbe, une physionomie imposante, un peu dure, mais que, lorsque cela lui plaisait, il savait rendre extrêmement bienveillante. Toute sa personne respirait cette grâce aristocratique, onctueuse et un peu féline qui distingue les diplomates et les hauts dignitaires de l'Eglise; elle formait,avec la noblesse de ses gestes, le contraste le plus complet, non-seulement avec le costume qu'il avait cru devoir adopter, mais encore avec les façons plébéiennes qu'il affectait, et que, comme un rôle mal appris, il oubliait à chaque instant.

L'autre voyageur se nommait Emile Gagnepain; il avait de trente à trente-deux ans; sa taille était ordinaire, mais bien prise et fortement charpentée; ses épaules larges,sa poitrine bombée; la santé semblait lui sortir partou les pores: ses bras sur lesquels saillaient des muscles gros comme des cordes et durs comme du fer, témoignaient d'une vigueur corporelle peu commune; son visage respirait la franchise et la bonne humeur; ses traits réguliers, ses yeux bruns pleins de finesse, sa bouche rieuse, ses cheveux d'un blond fauve, frisés comme ceux d'un nègre; sa moustache, cirée avec soin et coquettement relevée; son menton rasé et ses favoris, touffus qui atteignaient presque les coins de sa bouche, lui formaient une physionomie pleine de franchise et d'énergie qui, au premier coup d'œil, attirait la sympathie. La liberté un peu brusque de ses mouvements, sa parole vive et colorée le faisaient reconnaître facilement pour un de ces êtres privilégiés, dit-on, malheureux, disons-nous, qu'on est convenu de nommer artistes. En effet, il était peintre; du reste, particularité que nous avons oublié de mentionner, il avait attaché solidement à la croupe de son cheval, une boîte à couleurs, un large parapluie, un chevalet et un appui-main, appareil indispensable à tous les peintres et qui, dans un pays moins sauvage que celui dans lequel il se trouvait, l'aurait immédiatement dénoncé pour ce qu'il était, malgré son costume de gaucho.

Ce fut lui qui, le premier,prit la parole. A peine s'était-il laissé aller sur l'herbe que, se redressant brusquement et traçant un cercle dans l'espace avec son bras droit étendu devant lui :

— Quelle admirable chose que la nature, s'écria-t-il, et comme les hommes sont coupables de la gâter ainsi qu'ils le font sans cesse, sous prétexte d'amélioration, comme si la Providence n'était pas plus habile qu'eux!

— Bravo ! répondit l'autre personnage, auquel nous conserverons, jusqu'à nouvel ordre, le nom de Dubois, sous lequel il s'est fait connaître à nous; bravo ! monsieur Emile, je vois que vous êtes toujours aussi enthousiaste qu'à l'époque où j'ai eu le plaisir de vous rencontrer.

— Eh! monseigneur... monsieur, veux-je dire,—pardon de ce lapsus involontaire,—ne nous enviez pas l'enthousiasme, à nous autres pauvres diables d'artistes; l'enthousiasme, c'est la foi, c'est la jeunesse, c'est l'espérance peut-être !

— Dieu me garde d'avoir une telle pensée; je vous admire, au contraire, moi qui, de la vie, ne puis plus aujourd'hui boire que l'absinthe.

— Bah! fit galement le peintre, demain n'existe pas, c'est un mythe; vive aujourd'hui Voyez quel éblouissant soleil, quelle magnifique campagne; est-ce que tout cela ne vous raccommode pas un peu avec l'humanité?

M. Dubois soupira.

— Que la jeunesse est heureuse, dit-il; tout lui sourit, jusqu'au désert où elle court le risque flagrant de mourir de faim.

— Laissez donc, monsieur, l'homme qui est parvenu à vivre à Paris n'ayant rien ne doit redouter aucun désert.

— Cela nous ramène à une question que je voulais vous adresser, répondit M. Dubois en riant de la boutade paradoxale de l'artiste.

— Voyons la question? fit celui-ci d'un ton de bonne humeur.

— Veuillez d'abord ne pas attribuer à une indiscrétion indigne de moi, mais seulement, je vous prie, au vif intérêt que je vous porte, la question que je me propose de vous adresser.

— De l'indiscrétion avec moi, monsieur; vous voulez rire, sans doute. Allez, ne craignez pas de m'adresser cette question. Quelle qu'elle soit, je me fais fort d'y répondre de façon à vous satisfaire.

— Depuis notre singulière rencontre, je me

creuse vainement la tête pour deviner le motif qui vous a décidé à émigrer ainsi dans ces régions inconnues.

— Émigrer, fi! monsieur! le vilain mot; voyager, vous voulez dire, sans doute?

— Voyager, soit, mon jeune ami; je ne chicanerai pas avec vous sur une expression que vous avez le droit de trouver malsonnante.

— Pourquoi ne pas me dire franchement que c'est mon histoire que vous me demandez, monsieur le duc.

— Chut! chut! cher monsieur, ne vous ai-je pas prié d'oublier ce titre.

— Au diable la recommandation! je l'oublierai toujours.

— J'espère que non, lorsque je vous aurai affirmé qu'il est pour moi de la dernière importance que ce titre malencontreux soit ignoré de tous en ce pays.

— Cela suffit, monsieur, je ne me le rappellerai plus.

— Je vous remercie; maintenant, si ce n'est pas abuser de votre complaisance, racontez-moi cette histoire que je désire si fort connaître, car, à Paris, nous nous sommes rencontrés dans des circonstances trop peu sérieuses pour que je me sois informé jamais de vos antécédents qui, je ne sais pas pourquoi, m'intéressent aujourd'hui plus que je pourrais vous l'exprimer.

— Cela est facile à comprendre, monsieur; les distances qui nous séparaient l'un de l'autre, les barrières infranchissables qui, à Paris, s'élevaient entre nous n'existent plus ici; nous sommes deux hommes, face à face dans le désert, se valant l'un l'autre, et je me hâte d'ajouter deux compatriotes, c'est-à-dire deux amis; naturellement, nous devons faire cause commune envers et contre tous, nous intéresser l'un à l'autre et nous aimer comme protestation, en haine des étrangers au milieu desquels le sort nous a jetés et qui sont et doivent être nos ennemis naturels.

— Peut-être avez-vous raison, mais, quelle qu'en soit la cause, cette sympathie existe, et je serai heureux, s'il vous plaît, de me dire votre histoire.

— Cette histoire est bien simple, monsieur; en deux mots je vous la raconterai; seulement, je doute fort qu'elle vous intéresse.

— Dites toujours, mon jeune ami.

— M'y voici. Mon nom, vous le connaissez, je me nomme Émile Gagnepain, nom plébéien s'il en fût, n'est-ce pas?

— Le nom ne fait rien à l'affaire.

— Sans doute. En 1792, lorsque la patrie fut en danger, mon père, pauvre diable de premier clerc de procureur, marié depuis quelques années à peine, abandonna sa femme et son enfant, alors âgé de sept à huit ans, pour s'engager comme volontaire et voler à la défense de la République. Lorsque mon père annonça à sa femme la détermination qu'il avait prise, celle-ci lui répondit avec un laconisme tout spartiate : Va défendre la patrie, elle doit passer avant les affections de famille. Mon père parti, notre pauvre foyer, déjà bien misérable, le devint davantage encore; heureusement j'eus le bonheur d'être recommandé à David, dans l'atelier duquel j'entrai. Ma mère, débarrassée de moi, put, à force de travail et d'économie, attendre des temps meilleurs. Cependant les années s'écoulaient les unes après les autres, mon père ne revenait pas. Les nouvelles que nous recevions de lui étaient rares, nous avions appris qu'il avait été nommé capitaine dans la vingt-cinquième demi-brigade, après plusieurs actions d'éclat, voilà tout. Quelquefois, rarement, un petit secours d'argent arrivait à ma mère; au nom de Boulogne, mon père avait refusé la croix de la Légion d'honneur, sous prétexte que la République n'avait pas de distinctions à donner à ceux de ses enfants qui ne faisaient que leur devoir le plus strict en la servant bien. Quelques mois plus tard il tombait criblé de balles à Austerlitz, au milieu d'un carré autrichien qu'il avait enfoncé, à la tête de sa compagnie, en criant, malgré le

nouvel ordre de choses : *Vive la République!* L'Empereur ne garda pas rancune au soldat de 92; il donna une pension de 800 francs à sa veuve; c'était bien, mais, pas assez pour vivre. Heureusement j'avais grandi, j'étais maintenant en mesure de venir en aide à ma mère. Grâce à la toute puissante protection de mon maître, bien que fort jeune encore, je gagnais assez d'argent, non-seulement pour m'entretenir convenablement, mais encore pour donner à ma mère un peu de ce bien-être dont elle avait tant besoin. Ce fut alors, je ne sais à quelle occasion, que me vint le désir de voyager en Amérique, afin d'étudier cette nature dont, quoi qu'on en dise, nous n'avons en Europe que des contrefaçons plus ou moins bien réussies.

— Vous êtes sévère, monsieur, interrompit son interlocuteur.

— Non, je suis juste; la nature n'existe plus chez nous, l'art seul se prélasse à sa place. Aucun paysage européen ne soutiendra jamais la comparaison avec un décor d'Opéra, au point de vue de la vérité des détails. Mais je reprends. Je redoublai donc d'efforts; je voulais partir, mais pas avant d'avoir assuré à ma mère une position qui la mît à jamais, quelque chose qui m'arrivât pendant mon absence, à l'abri du besoin. A force de travail et de persévérance, je parvins à résoudre ce problème presque insoluble. Les efforts qu'il me fallut faire, je ne vous les dirai pas, monsieur, cela dépasse toute croyance; mais ma détermination était prise : je voulais voir cette Amérique, dont les voyageurs font de si magnifiques descriptions. Enfin, après dix ans d'une lutte incessante, je réussis à réunir une somme de trente-cinq mille francs, c'était bien peu, n'est-ce pas? Cependant cela me suffit, je gardai cinq mille francs pour moi, et, certain que désormais elle pourrait se passer de moi, je partis ; voilà huit mois que je suis débarqué en Amérique. Je suis heureux comme le premier jour : tout me sourit, l'avenir est à moi! je vis comme les oiseaux, sans souci du lendemain ; j'ai acheté, moyennant la somme comparativement énorme de 250 francs, un rancho à de pauvres Indiens guaranis, qui, effrayés par la guerre des colonies contre la métropole, se sont réfugiés au grand Chaco, parmi leurs congénères. Voilà comment je suis propriétaire. Continuellement en course de çà et de là, j'étudie le pays et je choisis les études que cela me tard je ferai. Cela durera autant que cela pourra: l'avenir est à Dieu; il est inutile que je m'en préoccupe à l'avance. Voilà mon histoire, monsieur, vous voyez qu'elle est simple.

— Oui, répondit son interlocuteur d'un air pensif, trop simple même; le bonheur complet n'existe pas au monde où nous sommes; pourquoi ne pas songer un peu à l'adversité qui tout à coup peut vous surprendre?

— Damel fit en riant l'artiste, c'est que, plus malheureux ou plus pauvre que Polycrate, tyran de Samos, je n'ai même pas un anneau à jeter dans la mer; d'ailleurs vous savez ce que l'histoire : un poisson quelconque me le rapporterait; je préfère attendre.

— Cette philosophie est bonne; je n'y trouve rien à redire. Heureux ceux qui peuvent la pratiquer! Malheureusement je ne suis pas du nombre, dit-il en étouffant un soupir.

— Si je ne craignais pas de vous déplaire, je vous adresserais une question à mon tour? reprit en hésitant le peintre.

— Je sais ce que vous me voulez demander. Vous ne comprenez point, n'est-ce pas, comment il se fait que moi, dont la position élevée semblait me mettre pour toujours à l'abri des tempêtes, je me trouve aujourd'hui près de vous dans ce désert?

— Pardon, monsieur, si ce que je vous demande doit le moins du monde vous chagriner, ne me dites pas un mot, je vous en prie.

Le vieillard sourit avec amertume.

— Non, reprit-il, il est bon parfois de verser le trop plein de son cœur dans une âme pure et indulgente. Je ne vous dirai que deux mots qui vous apprendront tout. Les sommets élevés attirent fatalement la foudre, cela est un axiome généralement reconnu. Malgré l'appui tout puissant que je prêtai aux Bourbons pour rentrer en France, mon dévouement de fraîche date ne put les convaincre de ma fidélité; sous le duc de Napoléon, ils retrouvèrent le conventionnel qui avait jadis voté la mort du roi Louis XVI; des amis m'avertirent; je partis, me condamnant moi-même à l'exil pour éviter la peine suspendue sans doute sur ma tête. J'abandonnai tout, parents, amis, fortune, jusqu'à un nom sans tache et honoré jusqu'alors, pour aller dans un autre hémisphère cacher ma tête proscrite, pendant que, par un côté, jeune et insouciant, vous abordiez en Amérique, j'y arrivais, moi, par un autre côté, vieux, désillusionné, maudissant le coup qui me frappait; croyez-le bien, quelque soit leur nom, les dynasties sont toutes ingrates, parce qu'elles se sentent impuissantes; seul le peuple est juste, parce que, lui, il sait qu'il est fort.

— Je vous plains doublement, répondit en lui tendant la main le jeune homme; d'abord parce que votre proscription est inique; ensuite parce que vous arrivez dans un pays bouleversé par les partis et qui, en ce moment, est en pleine révolution.

— Je le sais, répondit-il en souriant; c'est sur cette révolution que je compte, peut-être elle me sauvera.

— Je le souhaite pour vous, bien que vos paroles soient tellement obscures pour moi, que je ne saurais les comprendre; il est vrai que, jusqu'à ce jour, jamais je n'ai songé à la politique.

— Qui sait si bientôt elle n'absorbera pas toutes vos pensées?

— Dieu m'en garde! monsieur, s'écria-t-il avec un bond d'indignation; je suis peintre, et l'art est tout pour moi.

— Voici mes gens qui arrivent, dit M. Dubois en changeant de ton.

— Où cela?

— Mais ici, devant nous.

— Diable! mais alors quels sont donc les cavaliers qui nous arrivent de ce côté, reprit le peintre en indiquant du bout du doigt un point diamétralement opposé à celui dans lequel apparaissait effectivement un groupe composé d'une quinzaine d'individus.

— Hum! fit son interlocuteur avec une nuance d'inquiétude, que peuvent être ces gens?

— Bah! fit insoucieusement le jeune homme, nous le saurons bientôt.

— Trop tôt, peut-être, répondit le vieillard en hochant pensivement la tête.

Deux troupes se dirigeaient en effet au galop vers la rivière.

Toutes deux se trouvaient à peu près à égale distance des voyageurs.

II

Amis et ennemis.

Disons, en quelques mots, quelle était la situation politique de l'ancienne vice-royauté de Buenos-Ayres au moment où recommence notre histoire.

Malgré le décret royal du 22 janvier 1809, déclarant les provinces de l'Amérique espagnole partie intégrante de la monarchie avec des droits égaux à ceux des autres provinces de la métropole, cependant don Baltazar de Cisneros, nommé vice-roi, arrivait avec le titre de comte de Buénos-Ayres et avec l'assignation d'une rente annuelle de cent mille réaux. L'indignation longtemps contenue éclata enfin.

Une commission, à la tête de laquelle figuraient deux patriotes dévoués nommés don Juan José Castelli et don Manuel Belgrano, fut instituée.

Le 14 mai 1810, une députation composée de près de six cents notables de Buenos-Ayres se rendit auprès du vice-roi pour l'inviter à se démettre pacifiquement d'une autorité désormais ridicule et illégale, puisqu'elle émanait d'un pouvoir qui n'existait plus de fait en Europe.

Une junte fut formée qui, après avoir proclamé l'abolition de la cour des comptes, le traitement du vice-roi et l'impôt sur le tabac, expédia une force imposante à Cordova contre le général Liniers, Français d'origine, mais dévoué à la monarchie espagnole, que depuis longtemps déjà il servait avec éclat en Amérique.

Liniers avait réussi à réunir une armée assez forte, soutenue par une escadrille qui, partie de Montevideo, était venue bloquer Buenos-Ayres.

Malheureusement, cet événement qui devait sauver la cause royaliste, la compromit, au contraire, de la façon la plus grave.

L'armée de Liniers se débanda, la plupart des soldats tombèrent aux mains des indépendants; Moreno, Concha et Liniers lui-même eurent le même sort.

La junte, en apprenant ce résultat inespéré d'une campagne dont elle appréhendait si fort les suites, résolut de frapper un coup décisif afin d'intimider les partisans de la cause royale.

Le général Liniers était fort aimé du peuple, auquel il avait rendu de grands services; il pouvait être sauvé et délivré par lui; il fallait éviter ce *malheur*.

Don Juan José Castelli reçut, en conséquence, l'ordre d'aller au-devant des captifs. Il obéit et le rencontra aux environs du mont Papagallo.

Alors il se passa une scène horrible que l'histoire a justement flétrie. Sans forme de procès, de sang-froid, tous les prisonniers furent égorgés. Seul, l'évêque de Cordova fut épargné, non par respect pour son caractère sacré, mais seulement afin de ménager les préjugés populaires.

Ainsi mourut lâchement assassiné le général Liniers, homme auquel la France se glorifie, à juste titre, d'avoir donné le jour, qui avait rendu de si grands services à sa patrie adoptive et dont le nom vivra éternellement sur les rives américaines, à cause de ses nobles et belles qualités.

Cependant un nouvel orage se forma contre les indépendants.

Le vice-roi du Pérou envoya sous le commandement du colonel Cordova un corps d'armée contre les Buenos-Ayriens.

Le 7 novembre, les deux partis se rencontrèrent à Hupacha; après une lutte acharnée, les royalistes furent vaincus et la plupart faits prisonniers.

Castelli, que nous avons vu massacrer Liniers et ses compagnons, avait suivi les troupes royales dans leur marche; il ne voulut pas laisser son œuvre incomplète: les prisonniers furent tous fusillés sur le champ de bataille.

Le vice-roi du Pérou, effrayé par ce désastre, fit demander une trêve que la junte consentit à lui accorder.

Mais la lutte était loin d'être finie. L'Espagne n'était nullement disposée à abandonner, sans y être contrainte par la force des armes, les magnifiques contrées où, pendant si longtemps, son drapeau avait paisiblement flotté, et d'où découlaient de si immenses richesses; et, au moment où recommence notre histoire, l'indépendance des provinces buenos-ayriennes, loin d'être assurée, était de nouveau remise sérieusement en question.

Les dépositaires du nouveau pouvoir n'avaient pas tardé à entrer en lutte les uns contre les autres, et à sacrifier à leurs misérables visées ambitieuses les intérêts les plus sacrés de leur patrie, en inaugurant cette ère de guerres fratricides, non fermée encore et qui conduit à une ruine inévitable ces régions si belles et si riches. Au moment où nous reprenons notre récit, le parti espagnol un instant abattu avait relevé la tête; jamais les colonies, à peine émancipées, ne s'étaient trouvées en si grand danger de périr.

Le général espagnol Pezuela, à la tête de troupes aguerries, faisait de grands progrès dans le haut Pérou. Le 25 novembre, il avait remporté une victoire signalée à Viluma, repris possession de Chuquisaca, Potosi, Tunca; ses grands'gardes atteignaient Cinti, et des caudrillas, ou guérillas de corps francs, partisans de l'Espagne, ravageaient presque impunément la frontière de la province de Tucuman.

La situation était donc des plus critiques. La guerre n'avait rien perdu de sa première férocité: chaque parti semblait bien plutôt être composé de brigands altérés de sang et de pillage, que de braves soldats ou de loyaux patriotes; les routes étaient infestées de gens sans aveu qui changeaient de casaque selon les circonstances et, en résumé, faisaient la guerre aux deux partis selon les exigences du moment Les Indiens, profitant de ces désordres, pêchaient en eau trouble et faisaient la chasse aux blancs, royalistes ou insurgés.

Puis, pour mettre le comble à tant de malheurs, une armée brésilienne, forte de dix mille hommes et commandée par le général Lesort, avait envahi la province de Montevideo, depuis déjà fort longtemps convoitée par le Brésil et dont il espérait, à la faveur des dissensions intestines des Buenos-Ayriens, s'emparer presque sans coup férir.

On comprend parfaitement combien devait être précaire la situation de voyageurs européens forcément isolés dans cette contrée, ne connaissant ni les mœurs ni même la langue des gens auxquels ils se trouvaient mêlés, et jetés ainsi à l'improviste au milieu de ce tourbillon révolutionnaire qui, semblable au simoun africain, dévorait impitoyablement tout ce qu'il rencontrait sur son passage.

Nous reviendrons maintenant aux deux Français que nous avons laissés nonchalamment étendus sur l'herbe au bord de la rivière et devisant entre eux de choses assez indifférentes.

La vue de la seconde troupe signalée par le peintre avait excité au plus haut degré l'inquiétude de son interlocuteur. Hâtons-nous de constater que cette inquiétude était plus que justifiée par l'apparence excessivement suspecte des cavaliers qui la composaient.

Ils étaient cinquante environ, bien montés et armés jusqu'aux dents, de longues lances, de sabres, de poignards et de mousquetons.

Ces cavaliers étaient évidemment des Espagnols. Leurs traits hâlés par l'air du désert et bronzés par le soleil, respiraient l'intelligence et la bravoure; il y avait en eux quelque chose de l'allure fière et déterminée des premiers conquérants espagnols, dont ils descendaient en droite ligne, sans avoir dégénéré. Maîtres encore d'une grande partie du territoire américain, ils n'admettaient pas qu'ils pussent en être jamais chassés par les indépendants, malgré les victoires remportées par ceux-ci.

Bien que lancés au galop, ils s'avançaient en bon ordre, la poitrine couverte de la cuirasse de buffle destinée à repousser les flèches indiennes, la lance fichée dans l'étrier, le mousqueton à l'arçon et le sabre recourbé à fourreau de fer battant l'éperon avec un bruit métallique.

A dix pas en avant de la troupe venait un jeune homme de haute mine, aux traits fiers et nobles, à l'œil noir et bien ouvert, à la bouche railleuse, ombragée par une fine moustache noire coquettement cirée et relevée en croc.

Ce jeune homme portait les insignes de capitaine et commandait la troupe qu'il précédait; il avait environ vingt-cinq ans. Tout en galopant, il jouait avec une désinvolture charmante avec son cheval, magnifique spécimen des coursiers indomptés de la Pampa, auquel, tout en lui parlant et en le flattant d'une main de femme, délicate et nerveuse, il se plaisait à faire exécuter des courbettes, des sauts de côté et des changements de pied qui, parfois, amenaient un froncement de sourcil et une grimace de mauvaise humeur sur le visage cuivré et balafré d'un vieux sergent maigre et efflanqué, qui galopait en serre-file à la droite de la compagnie.

Cependant, la distance diminuait rapidement entre les deux troupes, dont les voyageurs se trouvaient être pour ainsi dire le centre commun.

Ceux-ci, sans se dire un mot, mais comme d'un commun accord, s'étaient mis en selle, et, au milieu du chemin, ils attendaient, calmes et dignes, mais la main sur leurs armes, et intérieurement sans doute fort inquiets, bien qu'ils ne voulussent pas le paraître.

La seconde troupe, dont nous n'avons pas encore parlé, se composait d'une trentaine de cavaliers au plus, portant tous le costume caractéristique et pittoresque des gauchos de la Pampa; ils conduisaient au milieu d'eux une dizaine de mules chargées de bagages.

Arrivée à une quinzaine de pas des voyageurs, les deux troupes firent halte, semblant se mesurer de l'œil et se préparer mutuellement au combat.

Pour un spectateur indifférent, certes c'eut été un étrange spectacle que celui offert par ces trois groupes d'hommes, aussi fièrement campés au milieu d'une plaine déserte, se lançant des regards de défi, et cependant immobiles et comme hésitant à se charger.

Quelques minutes, longues comme un siècle, dans une situation aussi tendue, s'écoulèrent.

Le jeune officier, voulant sans doute en finir et ennuyé de cette hésitation qu'il ne paraissait pas partager, s'avança en faisant caracoler son cheval et en se frisant nonchalamment la moustache.

Arrivé à quelque cinq ou six pas des voyageurs:

— Holà! bonnes gens, dit-il d'une voix narquoise, que faites-vous là, plantés, l'air effaré comme des fiandus à la couvée? vous n'avez pas, je suppose, la prétention de nous barrer le passage, ce qui serait par trop réjouissant.

— Nous n'avons aucune prétention, señor capitan, répondit M. Dubois dans le meilleur castillan qu'il put imaginer, castillan qui, malgré ses efforts, était déplorable, nous sommes des voyageurs paisibles.

— Caray! s'écria l'officier en se retournant en riant vers ses soldats, qu'avons-nous ici, des Anglais, je suppose?

— Non, señor, des Français, reprit M. Dubois d'un air piqué.

— Bah! Anglais ou Français qu'importe, reprit l'officier raillant, ce sont toujours des hérétiques.

A cette preuve manifeste d'ignorance, les deux voyageurs haussèrent les épaules avec mépris; l'officier s'en aperçut.

— Qu'est-ce à dire? fit-il avec hauteur.

— Parbleu, répondit le peintre, c'est-à-dire que vous vous trompez grossièrement, nous sommes aussi bons catholiques que vous, si ce n'est davantage.

— Eh! eh! vous chantez bien haut, mon jeune coq.

— Jeune! fit en ricanant l'artiste, vous vous trompez encore, j'ai au moins deux ans de plus que vous; quant à chanter, il est bien facile de faire le fanfaron et le mangeur de petits enfants lorsqu'on est cinquante contre deux.

— Ces gens qui sont là bas, reprit l'officier, ne sont-ils donc pas à vous?

— Si, ils sont à nous, mais qu'importe cela

d'abord, ils vous sont inférieurs en nombre, et ensuite, ce ne sont pas des soldats.

— D'accord, répondit le capitaine en se frisant la moustache avec un sourire railleur, je vous accorde cela, qu'en voulez-vous conclure?

— Simplement ceci, mon capitaine, c'est que nous autres, Français, nous ne supportons que difficilement les injures, n'importe d'où elles viennent et que si nous étions seulement à nombre égal, cela ne se passerait pas ainsi.

— Ah! ah! vous êtes brave?

— Pardieu, la belle malice, puisque je suis Français.

— Fanfaron aussi, il me semble?

— Fanfaron d'honneur, oui.

Le capitaine sembla réfléchir.

— Ecoutez, dit-il au bout d'un instant avec une exquise politesse, je crains de m'être trompé sur votre compte et je vous en fais sincèrement mes excuses. Je consens à livrer libre passage à vous et à ceux qui vous accompagnent, mais à une condition.

— Voyons la condition.

— Vous m'avez dit tout à l'heure que je ne vous parlais, ainsi que je le faisais, que parce que je me sentais soutenu.

— Je vous l'ai dit, parce que je le pensais.

— Et vous le pensez encore, sans doute?

— Pardieu!

— Eh bien! voici ce que je vous propose: tous deux nous sommes armés; mettons pied à terre; dégainons nos sabres, et celui de nous qui abattra l'autre, sera libre d'agir comme bon lui semblera, c'est-à-dire que, si c'est vous, vous pourrez passer votre chemin sans craindre d'être inquiété, et, si c'est moi, eh bien, bataille générale; cela vous convient-il ainsi?

— Je le crois bien, répondit en riant le peintre en se levant de selle.

— Qu'allez-vous faire? monsieur Emile, s'écria vivement le vieillard, songez que vous vous exposez à un grand péril pour une cause qui, au fond, vous est indifférente et me regarde seul.

— Allons donc! fit-il en haussant les épaules, ne sommes-nous pas compatriotes? votre cause est la mienne. Vive Dieu! Laissez-moi donner une leçon à cet Espagnol fanfaron qui s'imagine que les Français sont des poltrons.

Et, sans vouloir rien entendre davantage, il dégagea son pied de l'étrier, sauta à terre, dégaina son sabre et en piqua la pointe en terre en attendant le bon plaisir de son adversaire.

— Mais savez-vous vous battre au moins? s'écria M. Dubois en proie à la plus vive inquiétude.

— Plaisantez-vous, répondit-il en riant; à quoi auraient servi les vingt-cinq ans de guerre de la France, si ses fils n'avaient pas appris à se battre; mais, rassurez-vous, ajouta-t-il sérieusement, j'ai dix-huit mois de salle à l'épée et je manie le sabre comme un hussard; d'ailleurs, nous autres artistes, nous savons ces choses-là d'instinct.

Cependant, le capitaine avait lui aussi mis pied à terre après avoir ordonné à sa troupe de demeurer spectatrice du combat; les cavaliers avaient hoché la tête d'un air de mauvaise humeur; pourtant ils n'avaient pas fait d'observation; mais le vieux sergent, dont nous avons parlé qui, sans doute, jouissait de certaines privautés auprès de son chef, fit quelques pas en avant et crut devoir hasarder une respectueuse protestation contre ce combat qui lui semblait une folie.

Le capitaine, sans lui répondre autrement, lui fit un geste muet d'une expression tellement nette et impérieuse que le digne soldat rétrograda tout penaud et alla reprendre son rang sans oser risquer une seconde remontrance.

— C'est égal, grommela-t-il entre ses dents en retroussant ses moustaches d'un air furieux, si cet hérétique là dessus, quoi que puisse dire don Lucio, je sais bien ce que je ferai.

Le jeune capitaine sauta légèrement à terre et s'avança vers son adversaire qu'il salua poliment.

— Je suis heureux, lui dit-il gracieusement, de l'occasion qui se présente de recevoir d'un Français une leçon d'escrime; vous avez la réputation d'être passés maîtres en fait d'armes.

— Eh! peut-être dites-vous plus vrai que vous ne le croyez, señor, répondit le peintre avec un sourire railleur; mais, en supposant que la science nous manque quelquefois, le cœur ne nous fait jamais défaut.

— J'en suis convaincu, monsieur.

— Quand il vous plaira de commencer, capitaine, je suis à vos ordres.

— Et moi aux vôtres, señor.

Les deux adversaires se saluèrent du sabre et tombèrent en garde à la fois avec une grâce parfaite.

Le sabre est, à notre avis, une arme beaucoup trop dédaignée et qui devrait, au contraire, avoir dans les duels la préférence sur l'épée, comme elle l'a lorsqu'il s'agit de bataille.

Le sabre est l'arme véritable du militaire, officier ou soldat; l'épée n'est, au contraire, qu'une arme de parade des gentilshommes, devenue aujourd'hui celle des partisans qui, pour la plupart, la portent au côté sans savoir s'en servir.

L'épée est un serpent, sa piqûre est mortelle, on s'expose, en en usant pour une cause futile dans un duel, à tuer un galant homme; le sabre, au contraire, ne fait que de larges blessures dont il est facile de guérir et que presque toujours il est possible de graduer suivant la gravité de l'offense reçue, sans risquer de mettre en danger la vie de son adversaire.

Les deux hommes étaient, ainsi que nous l'avons dit, tombés en garde. Après un nouveau salut, le combat commença et ils échangèrent quelques passes, en se tâtant mutuellement et en ne se poussant qu'avec une extrême prudence.

L'officier espagnol était ce qu'on est convenu de nommer un beau tireur. Sous ses formes un peu efféminées, il avait un poignet de fer et des muscles d'acier; son jeu était large, élégant; il semblait manier son arme, assez lourde cependant, comme s'il n'eût eu qu'un simple roseau dans la main.

Le jeu du peintre français était plus serré, plus nerveux, ses coups plus imprévus et surtout plus rapides.

Pourtant le combat se continuait depuis assez longtemps sans qu'il fût possible de voir à qui resterait l'avantage, lorsque soudain le sabre du capitaine sauta en l'air enlevé comme par une fronde, et alla retomber à une assez grande distance.

Le Français s'élança aussitôt, ramassa l'arme de son adversaire et, la lui présentant par la poignée:

— Pardonnez-moi, señor, lui dit-il en s'inclinant et veuillez, je vous en prie, reprendre une arme dont vous vous servez si bien; je ne vous l'ai enlevée que par surprise et je demeure à vos ordres.

— Señor, répondit le capitaine en remettant son sabre au fourreau, j'ai mérité la leçon que vous m'avez donnée; dix fois vous avez eu ma vie entre vos mains sans vouloir user de votre avantage. Notre combat est fini; je me reconnais vaincu, plus encore par votre courtoisie que par votre habileté dans le maniement des armes.

— Je n'accepte, caballero, reprit le peintre, que la part très minime qui m'en revient pour l'avantage que seul le hasard m'a donné sur vous.

— Allez en paix où bon vous semblera ainsi que vos compagnons, señor; vous n'avez de nous aucune insulte à redouter, seulement je ne me considère pas quitte envers vous; je me nomme don Lucio Ortega; souvenez-vous de ce nom; dans quelque circonstance que vous vous trouviez, si vous

avez besoin de moi, serait-ce dans vingt ans, réclamez-vous hardiment de votre ancien adversaire et ami.

— Je ne sais réellement comment vous remercier, señor, je ne suis qu'un pauvre peintre français nommé Emilio Gagnepain, mais si l'occasion s'en présente jamais, je serai heureux de vous prouver combien je suis sensible aux sentiments de bienveillance que vous me témoignez.

Après cet échange mutuel de courtoisie, les deux hommes montèrent à cheval.

Les Espagnols demeurèrent immobiles à la place où ils s'étaient arrêtés d'abord, et ils laissèrent défiler devant eux, sans faire le moindre mouvement hostile, la petite troupe à la tête de laquelle marchaient côte à côte les deux Français. Lorsqu'ils passèrent devant lui, le capitaine échangea un salut courtois avec eux, puis il donna l'ordre du départ à sa troupe, qui s'élança au galop et ne tarda pas à disparaître dans les méandres du chemin.

— Vous avez été plus heureux que sage, dit M. Dubois à son jeune compagnon dès qu'ils eurent franchi la rivière et mis un assez grand espace entre eux et les Espagnols.

— Pourquoi donc? répondit le peintre avec surprise.

— Mais parce que vous avez risqué d'être tué.

— Cher monsieur, dans le pays où nous nous trouvons, on risque continuellement d'être tué. En quittant la France, j'ai fait abnégation complète de ma vie, persuadé que je ne reverrai jamais mon pays; je considère donc chaque instant qui s'écoule sans qu'il m'arrive malheur comme une grâce que me fait la Providence, de sorte que, mon parti étant arrêté, je n'attache plus le moindre prix à une existence qui, d'un moment à l'autre, me peut être enlevée sous le premier prétexte et même, au besoin, sans le plus léger prétexte.

— Vous avez une assez singulière philosophie.

— Que voulez-vous? nous les patriotes, les royalistes, les bandits, les Indiens et les bêtes fauves, qui infestent ce pays béni du ciel, ce serait à mon sens de la folie que de compter sur vingt-quatre heures d'existence et de former des projets d'avenir.

M. Dubois se mit à rire.

— Cependant, dit-il, il nous faut un peu songer à l'avenir en ce moment, quand ce ne serait que pour choisir le lieu où nous camperons pour la nuit.

— Que cela ne vous inquiète pas; ne vous ai-je pas dit que je vous conduisais chez moi?

— Vous me l'avez proposé, c'est vrai, mais je ne sais si je dois accepter votre hospitalité.

— Elle sera modeste, car je ne suis pas riche, tant s'en faut, mais croyez qu'elle sera cordiale.

— J'en suis convaincu; cependant l'embarras que vous occasionnera un si grand nombre d'hôtes...

— Vous plaisantez, monsieur, ou vous connaissez bien peu les coutumes espagnoles; vos gens ne me causeront aucun embarras.

— Puisqu'il en est ainsi, j'accepte sans plus de cérémonie et, afin de passer quelques heures de plus dans votre charmante compagnie.

— A la bonne heure, voilà qui est convenu, dit gaiement le jeune homme; maintenant, si vous me le permettez, je vous servirai de guide; car, sans moi, il vous serait assez difficile de trouver mon habitation.

Le peintre prit effectivement la direction de la caravane et, la faisant obliquer sur la gauche, il la conduisit par des sentiers de bêtes fauves à peine tracés dans l'herbe, jusqu'au sommet d'une légère éminence, qui dominait au loin la plaine; elle était couronnée par plusieurs bâtiments, dont l'obscurité empêcha les voyageurs de juger l'étendue et l'importance.

M. Dubois n'avait été rejoint qu'à une heure déjà avancée par ses peones et son escorte; la querelle soulevée si à l'improviste par le capitaine espagnol avait causé une perte de temps assez considérable, de sorte que la journée était fort avancée lorsque les voyageurs purent enfin reprendre leur route; aussi la nuit était-elle complétement close lorsqu'ils atteignirent enfin l'habitation du jeune Français.

Ils arrivaient au pied du monticule, lorsqu'ils virent plusieurs lumières se mouvoir rapidement et deux ou trois hommes armés de torches accourir au-devant d'eux.

Ces deux ou trois hommes étaient les serviteurs indiens du peintre, qui surveillaient depuis longtemps déjà l'arrivée de leur maître et qui, au bruit des chevaux, venaient lui offrir leurs services.

L'installation des voyageurs ne fut ni longue ni difficile; les mules déchargées et les bagages déposés sous un hangar, les animaux furent dessellés et entravés; les peones leur donnèrent la provende; puis ils allumèrent de grands feux pour cuire leur souper et se préparèrent gaiement à passer la nuit en plein air.

Seuls, M. Dubois et son jeune compagnon étaient entrés dans la maison ou plutôt dans le rancho, car cette modeste habitation bâtie en roseaux et en torchis et recouverte de feuilles, laissait pénétrer de tous les côtés le vent et la pluie et méritait à peine le nom de chaumière.

Cependant l'intérieur était propre, entretenu avec un certain soin et garni de meubles simples, mais en bon état.

— Voici le salon et la salle à manger, que nous transformerons plus tard en chambre à coucher à votre usage, dit en riant l'artiste; quant à présent, nous lui laisserons sa qualification de salle à manger, car nous allons souper, s'il vous plaît.

— Je ne demande pas mieux, répondit gaiement M. Dubois; je vous avoue même que je ferai honneur au souper, car je me sens un appétit féroce.

— Tant mieux alors, parce que la quantité des mets vous fera passer sur la qualité.

Le jeune homme frappa dans ses mains. Presque aussitôt une femme indienne parut et prépara la table, qui, en un instant, fut couverte de mets simples, mais proprement apprêtés; M. Dubois avait fait ouvrir sa cantine de voyage et en avait retiré plusieurs bouteilles, qui produisirent un excellent effet au milieu de la vaisselle primitive étalée sur la table.

Sur l'invitation de son hôte, le vieillard s'assit et le repas commença.

Après une longue journée de voyage dans le désert, exposé à l'ardeur du soleil et à la poussière, on n'est pas difficile sur la qualité des mets; l'appétit fait trouver bons ceux même que dans d'autres circonstances on ne voudrait pas toucher du bout du doigt. Aussi l'aristocrate convive du peintre, prenant bravement son parti, commença-t-il résolument l'attaque sur ce qu'on avait placé devant lui; mais, contre les prévisions, tout se trouva être, sinon excellent, nous n'oserions l'affirmer, mais du moins mangeable.

Lorsque le repas fut terminé, la vaisselle enlevée, le peintre, après quelques minutes de conversation, souhaita un bonsoir cordial à son hôte et se retira.

Celui-ci, dès qu'il fut seul, changea son manteau en matelas, c'est-à-dire qu'il l'étendit sur la table, se coucha dessus, s'en enveloppa avec soin, ferma les yeux et s'endormit.

Il n'aurait su dire depuis combien de temps il dormait, lorsque tout à coup il fut brusquement tiré de son sommeil par des cris de frayeur et de colère poussés à peu de distance de lui, et auxquels se mêlèrent presque aussitôt plusieurs coups de feu.

M. Dubois se leva en proie à la plus vive inquiétude et se précipita au dehors, afin de découvrir la cause de ce tumulte extraordinaire.

III

Les Peones.

Un spectacle étrange et auquel il était certes loin de s'attendre, s'offrit alors à ses regards étonnés.

La plate-forme, ou pour mieux dire la cour située devant le rancho, était occupée par une vingtaine d'individus qui criaient et gesticulaient avec fureur, et au milieu desquels se trouvait le peintre, la tête nue, les cheveux au vent, le pied droit posé sur son fusil jeté à terre devant lui et un pistolet de chaque main.

Derrière le jeune homme, cinq ou six Indiens, ses serviteurs, probablement, se tenaient immobiles, le fusil épaulé, prêts à faire feu.

A l'entrée du hangar, les mules chargées et les chevaux scellés étaient maintenus par deux ou trois Indiens armés aussi de fusils et de sabres.

A la lueur des torches, dont la flamme rouge l'éclairait de reflets sinistres, cette scène prenait une apparence fantastique d'un effet saisissant, tranchant brusquement avec les ténèbres profondes qui régnaient dans la plaine, et que la lumière changeante des torches rayait de loches sanglantes à chaque souffle de la brise nocturne.

Le vieillard, sans chercher l'explication de ce drame lugubre, mais comprenant instinctivement qu'il se passait quelque chose de terrible auquel il était personnellement intéressé, s'élança résolûment aux côtés de son jeune compatriote.

— Qu'y a-t-il donc? s'écria-t-il en armant son fusil. Sommes-nous attaqués?

— Oui, répondit brièvement le jeune homme; oui, nous sommes attaqués, mais par vos peones.

— Par mes peones! exclama M. Dubois avec stupeur.

— Il paraît que ces dignes gauchos ont trouvé vos bagages à leur convenance et que l'idée leur est venue de se les approprier, voilà tout; c'est très simple, comme vous voyez; mais laissez-moi faire; ils n'en sont pas encore où ils le supposent.

— Peut-être que si je leur parlais, hasarda le vieillard.

— Pas un mot, pas un geste, cela me regarde seul; vous êtes mon hôte, mon devoir est de vous défendre, et, vive Dieu! tant que vous serez sous mon toit, je vous défendrai, quoi qu'il advienne, envers et contre tous.

Le vieillard n'essaya pas d'insister; d'ailleurs, il n'en aurait pas eu le temps; les peones, un instant étonnés de son apparition imprévue au milieu d'eux, recommençaient leurs cris et leurs gestes frénétiques en brandissant leurs armes d'un air menaçant, en rétrécissant d'instant en instant le cercle dans lequel M. Dubois et ses quelques défenseurs étaient resserrés.

La lutte qui allait s'engager entre les deux partis était des plus inégales et dans les proportions à peu près d'un contre quinze, puisque, à part les deux Français, six Indiens seulement, dont trois maintenaient les chevaux et les mules, se préparaient à combattre les vingt et quelques Indiens si insolemment révoltés.

Cependant, malgré leur petit nombre, les Français et leurs serviteurs résolurent de faire bravement face au péril et de soutenir le combat jusqu'au dernier soupir, trouvant indigne d'eux d'accepter les conditions que ces misérables prétendaient leur imposer.

Le peintre arma froidement ses pistolets, jeta son fusil en bandoulière, et au lieu d'attendre l'attaque des peones, il s'avança résolûment vers eux, après avoir enjoint d'un geste à ses compagnons de demeu-

rer où ils étaient, mais d'être prêts à le défendre.

Une action hardie impose toujours aux masses.

Les peones, au lieu de continuer à marcher en avant, hésitèrent, s'arrêtèrent, et finirent par reculer jusqu'à la muraille du hangar contre laquelle ils s'adossèrent.

Ils ne comprenaient rien à l'étrange témérité de cet homme qui osait ainsi venir seul les braver, et, malgré eux, par un sentiment instinctif, ils éprouvaient pour lui un respect mêlé de crainte; d'ailleurs le combat qui avait eu lieu quelques heures auparavant entre le jeune homme et le capitaine espagnol, en leur prouvant la force et la bravoure incontestables de l'étranger avait excité leur admiration, circonstance qui pesait d'un grand poids, en ce moment, dans leur pensée, ajoutait encore au respect qu'ils éprouvaient et redoublait leur hésitation.

L'artiste avait jugé la situation d'un coup d'œil, il avait compris qu'il ne pouvait sortir du mauvais pas dans lequel il se trouvait qu'à force d'audace et de témérité. Sa résolution avait été prise en un instant, et, au lieu d'attendre le danger, il avait été bravement au-devant de lui, convaincu que ce moyen était seul praticable pour sauver sa vie et celle de ses compagnons, qui, en ce moment, semblait être fort aventurée et dépendre plutôt du hasard que de la plus habile conception.

— Voyons, finissons-en, dit-il d'une voix sèche et rude, en s'arrêtant à deux pas des peones qui se tenaient pressés les uns contre les autres devant lui, que demandez-vous?

A cette question, nulle réponse ne fut faite. Émile les examina un instant, les sourcils froncés et la lèvre railleuse.

— Voulez-vous, oui ou non, répondre, reprit-il, que réclamez-vous? Sans doute, vous n'aurez pas la prétention de vous approprier simplement les bagages de la personne au service de laquelle vous êtes; cela serait le fait de voleurs de grands chemins, si bas que vous soyez descendus dans mon estime, je ne vous crois pas encore à ce degré infime.

— Et voilà justement où vous vous trompez, señor, dit un peon en faisant deux pas en avant, en se dandinant sur les hanches et en riant d'un air moqueur.

Le peintre n'hésita pas; le moment était critique, il ajusta le peon et lui déchargea son pistolet en pleine poitrine en disant :

— Je ne vous parle pas à vous, je m'adresse à ces honorables caballeros et non à un drôle de votre espèce.

Le pauvre diable roula sur le sol sans jeter un soupir, il était raide mort et roide.

L'effet produit par cette action d'une témérité folle fut électrique; les peones, charmés non-seulement d'être traités d'honorables caballeros, mais encore de sortir de la position délicate dans laquelle ils s'étaient placés un peu à la légère, applaudirent avec enthousiasme et poussèrent de frénétiques cris de joie à cet acte inqualifiable.

— Je disais donc, reprit le peintre d'une voix douce en rechargeant froidement son pistolet, que vous êtes des honnêtes gens; cela est entendu et convenu entre nous. Maintenant que nous comprenons, expliquez-moi les motifs qui vous ont fait vous révolter ainsi et pousser si loin les choses, que, si je ne fusse pas arrivé, vous seriez partis avec les mules, les chevaux et les bagages.

Une protestation unanime s'éleva à cette accusation.

— Bien, continua le jeune homme; les mules et les chevaux ont été sellés et chargés par inadvertance, je l'admets; sans songer à mal vous vous prépariez à les emmener avec vous, toujours par suite d'un regrettable malentendu; tout cela, à la rigueur, peut être sinon logique, du moins possible. Mais enfin, en vous soulevant contre un homme qui vous a payé certaines avances et que vous vous êtes engagé à servir loyalement pendant toute la durée de ce voyage, vous aviez des motifs; ce sont ces motifs que je veux connaître. Quels sont-ils? dites-le moi.

Une réaction s'était opérée dans l'esprit de tous ces hommes primitifs. Le courage si franc et si vrai du jeune homme les avait séduit malgré eux. A peine eut-il fini de parler que tous protestèrent énergiquement de leur loyauté et de leur dévouement, se pressant autour de lui et l'étouffant presque à force de le serrer au milieu d'eux.

Mais lui, sans rien perdre de son sang-froid et voulant que la leçon fût complète, les éloigna doucement de la main et leur faisant signe de se taire.

— Un instant, leur dit il en souriant, il ne faut pas qu'un second malentendu vienne nous brouiller de nouveau au moment où nous sommes sur le point de nous entendre, mes amis, qui sont assez éloignés de nous et ne savent pas ce qui se passe, pourraient me supposer en danger et venir à mon aide : laissez-moi donc leur prouver que tout est fini et que je me considère comme parfaitement en sûreté au milieu de véritables *caballeros*.

Et prenant ses pistolets par le canon, il les jeta par-dessus sa tête, déboucla son sabre, lui fit prendre le même chemin, puis croisant nonchalamment ses bras sur sa poitrine.

— Maintenant, causons, dit-il, l'œil calme et la lèvre souriante.

Cette dernière action, d'une témérité inouïe, terrassa littéralement les mutins; ils se reconnurent vaincus et, sans vouloir entrer dans de nouvelles explications, ils s'inclinèrent humblement devant le fier jeune homme, lui baisèrent les mains en lui jurant un dévouement à toute épreuve et se retirèrent. aussitôt avec une rapidité qui prouvait leur repentir.

Quelques minutes plus tard, les mules étaient déchargées, les chevaux dessellés et les péones, enveloppés dans leurs ponchos, dormaient étendus devant les feux de veille.

Emile rejoignit ses compagnons, toujours inquiets et immobiles à la place où ils les avait laissés, en tordant nonchalamment une cigarette de paille de maïs entre ses doigts nerveux.

Seulement son visage était pâle et ses yeux éclairés d'un feu sombre. Sur son chemin il retrouva ses armes et les ramassa.

— Vous avez fait des prodiges, lui dit M. Dubois en lui serrant la main avec reconnaissance.

— Non, répondit-il avec un doux et calme sourire; seulement je me suis souvenu du mot de Danton.

— Lequel ?

— De l'audace; c'est avec de l'audace qu'on dompte les fauves, et que sont ces hommes, sinon des bêtes féroces !

— Mais vous risquiez votre vie !

— Ne vous ai-je pas dit que depuis longtemps déjà j'en ai fait le sacrifice. Mais n'attachez pas, je vous prie, plus d'importance à cette affaire qu'elle n'en a réellement; tout dépendait d'une résolution ferme et prompte, ces hommes étaient préparés au vol, non à l'assassinat. Voilà tout le secret de la chose.

— Ne cherchez pas, mon ami, à rabaisser une action, dont je vous garderai une reconnaissance éternelle.

— Bah! ce que j'ai fait pour vous aujourd'hui, demain vous le ferez pour moi, et nous serons quittes.

— J'en doute, je ne suis pas l'homme de la bataille, moi, je n'ai que le courage civil : devant l'émeute, j'ai peur.

— Pardieu, moi aussi; seulement je ne le laisse pas voir. Mais ne parlons plus de cela, nous avons à causer de choses plus importantes, à moins que vous ne préfériez reprendre votre sommeil si malencontreusement interrompu.

— Il me serait impossible de dormir maintenant; je suis donc entièrement à votre disposition.

— Puisqu'il en est ainsi, rentrons dans le rancho, les nuits sont froides, la rosée glacée; il est inutile que nous demeurions plus longtemps en plein air; vous voyez que nos féroces révoltés ont pris bravement leur parti de leur défaite et dorment à poings fermés; ne laissons pas supposer à ceux qui peut-être veillent encore que nous conservons des inquiétudes sur leur compte. Venez.

Ils rentrèrent dans le rancho, dont le peintre ferma avec affectation la porte derrière lui.

Lorsqu'ils furent assis, le jeune homme déboucha une bouteille de rhum, s'en versa un verre et, après l'avoir goûté, il aspira trois ou quatre bouffées de fumée; puis posant son verre sur la table :

— La situation est grave, dit il en se renversant sur le dossier de son siège; voulez-vous que nous parlions à cœur ouvert?

— Je ne demande pas mieux, répondit le vieillard en lui jetant un regard voilé sous ses paupières demi-closes.

— D'abord, et avant tout, entendons-nous bien, reprit Emile en souriant; ici nous ne faisons pas de diplomatie ici, n'est-ce pas ?

— Pourquoi faire? dit en souriant son interlocuteur.

— Dame, la force de l'habitude pouvait vous y entraîner, et croyez-moi, en ce moment ce serait un tort de vous y laisser aller.

— Ne craignez rien, je serai vis-à-vis de vous de la plus entière franchise.

— Hum! fit le jeune homme d'un air peu convaincu; enfin c'est égal, je me risque; tant pis pour vous si vous ne tenez pas votre promesse, car je n'ai d'autre intérêt que le vôtre.

— J'en suis convaincu, parlez donc sans crainte.

— D'abord une question : vous allez à Tucuman, n'est-ce pas?

— Ne vous l'ai-je pas dit.

— En effet, une partie des hommes qui vous accompagnent sont des soldats déguisés que le gouvernement de Buenos-Ayres vous a donnés pour vous servir d'escorte.

— Comment le savez-vous?

— Avec cela que c'est difficile à deviner; ainsi, vous êtes chargé d'une mission politique?

— Moi!

— Parbleu! cela va de soi; seulement, je vous ferai observer que cela m'est complètement indifférent et que je n'y attache pas la plus minime importance.

— Mais...

— Laissez-moi continuer; d'après ce qui s'est passé cette nuit, il est évident pour moi qu'une partie de votre escorte vous trahit et a l'intention de vous livrer aux Espagnols.

— Le croyez-vous?

— J'en suis sûr.

— C'est sérieux, alors!

— Vous avez donc une mission?

— Supposez ce qu'il vous plaira, mais aidez-moi à me tirer d'embarras.

— Bien, je comprends; vous n'avez pas besoin d'en dire davantage. Maintenant, voici mon avis : seul, vous n'arriverez jamais à Tucuman.

— Si cela vous convient, comme à tort du à raison ces bandits professent un certain respect pour ma personne, je vous offre de vous accompagner jusqu'à Tucuman.

— Mon cher compatriote, cette proposition m'est on ne peut plus agréable sous tous les rapports; je vous en remercie du fond du cœur; vous me sauvez littéralement la vie.

— Pardon, mais à une condition.

— Ah! et quelle est cette condition? fit le vieillard avec une certaine réserve.

— Elle est simple ; je crois que vous l'accepterez avec enthousiasme, répondit en riant le jeune homme.

— Dites, dites, je suis tout oreilles.

— Il faut que je vous avoue que, sans jamais m'être bien rendu compte de la raison qui me faisait agir ainsi, j'ai toujours professé pour la politique et pour tout ce qui s'en rapproche une répulsion profonde.

— Ce n'est pas un mal, fit le vieillard en hochant la tête d'un air pensif.

— N'est-ce pas? De sorte que si je consens à vous escorter jusqu'à Tucuman et à vous y conduire sain et sauf, c'est à la condition expresse qu'il ne sera pas question de politique entre nous pendant tout le temps que nous demeurerons ensemble. Dame ! que voulez-vous? je suis venu en Amérique pour faire de l'art, moi; restons chacun dans notre spécialité.

— Je ne demande pas mieux et je souscris avec joie à cette condition.

— E puis...

— Ah! il y a encore quelque chose.

— Moins que rien; par suite de la crainte que je vous ai précédemment témoignée, je veux vous quitter en vue de Tucuman, c'est-à-dire, entendons nous bien, avant d'y entrer, et si quelque jour le hasard nous fait nous rencontrer, vous ne direz jamais à qui que ce soit le service que je vous aurai rendu; cela vous convient-il ainsi? A cette condition seulement je puis vous accompagner.

M. Dubois se recueillit un instant.

— Mon cher compatriote, dit-il enfin, je comprends et j'apprécie toute, la toute la délicatesse de votre procédé envers moi; je m'engage de grand cœur à ne pas troubler votre belle insouciance d'artiste, en venant vous ennuyer par des questions politiques que, heureusement pour vous, vous ne sauriez comprendre; mais votre dernière condition est trop dure. Quelque grand que soit le danger qui me menace en ce moment, je m'y exposerai sans hésiter, plutôt que de consentir à oublier la reconnaissance que je vous dois et à feindre envers vous une indifférence contre laquelle se révolterait tout mon être. Nous sommes Français tous deux, jetés loin de notre pays sur une terre où tout nous est hostile; nous sommes par conséquent frères, c'est-à-dire solidaires l'un de l'autre; et vous le comprenez si bien ainsi, que tout ce que vous avez fait depuis notre rencontre ne l'a été que par cette raison. Ne vous en défendez pas, je vous connais mieux peut-être que vous ne vous connaissez vous-même; mais, permettez-moi de vous le dire, votre exquise délicatesse vous fail en ce moment dépasser le but. Ce n'est pas pour vous, mais pour moi seul que vous craignez dans tout ceci; je ne puis accepter ce sacrifice et cette abnégation. Bien que, comme vous, je ne sois pas homme d'action, cependant je ne consentirai dans aucune circonstance à transiger avec mes devoirs, et c'en est un pour moi, un devoir sacré même, de ne pas oublier ce que je vous dois et de me reconnaître hautement votre obligé.

Ces paroles furent prononcées avec tant de franchise et de simplicité, que le jeune homme se sentit ému, il tendit la main au vieillard dont la pâle et sévère figure avait pris, sous l'impression qui l'agitait, une expression imposante. Il lui répondit d'une voix qu'il essayait vainement de rendre indifférente:

— Soit, puisque vous l'exigez, monsieur, je me rends; insister plus longtemps serait inconvenant de ma part, au point du jour nous nous mettrons en route, à moins que vous ne préfériez passer un jour ou deux à vous reposer ici.

— Des affaires urgentes m'appellent à Tucuman; il n'en serait pas ainsi que la révolte de cette nuit suffirait pour m'engager à presser mon départ.

— Elle ne se renouvellera pas, je vous en donne l'assurance ; maintenant ces bêtes féroces sont muselées et changées en agneaux. Mieux que vous je connais cette race métisse, puisque depuis plusieurs mois déjà j'habite et je vis au milieu d'elle ; mais on ne saurait user de trop de prudence ; il est donc préférable que vous partiez le plus tôt possible. Il y a encore trois heures de nuit, profitez-en pour prendre un peu de repos ; je vous éveillerai lorsque l'heure du départ sera venue. Bonsoir.

Les deux hommes se serrèrent une dernière fois la main. Le peintre se retira et le vieillard demeura seul.

— Quel dommage, murmura-t-il à part lui en s'installant le plus confortablement que cela lui fut possible dans son manteau et en s'étendant sur la table, qu'un homme aussi heureusement doué, un si brave cœur, laissé ainsi aller sa vie au vent de la fantaisie et ne consente pas à se jeter dans une carrière sérieuse ! Il y a en lui, j'en suis convaincu, l'étoffe d'un diplomate.

Tout en faisant ces réflexions, il s'endormit. Quant au jeune homme, comme, malgré l'assurance qu'il affectait, il conservait intérieurement une vague inquiétude, au lieu de se coucher dans la chambre qu'il habitait d'ordinaire, il s'étendit à la belle étoile sur l'esplanade même, en travers de la porte du rancho, et après avoir jeté autour de lui un regard interrogateur afin de s'assurer que tout était bien réellement en ordre, il s'endormit d'un sommeil paisible.

A peine les étoiles commençaient-elles à pâlir au ciel et l'horizon à s'iriser de larges bandes d'opale que le peintre était debout et surveillait les apprêts du départ.

Les peones, complètement rentrés dans le devoir, obéissaient à ses ordres avec la plus entière docilité, semblant avoir tout à fait oublié la tentative de rébellion si heureusement avortée.

Lorsque les mules furent chargées, les cavaliers en selle, le jeune homme réveilla son hôte et l'on se mit en marche.

De l'habitation d'Émile Gagnepain à la ville de Tucuman, la course était assez longue ; le voyage dura cinq jours, pendant lesquels il ne se passa rien qui mérite d'être mentionné. On campait chaque soir tantôt dans un rancho de Guaranis abandonné à cause de la guerre, tantôt en rase campagne, et on repartait un peu avant le lever du soleil.

Les peones ne démentirent pas la bonne opinion que le jeune peintre avait conçue d'eux, leur conduite fut exemplaire, et, pendant tout le cours du voyage, ils ne laissèrent voir aucune velléité de se révolter de nouveau.

Le sixième jour, après avoir quitté l'habitation, à environ dix heures du matin, les maisons blanches et les hauts clochers de San Miguel de Tucuman, pour lui restituer le nom que lui donnent les géographes, surgirent à l'horizon.

L'aspect de cette ville est enchanteur, elle semble en quelque sorte s'élancer du milieu de massifs touffus de grenadiers, de figuiers et d'orangers.

Bâtie au confluent du rio Dolce et du rio Tucuman, dans une position comme les Espagnols seuls savaient en choisir à l'époque de la conquête, la ville est traversée par des rues droites et larges, munies de trottoirs, et coupée d'espace en espace par de belles places garnies de somptueux édifices ; la population de Tucuman est d'environ douze mille âmes ; elle possède un collège et une université assez renommée ; son commerce en fait une des villes les plus importantes de la Banda orientale.

A l'époque où nous y conduisons le lecteur, cette importance était accrue encore par la guerre ; on l'avait fortifiée au moyen d'un fossé profond et de remparts en terre, suffisants pour la mettre à l'abri d'un coup de main.

Depuis quelque temps de forts détachements de troupes avaient été dirigés sur cette ville à cause des événements survenus dans le haut Pérou et de l'approche des troupes espagnoles.

Ces différents corps étaient campés autour de la ville, et leurs bivacs offraient l'aspect le plus singulier surtout aux yeux d'un Européen habitué à cet ordre, à cette symétrie et surtout à cette discipline qui caractérisent les armées du vieux monde.

Dans ces camps, tout était pêle-mêle et sans ordre ; les soldats, étendus ou assis sur le sol, jouaient, dormaient, fumaient ou mangeaient, tandis que leurs femmes, car dans toute armée hispano-américaine, chaque soldat est suivi constamment de sa femme ; tandis que les femmes, disons-nous, conduisaient les chevaux à l'abreuvoir, préparaient le repas ou nettoyaient les armes avec cette obéissance passive qui est le propre des indiennes et rend sous certains rapports ces malheureuses créatures si intéressantes et si dignes de pitié.

Les voyageurs, contraints de traverser les bivacs pour entrer dans la ville, ne le firent pas sans une certaine appréhension ; cependant, contre toute prévision, ils n'eurent à subir aucune insulte et pénétrèrent sans encombre dans San Miguel de Tucuman.

La ville paraissait en fête, les cloches des couvents et des églises sonnaient à toute volée, les rues étaient encombrées d'hommes et de femmes dans leurs plus beaux et plus frais atours.

— Avez-vous un endroit désigné où vous arrêter ? demanda le peintre à son hôte.

— Oui, répondit celui-ci ; je me rends aux portales de la plaza Mayor.

— Mais auxquels ? toute la place est garnie de portales.

— A ceux qui font face à la cathédrale ; un appartement a été retenu pour moi dans la maison portant le numéro 3.

— Bien ; je vois cela d'ici ; venez, je vous conduirai jusqu'à la porte.

La caravane s'engagea alors dans un dédale de rues en apparence inextricable, mais, au bout d'un quart d'heure à peine, elle déboucha sur la place Mayor.

— Nous voici arrivés, dit le peintre ; permettez-moi maintenant de prendre congé de vous.

— Non pas avant que vous ayez consenti à accepter de moi l'hospitalité que j'ai reçue de vous.

— Pourquoi ne pas me laisser partir ?

— Qui sait, peut-être ai-je encore besoin de votre assistance.

— S'il en est ainsi, je ne résiste plus et je vous suis.

— Entrons donc alors, car je crois que voici la maison.

Ils se trouvaient en effet en face du n° 3.

IV

San Miguel de Tucuman.

San Miguel de Tucuman, la ville studieuse et calme, dont les larges rues étaient d'ordinaire presque désertes et dont les places ressemblaient aux cloîtres d'un couvent immense, avait subitement changé d'aspect ; on aurait dit une vaste caserne, tant des soldats de toutes armes l'encombraient. La vie tranquille de ses habitants s'était métamorphosée en une existence fiévreuse, ardente, toute de bruits et d'excitations ; hommes, femmes, enfants, soldats, confondus pêle-mêle à l'angle de chaque rue, au coin de chaque place, criaient, péroraient à qui mieux mieux, gesticulant avec cette vivacité et cette animation particulières aux races méridionales, brandissant des bannières aux couleurs de la nation et tirant dans tous les carrefours et jusque sur les plates-formes des maisons des boîtes et des cohetes, cette suprême manifestation de la joie dans l'Amérique espagnole.

Une fête sans cohetes ou pétards, sans feu d'artifice, faisant beaucoup de bruit ou de fumée, est une fête manquée dans ces pays ; la quantité de poudre qui se consomme de cette façon atteint des proportions fabuleuses.

Nous nous plaisons à rendre cette justice aux Hispano-Américains, qu'ils ne mettent aucune prétention dans leurs feux d'artifice, et qu'ils les tirent naïvement, pour leur plus grand contentement et satisfaction personnelle, aussi bien de jour que par le plus éblouissant soleil que de nuit au milieu des ténèbres ; nous avons même cru remarquer qu'ils préfèrent, par un raffinement sans doute exagéré de jouissance égoïste, les tirer en plein jour, au nez de la foule ébahie qui se sauve à demi brûlée, hurlant et maugréant après les mauvais plaisants qui rient à se tordre du bon tour qu'il se figurent avoir joué à leurs admirateurs.

Ce jour-là, ainsi que l'apprirent au passage les voyageurs, les habitants de San Miguel célébraient une grande victoire remportée par un chef de montoneros buenos-ayriens sur les Espagnols.

Dans les anciennes colonies espagnoles, et en général dans toute l'Amérique, celle du Sud comme celle du Nord, il ne faut pas trop prendre à la lettre ces bulletins de victoire qui, la plupart du temps, ne sont que des escarmouches sans importance, où il n'y a eu ni morts ni blessés, et même cachent souvent des défaites ou des fuites honteuses.

Depuis quelques années déjà, les Européens sont édifiés sur le compte des habitudes d'outre-mer ; leur vanterie et leur hâblerie sont passées en proverbe ; chacun sait que le puff est d'origine américaine, que les plus magnifiques vols de canards nous arrivent à tire-d'ailes de l'autre côté de l'Atlantique, et que, bien que beaucoup viennent des républiques espagnoles, les plus nombreux s'élancent en troupes innombrables de tous les ports des États-Unis d'Amérique, qui ont conquis à juste titre pour l'élève de ces intéressants volatiles un supériorité telle, que nul désormais ne se hasardera à leur disputer la palme du puff, de la réclame et du mensonge officiel.

Une maison tout entière avait été mise à la disposition de M. Dubois par le nouveau pouvoir républicain ; le gouverneur de la province et le général commandant les troupes campées autour de la ville, prévenus de son arrivée, se glissa à travers la foule rassemblée sur la place Mayor, et s'en alla le nez au vent et les mains dans ses poches courir la ville, en quête d'études à faire ou de types à croquer, préférant chercher l'imprévu que de s'astreindre aux ennuis d'une réception officielle.

Cependant il avait laissé ses chevaux et ses peones avec ceux de M. Dubois, qui n'avait consenti à son éloignement temporaire qu'après lui avoir fait promettre de ne pas choisir une habitation autre que la sienne pendant tout le temps qu'il lui plairait de rester à San Miguel de Tucuman.

L'artiste portait le costume complet des habitants du pays et n'avait rien qui attirât l'attention ; aussi lui fut-il facile de circuler à travers les groupes sans être incommodé par la curiosité indiscrète des badauds

Paris. — Imp. SCHILLER, 40, Faub.-Montmartre.

pour lesquels, surtout à cette époque, un étranger, un Européen particulièrement, était un être extraordinaire qu'ils se figuraient appartenir à une espèce différente de la leur, et auquel ils témoignaient plus de pitié que de bienveillance, à cause de la croyance dans laquelle ils étaient; la plupart croient encore aujourd'hui que les Européens sont des hérétiques demi-hommes et demi-démons, damnés dès le moment de leur naissance.

Rien à notre avis n'est aussi agréable que de s'en aller ainsi, sans préoccupation d'aucune sorte, vaguant à travers la foule, s'isolant au milieu de la multitude, se laissant nonchalamment emporter aux caprices imprévus de la folie du logis, se mêlant parfois indirectement à la joie générale, puis reprenant le cours de ses pensées et redevenant seul au milieu de tous, ne se rattachant que par un invisible chaînon, sans cesse brisé et de nouveau soudé par le hasard, aux événements qui, comme dans un kaléidoscope immense, défilent sous vos yeux; acteur et spectateur à la fois, indifférent ou intéressé à ce qui frappe le regard, coudoyant et effleurant tout sans être soi-même mêlé aux faits qui s'accomplissent.

Le jeune homme, heureux comme un écolier en vacances de s'être si à propos débarrassé de son sérieux compagnon, s'en allait ainsi, admirant les monuments publics, les places, les promenades, lorgnant les femmes qui passaient près de lui avec un doux froufrou soyeux et provocateur, fumant nonchalamment sa cigarette, marchant tout droit devant lui sans savoir où il allait et s'en souciant fort peu, puisqu'il était à la recherche de l'imprévu.

Il atteignit ainsi, sans trop savoir comment, l'Alameda, ou promenade de la ville, charmant jardin aux épais ombrages, garnis de massifs de grenadiers et d'orangers en fleur dont les suaves émanations embaumaient l'atmosphère. Par un singulier hasard, l'Alameda était déserte, toute la population s'était portée dans le centre de la ville et pour un jour avait abandonné cette délicieuse promenade.

Le peintre se réjouit de cette solitude dans laquelle il se trouvait après le bruit, le tohu-bohu auquel il était depuis si longtemps mêlé et qui commençait à lui serrer les tempes et à lui faire éprouver une certaine lassitude morale.

Il chercha de l'œil un banc qu'il découvrit bientôt à demi-caché dans un bosquet d'orangers et s'assit avec un indicible sentiment de bien-être.

Il était environ cinq heures du soir, la brise nocturne se levait et rafraîchissait l'atmosphère embrasée; le soleil presqu'au niveau du sol, allongeait démesurément l'ombre des arbres; une foule d'oiseaux cachés dans le feuillage chantaient à pleine gorge, et des milliers de diptères aux ailes transparentes voletaient autour des fleurs dont elles pompaient les sucs en bourdonnant.

Les bruits de la fête n'arrivaient que comme un écho lointain et presque indistinct dans cette solitude qui respirait le calme le plus complet.

Séduit malgré lui par tout ce qui l'entourait et subissant l'influence énervante des parfums exhalés par les fleurs, le jeune homme se laissa aller en arrière, croisa les bras sur la poitrine et, fermant à demi les yeux, il se plongea dans une douce rêverie qui bientôt absorba totalement tout son être et lui fit complètement oublier la réalité pour l'entraîner à sa suite dans le fantastique pays des rêves.

Depuis combien de temps était-il en proie à cette délicieuse somnolence sans nom dans notre langue? Il n'aurait su le dire, lorsque tout à coup il se redressa avec un geste brusque et de mauvaise humeur, en prêtant l'oreille et jetant autour de lui un regard mécontent.

Le bruit d'une conversation était arrivé jusqu'à lui.

Cependant, il eut beau sonder l'obscurité regard, car la nuit était venue, il n'aperçut personne. Il était toujours seul, il était toujours seul dans le bosquet au fond duquel il s'était retiré.

Il redoubla d'attention; alors il reconnut que les voix qu'il avait entendues étaient celles de deux hommes arrêtés à quelques pas derrière lui et que le massif d'orangers, au milieu duquel il se trouvait, l'empêchait seul d'apercevoir.

Ces deux hommes, quels qu'ils fussent, paraissaient désirer de ne pas être entendus, car ils parlaient à demi-voix, bien qu'avec une certaine animation. Malheureusement, le Français se trouvait si près d'eux, que, malgré lui et quoi qu'il fît pour s'en défendre, il entendait tout ce qu'ils se disaient.

— Le diable emporte ces drôles-là! murmura à part lui le jeune homme, de s'aviser de venir parler politique ici; j'étais si bien. Comment m'en aller maintenant?

Mais de même qu'il entendait ce que disaient ses voisins et jusqu'à leurs plus légers mouvements, ceux-ci probablement l'auraient entendu s'il avait essayé de quitter la place. Force lui fut donc, bien qu'en maugréant, de se tenir coi et de continuer à entendre la conversation de deux hommes, conversation nullement faite pour le rassurer et qui d'instant en instant prenait des proportions fort inquiétantes pour un tiers appelé à en être, malgré lui, le confident.

Nous avons dit quelle horreur profonde le peintre professait pour la politique; le lecteur comprendra facilement quelle devait être son anxiété, en entendant des choses telles que celles que nous allons rapporter.

— Ces nouvelles sont certaines? disait un des interlocuteurs à l'autre.

— Je les tiens d'un témoin oculaire, répondit le second.

— Caramba! fit le premier en élevant un peu la voix, ainsi nous pouvons espérer de voir bientôt le général dans ces parages.

Le peintre tressaillit, il lui sembla reconnaître cette voix, sans qu'il lui fût possible de se souvenir où il l'avait entendue précédemment.

— Ainsi les insurgés ont été battus, continua le même interlocuteur.

— A plate couture, capitaine; je vous le répète, à la bataille de Villuma, le général Pezuela les a poursuivis plus de six lieues, l'épée dans les reins.

— Bravo! et que fait-il maintenant?

— Caraï! il marche en avant, donc, et en doublant les étapes afin d'arriver plus vite; malheureusement, selon toutes les prévisions, il ne pourra être ici que dans deux mois.

— C'est bien tard.

— Oui; mais cela vous laisse toute latitude pour préparer vos batteries.

— C'est vrai; toutefois la mission dont me charge le général est hérissée de difficultés. Les insurgés sont en nombre autour de la ville, ils font bonne garde; s'il ne s'agissait que d'enlever deux ou trois et même dix députés, peut-être pourrai-je répondre de la réussite; mais songez donc, mon cher comte, qu'il ne s'agit de rien moins que de faire disparaître soixante ou quatre-vingts personnes.

— Je ne vous comprends pas.

— C'est juste, reprit le capitaine; arrivé aujourd'hui même dans la ville et ne vous étant encore abouché qu'avec moi, vous ignorez ce qui se passe.

— Entièrement, reprit celui auquel on avait donné le titre de comte.

— Voici le fait en deux mots; les insurgés veulent frapper un grand coup; à cet effet ils réunissent ici à Tucuman un congrès composé des députés de chaque district révolté; ce congrès a pour mission de proclamer l'indépendance de Buenos Ayres et de toute la Banda orientale.

— Sangre de Dios! êtes-vous sûr de cela? s'écria le comte avec stupeur.

— D'autant plus sûr que je le sais par un de mes cousins qui est lui-même un de ces députés et qui n'a pas de secret pour moi.

— Cuerpo de Cristo! voilà qui est fâcheux! le général sera furieux lorsque je le lui apprendrai.

— J'en suis convaincu, mais que faire?

— L'empêcher par tous les moyens.

— C'est impossible, les moyens nous manquent complètement; je ne dispose que d'une centaine d'hommes avec lesquels je ne puis rien tenter, d'autant plus que nous jouons de malheur en ce moment: la population est fanatisée par le succès que le chef des montoneros, Zeno Cabral, a remporté, il y a deux jours, sur les troupes royales commandées par le colonel Azevedo.

— Ce succès est tout ce qu'il y a de plus apocryphe, mon cher capitaine, je vous en donne ma parole d'honneur; tout s'est borné à une escarmouche sans conséquence entre fourrageurs.

— Je l'admets; il est même certain qu'il en est ainsi, mais nul ne le croira dans la ville, donc, l'échec doit être considéré comme réel.

— Eh bien! qu'importe! Laissons ces gens dans leur erreur et profitons-en pour agir; maintenant qu'ils se croient invincibles et qu'ils s'amusent à tirer leur poudre en cohuètes, nous pourrons peut-être tenter un coup de main hardi sur la ville.

— Votre idée n'est pas mauvaise, je vous avoue même qu'elle me sourit assez, seulement elle demande à être mûrie. Il faudrait éloigner adroitement les troupes campées aux environs et profiter de leur absence pour essayer une surprise.

— Alors il serait on ne peut plus facile de s'emparer des députés.

— N'allons pas si vite en besogne; voyons d'abord quelles sont les forces dont nous disposons pour cette expédition, qui ne laisse pas que d'être fort périlleuse et qui offre, je ne vous le cache pas, très peu de chance de succès.

— Discutons, soit, je ne demande pas mieux.

Le peintre, mis de plus en plus mal à son aise par ces confidences qui prenaient pour lui une tournure des plus graves et voulant à tout prix sortir de la position perplexe dans laquelle il se trouvait, car il comprenait instinctivement qu'il avait affaire à des conspirateurs et qu'il y allait de sa vie s'il était découvert, prit une résolution qui lui parut une inspiration du ciel. Ne voulant pas continuer à être plus longtemps en tiers dans des secrets de cette importance, il résolut de se découvrir lui-même. Il ne se dissimula pas que les premiers moments seraient, pour lui, difficiles à passer, lorsque les deux hommes sauraient que leur conversation avait été entendue d'un bout à l'autre; mais il préféra risquer cette chance incertaine de sauver sa vie que de se fier plus longtemps au hasard.

Emile était d'une témérité folle, qui ne faisait jamais de concessions au danger; au contraire, il allait toujours tête baissée en avant; le lecteur a déjà été à même de s'en apercevoir; mais cette fois, contrairement à ses habitudes, il usa d'une certaine prudence avant de révéler sa présence aux inconnus.

Il arma doucement, sous son poncho, ses pistolets qu'il tint à la main, prêt à s'en servir si besoin était; puis, se levant du banc sur lequel jusqu'à ce moment il était demeuré assis:

— Holà! caballeros, dit-il d'une voix haute bien que contenue pour ne pas être entendu d'autres personnes,—si par hasard il s'en trouvait aux environs,—que de celles auxquelles il s'adressait: prenez garde! il y a ici des oreilles qui vous entendent.

Les deux hommes poussèrent une exclamation de surprise et de terreur, puis il y eut un craquement formidable dans le bosquet, et ils apparurent en face du jeune homme, tenant chacun un sabre d'une main et un

6

pistolet de l'autre, le visage bouleversé par la colère et l'épouvante.

Mais ils s'arrêtèrent soudain.

Le jeune homme se tenait immobile devant eux, les pistolets aux poings.

— Halte! et parlementons, dit-il froidement.

Cette scène avait quelque chose d'étrange et de saisissant.

Dans ce bosquet d'orangers en fleur, aux reflets argentés de la lune, au milieu de cette tranquillité profonde, au sein de cette nature calme à laquelle le silence imposant de la nuit imprimait un certain cachet de majesté, ces trois hommes posés ainsi face à face, se mesurant de l'œil et prêts à en venir aux mains, formaient un contraste des plus tranché avec ce qui les entourait.

— Parlementer, dit le comte, à quoi bon?

— A ne pas se tuer comme des brutes, sans savoir pourquoi, répondit le peintre.

— Un traître mérite la mort!

— Je vous l'accorde, mais je ne suis pas un traître, moi, puisque je vous préviens, lorsqu'il m'aurait été si facile de rester silencieux jusqu'à ce que je fusse pénétré tous vos secrets.

Cette observation, fort logique du reste, parut produire une certaine impression sur les deux hommes.

— Alors pourquoi ces armes? reprit le comte d'un ton évidemment plus radouci.

— Pour éviter ce qui serait incontestablement arrivé, si je n'avais pas eu la précaution de m'en munir.

— Vous nous espionniez donc?

— Nullement, j'étais ici bien avant vous, au contraire; le bruit de votre conversation m'a réveillé de l'espèce de somnolence dans laquelle j'étais tombé, et, ne me souciant nullement d'être, contre votre gré, en tiers dans vos secrets, j'ai pris le parti de vous avertir. Voilà la vérité tout entière.

— Qui nous le prouve? reprit durement le comte.

— Je crois, Dieu me pardonne, caballero, répondit avec hauteur le jeune homme, que vous vous permettez de douter de mes paroles?

— Qui donc êtes-vous, señor, pour qu'on doive vous croire ainsi au premier mot?

— Moi! fit en riant le jeune homme, bien peu de chose auprès de vous, un pauvre peintre français, mais honnête, vive Dieu! jusqu'au bout des ongles.

— Ah! voilà mon homme, s'écria le second étranger, qui jusque-là était demeuré muet; je le reconnais. Maintenant, rengaînez votre sabre et quittez votre pistolet, mon cher comte; des armes sont de trop ici.

— Je le veux bien, si telle est votre opinion, capitaine, répondit le comte avec hésitation; cependant, il me semble que dans une circonstance aussi sérieuse...

— Bas les armes! vous dis-je, interrompit le capitaine, qui déjà avait fait disparaître les siennes, je réponds corps pour corps de ce cavalier.

— Soit, dit le comte, mais la prudence exigerait...

— Quoi? puisque ce caballero vous donne sa parole et que cette parole est corroborée par la mienne; cela est suffisant, il me semble, reprit le capitaine avec un commencement d'impatience.

Le jeune homme voyant que ses adversaires n'avaient plus, en apparence, d'intentions hostiles, désarma tranquillement ses pistolets et, les repassant à sa ceinture, il se tourna vers celui des deux étrangers qui était si à l'improviste venu à son secours.

— Je vous remercie, señor, dit-il, de la bonne opinion que vous voulez bien avoir de moi; bien que votre voix ne me soit pas inconnue, cependant je serais heureux qu'il vous plût de rafraîchir mes souvenirs, en m'apprenant si cela vous est possible, où j'ai eu l'avantage de vous rencontrer précédemment.

— Vive Dios! señor don Emilio, reprit-il

d'un ton de bonne humeur, vous avez la mémoire courte.

— Comment, vous savez mon nom?

— Et vous-même savez le mien, à moins que vous ne l'ayez oublié aussi; ce qui ne m'étonnerait pas, d'après ce que je vois.

— Je suis réellement confus, señor, mais je vous jure que je ne me rappelle pas le moins du monde où nous nous sommes vus déjà.

— Allons, puisqu'il faut absolument que je vous redise mon nom, je m'exécute; je suis don Lucio Ortega.

— Le capitaine espagnol avec lequel je me suis battu! s'écria-t-il avec surprise.

— Et que vous avez si dextrement désarmé. C'est moi-même, oui, caballero.

— Oh! comment ai-je pu oublier cette rencontre qui m'a laissé un si charmant souvenir, dit-il en lui tendant la main.

— Ainsi, ce señor est de vos amis? reprit le comte.

— Oui, mon cher comte, et des plus intimes même.

— Pardonnez-moi d'insister; mais vous savez quelles seraient les conséquences d'une indiscrétion?

— Elles seraient terribles; continuez.

— Et vous vous croyez toujours autorisé à répondre de la discrétion de ce caballero?

— Comme de la mienne, je vous le répète.

— C'est bien; agissez à votre guise alors, reprit-il d'un ton bourru.

— Écoutez, fit le capitaine, je comprends combien, vous qui ne connaissez pas ce señor, vous devez conserver d'inquiétude au fond du cœur; nous ne jouons pas un jeu d'enfant, ce ne sont au moment; nous engageons notre tête dans une partie désespérée; chacun de nous a le droit de demander à ses associés des comptes sévères de leur conduite.

— En effet, il doit, il me semble, en être ainsi.

— Fort bien! ces comptes, je vais vous les rendre. Malgré lui et sans l'avoir désiré, don Emilio a surpris des secrets de la plus haute gravité; ces secrets, je suis convaincu qu'il les conservera au fond de son cœur, mais cette certitude que j'ai, moi, vous ne la partagez pas; cela est votre droit, je n'ai rien à y objecter, sinon que, dans le but seul de vous rassurer, je prendrai; vis-à-vis de mon ami, toutes les précautions qu'il croira devoir exiger. Bien entendu que ces précautions n'auront rien de blessant pour l'honneur, ni même pour l'amour-propre de don Emilio que je tiens, avant tout, pour mon ami et je veux ménager quand même.

— Je me joins au capitaine, dit vivement le jeune homme, et je me mets complètement à votre disposition pour tout ce qu'il vous plaira d'exiger de moi; je vous confesse humblement que la politique me cause une peur atroce, et que j'éprouve le regret le plus vif et le plus sincère de m'être si malencontreusement trouvé ici, où qu'il m'aurait été si facile d'être autre part, où, sans contredit, j'aurais été beaucoup mieux.

La gravité du comte ne tint pas contre cette boutade prononcée avec une désespérante naïveté; il éclata de rire.

— Vous êtes un charmant compagnon, dit-il, et bien que notre liaison ait commencé sous des auspices assez hostiles, j'espère qu'elle sera durable; que bientôt vous deviendrez de mes amis et que je serai des vôtres.

— Ce sera un grand honneur pour moi, monsieur le comte, répondit-il en s'inclinant.

— Maintenant que vous avez mis un pied dans nos secrets, il faut que vous y entriez tout à fait.

— Est-ce donc bien obligatoire?

— C'est de toute nécessité.

— J'admire comme depuis quelques jours le hasard se plaît à me poursuivre et s'obstine à faire de moi un homme politique, quand je serais si heureux de ne peindre que des tableaux, moi qui ne suis venu que pour cela

en Amérique; j'ai eu là une triomphante idée par exemple, et j'ai bien choisi mon temps!

— Il faut provisoirement en prendre votre parti.

— Je le sais bien, et voilà justement pourquoi j'enrage, mais dès qu'il me sera possible de faire autrement, je ne me le ferai pas répéter deux fois, je vous le certifie.

— Jusqu'à nouvel ordre, il est indispensable que vous demeuriez avec nous, que vous soyez en quelque sorte notre prisonnier; mais rassurez-vous, votre captivité ne sera pas bien dure, nous vous la rendrons, ou du moins nous nous efforcerons de vous la rendre aussi agréable que possible.

— Ainsi vous m'enlevez jusqu'à mon libre arbitre, dit le peintre avec un accent tragi-comique.

— Il le faut provisoirement.

— Hum! Allons, j'y consens, diable soit de la politique! Qu'avais-je besoin aussi de venir à San Miguel accompagner ce vieux Dubois.

Les deux hommes tressaillirent à ce nom.

— Vous connaissez le duc de Mantoue? s'écrièrent-ils.

— Ah! ah! vous savez de qui je veux parler, il paraît? fit-il avec surprise.

— Le duc de Mantoue, l'ancien conventionnel, sénateur sous l'Empereur Napoléon, venu en Amérique sous le nom de Louis Dubois, dit le comte.

— C'est bien cela. Pourquoi donc me recommandait-il si fort de ne pas lui donner son titre?

— Parce qu'il espérait ne pas être connu; il vient, chassé par les Bourbons pour avoir voté la mort du roi Louis XVI, chercher un refuge en ce pays et prêter aux insurgés l'appui de son expérience en matière de révolution.

— Le fait est qu'il doit en savoir long sur ce chapitre.

— Mais que disiez-vous donc sur lui; se trouve-t-il réellement si fort de ne pas lui...

— Je l'ai aidé moi-même à y entrer aujourd'hui.

— Vous?

— Parbleu! un compatriote... et tenez, capitaine, nous étions ensemble quand j'ai eu l'honneur de vous rencontrer.

— Comment, ce grand vieillard à la mine si altière et aux traits si imposants, qui se tenait si droit à cheval à vos côtés?...

— C'était lui-même.

— Oh! si je l'avais su! s'écria le capitaine d'un air de dépit.

— Qu'auriez-vous donc fait?

— Je l'aurais enlevé, vive Dios!

— Alors, c'est heureux que vous l'ayez ignoré, parce que, probablement, il y aurait eu une chaude escarmouche entre nous.

Le capitaine ne releva pas cette parole.

— Venez, dit-il.

— Où me conduisez-vous?

— Au Cabildo.

— Au Cabildo! Pour quoi faire?

— Le gouverneur donne aujourd'hui un grand bal; nous y passerons quelques instants.

— Hum! je crains bien que cela cache quelque manœuvre politique?

— Peut-être.

— Pourvu que je ne m'y trouve pas encore mêlé malgré moi.

— Je tâcherai de vous laisser ignorer ce qui se passera.

— Je vous en aurai une grande reconnaissance. Enfin, à la grâce de Dieu.

Les trois hommes, désormais réconciliés, quittèrent le bosquet, sortirent de l'Alameda et se dirigèrent vers le Cabildo en causant amicalement entre eux.

Les rues étaient illuminées et la population se divertissait de plus en plus à tirer des cohetes.

V

La Montonera.

Montonero dont le féminin est *montonera* est un mot essentiellement américain, bien que sa racine soit incontestablement espagnole. Il signifie littéralement, *monceau, amas, ramassis* ; pris dans la mauvaise acception du mot, une montonera veut dire une union de gens de sac et de corde, de bandits sans foi ni loi, de voleurs de grand chemin. Mais telle n'était pas la signification qu'on lui donnait dans le principe.

On entendait par montonera une cuadrilla, une guérilla composée de bannis politiques, d'insurgés qui faisaient la guerre en partisans à leurs risques et périls, mais braves et honnêtes.

Les Espagnols leur imposèrent au commencement du soulèvement des colonies contre la métropole, afin de les flétrir dans l'opinion publique, ce nom dont ils se glorifièrent et qu'ils tinrent à honneur de porter.

Mais lorsque la guerre civile dégénéra en lutte fratricide des citoyens entre eux ; que les Espagnols furent vaincus et contraints d'abandonner le nouveau monde, les Montoneras dégénérèrent, les hommes véreux de tous les partis vinrent s'abriter sous leurs bannières et y chercher l'impunité de leurs crimes. Elles ne furent plus alors qu'un véritable ramassis de bandits sinistres, ressemblant à s'y méprendre à ces bandes d'écorcheurs et de routiers du moyen âge qui désolèrent l'Europe pendant si longtemps, et que les gouvernements furent, pendant plus de deux siècles, impuissants à détruire ou seulement à réprimer.

Semblant avoir recueilli les traditions de leurs devanciers du vieux monde, les montoneros commencèrent à désoler les campagnes, à piller les haciendas, à mettre à rançon les villes trop faibles pour leur opposer une résistance énergique ; et, servant toutes les causes moyennant finance, ils adoptèrent tour à tour tous les partis, les trahissant sans remords les uns après les autres, et ne voyant dans la guerre civile qu'un but : le pillage.

A l'époque où se passe notre histoire, bien que les Montoneros fussent déjà dégénérés de leur première loyauté, et que nombre de gens sans aveu fussent parvenus à se glisser dans leurs rangs, cependant ils conservaient encore, du moins en apparence, les principes de patriotisme chevaleresque qui avaient présidé à leur création, et leur nom n'inspirait pas, ainsi que cela arriva plus tard, la terreur aux honnêtes gens et aux citoyens paisibles qu'ils s'étaient donné la mission de protéger et de défendre.

Dans une verte vallée, au pied d'une colline boisée d'une médiocre hauteur, sur le bord même du rio Tucuman, à environ une quinzaine de lieues de la ville de San Miguel, une troupe de cavaliers dont le nombre pouvait monter à trois cents environ était arrêtée, ou, pour mieux dire, campée dans une position délicieuse.

Les soldats, tous revêtus du costume des gauchos de la Pampa, les traits énergiques et le visage hâlé par le soleil, mais d'une apparence sauvage et farouche, étaient pour la plupart armés non-seulement de sabres et de fusils, mais encore d'une longue et forte lance dont le fer était garni d'une banderole d'un rouge vif.

Couchés ou assis au pied des figuiers et des orangers, ils avaient planté leurs lances en terre et jouaient, causaient ou dormaient, tandis que leurs chevaux erraient à l'aventure, paissant l'herbe verte de la plaine.

Quelques sentinelles, disséminées sur des hauteurs assez éloignées, immobiles comme des statues de bronze florentin dont elles avaient les tons chauds et cuivrés, veillaient à la sûreté commune.

Ces hommes, dont la réputation de bravoure était célèbre dans toute la Banda orientale, composaient la montonera du célèbre partisan Zèno Cabral, celui-là même qui avait, disait-on, eu quelques jours auparavant maille à partir avec les troupes royales, et dont la ville de San Miguel célébrait la victoire à grand renfort de cris et de pétards.

Ce campement sauvage et primitif, qui ressemblait plutôt à une halte de bandits qu'à toute autre chose, avait une apparence des plus pittoresques, et qui aurait fait l'admiration d'un peintre à la manière de Salvator Rosa.

Presque au centre du campement, au sommet d'un monticule d'une pente presque insensible, plusieurs hommes dont les vêtements et les armes étaient en meilleur état et les traits moins farouches que ceux de leurs compagnons, étaient assis sur l'herbe et causaient tout en fumant leur cigarette.

Ces hommes étaient les officiers de la montonera.

Au milieu d'eux se trouvait leur chef, ou le général, ainsi qu'ils le nommaient.

Ce chef était un tout jeune homme paraissant vingt-deux ans, aux traits fins et délicats, aux manières douces et gracieuses qui, aux yeux d'un indifférent, aurait paru peu en état de commander à des hommes comme ceux qui s'étaient volontairement rangés sous sa bannière ; mais un observateur ne se serait pas trompé à l'expression énergique répandue sur son beau et calme visage, à l'ampleur peu commune de son front pur et bien dessiné, et au regard d'aigle qui s'échappait de ses yeux noirs et bien ouverts. Une sombre mélancolie semblait répandue sur ses traits, et ce n'était qu'avec des difficultés extrêmes que ses compagnons, jeunes gens de son âge pour la plupart et appartenant aux premières familles du pays, réussissaient à de longs intervalles à amener un sourire triste sur ses lèvres.

La tête appuyée sur la main droite, frisant sans y songer de la main gauche ses longues et soyeuses moustaches noires, il laissait errer, sans but apparent, ses regards sur l'immense et magnifique panorama qui se déroulait devant lui, ne répondant que par des monosyllabes aux questions qu'on lui adressait et semblant s'absorber dans une pensée intime.

Ses officiers, voyant toutes leurs avances repoussées par leur chef, avaient pris le parti de l'abandonner à ses réflexions quelles qu'elles fussent, puisqu'il paraissait s'y complaire, et s'étaient mis à causer et à rire entre eux, lorsque tout à coup une quarantaine de cavaliers apparurent à l'horizon se dirigeant à toute bride vers l'endroit où la montonera était campée.

— Eh ! dit un des officiers en plaçant sa main en abat-jour sur ses yeux, qui peuvent être ces cavaliers ?

— Ce sont des nôtres, sans doute, puisque les sentinelles les ont laissé passer sans donner l'alarme, répondit un autre officier.

— Avons-nous donc des batteurs d'estrade aux environs ?

— Je ne l'assurerais pas, mais comme le général avait parlé de détacher le capitaine Quiroga avec une vingtaine de soldats pour surveiller les défilés de la Sierra, et que je ne le vois pas parmi nous, c'est que probablement le général a donné suite à son projet.

— Ce serait alors une troupe qui nous rejoindrait.

— Je le crois ; du reste, nous ne tarderons pas à savoir à quoi nous en tenir.

Les cavaliers arrivaient toujours grand train ; ils se trouvèrent bientôt assez rapprochés pour qu'il fût possible de les reconnaître.

— Vous ne vous étiez pas trompé, don Juan Armero, reprit le premier officier, c'est effectivement le capitaine Quiroga ; je distingue d'ici son long corps maigre qui semble jouer dans ses habits, et sa face anguleuse et bourrue qui le fait ressembler à un oiseau de nuit.

— Le fait est, répondit don Juan, que le digne capitaine est facile à reconnaître, mais vous devriez plus le ménager, don Estévan ; vous savez que le général l'aime beaucoup et peut-être lui déplairait-il d'en entendre parler ainsi.

— Au diable ! si j'en dis du mal ; le capitaine Quiroga est un brave et digne soldat que j'aime et que j'apprécie fort moi-même ; mais cela ne va pas jusqu'à lui trouver la tournure d'un Adonis.

— Ce dont il se soucie fort peu sans doute, señores, dit Zèno Cabral en se mêlant tout à coup de la conversation ; il se contente d'être un de nos officiers les plus braves et les plus expérimentés, et cela suffit.

— Caramba ! général, et nous aussi nous l'aimons tous, ce vieux brave, qui pourrait être notre père, et qui nous conte, pendant les nuits de bivouac, de si bonnes histoires de l'ancien temps.

Le chef des partisans sourit sans répondre.

— Mais que nous amène-t-il ici ? s'écria tout à coup don Estévan Albino, l'officier qui parlait tout à l'heure, Dieu me pardonne si je n'aperçois pas les plis d'une robe et si je ne vois pas flotter une mantille.

— Deux robes et deux mantilles, s'il vous plaît, don Estévan, et même davantage, si je ne me trompe, répondit plus posément don Juan Armero.

— Valga me Dios ! dit en riant le jeune officier, le vieux rôdeur nous amène toute une légion de femmes.

Les officiers se levèrent ; quelques-uns ouvrirent des lorgnettes et se mirent à examiner attentivement la troupe qui arrivait, se perdant en commentaires sur la prise faite par le vieil officier, et qu'il amenait avec lui.

Zèno Cabral était retombé dans son mutisme, indifférent en apparence à ce qui se passait autour de lui, mais la rougeur fébrile qui colorait son visage et le froncement de ses sourcils semblaient au calme affecté et dénotaient qu'il était en proie à une vive émotion intérieure.

Cependant, les cavaliers traversaient rapidement la plaine et s'approchaient de plus en plus, se dirigeant vers le groupe d'officiers, reconnaissable au drapeau buénos-ayrien, dont la hampe était fichée en terre auprès du général et qui flottait en longs plis aux caprices de la brise.

Sur le passage des cavaliers, les Montoneros se relevaient, les regardant curieusement ; puis ils les saluaient en riant et en riant cassant entre eux, si bien que lorsqu'ils atteignirent le pied du monticule où les attendaient les officiers, ils se trouvèrent littéralement enveloppés d'une foule compacte que le capitaine Quiroga se vit contraint d'écarter à coups de bois de lance, ce dont, du reste, il s'acquitta avec un flegme et un sang-froid imperturbables.

Les officiers n'avaient pas calomnié le digne capitaine. A part la différence du costume, il ressemblait traits pour traits à don Quichotte, lors de sa deuxième sortie.

C'était le même corps long et efflanqué, le même visage maigre et anguleux, au front déprimé, aux yeux caves, au nez recourbé en bec d'oiseau, aux mâchoires larges, à peine garnies de quelques dents gâtées, aux longues moustaches grises et aux pommettes saillantes et violacées.

Et, pourtant, cet ensemble excentrique, ainsi qu'on dirait aujourd'hui, n'avait rien de ridicule ; cette singulière physionomie était éclairée par une telle expression de bravoure, de franchise et de bonté, qu'à première vue on se sentait malgré soi entraîné vers ce vieil officier, — car il avait au moins cinquante ans, — et tout disposé à l'aimer.

Les soldats riaient à se tordre en recevant les coups de bois de lance que leur distribuait généreusement le capitaine, et ce fut à grand'peine qu'il parvint à s'en débarrasser.

— Diable soit des curieux ! dit le bon capitaine en mettant lestement pied à terre, ils ne me laisseront pas approcher du général.

Et, suivi d'une partie de ses soldats, qui ainsi que lui avaient quitté la selle, il gravit le monticule où les officiers étaient réunis.

Les soldats conduisaient plusieurs prisonniers au milieu d'eux ; parmi ces prisonniers se trouvaient des femmes, dont deux paraissaient, par leur costume leurs manières, appartenir à la haute société.

Les montoneros, malgré l'indiscrète curiosité qui les animait, n'avaient pas osé, par respect pour leur chef, dépasser la limite naturelle tracée par le pied du monticule. Groupés en désordre autour des soldats demeurés à la garde des chevaux, ils fixaient des regards ardents sur les officiers.

Ceux-ci s'étaient rangés à droite et à gauche de Zèno Cabral et avaient livré un libre passage au capitaine Quiroga et à ceux qu'il amenait avec lui.

Zèno Cabral s'était levé lentement, et la main appuyée sur la poignée de son sabre, le visage froid et impassible, les sourcils froncés, il attendait que son subordonné prît la parole.

Le capitaine, après avoir d'un geste ordonné de s'arrêter à ceux qui le suivaient, fit quelques pas en avant et, après avoir salué militairement, il demeura immobile sans prononcer un mot. Parmi toutes les qualités, la digne capitaine comptait celle de ne pas être orateur ; son mutisme était passé en proverbe dans la cuadrilla.

Don Zeno comprit que, s'il n'interrogeait pas le capitaine, celui-ci ne se résoudrait jamais à parler le premier ; il fit un effort sur lui-même et affectant une indifférence fort loin dans doute de sa pensée :

— Vous voici donc de retour, capitaine Quiroga ? dit-il.

— Oui, général, répondit laconiquement l'officier.

— Et avez-vous complètement rempli la mission délicate que je vous avais confiée ?

— Je le crois, général.

— Vous avez surpris les ennemis de la patrie ?

— Ceux-là ou d'autres, général, je me suis emparé des gens que vous m'aviez désignés lorsqu'ils ont débouché du ravin ; maintenant, s'ils sont ennemis de la patrie ou non, je l'ignore, cela ne me regarde pas.

— C'est juste, fit don Zèno Cabral, qui traînait évidemment la conversation en longueur et hésitait d'en attaquer le point réellement intéressant pour lui.

Le capitaine ne répondit pas.

Don Zèno reprit au bout d'un instant, en tourmentant, avec une colère concentrée, la dragonne de son sabre :

— Mais enfin qu'avez-vous fait ? dit-il.

En ce moment, une des prisonnières écarta par un geste brusque le capitaine, et faisant un pas en avant :

— Ne le savez-vous pas, don Zèno Cabral, dit-elle d'une voix ironique et hautaine en rejetant, d'un geste plein de noblesse, sur ses épaules le rebozo de dentelles noires qui voilait son visage.

Les officiers étouffèrent un cri d'admiration à la vue de la beauté souveraine de cette femme.

Don Zèno Cabral fit un pas en arrière en se mordant les lèvres avec dépit, tandis que son visage se couvrait d'une pâleur mortelle.

— Madame, dit-il, les dents serrées, vous êtes prisonnière, et ne devez parler, ne l'oubliez pas, que si on vous interroge.

Un sourire de mépris crispa les lèvres de la dame ; elle haussa légèrement les épaules et fixa sur le partisan un regard d'une expression telle que, malgré lui, il détourna les yeux.

Cette femme, dans toute la force et la plénitude de sa beauté, paraissait âgée de vingt-sept à vingt-huit ans, bien qu'en réalité elle en eût environ trente-cinq. Ses traits, d'une régularité de lignes extrême, réalisaient l'idéal de la beauté romaine ; ses yeux noirs,

pleins de feu et de passion, son front pur, sa bouche mignonne, sa peau fine et veloutée, son teint légèrement doré par le soleil, et, plus que tout, l'expression hautaine et railleusement cruelle de sa physionomie saisissait et inspirait pour elle une répulsion dont il était impossible de se rendre compte au premier abord ; sa taille majestueuse, ses gestes pleins de noblesse, tout en cette femme, par un contraste inexplicable, effrayait au lieu d'attirer. On devinait les rugissements de la bête fauve dans les modulations harmonieuses de sa voix, et les griffes du tigre apparaissaient sous ses ongles roses.

— Prenez garde à ce que vous faites, caballero, reprit-elle ; je suis étrangère, moi ; je voyage paisiblement ; nul n'a le droit de m'arrêter, ou seulement d'entraver ma course.

— Peut-être, madame, répondit froidement le partisan ; mais, je vous le répète, lorsque je vous interrogerai, alors, mais alors seulement, je vous permettrai de me répondre.

— Suis-je donc tombée entre les mains de bandits sans foi ni loi ? reprit-elle avec mépris. Suis-je au pouvoir d'écumeurs du désert ? Du reste, la façon dont jusqu'à présent j'ai été traitée, et la vue de l'homme devant lequel on m'a conduite, me le feraient supposer.

Un murmure de colère, réprimé aussitôt par un geste de Zèno Cabral, s'éleva parmi les officiers à cette imprudente provocation.

— Où est le guide que nous soupçonnions de trahison ? dit le partisan en se retournant vers le capitaine.

— Je m'en suis emparé, répondit celui-ci.

— Fort bien. Avez-vous acquis des preuves de sa trahison ?

— D'irrécusables, mon général.

— Qu'on l'amène.

Il se fit un mouvement parmi les soldats ; quelques-uns se détachèrent du groupe qui entourait les prisonniers et amenèrent, en le rudoyant, devant leur chef un métis à la mine chafouine, aux yeux louches et aux membres trapus, que, pour plus de sûreté sans doute, ils avaient solidement garotté avec un lasso.

Don Zèno Cabral considéra un instant cet homme, qui se tenait humble et tremblant devant lui, avec un singulier mélange de pitié et de dégoût.

— Vous êtes convaincu de trahison, lui dit-il enfin, d'un ton de voix faire grave ; je vous accorde cinq minutes pour recommander votre âme à Dieu.

— Je suis innocent, noble général, murmura le misérable en tombant à genoux et en courbant humblement la tête.

Le partisan haussa les épaules et se retourna vers les officiers avec lesquels il commença à causer à voix basse, d'un air indifférent, sans paraître écouter les prières que le prisonnier continuait à lui adresser d'un ton pleurard.

Trois ou quatre minutes s'écoulèrent. Un silence funèbre planait sur la foule attentive des montoneros.

C'est toujours une chose grave qu'une condamnation à mort, prononcée froidement, résolument et sans appel, même pour des hommes habitués à jouer leur vie sur un coup de dé, comme ceux qui assistaient à cette scène ; aussi, malgré eux, se sentaient-ils saisis d'un secret effroi, augmenté encore par les notes dolentes de la voix du misérable qui se tordait de peur au milieu d'eux et implorait en sanglotant la pitié de leur chef.

Celui-ci se retourna vers lui, et, faisant un signe au capitaine Quiroga :

— Il est temps, dit-il.

— Caraï, dit le capitaine, il y a assez longtemps que le picaro cherche la potence, il ne l'aura pas volée ; ce sera au moins une satisfaction pour lui à son dernier moment.

Cette singulière boutade de la part d'un homme qui parlait si peu d'habitude, étonna tout le monde et, changeant subitement le cours des idées des partisans, les fit éclater

en rires moqueurs et en quolibets à l'adresse du condamné, qui dès lors perdit tout espoir.

Un soldat était monté sur un arbre situé à quelques pas seulement, et avait attaché son lasso à la maîtresse branche. Le capitaine ordonna que l'espion fût amené sous l'arbre, et un nœud coulant fut immédiatement jeté autour de son cou.

— Arrêtez ! s'écria la prisonnière en s'interposant vivement, cet homme est à moi ; prenez garde à ce que vous allez faire.

Il y eut un instant d'hésitation ; le misérable respira, il se crut sauvé.

— Prenez garde vous-même, señora, répondit durement Zèno Cabral, moi seul commande ici.

— Je suis la marquise de Castelmelhor, reprit-elle, l'épouse du général de Castelmelhor ; chaque goutte du sang de cet homme coûtera la vie à des milliers de vos compatriotes.

— Vous êtes étrangère, madame, femme, vous l'avez dit vous-même, d'un général portugais qui est entré il y a quelques jours à peine sur notre territoire pour le ravager ; songez à vous, et n'intercédez pas davantage pour ce misérable.

— Mais, fit-elle avec une ironie cruelle, n'êtes-vous pas Portugais vous-même, señor, Portugais d'origine, du moins ?

— Assez, madame ; par respect pour vous-même, n'insistez pas ; même pour des hommes habitués à joueur leur vie sur un coup de dé, il est condamné, il doit mourir, il mourra.

En ce moment, une seconde femme qui jusqu'à ce moment était demeurée confondue au milieu des prisonniers, s'élança vivement en avant, et saisissant par un geste fébrile le bras du partisan, tandis que des larmes inondaient son visage, pâli par l'émotion :

— Et à moi, don Zèno, s'écria-t-elle avec une expression navrante, et à moi ! si je vous demandais la grâce de cet homme, me la refuseriez-vous ?

— Oh ! s'écria le partisan avec désespoir, vous ici, vous doña Eva !

— Oui, moi, moi, don Zèno, qui vous supplie par ce que vous avez de plus cher, de pardonner.

Le partisan la considéra pendant quelques secondes avec une expression d'amour, de colère et de douleur impossible à rendre, tandis que, haletante, désolée, les yeux pleins de larmes et les mains jointes, presque agenouillée devant lui, elle lui adressait une prière muette, puis, tout à coup, faisant un effort suprême sur lui-même et reprenant son masque froid et impassible, il se redressa et, croisant les bras sur sa poitrine :

— C'est impossible, dit-il ; obéissez, capitaine.

Celui-ci ne se fit pas répéter l'ordre. Le misérable espion, saisi par des mains de fer, fut enlevé dans l'espace et lancé dans l'éternité avant d'avoir eu même une parfaite perception de ce dénouement imprévu.

La jeune fille, — car la personne qui avait ainsi essayé vainement de s'interposer entre la justice et la clémence du partisan, était une jeune fille, presque une enfant, âgée de quinze ans à peine, — saisie d'effroi à la vue de ce hideux spectacle, terrifiée par les cris d'une joie brutale proférés par les soldats, s'était affaissée sur elle-même, les bras pendants, la tête penchée sur la poitrine, à demi évanouie, son beau et doux visage était couvert d'une pâleur mortelle ; les longues tresses de ses cheveux tombaient en désordre sur ses épaules, et ses yeux si doux et si tendres, dont l'azur semblait refléter le bleu du ciel, étaient voilés et éteints par la douleur, tandis qu'un mouvement nerveux agitait tout son corps.

La marquise s'approcha d'elle, la releva froidement et lui montrant le partisan d'un geste de souverain mépris :

— Debout ! ma fille, lui dit-elle, cette posture ne convient qu'aux suppliants ou aux coupables, et vous n'êtes, grâce à Dieu ! ni l'un ni l'autre. Ne vous avais-je pas prévenue que cet homme avait un cœur de tigre?

— Oh! ma mère! ma mère! s'écria-t-elle en cachant son visage dans son sein, que je souffre!

A ces paroles prononcées avec une expression déchirante, le partisan fit un brusque mouvement comme pour s'élancer vers la jeune fille.

Mais la marquise, se redressant avec une fierté léonine, le cloua en place d'un regard méprisant.

— Arrière! señor, lui dit-elle; ni ma fille, ni moi, nous ne vous connaissons. Nous sommes vos prisonnières; si vous l'osez, faites-nous tuer aussi, comme vous nous en avez presque menacées.

A cette voix dont l'accent cruel le rappela subitement à lui-même, le partisan reprit son sang-froid et répondit d'un ton incisif:

— Non pas vous, madame; nous ne tuons pas les femmes, nous autres; c'est bon pour les soldats du roi, cela; mais vos complices seront fusillés avant une heure.

— Que m'importe! répondit-elle en lui tournant le dos.

Et, soutenant sa fille dans ses bras, elle alla d'un pas ferme se mêler de nouveau aux prisonniers.

Cette scène étrange, incompréhensible pour tous les assistants, avait plongé les officiers et les soldats dans la stupéfaction la plus profonde.

Jusqu'alors ils avaient connu leur chef brave, téméraire même, dur aux autres comme à lui-même, d'une extrême sévérité en fait de discipline, mais juste, humain, et ne commandant jamais de sang-froid la mort des malheureux prisonniers que les hasards de la guerre faisaient tomber en son pouvoir. Aussi ce changement subit dans l'humeur de leur chef, cette cruauté dont il faisait preuve, les remplissait et les remplissait à leur insu d'une terreur secrète; ils comprenaient instinctivement qu'il fallait que cet homme, si froid et si impassible d'ordinaire, eût de bien puissants motifs pour agir comme il le faisait et donner ainsi tout à coup un complet démenti à la clémence dont jusqu'alors il avait fait preuve en toute occasion; aussi, bien qu'en apparence, cette cruauté parût révoltante, nul cependant n'osait le blâmer, et ceux de ses officiers qui, intérieurement, se sentaient disposés à l'accuser, ne pouvaient se décider à le faire.

Cependant, don Zèno Cabral, sans paraître remarquer l'émotion produite par cette scène, se promenait à grands pas sur l'emplacement même où elle avait eu lieu, les bras derrière le dos et la tête penchée sur la poitrine, semblant en proie à une vive agitation.

Les officiers se tenaient à l'écart, l'examinant à la dérobée, attendant avec une visible anxiété la détermination que, sans doute, il ne tarderait pas à prendre, détermination dont dépendait la vie ou la mort des malheureux prisonniers.

Le capitaine Quiroga s'approcha enfin de lui et lui barra respectueusement le passage au moment où, après avoir terminé sa promenade dans un sens, il se retournait pour la continuer dans un autre.

Don Zèno releva la tête.

— Que voulez-vous? dit-il.

— L'ordre, mon général.

— Quel ordre?

— La confirmation de celui que vous m'avez donné.

— Moi! fit-il avec étonnement.

— Oui, mon général, je désire savoir s'il faut immédiatement fusiller les douze prisonniers brésiliens qui sont là.

Le partisan tressaillit comme si un serpent l'avait piqué, il lança à la dérobée un regard à la jeune fille; elle pleurait, le visage caché dans le sein de sa mère.

— Quels sont ces hommes? dit-il.

— Pas grand'chose, de pauvres diables de peones, je crois.

— Ah! pas de soldats?

— Aucun.

— Cependant, ils se sont défendus.

— Dame! général, c'était leur droit.

Le partisan fixa son clair regard sur le visage impassible du vieux soldat.

— Ah! dit-il, combien vous ont-ils tué d'hommes.

— Deux et blessé cinq, mais loyalement.

— Je vous trouve bien tendre aujourd'hui, capitaine Quiroga? dit-il d'un ton de sarcasme.

— Je suis juste comme toujours, général, répondit-il en le regardant bien en face.

Le partisan pâlit à cette dure apostrophe, mais se remettant aussitôt:

— Merci, mon vieil ami, reprit-il en lui tendant la main, merci de m'avoir rappelé ce que je me dois à moi-même. Qu'on sonne la boute-selle, nous partons pour San Miguel, señores. Capitaine, je laisse les prisonniers sous votre garde, qu'ils soient traités avec douceur.

— Bien, Zèno, je vous reconnais, répondit le vieux soldat d'une voix basse et concentrée en se penchant sur la main que lui tendait son chef et la baisant; bien, mon ami.

— Allons, señores, à cheval! cria le partisan en se retournant pour cacher son émotion.

VI

La Tertulia.

Le Cabildo de San Miguel de Tucuman resplendissait de bruit et de lumières; le peuple réuni sur la plaza Mayor voyait par les fenêtres ouvertes la foule des invités, hommes et femmes, dans leurs plus magnifiques costumes et les plus brillantes toilettes encombrer les salons.

Le gouverneur donnait une tertulia de gala pour célébrer, style officiel, l'éclatante victoire remportée par le célèbre et valeureux chef de partisans, don Zèno Cabral, sur les troupes du roi d'Espagne.

La joie éclatait et débordait de toutes parts du Cabildo sur la place et de la place dans les rues, où le peuple, ramassant les miettes éparpillées de la fête officielle, se divertissait à sa manière, riant, chantant, dansant et échangeant de ci et de là, tant il était content, quelques coups de couteau.

La tertulia avait pris un nouveau lustre de l'arrivée de M. Dubois qui, bien que tout le monde connût son titre de duc de Mantoue, avait préféré conserver le nom modeste qu'il avait adopté à son débarquement en Amérique; disant avec une bonhomie charmante à ceux qui lui reprochaient cet incognito acharné auquel personne n'était trompé, que le nom de Dubois lui rappelait les plus belles années de sa jeunesse, alors qu'il luttait sur les bancs de la Convention nationale pour conquérir à son pays la république et les institutions libérales, et qu'il croyait bien faire de reprendre ce nom, maintenant qu'au déclin de sa vie il venait, dans un autre hémisphère, soutenir, de toute l'influence que lui donnait son expérience, le maintien des mêmes principes et le triomphe des mêmes idées.

A cela, les interrogateurs ne trouvaient rien à répondre et se retiraient charmés de l'esprit et des manières du vieux conventionnel, et, hâtons-nous de le signaler, intérieurement flattés de posséder dans leurs rangs un de ces titans de la Convention nationale française qui, de leurs chaises curules, savaient fait trembler le monde, et que la foudre elle-même avait été impuissante à anéantir.

Vers neuf heures et demie du soir, au moment où la fête atteignait son apogée, le capitaine don Luis Ortega, le peintre Emile Gagnepain et le comte de Mendoça entrèrent dans le Cabildo et firent leur apparition dans les salons.

Grâce au capitaine, l'artiste français avait changé son costume de gaucho, terni et usé par l'usage, contre un splendide vêtement de chactrero buenos-ayrien qui le rendait presque méconnaissable.

La présence des nouveaux arrivants fut peu remarquée dans le tourbillon de la fête et ils purent, sans attirer l'attention se mêler à la foule des invités qui encombraient littéralement les salles de réception.

Le peintre français eut un instant de bonheur en contemplant cette fête dont l'ensemble et bien aérées, mais dont l'ameublement, plus que mesquin formait un contraste frappant avec les toilettes magnifiques des invités.

Le Cabildo, ancien palais du gouverneur de la province, avait à la vérité des salles vastes et bien aérées, mais dont l'ameublement, plus que mesquin, formait un contraste frappant avec les toilettes magnifiques des invités.

Les murs peints à la chaux étaient entièrement nus, des banquettes alignées sur deux rangs complétaient tout l'ameublement des salons, éclairés au moyen de bougies et de guirlandes de verres de couleur dissimulés sur une estrade placée au centre du salon du milieu se tenait un orchestre composé d'une quinzaine de musiciens qui, jouant à peu près ad libitum, formaient avec leurs instruments le plus odieux charivari qui se puisse imaginer.

Mais la joie et l'enthousiasme patriotique éclataient sur tous les visages; les invités semblaient fort peu se soucier que la musique fût bonne ou mauvaise, pourvu qu'elle leur permît de danser, ce dont ils s'acquittaient avec un entrain réellement réjouissant, sautant et gambadant à qui mieux mieux avec des cris de joie et des frémissements de plaisir.

Au milieu de la foule, le général commandant et le gouverneur se promenaient suivis d'un nombreux état-major étincelant de broderies, rendant d'un air protecteur les saluts qu'on leur adressait.

Près d'eux se tenait M. Dubois, droit, sec et roide, dans son habit noir à la française et ses culottes courtes, formant, avec ceux qui l'entouraient, le plus étrange et le plus singulier contraste.

Le peintre eut peine à retenir un éclat de rire en l'apercevant, et il essaya de se dissimuler au milieu des groupes; mais ce peine perdue, M. Dubois l'aperçut et vint droit à lui.

Force fut au peintre de l'attendre.

— Mon jeune ami, dit M. Dubois en passant son bras sous le sien. et en l'entraînant dans l'embrasure d'une fenêtre déserte en ce moment, je suis heureux du hasard qui me fait vous rencontrer, j'ai à causer sérieusement avec vous.

— Sérieusement? fit l'artiste avec un geste de désappointement; diable!

— Oui, reprit-il en souriant, vous allez voir.

— C'est que je ne suis guère sérieux de ma nature, reprit-il; je suis artiste, moi, vous le savez, peintre, amant passionné de l'art; c'est justement pour échapper aux exigences de la vie sérieuse que j'ai abandonné la France pour venir en Amérique.

— Alors, vous êtes bien tombé, fit M. Dubois avec une pointe d'ironie.

— Je commence à croire que j'ai eu tort.

— C'est possible, mais revenons à notre affaire.

— Comment? il s'agit donc d'une affaire?

— Pardieu! n'est-il pas affaire dans la vie.

— Hum! fit l'artiste d'un air peu convaincu.

M. Dubois prit un air paterne et, saisissant un bouton de l'habit de son interlocuteur, sans doute pour l'empêcher de s'échapper:

— Écoutez-moi avec attention, dit-il; les quelques jours que j'ai eu l'avantage de pas-

ser en votre compagnie m'ont permis d'étudier votre caractère et de l'apprécier à sa juste
valeur; vous êtes un jeune homme intelligent, sage, modeste; vous me plaisez.

— Vous êtes bien bon, murmura machinalement Emile pour répondre.

— Je veux faire quelque chose pour vous.

— C'est une idée cela; avez-vous du crédit?

— Beaucoup; beaucoup plus même, que,
sans doute, vous ne vous l'imaginez.

— Alors, rendez-moi un service.

— Lequel? parlez. J'ai à cœur de m'acquitter de ce que je vous dois.

— Bah! ce n'est rien cela; n'en parlons
pas.

— Parlons-en, au contraire.

— Non, non, je vous en prie, rendez-moi
plutôt le service que je vous demande.

— Lequel?

— Celui de me procurer, ce soir même,
une escorte respectable pour que je puisse
sans danger atteindre Buenos-Ayres.

— Que voulez-vous faire à Buenos-Ayres?

— M'embarquer sur le premier navire qui
mettra à la voile, afin de fuir le plus tôt possible cet effroyable pays où on ne parle que
politique et où la vie tourne tellement à la
tragédie, qu'elle devient impossible à tout
homme qui, comme moi, n'existe que pour
l'art.

Le diplomate avait écouté le peintre, le
sourire sur les lèvres.

— Vous avez tout dit? lui demanda-t-il.

— A peu près; il ne me reste qu'à ajouter
que, si vous me rendez cet immense service,
vous me ferez le plus heureux des hommes,
et je vous en conserverai une éternelle reconnaissance; ce que je vous demande là est
bien facile, il me semble?

— Tout ce qu'il y a de plus facile.

— Alors je puis compter sur votre obligeance?

— Je ne dis pas cela.

— Comment, vous me refusez?

— Pour votre bien; dans votre intérêt même
je dois le faire.

— Parbleu, voilà qui est fort par exemple!
s'écria l'artiste tout désappointé.

— Mieux que vous, je sais ce qui vous convient, laissez-moi m'expliquer.

— Parlez, mais je vous avertis d'avance que
vous ne réussirez pas à me convaincre.

— Peut-être, je disais donc, reprit-il imperturbablement, lorsque vous m'avez interrompu,—que vous me plaisez. Appelé par la
confiance des hommes éclairés qui jouent le
premier rôle dans la glorieuse révolution de
ce noble pays, à occuper une place éminente
dans leurs conseils, j'ai besoin près de moi
d'un homme honnête, intelligent, auquel je
puisse me fier, qui sache l'espagnol, que
j'ignore, et que je suis trop vieux pour apprendre; en un mot, qui me soit dévoué et
qui soit pour moi plutôt un ami qu'un secrétaire; cet homme, après mûres réflexions, je
l'ai choisi; c'est vous.

— Moi?

— Oui, mon ami.

— Merci de la préférence.

— Ainsi, vous acceptez?

— Moi! je refuse! Je refuse de toutes mes
forces, au contraire.

— Allons donc, ce n'est pas sérieux?

— Mon cher monsieur Dubois, je ne plaisante pas avec ces choses-là, c'est trop grave.

— Bah! bah! vous réfléchirez.

— Mes réflexions sont faites, ma résolution
immuable est prise, je vous le refuse. Ah
çà, mais c'est une épidémie: tout le monde
s'obstine à faire de moi, contre ma volonté,
un homme politique; il y aurait, sur mon
honneur, de quoi me rendre fou.

Le diplomate haussa légèrement les épaules, et, frappant amicalement sur le bras du
peintre:

— La nuit porte conseil, dit-il; demain,
vous me répondrez.

Et il se tourna comme pour le quitter.

— Mais je vous jure... fit Emile.

— Je n'écoute rien, interrompit-il; dansez,
amusez-vous, demain nous causerons.

Et il le laissa.

— Ils ont tous le diable au corps! s'écria le
jeune homme en frappant du pied avec colère dès qu'il fut seul; quelle singulière
manie de vouloir à toute force faire de moi
un homme sérieux! bien fin qui m'attrapera
demain à Tucuman; je partirai cette nuit, je
m'échapperai coûte que coûte. Cette vie est
un enfer, je n'y puis tenir plus longtemps;
mais le conseil que m'a donné M. Dubois
n'est pas mauvais; je veux profiter des quelques heures de liberté qui me restent pour
me divertir, si cela m'est possible.

Après cet aparté pendant lequel il exhala
le plus fort de sa colère, le peintre rentra
dans le bal.

La fête continuait plus folle et plus échevelée que lorsque son compatriote l'avait entraîné à l'écart; on dansait dans tous les
angles des salons, non pas nos froides
et insipides contredanses françaises, où il
est de bon goût de marcher en se tenant
roide et guindé, mais les gracieuses *samba
juecas*, les *jotas*, enfin toutes ces délicieuses
danses espagnoles si pleines de laisser-aller,
de mouvement d'abandon et de *salero*, dont
la liberté ne dépasse jamais une certaine limite et qui, cependant, permettent aux femmes de développer toutes les grâces voluptueuses que Dieu a mises en elles, sans cho-
quer le regard inquisiteur du plus austère
moraliste.

Le peintre, inconnu à tous ceux qui l'entouraient et parlant trop difficilement l'espagnol, que cependant il comprenait fort bien,
pour essayer d'entamer une conversation
quelconque avec ses voisins, s'était appuyé
l'épaule contre le mur et les bras croisés sur
la poitrine, il suivait des yeux avec un intérêt de plus en plus vif les danses qui tourbillonnaient devant lui, lorsque tout à coup
la musique se tut, la danse s'arrêta subitement et un grand mouvement s'opéra dans la
foule.

De grands cris, cris joyeux, hâtons-nous de
le dire, se faisaient entendre sur la place; puis
la foule revint dans le Cabildo, se sépara brusquement en deux parts, laissant un large espace vide au milieu des salles.

Le gouverneur, le général et une vingtaine
d'officiers s'avancèrent alors dans cette baie
qui leur était ouverte, au-devant des nouveaux invités qui arrivaient et qu'ils étaient
loin d'attendre, mais que, cependant, ils se
préparaient à recevoir avec un empressement joyeux.

A l'apparition dans le salon des nouveaux
venus, les cris éclatèrent avec une force
inouïe, les chapeaux et les mouchoirs furent
agités avec enthousiasme.

C'est que ceux qui entraient alors étaient
les véritables héros de la fête.

Don Zéno Cabral, que l'on croyait campé à
dix lieues de San Miguel de Tucuman, entrait au Cabildo avec tout l'état-major de sa
montonera.

A la vue de ces hardis partisans qui avaient
remporté quelques jours auparavant un avantage signalé sur les Espagnols, la joie devint
du délire. Chacun se précipita vers eux pour
les voir et les féliciter, et, dès le premier
mouvement d'enthousiasme, ils coururent
réellement le danger d'être étouffés par leurs
admirateurs.

Cependant, peu à peu les démonstrations,
sans cesser d'être vives, se calmèrent, les groupes se désunirent, la foule s'écoula et la circu-
lation se rétablit dans les salons que, pendant
quelques instants, le peuple de la place avait
presque envahis.

La fête recommença.

Mais les invités, dont la curiosité était excitée au plus haut point et qui ne pouvaient
se rassasier de regarder ces hommes qu'ils
considéraient presque comme des sauveurs,
n'y apportaient plus ni le même entrain ni
le même élan.

Le peintre, fatigué du rôle secondaire qu'il

jouait au milieu de ces gens dont il lui était
impossible de comprendre les aspirations ou
de partager l'enthousiasme, avait quitté le
l'angle du salon où, pendant si longtemps, il
était demeuré seul, admirant en silence la
scène enivrante qui se déroulait devant lui,
et il cherchait à se frayer un passage à travers la foule pour gagner incognito la place,
espérant s'échapper facilement au milieu du
tumulte causé par la venue des montoneros,
lorsqu'il se sentit toucher légèrement l'é-
paule.

Il se retourna et retint avec peine une exclamation de mauvaise humeur, en reconnaissant ses deux compagnons de l'Alameda,
ceux qui l'avaient aidé à s'introduire dans le
Cabildo; en un mot, le capitaine espagnol et
le comte de Mendoza.

Tous deux étaient déguisés et avaient en-
dossé un costume semblable à celui que portait le jeune Français.

— Où allez-vous donc ainsi? lui demanda
le comte en ricanant.

Nous devons rendre cette justice au peintre
que, s'il n'avait pas complètement-oublié les
deux hommes dont il était si fatalement le
prisonnier sur parole, du moins, dans son
for intérieur, espérait-il échapper à leur vigilance et comptait-il sur le hasard pour leur
échapper.

— Moi? répondit-il surpris à l'improviste
et ne sachant quelle excuse donner.

— Certes vous, fit le comte.

— Mon Dieu, dit-il de l'air le plus indifférent
qu'il put affecter, on étouffe dans ces salons,
j'allais sur la place en quête d'un air respi-
rable quelconque.

— Voilà tout?

— Parfaitement.

— Qu'à cela ne tienne, comme vous nous
éprouvons le besoin de prendre l'air, nous
vous accompagnerons, reprit le comte.

— Soit, je ne demande pas mieux, dit-il.

Ils firent quelques pas vers la sortie. Mais
le jeune homme, se ravisant tout à coup, s'arrêta et, se tournant brusquement vers ses
deux gardes du corps qui le suivaient pas à
pas:

— Parbleu! leur dit-il résolûment, je change d'avis; et, puisque l'occasion d'une explication entre nous se présente, je veux en profiter.

— Qu'est-ce à dire? fit le comte avec hauteur.

— Laissez parler ce caballero, dit le capitaine, je suis certain qu'il a quelque chose
d'intéressant à nous apprendre.

— Oui, señor, de fort intéressant même,
pour moi!

— Ah! ah! murmura le comte; voyons
donc cela, ce doit être curieux.

— Vous croyez?

— J'en suis convaincu.

— Mais, pardon, reprit le comte, n'êtes-
vous pas comme nous, cher seigneur, d'avis
qu'il est inutile de mettre le public dans la
confidence de choses qui ne nous regardent
seuls?

— Je comprends que vous ayez intérêt à
rechercher le mystère, malheureusement telle
n'est pas mon opinion; je désire, au contraire,
que la plus grande publicité soit donnée à cet
entretien.

— Voilà qui est fâcheux.

— Pourquoi donc cela?

— Parce que, dit froidement le comte en
sortant de dessous son poncho un pistolet
tout armé, et vous dites un mot de plus, si
vous ne nous suivez pas à l'instant, je vous
brûle la cervelle.

Le peintre éclata de rire.

— Vous ne seriez pas assez niais pour le
faire, dit-il.

— Et pour quelle raison?

— Parce que vous seriez immédiatement
arrêté, que de grands intérêts vous obligent
à demeurer inconnu, et que ma mort ne vous
offrirait pas d'assez grands avantages pour
que vous risquiez de sacrifier ainsi votre sûreté personnelle au plaisir de me tuer.

— Cuerpo de Cristo ! s'écria en riant le capitaine ; bien répondu sur ma foi ! vous êtes battu, mon cher comte.

— Tout n'est pas fini entre nous, dit le comte, en grinçant des dents, mais en faisant disparaître son arme.

— Je m'étonne, señor, reprit froidement le jeune homme, que vous, un hidalgo, un gentilhomme de la vieille roche, vous fassiez ainsi, à tout propos, preuve d'aussi mauvais goût.

— Prenez garde, monsieur, s'écria le comte, ne jouez pas ainsi avec ma colère ; si vous me poussez à bout, je puis tout oublier.

— Allons donc, fit Emile en haussant les épaules avec dédain, me prenez-vous pour un enfant craintif qu'on intimide avec des menaces ? vous oubliez qui je suis et qui vous êtes. Croyez-moi, demeurons vis-à-vis l'un de l'autre dans les bornes de la courtoisie, un éclat vous perdrait et vous rendrait ridicule.

— Finissons-en, dit le capitaine en s'interposant, cela n'a déjà que trop duré ; n'attirons pas l'attention sur nous, pour une semblable niaiserie. Vous voulez, señor, reconquérir votre liberté en obtenant que nous vous rendions votre parole, n'est-ce pas cela ?

— En effet, voilà ce que je demande, señor, ai-je tort ?

— Ma foi, non ; en agissant ainsi vous ne faites qu'obéir à cet instinct que Dieu a mis au cœur de tous les hommes, je ne saurais vous blâmer.

— Que faites-vous, capitaine ? s'écria le comte avec violence.

— Eh, mon Dieu ! mon cher comte, je fais ce que je dois faire. De deux chose l'une, ou cet étranger est un honnête homme, à qui nous devons avoir confiance, ou c'est un fripon qui nous trompera quand il en trouvera l'occasion ; dans un cas comme dans l'autre, nous devons nous fier à sa parole ; s'il est honnête il la tiendra, si non, il parviendra toujours à nous échapper.

— Parfaitement raisonné, señor, répondit l'artiste. Cette parole, je vous l'ai donnée, croyez-moi, elle me lie plus fortement envers vous que la chaîne la mieux forgée.

— J'en suis convaincu, señor ; pour terminer cette contestation, je vous déclare ici que vous êtes libre de faire ce que bon vous semblera, sans que nous essayions d'y mettre obstacle, certains que vous ne voudrez pas trahir des hommes contre lesquels vous n'avez aucun motif de haine, et auxquels vous avez promis le secret.

— Vous m'avez bien jugé, señor ; je vous remercie de cette opinion, qui est vraie !

— Vous le voulez, s'écria le comte avec une colère contenue, soit ; je n'ai pas le droit de m'opposer à votre volonté ; mais vous vous repentirez de cette folle confiance envers un homme que vous ne connaissez pas, et qui, de plus, est étranger.

— Allons donc, cher comte, vous poussez trop loin la méfiance aussi ! il y a des honnêtes gens partout, même dans cette France que vous haïssez, et ce cavalier est du nombre. Votre main, señor, et au revoir ; peut-être nous rencontrerons-nous dans des circonstances plus favorables ; alors, j'espère que vous m'accorderez votre amitié comme déjà je vous ai offert la mienne.

— De grand cœur, monsieur, fit le peintre en pressant avec effusion la main qui lui était tendue, et en ne répondant que par un sourire de dédain aux paroles du comte.

— Maintenant que, grâce à Dieu, cette grave discussion est terminée, reprit en riant le capitaine, je crois que toutes nos affaires, ici, sont faites pour cette nuit ; mon cher comte, et c'est temps de nous retirer.

— Nous ne sommes demeurés que trop longtemps ici ; comme vous, je pense qu'il faut en sortir le plus tôt possible, répondit le comte d'un air bourru.

— Si vous le permettez, je vous accompagnerai jusque sur la place, señores ; si séduisante que soit cette fête, elle n'a plus de charmes pour moi ; j'éprouve le besoin de me reposer.

— Venez donc, répondit le capitaine.

Ils quittèrent alors le salon dans lequel ils étaient restés jusque-là, et se dirigèrent vers la sortie.

— Ma foi, pensa le peintre, je suis heureux d'en être quitte à ce prix ; me voici donc libre enfin ; quant à ce cher monsieur Dubois, je lui souhaite bien du plaisir, et surtout de trouver promptement un autre secrétaire, car il aurait parfaitement tort de compter sur moi.

Et le jeune homme se frotta joyeusement les mains.

Malheureusement pour lui, la série de ses tribulations n'était pas encore épuisée, ainsi qu'il s'en flattait un peu prématurément.

Au moment où les trois hommes atteignaient la porte de sortie et où ils allaient pénétrer sur le perron de quelques marches qui conduisait dans la cour du Cabildo :

— Les voilà ! dit une voix.

Aussitôt les deux sentinelles placées à la porte croisèrent leurs fusils et leur barrèrent le passage.

— Allons bon, qu'y a-t-il encore ? murmura le peintre avec dépit.

— Que signifie cela ? demanda le comte avec hauteur.

— Cela signifie, répondit en s'avançant un homme qui, jusqu'à ce moment, s'était tenu dans l'ombre, que je vous arrête au nom de la patrie, et que vous êtes mes prisonniers.

Celui qui venait de parler ainsi était le capitaine Quiroga.

— Prisonniers, nous ! se récrièrent les trois hommes.

— Oui, vous, reprit froidement le capitaine, vous don Jaime de Zuniga, comte de Mendoça, et vous capitaine don Lucio Ortega, accusés de haute trahison.

— Eh bien ! et moi, qu'ai-je à voir dans tout ceci ?

— Vous, mon cher monsieur, on vous arrête comme complice présumé de ces caballeros, en compagnie desquels vous vous êtes introduit dans le Cabildo et avec lesquels vous avez longtemps causé.

— Ah ! par exemple, c'est à devenir fou ! s'écria le peintre au comble de la stupéfaction, mais je ne suis pas du tout l'ami de ces caballeros.

— Assez, répondit froidement le capitaine ; maintenant, señores, rendez les armes que si vous ne voulez pas qu'on vous fouille.

Les deux Espagnols échangèrent un regard ; puis, par un mouvement rapide comme la pensée, ils se ruèrent avec une force invincible sur les sentinelles qui leur barraient le passage, les renversèrent et bondirent dans la cour.

Mais là ils se trouvèrent en présence d'une vingtaine de soldats embusqués à l'avance qui se précipitèrent sur eux, et en un clin d'œil ils furent fouillés et désarmés.

— C'est bien, nous nous rendons, dit le comte ; il est inutile de porter davantage la main sur nous et de nous traiter comme des bandits.

Les soldats s'écartèrent aussitôt et laissèrent les prisonniers tout froissés de leur chute se relever et remettre un peu d'ordre dans leurs vêtements.

Cette lutte, si courte qu'elle eût été, avait cependant attiré un grand nombre de personnes.

— Allons, venez, dit le capitaine Quiroga en saisissant rudement le bras du peintre pour le faire descendre du perron.

— Mais ceci est horrible, s'écria celui-ci en se débattant avec fureur, vous violez le droit des gens, je suis Français, je suis étranger, laissez-moi, vous dis-je.

Le débat se serait probablement terminé au désavantage du jeune homme, seul contre vingt, si tout à coup le gouverneur ne s'était avancé et, s'adressant au capitaine :

— Laissez aller ce caballero, dit-il, il y a méprise ; c'est un honnête homme, il est le secrétaire du duc de Mantoue.

Et, prenant le bras de l'artiste, tout ahuri de la scène de violence dont il avait failli être victime, il le fit rentrer dans les salons et le conduisit en souriant au duc de Mantoue.

— Voilà votre secrétaire, Excellence, dit-il ; je suis arrivé à temps.

— Décidément ils y tiennent, murmura à part lui le jeune homme ; le diable emporte la politique et ceux qui s'obstinent à m'y vouloir fourrer. Oh ! si je trouve l'occasion de leur fausser compagnie !...

Mais, provisoirement, force lui fut de se contraindre et de feindre d'accepter avec joie cette place de secrétaire, pour laquelle il éprouvait une répugnance si décidée.

Les prisonniers avaient été, sous bonne escorte, conduits à la prison où on les avait écroués.

VII

Le Callejon de las Cruces.

Bien que la ville de San Miguel de Tucuman ne soit pas très ancienne et que sa construction remonte à peine à deux cents ans, cependant, grâce peut-être à la population calme et studieuse qui l'habite, elle a un certain parfum moyen âge qui s'exhale à profusion des vieux cloîtres de ses couvents et des murs épais et noircis de ses églises ; l'herbe, dans les bas quartiers de la ville, croît en liberté dans les rues presque constamment solitaires ; çà et là, quelque masure décrépite, fendillée par le temps, penchée sur le fleuve, dans lequel elle semble se soutenir par un miracle incompréhensible d'équilibre, offre aux regards curieux du voyageur artiste, les effets les plus pittoresques et les points de vue les plus saisissants.

Le Callejon de las Cruces surtout, rue étroite et tortueuse bordée de maisons basses et sombres, qui donne d'un bout à la rivière et de l'autre dans la rue de Los Mercaderes, est sans contredit une des plus singulières et pittoresques de la ville.

A l'époque où se passe notre histoire, et probablement encore aujourd'hui, la plus grande partie du côté droit du Callejon de las Cruces était occupée par une longue et large maison, d'un aspect sombre et froid, que ses murs épais et les barreaux de fer dont les fenêtres étroites étaient garnies faisaient ressembler à une prison.

Cependant, il n'en était rien ; cette maison était une espèce de béguinage comme on en rencontre tant aujourd'hui encore dans les Flandres belges et hollandaises, si longtemps possédées par les Espagnols, et servait de retraite à des femmes de toutes les classes de la société, qui, sans avoir positivement prononcé de vœux, voulaient vivre à l'abri des orages du monde et consacrer le temps qui leur restait à passer encore sur la terre, à des exercices de piété et à des œuvres de bienfaisance.

Du reste, ainsi que l'a pu voir le lecteur, d'après la description que nous avons faite du lieu où elle s'élevait, cette maison était parfaitement appropriée à sa destination, et il aurait constamment autour d'elle un calme et une tranquillité qui la faisaient plutôt ressembler à une vaste nécropole qu'à une communauté quasi religieuse de femmes.

Tous les bruits venaient mourir sans écho sur le seuil de la porte de cette sinistre maison : les cris de joie comme les cris de colère, le brouhaha des fêtes comme les grondements de l'insurrection, rien ne parvenait à la galvaniser et à la faire sortir de sa majestueuse et sombre indifférence.

Cependant, un soir, la nuit même du jour où le gouverneur de San Miguel avait donné au Cabildo un bal en réjouissance de la victoire remportée par Zéno Cabral sur les Espagnols, vers minuit, une troupe d'hommes armés, dont les pas cadencés résonnaient sourdement dans les ténèbres, avaient débouché de la rue de los Mercaderes, tourné dans le callejon de las Cruces, et, arrivés devant la porte massive et solidement verrouillé de la maison dont nous avons parlé, ils s'étaient arrêtés.

Celui qui paraissait le chef de ces hommes avait frappé trois fois du pommeau de son épée sur la porte qui s'était immédiatement ouverte.

Cet homme avait alors échangé à voix basse quelques paroles avec une personne invisible; puis, sur un signe de lui, les rangs de sa troupe s'étaient ouverts; quatre femmes, quatre spectres peut-être, drapées dans de longs voiles, qui ne laissaient apercevoir aucun détail de leur personne, étaient entrés silencieusement et à la file dans la maison. Quelques mots avaient encore été échangés entre le chef de la troupe et l'invisible portier de cette habitation sinistre; puis la porte s'était refermée sans bruit, comme elle s'était ouverte; les soldats avaient repris le chemin par lequel ils étaient venus, et tout avait été dit.

Ce fait singulier s'était passé sans éveiller en aucune façon l'attention des pauvres gens qui habitaient aux alentours. La plupart assistaient à la fête dans les rues ou sur les places des hauts quartiers de la ville; les autres dormaient ou étaient trop indifférents pour se soucier d'un bruit quelconque à une heure aussi avancée de la nuit.

Aussi, le lendemain, les habitants du callejon de las Cruces auraient-ils été dans la plus complète impossibilité de donner le plus léger renseignement sur ce qui s'était passé à minuit dans leur rue, à la porte de la Maison-Noire, ainsi qu'ils la nommaient entre eux cette habitation sinistre, pour laquelle ils éprouvaient une répulsion instinctive, et qui était loin de jouir d'une bonne réputation dans leur esprit.

Plusieurs jours s'étaient écoulés depuis la fête; la ville avait repris sa physionomie calme et tranquille; seulement les troupes n'avaient pas levé leur camp; au contraire, la montonera de don Zéno Cabral était venue s'installer à quelque distance d'elles.

De vagues rumeurs qui circulaient dans la ville, parmi le peuple, donnaient à supposer que les révolutionnaires préparaient une grande expédition contre les Espagnols.

Emile Gagnepain, fort contrarié dans le premier moment d'être continuellement le jouet des événements et de river son libre arbitre et l'exercice de sa volonté complètement annihilés au profit de tiers, et surtout d'être contraint de s'occuper malgré lui de politique, lorsqu'il aurait tant été heureux de passer ses journées à errer dans la campagne, à faire des études, et surtout à rêver étendu sur l'herbe, avait fini par prendre son parti de ces désagréments continuels auxquels il ne pouvait rien; il s'était, en attendant mieux, résigné à son sort avec cette insouciante philosophie qui formait le fond de son caractère, et cela d'autant plus facilement, qu'il n'avait pas tardé à s'apercevoir que sa place de secrétaire du duc de Mantoue était plutôt titulaire qu'effective, et qu'en résumé, elle constituait pour lui une magnifique sinécure, puisque, depuis quinze jours qu'il était censé l'exercer, le diplomate ne lui avait pas fait écrire une syllabe.

Bien que tous deux habitassent le même hôtel, le patron et le soi-disant secrétaire ne se voyaient que rarement et ne se rencontraient ordinairement qu'à l'heure des repas, lorsque la même table les réunissait; deux ou trois jours s'écoulaient parfois sans qu'ils se vissent.

M. Dubois, complètement absorbé par les combinaisons les plus ardues de la politique, passait le plus souvent ses journées en longues et sérieuses conférences avec les chefs du pouvoir exécutif; en dernier lieu, il avait été chargé d'un travail fort difficile au sujet des députés destinés à siéger au congrès général qui se devait tenir à San Miguel de Tucuman, et dans lequel l'indépendance des provinces de l'ancienne vice-royauté de Buenos-Ayres, allait être proclamée.

De sorte que, malgré le vif intérêt qu'il portait à son jeune compatriote, le diplomate était forcé de le négliger, ce dont celui-ci ne se plaignait nullement, au contraire, profitant consciencieusement des deux loisirs, qui lui étaient faits par la politique, pour se livrer avec délice à la vie contemplative si chère aux artistes, et flâner des journées entières par la ville et la campagne, en quête de points de vue pittoresques et de beaux paysages.

Recherche nullement difficile dans un pays comme celui qu'il habitait accidentellement, où la nature, presque vierge encore, et non gâtée par la main inintelligente de l'homme, possédait alors ce cachet de majesté et de grandeur que Dieu seul sait imprimer si magistralement aux œuvres les plus vastes, comme à celles les plus infimes qui sortent de ses mains toutes puissantes.

Les habitants, accoutumés à voir sans cesse tourner le jeune homme autour d'eux, attirés par sa bonne et franche figure; par ses manières douces et son air insouciant, s'étaient peu à peu familiarisés avec lui, et, malgré sa qualité d'Européen et surtout de Français, c'est-à-dire de *gringo* ou d'hérétique, ils avaient fini par le prendre en amitié et le laisser aller partout où la fantaisie le menait sans le poursuivre d'une inquiète curiosité ou le fatiguer de questions indiscrètes.

D'ailleurs, dans l'état de préoccupation politique où se trouvait en ce moment le pays, lorsque toutes les passions étaient en ébullition, que les idées révolutionnaires bouleversaient toutes les têtes, il paraissait si étrange de voir un homme se promener continuellement d'un air nonchalant, le nez au vent, le sourire sur les lèvres et les mains dans ses poches, sans regret de la veille ni souci du lendemain, que cet homme passait à bon droit pour une espèce de phénomène. Chacun l'enviait et se sentait porté à l'aimer, à cause même de sa placide indifférence; lui seul peut-être ne s'apercevait pas de l'effet produit par sa présence lorsqu'il passait sur la place ou dans les rues les plus populeuses de la ville, et continuait son chemin, sans se douter qu'il était, pour ceux qu'il croisait sur son chemin, une énigme ambulante dont ils cherchaient vainement le mot; quelques-uns même, abasourdis par cette magnifique indifférence qu'ils ne pouvaient comprendre n'étaient pas éloignés, sinon de le croire complètement fou, du moins de supposer qu'il avait au moins deux ou trois cases vides dans le cerveau.

Emile ne s'occupait ni des uns ni des autres; il continuait bravement à vivre de l'air du temps, suivant le regard les oiseaux dans leur vol, écoutant des heures entières le murmure mystérieux d'une cascade, ou s'extasiant avec un immense bonheur devant un splendide coucher de soleil dans la Cordillère.

Puis, le soir, il regagnait philosophiquement son logis, en murmurant entre ses dents:

— Est-ce que tout cela n'est si admirable! est-ce que cela ne vaut pas mieux que la politique! Parbleu! il faut être idiot pour ne pas le remarquer. Définitivement, tous ces gens sont absurdes! Quels niais! Ils seraient si heureux s'ils voulaient seulement consentir à se laisser vivre sans chercher à se délivrer de leurs maîtres! Comme si, lorsque ceux-là n'y seront plus, il n'en viendra pas aussitôt d'autres! Définitivement, ils sont bêtes à manger du foin!

Le lendemain, il recommençait ses promenades, et ainsi tous les jours, sans se fatiguer de cette existence si douce et si heureuse, et en cela il était parfaitement dans le vrai.

Le jeune peintre habitait, ainsi que nous l'avons dit, une maison mise par le gouvernement buenos-ayrien à la disposition de M. Dubois et située sur la plaza Mayor, sous les portales. Le jeune homme, en mettant le pied hors de chez lui, se trouvait en face d'une rue large et garnie de boutiques, qui débouchait sur la place; cette rue était la calle Mercaderes; or le peintre avait pris l'habitude d'aller tout droit devant lui, de suivre la calle Mercaderes, au bout de laquelle aboutissait le callejon de las Cruces; il entrait dans le callejon et arrivait, sans faire de détours, à la rivière. Ainsi deux fois par jour, en allant et le soir en revenant de la promenade, Emile Gagnepain traversait le callejon de las Cruces dans toute sa longueur.

S'y arrêtant parfois pendant assez longtemps à admirer la forme gracieuse de certains pignons datant des premières années de la conquête, et préférant passer par cette rue silencieuse et solitaire dans lequelle il pouvait librement se livrer à ses pensées sans craindre d'être interrompu par quelque importun, que de prendre les rues des hauts quartiers où il lui était impossible de faire un pas sans rencontrer une personne de connaissance, avec laquelle, sous peine de passer pour impoli, il était contraint d'échanger quelques mots ou au moins un salut, toutes choses que le contrariaient fort, parce qu'elles rompaient le fil de ses pensées.

Un matin où, comme de coutume, Emile Gagnepain commençait sa promenade et suivait tout pensif le callejon de las Cruces, au moment où il passait devant la maison dont nous avons parlé, il sentit un léger choc sur le sommet de son chapeau, comme si un objet fort léger l'avait frôlé, et une fleur roula presque à ses pieds.

Le jeune homme s'arrêta avec étonnement; son premier mouvement fut de lever la tête; mais il ne vit rien; la vieille maison avait toujours son même aspect morne et sombre.

— Hum! murmura-t-il; que signifie cela? Cette fleur n'est pourtant pas tombée du ciel.

Il se baissa, la ramassa délicatement et l'examina avec soin.

C'était une rose blanche à peine entr'ouverte, encore fraîche et humide de rosée.

Emile demeura un instant songeur:

— Voilà qui est bizarre, dit-il: cette fleur a été cueillie il y a quelques minutes à peine; est-ce donc à moi qu'on l'a jetée?... Dame! ajouta-t-il en regardant autour de lui, il serait fort difficile que ce fût à un autre, puisque je suis seul. Ceci demande réflexion... Ne nous laissons pas emporter par la vanité; attendons à ce soir.

Et il continua sa route après avoir vainement exploré d'un regard scrutateur toutes les fenêtres de la sombre maison.

Cet incident, tout léger qu'il était, suffit pour troubler étrangement l'artiste pendant toute la durée de sa promenade.

Il était jeune, il se croyait beau, en sus il était doué d'une dose de vanité plus que raisonnable. Son imagination fut bientôt aux champs; il évoqua dans son souvenir toutes les histoires d'amour qu'il avait entendu raconter sur l'Espagne, et, de déduction en déduction, il arriva promptement à cette conclusion excessivement flatteuse pour son amour-propre, qu'une belle señora retenue prisonnière par un mari jaloux, l'avait vu passer sous ses fenêtres, s'était senti entraînée vers lui par une passion irrésistible, et lui avait lancé cette fleur pour attirer son attention.

Cette conclusion était absurde, il est vrai; mais elle souriait énormément au peintre,

Paris, impr. SCHILLER, rue Fg-Montmartre, 19

dont, ainsi que nous l'avons dit, elle avait l'avantage de flatter l'amour-propre.

Pendant toute la journée, le jeune homme fut sur des charbons ardents : vingt fois voulut retourner, mais heureusement la réflexion vint à son secours ; il comprit que trop d'empressement compromettrait le succès de son aventure, et que mieux valait ne repasser qu'à l'heure où il avait l'habitude de rentrer chez lui.

— De cette façon, dit-il d'un air narquois, en cherchant à se moquer de lui-même pour s'éviter une désillusion, si, ce qui était possible, il s'était trompé, si elle m'attend, elle me jettera une autre fleur; alors j'achèterai une guitare et un manteau couleur de muraille, et je viendrai comme un amant du temps du Cid Campeador, lui exprimer ma langoureuse flamme à la clarté des étoiles.

Mais, malgré ces moqueries qu'il s'adressait en errant en ce moment qu'une espèce de curiosité dont il ne pouvait s'expliquer la cause, car il lui était impossible d'éprouver un sentiment, autre que celui-là, pour une personne qu'il ne connaissait point, — cependant l'inconnu, l'imprévu même, si l'on veut, a un charme indéfinissable et exerce une attraction extrême sur certaines organisations promptes à s'enflammer, qui les fait en un instant échafauder des suppositions dont elles ne tardent pas à faire des réalités jusqu'à ce que la vérité vienne tout à coup, comme la goutte d'eau froide dans la vapeur en ébullition, faire tout évaporer en une seconde.

Lorsque le peintre crut que l'heure du départ était sonnée, il se remit en marche pour retourner chez lui. En affectant peut-être un peu trop visiblement pour quelqu'un qui aurait eu intérêt à épier ses faits et gestes, les manières d'un homme complètement indifférent, il atteignit enfin le callejon de las Cruces, et bientôt il arriva auprès de la maison.

Malgré lui, le jeune homme se sentait rougir ; son cœur battait avec force dans sa poitrine, il avait des bourdonnements dans les oreilles, comme lorsque le sang mis subitement en révolution monte violemment à la tête.

Tout à coup il ressentit un choc assez fort sur son chapeau.

Il releva vivement la tête.

Si brusque qu'eût été son mouvement, il ne vit rien, seulement il entendit un bruit léger comme celui d'une fenêtre fermée avec précaution.

Assez désappointé de cette seconde et malheureuse tentative pour apercevoir la personne qui s'occupait ainsi de lui, il demeura un instant immobile ; mais, reconnaissant bientôt le ridicule de sa position ainsi au milieu d'une rue, aux yeux de gens qui peut-être l'épiaient derrière une jalousie, il reprit son sang-froid et, se redressant d'un air indifférent, il chercha sur le sol autour de lui où avait roulé l'objet qui l'avait frappé si à l'improviste.

Il l'aperçut bientôt à deux ou trois pas de lui.

Cette fois, ce n'était pas une fleur. Cet objet, quel qu'il fût, car de prime abord il ne le reconnut pas, était enveloppé dans du papier et attaché soigneusement au moyen d'un fil de soie pourpre qui faisait plusieurs fois le tour du papier.

— Oh! oh! pensa le peintre en ramassant la petite boule de papier et la cachant précipitamment dans la poche du gilet qu'il portait sous son poncho, cela se complique; est-ce que déjà nous en serions à nous écrire? Diable! c'est aller vite en besogne.

Il se mit à marcher rapidement pour regagner sa demeure, mais réfléchissant bientôt que cette allure insolite étonnerait les gens

accoutumés à le voir aller en flânant et regardant en l'air, il ralentit le pas et reprit son train habituel.

Seulement, sa main allait sans cesse palper dans sa poche l'objet qu'il y avait si précieusement déposé.

— Dieu me pardonne, murmura-t-il au bout d'un instant, je crois que c'est une bague. Oh! oh! ce serait charmant cela ; ma foi j'en reviens à mon idée, j'achèterai une guitare et un manteau couleur de muraille, et en filant le parfait amour avec ma belle inconnue, car elle est belle, c'est évident, j'oublierai les tourments de l'exil. Mais, fit-il tout à coup en s'arrêtant net au milieu de la place et en levant les bras au ciel d'un air désespéré, et elle était laide, les femmes laides ont souvent de ces idées biscornues qui leur poussent, sans qu'on sache pourquoi, dans la cervelle. Hou! hou! ce serait affreux! Allons, bon, voilà que je fais des mots maintenant; je veux que le diable m'emporte si je ne deviens pas stupide; elle ne peut pas être laide, d'abord par la raison bien simple que toutes les Espagnoles sont jolies.

Et rassuré par ce raisonnement dont la conclusion était d'un pittoresque assez risqué, le jeune homme sa remit en route.

Ainsi que le lecteur a été à même de s'en apercevoir, Emile Gagnepain aimait les apartés, parfois même en il abusait, mais la faute n'en était pas à lui : jeté par le hasard sur une terre étrangère, ne parlant que difficilement la langue des gens avec lesquels il se trouvait, n'ayant près de lui aucun ami à qui confier ses joies et ses peines, il était en quelque sorte contraint de se servir à lui-même de confident, tant il est vrai que l'homme est un animal éminemment sociable, et que la vie en commun lui est indispensable par le besoin incessant qu'il éprouve, dans chaque circonstance de la vie, de dégonfler son cœur et de partager avec un être de son espèce les sentiments doux ou pénibles qu'il ressent.

Tout en réfléchissant, le jeune homme arriva à la maison qu'il habitait en commun avec M. Dubois.

Un peon semblait guetter son arrivée. Dès qu'il aperçut le peintre, il s'approcha rapidement de lui :

— Pardon, Seigneurie, le seigneur duc vous a demandé plusieurs fois aujourd'hui. Il a donné l'ordre que, aussitôt votre arrivée, on vous priât de passer dans son appartement.

— C'est bien, répondit-il, je m'y rends à l'instant.

En effet, au lieu de tourner à droite et d'entrer dans le corps de logis qu'il habitait, il se dirigea vers le grand escalier situé au fond de la cour et qui conduisait à l'appartement de M. Dubois.

— N'est-il pas étrange, murmura-t-il tout en montant l'escalier, que ce diable d'homme, dont je n'entends jamais parler, ait juste besoin de moi à l'instant où je désire tant être seul?

M. Dubois l'attendait dans un vaste salon richement meublé, dans lequel il se promenait de long en large, la tête basse et les bras croisés derrière le dos, comme un homme préoccupé de sérieuses réflexions.

Aussitôt qu'il aperçut le jeune homme il s'avança rapidement vers lui :

— Eh! arrivez donc! s'écria-t-il ; voilà près de deux heures que je vous attends. Que devenez-vous?

— Moi? ma foi je me promène. Que voulez-vous que je fasse? La vie est courte.

— Toujours le même, reprit en riant le duc.

— Je me garderai bien de changer ; je suis trop heureux ainsi.

— Asseyez-vous, nous avons à causer sérieusement.

— Diable! fit le jeune homme en se laissant tomber sur une butacca.

— Pourquoi cette exclamation?

— Parce que votre exorde me semble de mauvais augure.

— Allons donc! vous si brave !

— C'est possible ; mais, vous le savez, j'ai une peur effroyable de la politique, et c'est probablement de politique que vous me voulez parler.

— Vous avez deviné du premier coup.

— Là, j'en étais sûr, fit-il d'un air désespéré.

— Voici ce dont il s'agit.

— Pardon, est-ce que vous ne pourriez pas remettre ce grave entretien à plus tard ?

— Pourquoi cela ?

— Dame, parce ce serait autant de gagné pour moi.

— Impossible, reprit en riant M. Dubois ; il faut en prendre votre parti.

— Enfin, puisqu'il le faut, dit-il avec un soupir, de quoi s'agit-il ?

— Voici le fait en deux mots. Vous savez que la situation se tend de plus en plus, et que les Espagnols, que l'on espérait avoir vaincus, ont repris une vigoureuse offensive et remporté déjà d'importants succès depuis quelque temps.

— Moi, je ne sais rien du tout, je vous le certifie.

— Mais à quoi passez-vous donc votre temps, alors?

— Je vous l'ai dit, je me promène ; j'admire les œuvres de Dieu que, entre nous, je trouve fort supérieures à celles des hommes, et je suis heureux.

— Vous êtes philosophe?

— Je ne sais pas.

— Bref, voici ce dont il est question : Le gouvernement, effrayé, avec raison, des progrès des Espagnols, veut y mettre un terme en réunissant contre eux toutes les forces dont il peut disposer.

— C'est très sensément raisonné ; mais que puis-je faire dans tout cela, moi?

— Vous allez voir.

— Je ne demande pas mieux.

— Le gouvernement veut donc concentrer toutes ses forces pour frapper un grand coup; des émissaires ont déjà été expédiés dans toutes les directions afin de prévenir les généraux, mais pendant qu'on attaquera l'ennemi en face, il est important, afin d'assurer sa défaite, de le placer entre deux feux.

— C'est raisonner stratégie comme Napoléon.

— Or, un seul général est en mesure d'opérer sur les derrières de l'ennemi et lui couper la retraite; ce général est San Martin, qui se trouve actuellement au Chili à la tête d'une armée de dix mille hommes. Malheureusement il est excessivement difficile de traverser les lignes espagnoles ; j'ai suggéré au conseil un moyen infaillible.

— Vous êtes rempli d'imagination.

— Ce moyen consiste à vous expédier à San Martin ; vous êtes étranger, on ne se défiera pas de vous, vous passerez en sûreté et vous remettrez au général les ordres dont vous serez porteur.

— Ou je serai arrêté et pendu?

— Oh! ce n'est pas probable.

— Mais c'est possible : eh bien! mon cher monsieur, votre projet est charmant.

— N'est-ce pas ?

— Oui, mais toute réflexion faite, il ne me sourit pas du tout, et je refuse net. Diable! je ne me soucie pas d'être pendu comme espion, pour une cause qui m'est étrangère, et dont je ne sais pas le premier mot.

— Ce que vous m'annoncez là me contrarie au dernier point, parce que je m'intéresse vivement à vous.

— Je vous en remercie, mais je préfère que vous me laissiez dans mon obscurité, je suis d'une modeste désespérante.

— Je le sais; malheureusement, il faut absolument que vous vous chargiez de cette mission.

— Oh! par exemple, il vous sera difficile de m'en convaincre.

— Vous êtes dans l'erreur, mon jeune ami, cela me sera très facile au contraire.

— Je ne crois pas.

7

— Voici pourquoi; il paraît que les deux prisonniers espagnols arrêtés il y a quelques jours au Cabildo, et dont le procès s'instruit en ce moment, vous ont chargé dans leurs dépositions, en assurant que vous connaissiez entièrement leurs projets; bref, que vous étiez un de leurs complices.

— Moi! s'écria le jeune homme en bondissant avec colère.

— Vous, répondit froidement le diplomate; alors il fut question de vous arrêter, l'ordre était signé déjà, lorsque, ne voulant pas vous laisser fusiller, j'intervins dans la discussion.

— Je vous en remercie.

— Vous savez combien je vous aime, je pris chaudement votre défense jusqu'à ce que, forcé dans mes derniers retranchements et voyant que votre perte était résolue, je ne trouvai pas d'autre expédient pour faire aux yeux de tous éclater votre innocence, que de vous proposer pour émissaire auprès du général San Martin, assurant que vous seriez heureux de donner ce gage de votre dévouement à la révolution.

— Mais c'est un horrible guet-apens! s'écria le jeune homme avec désespoir, je suis dans une impasse.

— Hélas! oui, vous m'en voyez navré; pendu par les Espagnols, s'ils vous prennent, mais ils ne vous prendront pas, ou fusillé par les Buenos-Ayriens si vous refusez de leur servir d'émissaire.

— C'est épouvantable, fit le jeune homme avec abattement, jamais un honnête homme ne s'est trouvé dans une aussi cruelle alternative.

— A quel parti vous arrêtez-vous?

— Ai-je le choix?

— Dame, voyez, réfléchissez.

— J'accepte, et puisse l'enfer engloutir ceux qui s'acharnent ainsi après moi.

— Allons, allons, remettez-vous; le danger n'est pas aussi grand que vous le supposez; votre mission, je l'espère, se terminera bien.

— Quand je songe que je suis venu en Amérique pour faire de l'art et échapper à la politique! quelle bonne idée j'ai eue là!

M. Dubois ne put s'empêcher de rire.

— Plaignez-vous donc, plus tard vous raconterez vos aventures.

— Le fait est que si je continue comme cela, ma vie sera assez accidentée; il me faut partir tout de suite sans doute.

— Non pas, nous n'allons pas si vite en besogne; vous avez tout le temps nécessaire pour faire vos préparatifs; votre voyage sera long et pénible.

— De combien de temps puis-je disposer pour me mettre en état de partir?

— J'ai obtenu huit jours, dix au plus; cela vous suffit-il?

— Amplement. Encore une fois je vous remercie.

Le visage du jeune homme s'était subitement éclairci; ce fut le sourire sur les lèvres qu'il ajouta:

— Et pendant ce temps je serai libre de disposer de moi comme il me voudra?

— Absolument.

— Eh bien! reprit-il en serrant avec force la main à M. Dubois, je ne sais pourquoi, mais je commence à être de votre avis.

— Dans quel sens! fit le diplomate surpris de ce changement si promptement opéré dans l'esprit du jeune homme.

— Je crois que tout se terminera mieux que je ne le supposais d'abord.

Et après avoir cérémonieusement salué le vieillard, il quitta le salon et se dirigea vers son appartement.

M. Dubois le suivit un instant des yeux.

— Il médite quelque folie, murmura-t-il en hochant la tête à plusieurs reprises. Dans son intérêt même, je le surveillerai.

VIII

La Lettre.

Le peintre s'était réfugié dans son appartement en proie à une agitation extrême.

Arrivé dans sa chambre à coucher, il s'enferma à double tour; puis, certain que provisoirement personne ne viendrait le relancer dans ce dernier asile, il se laissa tomber avec accablement sur une butacca, rejeta le corps en arrière, pencha la tête en avant, croisa les bras sur la poitrine, et, chose extraordinaire pour une organisation comme la sienne, il se plongea dans de sombres et profondes réflexions.

D'abord, il récapitula dans son esprit, bourrelé par les plus tristes pressentiments, les événements qui l'avaient assailli depuis son débarquement en Amérique.

La liste était longue et surtout peu réjouissante.

Au bout d'une demi-heure, l'artiste arriva à cette désolante conclusion que depuis le premier instant qu'il avait posé le pied dans le nouveau monde, le sort avait semblé prendre un malin plaisir à s'acharner sur lui et à le rendre le jouet des plus désastreuses combinaisons, quelques efforts qu'il eût faits pour rester constamment en dehors de la politique et à vivre en véritable artiste, sans s'occuper de ce qui se passait autour de lui.

— Pardieu! s'écria-t-il en frappant du poing avec colère le bras de son fauteuil, il faut avouer que ce n'est pas avoir de chance! Dans des conditions comme celles-là, la vie devient littéralement impossible! mieux aurait cent fois valu pour moi rester en France, où du moins on me laissait parfaitement tranquille et libre de vivre à ma guise! Jolie situation que la mienne, me voilà, sans savoir pourquoi, placé entre la fusillade et la potence! Mais c'est absurde cela! ça n'a pas de nom! Le diable emporte les Américains et les Espagnols! comme s'ils ne pouvaient pas se chamailler entre eux sans venir mêler à leur querelle un pauvre peintre qui n'en peut mais! et qui voyage en amateur dans leur pays! ils ont encore une singulière façon d'entendre l'hospitalité, ces gaillards-là! Je leur en fais mon sincère compliment! Et moi qui étais persuadé, sur la foi des voyageurs, que l'Amérique était la terre hospitalière par excellence, le pays des mœurs simples et patriarcales! Fiez-vous donc aux histoires de voyages! On devrait brûler vif, ceux qui prennent ainsi plaisir à mettre le public en erreur! Que faire? que devenir? J'ai huit jours devant moi, m'a dit ce vieux loup-cervier de diplomate, encore un auquel je conserverai une éternelle reconnaissance de ses procédés à mon égard! Quel charmant compatriote j'ai rencontré là! Comme j'ai eu la main heureuse avec lui!... C'est égal, il me faut prendre un parti! Mais lequel? je ne vois que la fuite! Hum, la fuite, ce n'est pas facile, je dois être surveillé de près. Malheureusement je n'ai pas le choix, voyons, combinons un plan de fuite. Scélérat que je suis, qui s'obstine à faire de ma vie un mélodrame, quand, moi, je m'applique de toutes mes forces à faire un vaudeville!

Sur ce, le jeune homme, chez lequel malgré lui la gaieté de son caractère prenait le dessus sur l'inquiétude qui l'agitait, se mit demi riant demi sérieux à réfléchir de plus belle.

Il demeura ainsi plus d'une heure sans bouger de sa butacca et sans faire le moindre mouvement.

Il va sans dire qu'au bout de cette heure, il était tout aussi avancé qu'auparavant, c'est-à-dire qu'il n'avait rien trouvé.

— Allons, j'y renonce, quant à présent, s'écria-t-il en se levant brusquement; mon imagination me refuse absolument son concours; c'est toujours comme cela! C'est égal,

moi qui désirais des émotions, je ne puis pas me plaindre; l'espère que, depuis quelque temps, mon existence en est émaillée, et des plus piquantes encore.

Il commença à se promener à grands pas dans sa chambre, pour se dégourdir les jambes, tordit machinalement une cigarette, puis il chercha dans sa poche son mechero afin de l'allumer.

Dans le mouvement qu'il fit en se fouillant, il sentit, dans la poche de côté de son gilet, un objet qu'il ne se rappelait pas y avoir mis, il le regarda.

— Pardieu! fit-il en se frappant le front, j'avais complètement oublié ma mystérieuse inconnue; ce que c'est que le chagrin, pourtant! Si cela dure seulement huit jours, je suis convaincu que je perdrai totalement la tête. Voyons quel est l'objet qu'elle a si adroitement laissé tomber sur mon chapeau.

Tout en parlant ainsi, le peintre avait retiré de sa poche la petite boule de papier et la considérait attentivement.

— C'est extraordinaire, continua-t-il, l'influence que les femmes prennent peut-être à notre insu sur notre organisation, à nous autres hommes, et combien la chose la plus futile qui nous vient de la plus inconnue d'entre elles, a tout de suite le privilège de nous intéresser.

Il demeura plusieurs instants à tourner et à retourner le papier dans sa main sans parvenir à se résoudre à briser la soie qui, seule, l'empêchait de satisfaire sa curiosité, tout en continuant in petto ses commentaires sur le contenu probable de cette missive.

Enfin, par un effort subit de volonté, il mit un terme à son hésitation et rompit avec ses dents le mince fil de soie; puis il déroula le papier avec précaution. Ce papier qui, ainsi que l'avait conjecturé le jeune homme, servait d'enveloppe, en contenait un autre plié avec soin et couvert sur toutes ses faces d'une écriture fine et serrée.

Malgré lui, le jeune homme éprouva un tressaillement nerveux en dépliant ce papier qui servait lui-même d'enveloppe à une bague.

Cette bague n'était qu'un simple anneau d'or dans lequel était enchâssé un rubis-balai d'un grand prix.

— Qu'est-ce que ceci signifie? murmura le jeune homme en admirant la bague et l'essayant machinalement à tous ses doigts.

Mais bien que l'artiste eût la main fort belle, particularité dont, entre parenthèse, il était très fier, cependant cette bague était si mignonne que ce fut seulement au petit doigt qu'il parvint à la faire entrer, et encore avec une certaine difficulté.

— Cette personne s'est évidemment trompée, reprit le peintre; je ne puis garder cette bague, je la lui rendrai coûte que coûte; mais, pour cela, il faut que je connaisse cette personne, et je n'ai d'autre moyen, pour obtenir ce renseignement, que de lire sa lettre; lisons-la donc.

L'artiste était en ce moment dans cette situation singulière d'un homme qui se sent glisser sur une pente rapide, au pied de laquelle est un précipice, et qui, ne se sentant pas la force de résister avec succès à l'impulsion qui le pousse, cherche à se prouver à lui-même qu'il a raison de s'abandonner au courant qui l'entraîne.

Mais, avant d'ouvrir ce papier, qu'il tenait en apparence d'une main si nonchalante et sur lequel il ne laissait errer que des regards dédaigneux, mais bien qu'on en dise, l'homme, cet être fait censé à l'image de Dieu, demeure toujours comédien, même en face de lui-même, lorsque nul ne le peut voir; parce que, même alors, il essaye de donner le change à son amour-propre, l'artiste alla faire jouer le pêne de la serrure, afin de s'assurer que la porte était bien fermée et que nul ne le pourrait surprendre; puis il revint avec une lenteur calculée, s'asseoir sur la butacca et déplia le papier.

C'était bien une lettre, écrite d'une écriture fine, serrée, mais nerveuse et tourmentée, qui faisait tout de suite deviner une main de femme.

Le jeune homme lut d'abord des yeux assez rapidement et en feignant de n'apporter qu'un médiocre intérêt à cette lecture; mais bientôt, malgré lui, il se sentit dominé par ce qu'il apprenait; au fur et à mesure qu'il avançait dans sa lecture, il sentait croître son intérêt, et lorsqu'il fut enfin arrivé au dernier mot, il demeura les yeux fixés sur le léger papier qui tremblait froissé par ses doigts convulsifs, et un laps de temps assez long s'écoula avant qu'il réussît à vaincre l'émotion étrange que lui avait fait éprouver cette singulière lecture.

Voici ce que contenait cette lettre, dont l'original est longtemps demeuré entre nos mains et que nous traduisons textuellement et sans commentaires.

« Avant tout laissez-moi, señor, réclamer
» de votre courtoisie une promesse formelle,
» promesse à laquelle vous ne manquerez pas,
» j'en suis convaincue, si, ainsi que j'en ai le
» pressentiment, vous êtes un véritable ca-
» ballero; j'exige que vous lisiez cette lettre
» sans l'interrompre, d'un bout à l'autre,
» avant de porter un jugement quel qu'il soit
» sur celle qui vous l'écrit.

» Vous avez juré, n'est-ce pas? c'est bien
» je vous remercie de cette preuve de con-
» fiance et je commence sans plus de préam-
» bules.

» Vous êtes, señor, si, ainsi que je le sup-
» pose, je ne me suis pas trompée dans mes
» observations, François d'Europe, c'est-à-
» dire fils d'un pays où la galanterie et le
» dévouement aux dames passent avant toute
» chose et sont tellement de tradition, que
» ces deux qualités forment, pour ainsi dire,
» le côté le plus saillant du caractère des
» hommes.

» Moi aussi je suis, non pas Française, mais
» née en Europe, c'est-à-dire, bien qu'in-
» connue de vous, votre amie, presque votre
» sœur sur cette terre lointaine, comme telle
» j'ai droit à votre protection et je viens har-
» diment la réclamer de votre prud'homie.

» Comme je ne vous pas que vous me pre-
» niez tout d'abord pour une aventurière,
» surtout après la façon un peu en dehors
» des convenances sociales dont j'entre en
» relations avec vous, je dois vous apprendre
» en deux mots, non pas mon histoire, ce se-
» rait vous faire perdre, sans raisons plau-
» sibles, un temps précieux; mais vous dire
» qui je suis et par quels motifs je suis con-
» trainte de mettre pour un instant de côté,
» vis-à-vis de vous, cette timidité pudique qui
» n'abandonne les femmes dignes de
» ce nom; puis, je vous ferai savoir quel est
» le service que je réclame de vous.

» Mon mari, le marquis de Castelmelhor,
» commande une division de l'armée brési-
» lienne, qui, dit-on, est depuis quelques
» jours entrée sur le territoire buenos-ayrien.

» Venant du haut Pérou avec ma fille et
» quelques domestiques, dans l'intention de
» rejoindre mon mari au Brésil, car j'ignorais
» les événements qui se sont accomplis de-
» puis peu, j'ai été surprise, enlevée et dé-
» clarée prisonnière de guerre par une main-
» tonera buenos-ayrienne, et emprisonnée,
» avec ma fille, dans la maison devant laquelle
» vous passez en vous promenant deux fois
» par jour.

» S'il ne s'agissait pour moi que d'une dé-
» tention plus ou moins longue, me confiant
» dans toute la puissance bonté de Dieu, je
» me résignerais à la subir sans me plaindre.

» Malheureusement, un sort terrible me
» menace, un danger affreux est suspendu,
» non-seulement sur ma tête, mais sur celle
» de ma fille, mon innocente et pure Eva.

» Un ennemi implacable a juré notre perte,
» il nous a hautement accusées d'espionnage,
» et, dans quelques jours, demain peut-être,
» car cet homme jouit d'un immense crédit
» sur les membres du gouvernement de ce
» pays, nous comparaîtrons devant un tri-

» bunal réuni pour nous juger et dont le
» verdict ne peut être douteux : la mort
» des traîtres, le déshonneur! la marquise
» de Castelmelhor ne saurait se résoudre à
» une pareille infamie.

» Dieu, qui jamais n'abandonne les inno-
» cents qui se confient à lui dans leur détres-
» se, m'a inspiré de m'adresser à vous, señor,
» car vous seul pouvez me sauver.

» Le voudrez-vous? Je le crois.

» Étranger à ce pays, ne partageant ni
» les préjugés ni les idées étroites, ni la
» haine de ses habitants contre les Euro-
» péens, vous devez faire cause commune a-
» vec nous et essayer de nous sauver, serait-
» ce même au péril de votre vie.

» J'ai longtemps hésité avant de vous
» écrire cette lettre. Bien que vos manières
» fussent celles d'un homme comme il faut,
» que l'expression loyale de votre physiono-
» mie et votre jeunesse même me prévinssent
» en votre faveur, je redoutais de me confier
» à vous; mais lorsque j'ai su que vous
» étiez Français, mes craintes se sont éva-
» nouies pour faire place à la plus entière
» confiance.

» Demain, entre dix et onze heures du ma-
» tin, présentez-vous hardiment à la porte de
» la maison, frappez; lorsqu'on vous aura
» ouvert, dites que vous avez appris qu'on
» demandait un professeur de piano dans le
» couvent et que vous venez offrir vos ser-
» vices.

» Surtout soyez prudent, nous sommes sur-
» veillées avec le plus grand soin. Peut-être
» serait-il bon que vous vous déguisassiez
» pour éviter d'être reconnu au cas où vos
» démarches seraient épiées.

» Souvenez-vous que vous êtes le seul es-
» poir de deux femmes innocentes qui, si
» vous leur refusez votre appui, mourront en
» vous maudissant, car leur salut dépend de
» vous.

» A demain, entre dix et onze heures du
» matin.

» La plus infortunée des femmes.

» Marquise LEONA DE CASTELMELHOR. »

Nulle plume ne saurait exprimer l'expres-
sion d'étonnement mêlé d'épouvante peinte sur le visage du jeune homme lorsqu'il eut terminé la lecture de cette singulière missive, qui lui était parvenue d'une façon si extraordinaire.

Ainsi que nous l'avons dit, il demeura longtemps les yeux fixés sur le papier sans voir probablement les caractères qui y étaient é-crits, le corps penché en avant, les mains cris-pées, en proie selon toute vraisemblance, à des réflexions qui n'avaient rien de fort gai.

Sans insister sur l'échec reçu par son amour-propre, échec toujours désagréable pour un homme qui a, pendant plusieurs heures, laissé galoper son imagination au riant galop des chimères, et qui s'est cru l'ob-jet d'une passion subite et irrésistible, causée par sa beauté mâle et son assurance donjua-nesque, le service que lui demandait l'in-connu ne laissait pas que de l'embarrasser fort, surtout dans la situation exceptionnelle où il se trouvait lui-même en ce moment.

— Décidément, murmurait-il à voix basse en pétrissant avec colère de sa main droite, le bras de son fauteuil, le hasard s'acharne trop après moi; cela tombe dans l'absurde, me voilà maintenant posé en protecteur, moi qui aurais tant besoin de protection! Allons, le ciel n'est pas juste de laisser ainsi, sans rime ni raison, tourmenter à tout bout de champ un brave garçon qui ne soupire qu'a-près la tranquillité.

Il se leva et commença à marcher à grands pas dans sa chambre.

— Cependant, ajouta-t-il au bout d'un in-stant, ces dames sont dans une position ef-froyable, je ne puis les abandonner ainsi sans essayer de leur venir en aide, mon hon-neur y est engagé, un Français, malgré lui, représente la France en pays étranger. Mais que faire?

Il s'assit de nouveau et parut se plonger

dans une sérieuse rêverie; enfin, au bout d'un quart d'heure à peu près, il se releva:

— C'est cela, dit-il, je ne vois que ce moyen; si je ne réussis pas, je n'aurai rien à me re-procher, car j'aurai fait plus même que ma situation actuelle et surtout la prudence de-vraient me permettre de tenter.

Emile avait évidemment pris une résolu-tion.

Il ouvrit la porte et descendit dans le patio.

Il faisait presque nuit, les peones, débar-rassés de leurs travaux plus ou moins bien accomplis, se délassaient, à demi couchés sur des pelates, fumant, riant et causant entre eux.

Le peintre n'eut pas besoin de chercher longtemps pour découvrir ses domestiques au milieu des vingt ou vingt-cinq individus groupés pêle-mêle sur les pelates.

Il fit signe à l'un d'eux de le venir trouver chez lui, et il remonta aussitôt dans sa cham-bre.

L'Indien, au signe de son maître, s'était aussitôt levé et mis en devoir de lui obéir.

C'était un Indien guarani, très jeune en-core, il paraissait être âgé tout au plus de vingt-quatre à vingt-cinq ans, aux traits beaux, fins et intelligents, à la taille haute, à l'apparence robuste et aux manières libres et dégagées.

Il portait le costume des gauchos de la Pampa et se nommait Tyro.

A l'appel de son maître, il avait jeté sa ci-garette, ramassé son chapeau, relevé son poncho et s'était élancé vers l'escalier avec une vivacité de bon augure.

Le peintre aimait beaucoup ce jeune hom-me qui, bien que d'un caractère assez tacitur-ne, comme tous ses congénères, semblait ce-pendant lui porter de son côté une certaine affection.

Arrivé à la chambre à coucher, il se dé-passa la porte, mais, s'arrêtant sur le seuil, il salua respectueusement et attendit qu'il plût à son maître de lui adresser la pa-role.

— Entre et ferme la porte derrière toi, lui dit le peintre d'un ton amical, nous avons à causer de choses importantes.

— Secrètes, maître? répondit l'Indien.

— Oui.

— Alors, avec votre permission, maître, je laisserai au contraire la porte ouverte.

— Pourquoi donc ce caprice?

— Ce n'est pas un caprice, maître, tous ces cuartos sont rendus sourds par les pelates qui recouvrent leur sol, un espion peut, sans être entendu, venir coller son oreille contre la porte et entendre tout ce que nous dirions, d'autant plus facilement que nous-mêmes, absorbés par notre propre con-versation, nous n'aurions pas été avertis de sa présence, au lieu que si toutes les portes de-meurent ouvertes, personne n'entrera sans que nous le voyons, et nous ne risquerions pas d'être espionnés.

— Ce que tu me fais observer là est assez sensé, mon bon Tyro, laisse donc les portes ouvertes; cette précaution ne saurait nuire, bien que je ne croie pas aux espions.

— Est-ce que le maître ne croit pas à la nuit, répondit l'Indien avec un geste empha-tique; l'espion est comme la nuit, il aime à se glisser dans les ténèbres.

— Soit, je ne discuterai pas avec toi; ve-nons au motif qui m'a fait t'appeler.

— J'écoute, maître.

— Tyro, avant tout, réponds-moi franche-ment à la question que je vais t'adresser.

— Que le maître parle.

— Remarque bien que je ne t'en voudrai pas de ta franchise; fais surtout bien attention à la forme de ma question, afin d'y répondre en connaissance de cause; es-tu pour moi seul-ment un bon domestique, accomplissant strictement tes devoirs, ou bien un serviteur dévoué, sur lequel j'ai droit de compter à toute heure.

— Un serviteur dévoué, maître, un frère, un

fils, un ami ; vous avez guéri ma mère d'une maladie qui semblait incurable ; quand vous avez acheté le rancho, au lieu de nous chasser elle et moi, vous avez conservé à la vieille femme son cuarto, sa huerta et son troupeau ; moi, vous m'avez traité en homme, ne me commandant jamais avec rudesse et ne m'obligeant jamais à faire des choses honteuses ou déshonorantes, bien que je sois Indien ; vous m'avez toujours considéré comme un être intelligent, et non pas comme un animal qui n'a que l'instinct. Je vous le répète, maître, je vous suis dévoué en tout et pour tout.

— Merci, Tyro, répondit le peintre avec une nuance d'émotion, je soupçonnais déjà ce que tu viens de me dire, mais je tenais à t'entendre me l'affirmer, car j'ai besoin de toi.

— Je suis prêt, que faut-il faire ?

Malgré la franchise de cet aveu, le peintre français, peu au courant encore du caractère de ces races primitives, ne se souciait nullement de mettre l'Indien complètement dans la confidence de ses secrets.

Le trop de civilisation rend défiant.

Le Guarani s'aperçut facilement de l'hésitation de l'artiste qui, peu habitué à dissimuler, laissait son visage refléter, comme un miroir, ses émotions intérieures.

— Le maître n'a rien à apprendre à Tyro, dit-il avec un sourire ; l'Indien sait tout.

— Comment ! s'écria le jeune homme avec un bond de surprise, tu sais tout ?

— Oui, fit-il simplement.

— Pardieu ! reprit-il, pour la rareté du fait, je ne serais pas fâché que tu m'apprisses ce tout dont tu parles si délibérément.

— C'est facile : que le maître écoute.

Alors, à la stupéfaction extrême du jeune homme, Tyro lui rapporta, sans omettre le plus léger détail, tout ce qu'il avait fait depuis son arrivée à San Miguel de Tucuman.

Cependant, peu à peu, Emile, par un effort de volonté extrême, parvint à reconquérir son sang-froid en réfléchissant et en reconnaissant avec une joie intérieure, que ce récit, si complet du reste, avait une lacune, lacune importante pour lui : il s'arrêtait au matin même, Tyro ignorait donc l'aventure du callejon de las Cruces.

Cependant craignant que cette lacune ne provint que d'un oubli, il résolut de s'en assurer.

— C'est bien, lui dit-il, tout ce que tu me rapportes est exact, mais tu oublies de me parler de mes promenades à travers la ville.

— Oh ! quant à cela, répondit l'Indien avec un sourire, il est inutile de s'en occuper, le maître passe tout son temps à rêver en regardant le ciel et à se promener en gesticulant ; on a reconnu au bout de deux jours que ce n'était pas la peine de le suivre.

— Diable ! on me suivait donc, je ne savais pas avoir des amis qui me portassent un si grand intérêt.

Un sourire équivoque se dessina sur les lèvres spirituelles de l'Indien, mais il ne répondit pas.

— Tu connais sans doute la personne qui m'espionnait ainsi ?

— Je la connais, oui, maître.

— Tu me diras son nom alors ?

— Je le dirai, quand il sera temps de le faire, mais c'est n'est qu'un instrument ; d'ailleurs, si cette personne vous espionnait pour le compte d'un autre, moi, maître, je surveillais pour le vôtre, et ce qu'elle a pu rapporter n'est pas de peu d'importance ; moi seul possède vos secrets, ainsi vous pouvez être tranquille.

— Comment tu possèdes mes secrets, s'écria le peintre, jeté de nouveau hors des gonds au moment où il s'y attendait le moins, quels secrets ?

— La rose blanche et la lettre du callejon de las Cruces, mais je vous répète que je suis seul à le savoir.

— C'est déjà trop, murmura le jeune homme.

— Un serviteur dévoué, répondit sérieusement l'Indien qui avait entendu l'aparté du peintre, doit tout connaître, afin, lorsque l'heure sonne où son assistance est nécessaire, d'être en mesure de venir en aide à son maître.

Il arriva alors à l'artiste ce qui arrive à la plupart des hommes en semblable circonstance. Voyant qu'il n'y avait pas moyen de faire autrement, il se décida à accorder sa confiance entière à l'Indien, et il lui avoua tout avec la plus grande franchise, franchise dont le Guarani n'aurait pas eu à s'applaudir s'il en avait connu les motifs. Bien qu'il ne se l'avouât pas complètement à lui-même le peintre n'agissait que sous la pression de la nécessité et, reconnaissant l'inutilité de cacher la moindre chose à un serviteur si clairvoyant, il préférait se mettre de son plein gré complètement entre ses mains, espérant que cette façon d'agir l'engagerait à ne pas le trahir ; il avait eu un instant la pensée de lui brûler la cervelle, mais, réfléchissant combien ce moyen était scabreux, surtout dans sa position, il préféra essayer de la douceur et d'une franchise feinte.

Heureusement pour lui, le peintre avait affaire à un homme honnête et réellement dévoué ; ce qui, vis-à-vis de tout autre l'aurait probablement perdu, fut ce qui le sauva.

Tyro avait longtemps mené la vie des gauchos, chassé dans la pampa et exploré le désert dans toutes les directions ; il connaissait à fond toutes les ruses indiennes : rien ne lui était plus facile que de servir de guide à son maître pour le conduire soit au Haut-Pérou, soit à Buenos-Ayres, soit au Chili, soit même au Brésil.

Lorsque la confiance fut bien établie entre les deux hommes, ce que le Français avait fait d'abord avec une feinte franchise, il ne tarda pas à s'y laisser aller avec toute la naïve droiture de son caractère, heureux de rencontrer dans ce pays, où tout le monde lui était hostile, un homme qui lui témoignait de la sympathie, et cette sympathie être plus apparente que réelle, il fut le premier à demander sérieusement conseil à son serviteur.

— Voici, ce qu'il faut faire, dit celui-ci : dans cette maison, tout m'est suspect ; elle est remplie d'espions ; feignez de vous mettre en colère contre moi et de me renvoyer. Demain, à l'heure de votre promenade habituelle, je me trouverai sur votre passage, et nous conviendrons de tout. Notre conversation a duré trop longtemps déjà, maître ; les soupçons sont éveillés ; je vais descendre comme si j'avais été rudoyé par vous. Suivez-moi jusqu'à l'entrée de l'appartement en parlant haut et en me disant des injures ; puis, au bout d'un instant, vous descendrez et vous me congédierez devant tout le monde. Surtout, maître, ajouta-t-il en appuyant avec intention sur ces dernières paroles, soyez muet jusqu'à demain avec les habitants de cette maison ; qu'ils ne soupçonnent pas notre entente, sinon, croyez-moi, vous êtes perdu.

Sur ces derniers mots, l'Indien se retira en appuyant le doigt sur sa bouche.

Tout se passa ainsi que cela avait été convenu entre le maître et le serviteur.

Tyro fut immédiatement chassé de la maison, dont il sortit en grommelant, et Emile remonta dans son appartement, laissant tous les peones stupéfaits et confondus d'une scène à laquelle ils ne s'attendaient nullement de la part d'un homme qu'ils étaient accoutumés à voir ordinairement si doux et si tolérant.

Le lendemain, à la même heure que chaque jour, le peintre sortit pour sa promenade habituelle, en ayant soin, tout en feignant la plus complète indifférence de se retourner de temps en temps pour s'assurer qu'il n'était pas suivi. Mais cette précaution était inutile, nul ne songeait à surveiller sa promenade, tant on la savait inoffensive.

Arrivé sur le bord de la rivière, à quelques centaines de pas de la ville, un homme, embusqué derrière un rocher, se présenta subitement à lui.

Le jeune homme étouffa un cri de surprise ; il avait reconnu Tyro, le serviteur guarani, congédié par lui la veille, suivant leur mutuelle convention.

***

IX

Les Recluses.

A peu près à l'instant, où la demi-heure après dix heures du matin sonnait à l'horloge du cabildo de San Miguel de Tucuman, un homme frappait à la porte de la mystérieuse maison du callejon de las Cruces.

Cet individu, vêtu à peu près comme les riches artisans de la ville, était un homme d'une taille moyenne, courbé légèrement par l'âge ; quelques rares cheveux gris s'échappaient sous les ailes de son chapeau de paille ; il portait de larges lunettes bleues à tiges de fer, et s'appuyait sur une canne ; du reste, son apparence était fort respectable, le pantalon de drap olive très propre et le poncho de fabrique chilienne qui recouvrait ses vêtements supérieurs ne laissaient rien à désirer.

Au bout de quelques minutes, un judas glissa dans une rainure, et une tête de vieille femme apparut derrière.

— Qui êtes-vous ? et que demandez-vous ici, señor ? dit une voix.

— Señora, répondit le vieillard en toussant légèrement, excusez ma hardiesse, j'ai entendu dire que l'on avait dans cette maison besoin d'un professeur de musique ; si je me suis trompé, il ne me reste qu'à me retirer en vous priant encore une fois d'agréer mes excuses.

Pendant que le vieillard disait ces quelques paroles du ton le plus naturel et le plus dégagé en apparence, la femme placée derrière le judas l'examinait avec la plus sérieuse attention.

— Attendez, répondit-elle au bout d'un instant.

Le judas se referma.

— Hum ! murmura à voix basse le professeur ; la place est bien gardée.

Un bruit de verrous qu'on tire et de chaînes qu'on détache se fit entendre, et la porte s'entr'ouvrit tout juste assez pour livrer passage à une personne.

— Entrez, dit alors d'un ton rogue la femme qui s'était d'abord montrée au judas et qui paraissait être la portière ou la tourière de cette espèce de couvent.

Le vieillard entra lentement, son chapeau à la main et en saluant bien bas.

La vue de son crâne chauve, couvert seulement par places de quelques rares touffes de cheveux d'un gris roussâtre, parut donner confiance à la tourière.

— Suivez-moi, lui dit-elle d'une voix moins acariâtre, et remettez votre chapeau, ces corridors sont froids et humides.

Le vieillard s'inclina, replaça son chapeau sur sa tête, et, appuyé sur son bâton, il suivit la tourière ce pas un peu traînant particulier aux personnes qui ont dépassé de quelques années le milieu de la vie.

La tourière lui fit traverser de longs corridors qui semblaient tourner sur eux-mêmes et qui donnaient enfin dans un cloître assez spacieux, dont le centre était occupé par un massif de lauriers-roses et d'orangers, du milieu duquel jaillissait une gerbe d'eau, qui retombait avec fracas dans une vasque de marbre blanc.

Les murs de ce cloître, sur lequel s'ouvraient les portes d'une trentaine de cellules, étaient garnis d'une infinité de tableaux d'une exécution assez médiocre, représentant les divers épisodes de la vie de Nuestra Señora de la Soledad ou de Tucuman.

Le vieillard ne jeta qu'un regard dédaigneux à ces peintures à demi effacées par les intempéries des saisons, et continua à suivre la tourière qui trottinait devant lui en faisant résonner, à chaque pas, le lourd trousseau de clefs, suspendu à sa ceinture.

Au bout de ce cloître, il y en avait un autre en tout semblable au premier, seulement les tableaux représentaient des sujets différents, la vie je crois de santa Rosa de Lima.

Arrivée presque à la moitié de la longueur de ce cloître, la tourière s'arrêta, et, après avoir respiré avec force pendant quelques minutes, elle frappa discrètement deux coups légers à une porte en chêne noir, curieusement sculptée.

Presque aussitôt une voix douce et harmonieuse prononça de l'intérieur de la cellule ce seul mot :

— *Adelante.*

La tourière ouvrit la porte et disparut, après avoir, d'un signe, ordonné au vieillard de l'attendre.

Quelques minutes s'écoulèrent, puis la porte de la cellule se ouvrit et la tourière reparut.

— Venez, dit-elle, en lui faisant signe de s'approcher.

— Allons, elle n'est pas bavarde au moins, grommela le vieillard en obéissant, c'est toujours cela.

La tourière s'effaça pour lui livrer passage, et il entra dans la cellule où elle le suivit en refermant la porte derrière elle.

Cette cellule, fort confortablement meublée en vieux chêne noir sculpté, et dont les murs étaient tendus à la mode espagnole en cuir de Cordoue gaufré, ne composait de deux pièces, ainsi que l'indiquait une porte placée dans un angle.

Trois personnes étaient réunies en ce moment dans la cellule, assises sur des chaises à haut dossier sculpté.

Ces trois personnes étaient des femmes.

La première, jeune encore et fort belle, portait un costume complet de religieuse; la croix en diamant, suspendue par un large ruban de soie moire à son cou et retombant sur sa poitrine, la faisait tout de suite reconnaître pour la supérieure de cette maison qui, malgré l'apparence simple et sombre de son extérieur, était, en réalité, gouvernée par des religieuses carmélites.

Les deux autres dames assises assez près de l'abbesse, portaient un costume laïque.

La première était la marquise de Castelmelhor et la seconde doña Eva, sa fille.

A l'entrée du vieillard, qui s'inclina respectueusement devant elles, l'abbesse fit un léger signe de bienvenue avec la tête, tandis que les deux autres dames, tout en le saluant cérémonieusement, jetaient à la dérobée des regards curieux sur le visiteur.

— Ma chère sœur, dit l'abbesse en s'adressant à la tourière avec cette voix harmonieuse qui déjà avait agréablement chatouillé l'oreille du vieillard, approchez, je vous prie, un siège à ce señor.

La tourière obéit et l'étranger s'assit après s'être excusé.

— Ainsi, continua l'abbesse en s'adressant cette fois au vieillard, vous êtes professeur de musique, señor?

— Oui, señora, répondit-il en s'inclinant.

— Etes-vous de ce pays?

— Non, señora, je suis étranger.

— Ah! fit-elle, vous n'êtes pas un hérétique, un Anglais?

— Non, señora, je suis un professeur italien.

— Fort bien. Habitez-vous depuis longtemps notre cher pays?

— Depuis deux ans, señora.

— Et auparavant, vous étiez en Europe?

— Pardonnez-moi, señora, j'habitais le Chili, où j'ai résidé assez longtemps à Valparaiso, à Santiago, et, en dernier lieu, à Aconchagua.

— Avez-vous l'intention de vous fixer parmi nous?

— Je le désire du moins, señora; malheureusement les temps ne sont pas favorables pour un pauvre artiste comme moi.

— C'est vrai, reprit-elle avec intérêt. Eh bien! nous tâcherons de vous procurer quelques élèves.

— Mille grâces pour tant de bonté, señora, répondit-il humblement.

— Vous m'intéressez réellement, et pour vous prouver combien j'ai à cœur de vous venir en aide, cette jeune dame voudra bien, à ma consideration, prendre aujourd'hui même leçon avec vous, fit-elle en étendant le bras vers doña Eva.

— Je suis aux ordres de la señorita comme aux vôtres, señora, répondit le vieillard avec un salut respectueux.

— Eh bien! c'est convenu, dit l'abbesse, et, se tournant vers la tourière toujours immobile au milieu de la cellule, ma chère sœur, ajouta-t-elle avec un gracieux sourire, veuillez, je vous prie, faire apporter quelques rafraîchissements et quelques dulces. Vous reviendrez dans une heure pour accompagner ce señor jusqu'à la porte du couvent. Allez.

La tourière s'inclina d'un air rogue, se retourna tout d'une pièce, et sortit de la cellule après avoir jeté un regard sournois autour d'elle.

Il y eut un silence de deux ou trois minutes, au bout desquelles l'abbesse se leva doucement, s'avança vers la porte sur la pointe du pied, et l'ouvrit si brusquement que la tourière, dont l'œil était collé au trou de la serrure, demeura confuse et rougissante d'être ainsi surprise en flagrant délit d'espionnage.

— Ah! vous êtes encore là, ma chère sœur! dit l'abbesse sans paraître remarquer le désarroi de la vieille femme; j'en suis heureuse : j'avais oublié de vous prier de m'apporter, lorsque vous reviendrez pour reconduire ce señor, mon livre d'heures que j'ai, ce matin, laissé par mégarde au chœur, dans ma stalle.

La tourière s'inclina en grommelant entre ses dents des excuses incompréhensibles, et elle s'éloigna presque en courant.

L'abbesse la suivit un instant des yeux, puis elle rentra, referma la porte sur laquelle elle fit retomber une lourde portière en tapisserie, et se tournant vers le vieux professeur, qui ne savait guère quelle contenance tenir :

— Respectable vieillard, lui dit-elle en riant, rentrez donc les mèches de vos cheveux blonds, qui s'échappent indiscrètement sous votre perruque grise.

— Diable! s'écria le professeur tout déferré, en portant vivement ses deux mains à sa tête et laissant du même coup tomber sa canne et son chapeau, qui allèrent rouler à quelques pas de lui.

A cette exclamation peu orthodoxe, poussée en bon français, les trois dames rirent de plus belle, tandis que le malencontreux professeur les regardait avec des yeux effarés, ne comprenant rien à ce qui se passait et n'augurant rien de bon pour lui de cette gaieté railleuse et insolite.

— Chut! fit l'abbesse en posant un doigt mignon sur ses lèvres roses, on vient.

On se tut.

Elle releva la portière. Presque aussitôt la porte s'ouvrit après que, par un léger grattement, on eût demandé la permission d'entrer.

C'étaient deux sœurs converses qui apportaient les dulces, les confites et les rafraîchissements demandés par l'abbesse.

Elles disposèrent le tout sur une table, puis elles se retirèrent, après avoir salué respectueusement.

Derrière elles, la portière fut immédiatement baissée.

— Croyez-vous maintenant, chère marquise, dit la supérieure, que j'avais raison de me méfier de la sœur tourière?

— Oh! oui, madame, mais cette femme vendue à nos ennemis est méchante, je redoute pour vous les conséquences de la leçon un peu rude, mais méritée, que vous lui avez donnée.

Un éclair fulgurant brilla dans l'œil noir de la jeune femme.

— C'est à elle de trembler, madame, dit-elle, maintenant que j'ai en main les preuves de sa trahison; mais ne songeons plus à cela, fit-elle en reprenant sa physionomie riante; le temps nous presse; prenez place à cette table, et vous, señor, goûtez de nos conserves; je doute que dans les couvents de votre pays les religieuses en fassent d'aussi bonnes.

La marquise, remarquant la pose embarrassée et l'air piteux de l'étranger, s'approcha vivement de lui avec un gracieux sourire.

— Il est inutile de feindre davantage, lui dit-elle, c'est moi, señor, qui vous ai écrit; parlez donc sans crainte devant madame, elle est ma meilleure amie et ma seule protectrice.

Le peintre respira avec force.

— Madame, répondit-il, vous m'enlevez un poids immense de dessus la poitrine; je vous avoue humblement que je ne savais plus quelle contenance tenir en me voyant reconnu si à l'improviste. Dieu soit béni, ce qui permet que cela finisse mieux que je ne l'ai un instant redouté.

— Vous jouez admirablement la comédie, señor, reprit l'abbesse; vos cheveux ne passent pas du tout sous votre perruque; j'ai voulu seulement vous taquiner un peu, voilà tout. Maintenant, buvez, mangez, et ne vous inquiétez de rien.

La collation fut alors attaquée entre les quatre personnes entre lesquelles la glace était rompue et qui causaient gaiement entre elles; l'abbesse surtout, jeune et rieuse, était charmée de ce tour d'écolier qu'elle jouait aux autorités révolutionnaires de Tucuman, en essayant de leur enlever deux personnes auxquelles elles semblaient si fort tenir.

— Maintenant, dit-elle lorsque la collation fut terminée, causons sérieusement.

— Causons sérieusement, je ne demande pas mieux, madame, répondit le peintre; à ce propos, je me permettrai de vous rappeler la phrase que vous-même avez prononcée: le temps presse.

— C'est juste, vous êtes sans doute étonné de me voir, moi, supérieure d'une maison, presque d'un couvent, à qui l'on a confié la garde de deux prisonniers d'importance, entrer dans un complot dont le but est de les faire évader.

— En effet, murmura-t-il en s'inclinant, cela me paraît assez singulier.

— J'ai pour cela plusieurs motifs et votre étonnement cessera, lorsque vous saurez que je suis Espagnole et fort peu symphique à la révolution faite par les habitants de ce pays pour en chasser mes compatriotes, à qui il appartient par toutes les lois divines et humaines.

— Cela me paraît assez logique.

— De plus, dans mon opinion, un couvent n'est pas et ne peut sous aucun prétexte être métamorphosé en prison; ensuite les femmes doivent toujours être placées en dehors de la politique et être laissées libres d'agir à leur fantaisie; pour tout dire enfin, la marquise de Castelmelhor est une ancienne amie de ma famille; j'aime sa fille comme une sœur, et je veux les sauver à tout prix, dût ma vie payer la leur.

Les deux dames se jetèrent dans les bras de l'abbesse, en l'accablant de caresses et de remerciements.

— Bon, bon, reprit-elle, en les écartant doucement, laissez-moi faire, j'ai juré de vous sauver et je vous sauverai, quoi qu'il arrive, chères belles; il ferait beau voir, ajouta-t-elle en souriant, que trois femmes aidées par un Français, ne fussent pas assez fines pour tromper ces hommes jaunes, qui ont fait cette malencontreuse révolution, et qui se croient des aigles d'intelligence et des foudres de guerre.

— Plus je réfléchis à cette entreprise et plus j'en redoute pour vous les conséquences je tremble, car ces hommes sont sans pitié, murmura tristement la marquise.

— Poltronne! fit gaiement la supérieure, n'avons-nous pas ce caballero avec nous?

— Avec vous, mesdames, jusqu'au dernier soupir, s'écria-t-il, emporté malgré lui par l'émotion qu'il éprouvait.

La vérité était que la beauté de doña Eva, jointe au romanesque de la situation, avait complètement subjugué l'artiste; il avait tout oublié et n'éprouvait plus qu'un désir, celui de se sacrifier pour le salut de ces femmes si belles et si malheureuses.

— Je savais bien que je ne pouvais me tromper, s'écria l'abbesse en lui tendant une main, laquelle le peintre appliqua ses respectueusement ses lèvres.

— Oui, mesdames, reprit-il, Dieu m'est témoin que tout ce qu'il est humainement possible de faire pour assurer votre fuite je le tenterai, mais vous ne vous êtes sans doute adressées à moi qu'après avoir combiné un plan; ce plan il est indispensable que vous me le fassiez connaître.

— Mon Dieu, monsieur, répondit la marquise, ce plan est bien simple, tel seulement que des femmes sont capables d'en élaborer un.

— Je suis tout oreilles, madame

— Nous n'avons aucune accointance dans cette ville, où nous sommes étrangères et où, sans en savoir le motif, il paraît que nous avons beaucoup d'ennemis, sans compter un seul ami.

— Cela est à peu près ma position aussi à moi, dit le jeune homme en hochant la tête.

— A vous, monsieur! fit-elle avec surprise.

— Oui, oui, à moi, madame; mais continuez, je vous en prie.

— Notre bonne supérieure ne peut faire qu'une seule chose pour nous, mais cette chose est immense: c'est de nous ouvrir la porte de ce couvent.

— C'est beaucoup, en effet.

— Malheureusement, de l'autre côté de cette porte, son pouvoir cesse complètement, et elle est contrainte de nous abandonner à nous-mêmes.

— Hélas! oui, fit la supérieure.

— Hum! murmura le peintre comme un écho.

— Vous comprenez combien notre position serait critique, errant seules à l'aventure dans une ville qui nous est complètement inconnue.

— Alors, vous avez songé à moi.

— Oui, monsieur, répondit-elle simplement.

— Et vous avez bien fait, madame, répondit le peintre en s'animant; je suis peut-être le seul homme incapable de vous trahir dans toute la ville.

— Merci pour ma mère et pour moi, monsieur, murmura doucement la jeune fille qui, jusqu'à ce moment, avait gardé le silence.

Le peintre eut un éblouissement, les accents si suavement plaintifs de cette voix harmonieuse avaient fait tressaillir son cœur dans sa poitrine.

— Malheureusement, je suis bien faible moi-même pour vous protéger, mesdames, reprit-il; je suis seul, étranger, suspect, plus que suspect même, puisque je suis menacé d'être mis prochainement en jugement.

— Oh! firent-elles en joignant les mains avec douleur, nous sommes perdues alors.

— Mon Dieu! s'écria l'abbesse, nous avons mis tout notre espoir en vous.

— Attendez, reprit-il, tout n'est peut-être pas aussi désespéré que nous le supposons de mon côté je prépare un plan d'évasion; je ne puis vous offrir qu'une chose.

— Laquelle? s'écrièrent-elles vivement.

— C'est de partager ma fuite.

— Oh! de grand cœur, s'écria la jeune

fille en frappant ses mains avec joie l'une contre l'autre.

Puis, honteuse de s'être ainsi laissé aller à un mouvement irréfléchi, elle baissa les yeux et cacha dans le sein de sa mère son charmant visage inondé de larmes.

— Ma fille, vous a répondu pour elle et pour moi, monsieur, dit noblement la marquise.

— Je vous remercie de cette confiance dont je saurai me rendre digne, madame; seulement, il me faut quelques jours pour tout préparer; je n'ai avec moi qu'un homme auquel je puisse me fier, je dois agir avec la plus grande prudence.

— C'est juste, monsieur; mais qu'entendez-vous par quelques jours?

— Trois au moins, quatre au plus.

— C'est bien, nous attendrons; maintenant pouvez-vous nous expliquer quel est le plan que vous avez adopté?

— Je ne le connais pas moi-même, madame. Je me trouve dans un pays qui m'est totalement inconnu, et dans lequel je manque naturellement de la plus vulgaire expérience; je me laisse diriger par le serviteur dont j'ai eu l'honneur de vous parler.

— Êtes-vous bien sûr de cet homme? monsieur; pardon de vous dire cela, mais vous le savez, un mot nous perdrait.

— Je suis aussi sûr de la personne en question qu'un homme peut répondre d'un autre. C'est lui qui m'a fourni les moyens de me présenter devant vous sans éveiller les soupçons; je compte, non-seulement sur son dévouement, mais encore sur sa finesse, sur son courage et surtout sur son expérience.

— Est-ce un Espagnol, un étranger ou un métis?

— Il n'appartient à aucune des catégories que vous avez citées, madame; c'est tout simplement un Indien guaranis auquel j'ai été assez heureux pour rendre quelques légers services, et qui m'a voué une reconnaissance éternelle.

— Vous avez raison, monsieur; vous pouvez, en effet, compter sur cet homme; les Indiens sont braves et fidèles; lorsqu'ils se dévouent, c'est jusqu'à la mort. Pardonnez-moi toutes ces questions, qui, sans doute, doivent vous paraître assez extraordinaires de ma part, mais vous le savez, il ne s'agit pas seulement dans cette affaire, de ma fille, de ma pauvre enfant chérie.

— Je trouve fort naturel, madame, que vous désiriez être complètement édifié sur mes projets pour notre commun salut; soyez bien persuadée que lorsque je saurai positivement ce qu'il faut faire, je me hâterai de vous en avertir, afin que si le plan formé par mon serviteur et par moi vous paraissait défectueux, je puisse le modifier d'après vos conseils.

— Je vous remercie, monsieur. Me permettez-vous de vous adresser une question encore?

— Parlez, madame. En venant ici, je me suis mis entièrement à vos ordres.

— Êtes-vous riche?

Le peintre rougit; ses sourcils se froncèrent.

La marquise s'en aperçut.

— Oh! vous ne me comprenez pas, monsieur, s'écria-t-elle vivement; loin de moi la pensée de vous offrir une récompense. Le service que vous consentez à nous rendre est de ceux que tout trésor ne saurait payer et que le cœur peut seul acquitter.

— Madame, murmura-t-il.

— Permettez-moi d'achever. Nous sommes associés maintenant, fit-elle avec un charmant sourire; or, dans une association, chacun doit prendre sa part des charges communes. Un projet comme le nôtre a besoin d'être conduit avec adresse et célérité, une misérable question d'argent peut en faire manquer la réussite ou en retarder l'exécution: voilà dans quel sens je vous ai parlé et pourquoi je vous répète ma phrase: Êtes-vous riche?

— Dans toute autre position que celle où le sort m'a momentanément placé, je vous répondrais: Oui, madame, parce que je suis artiste, que mes goûts sont simples et que je vis de presque rien, ne trouvant de joies et de bonheur que dans les surprises toujours nouvelles que me procure l'art que je cultive et que j'aime follement; mais en ce moment, dans la situation périlleuse où vous et moi nous nous trouvons, où il faut entreprendre une lutte désespérée contre toute une population, je dois être franc avec vous, vous avouer que l'argent, ce nerf de la guerre, me manque presque complètement; vous répondre, en un mot, que je suis pauvre.

— Tant mieux fit la marquise avec un mouvement de joie.

— Ma foi, reprit-il gaiement, je ne m'en suis jamais plaint, c'est aujourd'hui seulement que je commence à regretter cette richesse dont je me suis toujours si peu soucié, car elle m'aurait facilité les moyens de vous être utile; mais nous tâcherons de nous en passer.

— Qu'à cela ne tienne, monsieur. Dans cette affaire, vous apportez le courage, le dévouement, laissez-moi vous apporter cette richesse-là vous manque.

— Ma foi, madame, répondit l'artiste, puisque vous posez aussi franchement la question, je ne vois pas pourquoi j'obéirais, en vous refusant, à une susceptibilité ridicule, parfaitement hors de saison, puisque ce sont surtout vos intérêts qui sont en jeu dans cette affaire; j'accepte donc l'argent dont vous jugerez convenable de disposer; bien entendu que je vous en tiendrai compte.

— Pardon, monsieur, ce n'est pas un prêt que je prétends vous faire, c'est ma part que j'apporte à notre association, voilà tout.

— Je l'entends ainsi, madame; seulement si je dépense votre argent, encore faut-il que vous sachiez de quelle façon.

— A la bonne heure, fit la marquise en se dirigeant vers un meuble dont elle ouvrit un tiroir d'où elle retira une bourse assez longue, au travers des mailles de laquelle on voyait briller une quantité considérable d'onces.

Après avoir refermé avec soin le tiroir, elle présenta la bourse au jeune homme.

— Il y a là deux cent cinquante onces (1) en or, dit-elle, j'espère que cette somme suffira; cependant, si elle était insuffisante, avertissez-moi, j'en mettrai immédiatement une plus forte encore à votre disposition.

— Oh! oh! madame, j'espère non-seulement que cela suffira, mais encore que j'aurai à vous remettre une partie de cette somme, répondit-il en prenant respectueusement la bourse et la plaçant avec soin dans sa ceinture; j'ai, à présent, une restitution à vous faire.

— A moi, monsieur.

— Oui, madame, fit-il en retirant l'anneau qu'il avait passé à son petit doigt, cette bague.

— C'est moi, qui l'avais enveloppée dans la lettre, dit vivement la jeune fille avec une étourderie charmante.

Le jeune homme s'inclina tout interdit.

— Gardez cette bague, monsieur, répondit en souriant la marquise; ma fille serait désolée de vous la reprendre.

— Oh! oui! fit-elle toute rougissante.

— Je la garderai donc, dit-il, avec une joie secrète, et changeant subitement de conversation, je me viendrai plus qu'une fois, mesdames, dit-il, afin de ne pas éveiller les soupçons; ce sera pour vous avertir que tout est prêt; seulement, tous les jours, à la même heure, je passerai devant cette maison; lorsque le soir, au retour de ma promenade, vous me verrez tenir une fleur de suchil à la main ou une rose blanche, ce sera un indice que vos affaires vont bien; si, au contraire, j'ôte mon chapeau et je fais le geste de m'essuyer le

_____

(1) 21,250 francs de notre monnaie.

front, alors priez Dieu, mesdames, parce que de nouveaux embarras se seront dressés devant moi. En dernier lieu, si vous me voyez effeuiller la fleur que je tiendrai à la main, vous devrez faire en toute hâte vos préparatifs de départ; le jour même de ma visite nous quitterons la ville. Vous souviendrez-vous de toutes ces recommandations?

— Nous avons trop d'intérêt à avoir de la mémoire, dit la marquise; soyez sans crainte, nous n'oublierons rien.

— Maintenant, plus un mot sur ce sujet, et donnez votre leçon de musique, dit l'abbesse en ouvrant une méthode et la remettant au jeune homme.

Le peintre s'assit à une table entre les deux dames, et commença à leur expliquer, tant bien que mal, les mystères des noires, des blanches, des croches et des doubles croches.

Lorsque, quelques minutes plus tard la tourière entra, son regard de serpent, en glissant entre ses paupières à demi-closes, aperçut les trois personnes très sérieusement occupées en apparence à approfondir la valeur des notes et les différences de la clef de *fa* avec la clef de *sol*.

— Ma sainte mère, dit hypocritement la tourière, un cavalier, se disant envoyé par le gouverneur de la ville, réclame de vous la faveur d'un entretien.

— C'est bien ma sœur? Quand vous aurez reconduit ce señor, vous introduirez ce caballero en ma présence; priez-le de patienter quelques minutes.

Le peintre se leva, salua respectueusement les dames et sortit à la suite de la tourière. Derrière lui la porte de la cellule se referma.

Sans prononcer une parole, la tourière le guida à travers les corridors, que déjà il avait parcourus, jusqu'à la porte du couvent, devant laquelle plusieurs cavaliers enveloppés de longs manteaux étaient arrêtés à la stupéfaction générale des voisins, qui n'en croyaient pas leurs yeux, et s'étaient placés sur le seuil de leurs portes afin de les mieux voir.

Le peintre, grâce à son apparence de vieillard, à sa petite toux sèche et à sa démarche cassée, passa au milieu d'eux sans attirer leur attention, et s'éloigna dans la direction de la rivière.

La tourière fit signe à un des cavaliers qu'elle était prête à le guider auprès de la supérieure. Dans le mouvement que fut obligé de faire ce cavalier pour mettre pied à terre, son manteau se dérangea légèrement.

Juste au même instant, le peintre, arrivé à une certaine distance, se retourna pour jeter un dernier regard sur le couvent.

Il réprima un geste d'effroi en reconnaissant le cavalier dont nous parlons.

— Zèno Cabral! murmura-t-il. Que vient faire cet homme dans le couvent?

X.

L'Entrevue.

Le peintre français ne s'était pas trompé: c'était bien, en effet, Zèno Cabral, le chef montonero, qu'il avait vu entrer dans le couvent.

La tourière marchait d'un pas pressé, sans détourner la tête devant le jeune homme qui, de son côté, semblait plongé dans de sombres et pénibles réflexions.

Ils allèrent ainsi, pendant assez longtemps, à travers les corridors sans échanger une parole, mais au moment où ils atteignirent l'entrée du premier cloître, le chef s'arrêta, et, touchant légèrement le bras de sa conductrice:

— Eh bien? lui dit-il à voix basse.

Celle-ci se retourna vivement, jeta un regard scrutateur autour d'elle puis, rassurée sans doute par la solitude au centre de laquelle elle se trouvait, elle répondit sur le même ton bas qu'il lui parlait, ce seul mot:

— Rien.

— Comment rien! s'écria don Zeño avec une impatience contenue, vous n'avez donc pas veillé ainsi que je vous l'avais recommandé et ainsi que cela avait été convenu entre nous.

— J'ai veillé, répondit-elle vivement, veillé du soir au matin et du matin au soir.

— Et vous n'avez rien découvert?

— Rien.

— Tant pis, fit le chef froidement, tant pis pour vous, ma sœur, car si vous êtes si peu clairvoyante, ce n'est pas cette fois encore que vous quitterez votre poste de tourière pour un emploi supérieur dans le couvent ou un plus élevé encore dans celui des Bernardines.

La tourière tressaillit; ses petits yeux gris laissèrent échapper une flamme sinistre.

— Je n'ai rien découvert, c'est vrai, dit-elle avec un rire sec et nerveux comme le cri d'une hyène, mais je soupçonne, bientôt je découvrirai; seulement je suis surveillée et l'occasion me manque.

— Ah! et que découvrirez-vous? demanda-t-il avec un intérêt mal dissimulé.

— Je découvrirai, reprit-elle en appuyant avec affectation sur chaque syllabe, tout ce que vous voulez savoir et plus encore. Mes mesures sont prises maintenant.

— Ah! ah! fit-il, et quand cela, s'il vous plaît?

— Avant deux jours.

— Vous me le promettez.

— Sur ma part de paradis!

— Je compte sur votre parole.

— Comptez-y; mais vous?

— Moi?

— Oui.

— Je tiendrai les promesses que je vous ai faites.

— Toutes?

— Toutes.

— C'est bien; ne vous inquiétez plus de rien; mais donnant, donnant?

— C'est convenu.

— Maintenant, venez, on vous attend; cette longue station pourrait éveiller les soupçons, plus que jamais il me faut agir avec prudence.

Ils se remirent en marche. Au moment où ils entraient dans le premier cloître, une forme noire se détacha d'un angle obscur dans lequel, jusque-là, elle était demeurée confondue au milieu des ténèbres, et, après avoir fait un geste de menace à la tourière, elle parut s'évanouir comme une apparition fantastique, tant elle s'envola rapidement à travers les corridors.

Arrivé à la porte de la cellule de la supérieure, la tourière frappa doucement deux coups sans recevoir de réponse; elle attendit un instant, puis recommença.

— *Adelante*, répondit-on alors de l'intérieur.

Elle ouvrit et annonça l'étranger.

— Priez ce seigneur d'entrer, il est le bienvenu, répondit l'abbesse.

La tourière s'effaça, le général entra, puis, sur un geste de la supérieure, la tourière se retira en refermant la porte derrière elle.

La supérieure était seule assise dans son grand fauteuil abbatial; elle tenait ouvert à la main un livre qu'elle semblait lire.

À l'entrée du jeune homme, elle inclina légèrement la tête et d'un geste lui indiqua un siège.

— Pardonnez-moi, madame, dit-il en la saluant respectueusement, de venir troubler d'une façon aussi malencontreuse vos pieuses méditations.

— Vous êtes, dites-vous, señor caballero, envoyé vers moi par le gouverneur de la ville; en cette qualité, mon devoir est de vous recevoir à quelque heure qu'il vous plaise de venir, reprit elle d'un ton de froide politesse. Vous n'avez donc pas d'excuses à me faire, mais seulement à m'expliquer le sujet de cette mission dont le motif m'échappe.

— Je vais avoir l'honneur de vous l'expliquer, ainsi que vous m'y engagez si gracieusement, madame, répondit-il avec un sourire contraint, en prenant le siège qui lui était désigné.

La conversation avait commencé sur un ton de politesse aigre-doux qui établissait complètement la situation dans laquelle chacun des deux interlocuteurs voulait demeurer vis-à-vis de l'autre, pendant toute la durée de l'entretien.

Il y eut un silence de deux ou trois minutes: le montonero tournait, retournait son chapeau entre ses mains d'un air dépité; l'abbesse, tout en feignant de lire attentivement le livre qu'elle n'avait pas quitté, jetait à la dérobée des regards railleurs sur l'officier.

Ce fut lui qui, comprenant combien son silence pouvait paraître singulier, reprit la parole avec une aisance trop soulignée pour être naturelle.

— Señora, j'ignore quel motif cause le déplaisir que vous semblez éprouver de me voir, veuillez me faire connaître et agréer, avant tout, mes humbles et respectueuses excuses pour le trouble que vous occasionne, à mon grand regret, ma présence.

— Vous vous méprenez, caballero, répondit-elle, au sens que j'attache à mes paroles; je n'éprouve aucun trouble, croyez-le bien, de votre présence; seulement, je suis contrariée d'être contrainte par le bon plaisir des personnes qui nous gouvernent, de recevoir, sans y être préparée à l'avance, la visite d'envoyés fort recommandables sans doute, mais dont la place devrait être partout ailleurs que dans la cellule de la supérieure d'un couvent de femmes.

— Cette observation est parfaitement juste, madame, il n'a pas tenu à moi qu'il n'en fût pas ainsi; malheureusement c'est, quant à présent, une nécessité qu'il vous faut subir.

— Aussi, reprit-elle avec une certaine aigreur, vous voyez que je la subis.

— Vous la subissez, oui, madame, reprit-il d'un ton insinuant, mais en vous plaignant, parce que vous confondez vos amis avec vos ennemis.

— Moi, señor, vous faites erreur sans doute, dit-elle avec componction, vous ne réfléchissez pas à ce que je suis. Quels ennemis ou quels amis puis-je avoir, moi, pauvre femme retirée du monde et vouée au service de Dieu?

— Vous vous trompez, ou bien ce qui est plus probable, excusez-moi, je vous en prie, madame, vous ne voulez pas me comprendre.

— Peut-être aussi est-ce un peu de votre faute, señor, reprit-elle avec une légère teinte d'ironie, et cela tient-il à l'obscurité dont vos paroles sont enveloppées, à votre insu sans doute.

Don Zèno réprima un geste d'impatience.

— Voyons, madame, fit-il au bout d'un instant, soyons francs, le voulez-vous?

— Je ne demande pas mieux pour ma part, señor.

— Vous avez ici deux prisonnières?

— J'ai deux dames que je n'ai reçues dans l'intérieur de cette maison, que sur l'injonction et le commandement exprès du gouverneur de la ville; est-ce de ces deux dames, dont vous parlez, señor?

— Oui, señora, d'elles-mêmes.

— Fort bien; elles sont ici, j'ai même des ordres très sévères à leur sujet.

— Je le sais.

— Ces dames n'ont rien que je sache à voir dans cet entretien?

— Au contraire, madame, car c'est d'elles seules qu'il s'agit; c'est pour elles seules que je me suis présenté ici.

— Très bien, señor, continuez, je vous écoute.

— Ces dames ont été faites prisonnières

par moi, et par moi aussi conduites dans cette ville.

— Vous pourriez même ajouter dans ce couvent, señor; mais continuez.

— Vous supposez à tort, madame, que je suis l'ennemi de ces malheureuses femmes; nul, au contraire, ne s'intéresse plus que moi à leur sort.

— Ah! fit-elle avec ironie.

— Vous ne me croyez pas, madame; en effet, les apparences me condamnent.

— En attendant que vous fassiez condamner ces malheureuses dames; n'est-ce pas, caballero?

— Señora! s'écria-t il avec violence, mais, se contraignant aussitôt, pardonnez-moi cet emportement, madame; mais si vous consentiez à m'entendre...

— N'est-ce donc pas ce que je fais en ce moment, señor?

— Oui, vous m'écoutez, c'est vrai, madame; mais avec un parti pris d'avance de ne pas ajouter foi à mes paroles, si véridiques qu'elles soient.

L'abbesse fit un léger mouvement des épaules et reprit :

— C'est que, señor, vous me dites en ce moment des choses tellement incroyables! Comment voulez-vous que lorsque vous-même m'avez avoué à l'instant que vous aviez arrêtés ces dames, lorsqu'il vous était si facile de leur laisser continuer leur voyage, que c'est vous qui les avez conduites dans cette ville, que c'est vous encore qui les avez amenées dans ce couvent, afin de leur enlever tout espoir de fuite; comment voulez vous que je puisse ajouter foi aux protestations de dévouement dont il vous plaît aujourd'hui de faire parade devant moi? Ce serait plus que de la naïveté de ma part, convenez-en, et vous seriez en droit de me croire ce que je ne suis pas, c'est-à-dire, pour parler franc, une sotte.

— Oh! madame, il y a bien des choses que vous ignorez.

— Certainement, il y a toujours bien des choses qu'on ignore en pareil cas ; mais voyons, venons au fait, puisque vous-même m'avez proposé la franchise; prouvez-moi que bien réellement vous avez l'intention de me dire la vérité, faites-moi connaître ces choses que j'ignore.

— Je ne demande pas mieux, madame.

— Seulement, je vous avertis que j'en sais peut-être beaucoup de ces choses, et que, si vous vous écartez du droit chemin, je vous y remettrai impitoyablement. Ce marché vous convient-il?

— On ne saurait davantage, madame.

— Eh bien! parlez, je vous promets de ne pas vous interrompre.

— Vous me comblez, señora; mais, pour vous apprendre toute la vérité, je suis contraint d'entrer dans certains détails touchant ma famille qui, sans doute, auront peu d'intérêt pour vous.

— Pardon, je veux être impartiale, donc je dois tout savoir.

En prononçant ces paroles, elle jeta à la dérobée un regard du côté de la porte de la seconde pièce.

Ce regard ne fut pas surpris par le montonero qui, en ce moment, la tête baissée sur la poitrine, semblait recueillir ses souvenirs.

Enfin, après quelques minutes, il commença.

— Ma famille, ainsi que vous l'indique mon nom, madame, est d'origine portugaise; un de mes ancêtres fut cet Alvarez Cabral auquel le Portugal doit de si magnifiques découvertes. Fixés au Brésil depuis les premiers temps de l'occupation, mes aïeux s'établirent dans la province de Saõ Paulo, et, entraînés tour à tour par l'exemple de leurs voisins et de leurs amis, ils tentèrent de longues et périlleuses expéditions dans l'intérieur des terres inconnues de tous, et plusieurs d'entre eux comptèrent parmi les plus célèbres et les plus hardis Paulistas de la province. Pardonnez-moi ces détails, mada-

me, mais ils sont indispensables; du reste, je les abrége autant que cela m'est possible. Mon aïeul, à la suite d'une discussion fort vive avec le vice-roi du Brésil, don Vasco Fernandez Cesar de Menezes, vers 1723, discussion dont jamais il ne voulut nous révéler les motifs, vit ses biens mis sous séquestre ; lui-même fut obligé de prendre la fuite avec toute sa famille. Un peu de patience, je vous en conjure, madame.

— Vous êtes injuste, señor; ces détails, que j'ignorais, m'intéressent au plus haut point.

— Mon aïeul, avec les débris qu'il réussit à sauver de sa fortune, débris assez considérables, je me hâte de le dire, car il était colosalement riche, se réfugia dans la vice-royauté de Buenos-Ayres, afin de plus facilement repasser au Brésil, si la fortune cessait de lui être contraire. Mais son espoir fut déçu; il devait mourir dans l'exil ; sa famille était condamnée à ne revoir jamais sa patrie. Cependant, à différentes reprises, des propositions lui furent faites pour entrer en accommodement avec le gouvernement portugais, mais toujours il les repoussa avec hauteur, protestant que, n'ayant commis aucun crime, il ne voulait pas être absous, et que surtout,—remarquez bien cette dernière parole, madame,—le gouvernement, qui lui avait enlevé ses biens, n'avait rien à prétendre sur ce qui lui restait; qu'il ne consentirait jamais à payer une grâce qu'on n'avait pas le droit de lui vendre. Plus tard, lorsque mon aïeul fut sur le point de rendre l'âme, et que mon grand-père et mon père furent réunis autour de son lit, bien que fort jeune encore, mon père crut comprendre quelles étaient les propositions faites par le gouvernement portugais, et que le vieillard avait toujours obstinément repoussées.

— Ah! fit l'abbesse, commençant malgré elle à s'intéresser à ce récit, fait avec un accent de vérité qu'on ne pouvait être révoqué en doute.

— Jugez-en vous-même, madame, reprit le montonero ; mon aïeul, ainsi que je vous l'ai dit, se sentant mourir, avait réuni mon grand-père et mon père autour de son lit, puis, après leur avoir fait jurer sur le Christ et sur l'Evangile de ne jamais révéler ce qu'il allait leur dire, il leur confia un secret d'une importance immense pour l'avenir de notre famille; en un mot, il leur avoua que quelque temps avant son exil, dans la dernière expédition qu'il avait tentée seul selon sa coutume, il avait découvert des mines de diamants et des gisements d'or d'une richesse incalculable, il entra dans les plus grands détails sur la route à suivre pour retrouver le pays où ces richesses inconnues étaient enfouies, remit à mon grand-père une carte tracée par lui sur les lieux mêmes, ajouta, de peur que mon grand-père oubliât quelque détail important, une liasse de manuscrit où l'histoire de son expédition et de sa découverte ainsi que l'itinéraire qu'il avait suivi pour aller et revenir, étaient racontés jour par jour, presque heure par heure; puis certain que cette fortune qu'il leur léguait ne serait pas perdue pour eux, il bénit ses enfants et mourut presque aussitôt épuisé par les efforts qu'il lui avait fallu faire pour bien les renseigner ; mais, avant de fermer à jamais les yeux, il leur fit une dernière fois jurer un secret inviolable.

— Je ne vois pas jusqu'à présent, monsieur, quel rapport il y a entre l'histoire, fort intéressante incontestablement, que vous me racontez, et ces deux malheureuses dames? interrompit l'abbesse en hochant la tête.

— Encore quelques minutes de complaisance, madame, vous ne tarderez pas à être satisfaite.

— Soit, monsieur, continuez donc, je vous prie!

Don Zéno reprit :

— Quelques années s'écoulèrent, mon grand-père s'était mis à la tête de la vaste chacra, exploitée par notre famille ; mon père commençait à l'aider dans ses travaux.

Il avait une sœur, belle comme les anges et pure comme eux, elle se nommait Laura; son père et son frère l'aimaient à l'adoration, elle était toute leur joie, tout leur orgueil, tout leur bonheur...

Don Zéno s'arrêta ; deux larmes, qu'il ne songea pas à retenir, coulèrent lentement le long de ses joues.

— Ce souvenir vous attriste, señor, lui dit doucement l'abbesse.

Le jeune homme se redressa fièrement.

— J'ai promis de vous dire toute la vérité, madame, bien que la tâche que je me suis imposée soit pénible, je ne faiblirai pas : Mon grand-père avait renfermé dans un lieu, connu de lui et de son fils seulement, le manuscrit et la carte que leur avait en mourant légué mon aïeul, puis ils n'y avaient plus songé ni l'un ni l'autre, ne supposant pas qu'il eût venir une époque où il leur serait possible de s'emparer de cette fortune qui leur appartenait cependant par des titres incontestables. Un jour, un étranger se présenta à la chacra et demanda une hospitalité qui jamais n'était refusée à personne ; cet étranger était jeune, beau, riche, du moins il le paraissait, et pour notre famille il avait l'inappréciable avantage d'être notre compatriote; il appartenait à l'une des plus nobles familles du Portugal. C'était donc plus qu'un ami, c'était presque un parent. Mon grand-père le reçut les bras ouverts ; il demeura plusieurs mois dans notre chacra, il y serait demeuré toujours s'il l'eût voulu : tous l'aimaient dans la maison. Pardonnez-moi, madame, de passer si rapidement sur ces détails. Bien que trop jeune pour avoir personnellement assisté à cette infâme trahison, j'ai le cœur brisé. Un jour, l'étranger disparut en enlevant doña Laura. Voilà comment cet homme avait payé notre hospitalité.

— Oh! c'est horrible cela! s'écria l'abbesse, emportée malgré elle par l'indignation qu'elle éprouvait.

— Toutes les recherches furent infructueuses : il fut impossible de retrouver ses traces. Mais ce qu'il y eut de plus affreux dans cette affaire, madame, c'est que cet homme avait froidement et lâchement suivi un plan tracé à l'avance.

— Ce n'est pas possible! fit l'abbesse avec horreur.

— Cet homme avait, je ne sais comment, surpris quelques mots, en Europe, de ce secret que mon aïeul croyait si bien gardé. Son but, en s'introduisant dans notre maison, était de découvrir le reste de ce secret, afin de nous voler notre fortune. Pendant le temps qu'il demeura à la chacra, plusieurs fois il essaya, par des questions adroites, d'apprendre les détails qu'il ignorait; questions adressées tantôt à mon grand-père, tantôt à mon père, jeune homme alors. Enfin, le rapt odieux qu'il commit ne provint pas d'un amour poussé jusqu'à la folie, ainsi que vous pourriez le supposer, il aurait demandé à mon grand-père la main de sa fille que celui-ci la lui aurait accordée; non, il n'aimait pas doña Laura.

— Alors, interrompit l'abbesse, pourquoi l'a-t-il enlevé.

— Pourquoi, dites-vous?

— Oui.

— Parce qu'il croyait qu'elle possédait un secret qu'il voulait à tout prix découvrir; voilà, madame, le seul motif de ce crime.

— Mais ce que vous me dites-là est infâme, señor, s'écria l'abbesse; cet homme était un démon.

— Non, madame, c'était un malheureux dévoré de la soif des richesses et qui à tout prix voulait les posséder, dût-il pour cela porter le déshonneur et la honte dans une famille et marcher sur des monceaux de cadavres.

— Oh! fit-elle en cachant sa tête dans ses mains.

— Maintenant, madame, voulez-vous savoir le nom de cet homme, reprit-il avec amertume; mais c'est inutile, n'est-ce pas?

car vous l'avez déjà deviné sans doute.

L'abbesse hocha affirmativement la tête sans répondre.

Il y eut un assez long silence.

— Mais pourquoi rendre des innocents, dit enfin l'abbesse, responsables des crimes commis par d'autres?

— Parce que, madame, héritier de la haine paternelle, après vingt ans, il y a quinze jours seulement que j'ai retrouvé une trace que je croyais à jamais perdue; que le nom de votre ennemi a comme un coup de foudre éclaté subitement à mon oreille et que j'ai à demander à cet homme un compte sanglant de l'honneur de ma famille.

— Ainsi, pour satisfaire une vengeance qui pourrait être juste si elle s'adressait au véritable coupable, vous seriez assez cruel?...

— Je ne sais encore ce que je ferai, madame. Ma tête est en feu, la fureur m'égare, interrompit-il avec violence, cet homme nous a volé notre bonheur, je veux lui enlever le sien, mais je ne serai pas lâche comme il l'a été, lui; il saura d'où part le coup qui le frappe, c'est entre nous une guerre de bêtes fauves.

En ce moment la porte de la seconde chambre s'onvrit brusquement, et la marquise parut calme et imposante.

— Guerre de bêtes fauves, soit, caballero, dit-elle, je l'accepte.

Le jeune homme se leva brusquement, et foudroyant la supérieure d'un regard de mépris écrasant:

— Ah! on nous écoutait, dit-il avec ironie; eh bien, tant mieux, je le préfère ainsi; cette trahison indigne m'évite une explication nouvelle; vous connaissez, madame, les motifs de la haine que je porte à votre mari; je n'ai rien de plus à vous apprendre.

— Mon mari est un noble caballero qui, s'il était présent, flétrirait d'un démenti, ainsi que je le fais moi-même, le tissu d'odieux mensonges dont vous n'avez pas craint de l'accuser devant une personne, ajouta-t-elle en jetant un regard de douloureuse pitié à la supérieure, qui n'aurait peut-être pas dû ajouter une foi si crédule à cette effroyable histoire, dont la fausseté est trop facile à prouver, pour qu'il soit nécessaire de la réfuter.

— Soit, madame; cette insulte venant de vous ne peut me toucher, vous êtes naturellement la dernière personne à qui votre mari aurait confié cet horrible secret; mais, quoi qu'il arrive, un temps viendra, et ce temps est proche, je l'espère, où la vérité se fera jour, et où le criminel sera démasqué devant tous.

— Il y a des hommes, señor, que la calomnie, si bien ourdie qu'elle soit, ne saurait atteindre, répondit-elle avec mépris.

— Brisons-là, madame; toute discussion entre nous ne servirait qu'à nous aigrir davantage l'un contre l'autre, je vous répète que je ne suis pas votre ennemi.

— Mais qu'êtes-vous donc alors, et pour quel motif avez-vous raconté cette horrible histoire?

— Si vous aviez eu la patience de m'écouter quelques minutes de plus, vous l'auriez appris.

— Qui vous empêche de me le dire maintenant que nous sommes face à face?

— Je vous le dirai si vous l'exigez, madame, reprit-il froidement, j'aurais cependant préféré qu'une autre personne qui vous fût plus sympathique que moi se chargeât de ce soin.

— Non, non, monsieur, je suis Portugaise aussi, moi, et lorsqu'il s'agit de l'honneur de mon nom, j'ai pour principe de traiter moi-même.

— Comme il vous plaira, madame; je venais vous faire une proposition.

— Une proposition, à moi? fit-elle avec hauteur.

— Oui, madame.

— Laquelle? soyez bref, s'il vous plaît.

— Je venais vous demander de me donner votre parole de ne pas quitter cette ville sans mon autorisation, et de ne pas essayer de donner de vos nouvelles à votre mari.

— Ah!... Et si je vous avais fait cette promesse?

— Alors, madame, je vous aurais, moi, en retour, fait décharger de l'accusation qui pèse sur vous, et je vous aurais immédiatement fait obtenir votre liberté.

— Liberté d'être prisonnière dans une ville au lieu de l'être dans un couvent, dit-elle avec ironie; vous êtes généreux, señor.

— Mais vous n'auriez pas comparu devant un conseil de guerre.

— C'est vrai; j'oubliais que vous et les vôtres vous faites la guerre aux femmes, aux femmes surtout; vous êtes si braves, seigneurs révolutionnaires!

Le jeune homme demeura froid devant cette sanglante injure; il s'inclina respectueusement.

— J'attends votre réponse, madame, dit-il.

— Quelle réponse? reprit-elle avec dédain.

— Celle qu'il vous plaira de faire à la proposition que j'ai eu l'honneur de vous adresser.

La marquise demeura un instant silencieuse, puis, relevant la tête et faisant un pas en avant:

— Caballero, reprit-elle d'une voix fière, accepter la proposition que vous me faites, serait admettre la possibilité de la véracité de l'accusation odieuse que vous osez porter contre mon mari; or, cette possibilité je ne l'admets pas; l'honneur de mon mari est le mien, il est de mon devoir de le défendre.

— Je m'attendais à cette réponse, madame, bien qu'elle m'afflige plus que vous ne le pouvez supposer. Vous avez bien réfléchi, sans doute, à toutes les conséquences de ce refus?

— À toutes, oui, señor.

— Elles peuvent être terribles.

— Je le sais et je les subirai.

— Vous n'êtes pas seule, madame, vous avez une fille.

— Monsieur, répondit-elle avec un accent de suprême hauteur, ma fille sait trop bien ce qu'elle doit à l'honneur de sa maison pour hésiter à lui faire, s'il le faut, le sacrifice de sa vie.

— Oh! madame.

— N'essayez pas de m'effrayer, señor, vous ne sauriez y réussir! Ma détermination est prise, je ne la changerai pas, quand même je verrais l'échafaud dressé devant moi; les hommes se trompent, s'ils croient seuls posséder le privilège du courage; il est bon que, de temps en temps, une femme leur montre qu'elles aussi savent mourir pour leurs convictions. Trêve donc, je vous prie, de plus longues prières, señor, elles seraient inutiles.

Le montonero s'inclina silencieusement, fit quelques pas vers la porte, s'arrêta, se retourna à demi comme s'il voulait parler, mais, se ravisant, il salua une dernière fois et sortit.

La marquise demeura un instant immobile, puis se tournant vers l'abbesse et lui tendant les bras:

— Et maintenant, mon amie, lui dit-elle avec des larmes dans la voix, croyez-vous encore que le marquis de Castelmelhor soit coupable des crimes affreux dont cet homme l'accuse.

— Oh! non! non! mon amie, s'écria la supérieure en se laissant aller, en fondant en larmes, dans les bras qui s'ouvraient pour la recevoir.

XI

Les préparatifs de Tyro.

La rencontre faite par le peintre à sa sortie du couvent, l'avait frappé d'un triste pressentiment au sujet de ses protégées.

Sans se rendre bien clairement compte des sentiments qu'il éprouvait pour elles, cependant, malheureux lui-même, il se sentait malgré lui entraîné à aider et à secourir de tout son pouvoir des femmes qui, sans le connaître, étaient venues si franchement réclamer sa protection.

Son amour propre, comme homme d'abord, et ensuite comme Français, était flatté du rôle qu'il se trouvait ainsi appelé à jouer à l'improviste dans cette sombre et mystérieuse affaire dont, malgré les confidences de la marquise, il se doutait bien qu'on ne lui avait pas révélé le dernier mot.

Mais que lui importait cela?

Placé par le hasard ou pour mieux dire par la mauvaise fortune, acharnée après lui, dans une situation presque désespérée, les risques qu'il aurait à courir en secourant les deux dames, n'aggraveraient pas beaucoup cette situation, au lieu que s'il parvenait à les faire échapper au sort dont elles étaient menacées, tout en se sauvant lui-même, il jouerait à ses persécuteurs un tour de bonne guerre en se montrant plus fin qu'eux, et se vengerait une fois pour toutes des continuelles appréhensions qu'il- lui avaient causées depuis son arrivée à San Miguel.

Ces réflexions, en remettant le calme dans l'esprit du jeune homme, lui rendirent toute son insouciante gaieté, et ce fut d'un pas leste et délibéré qu'il rejoignit Tyro à l'endroit où celui-ci lui avait assigné un rendez-vous permanent.

Le lieu était des mieux choisis; c'était une grotte naturelle peu profonde, située à deux portées de fusil au plus de la ville, si bien cachée aux regards indiscrets par des chaos de rochers et des buissons épais de plantes parasites, que, à moins de connaître la position exacte de cette grotte, il était impossible de la découvrir; d'autant plus que son entrée s'ouvrait sur la rivière, et que, pour y pénétrer, il fallait se mettre dans l'eau jusqu'au genou.

Tyro, à demi couché sur un amas de feuilles sèches recouvertes de deux ou trois pelones (1) et de ponchos araucaniens, fumait nonchalamment une cigarette de paille de maïs en attendant son maître.

Celui-ci, après s'être assuré que personne ne le guettait, ôta ses chaussures, retroussa ses pantalons, se mit à l'eau et entra dans la grotte, non toutefois sans avoir sifflé à deux reprises différentes, afin de prévenir l'Indien de son arrivée.

— Ouf! dit-il en pénétrant dans la grotte, singulière façon de rentrer chez soi. Me voici de retour, Tyro.

— Je le vois, maître, répondit gravement l'Indien sans changer de position.

— Maintenant, reprit le jeune homme, laisse-moi reprendre mes habits; puis nous causerons; j'ai beaucoup de choses à t'apprendre.

— Et moi aussi, maître.

— Ah! fit il en le regardant.

— Oui; mais changez d'abord de costume.

— C'est juste, reprit le jeune homme.

Il se mit aussitôt en devoir de quitter son déguisement, et bientôt il eut recouvré sa physionomie ordinaire.

— Là, voilà qui est fait! dit-il en s'asseyant auprès de l'Indien et en allumant une cigarette. Je t'avoue que ce diable de costume me pèse horriblement et que je serai heureux lorsqu'il me sera permis de m'en débarrasser une bonne fois.

— Ce sera bientôt, je l'espère, maître.

— Et moi aussi, mon ami. Dieu veuille que nous ne nous trompions pas! Maintenant, qu'as-tu à m'apprendre? Parle, je t'écoute.

— Mais, vous-même, ne m'aviez-vous pas annoncé des nouvelles?

(1) Peaux de moutons teintes et préparées.

8

— C'est vrai; mais je suis pressé de savoir ce que tu as à me dire. Je crois que c'est plus important que ce que je t'apprendrai. Ainsi, parle le premier; ma confidence arrivera toujours assez tôt.

— Comme il vous plaira, maître, répondit l'Indien en se redressant et en jetant sa cigarette, qui commençait à lui brûler les doigts; puis, tournant à demi la tête vers le jeune homme et le regardant bien en face, êtes-vous brave? lui demanda-t-il.

Cette question, faite ainsi à l'improviste, causa une si profonde surprise au peintre, qu'il hésita un instant.

— Dame! répondit-il enfin, je le crois; puis, se remettant peu à peu, il ajouta avec un léger sourire: d'ailleurs, mon bon Tyro, la bravoure est en France une vertu tellement commune, qu'il n'y a aucune fatuité de ma part à assurer que je la possède.

— Bon! murmura l'Indien qui suivait son idée, vous êtes brave, maître, moi aussi, je le crois, je vous ai vu en plusieurs circonstances vous tirer honorablement d'affaire.

— Allons, pourquoi m'adresser cette question? fit le peintre avec une teinte de mécontentement.

— Ne vous fâchez pas, maître, fit vivement l'Indien; mes intentions sont bonnes, lorsqu'on commence une sérieuse expédition et qu'on veut la mener à bien, il faut en calculer toutes les chances; vous êtes Français, c'est-à-dire étranger arrivé depuis peu dans ce pays, dont vous ignorez complètement les mœurs.

— J'en conviens, interrompit le jeune homme.

— Vous vous trouvez donc sur un terrain inconnu, qui peut à chaque instant se dérober sous vos pas; en vous demandant si vous êtes brave, je ne doute pas de votre courage: je vous ai vu à l'œuvre; seulement, je désire savoir si ce courage est blanc ou rouge; s'il brille autant dans les ténèbres et la solitude qu'en plein soleil et devant la foule. Voilà tout.

— Posée ainsi, je comprends la question, mais je ne saurais y répondre, ne m'étant jamais trouvé dans une situation où il m'ait fallu déployer le genre de courage dont tu parles; je puis simplement, et en toute confiance, te certifier ceci: c'est que, du jour ou de nuit, seul ou accompagné, à défaut de bravoure, l'orgueil m'empêchera toujours de reculer, et me contraindra quand même à faire tête aux adversaires, quels qu'ils soient, qui se dresseront devant moi pour s'opposer à mes volontés, quand j'aurai formé une résolution.

— Je vous remercie de cette affirmation, maître, car votre tâche sera ardue et je suis heureux de savoir que vous ne m'abandonnerez pas, au plus fort d'un danger dans lequel je ne me serai mis que par dévouement pour vous.

— Tu peux compter sur ma parole, Tyro, répondit le peintre; ainsi bannis toute arrière-pensée et marche résolûment en avant.

— Ainsi ferai-je, maître, comptez sur moi. Maintenant laissons cela et venons aux nouvelles que j'avais à vous apprendre.

— En effet, dit le peintre, quelles sont ces nouvelles, bonnes ou mauvaises?

— Bah! selon, maître, comment vous les apprécierez.

— Bon, dis-les moi d'abord.

— Savez-vous que les officiers espagnols que l'on devait juger demain ou après-demain se sont évadés.

— Évadés, s'écria le peintre avec étonnement, quand cela donc?

— Ce matin même, ils sont passés près d'ici, il y a deux heures à peine, montés sur des chevaux des pampas et galopant à fond de train dans la direction des Cordillères.

— Ma foi, tant mieux pour eux, je suis charmé, car à la façon dont vont les choses en ce pays on les aurait sans doute fusillés.

— On les aurait fusillés certainement, répondit l'Indien en hochant la tête.

— C'eût été dommage, fit le jeune homme; bien que je les connaisse fort peu et qu'ils m'aient par leur faute placé dans une situation assez difficile, j'eusse été désespéré qu'il leur arrivât malheur. Ainsi, tu es certain qu'ils se sont réellement échappés.

— Maître, je les ai vus.

— Alors, bon voyage! Dieu veuille qu'ils ne soient pas repris.

— Ne craignez-vous pas que cette fuite ne vous soit préjudiciable?

— A moi? pour quelle raison? s'écria-t-il avec surprise.

— Ne vous avait-on pas indirectement impliqué dans leur affaire?

— C'est vrai, mais je crois que je n'ai rien à craindre maintenant, et que les soupçons qui s'étaient élevés contre moi sont complètement dissipés.

— Tant mieux, maître; cependant, s'il m'est permis de vous donner un conseil, croyez-moi, soyez prudent.

— Voyons, parle avec franchise; j'aperçois derrière tes circonlocutions indiennes une pensée sérieuse qui t'obsède et dont tu voudrais me faire part; le respect ou je ne sais quelle crainte que je ne puis comprendre, t'empêche seul de t'expliquer.

— Puisque vous l'exigez, maître, je m'expliquerai d'autant plus que le temps presse; la fuite des deux officiers espagnols a réveillé les soupçons qui n'étaient qu'assoupis; bien plus, on vous accuse de les avoir encouragés dans leur projet de fuite et de leur avoir procuré les moyens de l'accomplir.

— Moi! mais ce n'est pas possible, je ne les ai pas vus une seule fois depuis leur arrestation.

— Je le sais, maître; cependant cela est ainsi, je suis bien informé.

— Mais alors, ma position devient extrêmement délicate; je ne sais trop que faire.

— J'ai songé à cela pour vous, maître; nous autres Indiens nous formons une population à part dans la ville; mal vus des Espagnols, méprisés des créoles, nous nous soutenons les uns les autres, afin d'être en mesure, en cas de besoin, de résister aux injustices qu'on prétendrait nous faire; depuis que je m'occupe des préparatifs de votre voyage, j'ai donné le mot à plusieurs hommes de ma tribu engagés chez certaines personnes de la ville, afin d'être instruit de tout ce qui se passe et vous prémunir contre les trahisons. Je savais depuis bien sûr que les officiers espagnols devaient s'échapper aujourd'hui, au lever du soleil; depuis plusieurs jours déjà, aidés par leurs amis, ils avaient combiné leur fuite.

— Jusqu'à présent, interrompit le peintre, je ne vois pas quel rapport il y a entre cette fuite et ce qui me regarde personnellement.

— Attendez, maître, reprit l'Indien, j'y arrive: ce matin, après vous avoir aidé à vous déguiser, je vous suivis et j'entrai dans la ville; la nouvelle de la fuite des officiers était déjà publique, tout le monde en parlait, je me mêlai à plusieurs groupes où cette fuite était commentée de cent façons différentes. Votre nom était dans toutes les bouches.

— Mais, cette fuite, je l'ignorais.

— Je le sais bien, maître; mais vous êtes étranger, cela suffit pour qu'on vous accuse; d'autant plus que vous avez un ennemi acharné à votre perte qui s'est chargé de propager ce bruit et de lui donner de la consistance.

— Un ennemi, moi! fit le jeune homme avec stupeur, c'est impossible!

L'Indien sourit avec ironie.

— Bientôt vous le connaîtrez, maître, dit-il; mais il est inutile de nous occuper de lui en ce moment, c'est de vous qu'il s'agit, de vous, qu'il faut sauver.

Le jeune homme hocha la tête avec découragement.

— Non, dit-il d'une voix triste, je vois que je suis bien réellement perdu cette fois, tout ce que je tenterais ne ferait que hâter ma perte, mieux vaut me résigner à mon sort.

L'Indien le considéra pendant quelques instants avec un étonnement qu'il ne chercha pas à dissimuler.

— N'avais-je pas raison, maître, reprit-enfin, de vous demander au commencement de cette conversation si vous aviez du courage?

— Que veux-tu dire? s'écria le jeune homme en se redressant subitement et en le foudroyant du regard.

Tyro ne baissa pas les yeux, son visage demeura impassible, et ce fut de la même voix calme, avec le même accent d'insouciance qu'il continua:

— En ce pays, maître, le courage ne ressemble en rien à celui que vous possédez; tout homme est brave le sabre ou le fusil à la main, surtout ici, où, sans compter les hommes, on est constamment contraint de lutter contre toutes espèces d'animaux plus nuisibles et plus féroces les uns que les autres, mais que signifie cela?

— Je ne te comprends pas, répondit le jeune homme.

— Pardonnez-moi, maître, de vous apprendre des choses que vous ignorez; il est un courage qu'il vous faut acquérir, c'est celui qui consiste à paraître céder lorsque la lutte est trop inégale, en se réservant, tout en feignant de fuir, de prendre plus tard sa revanche. Vos ennemis ont sur vous un immense avantage: ils vous connaissent; donc ils agissent contre vous à coup sûr, et vous, vous ne les connaissez point; vous êtes exposé, au premier mouvement que vous ferez, à tomber net dans le piège tendu sous vos pas, et de vous livrer ainsi sans espoir de vengeance.

— Ce que tu me dis là est plein de sens, Tyro; seulement, tu me parles par énigmes. Quels sont ces ennemis que je ne connais pas et qui paraissent si acharnés à ma perte?

— Je ne puis encore vous révéler leurs noms, maître; mais ayez patience, un jour viendra où vous les connaîtrez.

— Avoir patience, cela est bientôt dit; malheureusement, je suis enfoncé jusqu'au cou dans un guêpier dont je ne sais comment sortir.

— Laissez-moi faire, maître; je réponds de tout. Vous partirez plus facilement que vous ne le croyez.

— Hum! cela me paraît bien difficile.

L'Indien sourit en haussant légèrement les épaules.

— Tous les blancs sont ainsi, murmura-t-il comme s'il se parlait à lui-même; en apparence, leur conformation est la même que la nôtre et pourtant ils sont complètement incapables de faire par eux-mêmes la moindre des choses.

— C'est possible, répondit le jeune homme intérieurement piqué de cette remarque assez désobligeante, cela tient à une foule de considérations trop longues à t'expliquer et que d'ailleurs tu ne comprendrais pas; revenons à ce qui, seul, doit en ce moment nous occuper; je te répète que je trouve ma position désespérée et que je ne sais, même avec l'aide de ton dévouement, de quelle façon je m'en sortirai.

Il y eut quelques instants de silence entre les deux hommes, puis l'Indien reprit la parole, mais cette fois d'une voix claire, bien accentuée, comme un homme qui désire être compris du premier coup, sans être contraint de perdre en explications inutiles un temps qu'il considère comme fort précieux.

— Maître, dit-il, aussitôt que je fus informé de ce qui se passait, convaincu que je ne serais pas désavoué par vous, je dressai mon plan et je me mis en mesure de parer le nouveau coup qui vous frappait. Mon premier soin fut de me rendre dans votre maison; on me connaît, la plupart des peones sont mes amis; on ne fit donc pas attention à moi. Je fus libre d'aller et de venir à ma guise, sans attirer l'attention. Du reste, je profitai d'un moment où la maison était à peu près déserte, à cause de l'heure de la sieste qui fermait les yeux des maîtres et des criados; en un tour de main, aidé par quelques amis à moi, j'enlevai tout ce qui vous appartient jusqu'à vos chevaux, sur lesquels je chargeai vos bagages et vos caisses pleines de papiers et de toiles.

— Bien, interrompit le jeune homme avec une satisfaction nuancée d'une légère inquiétude; mais que pensera de ce procédé mon compatriote ?

— Que cela ne vous inquiète pas, maître, répondit le Guaranis avec un sourire d'une expression singulière.

— Soit, tu auras sans doute trouvé un prétexte plausible pour dissimuler ce que ce procédé a d'insolite.

— C'est cela même, fit-il en ricanant.

— C'est fort bien; mais maintenant, dis-moi, Tyro, qu'as-tu fait de tous ces bagages Je ne me soucie nullement de les perdre; ils composent le plus clair de ma fortune; je ne puis cependant les camper ainsi de but en blanc à la belle étoile, d'autant plus que cela ne me servirait à rien, et que ceux qui ont intérêt à me chercher m'auraient bientôt découvert; d'un autre côté je ne vois guère dans quelle maison je me puis loger sans courir le risque d'être aussitôt arrêté.

L'Indien se mit à rire.

— Eh! eh! fit gaiement le jeune homme, puisque tu ris, c'est que mes affaires vont probablement bien et que tu es à peu près certain de m'avoir trouvé un abri sûr.

— Vous ne vous trompez pas, maître; je me suis effectivement occupé aussitôt de vous chercher un endroit où vous seriez en sûreté, et complètement à l'abri des poursuites.

— Diable! cela n'a pas dû être facile à trouver dans la ville.

— Aussi, n'est-ce pas dans la ville que j'ai cherché.

— Oh! oh! où donc alors; je ne vois guère, dans la campagne, d'endroit où il me soit possible de me cacher.

— C'est que, comme nous autres Indiens, vous n'avez pas, maître, l'habitude du désert; à deux milles d'ici, tout au plus, dans un rancho d'Indiens Guaranis, je vous ai trouvé un asile où pas un n'ira vous chercher, ou bien, au cas d'une visite, vous trouver.

— Tu piques singulièrement ma curiosité. Tout est-il préparé pour me recevoir?

— Oui, maître.

— Pourquoi donc demeurons-nous ici alors, au lieu de nous y rendre?

— Parce que, maître, le soleil n'est pas couché encore, et qu'il fait trop jour pour se hasarder dans la campagne.

— Tu as raison, mon brave Tyro; je te remercie de ce nouveau service.

— Je n'ai fait que mon devoir, maître.

— Hum!... Enfin, puisque tu le veux, j'y consens. Seulement, crois bien que je ne suis pas ingrat. Ainsi, voilà qui est convenu : je suis déménagé. Mon cher compatriote sera bien étonné lorsqu'il apprendra que je suis parti sans prendre congé de lui.

L'Indien rit silencieusement sans répondre.

— Malheureusement, mon ami, continua le jeune homme, cette position est fort précaire, elle ne saurait durer longtemps.

— Rapportez-vous-en à moi, maître, avant trois jours nous serons partis; toutes mes mesures sont prises en conséquence; mes préparatifs seront déjà terminés si j'avais eu à ma disposition la somme nécessaire à l'achat de diverses choses indispensables.

— Qu'à cela ne tienne, s'écria le jeune homme en fouillant vivement à sa poche et en retirant la bourse que lui avait remise la marquise, voilà de l'argent.

— Oh! fit l'Indien avec joie, il y a là beaucoup plus qu'il ne nous faut.

Mais soudain le peintre devint triste, et retira des mains du Guaranis la bourse que déjà il lui avait abandonnée.

— Je suis fou, dit-il ; maintenant, nous ne pouvons user de cet argent : il n'est pas à nous, nous n'avons pas le droit de nous en servir.

Tyro le regarda avec surprise.

— Oui, continua-t-il en hochant doucement la tête, cette somme m'a été remise par la personne que j'avais promis de sauver, afin de tout préparer pour sa fuite.

— Eh bien? fit l'Indien.

— Dame! reprit le jeune homme, maintenant la question me paraît singulièrement changée; j'aurai, je le crois, fort à faire à me sauver tout seul.

— La situation est toujours la même pour vous, maître, vous pouvez tenir la parole que vous avez donnée ; au contraire, peut-être êtes-vous dans de meilleures conditions aujourd'hui que vous ne l'étiez hier; pour organiser, non-seulement votre fuite, mais celle de ces personnes; j'ai tout prévu.

— Voyons, explique-toi, car je recommence à ne plus te comprendre du tout.

— Comment cela, maître?

— Dame! tu sembles connaître mieux que moi mes affaires.

— Que cela ne vous inquiète pas, je ne sais de vos affaires que ce que je dois en savoir pour vous être utile au besoin et être en mesure de vous prouver quel est mon dévouement pour vous. D'ailleurs, si vous le désirez, je paraîtrai ne rien savoir.

— Belle avance! s'écria le jeune homme en riant. Allons, puisqu'il ne m'est même pas possible de conserver mes secrets à moi tout seul, prends-en donc ta part, sorcier que tu es. Je ne me plaindrai pas davantage; maintenant, continue.

— Donnez-moi seulement cet or, maître, et laisse-moi agir.

— En effet, je crois que c'est le plus simple; prends-le donc, ajouta-t-il en lui mettant la bourse dans la main ; seulement, hâte-toi, car, mieux que moi, tu dois savoir que nous n'avons pas de temps à perdre.

— Oh! maintenant rien ne nous presse; on vous croit parti; on vous cherche bien loin; on vous laisse avec toutes les facilités possibles pour faire ici tout ce que vous voudrez.

— C'est vrai; s'il ne s'agissait que de moi, ma foi, j'ai une si grande confiance en ton habileté, que je ne me presserais pas du tout, je t'assure; mais...

— Oui, interrompit-il, je sais ce que vous voulez dire, maître; il s'agit des dames. Elles sont pressées, elles, et elles ont des raisons pour cela; mais elles n'ont rien à redouter avant trois jours, et je ne vous en demande que deux ; est-ce trop?

— Non, certes, seulement je t'avoue qu'il y a une chose qui m'embarrasse fort, à présent.

— Laquelle? maître.

— C'est la façon dont je m'introduirai dans le couvent pour les avertir.

— C'est cependant bien simple ; vous irez au couvent sous le même déguisement que vous avez pris aujourd'hui.

— Hum... tu crois que ce n'est pas beaucoup risquer?

— Pas le moins du monde, maître; qui voulez-vous qui s'occupe d'un pauvre vieillard ?

— Enfin, j'essayerai ; si j'échoue, j'aurai fait mon devoir de galant homme, ma conscience ne me reprochera rien.

Ils continuèrent à causer ainsi pendant plusieurs heures, prenant leurs dernières dispositions et essayant de prévoir tous les hasards qui pourraient au dernier moment, venir à l'improviste contrecarrer la réussite de leurs projets.

Plus le jeune Français se laissait aller à une intimité plus complète avec le Guaranis, plus il reconnaissait d'intelligence dans ce pauvre diable d'Indien si simple et si naïf en apparence, et plus il se félicitait d'avoir accepté les offres de service et de s'être confié à lui.

Il est vrai d'ajouter que si le peintre n'avait pas ainsi à point nommé rencontré ce serviteur dévoué, il aurait été dans une situation des plus critiques et presque dans l'impossibilité d'échapper au danger terrible suspendu

sur sa tête; il le reconnaissait franchement et mettant de côté tout préjugé de race, il laissait sagement son serviteur agir pour lui, se contentant de suivre ses conseils, sans essayer de faire prévaloir ses idées; ce qui montrait chez le jeune homme, malgré son apparente frivolité de caractère, un grand bon sens et une rectitude de jugement peu commune.

Une demi-heure environ après le coucher du soleil, les deux hommes quittèrent la grotte au fond de laquelle ils étaient demeurés cachés pendant plus de quatre heures.

L'Indien qui, malgré les ténèbres, semblait voir comme en plein jour, guida son maître à travers des sentiers détournés, en apparence inextricables, mais au milieu desquels il se dirigeait avec une sûreté qui dénotait une complète connaissance des lieux qu'il parcourait. Le peintre, peu habitué à ces courses de nuit, buttant presque à chaque pas, mais ne se décourageant point, et prenant gaiement son parti de ce nouveau contretemps.

Du reste, le trajet de la grotte, à l'endroit où il se rendait, était court; il ne dura tout au plus que trois quarts d'heure.

Tyro s'arrêta devant un rancho d'aspect assez misérable, construit au sommet d'une colline, et ouvrit, sans annoncer autrement sa présence, une porte formée par un cuir de bœuf étendu sur une claie en osier.

Le rancho était ou plutôt paraissait désert.

L'Indien battit le briquet et alluma un sebo.

L'intérieur du rancho ressemblait à l'extérieur et était fort misérable.

— Eh! fit Émilo en jetant autour de lui un regard investigateur, ce rancho est-il donc abandonné?

— Nullement, maître, répondit Tyro, mais les propriétaires se sont retirés dans la pièce à côté afin de ne pas nous voir.

— Oh! oh! Et pour quelle raison?

— Tout simplement afin que si, par hasard, on venait vous chercher ici, ils pussent en toute sûreté de conscience affirmer qu'ils ne vous connaissent pas et qu'ils ne vous ont pas vu.

— Tiens! tiens! tiens! fit en riant le jeune homme, c'est assez spirituel ce qu'ils font là, ces braves gens! Allons! je vois avec plaisir que les jésuites, aussi bien en Amérique qu'en Europe, faisaient d'excellents élèves; le procédé est fort ingénieux.

Tyro ne répondit pas; il était en train d'enlever avec une pioche une légère couche de terre sous laquelle apparut bientôt une trappe; l'Indien la souleva.

— Venez, maître, dit-il.

— Diable! murmura le jeune homme avec une certaine hésitation, vais-je donc m'enterrer tout vivant?

L'Indien avait déjà disparu dans l'ouverture laissée béante par l'enlèvement de la trappe.

— Allons, fit le jeune homme, il n'y a pas à hésiter.

Il se pencha sur le trou, aperçut les premiers échelons d'une échelle et descendit résolument dans le souterrain où l'attendait Tyro, le sebo levé vers lui afin de l'éclairer et de lui éviter un faux pas.

Ce souterrain était assez grand et assez haut, entièrement pavé de petites pour absorber l'humidité ; tous les bagages du jeune homme avaient été apportés et rangés avec soin.

Un équipal, une butaca, une table et un hamac pendu dans un coin complétaient un ameublement réduit à sa plus simple expression.

Plusieurs bougies et une lampe se trouvaient disposées sur la table.

A chaque extrémité de ce souterrain, dont la forme était à peu près ovale, s'ouvraient deux galeries.

— Voici votre appartement provisoire, maître, dit le Guaranis; chacune de ces galeries donne, après quelques détours, assez loin dans la campagne ; en cas d'alerte, vous avez donc une retraite assurée; vos chevaux ont été placés par moi dans la galerie de gauche, ils ont tout ce qui leur faut; dans cette corbeille vous trouverez des vivres pour trois jours. Je ne vous engage pas à sortir avant de m'avoir vu; seulement je vous avertis que je ne reviendrai que lorsque tout sera prêt pour votre fuite; vous serez ici complétement en sûreté, vous n'avez qu'à patience à prendre.

Tout en parlant ainsi, l'Indien avait sorti de de la corbeille et étalé sur la table, après avoir allumé la lampe, les vivres nécessaires au souper, dont le peintre, à jeun depuis sa sortie du couvent, commençait à éprouver un sérieux besoin.

— Maintenant, maître, je remonte dans le rancho, afin de tout remettre en place et faire disparaître les traces de notre passage. A bientôt et bon courage.

— Merci, Tyro; mais, au nom du ciel! souviens-toi que je ne me fie qu'à toi; ne me laisse pas trop longtemps prisonnier.

— Rapportez-vous-en à moi, maître. Ah! j'oubliais de vous avertir que lorsque je reviendrai, ce sera par la galerie de droite; j'imiterai le cri du hibou trois fois avant d'entrer.

— Bien, je m'en souviendrai. Tu ne veux pas me tenir compagnie et souper avec moi?

— Merci, maître, cela m'est impossible, il me faut être à San-Miguel dans une heure.

— Allons, fais comme tu le voudras, répondit le peintre en étouffant un soupir, je ne te retiens plus.

— Au revoir, maître, patience, et à bientôt!

— A bientôt, Tyro; quant à la patience que tu me recommandes, je tâcherai d'en avoir.

L'Indien remonta l'échelle, disparut par l'ouverture, et, après avoir dit une dernière fois adieu à son maître, il referma la trappe.

Émile se trouva seul.

Il demeura un instant immobile, plongé dans des réflexions assez sombres; mais bientôt, secouant la tête à plusieurs reprises, il s'assit sur la butacca et se mit en devoir d'attaquer les vivres placés devant lui sur la table.

— Soupons, dit-il, cela me fera passer toujours une heure, d'autant plus que je me sens un appétit formidable. C'est égal, ajouta-t-il la bouche pleine, au bout d'un instant, lorsque, à mon retour en France, je raconterai mes aventures d'Amérique, du diable si on me croira!

Et, remis en joie par cette réflexion, il continua gaiement son souper.

———

XII

Complications.

Le jour même où s'étaient passés les différents événements que nous avons rapportés dans nos précédents chapitres, vers neuf heures du soir environ, deux personnes étaient assises dans le salon du duc de Mantoue et causaient en français avec une certaine animation. Ces deux personnes étaient, la première, le duc de Mantoue lui-même ou M. Dubois, ainsi qu'il se faisait appeler, et l'autre, le général don Eusebio Moratin, gouverneur pour les patriotes buenos-ayriens de la ville de San-Miguel et de la province de Tucuman.

Le général Moratin était alors âgé de quarante-cinq ans; il était petit, mais trapu et fortement charpenté; ses traits auraient été beaux sans l'expression de froide méchanceté qui respirait dans ses yeux noirs et profondément enfoncés sous l'orbite.

Cet officier, dont la mémoire est justement exécrée dans les provinces argentines et qui, si Rosas n'était venu après lui, serait demeuré le type le plus complet des scélérats que l'écume révolutionnaire a fait, depuis le com-mencement de ce siècle, monter à la surface de la société pour tyranniser les peuples et déshonorer la grande famille humaine, jouait en ce moment un rôle important dans son pays et jouissait d'une immense influence.

Né, en 1760, d'une famille distinguée de Montevideo, cet homme avait de bonne heure manifesté les plus mauvais penchants; la vie nomade des gauchos, leur sauvage indépendance, tout en eux, jusqu'à leur férocité même, avaient séduit cet esprit fougueux; pendant plusieurs années, il partagea leur existence, puis il réunit une bande de contrebandiers et d'assassins, dont il devint bientôt le membre le plus actif, le plus cruel et le plus entreprenant.

L'ascendant, pris par cet homme sur ses compagnons de rapines, le fit choisir pour chef.

Dès lors, ses excès ne connurent plus de bornes, et lui acquirent une célébrité à la fois éclatante et exécrable.

Il ravagea sans pitié la *Banda orientale*, l'*Entre-ríos* et le *Paraguay*, détruisant les moissons, enlevant les femmes, égorgeant les hommes, pillant les églises, et portant le deuil dans plus de *vingt mille* familles.

Les choses en vinrent à un tel point, que le gouverneur de Buenos-Ayres fut obligé de créer un corps de volontaires spécialement chargés de poursuivre la bande de Moratin; mais ce moyen fut insuffisant, et il fallut que le gouvernement espagnol traitât de puissance à puissance avec ce brigand.

Son propre père servit de médiateur. Les bandits furent amnistiés, incorporés dans l'armée, et leur chef, en sus d'une grosse somme d'argent, reçut la commission de lieutenant, qui bientôt lui valut celle de capitaine.

Mais, au premier cri d'indépendance poussé dans les provinces argentines, Moratin déserta, passa aux insurgés, suivi de ses anciens compagnons, créa une redoutable montonera, attaqua résolûment les Espagnols et les battit en plusieurs rencontres, et notamment, en 1814, à la journée de *las Piedras*.

Nous ne nous appesantirons pas davantage sur les hauts faits de ce féroce condottiere que, malgré le soin que nous avons pris de changer son nom, ceux de ses compatriotes dans les mains desquels tombera ce livre reconnaîtront aussitôt; nous nous bornerons à ajouter qu'après des actes d'une férocité révoltante mêlés à des actions éclatantes, — car il était doué d'une haute intelligence, — au moment où nous le mettons en scène avait le grade de général, était gouverneur du Tucuman, et, probablement, ne comptait pas en demeurer là.

Le tableau que présentaient à cette époque les provinces insurgées était le plus triste et le plus affligeant qui se puisse imaginer.

Les hommes du pouvoir cherchaient à se détruire les uns les autres au détriment de la tranquillité publique.

Les soldats avaient rompu tous liens de subordination, c'était par caprice qu'ils acceptaient ou qu'ils refusaient d'obéir à leurs officiers, qui, eux-mêmes, la plupart du temps, s'improvisaient leurs grades de leur autorité privée.

Le sanguinaire Moratin se préparait selon toute apparence à combattre pour son propre compte.

Les Portugais faisaient la guerre pour l'agrandissement du Brésil, les Montévideens pour avoir la vie sauve et les Buenos-Ayriens pour le maintien de l'union proclamée dès le commencement des hostilités contre les Espagnols.

Dans cet étrange conflit de toutes les passions humaines, les derniers sentiments de patriotisme avaient été noyés dans le sang, et chacun ne prenait plus parti que suivant ses intérêts d'avarice ou d'ambition.

Bref, la démoralisation était partout, la foi nulle part.

Don Eusebio Moratin, bien que, en qualité de créole, il méprisât souverainement tout ce qui venait de l'étranger et surtout de l'Europe, parlait cependant très facilement l'anglais et le français, non pas par goût pour ces deux idiomes, mais par nécessité et afin de faciliter, par des apparences libérales et l'appui des grandes puissances européennes, les visées ambitieuses qu'il couvait sourdement dans son cœur.

Nous reprendrons maintenant notre récit au point où nous l'avons laissé, c'est-à-dire que nous ferons assister le lecteur à la fin de l'entretien des deux hommes politiques que nous avons mis en présence en commençant ce chapitre.

Le général qui, depuis quelques instants, marchait à grands pas dans le salon, se retourna tout d'un coup et venant se placer bien en face du duc :

— Bah! bah! lui dit-il d'une voix saccadée, en rejetant la tête en arrière et faisant claquer ses doigts, geste qui lui était habituel, je vous répète, monsieur le duc, que votre Zéno Cabral, quelque bon soldat qu'il soit, n'est qu'un niais fieffé.

— Permettez, général, objecta le Français.

— Allons donc, reprit-il avec violence, un homme politique, lui! Il faudrait être fou pour le supposer. Un chef de montoneros qui s'avise d'être amoureux, de faire du sentiment, que sais-je moi? Est-ce ainsi qu'on se comporte? Eh! mon Dieu! si la petite lui plaît qu'il la prenne! C'est simple comme bonjour cela et ne demande pas grande diplomatie, que diable! J'ai l'expérience de ces choses-là, moi! Toute femme veut être un peu forcée, cela est élémentaire. Au lieu de cela, il prend des airs de beau ténébreux, roule les yeux, pousse des soupirs et va jusqu'à faire des madrigaux. Sur ma parole ce serait à pouffer de rire, si on ne haussait pas les épaules de pitié! La mère et la fille se moquent de lui; et elles font bien. On n'est pas plus niais! vous verrez qu'elles finiront par lui glisser entre les doigts comme des couleuvres qu'elles sont, et ce sera bien fait, vive Dieu! J'applaudirai des deux mains à ce beau résultat d'un amour platonique saupoudré de vengeance héréditaire. Qu'on ne me parle plus de cet homme! Il n'y a rien à faire avec lui!

Le duc avait écouté cette foudroyante sortie avec cet implacable sang-froid perpétuellement stéréotypé sur son visage impassible et dont il ne se départait jamais.

Lorsque le général se tut, il le regarda un instant d'un air légèrement railleur, puis, prenant la parole à son tour :

— Tout cela est fort bien, général, dit-il, mais ce n'est en résumé que l'expression de votre opinion personnelle, n'est-ce pas?

— Certes! fit don Eusebio.

— Vous seriez, je l'imagine, reprit-il en souriant, fort peu flatté que l'on répétât à don Zéno Cabral les paroles que vous venez de prononcer.

Un éclair de férocité jaillit de l'œil du général, mais, se remettant aussitôt :

— J'avoue, dit-il, que j'en serais rien moins que satisfait.

— Alors, reprit le duc, à quoi bon dire des choses que, un jour ou l'autre, on pourrait regretter? Avec moi, cela ne tire pas autrement à conséquence; je sais trop bien à quels fils légers tiennent souvent les plus profondes combinaisons politiques pour abuser jamais de votre confidence, mais dans un moment d'emportement vous pourriez vous laisser aller à parler ainsi devant des tiers dont vous ne seriez pas aussi sûr que vous l'êtes de moi, et alors cela aurait d'incalculables conséquences.

— Vous avez raison, mon cher duc, fit en riant le général, je me rétracte; mettons que je n'ai rien dit.

— Voilà qui est mieux, général, d'autant plus que vous avez en ce moment le plus pressant besoin de don Zéno Cabral et de sa cuadrilla.

— C'est vrai, je ne puis malheureusement

me passer de lui.

— Charmante façon de lui inspirer de la confiance, et vous le traitez de niais.

— Oubliez cela! et arrivons s'il vous plaît au fait. Don Zèno ne tardera pas à venir ici, et je voudrais que tout fût convenu entre nous avant qu'il paraisse.

Le Français jeta un regard sur la pendule.

— Nous avons encore vingt minutes à nous, dit-il, c'est plus qu'il ne nous en faut pour convenir de tout. D'abord, quel est votre projet?

— De me faire nommer président de la république, pardieu! s'écria-t-il avec violence.

— Je le sais, mais ce n'est pas de cela dont je vous parle.

— De quoi me parlez-vous donc?

— Des moyens que vous comptez employer pour atteindre le but que vous ambitionnez.

— Ah! voilà justement où le bât me blesse, je ne sais trop que faire, nous pataugeons ici en ce moment dans un tel gâchis...

— Raison de plus, interrompit en souriant le duc: les meilleurs pêches se font toujours en eau trouble.

— A qui le dites-vous? fit avec un éclat de rire le général, je n'ai jamais péché autrement, moi.

— Eh bien, si cela vous a réussi jusqu'à présent, il faut continuer.

— Je le voudrais, mais de quelle façon?

Le duc sembla réfléchir profondément pendant quelques secondes, tandis que le général l'examinait avec anxiété.

— Voyez comme vous êtes injuste, mon cher général, reprit enfin le duc, c'est justement cet amour de don Zèno pour la fille de la marquise de Castelmelhor, amour que vous avez si vertement qualifié, qui vous fournira ces moyens que vous cherchez sans réussir à les trouver.

— Je ne vous comprends pas le moins du monde; quel rapport peut-il y avoir entre?...

— Patience, interrompit le diplomate. Que désirez-vous d'abord? l'éloignement immédiat de don Zèno Cabral, qui, aimé et respecté de tous comme il l'est, pourrait par sa présence influencer les voies des députés qui se réunissent en ce moment en cette ville pour proclamer l'indépendance et peut-être élire un président; n'est-ce pas cela?

— En effet, mais don Zèno ne consentira sous aucun prétexte à s'éloigner.

Le diplomate ricana doucement en jetant un regard de pitié à son interlocuteur.

— Général, lui dit-il, avez-vous quelquefois été amoureux dans votre vie?

— Moi! s'écria don Eusebio avec un bond de surprise. Ah çà, vous vous moquez de moi, mon cher duc?

— Pas le moins du monde, répondit-il paisiblement.

— Au diable la question saugrenue! quand nous traitons une affaire sérieuse.

— Pas aussi saugrenue que vous le supposez, général; je ne m'éloigne en aucune façon de notre affaire. Ainsi, je vous en prie, faites-moi le plaisir de me répondre clairement et catégoriquement. Avez-vous été oui ou non amoureux?

— Puisque vous l'exigez, soit. Jamais je n'ai été ce que vous appelez amoureux; est-ce clair?

— Parfaitement; eh bien! voilà justement où est la différence entre vous et don Zèno Cabral, c'est qu'il est amoureux.

— Pardieu! la belle et grande nouvelle que vous m'annoncez là, mon cher duc; voilà une heure que je vous le répète.

— D'accord, mais la conclusion.

— Voyons donc cette conclusion.

— La voici: cela a été dit, il y a quelque cent ans déjà, par un fabuliste de notre nation, d'une façon charmante, dans une fable que je vous lirai quelque jour.

— Mais la conclusion? s'écria le général avec un trépignement d'impatience.

— Hum! que vous êtes vif, mon cher général, reprit imperturbablement le duc, qui

s'amusait fort intérieurement de l'exaspération contenue de son interlocuteur. Écoutez bien; elle n'est pas longue, mais elle est en vers... rassurez-vous, il n'y en a que deux:

Amour! amour! quand tu nous tiens,
On peut bien dire : Adieu prudence!

Comprenez-vous?

— A peu près, répondit le général, qui, au fond, ne comprenait pas du tout, mais ne voulait pas le paraître; cependant, je ne vois pas...

— C'est pourtant fort simple, mon cher général; c'est justement par son amour que nous le tenons.

— C'est-à-dire?...

— C'est-à-dire que s'est en sachant à propos exciter cet amour que nous parviendrons au résultat que nous voulons obtenir.

— Pour le coup, je ne vous comprends plus, monsieur le duc; cet amour n'a pas besoin d'être excité, j'imagine.

— L'amour, non peut-être, répondit en riant le Français; mais la jalousie tout au moins; quant à cela, laissez-moi faire, je vous mis en tête que vous réussiriez, et cela sera.

— Je vous remercie, mon cher duc, de cet appui qu'il vous plaît de me donner; mais ne serait-il pas convenable que vous me missiez au courant de vos projets, de cette façon je pourrais, au besoin, vous venir en aide, au lieu que, je le demeure dans l'ignorance où je me trouve en ce moment, peut-être arriverat-il que, sans le savoir, je vous contrecarrerai.

— Vous avez raison, général; d'ailleurs, je n'ai aucun motif de vous faire mystère des moyens que je compte employer, puisque c'est de vous seul qu'il s'agit dans tout ceci.

— En effet, je vous serai donc fort obligé de vous expliquer, mon cher duc.

— Soit.

Au même instant la porte s'ouvrit toute grande, et un criado, revêtu d'une magnifique livrée, annonça:

— Son Excellence le señor général don Zèno Cabral.

Les deux hommes échangèrent un rapide regard d'intelligence et se levèrent pour saluer le général.

— Je vous dérange, messieurs? dit celui-ci en entrant.

— Nous? pas le moins du monde, señor don Zèno, répondit le Français; nous vous attendions, au contraire, avec la plus vive impatience.

— Pardonnez-moi d'avoir avancé dè quelques minutes l'heure que vous aviez daigné assigner à notre rendez-vous, monsieur le Juc; mais comme je savais trouver ici Son Excellence le gouverneur, je me suis hâté de venir, ayant une importante communication à lui faire.

— Alors, soyez doublement le bienvenu, cher général, répondit don Eusebio.

Le criado avança des sièges et se retira.

La conversation, commencée en français à cause de la difficulté que le duc éprouvait à s'exprimer en espagnol, continua dans la même langue, que, soit dit entre parenthèses, don Zèno Cabral parlait avec une remarquable pureté.

— Vous disiez donc, cher don Zèno, reprit don Eusebio lorsque chacun se fut assis, que vous aviez à me faire une importante communication.

— Oui, monsieur le gouverneur.

— Alors, veuillez, je vous prie, vous expliquer sans embage; et puisque don connaît tous nos secrets; d'ailleurs, il est trop de nos amis pour que nous lui fassions un mystère de ce qui nous intéresse.

— Voici le fait en deux mots, répondit en s'inclinant don Zèno Cabral: les deux prisonniers qui devaient demain être jugés comme espions par le conseil de guerre, don Luis Ortega et le comte de Mendoza, que moi-même avais arrêtés la nuit de la fête en plein

cabildo....

— Eh bien? interrompit le général Moratin.

— Eh bien, ils se sont évadés.

— Évadés! s'écria le gouverneur avec surprise.

— Aujourd'hui même, au lever du soleil, déguisés en moines franciscains; des affidés leur tenaient des chevaux tout préparés aux portes de la ville.

— Oh! oh! cela m'a tout à fait l'air d'une trahison! s'écria le général en fronçant le sourcil, je vais....

— Ne faites rien, interrompit don Zèno, toute démarche serait inutile maintenant; ils ont une avance de près de quatorze heures, et l'on va vite quand on veut sauver sa tête.

— Quand avez-vous appris cette évasion dont personne ne m'a instruit?

— Vous étiez à la chasse, général.

— C'est vrai, je suis coupable.

— Nullement, car en votre absence j'ai pris sur moi de donner des ordres.

— Je vous remercie, cher don Zèno.

— En sortant de la maison de la marquise de Castelmelhor, où ce matin je m'étais rendu, un de vos aides de camp, général, qui était à votre recherche et voulait monter à cheval pour vous rejoindre, m'a donné la nouvelle de cette fuite; j'ai aussitôt lancé des détachements dans toutes les directions, à la poursuite des fugitifs.

— Très bien.

— Ces détachements, sauf un seul, sont revenus sans avoir eu de nouvelles des prisonniers.

— Voilà une fâcheuse affaire, et qui ne peut que compliquer encore la situation difficile dans laquelle nous nous trouvons en ce moment.

— Je ne m'en suis pas tenu là, monsieur le gouverneur, répondit don Zèno, je me suis rendu à la prison pour interroger le directeur sur les particularités de la fuite; de plus, j'ai disséminé par la ville des gens intelligents chargés de prendre langue et de me rapporter ce qu'ils entendraient dire.

— On n'est pas plus prudent et plus avisé, mon cher don Zèno, je vous félicite de tout cœur.

— Vous ajoutez trop d'importance à une chose aussi simple.

— Et qu'avez-vous appris?

— Ma foi, reprit don Zèno en se tournant à demi du côté du diplomate français, j'ai appris une chose qui vous étonnera fort, monsieur le duc, et que je n'ose croire encore.

— Quoi donc? dit en souriant le duc, aurais-ju, sans le savoir, protégé la fuite de vos prisonniers?

— Dam! fit en riant don Zèno, il y a un peu de cela.

— Ah! par exemple, s'écria le duc, vous allez vous expliquer, n'est-ce pas général?

— Je ne demande pas mieux, monsieur le duc, mais, rassurez-vous, il n'est nullement question de vous dans tout ceci, mais seulement d'un de vos amis.

— D'un de mes amis à moi, mais je suis étranger, je ne connais, excepté vous, personne que je sache dans cette ville, où je suis venu pour la première fois, il y a quelques jours à peine.

— Justement, fit en riant don Zèno; c'est d'un de vos compatriotes qu'il s'agit.

— D'un de mes compatriotes?

— Oui, un certain Emile Gagnepain, il aurait, paraît-il, remarquez que je ne suis que l'écho d'un on-dit général...

— Continuez, il aurait?...

— Il aurait entretenu des relations avec les prisonniers, qu'il connaît de longue date, et, bref, il aurait fini par les faire évader.

Un léger et imperceptible sourire plissa les lèvres minces du diplomate à cette révélation, mais reprenant aussitôt son sang-froid:

— Quant à cela, messieurs, répondit-il, je puis à l'instant vous prouver la fausseté de cette accusation portée contre mon malheureux compatriote.

— Je ne demande pas mieux, pour ma part, dit don Zèno.

— Comment vous y prendrez-vous? demanda don Eusebio.

— Vous allez voir; mon compatriote, ou pour mieux dire mon ami, demeure dans cette maison même, je vais le faire appeler.

— En effet, observa le gouverneur, à ses réponses nous saurons bientôt ce qui en est.

— Remarquez, monsieur le duc, que je n'affirme rien, reprit don Zèno, et que je n'attaque en rien l'honneur de ce caballero.

— Il n'importe, messieurs, s'écria le duc avec un beau mouvement d'indignation; s'il était réellement coupable, ce que je déclare impossible, je serais le premier à l'abandonner à votre justice.

Les deux hommes s'inclinèrent sans répondre; le duc frappa sur un timbre.

Un domestique parut.

— Prévenez don Emilio, dit le duc, que je désire causer avec lui à l'instant.

— Le señor don Emilio n'est pas dans son appartement, Seigneurie, répondit le domestique en s'inclinant respectueusement.

— Ah! fit avec étonnement le diplomate, encore dehors à cette heure; fort bien. Dès qu'il rentrera, car il ne saurait tarder, vous le prierez de se rendre ici.

Le domestique s'inclina sans bouger.

— Ne m'avez-vous pas entendu, reprit le diplomate, pourquoi ne sortez-vous pas?

— Seigneurie, répondit respectueusement le domestique, don Emilio ne rentrera pas.

— Don Emilio ne rentrera pas? Qu'en savez-vous?

— Il a fait ce matin enlever tous ses bagages par un homme qui a dit qu'il quittait immédiatement la ville.

Le duc fit signe au domestique de sortir.

— C'est étrange, murmura-t-il, quand la porte se fut refermée sur le valet; que signifie ce départ?

Les deux créoles se regardaient avec étonnement.

— Non, reprit le duc avec force, je ne puis encore le croire coupable; il y a évidemment dans cette affaire quelque chose que nous ignorons.

La porte se rouvrit en ce moment.

— Le señor capitaine don Sylvio Quiroga, annonça le domestique.

— Faites entrer, dit don Zèno.

Et se tournant vers le duc:

— Pardonnez-moi, monsieur; le capitaine Quiroga est le dernier officier dépêché par moi à la poursuite des fugitifs: c'est un vieux routier, je me trompe fort ou il nous apporte des nouvelles.

— Qu'il soit le bienvenu alors, dit don Eusebio.

— Oui, qu'il soit le bienvenu, appuya le duc, car j'espère que les renseignements qu'il nous donnera dissiperont les doutes qui se sont élevés sur la loyauté de mon malheureux compatriote.

— Dieu le veuille! fit don Zèno.

Le capitaine don Sylvio Quiroga parut. Après avoir respectueusement salué les personnes qui se trouvaient dans le salon il se redressa et attendit qu'on l'interrogeât.

— Eh bien? lui demanda don Zèno, avez-vous retrouvé la trace des fugitifs, capitaine?

— Je l'ai retrouvée, général, répondit-il.

— Vous les ramenez?

— Non pas.

— Est-ce que vous ne les avez pas rejoints?

— Si, mon général.

— Alors, comment se fait-il que vous revenez sans ces deux hommes?

— D'abord, ils n'étaient plus deux, mon général; il paraît qu'ils avaient recruté un compagnon en route: j'en ai vu trois, moi.

Il y eut un instant de silence pendant lequel le Français et les deux créoles échangèrent un regard.

— Peu importe, deux ou trois! reprit don Zèno. Comment se fait-il, capitaine, que les ayant rejoints, vous les ayez laissé échapper?

— Mon général, voici, en deux mots, l'affaire.

Au moment où je me préparais à les prendre au collet, car je n'en étais plus qu'à portée de pistolet à peine, deux ou trois cents cavaliers sont à l'improviste sortis d'un petit bois et nous ont chargés avec fureur; comme je n'avais avec moi que huit hommes, j'ai jugé prudent de ne pas attendre le choc de ces ennemis que j'étais loin de soupçonner aussi près de moi, et je me suis mis aussitôt en retraite avec mes compagnons.

— Oh! oh! que dites-vous donc là? s'écria don Zèno, auriez-vous eu peur, par hasard, capitaine?

— Ma foi oui, général; j'ai eu peur, et grandement même, répondit franchement l'officier, surtout quand j'ai reconnu à quelle sorte de gens j'avais affaire.

— Qu'avaient-ils donc de si terrible?

— Je suis revenu exprès à franc étrier pour vous en instruire, général; car, tout en fuyant, j'ai eu parfaitement le temps de les dévisager.

— Et ce sont? demanda le gouverneur avec impatience.

— Ce sont des *pincheyras*, Excellence, répondit froidement le vieux soldat.

Cette révélation produisit l'effet d'un coup de foudre sur les assistants. Don Zèno surtout et don Eusebio paraissaient en proie à une agitation extraordinaire.

— Des *pincheyras* répétèrent-ils.

— Oui; du reste, nous saurons bientôt ce qu'ils veulent. J'ai embusqué deux hommes sur leur route avec ordre de surveiller leurs mouvements.

— C'est égal, s'écria le gouverneur en se levant vivement, on ne saurait prendre trop de précautions avec de pareils démons. Excusez-moi, monsieur le duc, de vous quitter aussi brusquement; mais la nouvelle annoncée par ce brave officier est d'une importance extrême, et je dois laisser retard veiller à la sûreté de la ville; demain, si vous me le permettez, nous reprendrons cet entretien.

— Quand il vous plaira, messieurs, répondit le diplomate, vous savez que je suis à vos ordres.

— Mille fois merci, à demain donc. Venez-vous avec moi, monsieur le duc?

— Certes, je vous suis, répondit celui-ci, on ne saurait user de trop de prudence dans une circonstance aussi grave.

Les deux généraux prirent immédiatement congé du duc et sortirent suivis par le capitaine.

Lorsque la porte se fut refermée et que le vieux diplomate se trouva seul, il se frotta les mains l'une contre l'autre et lançant un regard ironique du côté où s'étaient retirés ses visiteurs:

— Je crois, murmura-t-il avec un sourire railleur, que voilà un assez joli trébuchet de préparé. Eh! eh! eh! mon cher ami; Emilio sera sur ma foi bien fin s'il en réchappe; je l'aime trop pour ne pas faire sa fortune malgré lui; je lui dois bien cela pour le service qu'il m'a rendu.

———————

XIII

La panique.

On ne saurait se faire une idée même lointaine de la rapidité avec laquelle se répand une mauvaise nouvelle; de la façon dont elle se défigure en passant de bouche en bouche, se grossissant incessamment et finissant, dans un temps fort court, par revenir à celui qui le premier en a été l'auteur, tellement surchargée de faits et enjolivée de détails que celui-ci ne la saurait reconnaître.

On serait porté à supposer qu'il existe dans l'atmosphère des courants électriques qui se chargent de transmettre aux quatre coins de l'horizon, avec la rapidité de l'éclair, et de les faire tomber dans le domaine public ces nouvelles sinistres que les chefs du pouvoir ne se confient qu'à l'oreille et sous la condition expresse du secret le plus strict.

Le capitaine don Sylvio Quiroga n'avait, depuis son retour à San Miguel, communiqué avec personne autre que don Eusebio Moratin et don Zèno Cabral; ces soldats avaient, comme lui, gardé le plus profond silence sur ce qui s'était passé pendant leur courte expédition à la recherche des fugitifs; et pourtant, par une fatalité inexplicable, à peine les deux généraux, en sortant de chez le duc de Mantoue, mettaient-ils le pied sous les portales de la place Mayor, que de tous les côtés ils n'apercevaient que des visages effarés et entendaient des voix saccadées par l'épouvante murmurer le nom si redouté des Pincheyras.

La nouvelle avait déjà fait beaucoup de chemin; ce n'était plus deux cents hommes qui s'étaient montrés aux environs de la ville, mais bien une formidable armée espagnole venant du haut Pérou, pillant, brûlant, dévastant tout sur son passage, et dont la féroce cuadrilla des Pincheyras formait l'avant-garde; ils arrivaient à marche forcée; bientôt, le lendemain peut-être, ils camperaient devant la ville. Que faire? que résoudre? où se cacher? où fuir? C'en était fait de San Miguel, les Espagnols pour se venger de leur défaite, n'y laisseraient pas pierre sur pierre.

Ceux qui les avaient vus, car, comme toujours, il y avait des gens qui affirmaient avoir vu cette fantastique armée espagnole, qui n'existait réellement que dans leur cerveau, assuraient avoir entendu proférer par l'ennemi les plus terribles serments de vengeance contre les malheureux insurgés.

Des gens armés de torches, venus on ne savait d'où, parcouraient la ville en tous les sens en criant:

— Aux armes! aux armes!

À ces hurlements, à ces flammes sanglantes qui projetaient des lueurs sinistres sur les murailles, les citoyens sortaient en toute hâte de leurs maisons, les femmes et les enfants pleuraient et se lamentaient; bref, la panique était devenue en quelques instants si générale, que les deux officiers, qui savaient cependant la vérité, en furent effrayés eux-mêmes et se demandèrent si le mal n'était pas en effet plus grand qu'ils ne le supposaient.

Ils montèrent sur les chevaux que leurs assistentes leur tenaient tout prêts à la porte de la maison du duc et ils s'élancèrent à toute bride vers le cabildo.

Malgré l'heure avancée, il était plus de minuit, le cabildo, au moment où le gouverneur et le montonero y pénétrèrent, était envahi par la foule et offrait un spectacle de désordre et d'épouvante non moins animé et non moins bruyant que celui qu'ils avaient eu sous les yeux en traversant la place Mayor.

Les deux officiers furent reçus par des cris de joie et des protestations de dévouement que la peur seule pouvait inspirer à la plupart des assistants.

Le gouverneur éprouva une peine infinie à rétablir un peu d'ordre et à se faire écouter par ces hommes rendus presque insensibles par la terreur.

Mais ce fut en vain qu'il essaya de les rassurer en leur racontant simplement ce qui s'était passé, on ne voulut pas le croire, et il ne réussit à convaincre personne que le danger qu'ils redoutaient fort n'existait pas.

Le tocsin sonnait à toutes les églises, des barricades se construisaient à l'angle de toutes les rues, que parcouraient incessamment des patrouilles de bourgeois armés, tandis que d'autres bivouaquaient sur la place.

La ville offrait en ce moment l'aspect d'un vaste camp; il ne fallait pas essayer de résister au torrent, le gouverneur le comprit, et désespérant de rétablir la sécurité par les voies ordinaires, il feignit de se rendre aux raisonnements des personnes qui l'entouraient et essaya d'organiser la panique en donnant des ordres pour la défense de la cité et expédiant des aides de camp dans toutes les directions.

Don Zèno, après avoir échangé quelques mots à voix basse avec le gouverneur, au lieu de monter au cabildo, avait piqué des deux et s'était éloigné à fond de train, suivi par le capitaine Quiroga.

Mais son absence ne fut pas longue. Bientôt un galop de chevaux se fit entendre, et don Zèno reparut à la tête de sa montonera, qui installa immédiatement son bivouac sur la plaza Mayor.

La vue des partisans, dans le courage desquels les habitants de San Miguel avaient une pleine confiance, commença peu à peu à rassurer la population.

D'autant plus que les montoneros, après avoir attaché leurs chevaux aux piquets et placé des sentinelles, se mêlèrent à la foule, et commencèrent tout doucement en causant avec les uns et avec les autres, tout en feignant d'abord d'entrer dans les idées générales, de rétablir les faits si étrangement défigurés, en racontant l'affaire telle qu'elle était réellement.

L'influence de ces récits, colportés de l'un à l'autre et incessamment recommencés par les soldats, ne tarda pas à se faire sentir dans la foule; la réaction se manifesta bientôt, et les moins poltrons sentirent le courage leur revenir un peu.

Cependant, comme en fin de compte le danger, pour être moindre qu'on ne le supposait, existait cependant réellement, et que le voisinage des montoneros royalistes ne laissait pas que d'être fort inquiétant pour la sûreté commune, le général Moratin profita habilement de l'effervescence de la population pour prendre les mesures les plus efficaces qu'il put imaginer, pour résister à un coup de main, en attendant des renforts en cas où l'ennemi aurait à l'improviste tenté d'enlever la ville par surprise, ce qui n'était pas sans exemple dans l'histoire de la révolution buénos-ayrienne.

Des officiers dévoués surveillaient la construction des barricades; sur les toits en terrasse des maisons, on montait des pierres pour assommer les assaillants; des dépôts d'armes et de munitions étaient établis en différents endroits; les barrières étaient fermées et défendues par des postes nombreux.

Cependant, don Zèno Cabral, à la tête d'une quarantaine de montoneros résolus, était parti à la découverte, se lançant en enfant perdu dans la campagne.

Tous les députés s'étaient réunis au cabildo dans la salle des séances et s'étaient déclarés en permanence.

Le gouverneur, voulant par sa présence rassurer la population, était monté à cheval, et, suivi d'un nombreux état-major, avait parcouru la ville dans tous les sens, encourageant les uns, gourmandant les autres, et excitant les habitants à faire leur devoir et à combattre bravement l'ennemi s'il osait se montrer.

La nuit tout entière s'écoula ainsi. Au lever du soleil, le calme était à peu près rétabli, bien que cependant chacun eût conservé ses armes et fût demeuré à son poste.

Don Zèno Cabral, parti depuis plus de quatre heures pour battre l'estrade, n'était pas encore de retour. Don Eusebio ne savait que penser de cette longue absence qui commençait sérieusement à l'inquiéter.

Plusieurs aides de camp dépêchés par lui à la rencontre du montonero, étaient revenus sans apporter de nouvelles ni de lui ni de son détachement.

Sur ces entrefaites, un officier entra, se pencha à l'oreille du gouverneur et murmura quelques mots que lui seul entendit.

Don Eusebio tressaillit, il pâlit légèrement, mais se remettant aussitôt:

— Capitaine, dit-il à l'officier, faites sonner le boute-selle, que toute la cuadrilla de don Zèno Cabral monte à cheval, nous allons pousser une reconnaissance hors la ville, afin de rassurer la population en lui prouvant que le danger n'existe plus.

L'ordre fut immédiatement exécuté, et la montonera sortit de la ville au petit pas.

Le général don Eusebio Moratin, monté sur un magnifique cheval noir, et vêtu d'un uniforme tout couvert de broderies d'or, s'avançait à sa tête.

La foule, éparse dans toutes les rues, saluait le passage des partisans de ses chaleureuses acclamations.

La montonera semblait bien plutôt exécuter une promenade militaire que partir pour tenter une reconnaissance.

Dès que la troupe fut au rase campagne, et qu'un pli de terrain l'eut dérobée aux regards des habitants, le général fit sonner la halte, plaça les sentinelles et ordonna aux officiers de le venir trouver sur le tertre, au sommet duquel lui-même s'était arrêté à cent pas à peu près en avant de la cuadrilla.

Ceux-ci obéirent aussitôt avec une impatience mêlée de curiosité, car bien que personne ne les eu encore informés, ils soupçonnaient vaguement que cette sortie improvisée de la ville cachait un motif plus grave que celui d'une promenade.

Lorsque tous les officiers furent arrivés, et qu'après avoir mis pied à terre, ils se furent rangés en cercle autour du général, celui-ci prit la parole:

— Caballeros, leur dit-il nettement, le temps de la dissimulation est passé; il est de mon devoir de vous expliquer franchement la situation, d'autant plus que j'ai le plus grand besoin de votre concours.

— Parlez, général, répondirent les officiers, nous sommes prêts à vous obéir comme si vous étiez réellement notre chef, quel que soit l'ordre que vous nous donniez dans l'intérêt de la patrie.

— Je vous remercie, caballeros, et je compte sur votre promesse; voici ce qui se passe, votre chef, don Zèno Cabral, trompé par un traître, un espion, ou un imbécile, on ne sait encore lequel, a été avec les quelques hommes qui l'accompagnaient, surpris par un parti de batteurs d'estrade royaux. Tout fait supposer que ce parti appartient à la formidable cuadrilla des Pincheyras. Don Zèno, après des prodiges de valeur, a été contraint de se rendre afin d'arrêter l'effusion du sang. Heureusement, un de ses compagnons est parvenu à s'échapper presque par miracle, c'est lui qui nous a appris ce qui s'était passé, ces nouvelles sont donc positives.

Les officiers, à ces paroles, poussèrent des exclamations de colère.

— Les ennemis sont proches, continua le général, en réclamant le silence d'un geste, ne se doutant pas de la fuite de l'un de leurs prisonniers et se croyant parfaitement sûrs que leur hardi coup de main est encore ignoré de nous, ils ne se retirent que doucement et presque sans ordre; l'occasion est donc belle pour prendre votre revanche et délivrer votre chef et vos amis, le voulez-vous?

— Oui! oui! s'écrièrent les officiers en brandissant leurs armes. A eux! à eux!

— Très bien, répondit le général, avant une heure nous les aurons rejoints, nous les attaquerons à l'improviste, et alors chacun fera son devoir; souvenez-vous que les hommes que nous attaquons sont des bandits, sans foi ni loi, mis, par leurs crimes, au ban de la société. A eux donc, et pas de quartier!

Les officiers répondirent par des cris et des serments de vengeance, allèrent se replacer en tête de leurs pelotons respectifs et la cuadrilla repartit au galop, disparaissant presque au milieu du nuage épais de poussière qu'elle soulevait sur son passage.

Ce que le général Moratin avait annoncé aux officiers de la cuadrilla était vrai, ou du moins assez mal renseigné par le fugitif, il le croyait tel, car les choses ne s'étaient pas passées absolument ainsi qu'on le lui avait rapporté.

Don Zèno Cabral parti, ainsi que nous l'avons dit plus haut, vers deux heures du matin à la tête d'un assez faible détachement dans l'intention de pousser une reconnaissance aux environs de la ville; après avoir battu pendant deux ou trois heures la campagne sans rien découvrir de suspect et sans relever aucune trace du passage d'une troupe armée, avait voulu avant de rentrer dans la ville explorer les bords de la rivière qui, assez escarpés à cause des nombreux entassements de rochers qui la garnissent, et couverts en sus d'épais bouquets d'arbres épineux et de buissons fourrés pouvaient recéler une embuscade de maraudeurs, avait donc fait un crochet et s'avançant avec les plus minutieuses précautions afin de ne pas être surpris à l'improviste, il avait commencé son exploration.

Pendant assez longtemp les montoneros marchèrent ainsi, sondant les buissons et les taillis de la pointe de leurs lances, sans rien découvrir, et leur chef, convaincu que l'ennemi, si, par hasard, il s'était aventuré aussi près de la ville, avait jugé prudent de ne pas y demeurer davantage et s'était éloigné, allait donner l'ordre de la retraite, lorsque tout à coup, au moment où il s'y attendait le moins, une centaine d'hommes avaient surgi de tous côtés du milieu des buissons, avaient entouré sa troupe et l'avaient vigoureusement attaquée.

Bien que surpris et poussés par un ennemi dont ils ignoraient le nombre, mais que cependant ils supposaient avec raison leur être bien supérieurs, les montoneros n'étaient pas hommes à mettre du premier coup bas les armes, sans tenter de vendre chèrement leur vie, surtout avec l'homme qui les commandait.

Il y eut un premier moment de désordre effroyable, un choc terrible corps à corps, au milieu duquel don Zèno Cabral fut renversé de cheval et jeté à terre.

Un instant ses compagnons le crurent mort.

Ce fut alors que l'un d'eux se glissa inaperçu au milieu des arbres et des rochers, et s'enfuit à toute bride porter à San Miguel la nouvelle de la défaite des montoneros.

Ceux-ci cependant étaient loin d'être vaincus. Don Zèno Cabral s'était relevé presque aussitôt et avait reparu à la tête de ses gens, qui, découragés un instant par sa chute, avaient en l'apercevant de nouveau à cheval senti renaître leur courage sur le point de les abandonner.

Cependant les assaillants étaient trop nombreux, le lieu de l'embuscade trop bien choisi pour que les montoneros conservassent l'espoir, non pas de vaincre, ils n'en avaient pas le pense, mais de sortir du mauvais pas dans lequel ils étaient tombés.

Don Zèno Cabral reconnut d'un coup d'œil les difficultés du terrain sur lequel il lui fallait combattre et où ses cavaliers étaient dans l'impossibilité de faire manœuvrer leurs chevaux.

Tous ses efforts tendirent donc à élargir le champ de bataille, les montoneros, groupés et serrés autour de lui, chargèrent résolument l'ennemi à plusieurs reprises sans réussir à l'entamer; la partie était, selon l'expression vulgaire, bien attaquée et bien défendue, ils luttaient montoneros contre montoneros, bandits contre bandits.

Le chef des patriotes savait désormais à quels ennemis il avait affaire; leurs ponchos rouges, uniforme adopté par les Pincheyras, les lui avait fait reconnaître dès que le jour était arrivé.

Car pendant le combat acharné que se livraient les deux troupes, le soleil s'était levé et avait dissipé les ténèbres.

Malheureusement la clarté du jour en révélant le petit nombre des patriotes, rendait leur défaite plus probable.

Les Pincheyras furieux d'avoir été si longtemps tenus en échec par un aussi faible détachement, redoublèrent d'efforts pour en finir enfin avec eux.

Mais ceux-ci ne se découragèrent pas; conduits une dernière fois à la charge par leur intrépide chef, ils se ruèrent avec fureur sur leurs ennemis, qui vainement essayèrent de leur barrer le passage.

Les montoneros avaient réussi à renverser la barrière humaine dressée devant eux et avaient gagné la plaine.

Mais au prix de quels sacrifices !

Vingt des leurs étaient demeurés sans vie, étendus parmi les rochers; les survivants, au nombre d'une quinzaine au plus, étaient blessés pour la plupart et accablés par la fatigue du combat de géant qu'il leur avait fallu si longtemps soutenir.

Tout n'était pas fini, cependant; pour se retrouver en rase campagne; les patriotes n'étaient pas sauvés ; du reste, ils ne se faisaient pas d'illusions sur leur sort, mais, sachant qu'ils n'avaient pas de quartier à attendre de leurs féroces ennemis, ils préféraient se faire tuer que tomber vivants entre leurs mains et être condamnés à souffrir d'horribles tortures.

Pourtant, bien que fort mauvaise encore, leur situation s'était sensiblement améliorée, par la raison qu'ils avaient maintenant de l'espace autour d'eux, et que leur salut allait dépendre de la vitesse de leurs chevaux.

Les Pincheyras, pour surprendre leurs ennemis, avaient été contraints de mettre pied à terre et de cacher leurs chevaux à quelques pas de là.

Lorsque les montoneros eurent réussi à s'ouvrir un passage, les Pincheyras se précipitèrent immédiatement vers l'endroit où ils avaient laissé leurs chevaux afin de les poursuivre.

Il y eut alors forcément un temps d'arrêt dont Zèno Cabral et ses compagnons profitèrent pour gagner au pied et agrandir la distance qui les séparait de leurs ennemis.

Le chef des Pincheyras, homme de haute taille, aux traits énergiques et accentués, à la physionomie dure et cruelle, jeune encore, et qui, pendant le combat, avait fait des prodiges de valeur et s'était constamment acharné sur don Zèno Cabral lui-même, qu'il avait même, au commencement de l'action, renversé de cheval, apparut bientôt presque couché sur sa monture, brandissant furieusement sa lance et excitant à grands cris une vingtaine de cavaliers dont il était suivi.

Les autres Pincheyras ne tardèrent pas à le joindre, émergeant successivement du milieu des rochers et des bouquets d'arbres.

Alors, la poursuite commença rapide, échevelée, désespérée de part et d'autre.

Les montoneros, pour donner moins de prise à leurs ennemis, s'étaient dispersés sur un grand espace, étendus sur leurs chevaux, pendus de côté par l'étrier, et, d'une main, se retenant à la crinière pour éviter les bolas et les lacos que leurs ennemis, tout en galopant à fond de train, faisaient tournoyer autour de leurs têtes.

Cette chasse à l'homme, grâce à l'habileté de ces cavaliers émérites, offrait un spectacle des plus émouvants, rempli des plus étranges péripéties.

Les Pincheyras, cependant, malgré les efforts des montoneros, grâce aux chevaux frais qu'ils montaient, se rapprochaient rapidement ; encore quelques minutes, et ils seraient arrivés à portée de ceux qu'ils poursuivaient, lorsque tout à coup la terre retentit sous les pas pressés d'une troupe considérable de cavaliers, un nuage épais de poussière apparut à l'horizon.

Bientôt ce nuage s'entr'ouvrit, et le général don Eusebio Moratin, suivi de toute la cuadrilla de don Zèno Cabral, chargea avec fureur les royaux.

Ceux-ci surpris à leur tour, quand déjà ils se croyaient vainqueurs, poussèrent des hurlements de rage, et, tournant bride aussitôt, ils essayèrent de s'échapper dans toutes les directions, serrés de près par les montoneros, qui, en reconnaissant leur chef,

avaient senti redoubler leur ardeur. Don Zèno, brûlant de tirer une éclatante vengeance de ce qu'il considérait comme un affront, serra affectueusement la main du général, et, bien que rendu de fatigue et blessé en deux ou trois endroits, il se mit à la tête de sa cuadrilla et la lança sur les Pincheyras.

Bientôt les bolas et les laços volèrent de tous les côtés, et les cavaliers, enlevés de leur selle, roulèrent sur le sol avec des cris de colère et de douleur.

La lutte fut courte, mais terrible. Enveloppés par la cuadrilla, les Pincheyras, malgré une résistance désespérée, succombèrent et furent contraints de se rendre.

Vingt-cinq à peine survivaient; les autres, étranglés par les lacos, percés par les lances ou le crâne fracassé par les terribles bolas, jonchaient au loin la campagne.

Un seul homme avait échappé, sans qu'il fût possible de deviner par quel miracle.

C'était le chef des Pincheyras.

Cerné par les montoneros, refoulé comme une bête fauve, il était entré dans un épais fourré de lentisques et d'arbres du Pérou, où les patriotes l'avaient presque aussitôt suivi.

Le Pincheyra s'était froidement retourné ; il avait, d'un dernier coup de carabine, abattu un de ceux qui le serraient de plus près, puis, avec un ricanement de dédain, il s'était enfoncé au milieu d'un buisson où il avait subitement disparu.

Vainement les montoneros, exaspérés par la résistance opiniâtre de cet homme et le dernier meurtre qu'il avait commis, s'étaient élancés pour le saisir ; pendant plus d'une heure ils sondèrent tous pied à pied, coupe à coupe, le terrain, écartèrent les branches des buissons, frappèrent le sol et les rochers du bois de leurs lances; ils ne réussirent pas à découvrir les traces de leur audacieux adversaire.

Il était devenu invisible. Toutes les recherches furent infructueuses; on ne put pas le retrouver, et les montoneros se virent contraints de renoncer à s'emparer de lui.

Le général fit sonner le boute-selle, bien qu'à contre-cœur. Il lui coûtait beaucoup de ne pas ramener cet homme à San Miguel, d'autant plus qu'un des prisonniers avait avoué que celui qu'on cherchait si infructueusement n'était rien moins que don Santiago Pincheyra lui-même.

La réputation de don Santiago était trop bien établie pour que le général ne fût pas désespéré de n'avoir pas réussi à le prendre.

Cependant il fallait retourner à la ville. Les prisonniers furent attachés à la queue des chevaux et la cuadrilla partit au galop pour San Miguel.

— Señor général, avait dit don Zèno Cabral au gouverneur, en lui prenant la main avec effusion, vous m'avez sauvé la vie, bien mieux, vous m'avez sauvé l'honneur; quoi qu'il arrive, je sais à vous, à quelque époque que ce soit, je vous en donne ma parole.

— Merci, don Zèno, avait répondu le général avec un léger sourire en répondant à sa chaleureuse étreinte, j'accepte votre parole et au besoin je me souviendrai.

— En tout et pour tout disposez de moi.

Une heure plus tard, la cuadrilla rentrait à San Miguel accueillie par les cris de joie des habitants, à la vue des malheureux Pincheyras traînés prisonniers à la queue des chevaux.

Le passage des montoneros à travers les rues de la ville fut un véritable triomphe.

XIV

Le Solitaire.

Il nous faut maintenant retourner auprès du peintre français, que nous avons laissé

enfoui pour ainsi dire au fond d'un souterrain, et prenant assez philosophiquement son parti de cette réclusion volontaire, mais que les circonstances rendaient indispensable, en attaquant vigoureusement les vivres placés devant lui.

Obligé de demeurer seul pendant un laps de temps considérable, et ne sachant comment employer ce temps, le jeune homme prolongea son repos le plus tard possible; puis, lorsque enfin, malgré tous ses efforts il reconnut l'impossibilité matérielle dans laquelle il se trouvait d'absorber une bouchée de plus, il alluma un cigare et commença à fumer avec la béatique résignation d'un mahométan ou d'un buveur de hatchich. Après ce cigare il en fuma un autre, puis un autre, suivi immédiatement d'un quatrième, si bien que minuit arriva pour ainsi dire sans qu'il s'en aperçût, et qu'il s'étendit dans son hamac sans s'être trop ennuyé.

Cependant, Emile avait une organisation trop nerveuse pour se contenter longtemps d'un semblable genre de vie, et ce fut avec un soupir de regret qu'il ferma les yeux et s'endormit, car il ne pouvait prévoir la fin de sa prison, et la perspective de demeurer ainsi plusieurs jours seul en face de lui-même l'effrayait avec raison.

Combien de temps demeura-t-il ainsi plongé dans le sommeil? il n'aurait su le dire. Tout à coup il se réveilla en sursaut, se dressa dans son hamac, le front pâle et les traits contractés, en jetant autour de lui des regards effarés.

Au milieu de son sommeil, pendant qu'il se laissait bercer par ces doux songes que le tabac procure à ceux qui en abusent quand ils ne sont pas accoutumés à le fumer avec excès, soudain il lui avait semblé entendre des cris et des trépignements de chevaux mêlés à de sourdes clameurs; pendant quelque temps, ce bruit se confondit avec les événements de son rêve et semblait faire corps avec lui.

Mais bientôt, ces cris et ces trépignements acquirent une telle intensité, ils parurent tellement se rapprocher du jeune homme qu'ils le tirèrent subitement de son sommeil.

Dans le premier moment, il ne se rendit pas compte de ce qu'il entendait, croyant que ce n'était qu'un bruit existant seulement dans son imagination, dernier écho, enfin, de son rêve interrompu.

Mais lorsque, peu à peu, il fut parvenu à remettre de l'ordre dans ses idées, et qu'il eut la conscience d'être complétement éveillé, il acquit aussitôt la certitude que non-seulement ce bruit était bien réel, et qu'il n'était pas la dupe d'une illusion de ses sens abusés, mais qu'il augmentait d'instant en instant, et était arrivé à une violence extrême.

On aurait dit qu'un combat acharné se livrait dans la caverne même.

Cependant, tout était calme et tranquille autour du jeune homme; la lampe, dont il avait, en se couchant, baissé la mèche pour que sa clarté trop vive ne l'empêchât pas de dormir, répandait une lueur douce et incertaine, mais cependant assez forte pour lui permettre de s'assurer d'un coup d'œil que tout était dans l'état où il l'avait laissé en se couchant, et qu'il était toujours seul.

Il se leva en proie à une agitation extraordinaire.

La première pensée qui lui vint fut que sa retraite était découverte et qu'on voulait l'arrêter; mais bientôt il reconnut l'absurdité de cette supposition et se rassura. Les gens chargés de l'arrêter seraient tout simplement entrés dans le souterrain sans avoir de combat à soutenir, et l'auraient fait prisonnier avant même qu'il eût le temps d'ouvrir les yeux.

Mais quelle pouvait être la cause de cet effroyable vacarme qui continuait toujours aussi fort et aussi rapproché?

Imp. Ch. Schiller fils, 10, r. du Fg-Montmartre.

Cela intriguait extrêmement le jeune homme, et éveillait au plus haut point sa curiosité.

Il consulta sa montre, elle marquait cinq heures et demie du matin.

Donc au dehors il faisait jour. Ce ne pouvait être un conciliabule de bêtes fauves, le soleil les obligeant à se retirer dans leurs antres; d'ailleurs ces bêtes n'oseraient se hasarder aussi près de la ville.

Qu'était-ce alors?

Un combat peut-être? Mais un combat ainsi au milieu de la nuit, presque aux portes de San Miguel, la capitale de la province de Tucuman, où à propos du congrès qui se préparait se réunissaient en ce moment des forces considérables? cette supposition n'était pas admissible.

Un instant le jeune homme eut la pensée de frapper à la trappe, de la faire rouvrir et de demander des renseignements aux rancheros.

Mais il réfléchit que ces bonnes gens étaient censés ignorer sa présence chez eux; que cette démarche inconsidérée pourrait leur déplaire en leur faisant craindre d'être plus tard inquiétés à cause de lui.

Et puis, si ce bruit était véritablement celui d'un combat, il était plus que probable que dès le commencement de la lutte, les pauvres Indiens, à demi-morts de frayeur, avaient abandonné leur rancho et avaient fui à travers la campagne, afin de se cacher dans quelque retraite connue d'eux seuls pour échapper à la fureur de l'un ou l'autre des deux partis, et que ce serait vainement et en pure perte qu'il les appellerait et leur ordonnerait d'ouvrir la trappe.

Ces différentes considérations furent assez fortes pour le retenir et l'empêcher de commettre une imprudence en révélant sa retraite, si par hasard le rancho était temporairement occupé par ses ennemis.

Mais comme, ainsi que nous l'avons dit, sa curiosité était excitée au plus haut degré, et que, dans la situation précaire dans laquelle il se trouvait, il était important pour lui, du moins il se donnait cette raison pour justifier à ses propres yeux la démarche qu'il voulait tenter, il était important de connaître ce qui se passait autour de lui, afin de régler sur les événements la conduite qu'il lui faudrait tenir; il résolut d'agir sans tarder davantage et d'approfondir les causes de ce bruit extraordinaire qui l'avait si subitement troublé dans son repos et sa quiétude.

Il se leva donc, prit un sabre, passa à sa ceinture une paire de pistolets, saisit d'une main une carabine, et ainsi armé et prêt à tout événement, il alluma une lanterne et se dirigea vers le couloir de droite, côté par lequel le bruit lui semblait venir.

Ce couloir, ou plutôt cette galerie du souterrain était assez large pour que deux personnes pussent y marcher de front, les parois en étaient hautes et sèches, et le sol couvert d'un sable fin et jaune qui étouffait complètement le bruit des pas. Cette galerie formait plusieurs détours.

Au bout d'un instant, le jeune homme arriva dans une salle intermédiaire, qui servait en ce moment d'écurie à ses chevaux.

Les animaux semblaient effrayés; ils couchaient les oreilles et renâclaient, ou en essayant de briser les liens qui les retenaient à la mangeoire garnie d'une copieuse provende d'alfalfa.

Le peintre les flatta de la main, les caressa et essaya de les rassurer, puis il continua ses investigations.

Plus il s'avançait dans la galerie, plus le bruit devenait intense. Ce n'était plus seulement des cris et des trépignements qu'il entendait, mais encore des détonations d'armes des cliquetis de sabres.

Le doute n'était plus permis: un combat furieux se livrait à quelques pas à peine de à feu et l'entrée du souterrain.

Cette certitude, loin d'arrêter le jeune homme, augmenta au contraire son désir de savoir positivement ce qui se passait; ce fut presque en courant qu'il atteignit le bout de la galerie.

Là, force lui fut de s'arrêter; une pierre énorme bouchait hermétiquement l'entrée du souterrain.

Cependant le jeune homme ne se découragea pas devant cet obstacle en apparence insurmontable.

Cette pierre devait évidemment pouvoir s'ôter facilement; mais quel moyen fallait-il employer pour obtenir ce résultat? Voilà ce qu'il ignorait.

Alors, en s'éclairant avec sa lanterne, il se mit à examiner la pierre en haut, en bas, sur les côtés, cherchant comment il parviendrait à l'enlever.

Depuis près d'une demi-heure, il se livrait à une inspection aussi consciencieuse qu'inutile et il commençait à désespérer de découvrir le secret qui existait évidemment, lorsque tout à coup il lui sembla s'apercevoir que la pierre venait de faire un léger mouvement.

Il regarda plus attentivement; en effet, il reconnut que la pierre se mouvait doucement et sortait peu à peu de son alvéole.

Emile était un garçon résolu, doué d'une bonne dose de sang-froid et d'énergie; son parti fut pris en un instant, et tout en remerciant mentalement l'individu, quel qu'il fût qui lui épargnait un travail long et fatigant qu'il ne savait comment mener à bonne fin, il se rejeta vivement en arrière, se blottit dans un angle de la galerie, posa sa lanterne à terre, auprès de lui, en ayant soin de la couvrir de son chapeau pour que la lueur ne fût pas aperçue, et, saisissant un pistolet de chaque main pour être prêt à tout événement, il attendit, les yeux fixés sur la pierre, que, grâce aux fissures nombreuses des parois de la galerie, il distinguait assez facilement, en proie à une émotion étrange qui faisait battre son cœur à briser sa poitrine et bourdonner le sang dans ses oreilles.

Son attente ne fut pas longue. A peine s'était-il caché que la pierre se détacha, roula sur le sol, et un homme, tenant en main une carabine dont le canon fumait encore, entra vivement dans le souterrain.

Cet homme se pencha au dehors, sembla écouter pendant quelques secondes, puis il se redressa en murmurant assez haut pour que le jeune homme l'entendît:

— Ils viennent, mais trop tard; maintenant le tigre a échappé.

Et s'aidant avec une dextérité extrême du canon de sa carabine en guise de levier, il eut en un instant replacé la pierre dans son état primitif.

— Cherchez, cherchez, perros malditos, reprit l'inconnu avec un ricanement ironique, je ne vous crains plus maintenant!

Et avec le plus grand sang-froid, sans se presser, il se mit en devoir de recharger son arme; mais le peintre ne lui en donna pas le temps: bondissant hors de sa cachette en enlevant le chapeau qui couvrait la lumière de la lanterne, il s'arrêta en face de l'inconnu et, le tenant en respect avec ses pistolets:

— Qui êtes-vous? que voulez-vous? lui demanda-t-il.

L'inconnu fit un mouvement de surprise et d'effroi, recula d'un pas et, laissant tomber son arme:

— Eh! qu'est ceci? s'écria-t-il, suis-je donc trahi?

— Trahi? répéta l'inconnu en posant prudemment le pied sur la carabine, l'expression me paraît au moins singulière dans votre bouche señor? surtout après la façon dont vous vous êtes introduit ici.

Mais il n'avait fallu qu'une minute à l'inconnu pour reprendre son sang-froid et redevenir complètement maître de lui-même.

— Replacez vos pistolets à votre ceinture, señor, dit-il, ils vous sont inutiles, vous n'avez rien à redouter de moi.

— Je me plais à le croire, répondit le peintre, mais quelle certitude m'en donnez-vous?

— Ma foi de gentilhomme, répondit-il avec dignité.

Bien qu'il n'y eut que quelques mois que le peintre fût en Amérique, cependant il avait été plusieurs fois assez à même d'étudier le caractère des habitants de ce pays, pour savoir quel fonds il devait faire sur cette parole si fièrement donnée. Aussi, après avoir baissé affirmativement la tête.

— Je l'accepte, dit-il en désarmant ses pistolets et les passant à sa ceinture.

L'inconnu ramassa son arme.

Au dehors le bruit continuait toujours, mais il avait changé de signification; ce n'était plus celui d'un combat qu'on entendait, mais des heurtements de fer et des cris d'appel; on cherchait le fugitif.

— Venez, suivez-moi, reprit le jeune homme, vous ne devez pas demeurer plus longtemps ici.

L'inconnu sourit d'un air railleur.

— Ils ne me trouveront pas, dit-il, laissez-les chercher.

— Comme il vous plaira. Alors, causons.

— Causons, soit.

— Qui êtes-vous?

— Vous le voyez, un proscrit.

— C'est juste; mais il y a de nombreuses variétés de proscrits.

— Je suis de la pire espèce, fit l'autre en souriant.

— Hein! s'écria le jeune homme, que voulez-vous dire?

— Ce que je dis, pas autre chose. A la suite d'un combat acharné, livré par moi à mes ennemis, que j'avais fait tomber dans une embuscade, j'ai été vaincu ainsi que cela arrive souvent, juste au moment où je me croyais vainqueur, et, après avoir vu tous mes compagnons tomber autour de moi, j'ai été contraint de fuir.

— C'est le sort de la guerre, dit philosophiquement le jeune homme, mais vous connaissiez donc cette retraite?

— Apparemment, puisque vous voyez que je m'y suis réfugié.

— C'est vrai, vous ne craignez pas qu'on vous y découvre.

— C'est impossible, tout le monde ignore son existence.

— Moi, cependant, je la connais.

— Qu'en savez-vous?

— Je le suppose; sans cela vous n'y seriez pas.

— C'est possible, mais puisque je la connais, d'autres aussi peuvent la connaître; d'autant plus que je ne l'ai pas découverte seul.

— Oui, mais celui qui vous l'a enseignée et qui vous y a conduit, a voulu sans doute vous placer dans un endroit où vous ne courriez pas le risque de tomber entre les mains de ceux qui vous cherchent; il doit être maître de son secret.

— Allons, je demeure à discuter plus longtemps avec vous, car vous avez à tout des réponses d'une logique foudroyante; à mon tour, je vous donne ma parole d'honneur de Français que vous n'avez rien à redouter de moi et que je vous servirai en tout ce qui me sera possible.

— Merci, répondit laconiquement l'inconnu en lui serrant la main, je n'attendais pas moins de vous.

— Le bruit semble s'éloigner; vos persécuteurs renoncent sans doute à vous chercher plus longtemps; suivez-moi, je suis, je le crois, en mesure de vous offrir une hospitalité plus large que vous ne pensez.

— En ce moment, je n'ai besoin que de deux choses.

— Lesquelles?

— De la nourriture et deux heures de sommeil.

— Et ensuite?

— Ensuite, malheureusement cela ne dé-

9

pend plus de vous.

— Qu'est-ce donc?

— Un bon cheval pour m'éloigner au plus vite et rejoindre les compagnons que j'ai laissés à une vingtaine de lieues d'ici.

— Très bien; vous mangerez d'abord, puis vous dormirez; lorsque vous vous croirez assez reposé, vous choisirez celui de mes chevaux qui vous conviendra le mieux, et vous partirez.

— Ferez-vous cela, en effet? s'écria l'inconnu avec un tressaillement de joie.

— Pourquoi ne le ferais-je pas, puisque je vous le promets?

— Vous avez raison. Pardonnez-moi, je ne savais ce que je disais.

— Venez donc, alors.

— Allons, soit.

Ils quittèrent le bout de la galerie, où jusque-là ils étaient restés et revinrent vers la salle.

— Voilà les chevaux, dit le jeune homme en traversant l'écurie.

— Bon! fit simplement l'autre.

Lorsqu'ils furent dans le souterrain, l'inconnu promena autour de lui un regard émerveillé :

— Que signifie cela? dit-il; vous habitez donc réellement ici?

— Provisoirement, oui. N'avez-vous pas deviné que, comme vous, j'étais proscrit?

— Comment! vous, un Français?

— La nationalité ne fait rien à l'affaire, dit en riant le jeune homme. Asseyez-vous et mangez.

Et, après lui avoir approché un siège, il plaça des vivres sur la table.

— Et vous, ne mangerez-vous pas aussi? demanda l'inconnu.

— Pardon, je compte vous tenir compagnie.

Tous deux prirent place et commencèrent leur repas.

— Tenez, dit au bout d'un instant l'inconnu, je veux vous donner une marque véritable de la confiance entière que j'ai en vous.

— Vous me faites honneur.

— Voulez-vous gagner quinze mille piastres?

— Peuh! fit le jeune homme en avançant les lèvres.

— Vous n'aimez pas l'argent? fit avec étonnement l'inconnu.

— Ma foi, non! il ne vaut pas la peine qu'on prend à le gagner.

— Mais il vous est facile, sans la moindre peine, de gagner cet argent.

— Ceci est une autre affaire : voyons votre combinaison.

— Elle est fort simple.

— Tant mieux.

— Avez-vous entendu parler des quatre frères Pincheyras?

— Souvent.

— En bien ou en mal?

— En bien et en mal, mais surtout en mal.

— Bon ! il y a tant de mauvaises langues.

— C'est vrai ; continuez.

— Vous savez que leur tête est à prix?

— Ah ! tiens ! tiens ! tiens !

— Vous l'ignoriez?

— Pourquoi le saurais-je? Cela ne me regarde pas, je suppose?

— Plus que vous ne pensez, je suis un Pincheyras, fit-il en le regardant fixement.

— Ah bah ! s'écria le jeune homme en faisant légèrement pivoter son siége afin d'examiner son hôte plus à sonaise, voilà une singulière rencontre.

— N'est-ce pas? je suis celui qu'on nomme don Santiago Pincheyras, le second des quatre frères.

— Très bien, enchanté d'avoir fait votre connaissance.

— Ma tête vaut quinze mille piastres.

— C'est une jolie somme; je doute que la mienne, à laquelle je tiens cependant extraordinairement, ait une aussi grande valeur.

— Vous ne comprenez pas ce que je veux vous dire?

— Ma foi, non; pas le moins du monde.

— Livrez-moi ; on vous comptera la somme, et de plus, on vous fera grâce.

Le Français fronça les sourcils; un éclair jaillit de ses yeux, tandis qu'une pâleur livide couvrait son visage.

— Vive Dieu! s'écria-t-il, en frappant du poing sur la table et se levant; savez-vous que vous m'insultez, caballero.

Don Santiago était demeuré immobile et souriant; il tendit la main au jeune homme, et l'invitant du geste à reprendre la place qu'il avait si subitement quittée :

— Au contraire, dit-il, je vous donne une preuve de la confiance que j'ai en votre loyauté, puisque, sans vous avoir demandé qui vous êtes, je vous ai dit qui je suis, et que, me sachant complétement en votre pouvoir, je vais m'étendre dans votre hamac, où je dormirai sous votre garde aussi tranquille que si je me trouvais au milieu de mes amis.

— Soit, monsieur, répondit le jeune homme avec un reste de ressentiment ; j'admets votre explication ; seulement vous auriez dû, s'il vous plaisait de vous faire connaître à moi, le faire d'une autre façon qu'en attaquant ainsi mon honneur.

— Je confesse que j'ai eu tort, et je vous en demande encore une fois pardon, señor; c'est plus qu'un homme comme moi est habitué à faire. Ainsi, donnez-moi votre main loyale et oublions cela.

Le jeune homme accepta la main que lui tendait le Pincheyras, et reprit sa place à table à côté de lui.

Ils continuèrent à manger sans nouvel incident désagréable.

Le Pincheyra était tellement accablé de fatigue, que, vers la fin du repas, il s'endormait en causant.

Le peintre comprit la violence que se faisait le montonero, et mit un terme à sa souffrance en lui frappant sur l'épaule.

L'autre se redressa vivement.

— Que voulez-vous? demanda-t-il.

— Vous dire simplement que maintenant que vous avez satisfait votre appétit, vous avez un autre besoin plus impérieux encore à satisfaire; il est temps que vous vous livriez au sommeil, afin d'être promptement en état de rejoindre vos amis.

— C'est vrai, fit en riant don Santiago, je dors tout debout, je ne sais réellement comment m'excuser envers vous de ce manque d'usage.

— Pardieu, en vous couchant, c'est je crois a seule chose que vous ayez à faire en ce moment.

— Vous avez ma foi raison, je n'y mets pas de coquetterie, et puisque vous êtes si bon compagnon je vais, sans plus tarder, profiter de votre conseil.

En parlant ainsi, il se leva avec une certaine difficulté, tant l'accablait la fatigue, et aidé par le jeune homme, il s'étendit dans le hamac, où il ne tarda pas à s'endormir.

Libre de nouveau de se livrer à ses pensées, le jeune homme alluma un cigare, s'installa commodément dans une butaca et, tout en digérant son déjeuner, se mit à réfléchir sur ce nouvel épisode de sa vie errante qui venait si à l'improviste se greffer sur les autres et peut-être compliquer encore les difficultés sans nombre de la position dans laquelle il se trouvait.

Pour cette fois, dit-il, je puis hardiment convenir que je ne suis pour rien dans ce qui m'arrive et que cet homme est bien réellement venu me trouver, lorsque je ne le cherchais nullement, puisqu'il connaissait avant moi ce souterrain. Comment tout cela finira-t-il? Pourvu que Tyro n'arrive pas maintenant? Diable, tout dévoué qu'il soit ce brave garçon, je doute que l'appât de quinze mille piastres, — une fort belle somme pour celui qui sait la gagner honnêtement, — ne le pousse pas à livrer mon hôte et moi, par ricochet, ce qui serait excessivement désagréable.

Plusieurs heures s'écoulèrent ainsi, pendant lesquelles le chef montonero dormait, suivant

l'expression espagnole, a pierna suelta. Le Français veillait religieusement sur son sommeil, tout en faisant des réflexions qui, d'instants en instants, prenaient une teinte plus sombre.

Enfin, vers une heure de l'après-midi, Emile jugea que le montonero avait assez dormi; il s'approcha de lui et lui toucha légèrement l'épaule pour l'éveiller.

Celui-ci ouvrit instantanément les yeux et bondit comme un coyote hors du hamac.

— Que se passe-t-il? demanda-t-il à voix basse.

— Rien, que je sache, répondit le premier.

— Alors, pourquoi me réveiller! lorsque je dormais si bien, fit-il en bâillant.

— Parce que vous avez assez dormi.

— Ah! fit l'autre.

— Oui, et il est temps de partir.

— Temps de partir! déjà, diable! Vous êtes avare de votre hospitalité, mon maître; c'est bien, n'en parlons plus. Je ferai ce que vous voudrez, ajouta-t-il d'un ton piqué, je ne veux pas vous embarrasser plus longtemps de ma présence.

— Vous ne m'embarrassez pas, señor, répondit le jeune homme, si cela ne dépendait que de moi, vous resteriez ici autant que cela vous plairait. Vous ne sauriez me compromettre plus que je ne le suis, que diable!

— Peut-être; mais de qui cela dépend-il donc alors?

— Du serviteur indien qui m'a caché ici et qui probablement ne tardera pas à m'y venir visiter. Voyez s'il vous convient d'être vu par lui.

— Caspita! pas le moins du monde; me fier à un Indien, je serais perdu sans rémission. Et vous dites qu'il va venir bientôt?

— Je ne sais pas précisément quand il viendra, mais je l'attends d'un moment à l'autre.

— Peste! avec votre permission, je ne l'attendrai pas, moi; si vous me le permettez, je partirai tout de suite.

— Venez choisir votre cheval.

Le montonero saisit sa carabine, qu'il chargea tout en marchant, et ils s'enfoncèrent dans la galerie.

Le choix ne fut pas long à faire, les trois chevaux étaient également jeunes, pleins de sang, de feu et de vitesse ; le montonero, fin connaisseur, le reconnut au premier coup d'œil, et prit au hasard.

— Pour qu'il y a de malheureux pour moi, dans tout cela, dit-il, tout en sellant activement le cheval, c'est que je suis contraint de partir par où je suis venu, et que je risque de tomber dans une embuscad; il y avait anciennement une seconde galerie à ce souterrain, mais elle a été bouchée depuis longtemps déjà, je crois?

— Non, du tout; cette galerie est toujours libre, il vous est facile de la prendre pour partir.

— S'il en est ainsi, je suis sauvé! s'écria avec joie le montonero.

— Silence ! fit à voix basse le jeune homme en lui mettant vivement la main sur la bouche, j'entends marcher.

— Oh ! fit-il avec un geste de désespoir.

— Demeurez ici, laissez-moi faire, je réponds de tout, dit rapidement le jeune homme à son oreille.

Et il s'élança vivement dans le souterrain; il était temps qu'il arrivât, Tyro allait s'engager à sa recherche dans la galerie.

XV

Le Guaranis

Ainsi que nous l'avons dit à la fin du précédent chapitre, au moment où le peintre déboucha de la galerie dans le souterrain, il se trouva face à face avec Tyro qui, entré par la galerie opposée et ne le trouvant pas dans la salle, se disposait à aller à sa rencontre, jusqu'à l'écurie, où il supposait qu'il devait être en ce moment.

Les deux hommes demeurèrent un instant immobiles et muets l'un devant l'autre, s'examinant avec soin et assez empêchés pour en tamer la conversation.

Cependant la situation, déjà fort embarrassante, menaçait, si elle se prolongeait plus longtemps, de devenir critique. Le Français comprit qu'il fallait à tout prix en sortir, et il résolut de brusquer les choses, persuadé que c'était encore le meilleur moyen de se tirer d'embarras.

— Enfin vous voilà, Tyro! s'écria-t-il en feignant une grande joie, je commençais à me sentir inquiet de cette réclusion à laquelle je ne saurais m'accoutumer.

— Il m'a été impossible de venir plus tôt vous voir, maître, répondit l'Indien en laissant filtrer un regard sournoisement interrogateur entre ses paupières à demi-closes; vous avez, je le suppose, trouvé tout en ordre ici?

— Parfaitement; je dois convenir que j'ai passé une excellente nuit.

— Ah! fit le Guaranis, vous n'avez rien entendu? Nul bruit insolite n'est venu troubler votre sommeil?

— Ma foi, non; j'ai dormi tout d'une traite la nuit entière; je suis éveillé depuis une demi heure à peine.

— Tant mieux, maître, je suis charmé de ce que vous m'annoncez. Si vous ne me le disiez pas aussi péremptoirement, je vous avoue franchement que j'aurais peine à le croire.

— Pourquoi donc? demanda-t-il avec un feint étonnement.

— Parce que, maître, la nuit a été rien moins que tranquille.

— Ah! bah! s'écria-t-il de l'air le plus naïf qu'il put prendre; que s'est-il donc passé? Vous comprenez que, enterré au fond de ce trou, j'ignore tout, moi.

— Un combat acharné s'est livré, tout près d'ici, entre les Espagnols et les patriotes.

— Diable! c'est sérieux, alors. Et ce combat est terminé?

— Sans cela, serais-je ici, maître?

— C'est juste, mon ami. Et qui a eu le dessus?

— Les patriotes.

— Ah! ah!

— Oui, et j'en suis même, pour certaines raisons, peiné pour vous.

— Pour moi, dis-tu, Tyro? Que diable ai-je à voir dans tout cela?

— N'êtes-vous pas proscrit par les patriotes?

— En effet, tu m'y fais songer; mais que me fait cela?

— Dame! en ce moment, les Espagnols sont ou du moins passent pour être vos amis.

— C'est juste; mais, vainqueurs ou vaincus, je n'aurais pu réclamer leur aide.

L'Indien demeura un instant silencieux; puis, il fit un pas en arrière et, s'inclinant devant le jeune homme:

— Maître, lui dit-il d'une voix triste, comment ai-je démérité de votre confiance? Qu'ai-je fait pour que vous veuillez à présent conserver des secrets pour moi?

Émile se sentit rougir; cependant, il répondit:

— Je ne comprends pas ce reproche que tu m'adresses, mon brave ami; explique-toi plus clairement.

Le Guaranis hocha la tête d'un air sombre:

— A quoi bon, reprit-il, puisque vous vous méfiez de moi?

— Je me méfie de toi! s'écria le jeune homme, qui intérieurement se sentait coupable, mais qui ne croyait pas autorisé à livrer un secret qui ne lui appartenait pas.

— Certes, maître. Voyez ces deux verres et ces deux tranchoirs; voyez, de plus, ces res-

tes de cigares.

— Eh bien?

— Eh bien, croyez-vous donc que si je ne le savais déjà, ces indices ne suffiraient pas pour me dénoncer ici la présence d'une autre personne que vous?

— Comment? Que sais-tu?

— Je sais, maître, qu'un homme, dont au besoin il me serait facile de vous dire le nom, est entré ce matin dans le souterrain, que vous lui avez accordé l'hospitalité et qu'en ce moment où je vous parle, il est encore ici, caché là, tenez, ajouta-t-il en étendant le bras, dans cette galerie.

— Mais alors, s'écria le jeune homme avec violence, puisque tu es si bien informé, tu m'as donc trahi?

— Ainsi, il est ici réellement, fit l'Indien avec un mouvement de joie.

— Ne viens-tu pas de me le dire toi-même.

— C'est vrai, maître, mais je craignais qu'il ne fût parti déjà.

— Ah ça! mais qu'est-ce que tout cela signifie? je n'y suis plus du tout, moi.

— C'est cependant bien simple, maître; appelez cet homme; tout s'expliquera en quelques mots.

— Ma foi, s'écria le jeune homme d'un ton de mauvaise humeur, appelle-le toi-même, puisque tu le connais si bien.

— Vous m'en voulez, maître, vous avez tort, car dans tout ce qui arrive, je n'agis que pour vous et dans votre intérêt.

— C'est possible, pourtant je suis blessé de la position qui m'est constamment faite par le hasard et du rôle absurde qu'il me condamne à jouer.

— Oh! maître; ne vous plaignez pas, car cette fois, je vous le certifie, le hasard, ainsi que vous le nommez, a été d'une intelligence rare; bientôt vous en aurez la preuve.

— Je ne demande pas mieux.

— Vous permettez, maître?

— N'es-tu pas chez toi; fais ce que tu voudras, pardieu! je m'en lave les mains.

Après avoir répondu par cette boutade, le jeune homme s'étendit dans une butaca, alluma un cigare de l'air le plus insouciant qu'il put affecter, bien qu'en réalité il se sentît intérieurement froissé de la situation dans laquelle il croyait se trouver.

L'Indien le regarda un instant avec une expression indéfinissable, puis, lui prenant la main et la baisant respectueusement:

— Oh! maître, dit-il d'une voix douce et légèrement émue, ne soyez pas injuste envers un serviteur fidèle.

Puis il se dirigea à grands pas vers la gallerie

— Venez, don Santiago, cria-t-il d'une voix forte, en s'arrêtant à l'entrée, vous pouvez vous montrer, il n'y a ici que des amis.

Le bruit d'une marche précipitée se fit entendre; le montonero parut presque aussitôt.

Après avoir jeté un regard autour de lui, il s'avança vivement vers le Guaranis, et, lui serrant fortement la main:

— Vive Dios! s'écria-t-il, mon brave ami, je suis heureux de vous voir ici.

— Moi de même, señor, répondit respectueusement l'Indien; mais avant tout permettez-moi de vous adresser une prière.

— Laquelle, mon ami?

— En retour du service que je vous ai rendu, rendez m'en un autre.

— Si cela dépend de moi, je ne demande pas mieux.

— Veuillez être assez bon pour expliquer à ce señor, qui est mon maître, ce qui s'est passé il y a deux jours entre vous et moi.

— Eh! fit avec surprise l'Espagnol, ce caballero est votre maître, mon ami; la rencontre est singulière.

— Peut-être l'avais-je préparée ou du moins essayé de la ménager, répondit l'Indien.

— C'est possible, après tout, fit l'Espagnol.

— Vous savez que je ne comprends pas un mot à ce que vous dites, interrompit le Français avec une impatience contenue.

— Parlez, don Santiago, je vous en prie.

— Voici ce qui s'est passé, reprit le montonero; pour certaines raisons trop longues à vous dire, et qui, d'ailleurs, ne vous intéresseraient que fort médiocrement, j'en suis convaincu, je suis l'ami de ce brave Indien auquel je ne puis et je ne veux rien refuser; il y a deux jours donc, il m'est venu trouver à un de mes rendez-vous habituels qu'il connaît de longue date, et m'a fait promettre de me rendre ici avec quelques-uns des hommes de ma cuadrilla, afin de protéger la fuite de plusieurs personnes auxquelles il porte le plus vif intérêt, et que les patriotes, pour je ne sais quels motifs, ont proscrites.

— Hein? s'écria le jeune homme en se levant vivement et en jetant son cigare; continuez, continuez, señor, cela devient pour moi fort intéressant.

— Tant mieux; seulement vous avez eu tort de jeter votre cigare pour cela. Donc je suis venu. Malheureusement, malgré toutes les précautions prises par moi, j'ai été découvert, et vous savez le reste.

— Oui, mais vous ne le savez pas, vous, señor, et je vais vous le dire, répondit l'Indien.

— Je ne demande pas mieux.

— Un instant, s'écria le peintre en tendant la main au Guaranis, je vous dois une réparation, Tyro, pour mes injustes soupçons; je vous la fais du fond du cœur, vous savez combien je dois être aigri par tout ce qui m'arrive depuis quelques jours, je suis convaincu que vous m'excuserez.

— Oh! c'est trop, maître; vos bontés me confondent, répondit avec émotion le Guaranis, je tenais à vous prouver seulement que toujours je vous suis demeuré fidèle.

— Il ne me reste pas le moindre doute à cet égard, mon ami.

— Merci, maître.

— Oui, oui, murmura l'Espagnol, croyez-moi, señor, ces Peaux-Rouges sont meilleurs qu'on ne le suppose généralement, et lorsqu'ils se donnent une fois, on peut à tout jamais compter sur eux; maintenant, mon brave ami, ajouta-t-il en s'adressant à Tyro, racontez-moi cette fin que j'ignore, selon vous.

— Cette fin, la voici, señor: vous avez été trahi.

— Vive Dios! je m'en étais douté; vous connaissez le traître.

— Je le connais.

— Bon! fit-il en se frottant joyeusement les mains, vous allez me dire son nom, sans doute.

— C'est inutile, señor, je me charge de le châtier moi-même.

— Comme il vous plaira, j'aurais cependant bien désiré me donner ce plaisir.

— Croyez-moi, señor, vous ou moi, il n'y perdra rien, reprit l'Indien, avec un accent de haine impossible à rendre.

— Je ne veux pas chicaner plus longtemps avec vous là-dessus; revenons à notre affaire, je suis assez empêché, moi, en ce moment.

L'Indien sourit.

— Ne me connaissez-vous donc pas, don Santiago? dit-il; le mal a été réparé autant que cela était possible.

— Bon, c'est-à-dire?...

— C'est-à-dire que j'ai moi-même porté la nouvelle de votre défaite à vos amis, qu'à la tombée de la nuit vingt-cinq cavaliers arriveront ici, où nous les cacherons, tandis que cinquante autres attendront votre retour au Vado del Nendus, embusqués dans les rochers.

— Parfaitement arrangé tout cela, parfaitement, mon maître, fit l'Espagnol d'un ton joyeux. Mais pourquoi n'étais-je pas, moi, tout bonnement au-devant de mes amis? Cela simplifierait extraordinairement les choses, il me semble; je ne tiens pas à être une seconde fois frotté comme je l'ai été cette nuit; je n'y mets pas d'amour-propre, moi, vous savez, d'autant plus que j'espère bien prendre un jour ou l'autre ma revanche.

— Tout cela est juste, don Santiago, répondit l'Indien, mais vous oubliez que je vous ai prié de me rendre un service.

— C'est pardieu vrai! je ne sais où j'ai la tête en ce moment; excusez-moi, je vous prie, et soyez convaincu que je demeure tout à votre disposition.

— Je vous remercie. Maintenant, maître, ajouta-t-il en se retournant vers le jeune homme, il faut qu'aujourd'hui même les dames que vous savez aient quitté San Miguel; demain il serait trop tard. Vous allez à l'instant reprendre votre déguisement et vous rendre au couvent. Il n'y a d'ici à la ville que deux lieues à peine; vous arriverez juste au coucher du soleil, seulement il faut vous hâter.

— Diable, murmura le jeune homme, mais comment ferai-je pour conduire ces dames ici?

— Que cela ne vous inquiète pas, maître, à la porte même du couvent un guide vous attendra, qui vous amènera en sûreté ici.

— Et ce guide?

— Ce sera moi, maître.

— Oh! alors tout est pour le mieux, dit le jeune homme.

— Vous n'avez pas un instant à perdre.

— Puis-je reprendre mon somme? demanda l'Espagnol.

— Parfaitement, rien ne vous en empêche, d'autant plus que je serai de retour à temps pour introduire vos compagnons dans le souterrain.

— Fort bien. Bonne chance, alors.

Et il s'étendit commodément dans le hamac, tandis que Tyro aidait son maître à compléter sa métamorphose, ce qui, du reste, ne fut pas long.

Les deux hommes quittèrent alors le souterrain par la galerie qui avait livré passage à Tyro, laissant l'Espagnol plongé déjà dans un profond sommeil.

La galerie par laquelle sortirent le maître et le serviteur déboucha sur le bord même de la rivière et se trouvait si complètement masquée, que moins de la connaître avec certitude, il était impossible de la soupçonner.

Une pirogue, échouée sur le sable à quelques pas de là, semblait les attendre.

Tyro se dirigea effectivement vers elle; il la mit à flot, y fit entrer son maître, y entra à son tour, puis, prenant les pagayes, il la lança dans le courant.

— Nous arriverons plus vite ainsi, dit-il; par ce moyen, je vous déposerai à quelques pas seulement de l'endroit où vous vous rendez.

Le peintre fit un signe d'assentiment et ils continuèrent leur route.

L'idée de l'Indien était excellente, en ce sens que, non-seulement ce moyen de locomotion, fort rapide, raccourcissait extrêmement le trajet qu'il fallait faire, mais il avait en outre l'avantage de supprimer l'espionnage, toujours à redouter, en entrant dans la ville et en traversant des rues remplies de monde.

Bientôt l'avant de la pirogue cria sur le sable de la rive; ils étaient arrivés. Le Français descendit à terre.

— Bonne chance! murmura Tyro en reprenant le large.

Malgré lui, en se trouvant de nouveau au milieu d'une ville où il se savait poursuivi comme un criminel et traqué presque comme une bête fauve, le jeune homme éprouva une légère émotion et sentit battre son cœur plus fort que de coutume.

Il comprit qu'il jouait sa tête sur un coup de dé, dans une entreprise que bien d'autres à sa place, eussent considérée comme insensée, surtout dans la situation critique dans laquelle il se trouvait lui-même placé.

Mais Emile avait un cœur dévoué et intrépide, il avait promis aux deux dames de tout tenter pour leur venir en aide, et, malgré la juste appréhension qu'il éprouvait sur le ré-

sultat probable de son expédition, il n'eut pas un instant la pensée de manquer à sa parole.

D'ailleurs, qu'avait-il à redouter de plus que la mort? Rien. En butte déjà à la haine des patriotes, en cas d'une surprise, il lui restait la chance de vendre chèrement sa vie. Sous son déguisement il était bien armé, et puis le sort en était jeté maintenant: le Rubicon était passé, il n'y avait plus à reculer; il jeta un regard investigateur autour de lui, s'assura que les environs étaient déserts, et après avoir une dernière fois touché les pistolets, placés sous son poncho, à sa ceinture, il entra résolûment dans la rue.

Comme le bord de la rivière, la rue était déserte.

Le jeune homme, tout en affectant le pas un peu traînant d'un vieillard et regardant avec soin autour de lui, prit le côté de la rue opposé à celui où se trouvait le couvent. Puis, arrivé devant les fenêtres, il répéta à deux reprises le signal dont il était précédemment convenu avec la marquise.

— Pourvu, murmura-t-il à voix basse, qu'elles aient placé quelqu'un en vedette et que mon signal ait été aperçu.

Puis, après un instant employé sans doute à s'affermir encore dans sa résolution, il traversa la rue et s'approcha de la porte.

Au moment où il se préparait à frapper, cette porte s'ouvrit.

Il entra, la porte se referma immédiatement derrière lui.

— Ouf! fit-il, me voici dans la souricière; que va-t-il se passer maintenant?

Une religieuse, autre que celle qui, la première fois, lui avait ouvert, se tenait devant lui. Sans prononcer une parole, elle lui fit signe de le suivre et se mit aussitôt en marche.

Il traversèrent ainsi silencieusement et d'un pas rapide, les longs corridors, les cloîtres, et atteignirent enfin la cellule de la supérieure. La porte était ouverte.

La conductrice du jeune homme s'effaça pour lui livrer passage et, lorsqu'il fut entré, referma la porte derrière lui, sans demeurant elle-même au dehors.

Une seule personne se trouvait dans la cellule, cette personne était la supérieure.

Le jeune homme la salua respectueusement.

— Eh bien, lui demanda-t-elle en s'approchant vivement de lui, que se passe-t-il? parlez sans crainte, nul ne nous peut entendre.

— Il se passe, madame, répondit-il, que si ces dames sont toujours dans l'intention de fuir, tout est prêt.

— Dieu soit loué! s'écria la supérieure avec joie, et quand fuiront-elles?

— A l'instant, si elles sont disposées; demain, d'après ce qu'on m'a assuré, il serait trop tard pour elles.

— Il n'est que trop vrai, hélas! fit-elle avec un soupir; ainsi vous répondez de leur sûreté?

— Je réponds, madame, de me faire tuer pour les défendre : un galant homme ne peut s'engager à davantage.

— Vous avez raison, caballero, c'est, en effet, plus que nous ne sommes en droit d'exiger de vous.

— Maintenant, soyez, je vous prie, madame, assez bonne pour faire, le plus tôt possible, prévenir ces dames; je vous répéterai que les instants sont précieux.

— Elles sont prévenues déjà : elles terminent leurs préparatifs; dans un instant elles seront ici.

— Tant mieux, car j'ai hâte de me trouver en rase campagne; je l'avoue que j'étouffe entre ces murs épais. Vous savez, madame, que vous m'avez offert de vous faciliter les moyens de quitter cette maison; je ne saurais, moi, me charger de cette tâche dans laquelle j'échouerais.

— Soyez tranquille, ce que j'ai dit je le ferai.

— Mille fois merci, madame; permettez-

moi une dernière observation.

— Parlez, caballero.

— Lorsque je suis entré ici pour la première fois, j'ai cru remarquer, peut-être me suis-je trompé, que la personne qui m'a servi de guide ne possédait pas toute votre confiance.

— En effet, señor, vous ne vous êtes pas trompé; mais, ajouta-t-elle avec un sourire d'une expression cruelle, aujourd'hui vous n'aurez pas à redouter les indiscrétions de cette religieuse, son poste est occupé par une personne sûre; quant à elle je lui ai donné une autre place.

Le jeune homme s'inclina.

Au même instant, une porte intérieure s'ouvrit et deux personnes entrèrent.

L'obscurité qui commençait à envahir la cellule empêcha le Français de reconnaître au premier moment ces deux personnes enveloppées d'épais manteaux et la tête recouverte de chapeaux dont les larges ailes, rabattues sur le visage, ne laissaient pas toute voir les traits.

— Nous sommes perdus, murmura-t-il, en faisant un pas en arrière et en portant instinctivement la main à ses pistolets.

— Arrêtez! s'écria vivement un des deux inconnus; en laissant tomber le pan de son manteau, ne voyez-vous donc pas qui nous sommes?

— Oh! s'écria le Français en reconnaissant la marquise.

— J'ai pensé, reprit-elle, que pour la hasardeuse aventure dans laquelle nous nous jetons nous avait ce costume que le nôtre.

— Et vous avez eu cent fois raison, madame. Oh! maintenant, à moins de complications imprévues, je crois presque pouvoir répondre du succès de votre fuite.

La jeune fille se cachait honteuse et frémissante derrière sa mère.

— Nous partirons quand il vous plaira, reprit le jeune homme, seulement je crois que le plus tôt sera le mieux.

— Tout de suite! tout de suite! s'écria la marquise.

— Soit, fit la supérieure, suivez-moi. Ils quittèrent la cellule.

La marquise et sa fille portaient chacune une légère valise sous le bras.

De plus la marquise, sans doute pour ajouter à la réalité de son costume masculin, avait une paire de pistolets à la ceinture, un sabre au côté et un long couteau dans la poitrine droite.

Les cloîtres étaient déserts, un silence de mort régnait dans le couvent.

— Avancez sans crainte, dit la supérieure, personne ne vous surveille.

— Où sont les chevaux? demanda la marquise.

— A quelques pas d'ici, repondit Emile; il aurait été imprudent de les amener jusqu'au couvent.

— C'est juste, répondit la marquise. Ils continuèrent à avancer.

Le peintre était fort inquiet. La dernière question de la marquise à propos des chevaux lui rappelait un peu tardivement qu'il n'avait nullement songé à se munir de montures; entraîné par la rapidité avec laquelle les événements s'étaient précipités depuis l'arrivée de Tyro dans le souterrain, il s'était complétement laissé diriger par le Guaranis, sans penser un instant à ce détail, cependant si important, pour la réussite de son projet de fuite.

— Diable, murmura-t-il à demi-voix, pourvu que Tyro ait eu plus de mémoire que moi; je ne saurais cependant pas avouer cet impardonnable oubli; d'ailleurs, le principal est de sortir d'ici.

Les quatre personnes traversèrent rapidement les corridors, elles ne tardèrent pas à atteindre la porte du couvent. La supérieure, après avoir jeté un regard investigateur à travers le guichet afin de s'assurer que la rue était déserte, prit une clef à un trousseau pendu à sa ceinture et ouvrit la porte.

— Adieu, et que le Seigneur vous protège,

dit-elle, j'ai loyalement tenu ma promesse.

— Adieu et merci, répondit la marquise.

Quant à la jeune fille elle se jeta dans les bras de la religieuse et l'embrassa en pleurant.

— Partez, partez ! s'écria vivement la supérieure; et, les poussant doucement, elle referma la porte derrière eux.

Les deux dames jetèrent un dernier et triste regard sur le couvent et, s'enveloppant avec soin dans leurs manteaux, elles se préparèrent à suivre leur protecteur.

— Quel chemin prenons-nous? demanda la marquise.

— Celui-ci, répondit Emile, en tournant à droite, c'est-à-dire en se dirigeant du côté de la rivière.

Était-ce hasard ou intuition qui le poussait dans cette direction. Un peu de l'un, un peu de l'autre.

Une barque assez grande, montée par quatre hommes, attendait échouée sur la rive.

— Eh ! fit un de ces hommes, dans lequel Emile reconnut aussitôt Tyro, voilà le patron, ce n'est pas malheureux.

Celui-ci, sans répondre, fit entrer ses compagnes dans la barque et y entra aussitôt après elles.

Sur un signe de l'Indien, les pagayes furent bordées et la barque s'éloigna rapidement.

Les dames poussèrent un soupir de soulagement.

Tyro avait pensé que mieux valait, pour partir, reprendre le même chemin, surtout à cause des dames, qui, malgré toutes leurs précautions, couraient le risque d'être reconnues facilement; seulement, comme lui non plus n'avait pas songé à faire part de son intention à son maître, il craignait que celui-ci ne s'engageât à travers les rues; aussi, dès qu'il avait eu frété la barque, s'était-il posté de façon à apercevoir son maître à la sortie du couvent, et s'il l'avait vu tourner du côté opposé à celui que le hasard lui avait fait choisir, il se serait mis à sa poursuite, afin de lui faire rebrousser chemin.

Nous avons vu comment, cette fois, le hasard, sans doute fatigué de toujours persécuter le jeune homme, avait consenti à le protéger en le lançant dans la bonne voie.

Grâce à l'obscurité, car le soleil était couché et déjà les ténèbres étaient épaisses, et surtout à la largeur de la rivière dont la barque tenait le milieu, les fugitifs ne couraient que très peu de risques d'être reconnus.

Ils accomplirent leur trajet en fort peu de temps, et pendant tout leur voyage ne rencontrèrent aucune autre embarcation que la leur, excepté une pirogue indienne montée par un seul homme qui les croisa à la sortie de la ville.

Mais cette pirogue passa trop loin de la barque et sa course était trop rapide pour qu'on supposât que l'homme qui se trouvait dedans eût essayé de jeter les yeux sur la barque.

Ils arrivèrent enfin à l'entrée du souterrain.

Nous avons dit que la barque était montée par quatre hommes.

De ces quatre hommes, deux étaient des Gauchos engagés par Tyro, et comme le Guaranis les avait bien payés, il avait le droit de compter sur leur fidélité; ajoutons que pour plus de sûreté l'Indien ne leur avait rien confié du but de l'expédition; le troisième était un domestique du peintre, un Indien que celui-ci avait laissé à San Miguel, sans autrement s'en occuper, lorsqu'il avait pris la fuite; le quatrième était Tyro lui-même.

Lorsque la barque toucha le bord, le Guaranis aida respectueusement les deux dames à descendre à terre, puis leur montrant l'entrée du souterrain:

— Veuillez, señoras, leur dit-il, entrer dans cette caverne où nous vous rejoindrons dans un instant.

Les dames obéirent.

— Et nous? demanda le peintre.

— Nous avons encore quelque chose à faire, maître, répondit l'Indien.

L'accent singulier dont ces paroles furent prononcées étonna Emile, mais il ne fit pas d'observation, convaincu que le Guaranis devait avoir de sérieux motifs pour lui répondre d'une façon aussi péremptoire.

XVI

A travers champs.

Se tournant alors vers les deux Gauchos, qui se tenaient insouciamment assis sur le rebord de la barque:

— Je vous ai payés; vous êtes libres de nous quitter maintenant, leur dit le Guaranis; à moins que vous ne consentiez à faire un nouveau marché avec ce señor, au nom duquel je vous avais engagés.

— Voyons le marché répondit un des deux Gauchos.

— Etes-vous libres, d'abord?

— Nous le sommes.

— Est-ce en votre nom à tous deux que vous me répondez?

— Oui; ce caballero est mon frère; il se nomme Mataseis, et moi Sacatripas: où va l'un, l'autre le suit.

Tyro salua d'un air charmé. La réputation de ces deux caballeros était faite depuis longtemps; il la connaissait de vieille date : c'étaient les deux plus insignes bandits de toute la bande orientale. Il ne pouvait mieux tomber dans les circonstances présentes; gens de sac et de corde, leurs mains étaient rouges jusqu'au coude. Pour un réal, ils auraient, sans hésiter, assassiné leur père; mais leur parole était d'or; une fois donnés, ils ne l'auraient pas violée pour la possession de toutes les mines de la Cordillière; c'était leur seul défaut, ou, si on le préfère, leur seule vertu; l'homme, cet étrange animal, est ainsi fait qu'il n'est complet ni pour le bien ni pour le mal.

— Très bien, reprit Tyro, je suis heureux, caballeros, d'avoir affaire à des hommes comme vous; j'espère que nous nous entendrons.

— Voyons, répondit Mataseis.

— Voulez-vous demeurer au service de ce caballero?

— A quelles conditions? Encore est-il bon de savoir si le service sera rude? reprit le positif Mataseis.

— Il le sera; il vous prend pour *tout* faire, vous entendez : tout, ajouta-t-il en appuyant avec intention sur le dernier mot.

— Cela est la moindre des choses, s'il nous paye bien.

— Cinq onces par mois chacun, cela vous convient-il?

Les deux bandits échangèrent un regard.

— C'est convenu, dirent-ils.

— Voici un mois d'avance, reprit Tyro, en prenant une poignée d'or dans sa poche et la leur remettant.

Les Gauchos tendirent la main avec un mouvement de joie et firent instantanément disparaître l'or sous leurs ponchos.

— Seulement, souvenez-vous qu'un mois commencé doit se finir, et que lorsqu'il vous plaira de quitter le service de ce caballero, vous devrez le prévenir huit jours à l'avance et vous abstenir de rien tenter contre lui pendant les huit jours qui suivront la rupture de votre marché; acceptez-vous ces conditions?

— Nous les acceptons.

— Jurez donc de les tenir fidèlement.

Les deux bandits écartèrent leurs ponchos, prirent dans la main les scapulaires pendus à leurs cous et, se découvrant en levant les yeux au ciel avec une onction digne d'un serment plus chrétien.

— Nous jurons sur ces scapulaires bénits de tenir fidèlement les conditions acceptées par nous, dirent-ils tous deux à la fois; puissions-nous perdre la part que nous espérons en paradis et être damnés si nous manquions à ce serment librement prêté.

— C'est bien, fit Tyro, et se tournant vers l'Indien pendant que les Gauchos, après avoir baisé leurs scapulaires, les remettaient dans leur poitrine, et vous, Neño, voulez-vous rester au service de votre maître?

— Cela m'est impossible, répondit résolûment l'Indien ; j'ai un autre maître.

— Soit, vous êtes libre; partez.

Neño ne se fit pas répéter l'invitation. Après avoir salué le peintre, il sauta légèrement hors de la barque et s'éloigna à grands pas dans la direction de San Miguel.

Le Guaranis le suivit un instant des yeux; puis, se penchant vers Sacatripas, il murmura un mot à voix basse à son oreille.

Le bandit fit un geste affirmatif de la tête, toucha légèrement le bras de son frère, et tous deux s'élançant en même temps à terre disparurent en courant dans l'obscurité.

— Ces démons seront précieux pour vous, maître, dit Tyro.

— Je le crois, mais ils me font l'effet d'atroces canailles: malheureusement, dans les circonstances où je me trouve, peut-être serai-je obligé d'utiliser un jour ou l'autre leurs services.

Le Guaranis sourit sans répondre.

— Ne trouvez-vous pas la conduite de ce Neño indigne, après tant de bontés que j'ai eues pour lui? reprit le peintre.

— Vous ne savez pas encore tout ce qu'il vous a fait, maître.

— Que voulez-vous dire?

— C'est lui qui vous a trahi et qui a vendu votre tête à vos ennemis.

— Vous le saviez! s'écria le jeune homme avec violence, et vous avez amené ce misérable avec nous ? nous sommes perdus alors !

— Ecoutez, maître, répondit froidement le Guaranis.

En ce moment, un cri d'agonie traversa l'espace; bien qu'assez éloigné il avait une telle expression d'angoisse et de douleur que le peintre frémit malgré lui et se sentit soudain inondé d'une sueur froide.

— Oh ! s'écria-t-il, c'est le cri d'un homme qu'on assassine. Que se passe-t-il? mon Dieu! Et il fit un mouvement pour s'élancer hors de la barque.

— Arrêtez, maître, dit Tyro, c'est inutile ; les trahisons de Neño ne sont plus désormais à craindre.

— Que voulez-vous dire?

— Je veux dire, maître, que vos Gauchos ont commencé leur service ; vous voyez que cette barque avec l'aide de ces dignes caballeros, que je vois accourir déjà de ce côté.

Le jeune homme se leva sans répondre et quitta la barque en chancelant comme un homme ivre.

— C'est affreux ! murmura-t-il, et pourtant la mort de ce misérable sauve peut-être trois existences.

Il s'enfonça dans la galerie et rejoignit les dames, qui se tenaient tremblantes à côté l'une de l'autre, ne comprenant rien à l'absence prolongée du jeune homme et justement effrayées par le cri de mort dont le lugubre écho était parvenu jusqu'à elles.

La vue du Français les rassura.

— Qu'allons-nous faire maintenant? demanda à voix basse la marquise.

— Dans quelques instants nous le saurons, répondit Emile; il nous faut attendre.

En ce moment le Guaranis parut, suivi de Mataseis.

— J'ai coulé la barque, dit l'Indien, afin de détruire les traces de notre passage. Le frère de ce señor est allé battre l'estrade; venez.

Ils le suivirent.

L'Indien se dirigeait dans les ténèbres avec autant de facilité qu'en plein jour; bientôt les fugitifs furent assez rapprochés pour que le bruit de plusieurs voix arrivât jusqu'à eux.

Tyro imita à deux reprises le cri du hibou. Un profond silence se fit aussitôt dans le souterrain, puis un homme parut, tenant d'une main une lanterne avec laquelle il s'éclairait et de l'autre un pistolet armé.

Cet homme était don Santiago Pincheyras.

— Qui va là? demanda-t-il d'un ton de menace.

— Ami, répondit le peintre.

— Ah! ah! votre expédition a réussi, à ce qu'il paraît? répondit le montonero, en replaçant le pistolet à sa ceinture; tant mieux, je commençais à m'inquiéter de votre longue absence. Venez, venez, tous nos amis sont ici.

Ils entrèrent.

Une dizaine de montoneros se trouvaient en effet dans le souterrain.

Avec une délicatesse qu'on aurait été loin de soupçonner chez un pareil homme, le montonero s'approcha des deux dames que, malgré leur costume, il avait devinées, et, s'inclinant devant elles en même temps qu'il leur présentait des cravates de soie noire:

— Couvrez-vous le visage, mesdames, dit-il respectueusement, mieux vaut qu'aucun de nous ne sache qui vous êtes; plus tard, probablement, vous ne seriez que médiocrement flattées d'être reconnues par un des compagnons que vous donne aujourd'hui la fatalité.

— Merci, señor, vous êtes réellement un caballero, répondit gracieusement la marquise, et sans insister davantage, elle cacha ses traits avec la cravate, ce qui fut aussitôt imité par sa fille.

Cette heureuse idée du montonero sauvait l'incognito des fugitives.

— Quant à nous, continua-t-il en s'adressant au peintre, nous sommes des hommes capables de répondre de nos actes, n'est-ce pas?

— Peu m'importe en effet d'être reconnu, répondit celui-ci, mais qu'attendons-nous pour partir, tout est-il prêt?

— Tout est prêt, j'ai une troupe nombreuse de hardis compagnons blottis comme des guanacos dans le taillis; nous partirons quand vous voudrez.

— Dame! je crois que le plus tôt sera le mieux.

— Partons donc, alors.

— Un instant, señor, j'ai expédié un des engagés de mon maître à la découverte, peut-être serait-il bon d'attendre son retour.

— En effet; cependant, continua-t-il observer Emile, afin de ne pas perdre de temps, il serait bien de sortir d'ici et de monter à cheval; cela permettra au Gaucho de nous rejoindre; aussitôt son arrivée nous nous mettrons en route.

— Parfaitement raisonné; seulement, je suis assez embarrassé en ce moment.

— Pourquoi?

— Dame! pour monter à cheval, il faut en avoir, et je crains que quelques-uns de nous n'en aient pas.

— J'y ai songé, ne vous occupez pas de ce détail; il y a dans le rancho six chevaux que j'y ai fait conduire aujourd'hui même, dit Tyro.

— Oh! alors, rien ne nous arrête plus; laissez-moi jeter un coup d'œil au dehors, je vous avertirai lorsqu'il sera temps de me rejoindre.

Et, après avoir ordonné d'un geste à ses compagnons de le suivre, le montonero disparut dans la galerie.

— Il ne resta plus dans le souterrain que les deux dames, le peintre et le Guaranis.

— Mon bon Tyro, dit alors Emile, je ne sais comment reconnaître votre dévouement; vous n'êtes pas un de ces hommes que l'on paye, cependant, avant de nous séparer, je voudrais vous laisser une preuve de...

— Pardon, maître, interrompit vivement Tyro, si je me permets de vous couper la parole, n'avez-vous pas parlé de nous séparer?

— En effet, mon ami, et croyez que cela me cause un véritable chagrin, mais je n'ai pas le droit de vous condamner à partager plus longtemps ma mauvaise fortune.

— Vous êtes donc mécontent de mes services, maître? s'il en est ainsi, excusez-moi, je tâcherai à l'avenir de mieux comprendre vos intentions afin de les exécuter à votre entière satisfaction.

— Comment! s'écria le jeune homme avec une surprise joyeuse, vous auriez le projet de me suivre malgré la mauvaise situation dans laquelle je me trouve et les dangers de toutes sortes qui m'entourent?

— Ces dangers eux-mêmes seraient une raison de plus pour que je ne vous quittasse pas, maître, répondit-il avec émotion, si déjà je n'étais résolu à ne pas vous abandonner; si peu que je vaille, bien que je ne sois qu'un pauvre indien, cependant il y a certaines circonstances où l'on est heureux de savoir près de soi un cœur dévoué.

— Tyro, dit avec effusion le Français profondément touché de l'affection si simple et si sincère de cet homme, vous êtes mon ami, mon serviteur, vous êtes mon ami; pressez ma main. Quoi qu'il arrive, je n'oublierai jamais ce qui se passe en ce moment entre nous.

— Merci, oh! merci, maître, répondit-il en lui baisant la main; ainsi, vous consentez à ce que je vous accompagne?

— Pardieu! s'écria-t-il, maintenant c'est, entre nous, à la vie et à la mort, nous ne nous quitterons plus.

— Et vous me parlerez comme autrefois?

— Je te parlerai comme tu voudras; es-tu content? reprit-il avec un sourire.

— Merci, encore une fois, maître; oh! soyez tranquille, vous ne vous repentirez jamais de la bonté que vous avez pour moi.

— Je le sais bien; aussi, je suis tranquille, va, et tu n'as que faire d'essayer de me rassurer.

— Venez, dit le montonero en reparaissant, tout est prêt: on n'attend plus que vous; quant aux chevaux...

— Ce soin me regarde, interrompit Tyro.

Ils s'engagèrent alors dans la galerie; les chevaux du jeune homme ne se trouvaient plus dans l'écurie qui leur avait été ménagée, mais il ne s'en inquiéta pas.

Bientôt ils débouchèrent au milieu du taillis où la nuit précédente les Espagnols et les patriotes s'étaient livré un si furieux combat; une nombreuse troupe de cavaliers se tenait immobile et silencieuse devant l'entrée du souterrain.

Le Guaranis avait pris les devants; lorsque le montonero entra dans la clairière, il s'y trouvait déjà avec le Gaucho, chacun tenant plusieurs chevaux en main.

— Voici vos chevaux, señoras, dit-il en s'adressant aux dames, ce sont deux coursiers d'amble fort doux et fort vites.

La marquise le remercia; l'Indien attacha derrière la monture les valises qu'elle lui remit, puis aida la mère et la fille à se mettre en selle.

Emile, le montonero et le Gaucho étaient déjà à cheval.

Deux chevaux restaient encore: un pour Tyro, l'autre pour Sacatripas.

Au moment où le Guaranis mettait le pied à l'étrier, un sifflement aigu se fit entendre dans les buissons.

— Voilà notre éclaireur, dit-il, et il répondit au signal.

En effet, Sacatripas parut presque aussitôt. Le Gaucho semblait avoir fait une course précipitée; sa poitrine haletait, son visage était inondé de sueur.

— Partons! partons! dit-il d'une voix saccadée, si nous ne voulons pas être enfumés comme des loups; avant une demi-heure, ils seront ici.

— Diable, fit le montonero, voilà une mauvaise nouvelle, compagnon?

— Elle est certaine.

— Quelle direction devons-nous suivre?

— Celle des montagnes.

— Tant mieux, c'est celle que je préfère, et élevant la voix: en avant, au nom du diable! cria-t-il, et surtout ne ménageons pas les chevaux.

Les cavaliers appuyèrent les éperons en lâchant la bride et toute la troupe s'élança dans la nuit avec la rapidité d'un ouragan, coupant la plaine en ligne droite, franchissant les ravins et les buissons sans tenir compte des obstacles.

Les deux dames étaient placées entre Emile et le Guaranis qui eux-mêmes étaient flanqués chacun d'un Gaucho. C'était quelque chose d'étrange et de fantastique que la course affolée de cette légion de noirs démons qui fuyaient dans les ténèbres, silencieux et mornes, avec la rapidité irrésistible d'un tourbillon.

La fuite continua ainsi pendant plusieurs heures; les chevaux haletaient, quelques-uns commençaient même à buter.

— Quoi qu'il puisse advenir, il faut s'arrêter une heure, murmura le Pincheyra; sinon, bientôt, nous serons tous démontés.

Tyro l'entendit.

— Atteignez seulement le rancho del Quemado, dit-il.

— À quoi bon, répondit brusquement le montonero, nous en sommes encore à deux lieues au moins, nos chevaux seront fourbus.

— Qu'importe, j'ai préparé un relais.

— Un relais, nous sommes trop nombreux.

— Deux cents chevaux vous attendent.

— Deux cents chevaux! miséricorde! votre maître est donc bien riche?

— Lui? fit en riant l'Indien, il est pauvre comme Job! mais ajouta-t-il avec intention, ses compagnons sont riches, et voilà deux jours que je prépare cette fuite, dans la prévision de ce qui arriverait aujourd'hui.

— Alors, s'écria le montonero avec une animation fébrile, en avant! en avant compagnons, dussent nos chevaux en crever.

La course recommença rapide et fiévreuse. Un peu avant le lever du soleil, on atteignit enfin le rancho; il était temps, les chevaux ne se tenaient plus debout que maintenus par la bride; ils butaient à chaque pas et plusieurs déjà s'étaient abattus pour ne plus se relever.

Leurs maîtres, avec cette insouciante philosophie qui caractérise les Gauchos, après les avoir débarrassés de la selle et s'en être chargés eux-mêmes, les avaient abandonnés et suivaient tant bien que mal la cavalcade en courant.

Le rancho del Quemado n'était, en quelque sorte, qu'un vaste hangar auquel attenait un immense corral rempli de chevaux.

À trois ou quatre lieues en arrière, se dressaient comme une sombre barrière les premiers contre-forts de la Cordillière, dont les cimes neigeuses masquaient l'horizon.

Sur l'ordre de don Santiago, les chevaux fatigués furent abandonnés après qu'on leur eut enlevé la selle, et chaque montonero entra dans le corral, en faisant tournoyer son lazo.

Bientôt chaque cavalier eut lacé le cheval dont il avait besoin et se fut mis en devoir de le harnacher.

Il restait encore quatre-vingts ou cent chevaux dans le corral.

— Nous ne devons pas abandonner ici ces animaux, dit le montonero, nos ennemis s'en serviraient pour nous poursuivre.

— Pardieu! vous êtes un précieux compagnon, répondit joyeusement le montonero, rien n'est plus facile.

L'ordre fut immédiatement donné par lui, et les chevaux de rechange s'éloignèrent bientôt du côté des montagnes, sous l'escorte de quelques cavaliers.

Les chevaux peuvent faire sans se fatiguer de longues traites en liberté; ce mode de relais est généralement adopté en Amérique, où il est presque impossible de se procurer autrement des montures fraîches.

— Maintenant, reprit le montonero, je crois que nous ferons bien de monter à cheval.

— Oui, et de repartir, ajouta Emile en étendant les bras vers la plaine.

Aux premiers rayons du soleil qui faisait étinceler ses armes, on apercevait une nombreuse troupe de cavaliers qui accourait à toute bride.

— Rayo de Dios? s'écria don Santiago, l'éclaireur avait raison, nous étions suivis de près; les démons ont fait diligence, mais maintenant il est trop tard pour eux. Nous ne les craignons plus! En selle tous et en avant! en avant!

On repartit.

Cette fois, la course ne fut pas aussi rapide. Les fugitifs se croyaient certains de ne pas être atteints; l'avance qu'ils avaient obtenue était assez grande, et selon toute probabilité ils arriveraient aux montagnes avant que les patriotes fussent sur eux.

Une fois dans les gorges des Cordillières, ils étaient sauvés.

Cependant la fuite ne laissait pas que d'être fatigante pour les deux dames, qui, accoutumées à toutes les recherches du luxe, ne se soutenaient à cheval qu'à force d'énergie, de volonté, et stimulées surtout par la crainte de retomber aux mains de leurs persécuteurs. Tyro et son maître étaient contraints de se tenir constamment à leurs côtés et de veiller attentivement sur elles; sans cette précaution elles seraient tombées de cheval, non pas tant à cause de la fatigue qu'elles éprouvaient, bien que cette fatigue fût grande, mais parce que le sommeil les accablait et les empêchait, malgré tous leurs efforts, de tenir leurs yeux ouverts et de guider leurs chevaux.

— Mais qui, diable! nous a trahis? s'écria tout à coup don Santiago.

— Je le sais moi, répondit Sacatripas.

— Vous le savez, señor? eh bien, alors vous me ferez le plaisir de me le dire, n'est-ce pas?

— C'est inutile, señor; l'homme qui vous a trahi est mort; seulement il a été tué deux heures trop tard.

— C'est malheureux, en effet; et pourquoi trop tard?

— Parce qu'il avait eu le temps de parler.

— L'on dit beaucoup de choses en deux heures, surtout si l'on n'est pas interrompu. Et vous êtes sûr de cela?

— Parfaitement sûr.

— Enfin, reprit philosophiquement le montonero, nous avons la consolation d'être certains qu'il ne nous parlera plus; c'est toujours cela. Quant aux braves qui nous poursuivent, ajouta-t-il en se retournant, nous ne...

Mais tout à coup s'interrompit en poussant un horrible blasphème et en bondissant sur la selle.

— Qu'avez-vous donc? lui demanda Emile avec inquiétude.

— Ce que j'ai, mil demonios? s'écria-t-il, j'ai que les picaros nous gagnent sur la main, et que, dans une heure, ils nous auront atteints.

— Oh! oh! fit vivement le jeune homme, croyez-vous?

— Dame! voyez vous-même.

Le peintre regarda, le montonero avait dit vrai: la troupe ennemie s'était sensiblement rapprochée.

— Cara! je ne sais ce que je donnerais pour savoir qui sont ces démons.

— Ils font partie de la cuadrilla de don Zeno Cabral; je crois même qu'il se trouve parmi eux.

— Tant mieux, fit rageusement le montonero, j'aurai peut-être ma revanche.

— Comptez-vous combattre ces gens-là?

— Pardieu, pensez-vous que je veuille me laisser fusiller par derrière, comme un chien peureux.

— Je ne dis pas cela, mais il me semble que nous pouvons redoubler de vitesse.

— A quoi bon? ne voyez-vous pas que ces drôles ont avec eux une recua fraîche et qu'ils nous atteindront toujours; mieux vaut les prévenir.

— Les choses étant ainsi, je crois, comme vous, que c'est le plus sage, répondit Emile qui craignait que le montonero supposât qu'il avait peur.

— Bien, répondit don Santiago, vous êtes un homme! Laissez-moi faire.

Puis, sans que personne pût prévoir quelle était son intention, il fit subitement volter son cheval et partit ventre à terre au-devant des patriotes.

— Tyro, dit alors Emile en s'adressant au Guaranis, prenez avec vous les deux frères que vous avez engagés à mon service, et mettez en sûreté la marquise et sa fille.

— Señor, pourquoi nous séparer, demanda la marquise d'un air dolent, ne vaut-il pas mieux que nous demeurions près de vous?

— Pardonnez-moi d'insister pour cette séparation temporaire, madame; j'ai juré de tout tenter pour vous sauver, je veux tenir mon serment.

La marquise, accablée, soit par la lassitude qu'elle éprouvait, soit par le sommeil qui, malgré elle, fermait ses paupières, ne répondit que par un soupir.

— Vous n'abandonnerez ces dames sous aucun prétexte, continua le jeune homme en s'adressant à l'Indien, et s'il m'arrivait malheur pendant le combat, vous continueriez à les servir jusqu'à ce qu'elles n'aient plus besoin de votre protection. Puis-je compter sur vous?

— Comme sur vous-même, maître.

— Partez alors, et que Dieu vous protège.

Sur un signe de l'Indien, les Gauchos prirent par la bride les chevaux des deux dames et, s'élançant à fond de train, ils les lancèrent à leur suite, sans que les fugitives, qui peut-être n'avaient pas complétement conscience de ce qui se passait, essayassent de s'y opposer.

Le peintre, qui tout en galopant les suivait des yeux, les vit bientôt disparaître au milieu d'un épais rideau d'arbres commençant les contreforts des Cordillières.

— Grâce à Dieu, vainqueurs ou vaincus, elles ne tomberont pas aux mains de leurs persécuteurs, dit-il, et j'aurai tenu ma promesse.

Tout à coup, plusieurs détonations éloignées se firent entendre; Emile se retourna, et il aperçut don Santiago qui revenait à toute bride vers sa troupe en brandissant d'un air de défi sa carabine au-dessus de sa tête.

Trois ou quatre cavaliers le poursuivaient chaudement.

Arrivé à une certaine distance, l'Espagnol s'arrêta, épaula sa carabine et lâcha la détente, puis repartit au galop.

Un cavalier tomba; les autres rebroussèrent chemin.

Bientôt l'Espagnol se retrouva au milieu des siens.

— Halte! cria-t-il d'une voix de tonnerre.

La troupe s'arrêta aussitôt.

— Compagnons, loyaux sujets du roi, continua-t-il, j'ai reconnu ces ladrones, ils sont à peine quarante; fuirons-nous plus longtemps devant eux? En avant! et vive le roi!

— En avant! répéta la troupe en s'élançant à sa suite.

Emile chargea avec les autres, d'un air assez maussade, il est vrai; il se souciait aussi peu du roi que de la patrie, et il lui paraissait plus sage de gagner au plus vite; mais, comme au fond, c'était presque sa cause qu'il défendaient ces hommes; que c'était pour le protéger qu'ils combattaient, force lui était de faire contre fortune bon cœur, et de ne pas demeurer en arrière.

Malgré leur petit nombre, les patriotes ne parurent nullement intimidés du retour agressif des Espagnols, et ils continuèrent bravement à s'avancer.

Le choc fut terrible; les deux troupes s'at-

taquèrent résolument à l'arme blanche et se trouvèrent bientôt confondues.

Dans la mêlée, Emile reconnut don Zèno Cabral; il s'élança vers lui, et, frappant du poitrail de son cheval celui de son adversaire, fut gué d'une longue traite, il le renversa.

Sautant immédiatement à terre, le jeune homme appuya le genou sur la poitrine de don Zèno et lui portant la pointe de son sabre à la gorge:

— Rendez-vous, lui dit-il.

— Non, répondit celui-ci.

— A mort! cria don Santiago qui arrivait.

— Faites cesser le combat, répondit Emile en se tournant vers lui, ce cavalier s'est rendu à condition qu'il sera libre de retourner à San Miguel ainsi que ses compagnons.

— Qui vous a autorisé à faire ces conditions; dit le montonero.

— Le service que je vous ai rendu et la promesse que vous m'avez faite.

L'Espagnol réprima un geste de colère.

— C'est bien, répondit-il au bout d'un instant, vous le voulez, soit, mais vous en serez repentirez. En retraite!

Et il partit.

— Vous êtes libre, dit le jeune homme, en tendant à don Zèno la main pour l'aider à se relever.

Celui-ci lui lança un regard farouche.

— Je suis contraint d'accepter votre merci, lui dit-il: mais tout n'est pas fini entre nous, nous nous reverrons.

— Je l'espère, répondit simplement le jeune homme; et, remontant à cheval, il rejoignit ses compagnons déjà assez éloignés.

Deux heures plus tard les Espagnols s'enfonçaient dans les premiers défilés des Cordillières, tandis que les patriotes retournaient au petit pas et assez mécontents du résultat de leur expédition à San Miguel de Tucuman, où ils arrivèrent à la nuit tombante du même jour.

FIN DE LA PREMIÈRE PARTIE.

DEUXIÈME PARTIE

LE MONTONERO

I

El Rincon del Bosquecillo.

On était à la moitié environ de l'été austral, la chaleur, pendant toute la journée avait été étouffante; la poussière, réduite en atomes resque impalpable, avait recouvert les feuilles des arbres d'une épaisse couche d'une teinte grisâtre, qui donnait au paysage, cependant pittoresque et accidenté de la partie du llano de Manso, où recommence notre récit, une apparence triste et désolée, qui heureusement devait disparaître bientôt, grâce à l'abondante rosée de la nuit, dont les eaux, en lavant les arbres et les feuilles, devaient leur rendre leur couleur primitive.]

Le llano n'offrait, jusqu'au point extrême où la vue pouvait s'étendre dans toutes les directions, qu'une suite non interrompue de mamelons élevés, recouverts d'une herbe unâtre et calcinée par les rayons incandents du soleil, et sous laquelle des myriades cigales rouges lançaient à qui mieux eux les notes stridentes de leur chant.

A une distance assez éloignée, sur la droite,

on apercevait un mince filet d'eau, à demi tari, qui se déroulait comme un ruban d'argent forment des détours infinis, bordé par un étroit rideau de lentisques, de goyaviers et de cactus cierges. Seulement sur une accore élevée de cette rivière, nommé le rio Vermejo, et qui est un affluent du Parana, se trouvait un bois touffu, espèce d'oasis, semée par la main toute puissante de Dieu, dans ce désert abrupte et dont les frais et verdoyants ombrages tranchaient en vigueur sur la teinte jaune qui formait le fond du paysage.

Des cygnes noirs se laissaient nonchalamment dériver au courant; tandis que, sur la plage de la rivière, de hideux iguanes se vautraient dans la fange, des volées de perdrix et de tourterelles regagnaient à tire d'aile l'abri des buissons; çà et là bondissaient en se ouant des vigognes et des viscachas, et au plus haut des airs, de grands vautours chauves tournoyaient en larges cercles.

A voir le calme profond qui régnait dans e désert si sauvage apparence, il semblait être demeuré tel qu'il était sorti des mains du Créateur et n'avoir jamais été foulé par un pied humain.

Cependant, il n'en était pas ainsi, le Llano de Manso, dont les dernières plaines atteignent la lisière du *Grand Chaco*, le refuge presque inexpugnable des Indiens bravos, ou de ceux que la cruauté des Espagnols a, après la dispersion des missions fondées par les jésuites, rejeté dans la barbarie, est, en quelque sorte, un territoire neutre, où toutes les peuplades se sont tacitement donné rendez-vous pour chasser; il est incessamment parcouru dans toutes les directions par des guerriers appartenant aux nations les plus ostiles les unes aux autres, mais qui, lorsqu'elles se rencontrent sur ce territoire privilégié, oublient momentanément leur rivalité ou leur haine héréditaire pour ne se souvenir que de l'hospitalité du llano, c'est-à-dire de la franchise que chacun doit y trouver pour chasser ou voyager à sa guise.

Les blancs n'ont que rarement, à de très longs intervales, pénétré dans cette contrée, et toujours avec une certaine appréhension; d'autant plus que les Indiens, sans cesse re ulés par la civilisation, sentant l'importance pour eux de la conservation de ce territoire, en défendent les approches avec un acharnement indicible, torturant et massacrant sans pitié les blancs que la curiosité ou un hasard malheureux conduit dans cette région.

Pourtant, malgré ces difficultés en apparence insurmontables, de hardis explorateurs n'ont pas craint de visiter le llano et de le parcourir à leurs risques et périls dans le but d'enrichir le domaine de la science par des découvertes intéressantes.

C'est à eux que le bois dont nous avons parlé, et qui semble une oasis dans cette mer de sable, doit son nom charmant de Rincon del Bosquecillo, par reconnaissance sans doute de la fraîcheur qu'ils y avaient trouvée et de l'abri qu'il leur avait offert après leurs courses fatigantes à travers le désert.

Le soleil déclinait rapidement à l'horizon en allongeant démesurément l'ombre des rocs, des buissons et des quelques arbres épars çà et là à de longues distances dans le llano. Les panthères commençaient déjà à jeter dans l'espace les notes stridentes et saccadées de leurs sinistres rauquements en se rendant à l'abreuvoir; les jaguars bondissaient hors de leurs tanières avec de sourds appels de colère, en fouettant de leur queue puissante leurs flancs haletants; les manadas de taureaux et de chevaux sauvages fuyaient effarés devant ces sombres rois de la nuit, que les premières heures du soir rendaient les maîtres du désert.

Au moment où le soleil, arrivé jusqu'au niveau de l'horizon, se noyait pour ainsi dire dans des flots de pourpre et d'or, une troupe de cavaliers apparut sur la rive droite du Rio Vermejo, se dirigeant, selon toute probabilité,

vers l'accore dont nous avons parlé, sur le sommet de laquelle se trouvait le bois touffu nommé el Rincon del Bosquecillo.

Ces cavaliers étaient des Indiens guaycurus, reconnaissables à leur élégant costume, au bandeau qui ceignait leur tête et surtout à la grâce sans pareille avec laquelle ils maniaient leurs chevaux, nobles fils du désert, aussi ardents et aussi indomptables que leurs maîtres.

Ils formaient une troupe d'une cinquantaine d'hommes environ, tous armés en guerre et n'ayant aucunes touffes de plumes d'autruche ni banderolles à la pointe de leurs lances; ce qui démontrait qu'ils étaient en expédition sérieuse et non réunis pour une chasse.

Un peu en avant de la troupe s'avançaient deux hommes, des chefs, ainsi que l'indiquait la plume de vautour plantée dans leur bandeau de couleur rouge, et dont l'extérieur formait un complet contraste avec celui de leurs compagnons.

Ils portaient le poncho bariolé, les caleçons de toile écrue, et les bottes fabriquées avec le cuir qui recouvre la jambe du cheval; leurs armes, lasso, bolas, lance et couteaux, étaient les mêmes que celles de leurs compagnons, mais là s'arrêtait la ressemblance.

Le premier était un jeune homme de vingtdeux ans au plus; sa taille était haute, élégante, souple et bien prise, ses mouvements nobles, ses moindres gestes gracieux. Aucune peinture, aucun tatouage ne défigurait ses traits accentués, d'une beauté presque féminine, mais auxquels, chose extraordinaire chez un Indien, une barbe noire, courte et frisée, donnait une expression mâle et décidée; cette barbe, jointe à la blancheur mate de la peau du jeune homme, l'aurait facilement fait passer pour un blanc, s'il avait porté un costume européen. Cependant, hâtons-nous de constater que parmi les Indiens on rencontre souvent des hommes dont la peau est complétement blanche et qui semblent appartenir à la race caucasique; aussi cette singularité n'attire-t-elle en aucune façon l'attention de leurs compatriotes, qui n'y attachent pas d'autre importance que de leur témoigner un plus grand respect, les croyant issus de la race privilégiée des hommes divins qui, les premiers, les réunirent en tribu et leur enseignèrent les premiers éléments de la civilisation.

Le jeune homme dont nous avons en quelques mots esquissé le portrait, était le chef principal des guerriers dont il était en ce moment suivi; il se nommait Gueyma, et, malgré sa jeunesse, il jouissait d'une grande réputation de sagesse et de bravoure dans sa tribu.

Son compagnon, autant qu'il était possible, malgré sa taille droite, ses cheveux noirs comme l'aile du corbeau et son visage exempt de rides, de fixer son âge avec quelque certitude, devait avoir atteint soixante-dix ans; cependant, ainsi que nous l'avons dit, aucun signe de décrépitude ne se faisait voir en lui; son regard brillait de tout le feu de la jeunesse; ses membres étaient souples et vigoureux; ses dents, dont pas une ne manquait, étaient d'une éblouissante blancheur, rendue plus sensible par la teinte foncée de son teint, bien que, de même que l'autre chef, il n'eût ni tatouage ni peinture; mais à défaut de ces marques physiques de vieillesse, l'expression de sévérité répandue sur sa physionomie fine et intelligente, ses gestes emphatiques et la lenteur calculée avec laquelle il laissait tomber de sa bouche les moindres paroles, auraient fait connaître à tout homme habitué à la fréquentation des Indiens, que ce chef était fort âgé et qu'il jouissait parmi les siens d'un grand renom de sagesse et de prudence, tenant plutôt sa place au feu du conseil de la nation qu'à la tête d'une expédition de guerre.

Au centre de la troupe venaient deux hommes qu'à leur couleur et à leurs vêtements il

était facile de reconnaître pour Européens.

Ces hommes, bien qu'ils fussent sans armes, paraissaient être considérés, sinon comme complétement libres, du moins avec certains égards qui prouvaient qu'on ne les regardait pas comme prisonniers.

Quant à eux, c'étaient deux jeunes gens de vingt-cinq à vingt huit ans, recouverts du costume d'officiers brésiliens, aux traits fins et hardis, à la physionomie insouciante et railleuse, qui galopaient au milieu des guerriers indiens sans paraître s'inquiéter aucunement du lieu où on les conduisait, et qui causaient gaiement en échangeant de temps en temps quelques mots d'un ton de bonne humeur avec les guerriers les plus rapprochés d'eux.

Le soleil disparaissait complétement audessous de l'horizon, et une entière obscurité remplaçait presque instantanément la clarté du jour, ainsi qu'il arrive dans tous les pays intertropicaux et qui n'ont pas de crépuscule, au moment où les Indiens gravissaient au galop le sentier à peine tracé qui conduisait au sommet de l'accore et donnait accès dans le bois.

Arrivé au centre d'une clairière du milieu de laquelle sortait une source d'une eau claire et limpide qui, après s'être frayé un chemin tortueux à travers les roches, tombait en éblouissante cascade dans le Rio Vermejo, d'une hauteur de quarante à cinquante pieds, le jeune chef Gueyma arrêta son cheval, sauta de selle et ordonna à ses guerriers d'installer un campement de nuit; son intention était de ne pas aller plus loin ce jour-là.

Ceux-ci obéirent; ils mirent aussitôt pied à terre et s'occupèrent activement à entraver les chevaux, à leur donner la provende, à allumer les feux de veille et à préparer le repas du soir.

Quelques guerriers, au nombre de cinq ou six, avaient seuls conservé leurs armes et s'étaient placés aux abords de la clairière, afin de veiller au salut de leurs compagnons.

Les deux officiers brésiliens, fatigués, sans doute, d'une longue course faite pendant la grande chaleur du jour, avaient, avec un soupir de satisfaction, entendu l'ordre du chef et y avaient obéi avec un empressement qui témoignait du désir qu'ils éprouvaient de prendre un repos dont ils ressentaient l'impérieux besoin.

Vingt minutes plus tard, les feux étaient allumés, un ajoupa construit pour garantir les blancs contre les atteintes de l'abondante rosée du matin, et les guerriers réunis par petits groupes de quatre ou cinq mangeaient de bon appétit les provisions simples placées devant eux et composées, en général, d'ignames cuites sous la cendre, de farine de manioc, de viande sèchée au soleil et rôtie sur les charbons, le tout accompagné de l'eau limpide de la source, breuvage sain et fortifiant, mais nullement susceptible de monter à la tête des convives et de leur échauffer le cerveau.

Les chefs avaient fait prier, par un guerrier, les officiers brésiliens de prendre part à leur repas, courtoise invitation que ceux-ci avaient acceptée avec d'autant plus de plaisir que, à part les gourdes pleines d'eau-de-vie de canne qu'ils portaient à l'arçon de leurs selles, ils manquaient complétement de vivres et s'étaient un moment crus condamnés à un jeûne forcé; perspective d'autant plus désagréable pour eux qu'ils mouraient littéralement de faim, n'ayant pas eu l'occasion, depuis la veille au soir, de prendre d'autre rafraîchissement qu'un peu d'eau-de-vie coupée avec de l'eau, régime plus qu'insuffisant pour des estomacs de vingt ans, mais auquel ils s'étaient résolument astreints, plutôt que de laisser voir leur détresse aux Indiens au milieu desquels ils se trouvaient accidentellement. Heureusement pour eux, les chefs guaycurus s'étaient aperçus de cette absti-

Paris. — Imp. SCHILLER, 10, Faub.-Montmartre.

nence forcée et y avaient gracieusement mis un terme en engageant les jeunes gens à souper avec eux; procédé qui avait le double avantage de sauvegarder l'orgueil des officiers et de rompre la glace entre eux et les Indiens.

Cependant, ainsi que cela arrive toujours entre personnes qui ne se connaissent point ou du moins se connaissent peu, les premiers instants furent assez froids entre ces quatre convives si différents d'allures et de caractère.

Les officiers, après un cérémonieux salut auquel les chefs avaient répondu d'une façon tout aussi guindée, s'étaient assis sur l'herbe et avaient attaqué les vivres placés devant eux, d'abord avec une certaine retenue strictement commandée par les convenances, mais bientôt ils s'étaient laissé aller aux exigences impérieuses de leur appétit et s'étaient mis résolument en devoir de le satisfaire.

— Epoï, dit le vieux chef avec un sourire de bonne humeur, je suis heureux, señores, de vous voir fêter si bien un aussi maigre repas.

— Ma foi! répondit en riant un des officiers, maigre ou non, chef, il arrive trop à point pour que nous le dédaignions.

— Hum, fit le second, voilà juste vingt-quatre heures que nous n'avons mangé, ce qui commence à être assez long.

— Pourquoi ne pas nous l'avoir dit tout d'abord? reprit le chef, nous aurions immédiatement donné des ordres pour qu'on vous fournît les vivres nécessaires.

— Mille fois merci de votre obligeance, chef, mais il ne convenait ni à notre dignité ni à notre caractère de vous adresser une pareille demande.

— Les blancs ont de singulières délicatesses, murmura Gueyma, se parlent plutôt à lui-même qu'adressant la parole aux officiers.

Cependant ils entendirent cette observation, à laquelle l'un d'eux se chargea de répondre.

— Cela n'est pas une question de délicatesse, chef, mais un sentiment inné de convenance chez des hommes, qui non-seulement se respectent eux-mêmes, mais respectent encore en eux les personnes qu'ils sont chargés de représenter.

— Vous nous excuserez, señor, reprit Gueyma; nous autres Indiens, presque sauvages, ainsi que vous nous nommez, nous ne connaissons rien à ces subtiles distinctions qu'il vous plaît d'établir, la vie du désert n'enseigne pas de telles choses.

— Et nous n'en sommes peut-être pas plus heureux pour cela, ajouta le vieux chef.

— C'est possible, répondit l'officier; je ne discuterai pas avec vous sur un point aussi futile; laissons donc ce sujet et permettez-moi de vous offrir une gorgée d'aguardiente.

Et après avoir débouché sa gourde, il la présenta au chef.

Celui-ci, tout en repoussant la gourde de l'officier, jeta un regard d'étonnement sur l'officier.

— Vous me refusez, demanda celui-ci; pour quel motif, chef? n'ai-je pas accepté, moi, de que vous m'avez offert?

L'Indien secoua la tête à plusieurs reprises.

— Mon fils n'a pas l'habitude de fréquenter les Guaycurus, dit-il.

— Pourquoi cette question, chef?

— Parce que, répondit-il, s'il en était autrement, le jeune chef pâle saurait que les guerriers guaycurus ne boivent jamais cette boisson que les blancs nomment eau ardente et qui les rend fous; l'eau des sources que le grand Esprit Macunhan a semée à profusion dans le désert, suffit pour calmer leur soif.

— Excusez mon ignorance, chef, je n'avais nullement l'intention de vous blesser.

— Là où il n'y a pas d'intention, que dit le jeune chef pâle, répondit en souriant le vieux chef, l'injure ne saurait exister.

— Bien parlé, mon maître, reprit gaiement

le jeune homme; j'aurais été peiné qu'une action inconsidérée de ma part eût troublé la bonne intelligence qui doit régner entre nous, d'autant plus que je désire vous adresser différentes questions, si toutefois vous n'y trouvez pas d'inconvénient.

Le repas était terminé. Les deux chefs avaient roulé du tabac dans des feuilles de palmier et fumaient; les officiers, eux, avaient tout simplement allumé des cigares.

— Quelles sont les questions que le visage pâle désire m'adresser? répondit l'Indien.

— D'abord, permettez-moi de vous faire observer que, depuis que le hasard m'a conduit devant vous, je suis en proie à un continuel étonnement.

— Epoï! fit en souriant le chef. En vérité?

— Ma foi, oui. Jamais je n'avais vu d'Indien. Là-bas, à Rio Janeiro, quand on me parlait des Peaux Rouges, on me les représentait comme des hommes entièrement sauvages, fémmes, perfides, croupis dans la plus horrible barbarie. Je m'étais donc fait des Indiens une idée qui, d'après ce que je vois à présent, était des plus erronées.

— Eh eh! éhah! et que voit donc le visage pâle?

— Dame, je vois des hommes, braves, intelligents, jouissant d'une civilisation différente de la nôtre, il est vrai, mais qui, en fait, n'en est pas moins une; des chefs comme vous et votre compagnon, par exemple, parlant aussi bien que moi la langue portugaise, et qui, en toute circonstance, agissent avec une prudence, une sagesse et une circonspection que souvent j'ai regretté de ne pas rencontrer chez mes compatriotes. Voilà ce que j'ai vu chez vous, jusqu'à présent, chef, sans compter le blancheur du teint de votre compagnon, qui, vous en conviendrez, jointe à l'arrangement de ses traits et à l'expression de sa physionomie, lui donne plutôt l'apparence d'un Européen que d'un guerrier indien.

Les deux chefs sourient en échangeant un regard à la dérobée, et le plus âgé reprit, avec une expression de fierté dans la voix.

— Les Guaycurus sont les descendants des grands Tupinambas, les anciens possesseurs du Brésil, avant que les blancs les aient dépouillés de leurs terres; ils sont nommés par les visages pâles eux-mêmes Cavalheiros; les Guaycurus sont les maîtres du désert, qui oserait leur résister? Lorsque beaucoup d'hivers auront blanchi les cheveux de mon fils et qu'il aura vu d'autres nations indiennes, il reconnaîtra la différence immense qui existe entre les nobles Guaycurus et les misérables sauvages épars çà et là dans les llanos.

Le jeune officier s'inclina affirmativement.

— Ainsi, répondit-il, les Guaycurus sont les plus civilisés d'entre les Indiens?

— Les seuls, répondit le chef avec hauteur; le grand Esprit les aime et les protège.

— Je l'admets, chef; cependant cela ne me dit pas d'où provient la perfection avec laquelle vous parlez notre langue, perfection que vos guerriers sont loin d'atteindre, car c'est à peine s'ils me comprennent lorsque je leur adresse la parole.

— Le Couguar a vécu de longues années, répondit-il, la neige de bien des hivers a pur sur sa tête depuis que tout petit enfant il a vu le jour pour la première fois; le Couguar était un guerrier déjà, que le visage pâle n'avait pas encore échappé faible et nu au sein de sa mère. A cette époque, le chef a visité les grands villages des blancs; pendant plusieurs lunes même il a vécu parmi eux comme s'il eût fait partie de leur famille; aussi, il les aime, bien qu'ils les aient quittés pour toujours, afin de rejoindre sa nation; les blancs ont enseigné leur langue au Couguar. Mon fils a-t-il d'autres questions à m'adresser?

— Non, chef, et je vous remercie sincèrement de la façon franche et loyale dont il vous a plu de me répondre; je suis d'autant

plus heureux de la sympathie que, dites-vous, vous éprouvez pour mes compatriotes, que dans les circonstances où nous nous trouvons, cette sympathie ne peut que nous être fort utile pour terminer à la satisfaction générale l'affaire que nous avons à traiter.

— Je désire qu'il en soit ainsi.

— Et moi aussi, de tout mon cœur; sommes-nous encore bien éloignés de l'endroit où l'entrevue doit avoir lieu? Je vous avoue, que j'ai hâte que l'alliance proposée soit conclue entre nous.

— Alors, que mon fils se réjouisse, car nous sommes arrivés à l'endroit assigné par les capitaos guaycurus aux chefs des visages pâles, et l'entrevue dont il parle aura lieu, selon toutes probabilités, demain même, deux ou trois heures au plus après le lever du soleil.

— C'est ici.

— Dieu soit loué! car le général ne tardera pas à s'y rendre de son côté comme nous y sommes venus du nôtre; et maintenant, chef, agréez encore une fois mes remerciements. Je vais, avec votre permission, prendre quelques heures d'un repos dont j'éprouve un besoin réel après les fatigues de la journée qui vient de finir.

— Que mes fils dorment : le sommeil est bon pour les jeunes gens, répondit le chef avec un bienveillant sourire.

Les officiers se retirèrent aussitôt dans la jointa préparée pour eux, et ne tardèrent pas à s'endormir.

Les deux chefs restèrent seuls en face l'un de l'autre.

Les guerriers guaycurus, étendus devant les feux, dormaient enveloppés dans leurs ponchos.

Seules, les sentinelles étaient éveillées et demeuraient immobiles comme des statues de bronze florentin; les yeux fixés dans l'espace et les oreilles ouvertes au moindre bruit.

Un calme complet régnait dans le désert, la nuit était tiède, claire et étoilée.

Le Couguar considéra un instant son compagnon d'un air pensif, puis, prenant la parole à voix basse, après avoir jeté un regard investigateur autour de lui :

— A quoi songe Gueyma en ce moment, dit-il d'une voix basse, avec un accent de tendre affection, cause-t-il intérieurement avec son cœur? sa pensée évoque-t-elle le souvenir charmant d'Œil-de-Colombe, la vierge aux yeux d'azur, ou bien son esprit est-il préoccupé par la réunion qui demain doit avoir lieu.

Le jeune homme tressaillit, releva la tête, et, fixant un regard incertain, dans lequel passa un éclair, sur le vieux chef qui le regardait avec tristesse :

— Non, répondit-il d'une voix basse et entrecoupée par une émotion intérieure, mon père n'a pas vu clair dans le cœur de son fils; le souvenir d'Œil-de-Colombe est toujours présent à la pensée de Gueyma : il n'a pas besoin d'être évoqué pour apparaître radieux; peu importe au jeune chef le résultat du conseil de demain, son esprit est ailleurs, il erre à l'aventure sur le sommet des nuages chassés par le vent à la recherche de son père.

Le visage du vieux chef s'assombrit soudainement à ces paroles; ses sourcils se froncèrent, et ce fut avec une certaine émotion dans la voix qu'il répondit, au bout d'un instant :

— Cette pensée tourmente toujours mon fils?

— Toujours! fit le jeune homme avec une certaine animation; jusqu'à ce que le Couguar ait rempli sa promesse.

— Quelle est cette promesse que me rappelle mon fils?

— Celle de me dire le nom de mon père; comment, enfant, je ne l'ai jamais vu auprès de moi, et pourquoi les guerriers de ma na-

10

tion détournent le tête avec tristesse, lorsque je leur demande pourquoi, depuis si longtemps, il est parti du milieu de nous.

— Oui, c'est vrai, répondit le Cougouar, j'ai fait cette promesse à mon fils; mais, lui, en retour, il m'en a fait une autre, ne se la rappelle-t-il pas?

— Si, que mon père me pardonne, je me la rappelle; mais mon père est bon, il sera indulgent pour un jeune homme et excusera une impatience qui ne provient que de son amour filial.

— Mon fils est non-seulement un des guerriers les plus redoutables de sa nation, mais il en est encore un des chefs les plus renommés; il doit à tous l'exemple de la patience. Une lune ne s'écoulera pas sans que je lui révèle le secret qu'il a si grande hâte d'apprendre; jusque-là, qu'il continue à se laisser guider par l'homme qui s'est dévoué à lui et dont la seule pensée est de le voir heureux un jour.

Après avoir prononcé ces paroles d'une voix sévère mélangée d'affection, le vieux chef s'enveloppa dans son poncho, s'étendit sur le sol et ferma les yeux.

Gueyma le considéra un instant avec une impression indéfinissable mêlée de colère, de respect et d'abattement, puis il poussa un profond soupir, laissa retomber sa tête sur la poitrine et se plongea dans d'amères réflexions; enfin, vaincu par le sommeil, il s'étendit auprès de son compagnon, et bientôt dans le camp indien il n'y eut plus d'éveillé que les sentinelles.

-II-

Le Traité.

La nuit fut tranquille, rien n'en troubla la sérénité calme et majestueuse.

Les sentinelles veillèrent avec une attention scrupuleuse, peu habituelle parmi les Indiens, sur le repos de leurs compagnons.

Vers quatre heures et demie du matin, les ténèbres commencèrent peu à peu à pâlir devant les lueurs fugitives encore, des premiers rayons du jour; le ciel se nuança de larges bandes de couleurs changeantes qui se fondirent enfin dans des tons d'un rouge vif et enflammé, s'élevant au-dessus de l'horizon comme s'il fût sorti du sein d'une fournaise, illuminant subitement le ciel de ses resplendissants rayons qui ressemblaient à des flèches de feu.

Les premières heures matinales sont les plus douces et les plus magnifiques de la journée au désert.

La nature en s'éveillant calme fraîche et reposée, semble, pendant les ténèbres, avoir repris toutes ses forces; les feuilles plus vertes sont perlées de rosée, un léger et transparent brouillard s'élève de terre en vapeur incessamment pompée par le soleil, une fraîche brise ride la surface argentée des fleuves et des lacs, agite les branches des arbres et imprime un frémissement mystérieux aux hautes herbes du milieu desquelles s'élèvent à chaque instant les têtes effarées des taureaux, des chevaux sauvages, des daims ou des gazelles, tandis que les oiseaux, battant joyeusement des ailes, font leur toilette matinale ou s'envolent de çà et de là avec des cris et des gazouillements de plaisir.

Les Indiens ne sont pas dormeurs, en général, aussi, à peine le soleil apparut-il au niveau de l'horizon, que tous s'éveillèrent et procédèrent aux soins de leurs toilettes et à leurs ablutions de chaque jour; car les Guaycurus, contrairement aux autres peuplades américaines, parmi leurs nombreuses qualités, comptent celle d'être d'une propreté rigoureuse et même d'une certaine coquet-

terie dans l'arrangement de leurs pittoresques vêtements.

À la voix du Cougouar, ils se réunirent en demi-cercle les yeux tournés vers le soleil levant, s'agenouillèrent pieusement sur le sol et adressèrent une fervente prière à l'astre radieux du jour, non pas qu'ils le considèrent positivement comme un dieu, mais parce qu'il est dans leur croyance le représentant visible de l'invisible divinité et le grand dispensateur de ses bienfaits.

Nous avons remarqué avec étonnement cette espèce de culte rendu au soleil dans toutes les contrées de l'Amérique, tant du sud que du nord, et qui, bien que variée par la forme, est partout, quant au fond, la même dans toutes les nations indigènes; d'ailleurs, cette religion naturelle doit être admise plus facilement par des races primitives, qui rendent ainsi hommage à ce qui frappe plus fortement leurs yeux et leurs sens.

Ce pieux devoir accompli, les guerriers se relevèrent, et se partagèrent immédiatement les travaux du camp.

Les uns conduisirent les chevaux à l'abreuvoir, d'autres les bouchonnèrent avec soin, quelques-uns allèrent couper du bois, afin de raviver les feux à demi éteints, tandis que cinq ou six guerriers d'élite, sautant à poil sur leurs chevaux, s'élancèrent dans la savane, afin de se procurer en chassant les vivres nécessaires à leur déjeuner et à celui de leurs compagnons.

Enfin, au bout de quelques instants, le camp offrit le tableau le plus animé, car autant les Indiens sont mous et insouciants lorsqu'ils campent leurs femmes, auxquelles ils abandonnent tous les travaux domestiques sont avec eux, autant ils sont vifs et alertes dans leurs expéditions de guerre, pendant lesquelles ils ne peuvent réclamer leur assistance et sont ainsi contraints de se satisfaire à eux-mêmes.

Les officiers brésiliens, réveillés par le bruit et le mouvement qui se faisait autour d'eux, sortirent de l'ajoupa sous lequel ils avaient passé la nuit, et allèrent galement se mêler aux groupes des Indiens, ayant, eux aussi, à panser leurs chevaux et à s'assurer qu'il ne leur était rien arrivé pendant leur sommeil.

Les Guaycurus les reçurent de la façon la plus cordiale, riant et causant avec eux, poussant même l'affabilité jusqu'à s'informer s'ils avaient bien dormi sur leur lit de feuilles et s'ils se sentaient complétement remis des fatigues du jour précédent.

Bientôt tout fut en ordre dans le camp, les chevaux ramenés de l'abreuvoir furent attachés de nouveau aux piquets devant une bonne provision de fraîche, les chasseurs revinrent chargés de gibier et le repas du matin préparé en toute hâte fut au bout de quelques instants servi aux convives sur de grandes feuilles de bananier et de palmier en guise d'assiettes et de plats.

Aussitôt après le déjeuner, le Cougouar après avoir pendant quelques minutes conversé avec Gueyma, qui, bien que le principal chef du détachement semblait n'agir que d'après ses conseils, expédia plusieurs batteurs d'estrade dans des directions différentes.

— Vos amis tardent à arriver, dit-il aux officiers brésiliens, peut-être leur est-il survenu certains empêchements, ces hommes sont chargés de s'assurer de l'état des choses et de nous annoncer leur approche.

Les officiers s'inclinèrent en signe d'assentiment, ils n'avaient rien à répondre à cette observation, d'autant plus qu'ils prenaient eux-mêmes à s'inquiéter du retard des personnes attendues.

Plusieurs heures s'écoulèrent ainsi; les guerriers guaycurus causaient entre eux, fumaient ou pêchaient sur le bord du Vermejo, mais aucun Indien ne s'était éloigné du camp au milieu duquel s'élevait comme une bannière la longue lance de Gueyma, plantée dans le sol et faisant flotter à son extrémité une banderole blanche faite avec un mou-

choir emprunté aux officiers.

Vers onze heures du matin, les sentinelles signalèrent l'apparition de deux troupes venant de deux côtés opposés, mais se dirigeant vers le camp.

Les chefs guaycurus lancèrent deux guerriers vers ces troupes.

Ceux-ci revinrent au bout de dix minutes à peine.

Ils avaient reconnu les étrangers. Les premiers étaient des *Macobis*, les seconds des *Frentones*.

Mais, presque aussitôt apparut une troisième troupe, puis une quatrième, une cinquième et enfin une sixième.

Des éclaireurs furent immédiatement lancés à leur rencontre, et ils ne tardèrent pas à revenir, en annonçant que c'étaient des détachements de *Chiriguanos*, de *Langoas*, d'*Abipones*, et enfin de *Payagoas*.

— Epoi, répondait le Cougouar à chaque annonce qui lui était faite, les guerriers camperont au pied de la colline, les chefs monteront près de nous.

Les éclaireurs repartaient alors ventre à terre et allaient communiquer aux capitaos des différents détachements les ordres de leur chef.

Arrivés à une certaine distance de l'accore au sommet de laquelle le camp des Guaycurus était établi, les détachements indiens s'arrêtèrent, poussèrent leur cri de guerre d'une voix retentissante et, après avoir exécuté certaines évolutions en faisant caracoler leurs chevaux, ils allèrent s'établir aux points qui leur avaient été désignés.

Les chefs de ces détachements suivis chacun de deux guerriers plus particulièrement affectés au service de leur personne, gravirent au galop la colline et pénétrèrent dans le camp où ils furent reçus de la façon la plus cordiale par les chefs guaycurus qui étaient montés à cheval et avaient fait quelques pas au-devant d'eux.

Après un échange assez long de politesses où furent strictement remplies toutes les minutieuses exigences de l'étiquette indienne, les chefs se dirigèrent ensemble vers le feu du conseil où tous ils s'assirent sans distinction de places ou de rang.

Il se fit alors un grand silence dans l'assemblée. Les esclaves donnèrent à chacun du tabac enroulé dans des feuilles de palmier et firent circuler le maté que les chefs humèrent lentement et religieusement selon la coutume.

Lorsque le maté eut passé de main en main, que la dernière bouffée de fumée fut exhalée des rouleaux de tabac, Gueyma fit un geste de la main pour réclamer l'attention des assistants et prit la parole:

— Capitaos des chefs de la puissante et invincible nation des Gueyma, dit-il, je suis heureux de vous voir ici et de l'empressement que vous avez mis à vous rendre à l'invitation des membres du conseil suprême de notre nation. Le motif de cette convocation extraordinaire est extrêmement sérieux; bientôt vous l'apprendrez; il ne m'appartient pas, et je manquerais à mes devoirs de fidèle allié, si j'essayais, en cette circonstance, d'influencer vos déterminations ultérieures, que vos intérêts bien entendus doivent seuls motiver. Qu'il vous suffise, quant à présent, de savoir que vos amis les Guaycurus ont cru devoir agir en cette affaire qu'avec votre assentiment et l'appui de vos lumières.

Un chef payagoa, guerrier âgé déjà, et d'un aspect respectable, s'inclina et répondit:

— Capitao des Guaycurus, bien que, tout jeune encore, vous réunissez en vous la prudente circonspection de l'agouti, jointe au bouillant courage du jaguar; les paroles que souffle votre poitrine vous sont inspirées par le grand Esprit. C'est lui qui parle par vos lèvres. Au nom des capitaos ici présents, je vous remercie de la latitude que vous nous donnez, en nous laissant la liberté entière de nos déterminations. Nous saurons, soyez-en convaincu, distinguer le vrai du faux dans cette affaire, que nous ignorons encore, et nous inspirant de votre sagesse, la terminer selon les lois de la plus entière justice; tout en nous conformant aux intérêts des nations dont nous sommes les représentants.

Les autres chefs s'inclinèrent alors, et chacun à son tour, la main posée sur le cœur, prononça ces paroles:

— Emavidi-Chaïmé, le grand capitao des Payagoas, a parlé comme un homme prudent, la sagesse est en lui.

En ce moment, une des sentinelles signala l'approche d'une troupe nombreuse, révélée par un épais nuage de poussière qui s'élevait à l'horizon.

— Voilà ceux avec lesquels nous conférerons bientôt, dit Gueyma; à cheval, frères, etallons au-devant d'eux, afin de leur faire honneur, car ils viennent en amis, ce qui leur a permis de franchir sains et saufs nos frontières.

Les capitaos se levèrent aussitôt et montèrent sur les chevaux que leurs esclaves tenaient en main derrière eux.

Gueyma et le Cougouar se mirent à leur tête, et la troupe, composée d'une quinzaine de chefs, tous cavaliers d'élite et guerriers renommés dans leurs tribus, roula comme un ouragan du haut en bas de la colline et s'élança à toute bride dans la plaine, en soulevant sur son passage des flots épais d'une poussière grisâtre, réduite en atomes presque impalpables, au milieu de laquelle elle ne tarda pas à disparaître complètement aux regards.

Cependant, les nouveaux venus s'approchaient rapidement, bien qu'avec une certaine circonspection, commandée du reste par les lois de la plus stricte prudence.

Cette troupe fort peu nombreuse ne se composait que de dix cavaliers dont deux étaient Indiens et semblaient servir de guide à ceux qui marchaient à leur suite.

Ceux-ci étaient des blancs, des Brésiliens, ainsi qu'il était facile de le reconnaître à leur costume.

Celui qui marchait en tête de la petite troupe était un homme d'une cinquantaine d'années environ, aux traits fiers et hautains, aux manières nobles et élégantes, il portait le riche uniforme tout brodé d'or de général. Bien qu'il se fût droit et ferme sur son cheval et que son œil noir bien ouvert semblât briller de tout le feu de la jeunesse, cependant ses cheveux grisonnants et les rides profondément creusées de son front, ajoutés à l'expression soucieuse et pensive de sa physionomie, témoignaient d'une existence fortement éprouvée, soit par les passions, soit par les hasards d'une vie passée tout entière à faire la guerre.

Le cavalier qui se tenait à ses côtés portait le costume de capitaine et les insignes d'aide de camp; c'était un jeune homme de vingt-trois à vingt-quatre ans, à l'œil fier et aux traits nobles et réguliers; son visage respirait la bravoure; une expression d'insouciance railleuse répandue sur sa physionomie lui donnait un cachet d'étrangeté et de confiance narquoise indicible.

Les six autres cavaliers étaient des soldats revêtus du costume de soldaos da Conquista; l'un d'eux portait les insignes de sous-officier.

Quant aux Indiens qui, selon toute probabilité, servaient de guides à la troupe, ils ne portaient aucune arme apparente, mais à leurs vêtements et à la plume plantée dans le bandeau d'un rouge vif qui ceignait leur front il était facile de les reconnaître pour des chefs guaycurus.

Tous deux guerriers d'un certain âge, à l'apparence sombre et réservée, ils galopaient silencieusement, côte à côte, les yeux opiniâtrément fixés en avant, et ne paraissaient nullement s'occuper des Brésiliens qui venaient à quelques pas derrière eux.

Tout en marchant, les deux officiers causaient avec une liberté qui, vu la différence des grades, témoignait d'une certaine intimité entre eux, ou du moins d'assez longs rapports.

— Nous voici donc arrivés enfin au Bosquecillo, dit le capitaine en promenant un regard curieux autour de lui, et cette rivière est le Rio-Vermejo qu'il nous a fallu deux fois déjà traverser. Ma foi! sauf le respect que je vous dois, mon général, je suis heureux d'avoir vu enfin ce territoire mystérieux que ces brutes d'Indiens surveillent avec une si jalouse méfiance.

— Chut! don Paulo, répondit le général en posant un doigt sur ses lèvres, ne parlez pas aussi haut, nos guides pourraient vous entendre.

— Bah! le croyez-vous, général, à cette distance.

— Je connais l'acuité d'ouïe de ces drôles, mon cher don Paulo, croyez-moi, soyez prudent.

— Je suivrai vos avis, général, d'autant plus que, d'après ce que vous m'avez dit déjà, vous avez été en rapport avec les Indiens.

— Oui, répondit le général avec un soupir étouffé, j'ai eu affaire à eux dans une circonstance terrible, et, bien que de longues années se soient écoulées depuis cette époque, le souvenir en est toujours présent à ma pensée. Mais laissons cela, et parlons du motif qui aujourd'hui nous amène dans ces parages; je ne vous cache pas, mon ami, que si honorable que soit la mission qui m'a été confiée par le gouvernement, je la considère comme extrêmement difficile et ne présentant que fort peu de chances de succès.

— Est-ce réellement votre avis, général?

— Certes, je ne voudrais pas faire de diplomatie avec vous.

— Redouteriez-vous une trahison de la part des Indiens?

— Qui sait? Cependant, d'après ce que je connais des mœurs de la nation avec laquelle nous avons spécialement affaire, je crois être assuré que tout se passera loyalement.

— Hum! Savez-vous, général, que nous serions-dans une position terrible, si la fantaisie prenait aux Indiens de violer le droit des gens? Car, pardonnez-moi, général, de vous dire cela, mais il me semble que s'il prenait fantaisie à nos deux guides de nous planter là, rien ne leur serait plus facile, et alors quels otages, eux partis, nous répondraient de la vie de nos compagnons?

— Ce que vous dites est fort juste; malheureusement, il ne m'a pas été possible de prendre d'autres mesures; j'ai dû, dans l'intérêt même de nos compagnons, laisser ces Indiens libres et les traiter honorablement; leur caractère est fort ombrageux, ils ne pardonnent pas ce qu'ils croient être une insulte; d'ailleurs, une chose me rassure; c'est que s'ils avaient eu l'intention de nous trahir, ils n'auraient pas attendu jusqu'à ce moment pour le faire, et, depuis longtemps déjà, ils nous auraient abandonnés.

— C'est vrai, d'autant plus que, si je ne me trompe, nous voici au rendez-vous.

— Ou du moins, nous y arriverons avant une demi-heure.

— Nos guides ont sans doute aperçu quelque chose de nouveau, général, car les voici qui s'arrêtent en se tournant de notre côté, comme s'ils avaient une communication à vous faire.

— Rejoignons-les donc au plus tôt, répondit le général en faisant sentir l'éperon à son cheval, qui partit au galop.

Les deux Indiens s'étaient effectivement arrêtés pour attendre les Brésiliens; lorsque le général les eut atteints, il rangea son cheval auprès des leurs, et, leur adressant aussitôt la parole:

— Eh bien, capitaos, leur dit-il, d'une voix enjouée, que se passe-t-il donc, que vous vous arrêtez ainsi court au milieu du sentier?

— Mon frère et moi nous nous sommes arrêtés, répondit sentencieusement le plus âgé des deux chefs, parce que les capitaos viennent au-devant des visages pâles, afin d leur rendre les honneurs qui leur sont dus à cause de leur qualité d'ambassadeur.

— Nous sommes donc effectivement bientôt arrivés?

— Regardez, reprit le chef en étendant le bras vers la colline éloignée tout au plus d'un mille de l'endroit où il se trouvait.

— Ah! ah! ainsi je ne m'étais pas trompé, cette colline est bien le Rincon del Bosquecillo.

— C'est le nom qu lui donnent les visages pâles.

— Fort bien; je suis charmé de le savoir avec certitude. Vous dites donc, chef, que les capitaos viennent au-devant de nous?

— Voyez cette poussière, reprit l'Indien, elle est soulevée par les pieds pressés des chevaux des capitaos.

— S'il en est ainsi, je vous serai obligé, capitao, de m'informer de ce que je dois faire?

— Rien; attendre et répondre à l'accueil amical des capitaos quand ils arriveront.

— C'est ce que je ferai avec plaisir. Je profite même de l'occasion qui se présente de vous remercier personnellement, capitao, de la loyauté avec laquelle votre compagnon et vous, vous nous avez guidés jusqu'ici.

— Nous avons accompli notre devoir; le chef pâle ne nous doit aucun remerciement.

— Cependant, capitao, l'honneur me fait une loi de constater la loyauté avec laquelle vous vous êtes acquittés de ce devoir.

— Tarou-Niom et son frère I-me-oh-eh sont des capitaos guaycurus; la trahison leur est inconnue.

Au premier nom prononcé par le chef indien, le général avait imperceptiblement tressailli et ses noirs sourcils s'étaient froncés pendant une seconde.

— Le nom de mon père est Tarou-Niom? demanda-t-il, comme s'il eût voulu acquérir une certitude.

— Oui, répondit laconiquement l'Indien, et il ajouta au bout d'un instant, voilà les capitaos.

En effet, presque aussitôt les hautes herbes s'ouvrirent refoulées sous l'effort puissant de plusieurs chevaux, et les Indiens parurent.

— Les visages pâles sont les bienvenus sur les territoires de chasse des Guaycurus, dit Gueyma, après s'être gracieusement incliné devant le général; les guerriers de ma nation et des nations alliées sont heureux de les voir parmi eux.

— Je remercie le capitao de ces bonnes paroles, répondit le général, et surtout de la distinction dont m'honorent les confédérés en venant ainsi au-devant de moi; je suis prêt à suivre les capitaos dans le lieu où il leur plaira de me conduire.

Après quelques autres lieux communs de politesse, les deux troupes, confondues en une seule, reprirent la direction de la colline.

Quelques minutes plus tard, les officiers brésiliens, escortés des chefs indiens, atteignirent le sommet de la colline, où ils furent reçus avec les marques de la joie la plus vive par leurs deux compatriotes.

Aussitôt arrivés au camp, Gueyma arrêta son cheval, et, posant la main droite sur un des deux officiers qui s'étaient avancés au-devant des arrivants, il se tourna vers le général.

— Voici les deux otages confiés par les visages pâles aux capitaos guaycurus; ces hommes ont été par nous traités comme des frères.

— En effet, répondit immédiatement un des deux officiers, nous n'avons qu'à nous louer des procédés dont on a usé envers nous et des attentions dons nous avons été l'objet, nous nous hâtons de le constater.

— Je crois, dit le général, que les deux capitaos guaycurus confiés à notre garde, pour répondre de la sûreté de nos otages, n'ont pas eu à se plaindre de la façon dont ils ont été traités par nous.

— Les visages pâles ont agi loyalement envers les guerriers guaycurus, répondit Tarou-Niom en s'inclinant devant le général.

Après ces quelques paroles, les Brésiliens furent conduits cérémonieusement devant le feu du conseil, où un arbre renversé avait été préparé pour leur servir de siège.

Le général prit place, ayant ses officiers à ses côtés, tandis que les soldats se rangeaient silencieusement en arrière.

Les chefs guaycurus et les capitaos des autres nations confédérées s'accroupirent sur les talons à la mode indienne, en face des blancs, dont ils n'étaient séparés que par le feu. Le tabac roulé et les cigares furent allumés; puis le maté fut présenté aux Brésiliens, et le conseil commença

—Nous prions, dit Gueyma, le grand capitao des visages pâles de répéter ainsi, que cela a été convenu devant les capitaos des nations confédérées, les propositions qu'il nous a adressées, le troisième soleil de la lune de la folle-avoine, au Salto-Grande où nous nous étions rendus sur sa prière; ces propositions communiquées par nous aux capitaos confédérés ont, je dois le constater, été bien reçues par eux; cependant, avant de s'engager définitivement et de contracter une alliance offensive avec les visages pâles ici présents contre d'autres hommes de la même couleur, les capitaos veulent être assurés que ces conditions seront strictement et loyalement exécutées par les blancs et que les guerriers rouges n'auront pas à se repentir plus tard d'avoir ouvert une oreille complaisante à des avis perfides. Que mon père parle donc, les chefs l'écoutent avec la plus sérieuse attention.

Le général s'inclina, et, après avoir jeté un regard profond sur la foule attentive et pour ainsi dire suspendue à ses lèvres, il se leva, s'appuya nonchalamment sur la poignée de son sabre et prit la parole en portugais, langue que la plupart des chefs parlaient facilement, et que tous comprenaient.

—Capitaos des grandes nations confédérées, dit-il, votre grand-père blanc, le puissant monarque que j'ai l'honneur de représenter près de vous, a entendu vos plaintes; le récit de vos malheurs a ému son cœur toujours bon et compatissant, il a résolu de faire cesser les honteuses vexations dont, depuis tant d'années, les Espagnols vous ont rendus victimes; alors il a envoyé vers vous pour vous communiquer ses bienveillantes intentions. Écoutez donc mes paroles, car bien que ce soit ma bouche qui les prononce, elles sont en réalité l'expression des sentiments dont votre grand-père blanc est animé à votre égard.

Un murmure flatteur accueillit cette première partie du discours du général. Lorsque le silence se fut rétabli, il continua :

—Les Espagnols, reprit-il, au mépris des traités et de la justice, non contents de vous opprimer, vous véritables possesseurs du sol que vous foulons, se sont encore traîtreusement emparés de territoires étendus, riches et fertiles; appartenant depuis un temps fort long au puissant monarque mon maître. Ces territoires, il prétend les recouvrer par la voie des armes. Puisque les Espagnols perfides rompent continuellement, sous les prétextes les plus futiles et de la façon la plus déloyale, les traités conclus avec eux; saisissant avec empressement l'occasion qui se présente de vous faire enfin rendre la justice à laquelle, comme ses enfants, vous avez droit, mon souverain prend votre cause en main, non-seulement il vous protègera envers et contre tous, s'engageant à vous faire restituer les territoires de chasse qui vous ont été injustement ravis, s'engageant en outre, à faire respecter, non-seulement votre liberté, mais encore votre vie, vos troupeaux, enfin tout ce que vous possédez; mais il est juste, capitaos, que vous vous montriez reconnaissants du secours que mon souverain daigne vous accorder, et que vous soyez aussi fidèles envers lui qu'il le sera envers vous. Voici ce que, par ma bouche, vous demande le puissant souverain que je représente: vous armerez vos guerriers d'élite dont vous formerez des détachements de cavaliers sous les ordres de capitaos expérimentés. Ces détachements abandonneront le

llano de Manso, ou, ainsi que vous nommez votre pays, la vallée de Japizlaga; à un signal donné par nous, et par plusieurs points à la fois ils envahiront les provinces de Tucuman et de Cordova, de façon à opérer leur jonction avec les Indiens des pampas et à harceler les Espagnols à quelque faction qu'ils appartiennent partout où ils les rencontreront, n'attaquant que les partis isolés et servant, pour ainsi dire, d'éclaireurs et de batteurs d'estrade aux troupes que le roi, mon maître fera sous mes ordres et ceux d'autres chefs entrer sur le territoire ennemi. La guerre terminée, toutes les promesses consignée sur ce quipos, ajouta-t-il e jetant au milieu de l'assemblée un bâton fendu par la moitié et garni de cordes de plusieurs couleurs en forme de chapelets, ayant des graines, des coquillages et des cailloux enfilés et séparés par des nœuds faits d'une façon différente; ces promesses, dis-je, seront strictement tenues. Maintenant j'ai donné mon quipos, trente mules chargées de lassos, bo as, ponchos, fressades, mors pour les chevaux, couteaux, etc., attendent l'entrée du Llano sous la conduite de quelques soldats. Qu'il vous plaise de partager entre vous ces richesses dont le roi, mon maître, veut vous faire présent; à mon retour, si mes propositions ont accepées je donnerai l'ordre que le tout vous soit remis. J'attends donc la remise de vos quipos, persuadé que vous ne fausserez pas la parole donnée et que le roi, mon maître, pourra en toute sûreté compter sur votre loyal concours.

De chaleureux applaudissements accueillirent le discours du général, qui se rassit au milieu des témoignages les moins équivoques de la plus vive sympathie.

Les esclaves firent de nouveau circuler le maté, et les capitaos indiens commencèrent à s'entretenir vivement entre eux, bien qu'à voix basse et dans une langue incompréhensible pour les Européens.

Nous ferons remarquer à ce propos une singularité que nous n'avons rencontré que dans ces régions et surtout parmi les Guaycurus.

Les hommes et les femmes ont un langage qui présente des notables différences ; en sorte qu'ils traitent des questions diplomatiques devant des envoyés d'une nation étrangère, ainsi que cela se passait dans la circonstance présente, ils produisent par la contraction des lèvres, un sifflement qui a reçu parmi eux certaines modifications convenues qui en font pour ainsi dire un idiome à part.

Rien de plus singulier, du reste, que d'assister à une délibération sérieuse, sifflée de cette façon par les orateurs, avec des modulations et des fioritures réellement remarquables qui donnent quelque chose d'étrange et de mystérieux à la discussion.

Le général causait à voix basse avec ses officiers, en humant son maté, tandis que les capitaos discutaient à tour de rôle ses propositions, ainsi qu'il le conjecturait du moins, car il lui était impossible de rien comprendre, ou même de saisir un seul mot au milieu de ce sifflement et de ce gazouillement continuel.

Enfin Gueyma se leva, et, après avoir réclamé le silence d'un geste empreint d'une suprême majesté, il prit la parole en portugais pour répondre au général.

—Les capitaos, dit-il, ont écouté avec tout le soin qu'elles méritaient les paroles prononcées par le grand capitao des visages pâles; ils ont pesé avec la plus profonde attention les propositions qu'il a été chargé de leur transmettre; ces propositions, les capitaos les trouvent justes et équitables, et ils les acceptent ; en priant le capitao des visages pâles de remercier leur grand père blanc, et de l'assurer du respect et du dévouement de ses enfants du désert. A partir du douzième soleil après aujourd'hui les détachements de guerre des nations confédérées seront prêts à envahir, au premier signal, les frontières ennemies. J'ai dit; voilà

mon quipos; une troupe de guerriers accompagnera mon père, le capitao, pour lui faire honneur, et ramènera les présents destinés aux chefs des nations confédérées.

Après ces paroles, il se rassit et jeta son quipos, mouvement qui fut imité par les autres chefs.

Le général remercia le conseil, fit relever les quipos par son aide de camp, et le traité se trouva ainsi conclu.

Une heure plus tard, les Brésiliens auxquels on avait rendu leurs otages, quittaient en com agnie d'un détachement de guerriers choisi, le Rincon del Bosquecillo et reprenaient le chemin des plantations, après être convenus avec Gueyma, Tarou Naem et les principaux capitaos, des mesures secondaires pour la réussite de l'invasion projetée et des moyens à employer pour que les Indiens et les Brésiliens pussent, en toutes circonstances, communiquer entre eux.

III

Le Couguar.

Un mois environ s'était écoulé depuis la conclusion du traité entre les Brésiliens, les Guaycurus et leurs alliés au Rincon del Bosquecillo; au pied d'une montagne escarpée, entourée de sillons et de ravines dont le sol déchiré était couvert d'une épaisse forêt de chênes, une nombreuse troupe de ca a iers était campée à l'entrée d'un cañon, lit desséché d'un torrent dont le sol était paré de pierres plates, lissées, usées par l'effort continu des eaux en ce moment taries.

Cette troupe, composée de deux cents cinquante à trois cents homme au plus, portait le costume caractéristique des Indiens guaycurus.

C'était le soir; le camp solidement établi et surveillé par d'actives sentinelles, était, par sa position, complètement à l'abri d'un coup de main.

Les guerriers dormaient couchés devant les feux, enveloppés dans leurs ponchos, leurs armes placées à portée de la main, afin d'être prêts à s'en servir à la moindre alerte.

A quelque distance du camp, sur le flanc même de la montagne, les chevaux paissaient les hautes herbes et les jeunes pousses des arbres, surveillés avec soin par six Indiens bien armés.

Deux hommes assis devant un feu à demi éteint, ayant chacun une carabine posée auprès d'eux sur l'herbe, causaient tout en fumant du tabac roulé dans des feuilles et aspiraient de temps en temps du maté.

Ces deux hommes étaient Gueyma et le Couguar; la troupe dont nous avons parlé se trouvait placée sous leurs ordres immédiats. Elle était composée des guerriers les plus jeunes, les plus vigoureux et surtout les plus renommés de la nation.

Depuis que, au signal donné par le gouverneur brésilien, cette troupe avait franchi la frontière espagnole et s'était, comme une volée d'oiseaux de proie, abattue sur le territoire ennemi, la terreur avait marché avec elle, le meurtre, l'incendie et le pillage l'avaient précédée; derrière elle, elle n'avait laissé que des ruines et des cadavres; devant elle, l'épouvante glaçait le courage des habitants et leur faisait abandonner au plus vite leurs pauvres ranchos pour fuir la cruauté des barbares guaycurus qui n'épargnaient ni femmes, ni enfants, ni vieillards, et semblaient avoir fait le serment de changer en déserts désolés les riches et fertiles campagnes au milieu desquelles ils se traçaient un sanglant sillon.

Ils avaient ainsi traversé comme un ouragan dévastateur la plus grande partie de la province et avaient atteint le rio Quinto, non loin duquel ils étaient campés, aux environs d'une petite ville nommée l'Aguadita, misérable bourgade dont les habitants avaient pris la fuite en abandonnant tout ce qu'ils possédaient, à la nouvelle de leur approche.

Le traité conclu entre les Brésiliens et les Indiens était on ne peut plus avantageux aux premiers. Voici pourquoi : depuis la découverte de l'Amérique, les Portugais et les Espagnols se sont, sans discontinuer, disputé la possession du nouveau monde. Placés côte à côte au Brésil, et à Buenos-Ayres, ils ne devaient pas demeurer longtemps sans se faire la guerre ; ce fut ce qui arriva.

Lorsque la famille de Bragance fut contrainte d'abandonner le Portugal pour se réfugier à Rio Janeiro, le Brésil devint alors le véritable centre de la puissance portugaise et le roi songea à arrondir son empire et à lui donner ce qu'il considérait raisonnablement, à un certain point de vue, comme étant ses frontières naturelles, c'est-à-dire la Banda orientale et le cours du Rio de la Plata.

La guerre dura assez longtemps avec des alternatives de succès et de désastres des deux parts. L'Angleterre en vint à offrir sa médiation, et la paix fut sur le point d'être conclue ; mais, à l'époque où nous sommes arrivés, les Portugais brésiliens, profitant des troubles qui désolaient le Rio de la Plata et en particulier la Banda orientale, rompirent brusquement les négociations, réunirent une armée de dix mille hommes sous les ordres du général Lécor et, en envahirent le territoire de la province, éternel objet de leur convoitise, en faisant habilement coïncider leurs opérations avec les mouvements des Indiens bravos, auxquels ils s'étaient ligués, et qui eux, s'élançant de leurs déserts avec la furie de bêtes fauves, avaient envahi le territoire espagnol par derrière, pris l'ennemi à revers et l'avaient ainsi placé entre deux feux.

Le tableau présenté à cette époque par les provinces insurgées était l'un des plus tristes qui puisse être offert comme exemple à la sagesse des gouvernements et au bon sens des peuples.

L'ancienne vice-royauté de Buenos-Ayres, si riche et si florissante jadis, n'était plus qu'un vaste désert, ses villes un monceau de cendres, tout son territoire qu'un vaste champ de bataille où se choquaient incessamment des armées combattant chacune pour des intérêts égoïstes, noyant le patriotisme dans des flots de sang et le remplaçant par l'intérêt vénal des ambitions particulières.

Les Portugais brésiliens, rendus plus forts par la faiblesse de leurs ennemis, avaient presque sans coup férir, occupé les principaux points stratégiques de la Banda orientale. Le gain de deux batailles pouvait les rendre maîtres du reste et faire tomber définitivement cette province entre leurs mains.

Telle était la situation du pays au moment où nous reprenons notre récit, que nous avons été contraint d'interrompre quelques instants, afin de bien mettre le lecteur au courant de ces divers événements, indispensables à l'intelligence des faits qui vont suivre.

La nuit était sombre ; la lune, voilée par les nuages, ne répandait par intervalles qu'une lueur blanchâtre et tremblotante, qui imprimait un cachet de tristesse aux accidents du paysage ; le vent gémissait sourdement à travers les branches des arbres qu'il agitait avec de sourds murmures ; les deux chefs, assis côte à côte, causaient entre eux à voix basse, comme s'ils eussent craint que leurs compagnons étendus auprès d'eux entendissent leur conversation ; au moment où nous les mettons en scène, Gueyma parlait avec une certaine animation, pendant que son compagnon, tout en prêtant une sérieuse attention à ce qu'il disait, l'écoutait qu'avec un sourire ironique qui relevait le coin de ses lèvres minces et imprimait une expression d'indicible raillerie à sa physionomie fine et intelligente.

— Je vous le répète, Cougouar, dit le jeune homme, les choses ne peuvent continuer ainsi ; il nous faudra retourner en arrière, et cela pas plus tard que demain ou après demain pour dernier délai. Savez-vous que nous sommes ici à plus de cent cinquante lieues du Rio Vermejo et du Llano do Manso.

— Je le sais, répondit froidement le vieux chef.

— Tenez, mon ami, reprit le jeune homme avec impatience, vous finirez par me mettre en colère avec votre désespérante impassibilité.

— Que voulez-vous que je vous réponde ?

— Que sais-je, moi ! Donnez-moi un avis, un conseil ; dites-moi quelque chose, enfin ; la situation est grave, critique même, pour nous et nos guerriers ; nous nous sommes lancés à l'aventure, tout droit devant nous, comme une *manada* de taureaux sauvages, brisant et dispersant tout sur votre passage, et maintenant nous voilà, après un mois d'une course affolée sans but, acculés au pied des montagnes, dans un pays que nous ne connaissons pas, séparés des amis et des confédérés qui auraient pu nous venir en aide, et entourés d'ennemis qui, au premier moment, vont sans nul doute nous assaillir de tous les côtés à la fois.

— C'est vrai, observa le Cougouar en baissant affirmativement la tête.

— Remarquez bien, reprit Gueyma avec une animation croissante, que je ne vous adresse aucun reproche, mon ami ; cependant, à plusieurs reprises, j'ai voulu rétrograder, mais chaque fois vous vous y êtes opposé et vous m'avez engagé au contraire à continuer à marcher en avant ; est-ce vrai, cela ?

— C'est vrai, je le reconnais.

— Ah ! vous le reconnaissez ; fort bien, mais vous aviez un but probablement pour agir ainsi ?

— J'ai toujours un but Gueyma, ne le savez-vous pas ?

— Je le sais, en effet, car votre sagesse est grande, mais ce but je le voudrais bien connaître.

— Il n'est pas temps encore, mon ami.

— Voilà ce que toujours vous me répondez ; cependant notre situation devient intolérable ; que faire ? que devenir ?

— Pousser en avant quand même.

— Mais pour aller où ? pour faire quoi ?

— Quand le moment sera venu je vous instruirai.

— Allons, je renonce à une plus longue discussion avec vous, Cougouar ; c'est une duperie et de m'essayer de lutter contre un parti pris. Seulement, comme j'aurai plus tard à rendre compte de ma conduite aux grands chefs de ma nation, si je parviens à échapper sain et sauf aux dangers qui nous menacent, et que je ne veux pas assumer seul sur moi la responsabilité des événements qui sans doute ne manqueront pas de surgir bientôt, j'ai une demande à vous adresser.

— Laquelle, mon ami ?

— C'est, au point du jour, de réunir le conseil et d'expliquer franchement aux guerriers la situation précaire dans laquelle nous sommes placés, et votre ferme volonté de pousser en avant quand même.

— Vous le voulez, Gueyma ?

— Non, mon ami, je le désire.

— L'un vaut l'autre, n'importe, vous serez satisfait.

— Merci, mon ami, je reconnais à ce trait votre loyauté habituelle.

— À ce trait seulement ? fit le vieillard avec un sourire triste.

Le jeune homme détourna la tête sans répondre.

— Cougouar, reprit-il au bout d'un instant, la nuit s'avance, nous n'avons plus rien à nous dire ; avec votre permission, je vais me livrer au sommeil, je ne suis pas de granit comme vous, moi, je me suis horriblement fatigué, et j'ai besoin de prendre des forces pour la journée de demain qui, sans doute, sera rude.

— Dormez, Gueyma, et que le grand Esprit vous donne un sommeil calme.

— Merci, mon ami ; mais vous, n'allez-vous pas vous livrer aussi au repos ?

— Non, je dois veiller ; d'ailleurs, j'ai l'intention de profiter des ténèbres pour tenter une reconnaissance aux environs du camp.

— Voulez-vous que je vous accompagne, mon ami ? demanda vivement le jeune chef.

— C'est inutile, dormez ; seul, je suffirai à la tâche que je me suis imposée.

— Faites donc à votre volonté, mon ami ; je n'insiste pas.

Gueyma s'enveloppa alors avec soin dans son poncho, s'étendit commodément devant le feu, ferma les yeux, et, quelques minutes plus tard, il était plongé dans un profond et tranquille sommeil.

Le Cougouar n'avait pas changé de position ; accroupi devant le feu, la tête penchée sur la poitrine, il réfléchissait.

L'Indien demeura ainsi pendant un laps de temps assez considérable dans une immobilité telle que, de loin, il ressemblait plutôt à une de ces idoles des Indes orientales qu'à un homme de chair et d'os.

Cependant, après environ une heure passée, selon toute probabilité, dans une méditation sérieuse, il releva doucement la tête et promena un regard investigateur autour de lui.

Un silence de mort planait sur le camp : les guerriers dormaient tous, à l'exception des quelques sentinelles placées sur le revers des retranchements pour veiller à la sûreté générale ; le Cougouar se leva, resserra sa ceinture, saisit sa carabine et se dirigea à pas lents vers l'endroit où paissaient les chevaux de la troupe.

Arrivé là, il fit entendre un léger sifflement ; presque aussitôt, un cheval se détacha du groupe et vint frotter sa tête intelligente sur l'épaule du chef.

Celui-ci, après l'avoir légèrement flatté de la main, lui mit la bride, et sans faire usage de l'étrier, il se mit en selle d'un bond, après avoir resserré la sangle, relâchée pour que le cheval pût paître plus facilement.

Les sentinelles, bien qu'elles se fussent aperçues des divers mouvements du chef, ne lui adressèrent pas la moindre observation, et il quitta le camp sans que personne semblât faire attention à son départ.

Les guerriers étaient depuis longtemps déjà accoutumés à ces absences nocturnes du chef qui, depuis le commencement de l'expédition, sortait ainsi presque toutes les nuits du camp, sans doute pour veiller à la découverte, et demeurait toujours plusieurs heures dehors.

Le Cougouar était sorti du camp au petit pas ; il conserva cette allure tant qu'il supposa être en vue des sentinelles, mais aussitôt qu'un pli de terrain eut caché ses mouvements, il lâcha la bride, fit entendre un léger claquement de langue, et le cheval, partant aussitôt à toute bride, commença à galoper avec une vélocité extraordinaire, courant en droite ligne, sans s'occuper des obstacles qui se rencontraient sur sa route, et qu'il franchissait avec une légèreté extrême sans ralentir sa course.

Il galopa ainsi pendant une heure et demie à peu près et atteignit le bord d'une rivière assez large, dont les eaux, semblables à un ruban d'argent, tranchaient en vigueur sur les masses sombres du paysage.

Arrivé au bord de la rivière, le chef abandonna la bride sur le cou de son cheval.

L'intelligent animal flaira l'eau pendant quelques instants, puis il y entra résolûment et traversa la rivière à gué, n'étant mouillé à peine que jusqu'au poitrail.

Aussitôt sur l'autre bord, le cheval repartit au galop, mais cette fois sa course fut courte et dura à peine un quart d'heure ou vingt minutes.

L'endroit où se trouvait le chef était une plaine immense et désolée où ne poussaient que des buissons rachitiques, et dans laquelle s'élevaient de place en place des monticules assez élevés d'un sable noirâtre.

Ce fut au pied d'un de ces monticules que le chef s'arrêta ; il mit aussitôt pied à terre, bouchonna son cheval avec soin, le couvrit de son poncho pour l'empêcher de se refroidir trop vite après le violent exercice auquel il s'était livré pendant si longtemps, et, lui jetant la bride sur le cou, il le laissa libre de brouter, s'il le voulait, l'herbe rare et flétrie de la savane.

Ce devoir accompli, le chef porta ses mains à sa bouche, et à trois reprises différentes, à intervalles égaux, il imita le cri de la chouette des Pampas.

Deux ou trois minutes s'écoulèrent, et le même cri fut répété trois fois à une distance assez éloignée, puis le galop précipité d'un cheval se fit entendre.

Le chef s'abrita le mieux qu'il put derrière le monticule ; il arma sa carabine et attendit.

Bientôt il aperçut la sombre silhouette d'un cavalier émerger des ténèbres et se rapprocher rapidement de l'endroit où il se tenait.

Arrivé à une certaine distance, le cavalier, au lieu de continuer à s'avancer, s'arrêta court, et le cri de la chouette troubla de nouveau le silence.

Le Cougouar répéta son signal ; le cavalier, comme s'il n'eût attendu que cette réponse, reprit aussitôt le galop, et bientôt il se trouva à portée de pistolet de l'Indien.

Une seconde fois il s'arrêta, et on entendit le bruit d'un fusil qu'on arme.

— Quién vive ? (1) cria une voix ferme en espagnol.

— Amigo del desierto, répondit aussitôt le chef.

— Qué hora es ? reprit l'inconnu.

— La hora de la venganza, dit encore le chef.

Ces mots de passe échangés, les deux hommes remirent au repos les batteries de leurs armes, et s'avancèrent l'un vers l'autre avec la plus entière confiance.

Ils s'étaient reconnus.

L'étranger mit immédiatement pied à terre et serra cordialement, comme étant celle d'un ami, la main que lui tendit le chef.

L'inconnu était un blanc, il portait le costume élégant et pittoresque des gauchos des pampas de Buenos-Ayres.

— Voici longtemps déjà que je vous attends, chef, dit à l'étranger ; serait-il survenu quelque empêchement ?

— Aucun, reprit celui-ci ; seulement, le camp est loin d'ici, et j'ai été obligé, avant de partir, d'attendre que mon compagnon se fût enfin décidé à s'endormir.

— Il ignore toujours tout ?

— N'est-ce pas convenu entre nous ?

— En effet, la confiance que vous avez, dites-vous, la plus grande confiance en lui, j'ai supposé que peut-être vous jugeriez convenable de l'avertir.

— Je n'ai pas voulu le faire sans vous en prévenir, d'autant plus que c'est un guerrier d'élite, un chef d'une sagesse reconnue et, plus que tout, un homme d'une fidélité à toute épreuve, je n'ai pas voulu me hasarder à lui faire une confidence aussi sérieuse sans avoir en mains les preuves certaines de la trahison du général.

— Ces preuves, et vous les apporte dans mes alforjas (2), je vous les donnerai ; il est important pour la réussite de nos projets que Gueyma soit instruit ; sans cela, le moment venu de frapper le grand coup, et cela ne tardera pas, il contrecarrerait sans doute nos combinaisons et les ferait échouer.

— Vous avez raison, je lui dirai tout, aussitôt après mon arrivée au camp.

— Fort bien, je compte sur vous.

1) — Qui vive ?
— Ami du désert.
— Quelle heure est-il ?
— L'heure de la vengeance.
(2) Doubles poches en toile qui se portent à l'arrière de la selle.

— Soyez tranquille à ce sujet ; maintenant que devons-nous faire ?

— Continuer toujours à avancer dans la même direction.

— Je l'avais pensé ainsi ; mon compagnon commence à s'inquiéter de me voir pousser aussi en avant dans un pays inconnu.

— Lorsque vous l'aurez instruit, il ne fera plus de difficultés.

— C'est juste ; mais cette marche doit-elle durer longtemps encore ?

— Surveillez avec soin vos approches, car demain, selon toutes probabilités, nous serons en présence.

— Epoi, vous ne nous manquerez pas au moment décisif ?

— Fiez-vous à moi ; je vous ai donné ma parole. Notre mouvement sera combiné de telle sorte, que tous deux nous agirons à la fois l'un en avant, l'autre en arrière ; il faut qu'ils soient pris comme d'un coup de filet. Si nous leur laissons le temps de se reconnaître, ils nous échapperont, tant ils sont fins je ne saurais donc trop vous recommander d'agir avec la plus grande circonspection.

— A votre tour, fiez-vous à moi, don Zèno ; si j'ai votre parole, vous avez la mienne.

— Aussi, j'y compte.

— Vous vous rappelez nos conventions ?

— Certes.

— Et vous vous y conformerez ?.

— Aveuglément, bien que, permettez-moi de vous le dire, je ne comprends rien à votre exigence.

— Un jour, vous me comprendrez, et ce jour-là, croyez-en ma parole, don Zèno, vous me remercierez.

— Soit ; à votre guise, vous êtes un homme indéchiffrable et tout confit en mystère, je renonce à vous expliquer.

— Et vous avez raison, répondit en riant le chef, car vous perdriez votre temps et votre peine, seulement, souvenez-vous, don Zèno, que blanc ou rouge, vous n'avez pas de meilleur ami que moi.

— De cela, je suis convaincu, Diogo ; cependant je vous avoue que je suis fort intrigué sur votre compte ; si quelque jour vous me racontez votre histoire, je m'attends à entendre des choses merveilleuses.

— Et terribles aussi, don Zèno. Cette histoire-prenez patience encore quelque temps — je m'engage à vous la raconter, et elle vous intéressera beaucoup plus que vous ne le supposez.

— C'est possible ; mais, en attendant, songeons à notre affaire.

— Rapportez-vous-en à moi ; il faut que je vous quitte.

— Déjà... A peine avons-nous eu le temps d'échanger quelques mots.

— J'ai une longue course à faire, vous le savez.

— C'est vrai... Je ne vous retiens donc pas.

— Et les preuves que vous devez me donner ?

— Vous allez les avoir en un instant.

— En quoi consistent-elles ?

— En quipos, et surtout en lettres. Vous savez lire, n'est-ce pas ?

— Assez pour déchiffrer ces papiers.

— Alors, tout est pour le mieux. Voilà votre affaire, ajouta-t-il en retirant un paquet assez volumineux de ses alforjas et le remettant entre les mains de l'Indien.

— Merci, répondit celui-ci, merci et à bientôt, n'est-ce pas ?

— Selon toute probabilité, nous nous reverrons aujourd'hui même.

— Tant mieux, je serais charmé que tout cela fût fini.

— Et moi donc !

Les deux hommes se serrèrent une dernière fois la main. Le Gaucho remonta à cheval et partit ; bientôt il eut disparu dans l'obscurité.

Le Cougouar siffla son cheval, qui accourut à son appel, et il s'éloigna de son côté dans la direction du camp. Son cheval,

remis par le repos qu'il avait pris pendant la conférence des deux hommes, semblait dévorer l'espace.

L'Indien réfléchissait ; son visage ordinairement sombre avait une expression joyeuse qui ne lui était pas naturelle ; il pressait le paquet que lui avait remis le Gaucho sur sa poitrine, comme s'il eût craint qu'on le lui enlevât, et, tout en galopant, il se parlait à lui-même et laissait parfois échapper des exclamations de plaisir qui auraient fort étonné les guerriers de sa tribu, s'ils les avaient entendues.

Il fit si grande diligence, qu'il rentra au camp près de deux heures avant le jour.

Après avoir remis son cheval avec les autres, il se coucha devant un feu, en ayant soin d'envelopper son précieux paquet dans son poncho et de le placer sous sa tête pour être certain qu'il ne lui serait pas enlevé ; puis il ferma les yeux en murmurant à voix basse et entre ses dents :

— J'ai bien gagné deux ou trois heures de repos. D'ailleurs je crois que je dormirai bien, car maintenant je suis tranquille.

En effet, cinq minutes plus tard, il dormait comme s'il n'avait dû ne jamais s'éveiller.

Cependant, au lever du soleil, le Cougouar fut un des premiers éveillés et des premiers debout.

Gueyma, accroupi près de lui, attendait son réveil.

— Déjà debout ? lui dit le vieux chef.

— Quoi d'extraordinaire à cela ? N'ai-je pas dormi toute la nuit.

— C'est juste. Pourquoi ne lève-t-on pas le camp.

— Je n'ai pas voulu en donner l'ordre avant d'avoir causé avec vous.

— Ah ! fort bien ; parlez, Gueyma, je vous écoute.

— Avez-vous oublié ce que nous avons dit hier au soir.

— Nous avons dit beaucoup de choses, mon ami ; il est possible que dans le nombre j'en aie oublié quelques-unes, rappelez-les-moi, je vous prie.

— Nous étions convenu d'assembler le conseil ce matin.

— C'est vrai ; l'avez-vous fait ?

— Non, pas encore ; vous dormiez, mon ami ; je n'ai pas voulu prendre sur moi l'ordre de cette convocation, de crainte de vous déplaire.

— Vous êtes bon et généreux, Gueyma, répondit le vieillard après un instant de réflexion ; je reconnais là votre délicatesse habituelle. Faites-moi un plaisir.

— Lequel, mon ami ?

— Ne convoquez pas encore le conseil.

Le jeune chef fixa sur lui un regard interrogateur.

— Oui, continua le Cougouar, ce que je dis là vous étonne, je le comprends ; mais il faut que nous ayons ensemble une conversation sérieuse avant cette convocation.

— Une conversation ?

— Oui. J'ai à vous communiquer des choses de la plus haute importance qui sans doute rendront cette assemblée du conseil inutile ; soyez patient, accordez-moi jusqu'à la hâte du repas du matin ; ce n'est pas trop exiger, je crois.

— Vous êtes mon ami et mon père, Cougouar, ce que vous désirez est une loi pour moi, j'attendrai.

— Merci, Gueyma, maintenant rien n'empêche que vous donniez l'ordre de lever le camp.

— C'est ce que je vais faire à l'instant.

— Ah ! recommandez la plus grande vigilance aux guerriers, l'ennemi est proche.

— Vous avez découvert sa piste pendant votre partie de cette nuit.

— Oui, mon ami, je crois que vous ferez bien aussi d'envoyer des éclaireurs en avant, afin d'éviter une surprise.

— C'est convenu, répondit le jeune chef en se retirant.

Une heure plus tard, les guerriers guaycurus se mettaient en marche, se dirigeant vers les Cordillières, dont la montagne au pied de laquelle ils avaient campé pendant la nuit n'était qu'un des contre-forts avancés.

IV

Les deux Chefs.

Au fur et à mesure que les guerriers guaycurus s'avançaient vers les montagnes, le paysage prenait un aspect plus sévère et plus pittoresque.

Le chemin ou plutôt le sentier suivi par la troupe montait par une pente presque insensible, par des soulèvements de terrain qui servent, pour ainsi dire, d'échelons gigantesques aux premiers contre-forts de la Cordillère.

Les forêts devenaient plus touffues, les arbres étaient plus gros et plus serrés les uns contre les autres; on entendait murmurer sourdement des eaux cachées, torrents qui se précipitent du haut des montagnes et, en se réunissant, forment ces fleuves et ces rivières qui, à quelques lieues dans la plaine, acquièrent une grande importance et sont souvent larges comme des bras de mer.

De grands vols de vautours tournoyaient lentement au plus haut des airs, au-dessus des cavaliers, en faisant entendre leurs cris rauques et discordants.

Gueyma n'avait négligé aucune des précautions que lui avait recommandées le Couguar; des éclaireurs avaient été lancés en avant afin de fouiller les buissons et de découvrir, s'il était possible, les pistes suspectes que l'on soupçonnait ne pas devoir manquer dans ces régions.

D'autres Indiens avaient quitté leurs chevaux, et, à droite et à gauche, sur les flancs de la troupe, ils sondaient les forêts, dont la mystérieuse épaisseur pouvait receler des embuscades.

Les Guaycurus s'avançaient en une colonne longue et serrée, sombres, silencieux, l'œil au guet et la main sur leurs armes, prêts à en faire usage au premier signal.

Les deux chefs marchaient de front, à vingt pas environ de leurs compagnons.

Lorsqu'ils se furent engagés au milieu d'une épaisse forêt, dont les immenses arceaux de verdure leur dérobaient non-seulement la vue du ciel, mais encore interceptaient les rayons ardents du soleil, et que les cavaliers, dont les chevaux foulaient une herbe longue et drue, filaient à travers les arbres, silencieux comme une légion de fantômes; le Couguar posa la main sur le bras de son compagnon, et se servant de la langue castillane.

— Parlons espagnol, lui dit-il, je ne veux pas plus longtemps tarder à vous donner les renseignements que je vous ai promis. Si nous avons à être attaqués, ce ne saurait être que dans les environs du lieu sinistre où nous nous trouvons en ce moment, il est des mieux choisis pour établir une embuscade, si je ne me trompe fort, ou nous entendrons bientôt retentir sous ces sombres voûtes de feuillage le cri de guerre de nos ennemis; il est donc temps que je m'explique clairement avec vous, car peut-être serait-il trop tard lorsque nous arriverons au campement. Écoutez-moi donc avec avec attention, et quoi que vous m'entendiez vous dire, mon cher Gueyma, concentrez en vous-même vos émotions et ne laissez paraître sur vos traits ni colère, ni joie, ni étonnement.

— Parlez, Couguar; je me conformerai à vos avis.

— Le temps n'est pas encore venu, reprit le vieillard, de vous révéler la vérité tout entière. Qu'il vous suffise, quant à présent, de savoir que, élevé parmi les blancs dont j'avais adopté les croyances, les mœurs, les habitudes, et pour lesquels je professais et professe encore aujourd'hui le dévouement le plus vrai et le plus sincère, ce n'est que que pour vous, Gueyma, pour vous que j'ai vu naître et que j'aime comme un fils, que j'ai consenti à abandonner les jouissances sans nombre de la vie civilisée pour reprendre la vie précaire, semée de dangers et de privations, de l'Indien nomade. J'avais fait un serment de vengeance et de dévouement. Ce serment, je crois l'avoir religieusement tenu. La vengeance longtemps préparée par moi dans l'ombre sera, j'en suis convaincu, d'autant plus terrible qu'elle aura été plus lente et plus tardive à frapper le coupable. Dans le grand acte que je médite, Gueyma, vous m'aiderez, parce que ce sont vos intérêts seuls que j'ai constamment défendus dans tout ce que j'ai fait, et que, plus que moi, vous êtes intéressé à la réussite de ce que je veux faire encore.

— Ce que vous me dites, mon ami, répondit le jeune chef avec émotion, mon cœur l'avait pressenti et presque deviné. Depuis longtemps je connais et j'apprécie comme je le dois l'amitié fidèle et sans bornes que toujours vous m'avez témoignée; aussi vous me rendrez cette justice, Couguar, de reconnaître que toujours je me suis conformé à vos avis, souvent sévères, et laissé guider aveuglément par vos conseils que je ne comprenais presque jamais.

— C'est vrai, enfant, vous avez agi ainsi; mais lorsque nous causons entre nous appelez-moi Diogo, ce nom est celui qu'on me donnait jadis lorsque j'étais parmi les blancs, et il me rappelle des souvenirs ineffaçables de joie et de douleur.

— Soit, mon ami, puisque vous le désirez, je vous nommerai ainsi entre nous, jusqu'à ce que vous me permettiez, ou que les circonstances vous permettront, de reprendre hautement, et à la face de tous, un nom que, j'en suis convaincu, vous avez honoré tout le temps que vous l'avez porté.

— Oui, oui, répondit le vieillard avec complaisance, il fut un temps où ce nom de Diogo avait une certaine célébrité, mais qui se le rappelle maintenant?

— Reprenez, je vous prie, ce que vous aviez commencé à me dire et ne vous laissez pas davantage aller à des souvenirs pénibles.

— Vous avez raison, Gueyma, oublions que je dois vous faire; ce que je vous ai dit n'avait d'autre but que de vous prouver que, si souvent, en apparence je m'arrogeais le droit de vous contrôler vos intentions, ce droit m'était, pour ainsi dire, acquis par de longs services et un dévouement à toute épreuve pour votre personne.

— Cela est inutile, mon ami, je n'ai jamais eu la pensée, même fugitive, de discuter vos actes ou de contrecarrer vos projets; je me suis au contraire toujours étudié à faire plier ma conviction, plus jeune, devant votre longue expérience.

— Je me plais à vous rendre cette justice, mon ami; mais si j'insiste autant sur ce sujet, c'est que les circonstances dans lesquelles nous sommes placés en ce moment exigent que vous ayez en moi la plus entière confiance; en un mot, voici ce qui se passe: les Brésiliens, croyant ne plus avoir besoin de nous, à présent qu'ils se sont emparés de la plupart des villes de la Bande orientale, grâce à la guerre civile qui divise les Espagnols et les obligent à combattre les uns contre les autres au lieu de se réunir pour charger l'ennemi commun, ne seraient nullement fâchés d'être débarrassés de nous et de nous laisser écraser par des forces supérieures. Oubliant les services que, au commencement de la guerre, nous leur avons rendus, les Brésiliens non-seulement nous abandonnent lâchement, mais, non contents de cela, ils veulent nous livrer à l'ennemi, dans l'espoir que, succombant malgré notre courage sous le poids irrésistible de forces supérieures, nous serons tous massacrés, et que nous ne retournerons plus sur notre territoire.

— Je redoutais cette trahison, répondit Gueyma d'un air pensif en hochant tristement la tête, vous vous rappelez, mon ami, que j'étais opposé à la conclusion du traité.

— Oui, je me souviens même que c'est moi qui vous ai engagé à le conclure, et que, par considération pour moi seulement, vous avez consenti à jeter votre quipos d'acceptation; eh bien, mon ami, dès ce moment même je prévoyais cette trahison; je dirai plus, je l'espérais.

Le jeune chef se retourna vivement vers son compagnon, en le regardant avec la plus vive surprise.

— Je vous avais prié, reprit le vieillard, sans s'émouvoir en aucune façon, de ne laisser paraître sur vos traits aucun des sentiments qui, pendant le cours de notre conversation, agiteraient votre cœur; remettez-vous donc, mon ami, afin de ne pas éveiller les soupçons de nos guerriers, et laissez-moi continuer.

— Je vous écoute, mais ce que vous me dites est si extraordinaire...

— Que vous ne me comprenez point, n'est-ce pas? Mais patience, vous aurez bientôt l'explication de ce mystère, autant du moins qu'il me sera possible de vous donner cette explication, sans nuire à la réussite des projets que je médite.

— Tout cela me semble si étrange, dit Gueyma, que ma raison refuse presque de le comprendre.

Le Couguar sourit silencieusement, et après avoir jeté autour de lui un regard investigateur, il se rapprocha sans affectation de son compagnon, et, se penchant à son oreille:

— Aimez-vous les blancs? lui demanda-t-il.

— Non, répondit nettement le chef; cependant, je n'éprouve pour eux aucune haine. Il est vrai, ajouta-t-il avec une amertume mal dissimulée, que je suis trop jeune encore pour avoir eu à souffrir de leur tyrannie.

— En effet; cependant, mon ami, s'il m'est permis de me targuer vis-à-vis de vous de mon expérience, laissez-moi vous dire que tout sentiment est injuste lorsqu'il est exclusif; que la vie que vous avez menée, les exemples que vous avez jusqu'à présent eus sous les yeux vous éloignent de la fréquentation des blancs, je le comprends et je ne vous en adresse aucun reproche, mais il ne faudrait pas, même lorsque vous auriez eu à vous plaindre d'un ou de plusieurs d'entre eux, les rendre tous responsables du crime de quelques-uns et vous envelopper dans la même haine; parmi les blancs il y en a de bons, je compte même vous mettre bientôt en rapports avec un de ceux-là.

— Moi! s'écria le jeune homme.

— Vous, parfaitement et pourquoi pas? si cela doit concourir à la réussite de nos projets.

— Mon ami, vous parlez d'une façon tout à fait incompréhensible pour moi; mon esprit cherche vainement à vous suivre et à surprendre votre pensée au milieu du réseau inextricable dans lequel il vous plaît de l'enserrer; soyez bon pour moi, ne me faites pas ainsi me fatiguer en pure perte à tâcher de vous deviner, venez au fait clairement et simplement.

— Soit, en deux mots, voici ce dont il s'agit; le général brésilien avec lequel nous avons traité n'avait qu'un but en entamant des relations avec nous; c'était de nous éloigner pour des raisons qu'il croit connues de lui seul, mais que je sais aussi bien que lui, de nos territoires de chasse et nous éloigner de telle façon que jamais nous n'y revenions.

— Mais il me semble que si tel était son but il l'a atteint jusqu'à un certain point?

— Peut-être a-t-il réalisé la première partie de son plan, mais la seconde ne réussira pas aussi facilement; cet homme est non-seulement l'ennemi de notre nation, mais il est votre plus implacable ennemi et son plus vif désir est de vous abattre sous ses coups.

— Moi, mais il ne me connaît pas, mon ami.

— Vous le supposez, mais mieux que vous, cher Gueyma, je suis en état de juger la question, croyez donc à la vérité de mes paroles.

— Il suffit; je suis heureux de ce que vous m'apprenez.

— Pourquoi cela?

— Parce que la première fois que le hasard nous mettra en présence, je ne me ferai aucun scrupule de lui fendre la tête.

— Gardez-vous-en bien, mon ami, s'écria le Cougouar avec un mouvement d'épouvante. Si, ce que je l'espère, il arrivera que vous vous retrouvez face à face avec lui, il faudrait au contraire feindre, je ne dirai pas de l'amitié, mais tout au moins la plus complète indifférence pour lui. Souvenez-vous de ce conseil et servez-vous-en à l'occasion. La vengeance se prépare de longue main et ne réussit que lorsque le moment est bien choisi; ce que je vous dis vous semble, je le sais, incompréhensible, mais bientôt, je l'espère, il me sera permis de m'expliquer plus clairement et alors vous reconnaîtrez la vérité de mes paroles et combien j'ai eu raison de vous recommander la prudence. Je ne veux pas insister davantage sur ce sujet, nous ne tarderons pas à atteindre l'endroit désigné pour le campement et j'ai à vous parler d'une autre personne envers laquelle je serai heureux de vous voir professer les sentiments les plus francs et les plus amicaux.

— Et quelle est cette personne, s'il vous plaît, mon ami, appartient-elle à notre race ou s'agit-il d'un blanc?

— Il s'agit d'un blanc, mon cher Gueyma, et d'un blanc que jusqu'à présent, qui plus est, vous avez cru être un de nos ennemis les plus acharnés; c'est un mot, je veux parler du chef que les Espagnols nomment Zéno Cabral.

— J'admire, mon ami, la prudence dont vous avez fait preuve au commencement de cet entretien, en me recommandant de ne laisser paraître sur mes traits aucune marque de surprise et de conserver un visage impassible.

— Oui, vous raillez, répondit le Cougouar avec un fin sourire, et, en apparence, vous avez raison; cependant, bientôt, ainsi que cela arrive toujours lorsqu'on n'a pas eu à même d'approfondir certains faits, les événements vous donneront tort.

— Ma foi, je vous avoue, mon ami, en toute franchise, que je le désire ardemment, et vous pouvez me croire, malgré tout le mal que nous a fait ce chef depuis le commencement de notre expédition, je me sens malgré moi attiré vers lui par un sentiment que je ne saurais analyser, et qui, malgré l'envie que souvent j'en ai eue, m'a toujours empêché de le haïr.

— Dites-vous vrai? Éprouvez-vous réellement cette attraction instinctive pour cet homme?

— Je vous le certifie, je me sens porté à l'aimer, et, pour peu que vous me prouviez qu'il en doit être ainsi, je vous assure que je ne ressentirai aucun déplaisir à suivre votre injonction.

— Aimez-le donc. mon ami; suivez l'impulsion de votre cœur; il ne vous trompe pas. Cet homme est bien réellement digne de votre amitié, et bientôt vous en aurez la preuve.

— Comment cela?

— De la façon la plus simple; bientôt je vous présenterai l'un à l'autre.

— Vous me ferez faire la connaissance de Zéno Cabral?

— Oui.

— Voilà qui me confond; comment, il osera venir dans notre camp.

— Au besoin, à mon appel, il n'hésiterait

pas à le faire; mais ce n'est pas de cette façon qu'il convient de procéder; il ne se rendra pas dans notre camp, c'est nous, au contraire, qui irons le trouver.

— Nous?

— Certes.

— Oohal Avez-vous bien réfléchi, mon ami, aux conséquences d'une semblable démarche? Si cet homme nous tendait un piège?

— Nous n'avons rien de tel à redouter de sa part.

Gueyma baissa la tête d'un air pensif. Pendant assez longtemps, les deux chefs continuèrent ainsi à cheminer côte à côte sans échanger une parole, absorbés chacun par leurs pensées; enfin le jeune homme releva son front rêveur.

— Nous voici bientôt à l'endroit où nous avons décidé de camper pour laisser passer la grande chaleur du jour; n'avez-vous rien de plus à me dire?

— Rien, quant à présent, mon ami; bientôt nous reprendrons cet entretien; maintenant il nous faut songer à installer nos guerriers dans une position sûre, car peut-être demeurerons-nous dans ce campement plus longtemps que vous ne le supposez.

— Comment! nous repartirons-nous pas dans quelques heures?

— Ce n'est guère probable; du reste, vous en déciderez vous-même, lorsque le moment sera venu de prendre une détermination à ce sujet.

Et comme s'il voulait éviter que le jeune chef lui adressât une question à laquelle il ne se souciait probablement pas de répondre, le Cougouar retint la bride et, arrêtant son cheval, il laissa son compagnon passer devant lui.

Cependant le sentier s'élargissait de plus en plus, la forêt devenait moins épaisse, et, après avoir tourné un coude, les Indiens, débouchèrent sur une espèce d'esplanade assez large, entièrement dénuée d'arbres, bien que couverte d'une herbe haute et drue; cette esplanade formait à peu près ce que, au Mexique, on nomme un voladero, c'est-à-dire que ce côté la base de la montagne que les Guaycurus avaient franchie presque sans s'en apercevoir par une pente douce et insensible, minée par les eaux ou par un cataclysme produit par une de ces convulsions si fréquentes en ce pays, formait au-dessous de l'esplanade une énorme cavité rentrante qui lui donnait l'apparence d'un gigantesque balcon et rendait de ce côté toute attaque impossible.

Du côté opposé, les flancs de la montagne s'escarpaient en blocs abrupts de rochers, sur la cime desquels les vigognes et les llamas sauraient seuls pu, sans craindre d'être précipités, poser leurs pieds délicats.

Les seuls points accessibles étaient ceux par lesquels on arrivait à l'esplanade, c'est-à-dire le sentier lui-même; point des plus faciles à défendre au moyen de quelques troncs d'arbres jetés en travers.

Gueyma ne put retenir un sourire de satisfaction à la vue de cette forteresse naturelle.

— Quel malheur qu'il nous faille, dans quelques heures, abandonner une si avantageuse position? murmura-t-il.

Le Cougouar sourit sans répondre et se mit en devoir d'organiser le campement. Quelques guerriers se détachèrent pour aller chercher le bois nécessaire pour les feux, d'autres abattirent plusieurs arbres auxquels ils laissèrent toutes leurs branches, et qui, bientôt, formèrent un retranchement inexpugnable.

Les chevaux furent dessellés, laissés en liberté et mis à même de l'herbe verte, qu'ils commencèrent à tondre à pleine bouche.

Les feux allumés, on prépara le repas du matin, et bientôt les guerriers guaycurus se trouvèrent installés sur l'esplanade d'une façon aussi solide, en apparence, que s'ils se fussent proposé d'y faire un long séjour, au lieu de ne s'y arrêter qu'en passant.

Lorsque les sentinelles furent placées, que

le repas fut terminé et que les guerriers se furent étendus çà et là pour se livrer au repos, selon l'invariable coutume des Indiens qui n'admettent pas que, à moins de circonstances exceptionnelles, on reste éveillé lorsqu'on peut dormir, le Cougouar s'approcha de Gueyma.

— Vous sentez-vous fatigué? lui demanda-t-il avec un geste significatif.

— Pas du tout, répondit-il; mais pourquoi cette question?

— Simplement parce que j'ai l'intention d'aller un peu à la découverte afin de m'assurer que le passage est libre et que nous n'avons dans notre marche à redouter aucune embuscade, et que s'il vous convient de m'accompagner pendant que nos guerriers se reposent, nous accomplirons de compagnie cette excursion.

— Je ne demande pas mieux, répondit vivement le jeune homme qui comprit que l'excursion susdite n'était qu'un prétexte pour donner le change aux guerriers et colorer leur sortie.

— Puisqu'il en est ainsi, reprit le Cougouar, partons sans plus attendre ni retarder d'un instant à perdre.

Le jeune homme se leva aussitôt et prit son fusil.

— Nous allons à pied, fit-il.

— Certes, nos chevaux nous embarrasseraient et ne pourraient que retarder notre marche qui, d'ailleurs, doit être secrète.

— Allons donc, alors.

Les deux chefs quittèrent aussitôt le camp par le point opposé à celui par lequel ils étaient arrivés, non pas toutefois sans avoir recommandé à un chef inférieur de les remplacer pendant leur absence et de veiller avec la plus grande vigilance sur la sûreté générale.

Ils ne tardèrent pas à disparaître au milieu des épais taillis et des arbres dont la sente était bordée à droite et à gauche.

Ils marchaient bon pas, se contentant de jeter parfois un regard investigateur autour d'eux, sans prendre d'autre précaution pour dissimuler leur présence.

Gueyma suivait silencieusement le Cougouar, se demandant intérieurement quel était le but de cette mystérieuse sortie.

Quant au vieillard, il s'avançait sans hésitation aucune, se dirigeant au milieu de ce dédale de verdure avec une sûreté qui témoignait d'une grande connaissance des lieux et d'un but déterminé à l'avance, car les deux chefs avaient depuis longtemps déjà abandonné la sente, et, sans suivre aucun chemin tracé, ils marchaient en droite ligne devant eux, franchissant les obstacles qui, de temps en temps, surgissaient sur leur passage, sans se détourner ni à droite ni à gauche.

Au bout d'une demi heure environ, ils atteignirent le lit desséché d'un torrent qui formait une assez large baie dans la montagne, et, s'accrochant des pieds et des mains, avec cette adresse qui caractérise les Indiens, aux anfractuosités des pierres, aux touffes d'herbes et aux branches des buissons, ils commencèrent à descendre rapidement par une pente assez roide, et qui, à d'autres hommes que ceux-là, n'aurait pas laissé que d'offrir d'assez grandes difficultés et même certains dangers.

A la moitié de la descente, à peu près, le Cougouar s'arrêta sur un fragment de roc, devant une excavation naturelle, dont l'entrée béante s'ouvrait juste en face de lui.

Après avoir attentivement regardé dans toutes les directions, le vieillard fit signe à son compagnon de se placer auprès de lui et indiquant du doigt la caverne:

— Voilà où nous allons, dit-il à voix basse.

— Ah! répondit le jeune homme, de l'air le plus souriant qui lui fût possible d'affecter, bien que sa curiosité fût vivement excitée; s'il en est ainsi, ne demeurons pas là davantage, entrons.

Paris — Imp. SCHILLER, 10, Faub.-Montmartre

— Un instant, reprit le Couguar en lui appuyant la main sur l'épaule, assurons-nous d'abord qu'il est arrivé.

— Arrivé, qui ? demanda le jeune homme.

— Celui que nous voulons voir, probablement, fit le vieillard.

— Ah ! fort bien, seulement c'est vous, et non moi, qui désirez voir la personne dont il s'agit.

— Ne jouons pas sur les mots, mon ami, il vous importe autant qu'à moi, croyez-le bien, que cette entrevue ait lieu.

— Vous savez que je me laisse entièrement guider par vous, je crois même vous avoir donné des preuves d'une exemplaire docilité. Agissez donc à votre guise. Après l'entretien qui va avoir lieu, je serai probablement plus en état de connaître de quelle importance est pour moi cette démarche que, je vous l'avoue, je ne fais qu'à mon corps défendant, bien que, je vous le répète, je me sente attiré vers cet homme.

Le Couguar ouvrit la bouche comme s'il voulait répondre, mais se ravisant presque aussitôt, il se détourna d'un mouvement brusque, et, après avoir une dernière fois exploré les environs d'un regard circulaire et s'être assuré que la solitude la plus complète continuait à régner autour d'eux, il imita à deux reprises le cri du condor.

Presque aussitôt un cri semblable sortit de la caverne.

Le vieillard s'approcha vivement de l'entrée et penchant légèrement le corps en avant tout en armant son fusil, afin d'être prêt à tout événement :

— Nous avons longtemps marché, la fatigue nous accable, dit-il, comme s'il s'adressait à son compagnon ; reposons-nous quelques instants ici, cet endroit solitaire me semble sûr.

— Vous y serez reçu par de bons amis, répondit immédiatement une voix partant de l'intérieur de la caverne.

Un bruit de pas se fit entendre et un homme parut.

Le nouveau venu, revêtu du costume pittoresque des gauchos de la Banda orientale, n'était autre que Zéno Cabral.

Gueyma remarqua, avec une surprise qu'il n'essaya pas de dissimuler, que le chef des Montoneros n'avait pas d'armes, du moins apparentes.

— Soyez les bien-venus, dit-il en saluant avec une gracieuse courtoisie les deux chefs indiens ; je vous attends déjà depuis assez longtemps ; je suis heureux de vous voir.

Les capitaos guaycurus s'inclinèrent silencieusement et le suivirent, sans hésiter, dans la caverne.

—————

V

Les Pincheyras.

Nous abandonnerons pendant quelques instants les chefs guaycurus, pour nous transporter à une vingtaine de lieues plus loin, dans le cœur même de la Cordillière, où se trouvent certains personnages fort intéressants de ce récit et où, deux ou trois jours avant celui où nous sommes arrivés, se passaient des événements que nous devons relater.

La guerre civile, en détruisant l'ancienne hiérarchie établie par les Castillans dans leurs colonies, et en bouleversant les rangs et les fastes, avait fait monter à la surface de la société hispano-américaine certaines personnalités fort curieuses à étudier et parmi lesquelles les Pincheyras tenaient, sans contredit, une des positions les plus accusées.

Disons ce que c'était que ces Pincheyras, dont le nom s'est à plusieurs reprises déjà

trouvé sous notre plume et d'où provient la sombre et mystérieuse célébrité qui, même aujourd'hui, après tant d'années, entoure leur nom d'une sanglante et redoutable auréole.

Pincheyra commença comme la plupart des partisans de cette époque, c'est-à-dire que, d'abord, il fut bandit ; né à San-Carlos au centre de cette province de Maule dont les habitants ne se courbèrent jamais sous le joug des Incas et ne subirent qu'en frémissant celui des Espagnols, don Pablo Pincheyra était un Indien de pied en cap, le sang des Araucans coulait presque sans mélange dans ses veines, aussi dès qu'il fut mis hors la loi et contraint de chercher un refuge parmi les indiens, ceux-ci répondirent-ils avec empressement à son premier appel et vinrent-ils joyeusement se grouper autour de lui et former le noyau de cette redoutable cuadrilla, qui devait plus tard se nommer l'armée royale.

Pincheyra avait trois frères ; ceux-ci, qui gagnaient à grand'peine leur vie en maniant tour à tour le lazo et la hache, c'est-à-dire en travaillant comme garçons de ferme et bûcherons, saisirent l'occasion que leur ainé leur offrait, et allèrent se joindre à lui en compagnie de tous les mauvais sujets qu'il leur fut possible de recruter.

Aussi les Pincheyras, comme on les nommait, ne tardèrent-ils pas à devenir la terreur du pays qu'il leur avait plu de choisir comme théâtre de leurs sinistres exploits.

Lorsqu'ils avaient pillé les grandes chacras, mis à rançon les hameaux, ils se réfugiaient au désert, et là, ils bravaient impunément l'impuissante colère de leurs ennemis.

En effet, dans ces régions reculées, la justice, trop faible, ne pouvait se faire respecter, et ses agents, malgré leur bon vouloir, étaient contraints de demeurer spectateurs des déprédations commises journellement par les bandits.

Don Pablo Pincheyra était loin d'être un homme ordinaire ; la nature avait été prodigue envers lui ; au courage de lion il joignait une rare sagacité, une justesse de coup d'œil peu commune et une pénétration inouie, réunie à des dehors pleins de noblesse et même d'affabilité.

Aussi, les événements aidants, le hardi chef de bandits, loin d'être inquiété par ses incessants brigandages, sut-il non-seulement se faire accepter comme partisan, mais encore il se vit rechercher et solliciter par ceux dont l'intérêt avait été si longtemps de l'anéantir, mais qui maintenant se trouvaient contraints de réclamer son appui.

Don Pablo ne se laissa pas éblouir par ce nouveau caprice de la fortune, il se trouva tout à coup au niveau du rôle que le hasard l'appelait à jouer, et se déclara nettement pour l'Espagne contre la révolution.

Sa troupe, augmentée considérablement par les déserteurs et les volontaires qui venaient se ranger sous sa bannière, se disciplina peu à peu, grâce à quelques officiers européens que don Pablo sut attirer à lui, et l'ancienne cuadrilla de bandits se métamorphosa presque instantanément en une troupe régulière, presque une armée, puisqu'elle comptait, en infanterie et cavalerie, plus de quinze cents combattants, nombre considérable à cette époque dans ces contrées si peu peuplées.

Dès qu'il jugea que l'armée royale, ainsi qu'il la nommait emphatiquement, était en état de tenir la campagne, don Pablo Pincheyra prit résolûment l'offensive, et commença les hostilités contre les révolutionnaires en tombant sur eux à l'improviste et en les battant dans plusieurs rencontres.

Les Pincheyras connaissaient les repaires les plus cachés et les plus ignorés des Cordillières ; leurs expéditions terminées, ils se retiraient dans des retraites d'autant plus inaccessibles qu'elles étaient défendues non-seulement par tout l'intervalle d'une solitude désolée, mais encore par la terreur qu'inspiraient ces redoutables partisans, pour lesquels

tout était bon, et qui ne faisaient même pas grâce aux enfants, aux femmes et aux vieillards, et les entrainaient à leur suite attachés par les poignets à la queue de leurs chevaux.

Un autre chef de partisan, mais celui-là brave et honnête officier castillan, combattait, lui aussi, de son côté, pour la défense de la cause perdue de l'Espagne, on le nommait Zinozain.

Ainsi, au moment où l'Amérique du Sud tout entière, depuis le Mexique jusqu'aux frontières de Patagonie, se soulevait à la fois contre le joug odieux de l'Espagne et proclamait hautement son indépendance, des hommes isolés, sans autre prestige que leur indomptable énergie, soutenus seulement par des Indiens bravos et des aventuriers de toutes nations, luttaient héroïquement contre le courant qui, malgré eux, les entraînait, et prétendaient remettre les colonies sous la domination castillane.

Malgré les méfaits de ces hommes, des Pincheyras surtout, dont la sauvage cruauté les entrainait souvent à commettre des actes inqualifiables de barbarie, il y avait cependant quelque chose de réellement grand dans cette détermination de ne pas abandonner la fortune de leurs anciens maîtres et de périr plutôt que de trahir leur cause ; aussi, aujourd'hui encore, après tant d'années, leur nom est-il dans ces contrées entouré d'une espèce d'auréole grandiose, et sont-ils devenus pour la masse du peuple des êtres légendaires dont, avec une crainte respectueuse, on raconte les incroyables exploits, le soir à la veillée, lorsqu'après les durs travaux de la journée, on cause paisiblement en buvant le maté et en fumant le cigarette, autour du feu de veille dans la pampa.

A vingt lieues environ de l'endroit où s'étaient arrêtés les Guaycurus pour laisser passer la grande chaleur du jour, au centre d'une vaste vallée dominée de tous les côtés par les pics neigeux et inaccessibles de la Cordillière, don Pablo Pincheyra avait établi son camp.

Ce camp, placé à la source même de deux rivières, n'était pas provisoire, mais permanent ; aussi ressemblait-il bien plutôt à une ville qu'à un bivouac de soldats. Les huttes, faites à l'indienne, en forme de toldos, avec des pieux croisés au sommet et recouvertes de cuirs de vache et de peaux de jument, affectaient une certaine symétrie dans leur alignement, formant des rues, des places et des carrefours, ayant des corales remplis de bœufs et de chevaux ; quelques-unes même possédaient de petits jardins, où poussaient, tant bien que mal, à la rigueur du climat, quelques plantes potagères.

Au centre juste du camp se trouvaient les toldos des officiers et des quatre frères Pincheyras ; toldos mieux construits, mieux aménagés, et surtout beaucoup plus propres que ceux des soldats.

On ne pouvait parvenir dans la vallée où le camp était établi que par deux étroits cañones situés, l'un à l'est et l'autre au sud-ouest du camp ; mais ces deux cañones avaient été fortifiés de telle sorte, au moyen d'abatis de bois énormes entassés pêle-mêle sans ordre apparent, mais parfaitement ordonnés, que toute tentative pour forcer la double entrée de ces cañones eût été vaine. Cependant des sentinelles immobiles, l'œil fixé sur les détours des défilés, veillaient attentivement à la sûreté commune, pendant que leurs compagnons, retirés sous leurs toldos, vaquaient à leurs occupations avec ce laisser-aller insouciant qui prouve combien on est certain de n'avoir aucun danger sérieux à redouter.

Le toldo de don Pablo Pincheyra était facile à reconnaître du premier coup d'œil. Deux sentinelles se promenaient devant, et plusieurs chevaux, tout sellés et prêts à être montés, étaient attachés à des piquets, à quelques pas de la porte, au-dessus de laquelle, planté sur une longue lance fichée en terre, le drapeau espagnol flottait majestueusement au souffle inconstant de la brise folle du matin. Des femmes, parmi lesquelles plusieurs étaient jeunes et jolies, bien que leurs traits fussent pour la plupart flétris par la douleur et l'excès de travail, s'ilonnaient les rues du camp, portant de l'eau, du bois ou d'autres provisions; quelques-unes, à l'entrée des toldos, se livraient aux soins du ménage; des peones, montés sur de forts chevaux et armés de longues lances, faisaient sortir les bestiaux des corrales et les conduisaient au pâturage hors du camp. Enfin tout était vie et animation dans cet étrange repaire de bandits, qui se donnait le nom d'armée royale, et pourtant, à travers ce tohu-bohu et ce désordre apparent, il était facile de reconnaître une pensée régulatrice et une volonté puissante qui dirigeait tout, sans jamais rencontrer d'objection ou même d'hésitation de la part des subordonnés.

Au moment où nous pénétrons dans le camp, un homme portant le costume des Gauchos des pampas de Buenos-Ayres souleva la fressada ou couverture servant de porte à un toldo construit avec une certaine régularité, et, après avoir jeté à droite et à gauche un regard curieux et inquiet, il quitta le toldo et mit, bien qu'avec une certaine hésitation, le pied dans la rue.

De même que tous les habitants de ce singulier centre de population, cet homme était armé jusqu'aux dents, d'un sabre droit qui battait son flanc gauche, d'une paire de longs pistolets passés à sa ceinture, et d'un couteau à lame étroite, enfoncé dans sa poitrine droite et dont le manche de corne remontait sur sa cuisse; un fusil double était jeté sur son épaule.

Cependant, malgré ce formidable arsenal qu'il portait avec lui, l'homme dont nous parlons ne paraissait nullement rassuré; sa démarche hésitante, les regards furtifs qu'il lançait incessamment autour de lui, tout dénotait chez cet homme une vive appréhension qu'il essayait vainement de cacher, mais qu'il ne parvenait pas à vaincre.

— Parbleu, murmura-t-il à demi voix au bout d'un instant, je suis idiot sur mon honneur! un homme n'en vaut un autre, que diable! et s'il faut en venir aux voies de faits, on y viendra; s'il me tue, eh bien! tant mieux, de cette façon, tout sera fini! j'aimerais autant cela, c'tte absurde existence commence à me peser considérablement! C'est égal, je ne sais si Salvator Rosa, lorsqu'il se trouva parmi les brigands, vit jamais une aussi complète collection de bandits que ceux avec lesquels j'ai le bonheur de vivre depuis deux mois; quels magnifiques chenapans! il serait, je crois, impossible de rencontrer leurs pareils, tant ils sont heureusement réussis!... Ah! ajouta-t-il avec un soupir de regret, s'il m'était seulement possible d'en croquer quelques-uns! Mais non, ces drôles-là n'ont aucun sentiment de l'art; il est impossible de les faire poser une seconde! Au diable l'idée biscornue qui m'a fait bêtement abandonner la France pour venir ici!

Et Émile Gagnepain, que le lecteur a sans doute reconnu déjà, poussa un second soupir, plus profond que le premier, et envoya vers le ciel un regard désespéré.

Cependant il continuait à s'avancer à grands pas vers une des sorties du camp, sa démarche était devenue peu à peu plus assurée; il avait relevé fièrement la tête et était parvenu, à grand'peine sans doute, à affecter la plus complète insouciance.

Le peintre avait presque traversé le camp dans toute sa longueur; il était parvenu à un toldo assez grand servant de corps de garde aux soldats chargés de veiller aux retranchements, et il tâchait le pas dans le but sans doute d'échapper aux questions indiscrètes de quelque partisan découvert, lorsqu'il se sentit soudain frapper sur l'épaule. Bien que cet attouchement n'eût en soi rien d'agressif et fût au contraire tout amical, le jeune homme tressaillit intérieurement; mais, fai-

sant bonne contenance, il se retourna aussitôt, et donnant à son visage l'expression la plus aimable qu'il lui fut possible, il tendit vivement la main à celui qui l'avait ainsi arrêté à l'improviste et le salua en souriant d'un *bu nos dias, caballero*, qui est de rigueur sur toute terre espagnole.

— Et vous, señor Francés, répondit gaiement son interlocuteur en lui rendant son salut et lui pressant délicatement la main, vous vous portez bien, j'imagine, vive Dios! il faut un hasard comme celui-ci pour que j'aie le plaisir d'entrevoir votre visage aimé.

Le peintre fut un instant interloqué à cette parole dont l'intonation malicieuse ne lui échappa pas; mais, dominant son émotion et feignant la plus complète bonhomie:

— Que voulez-vous, don Pablo, répondit-il, il n'y a nullement de ma faute dans cette apparente négligence dont vous vous plaignez; les soucis et les soins du commandement vous dominent et vous absorbent de telle sorte, que vous devenez inabordable, quelque désir qu'on ait de vous faire visite. Don Pablo Pincheyra, car c'était lui, sourit avec finesse.

— Est-ce bien là le motif qui vous fait m'éviter? lui dit-il.

— Vous éviter?

— Dame, trouvez une autre expression, si vous le pouvez, je ne demande pas mieux, moi; je dirai vous abstenir de me chercher, si vous le préférez.

— Vous vous trompez, don Pablo, répondit avec fermeté le jeune homme qui brûlait ses vaisseaux, je ne vous évite pas plus que je n'ai de motifs de m'abstenir de vous chercher, et la preuve...

— La preuve? interrompit don Pablo avec un regard fin et interrogateur.

— C'est qu'aujourd'hui, en cet instant même, je me dirigeais vers les retranchements dans l'espoir de vous y rencontrer.

— Ah! ah! fit-il; alors, puisqu'il en est ainsi, je suis heureux, caballero, que le hasard vous ait si bien servi en nous mettant à nsi face à face.

— Le hasard n'est pour rien dans l'affaire, je vous prie de le croire, don Pablo.

— Mieux eût valu, cependant, venir tout simplement à mon toldo.

— Ce n'est pas mon avis, puisque je vous rencontre ici.

— C'est juste, dit en riant le partisan, vous avez réponse à tout, cher seigneur; admettons donc que vous ayez réellement l'intention de me visiter, et veuillez, je vous prie, me faire connaître les motifs auxquels je dois l'honneur de cette inolive visite.

— Croyez-vous, cher don Pablo, que le lieu où nous nous trouvons soit bien convenable pour une conversation sérieuse, comme doit être celle que je désire avoir avec vous?

— Ah! fit don Pablo, c'est donc d'affaires graves que vous comptez me parler?

— On ne saurait plus graves.

— Puisqu'il en est ainsi, je sais, à mon grand regret, contraint de vous prier de différer cette conférence de quelques heures.

— Me serait-il permis, sans courir le risque de passer à vos yeux pour indiscret, de vous demander le motif de ce retard qui, je vous l'avoue, me contrarie fort?

— Oh! mon Dieu, je n'ai pas de secrets pour vous, cher seigneur, vous le savez; je fais que j'attends d'un moment à l'autre l'arrivée de certaines personnes, avec lesquelles je dois, aussitôt qu'elles seront ici, avoir un entretien de la plus haute importance.

— Pardon, seigneur don Pablo, mais ces personnes auxquelles vous faites allusion, je crois les connaître, de réputation du moins; de plus, si je suis bien informé, je sais sur quel sujet roulera l'entretien que vous devez avoir avec elles.

L'œil noir de don Pablo Pincheyra lança un éclair qui s'éteignit aussitôt, et il répondit d'un ton doux et mielleux:

— Et vous concluez de cela, cher seigneur?

— Je conc se seigneur don Pablo, que peut-

être il serait bon dans l'intérêt général, que vous consentissiez à m'entendre, d'abord.

Le peintre, don, le parti était pris et qui sentait la colère gronder sourdement dans son cœur, et, il devenu rude et cassant, résolu à pousser les choses jusqu'aux dernières extrémités, quelles que dussent être les conséquences de sa conduite.

De son côté, don Pablo, sous la feinte aménité, cachait évidemment une résolution arrêtée d'avance, et dont rien ne le ferait départir; c'était donc entre ces deux hommes qui se parlaient ainsi, la haine ou tout au moins la colère au cœur, une partie étrange qui se jouait en ce moment.

Ce fut le partisan qui renoua l'entretien un instant interrompu.

— Ainsi, seigneur Français, dit-il, vous étiez orti de votre toldo dans le but de me faire visite?

— Oui, señor.

— A moi spécialement?

— A vous, oui.

— Eh! lu-it avec un ricanement expressif, en désignant du doigt la ceinture garnie d'armes du jeune homme, vous conviendrez que vous prenez singulièrement vos précautions lorsque vous allez voir vos amis.

— Nous sommes dans un pays, señor, répondit froidement le peintre, où il est bon d'être toujours sur ses gardes.

— Même avec ses amis?

— Surtout avec ses amis, dit-il nettement.

— Bien, reprit froidement le partisan, suivez-moi à l'écart, nous pourrons y causer sans craindre d'être interrompus.

— Je vous suis.

— Vous remarquerez, señor, que j'ai en vous cette de confiance que vous ne daignez m'en témoigner.

— Parce que? señor...

— Parce que, moi, je suis sans armes.

Le jeune homme haussa les épaules.

— Vous agisscz comme bon vous semble, dit-il froidement, vous avez tort, peut être avez-vous raison... Qui saurait le dire?

— Je ne crains pas d'être assassiné.

— Si cette insulte s'adresse à moi, elle frappe à faux; de ce que je prends des précautions contre vous, il ne s'ensuit pas nécessairement que je suis capable de vous assassiner, ainsi que vous le dites.

Le partisan hocha la tête d'un air de doute.

— On se munit d'armes, continua le jeune homme avec un accent incisif, pour se garantir des attaques des bêtes fauves, sans avoir pour cela le désir de les combattre.

— Bien, bien, seigneur français, dit don Pablo d'une voix sombre, venez sans plus de paroles, je n'ai que quelques instants à vous donner, profitez-en.

Tout en échangeant ces mots aigres doux, les deux hommes s'étaient mis à marcher côte à côte et étaient sortis du camp, sa luant à leur passage par les sentinelles placées aux retranchements.

Ils continuèrent ainsi à s'avancer dans la campagne jusqu'à ce qu'enfin ils eussent atteint un endroit assez retiré, espèce de coude formé par un retour du cañon dans lequel ils s'étaient engagés et d'où on ne pouvait ni les voir, ni les entendre, tandis qu'eux, au contraire, découvraient une assez longue distance à droite et à gauche, en avant comme en arrière du chemin qui conduisait au camp, et sur lequel nul n'aurait pu paraître sans qu'ils l'eussent aussitôt découvert.

— Je crois, seigneur français, dit don Pablo en s'arrêtant, que ce lieu vous doit convenir; veuillez donc parler sans plus de retard.

— Ainsi ferai-je, répondit le Français, en posant à terre la crosse de son fusil et en appuyant les deux mains sur l'extrémité du canon tout en jetant un regard soupçonneux autour de lui.

— Oh! nous sommes bien seuls, allez, reprit don Pablo avec un sourire ironique, vous pouvez parler sans crainte.

— Ce n'est pas la crainte qui me retient en ce moment; j'ai tant de choses à vous dire que je ne sais réellement par laquelle commencer.

— A votre aise; seulement, hâtez-vous si vous voulez que je vous entende jusqu'au bout; dans quelques minutes peut-être je serai obligé de vous fausser compagnie.

— L'officier espagnol que vous attendez ne sera pas ici avant une heure au moins, nous avons donc le temps.

— Comment savez-vous que j'attends un officier espagnol?

— Que vous importe, si cela est?

— Señor français, reprit-il en fronçant le sourcil et avec un léger accent de menace, prenez garde de pénétrer dans mes secrets plus avant que je ne le désirerais. Depuis deux mois que nous vivons côte à côte, vous avez été, je le suppose, à même de me connaître; il n'est pas bon, croyez-moi, d'essayer de s'immiscer contre ma volonté dans mes affaires.

— Vous auriez raison de parler ainsi, si ces affaires vous regardaient seul, mais comme malheureusement je m'y trouve mêlé, elles sont autant miennes que vôtres.

— Je ne vous comprends pas.

— En êtes-vous bien sûr, répondit le jeune homme avec un sourire ironique.

— Voyons, expliquez-vous franchement et loyalement comme un homme, au lieu de bavarder comme une vieille femme, reprit le partisan avec un commencement de colère.

— Voici deux mots, reprit le jeune homme, que nous vivons côte à côte, ainsi que vous-même l'avez dit, qu'avez-vous fait pendant ces deux mois? comment avez-vous tenu la parole que vous m'aviez donnée?

— N'ai-je pas sauvé les deux dames, ainsi que je m'y étais engagé, du péril qui les menaçait?

— Oui, mais pour les faire tomber dans un plus grand encore.

— Je ne vous comprends pas, señor.

— Il n'y a de pires sourds que ceux qui ne veulent pas entendre, vous me comprenez fort bien au contraire; malheureusement pour vous, vous n'en êtes pas encore et vous le croyez, j'ai juré de défendre ces pauvres dames et je les défendrai, fût-ce au péril de ma vie.

— Vous êtes fou, señor, nul que je sache, moi mêmes encore que personne, n'a l'intention de nuire, en quoi que ce soit, à ces dames; depuis leur arrivée ici, à Casa-Trama, elles ont, vous ne sauriez le nier, été traitées avec les plus grands égards et le plus profond respect; de quoi se plaignent-elles?

— Elles se plaignent d'être en butte à des attentions déplacées et presque déshonorantes de plus, elles disent avec raison que, loin de leur donner cette liberté que vous vous étiez engagé à leur rendre, vous les séquestrez et les traitez comme si elles étaient vos captives.

Don Pablo haussa les épaules avec dédain.

— Les femmes sont toutes les mêmes, dit-il avec ironie, rien ne saurait les satisfaire. Mieux que ces dames, je sais à même de la juger de ce qui leur convient; d'ailleurs, qu'elles se tranquillisent, elles n'ont pas longtemps à demeurer ici, et si la vue de mes compagnons les choque, elles en seront bientôt délivrées.

— Ce n'est pas la vue de vos compagnons qui choque les dames, mais la vôtre; ce sont de vos frères que j'entends l'animal. Prenez garde, vous êtes en mon pouvoir, ne l'oubliez pas, et je suis l'homme que ses ennemis ont sur-

nommé l'ours de Casa-Trama.

— Que m'importe les noms qu'on vous donne, s'écria Emile, oubliant toute mesure, dit seul vous convient; si vous persistez dans la voie funeste où vous êtes engagé, c'est celui de bandit.

— Vivo Dieu! s'écria-t-il avec violence, cette insulte veut du sang! Un lâche seul ose braver ainsi un homme sans armes.

— Allons donc, reprit le jeune homme avec mépris, sans armes? Et d'un geste plein de noblesse il jeta un pistolet aux pieds du partisan, en même temps qu'il abandonnait son fusil et saisissait son second pistolet à sa ceinture. Par Dieu! la défaite est bonne; si vous êtes aussi brave que vous le prétendez, voici une arme, faites-moi raison. Vous imaginez-vous donc que j'aie jamais craint de me mesurer avec vous.

— Rayo de Dios! s'écria le partisan avec rage, vous en aurez la joie!

Et se précipitant sur le pistolet, il l'arma et le déchargea presque à bout portant sur le jeune homme.

C'en était fait de celui-ci; vu le peu de distance qui le séparait de son adversaire, rien n'aurait pu le sauver. Heureusement le partisan, aveuglé par la rage, n'avait pas calculé son coup; la balle, mal dirigée, au lieu de frapper le Français en plein corps, ne lui fit qu'une légère éraflure dans le bras et se perdit inoffensive.

— Votre vie m'appartient, dit froidement le jeune homme, en armant à son tour son pistolet.

— Cassez-moi donc la tête, carai! s'écria don Pablo; tirez, au nom du diable! et que tout soit fini.

— Non pas, repartit le jeune peintre sans s'émouvoir, il est bon que vous puissiez juger de la différence qui existe entre un homme de votre sorte et un de la mienne.

— Ce qui veut dire? balbutia le partisan, que la rage étranglait.

— Que je vous fais grâce! dit Emile.

— Grâce, avez-vous dit, grâce! s'écria-t-il avec un rugissement de tigre, à moi!

— A vous, pardieu! à qui donc?

Et écartant froidement de son bras blessé le partisan qui s'était élancé vers lui, il leva son pistolet et le déchargea par dessus sa tête.

Don Pablo demeura un instant comme atterré, ses yeux injectés de sang, les traits livides, les poings crispés, incapable de comprendre la grandeur de cette action, mais comme il vaincu, malgré lui, par l'ascendant que, en un instant, le jeune homme avait su prendre sur sa nature abrupte et sauvage.

— Donc, reprit paisiblement le jeune homme, votre vie m'appartenait; je vous l'ai, rien dû; il exige en retour qu'une seule chose.

— Vous exigez quelque chose de moi? fit-il avec un ricanement railleur.

— Oui.

— Oh! oh! Et si je ne voulais rien vous accorder, moi?

— Oh! alors, reprit-il avec le plus grand sang-froid, comme tout doit avoir sa terme et qu'il est toujours permis de se débarrasser d'une bête féroce, je vous casserai la tête comme à un chien enragé.

Tout en parlant ainsi, Emile avait repris son fusil.

Le partisan se trouvait de nouveau à la merci de son adversaire.

Il lui jeta un regard de haine, mais il comprit la contenance de son ennemi que celui-ci n'hésiterait pas à mettre sa menace à exécution; alors, grâce à cette puissance qu'il possédait sur lui-même, il rendit le calme à ses traits contournés par la rage, et, s'inclinant avec un sourire gracieux:

— Soit, je ferai ce que vous désirez, señor; votre noble générosité a vaincu mon entêtement.

— Jurez sur votre salut, par Nuestra Señora de la Soledad, d'effectuer à ce que vous vous engagerez à faire.

— Je vous le jure, sur mon salut, par Nuestra Señora de la Soledad.

Cette Vierge, fort respectée par les Gauchos, les coureurs des bois et autres gens de même sorte, était, du moins il le croyait ainsi, la protectrice de don Pablo Pincheyra; il lui était très dévot, et, aucune raison, si grave qu'elle fût, n'aurait pu lui faire violer un serment fait en son nom, Emile connaissait cette particularité.

— Pendant trois jours, à compter de ce moment, vous ne tenterez rien contre les deux dames confiées à ma garde.

— Je le jure.

En ce moment, un galop éloigné se fit entendre et, bientôt une troupe de cavaliers apparut à une assez grande distance.

— Voici les personnes que vous attendez, reprit Emile, je veux assister à votre entretien avec elles.

— Soit! vous y assisterez; que voulez-vous encore?

— Rien.

— Comment, c'est tout.

— Oui.

— Vous ne stipulez rien pour votre sûreté personnelle.

— Allons donc, répondit le jeune homme avec dédain, vous plaisantez, señor, qu'ai-je à redouter de vous, moi? Vous n'oseriez attenter à la vie de celui qui, maître de la vôtre, a refusé de la prendre.

Le partisan frappa du pied avec colère, mais il ne répondit pas.

Les cavaliers approchaient rapidement, encore quelques minutes, ils les auraient rejoint les deux hommes qui les regardaient venir sans faire un mouvement vers eux.

VI

A Casa-Trama.

Les cavaliers qui s'avançaient dans le cañon, se dirigeant vers le camp de Casa-Trama, ainsi que se nommait le quartier général des Pincheyras, formaient une troupe d'une trentaine d'hommes environ; tous étaient bien armés et bien montés; leur costume affectait une coupe militaire, et, soit qu'ils marchant au petit galop, ils conservaient leurs rangs et ressemblaient plutôt à des soldats vrais qu'à des partisans qu'à des voyageurs paisibles amenés dans la Cordillère par leurs affaires.

Deux cavaliers, montés sur de magnifiques chevaux noirs richement harnachés, précédaient de quelques pas de gros de la troupe, et causaient entre eux avec une certaine animation, ils n'avaient pas aperçu encore don Pablo ni le peintre français, qui, à demi-cachés derrière des fragments de roches, les observaient attentivement.

Après quelques minutes de silence, le partisan se tourna vers le peintre.

— Ce sont bien les personnes que j'attends, dit-il; venez, rentrons au camp.

— Pourquoi ne pas les attendre là où nous sommes, puisqu'il leur faut absolument passer devant nous?

— Mieux vaut qu'ils ne nous trouvent pas ici; je dois recevoir ces personnes avec un certain décorum que leur rang exige.

— A votre aise; mais il nous sera assez difficile de rentrer au camp sans être rejoint par eux surtout au train où ils vont.

— Que cela ne vous inquiète pas, reprit don Pablo en souriant, suivez-moi toujours.

— Allons, fit le peintre en réprimant un mouvement de curiosité.

En effet, il semblait impossible que l'endroit où ils étaient placés, les deux hommes pussent regagner le camp sans être non seulement aperçus, mais rejoints en quelques minutes par les voyageurs.

Cependant, contre toutes probabilités, il n'en fut rien.

Le partisan, après avoir escaladé, suivi par le peintre, quelques blocs de rochers entassés sans ordre apparent les uns sur les autres, se trouva à l'entrée d'une caverne naturelle comme il en existe tant dans les montagnes, et dans laquelle, après avoir écarté les ronces et les broussailles qui en masquaient la bouche, il s'engagea résolument. Le peintre n'hésita pas à le suivre, curieux de connaître ce passage caché si adroitement, et dont, sans y réfléchir, le partisan lui révélait l'existence, passage qui, à un moment donné, pouvait être de la plus haute importance pour le jeune homme. La caverne était large, spacieuse, aérée; le jour y pénétrait par d'imperceptibles fissures et faisait filtrer un clair-obscur suffisant pour se diriger sans craindre de s'égarer dans le dédale des galeries qui s'ouvraient à droite et à gauche et allaient se perdre sous la montagne à des distances probablement considérables, ou bien avaient des sorties ménagées dans plusieurs directions.

Après une marche rapide de quelques minutes, un bruit sourd et continu ressemblant à une chute d'eau considérable se fit entendre et devint de plus en plus fort, enfin les deux hommes débouchèrent de la caverne et se trouvèrent sur une étroite plate-forme de deux ou trois mètres de large au plus, masquée complètement par une nappe d'eau qui tombait d'une grande hauteur à deux ou trois mètres au plus en avant de la plate-forme et allait se briser avec fracas, une vingtaine de mètres plus bas, sur un chaos de rochers où elle se partageait en deux branches formant un peu plus loin deux rivières distinctes.

— Nous sommes arrivés, dit le Pincheyra en se tournant vers son compagnon auquel jusque-là il n'avait pas adressé une parole, reconnaissez-vous ce lieu?

— Parfaitement. C'est au pied même de cette cascade que le camp est établi; votre toldo n'en est qu'à une portée de fusil au plus.

— C'est cela même, vous voyez que je ne vous ai pas trompé.

— C'est vrai, mais comment descendrons-nous dans la vallée? le chemin ne me semble guère praticable.

— Vous vous trompez, il est, au contraire, des plus faciles, vous allez voir; seulement, donnez-moi votre parole de caballero de ne révéler à personne le secret que je vous confie; vous comprenez, n'est-ce pas, l'importance pour moi, en cas d'attaque, d'avoir une issue par laquelle il me serait possible d'échapper sans coup férir avec mes compagnons, et de glisser, pour ainsi dire, comme un serpent entre les doigts de mes ennemis qui croiraient déjà me tenir à leur merci.

— Je comprends parfaitement cela, et je vous fais de grand cœur le serment que vous exigez, d'autant plus que la confiance avec laquelle vous m'avez conduit ici est pour moi une preuve indiscutable de l'estime que vous avez pour moi.

Don Pablo s'inclina poliment.

— Venez, dit-il, nous allons descendre.

Il fit alors un crochet sur la droite et gagna l'extrémité ouest de la plate-forme.

— Voyez, dit-il.

Le peintre regarda.

Un escalier taillé dans le roc vif descendait en pente douce à une certaine profondeur sur les flancs de la montagne et allait se perdre dans un épais fourré d'arbres de haute futaie.

— Le hasard, il y a bien longtemps déjà, reprit don Pablo, m'a révélé ce passage à une époque où je croyais ne devoir jamais l'utiliser; aujourd'hui il m'est fort utile pour entrer et sortir du camp sans être vu; mais ne demeurons pas plus longtemps ici, venez.

Don Pablo, avec une confiance qui eût été une insigne folie avec un autre homme que le peintre, passa alors le premier et commença à descendre sans même tourner la tête pour voir si son compagnon le suivait.

Rien n'eût été plus facile que de faire perdre l'équilibre au partisan en le poussant lé-

gèrement, comme par hasard, et de lui briser le crâne contre les rochers; la pensée n'en vint même pas au peintre, malgré la haine qui grondait dans son cœur contre cet homme, haine avivée encore par leur récente querelle; il suivit son ennemi dans cette hasardeuse descente, aussi paisiblement que s'il avait fait une promenade d'agrément avec un ami intime.

Du reste, il ne leur fallut que quelques minutes pour atteindre le bas de la montagne et mettre le pied dans la vallée.

— Nous voici rendus, dit alors don Pablo; nous devons nous séparer ici; allez à vos affaires, tandis que moi j'irai aux miennes.

Ils se trouvaient effectivement au milieu du camp, à quelques pas à peine du toldo du chef.

— N'allez-vous pas recevoir les étrangers qui arrivent? demanda Emile.

— Si bien, je vais les recevoir, car ils seront ici dans dix minutes à peine, et, je vous l'ai dit, je veux leur faire rendre certains honneurs auxquels ils ont droit.

— Il avait été arrêté entre nous, il me semble, que j'assisterais à votre entrevue?

— Parfaitement, et je tiendrai ma promesse, soyez tranquille; mais cette entrevue n'aura lieu que plus tard, dans deux ou trois heures au moins. Je ne vais faire, en ce moment, que remplir envers les étrangers les devoirs de l'hospitalité; lorsqu'ils seront reposés, nous nous occuperons d'affaires. Ainsi, soyez tranquille, quand le moment sera venu, j'aurai soin de vous faire avertir, afin que vous assistiez à la conférence.

— J'ai votre parole, je ne vous ferai donc pas de plus longues objections. Dieu vous garde, seigneur don Pablo.

— Dieu vous garde, seigneur don Emile, répondit le partisan.

Les deux hommes se saluèrent, et sans davantage discourir, ils se tournèrent le dos et tirèrent chacun d'un côté, don Pablo se dirigeant vers l'entrée du camp, où sans doute sa présence ne tarderait pas à être nécessaire, et le peintre remontant du côté de son toldo, où bientôt il arriva. Un homme assis sur le seuil semblait guetter son retour.

Cet homme était Tyro, le Guaranis. A quelques pas de lui, accroupis sur le sol, deux individus déguenillés, mais armés jusqu'aux dents, jouaient au monté; ces individus étaient Mataseis et Sacatripas, les deux sacripans, engagés par le peintre lors de sa fuite de San Miguel de Tucuman; sans se déranger ils saluèrent leur maître au passage et continuèrent la partie acharnée qu'ils avaient commencée au lever du soleil, et qui, selon toutes probabilités, à moins d'événements graves, durerait jusqu'à la fin de la journée.

A la vue du Français, Tyro se leva vivement, souleva le rideau du toldo, et après que son maître fut entré, il le suivit.

— Quoi de nouveau? lui demanda Emile.

— Pas gran'chose en apparence, répondit le Guaranis, mais beaucoup en réalité.

— Ah! fit le jeune homme d'un air soucieux, qu'est-il donc arrivé encore?

— Rien, je vous le répète, mon ami; cependant je crois que vous ferez bien de vous mettre sur vos gardes.

— Eh! n'y suis-je pas toujours?

— C'est vrai; pourtant, un surcroît de précaution ne saurait nuire.

— Alors as-tu appris quelque chose?

— Je n'ai rien appris de positif encore, cependant j'ai des soupçons; bientôt, je l'espère, il me sera permis de vous instruire.

— As-tu vu ces dames aujourd'hui?

— Oui, mi amo; ce matin j'ai eu l'honneur de leur faire visite, elles sont tristes et résignées, comme toujours, mais il est facile de voir que cette existence leur pèse à chaque instant davantage et que leur feinte résignation cache un profond découragement.

— Hélas! murmura le jeune homme avec tristesse, je ne puis malheureusement leur venir en aide.

— Peut-être, mi amo.

Emile se redressa vivement.

— Tu sais quelque chose n'est-ce pas, mon bon Tyro? s'écria-t-il avec anxiété.

— Je dois ne rien dire encore, mi amo, soyez patient, bientôt vous saurez tout.

Le jeune homme soupira.

— J'ai vu don Pablo, dit-il.

— Ah! fit le Guaranis avec curiosité.

— J'assisterai à l'entrevue.

— Bon! s'écria l'Indien en se frottant joyeusement les mains, tant mieux; don Pablo n'a pas fait de difficultés?

— Hum, il n'a consenti que le pistolet sur la gorge.

— Peu importe, le principal est que vous soyez présent.

— Tu vois que j'ai suivi ton conseil.

— Bientôt, mi amo, vous en connaîtrez vous-même l'importance.

— A la grâce de Dieu! Je l'avoue que depuis que je suis dans cette affreuse tanière de Casa-Trama, je sens que je perds toute énergie.

— Courage, mi amo, peut-être êtes-vous plus près d'en sortir que vous ne le supposez.

— Tu ne parles jamais que par énigmes.

— Excusez-moi, il m'est, quant à présent, impossible de m'expliquer.

— Fais comme tu voudras, je ne me mêlerai de rien.

— Jusqu'au moment où il faudra agir.

— Mais, quand ce moment viendra-t-il?

Tyro ne répondit pas, occupé à tout préparer pour le déjeuner de son maître; absorbé en apparence par cette grave occupation, il feignit de ne pas entendre des paroles par trop significatives.

— Voilà qui est fait, mi amo, dit-il, mangez et buvez, il est bon de prendre des forces; on ne sait jamais ce que l'avenir nous réserve, et il faut être préparé à tous les événements.

Le peintre le regarda un instant avec attention.

— Allons, dit-il, en s'asseyant sur un équipal devant la table, tu machines quelque chose.

Le Guaranis se mit à rire malicieusement.

— Ah! fit-il au bout d'un instant, vous savez, mi amo, que l'engagement de nos deux compagnons est fini d'hier.

— Quels compagnons et quel engagement? répondit le jeune homme la bouche pleine.

— Eh! mais celui de Mataseis et de son digne acolyte Sacatripas.

— Bon, qu'est ce que cela me fait? ces drôles ont été payés d'avance, je ne leur dois donc rien.

— Pardon, mi amo, vous leur devez deux mois.

— Comment cela?

— Parce que j'ai renouvelé leur engagement pour deux mois, ce matin même, au même prix; du reste ce n'est pas cher, les drôles ne manquent pas d'une certaine valeur.

— Quelle singulière idée de nous avoir de nouveau empêtré de ces misérables; ne valait-il pas mieux s'en débarrasser et les envoyer se faire pendre ailleurs.

— Quant à être pendus, soyez tranquille, cela leur arrivera tôt ou tard; provisoirement j'ai pensé qu'il était préférable de les conserver à votre service. Souvenez-vous, mi amo, que lorsqu'on lutte contre des bandits, il faut en avoir quelques-uns dans ses intérêts.

— Arrange-toi, cela te regarde, puisque c'est toi qui fais tout ici selon ton caprice; garde-les, ne les garde pas, je m'en lave les mains.

— Vous avez de l'humeur, mi amo?

— Non, je suis triste, j'ai parfois des tentations d'en finir en brûlant la cervelle à ce Pincheyra maudit et me la faisant à moi-même sauter ensuite.

— Gardez-vous bien de vous laisser-aller à ces tentations, mi amo, non pas que je m'intéresse le moins du monde aux Pincheyras, car je réserve à don Pablo et à ses frères un plat de mon métier qu'ils trouveront trop épicé, j'en suis convaincu ; mais le moment n'est pas venu encore, patientons et, pour commencer, assistez à l'entrevue d'aujourd'hui, mi amo, et ouvrez les oreilles, car je me trompe fort, ou vous y entendrez d'étranges choses.

— Oui, oui ; je suppose qu'une entrevue à laquelle le colonel, car il s'est définitivement octroyé ce grade de son autorité privée, je suppose, dis-je, qu'une telle entrevue doit être fertile en incidents curieux.

— Je veux vous laisser le plaisir de la surprise, mi amo ; est-ce que vous sortez ? ajouta-t-il en voyant son maître se diriger vers la porte.

— Je compte aller présenter mes hommages à ces dames.

— Vous n'en auriez pas le temps ; d'ailleurs, vous ne pourriez pas causer librement avec elles ; les deux sœurs de don Pablo leur tiennent en ce moment compagnie.

— Ces femmes semblent avoir reçu un mot d'ordre pour ne pas perdre de vue ces deux malheureuses dames ; elles passent presque les journées entières avec elles.

— Il est probable qu'elles ont reçu des instructions à cet égard.

Le jeune homme ne répondit pas, mais il fronça les sourcils, frappa du pied avec colère, et se mit à marcher de long en large.

Quelques minutes s'écoulèrent.

— Pardieu ! s'écria-t-il enfin, je suis bien niais de me chagriner ainsi pour des choses qui ne devraient pas me toucher et que je ne puis empêcher ! En somme, il est évident que, puisque la vie est un continuel jeu de bascule, lorsque j'aurai atteint le dernier degré de la mauvaise fortune, il faudra bien que je remonte et que, fatalement, ma position s'améliore. Bah ! laissons faire la Providence, et c'est plus fine que moi et saura bien, lorsque cela lui plaira, me faire sortir d'embarras ! Cependant, il me semble qu'il serait temps qu'elle y songeât ; je m'ennuie atrocement !... C'est égal, j'ai eu une triomphante idée de venir au nouveau monde pour y chercher la tranquillité et les mœurs patriarcales ! Tudieu ! quels patriotes que les Pincheyras ! et comme les histoires de voyages sont vraies et copiées sur nature !

Et il se mit à rire de tout son cœur.

Comme ce qui précède avait été dit en français, et que, par conséquent, l'Indien n'en avait pas compris un mot, il regarda le jeune homme d'un air ébahi, qui redoubla l'hilarité de celui-ci, de sorte que le Guaranis se demandait intérieurement si son maître n'était pas subitement devenu fou, lorsqu'un nouveau personnage parut tout à coup dans le toldo, et par sa seule présence calma, comme par enchantement, la gaieté du Français et lui rendit tout son sérieux.

Ce personnage n'était mieux que don Santiago Pincheyra, un des frères de don Pablo, celui-là même auquel le jeune homme avait rendu un si grand service lors de son escarmouche avec la cuadrilla de Zeno Cabral.

Tout brutal et tout bourru qu'était don Santiago, il semblait avoir conservé au peintre une certaine reconnaissance de ce service, et, en plusieurs circonstances, il lui avait témoigné un léger-intérêt ; c'était grâce à son influence qu'il était traité avec considération dans le camp des partisans, et à peu près libre d'agir à sa guise sans être en butte aux grossières tracasseries des bandits de cette troupe indisciplinée.

— Je vois avec plaisir que vous n'engendrez pas la mélancolie parmi nous, seigneur français, lui dit-il en lui tendant la main. Tant mieux, vive Dios ! Le chagrin tuerait un chat, comme nous avons coutume de dire.

— Vous voyez que je me forme, répondit Emile en lui pressant la main ; pour répondre à votre proverbe par un autre, je vous dirai que chose sans remède, mieux vaut l'oublier ; qui me procure l'avantage de votre

visite, cher seigneur?

— Le désir de vous voir d'abord, puis ensuite un message de mon frère don Pablo Pincheyra.

— Croyez que je suis sensible, comme je le dois, à cette preuve de courtoisie, cher seigneur, fit le jeune homme en s'inclinant avec politesse ; et ce message, que par votre entremise me fait l'honneur de m'adresser S. Exc. le colonel don Pablo Pincheyra, est important sans doute?

— Vous en jugerez mieux que moi, señor; mon frère réclame votre présence à l'entrevue qui va immédiatement avoir lieu avec des officiers espagnols arrivés, il y a environ une heure, au quartier général.

— Je suis fort honoré que Son Excellence ait daigné songer à moi; je me rendrai au conseil dès que j'en aurai reçu l'ordre.

— Cet ordre, je vous l'apporte, seigneur français, et s'il vous plaît de me suivre, je vous accompagnerai au lieu choisi pour l'entrevue, qui est tout simplement la salle du conseil dans le toldo même de mon frère.

— Fort bien, seigneur don Santiago, je suis prêt à vous suivre.

— Alors, nous partirons tout de suite; car on n'attend plus que vous.

Le peintre échangea avec le Guaranis un dernier regard, auquel celui-ci répondit par un autre non moins significatif, et, sans plus de paroles, il sortit du toldo avec don Santiago.

Tout était en rumeurs à Casa-Trama; l'arrivée imprévue des étrangers avait éveillé la curiosité générale; les rues étaient littéralement encombrées par les hommes, les femmes et les enfants qui se pressaient vers le toldo du colonel.

Les deux hommes eurent beaucoup de peine à se frayer un passage à travers la foule des curieux qui obstruaient la voie publique, et, sans la présence de don Santiago, connu et respecté de tous, le Français ne serait probablement pas parvenu à atteindre l'endroit où il désirait se rendre.

Bien que la demeure de don Pablo Pincheyra portât le nom de toldo, c'était en réalité une maison vaste et aérée, construite avec tout le soin possible pour la commodité intérieure de son propriétaire. Les murs étaient en torchis, récrépis avec soin et blanchis à la chaux. Dix fenêtres avec des contrevents peints en vert, et garnies de plantes grimpantes qui s'élançaient dans toutes les directions et formaient les paraboles les plus échevelées, lui donnaient un air de gaieté qui faisait plaisir à voir. La porte, précédée d'un péristyle et d'une varandah, se trouvait juste au centre de la construction. Devant cette porte un mât de pavillon était planté en terre surmonté du drapeau espagnol; deux sentinelles armées de lances se tenaient l'une au seuil de la porte, l'autre au pied du mât de pavillon; une batterie de six pièces de canons de montagne était braquée à quelques pas en avant, à demi cachées en ce moment par une trentaine de chevaux tout harnachés et qui rongeaient leur frein en blanchissant leur mors d'écume.

A la vue de don Santiago les sentinelles présentèrent les armes et s'écartèrent respectueusement pour lui livrer passage, tandis que la foule était tenue à distance par quelques soldats préposés à cet effet, et n'avait d'autre moyen d'assouvir sa curiosité que celui d'interroger les peones des étrangers, qui surveillaient les chevaux de leurs maîtres.

Les deux hommes pénétrèrent dans la maison après avoir traversé un saguan rempli de soldats. Ils entrèrent dans une salle où plusieurs officiers discouraient entre eux à haute voix de l'arrivée des étrangers; quelques-uns de ces officiers s'approchèrent de don Santiago pour lui demander des nouvelles; mais celui-ci, qui peut-être n'en savait pas plus qu'eux à ce sujet, ou qui avait reçu des instructions précises de son frère, ne leur fit que des réponses évasives, et, les écartant

doucement de la main, il entra enfin dans la salle du conseil, suivi pas à pas par le peintre français, qui commençait, lui aussi, à être fort intrigué de tout ce qu'il voyait.

La salle du conseil était une pièce assez vaste, dont les murs blanchis à la chaux étaient complètement nus, à l'exception d'un grand christ en ivoire, placé à l'extrémité de la salle, au-dessus d'un fauteuil occupé en ce moment par don Pablo Pincheyra; à droite de ce christ, une mauvaise gravure, affreusement enluminée, était censée représenter le roi d'Espagne, couronne en tête et sceptre en main; à gauche, une gravure non moins laide représentait, toujours par à peu près, Nuestra Señora de la Soledad.

L'ameublement était des plus mesquins et des plus primitifs : quelques bancs et quelques équipaux rangés contre les murs et une table d'assez petite dimension en formaient la totalité.

Don Pablo Pincheyra, revêtu du grand uniforme de colonel espagnol, était assis sur le fauteuil ; près de lui se tenaient son frère don José-Antonio, à sa droite ; la place de don Santiago, à sa gauche, était vide provisoirement ; puis venait le padre Gomez, chapelain de don Pablo, gros moine réjoui et pansu, mais dont les yeux pétillaient de finesse ; plusieurs officiers, capitaines, lieutenants et alferez, groupés sans ordre autour de leur chef, s'appuyaient sur leurs sabres et fumaient négligemment leurs cigarettes en causant à voix basse.

Devant la table était assis un homme long, sec et maigre, aux traits ascétiques et aux regards louches et faux. Celui-ci était don Justo Vallejos, secrétaire de don Pablo ; car, de même qu'il s'était donné le luxe d'un chapelain, le digne colonel avait, avec plus de raisons, sans doute, avait senti le besoin d'attacher un secrétaire à sa personne.

Un cabo ou caporal se tenait près de la porte et remplissait les fonctions d'huissier et d'introducteur.

— Enfin, s'écria don Pablo en apercevant le Français, je commençais à craindre que vous ne vinssiez pas.

— Nous avons éprouvé des difficultés infinies pour arriver jusqu'ici, répondit don Santiago en allant prendre la place qui lui était réservée.

— Vous voilà, tout est pour le mieux, señor Françés, placez-vous là, près de mon secrétaire. Cabo Mendez, apportez un siége à ce caballero.

Le jeune homme salua silencieusement, et ainsi qu'il en avait reçu l'ordre, il s'assit auprès du secrétaire, qui inclina la tête de son côté en lui jetant un regard voilé en guise de salut.

— Maintenant, caballeros, reprit don Pablo en s'adressant à tous les assistants, n'oubliez pas que des représentants de Sa Majesté très sacrée le roi notre souverain vont paraître devant nous ; agissons avec eux comme de véritables caballeros que nous sommes, et prouvons-leur que nous ne sommes pas aussi sauvages qu'ils sont peut-être disposés à le supposer.

Les officiers répondirent par un salut respectueux, se redressèrent et jetèrent leurs cigarettes.

D'un regard circulaire, don Pablo s'assura que ses ordres avaient été exécutés et que ses officiers avaient pris des poses plus convenables que celles qu'ils affectaient auparavant; puis se tournant vers le caporal, immobile à la porte, sur la serrure de laquelle sa main était posée :

— Cabo Mendez ? lui dit-il, introduisez en notre présence les représentants de S. M. Catholique le roi des Espagnes et des Indes.

Le caporal ouvrit la porte à deux battants et les personnages attentifs et qui se tenaient dans une pièce attenante firent leur entrée dans la salle du conseil pas à pas grave et mesuré, après que le caporal eut répété d'une voix claire et d'un ton emphatique les dernières paroles prononcées par don Pablo Pincheyra.

Ces étrangers, à qui on donnait ainsi un titre auquel ils n'avaient probablement que des droits fort contestables, étaient au nombre de cinq.

Leur escorte était demeurée au dehors. En les apercevant, le jeune Français retint une peine, une exclamation de surprise. De ces cinq personnages, il en avait reconnu deux que certes il était loin de s'attendre à rencontrer en pareil lieu.

_____

VII.

L'entrevue.

Si Émile Gagnepain se fût trouvé dans une disposition plus calme, certes le spectacle étrange qu'il avait sous les yeux eût éveillé non-seulement sa gaieté, mais encore sa verve caustique; cette parodie effrontée des entrevues accordées par les chefs d'une puissante nation aux représentants d'une autre, jouer sérieusement par ces bandits aux traits bas et cruels, aux mines rouges de sang, moitié renards et moitié loups, dont les manières affectées avaient quelque chose de vil et de repoussant, impressionnait désagréablement le jeune homme et lui faisait éprouver un indéfinissable sentiment de dégoût et de pitié pour les officiers espagnols, qui ne craignaient pas de venir implorer humblement le secours de ces féroces partisans qu'ils méprisaient au fond du cœur et que si longtemps ils avaient implacablement poursuivis pour les punir de leurs innombrables méfaits.

Du reste, les officiers espagnols semblaient avoir parfaitement conscience de leur mauvaise situation et de la démarche répréhensible aux yeux de l'honneur et du droit des gens qu'ils ne craignaient pas de faire en ce moment.

Malgré l'assurance qu'ils affectaient et leur tenue hautaine, la rougeur de la honte couvrait leur front; malgré eux, leur tête se baissait et leurs regards ne s'arrêtaient qu'avec une certaine hésitation sur les personnes dont ils étaient entourés, et que, sans doute, ils eussent désiré moins nombreuses.

Cette pompe insolite déployée à leur intention dans le but évident de leur couper toute retraite et de les engager irrémissiblement, leur pesait, car ils comprenaient toute la portée d'une telle mesure et le retentissement qu'elle ne manquerait pas d'avoir au dehors de ces montagnes.

La tenue des Pincheyras formait, avec celle des Espagnols, un contraste frappant.

Tumultueusement groupés autour de leurs chefs, l'œil railleur et la lèvre sardonique, ils chuchotaient entre eux à voix basse, en jetant par-dessus l'épaule des regards dédaigneux à ceux de leur mauvaise fortune contraignait par-dessus tout à implorer leur appui.

Don Pablo Pincheyra et ses frères conservaient seuls une contenance convenable; ils sentaient leur cœur se gonfler d'orgueil dans leur poitrine en songeant au rôle que la fortune, par un juste retour de la honte consommée par les Espagnols, les appelait subitement à jouer; ils se sentaient ce rôle et se croyaient de bonne foi appelés à replacer par la force de leurs armes, sous la domination espagnole, ces riches colonies qui lui échappaient si providentiellement par un juste retour de cette implacable loi du talion, qui veut que tôt ou tard les bourreaux deviennent à leur tour victimes de ceux qu'ils ont martyrisés.

Lorsque les étrangers eurent été introduits par le cabo faisant en cette circonstance, fonctions d'huissier, et que les premières salutations eurent été échangées, don Pablo Pincheyra prit la parole:

— Soyez les bienvenus à Casa-Trama, ca-

balleros, dit-il, en s'inclinant avec une politesse étudiée, je m'efforcerai, pendant le temps qu'il vous plaira de prolonger votre visite parmi nous, de rendre votre séjour agréable.

— Je vous remercie, caballero, au nom de mes compagnons et au mien, répondit un des étrangers, de la gracieuse bienvenue qu'il vous plaît de nous souhaiter; permettez-moi seulement de rectifier, sur un point, vos paroles; ce n'est pas une visite que nous faisons, à vous et à vos braves compagnons, si dévoués et si loyaux champions de l'Espagne, nous venons, chargés d'une mission importante par notre souverain et le vôtre.

— Nous sommes prêts à écouter la communication de ce message, caballero; mais, d'abord, veuillez nous faire connaître votre nom et ceux des honorables personnes qui vous accompagnent.

L'étranger s'inclina.

— Je suis, dit-il, don Antonio Zinozain de Figueras, lieutenant-colonel au service de Sa Majesté le roi d'Espagne et des Indes.

— Bien souvent votre nom est venu jusqu'à moi, señor caballero, interrompit don Pablo.

— Deux autres, capitaines de Sa Majesté m'ont été adjoints, continua don Antonio en les désignant au partisan, don Lucio Ortega et don Estevan Mendoza.

Les deux officiers dont les noms venaient d'être prononcés saluèrent cérémonieusement.

Pincheyras lança un regard perçant, et, s'adressant à celui qui avait été désigné sous le nom de don Estevan Mendoza:

— La prudence, sans doute, vous a engagé, caballero, à vous cacher modestement sous le nom de don Estevan.

— Señor, balbutia l'Espagnol.

— Rassurez-vous, caballero, continua don Pablo; bien que ces précautions soient inutiles, je comprends vos scrupules; votre incognito sera respecté.

Don Estevan, ou du moins la personne qui s'était donné ce nom, rougit de honte et de confusion à ces paroles à double tranchant; mais il ne trouva rien à répondre et s'inclina silencieusement avec un geste de dépit mal dissimulé.

Don Pablo sourit d'un air narquois et, se tournant vers don Antonio:

— Continuez je vous prie, caballero, lui dit-il.

Celui-ci avait été aussi surpris que contrarié de l'observation railleuse du partisan, et ce n'avait été qu'avec une certaine difficulté qu'il était parvenu à cacher le désappointement qu'elle lui avait fait éprouver; cependant, ainsi interpellé par don Pablo, il s'inclina et répondit:

— Les deux autres personnes qui m'accompagnent sont: l'une, un chef indien araucan renommé.

— Je le connais, fit Pincheyra, il y a longtemps que le capitan Marilaan et moi nous avons dormi côte à côte, sous le même abri: comme deux frères qui s'aiment; je suis donc heureux de le voir.

— Et moi de même, répondit le chef en excellent espagnol; il n'avait dépendu que de ma volonté, depuis plusieurs mois déjà je me serais réuni à vous, chef, parce que vous êtes brave comme le plus redoutable Ulmen de ma nation.

Don Pablo pressa la main du chef.

— Il ne me reste plus, caballero, reprit don Antonio, qu'à vous présenter cet officier.

— C'est au titre, caballero, interrompit vivement don Pablo, lorsqu'il en sera temps, lui-même se présentera en nous instruisant des motifs qui obligent sa présence parmi nous; veuillez maintenant, s'il vous plaît, vous acquitter de la mission dont vous êtes chargé, en nous faisant connaître le message dont vous êtes porteur pour nous.

— Señor caballero, reprit don Antonio Zinozain, le roi, mon maître et le vôtre, satisfait des services que vous avez rendus à son

gouvernement depuis le commencement de cette déplorable révolte, a daigné vous conférer le grade de colonel.

— Je remercie Sa Majesté de sa bienveillante sollicitude pour moi, répondit don Pablo avec un sourire sardonique, mais le grade qu'elle veut bien m'octroyer aujourd'hui, depuis longtemps déjà mon épée me l'a fait conquérir sur les champs de bataille, où j'ai versé comme de l'eau mon sang pour le soutien des droits de Sa Majesté sacrée.

— Je le sais, caballero; aussi, n'est-ce pas à cette seule distinction que Sa Majesté borne ses faveurs.

— Je vous écoute, señor.

— Sa Majesté non-seulement a résolu de placer sous vos ordres immédiats un corps de deux cents hommes de cavalerie régulière commandé par moi et d'autres officiers de l'armée, mais encore elle vous autorise, par un décret dûment signé par elle et enregistre à la chancellerie, de prendre pour le corps d'armée placé sous vos ordres le titre de *Corps fidèle des chasseurs des montagnes*, à arborer le drapeau royal écartelé de Castille et de Léon, et à placer la cocarde espagnole sur les coiffures de vos soldats.

— Sa Majesté m'accorde ces faveurs insignes? interrompit don Pablo avec un frémissement joyeux dans la voix.

— En sus, continua impassiblement don Antonio Zinozain, Sa Majesté, considérant que, jusqu'à présent, guidé seulement par votre dévouement et votre inviolable fidélité, vous avez soutenu la guerre à vos risques et périls, dépensant et compromettant votre fortune pour son service, sans espoir de rentrer dans ses énormes débours, Sa Majesté, dis-je, à la sagesse de qui rien n'échappe, a jugé convenable de vous donner une preuve de sa haute satisfaction pour votre conduite loyale. En conséquence, elle a ordonné qu'une somme de cent mille piastres fût mise immédiatement à votre disposition, afin de vous couvrir d'une partie de vos dépenses, et, en plus, elle vous autorise à prélever, sur toutes les contributions de guerre que vous imposerez aux villes qui tomberont en votre pouvoir, un dixième, dont vous disposerez à votre gré comme étant votre propriété pleine et entière, et ce jusqu'à concurrence de la somme de vingt-cinq mille piastres fortes. Sa Majesté me charge, en outre, par l'entremise de Son Excellence le vice-roi, son délégué et porteur de pleins pouvoirs, de vous assurer de la haute satisfaction et de son désir de ne pas borner à ce qu'elle fait aujourd'hui, la récompense qu'elle compte vous accorder dans l'avenir.

— Ainsi, dit don Pablo en se redressant avec un orgueilleux sourire, maintenant je suis bien réellement un chef de guerre?

— Sa Majesté en a décidé ainsi, répondit froidement don Antonio.

— Vive Dios! s'écria le partisan avec un geste de menace, Sa Majesté a bien fait, car je jure Dieu que de tous ceux qui, aujourd'hui, combattent pour sa cause, je serais le dernier à mettre bas les armes, dussé-je y mourir, jamais je ne consentirai à traiter avec les rebelles, et je le serment le le tiendrai, rayé du Cristo! Quand même le ciel et la terre se figuraient contre moi, dût-je m'accabler de ses yeux, dût-un siècle, les petits enfants des hommes que nous combattons aujourd'hui tremblent encore au souvenir de mon nom.

Le féroce partisan s'était levé en prononçant cette terrible imprécation; il avait renversé sa chaise, rejeté en arrière, et tenait la main posée sur la poignée de son sabre, tandis qu'il promenait sur l'assistance un regard d'une indicible fierté et d'une énergie sauvage.

Les assistants furent émus; malgré eux, à ces mâles accents, un frisson électrique sembla parcourir l'assemblée, et, tout à coup, la salle entière éclata en cris et en exclamations; puis, les partisans s'échauffant peu à peu à leur propre excitation, l'enthousiasme atteignit bientôt le paroxysme de la joie et du délire.

Les natures primitives sont faciles à entraîner; ces hommes, à demi sauvages, se sentaient récompensés par les honneurs accordés à leur chef; ils étaient fiers de lui et témoignaient la joie qu'ils éprouvaient à leur manière, c'est-à-dire en criant à tue-tête et en gesticulant.

Les Espagnols, eux-mêmes, partagèrent jusqu'à un certain point l'entraînement général; pendant un instant l'espoir, presque éteint dans leur cœur, se réveilla aussi fort qu'au premier jour, et ils se surprirent à croire à un succès désormais impossible.

En effet, au point où en étaient arrivées les choses, cette dernière tentative faite par les Espagnols n'était qu'un acte de folle témérité dont le résultat ne devait être que le prolongement, sans nécessité aucune, d'une guerre d'extermination entre hommes de même race et parlant la même langue; guerre impie et sacrilège qu'ils auraient dû, au contraire, terminer au plus vite, afin d'épargner l'effusion du sang et de ne pas quitter l'Amérique sous le poids de la réprobation générale, chassés bien plus par la haine des colons contre eux que par un sentiment de patriotisme et de nationalité que ceux-ci ne connaissaient pas encore et qui ne pouvait exister sur une terre qui jamais, depuis sa découverte, n'avait été libre.

Emile Gagnepain, seul spectateur, à part ses motifs de sûreté personnels, complétement désintéressé dans la question, ne put cependant conserver son indifférence et assister froidement à cette scène; il aurait même fini par se laisser aller à l'entraînement général si la présence des deux officiers espagnols, cause première de toutes ses traverses, ne l'avaient retenu, en lui inspirant une appréhension secrète que vainement il essayait de combattre, mais qui, malgré tous ses efforts, persévérait avec une opiniâtreté de plus en plus inquiétante pour lui.

Bien que le jeune Français fût placé fort en évidence près du secrétaire de don Pablo Pincheyra, cependant, depuis leur entrée dans la salle, les Espagnols n'avaient point semblé s'apercevoir de sa présence; pas une seule fois leurs regards ne s'étaient dirigés de son côté, bien qu'il fût certain qu'ils l'avaient aperçu. Cette obstination à feindre de ne pas le voir lui semblait d'autant plus extraordinaire de la part de ces deux hommes, qu'ils n'avaient aucun motif plausible pour l'éviter; du moins il le supposait.

Emile avait hâte que l'entrevue fût terminée, afin de s'approcher du capitaine Ortega et de lui demander l'explication d'un procédé qui lui paraissait non-seulement blessant pour lui, mais semblait dénoter des intentions peu amicales à son égard.

Lorsque le tumulte commença à s'apaiser, que les partisans eurent enfin cessé de crier près leurs vociférations, don Pablo réclama le silence d'un geste et se prépara à prendre congé des envoyés espagnols, mais don Antonio Zinozain fit un pas en avant; et, se tournant vers le chef indien qui, jusque-là, était demeuré impassible et muet, écoutant et observant tout ce qui se passait devant lui, sans cependant y prendre part:

— Mon frère Marilaun, n'a-t-il donc bien à dire au grand chef pâle? lui demanda-t-il.

— Si, répondit nettement l'Araucan, j'ai à lui dire ceci: Marilaun est un Apo-Ulmen puissant parmi les Aucas, mille guerriers suivent quand il l'exige son cheval partout où il lui plaît de les conduire, son quipos est obéi sur tout le territoire des Puelches et des Huilliches; Marilaun aime le grand-père des visages pâles, il combattra avec ses guerriers pour faire rentrer dans le devoir les fils égarés du Toqui des blancs, cinq cents cavaliers huilliches et puelches se rangeront auprès de Pincheyra quand il l'ordonnera, car Pincheyra a toujours été un ami des Aucas et ils le considèrent comme un enfant de leur nation. J'ai dit: Ai-je bien parlé, hommes puissants?

— Je vous remercie de votre offre généreuse, chef, répondit don Pablo, et je l'accepte avec empressement. Vos guerriers sont braves; vous, votre réputation de courage et de sagesse a depuis longtemps franchi les limites de votre territoire; le secours que vous m'offrez sera fort utile au service de Sa Majesté. Maintenant, caballeros, permettez moi de vous offrir l'hospitalité; vous êtes fatigués d'une longue route et devez avoir besoin de prendre quelques rafraîchissements avant de nous quitter. Puisque rien ne nous retient plus ici, veuillez me suivre.

— Pardon, señor coronel, dit alors l'officier portugais, qui s'était jusque-là tenu modestement à l'écart; avant que vous quittiez cette salle, j'aurais, moi aussi, si vous me le permettez, à m'acquitter d'une mission dont je suis chargé près de vous.

Malgré sa puissance sur lui-même, don Pablo laissa échapper un mouvement de contrariété, presque aussitôt réprimé.

— Peut-être vaudrait-il mieux, señor capitaine, répondit-il d'un ton conciliant, remettre à un autre moment plus convenable la communication que, dites-vous, vous avez à me faire.

— Pourquoi donc cela, señor coronel? répliqua vivement le Portugais; le moment me paraît, à moi, fort convenable, et l'endroit où nous nous trouvons des mieux appropriés. D'ailleurs, ne venez-vous pas d'y traiter des sujets de la plus haute importance?

— Cela peut être, señor; mais il me semble que cette audience n'a que trop duré déjà; elle s'est prolongée au-delà des limites ordinaires. Vous, comme nous, devez avoir besoin de quelques heures de repos?

— Ainsi, señor coronel, vous refusez de m'entendre? reprit sèchement l'officier.

— Je ne dis pas cela, répondit vivement don Pablo; ne vous méprenez pas, je vous prie, señor capitaine, sur le sens que j'attache à mes paroles. Je vous adresse une simple observation dans votre intérêt seul; voilà tout, señor.

— S'il en est ainsi, caballero, permettez-moi, tout en vous remerciant de votre courtoisie de ne pas accepter, quant à présent du moins, l'offre gracieuse que vous me faites, et, si vous me le permettez, je m'acquitterai de ma mission.

Don Pablo jeta à la dérobée un regard sur le partisan français, puis il répondit avec une répugnance visible:

— Parlez donc, señor, puisque vous l'exigez; caballeros, ajouta-t-il en s'adressant aux autres étrangers, excusez-moi pendant quelques minutes, je vous prie; vous voyez que je suis obligé d'écouter ce que ce caballero désire si ardemment me dire; mais je ose plais à croire qu'il ne nous retiendra pas longtemps?

— Quelques minutes seulement, señor.

— Soit, nous vous écoutons.

Le partisan reprit d'un air ennuyé le siège qu'il avait quitté; bien qu'il fit bonne contenance, un observateur aurait cependant remarqué qu'il éprouvait une vive contrariété intérieure. Le Français, mis sur ses gardes par Tyro, et tout jusque-là lui avait, dans ce qui s'était passé, fait ce qui lui fût personnel, ne laissait pas échapper cet indice, si le léger qu'il fût; et, tout en feignant la plus entière indifférence, il redoubla d'attention et imposa sèchement silence au secrétaire de don Pablo qui, sans doute, averti par son maître, s'était tout à coup senti le besoin de causer avec le jeune homme auquel, jusqu'à ce moment, il n'avait pas daigné accorder la moindre marque de politesse.

Ainsi rebuté, le señor Vallejos se vit contraint de se renfermer de nouveau dans le mutisme sournois qui l'avait distingué pendant tout le cours de l'entrevue.

Le capitaine portugais, profitant de la permission qui lui était remise alors, s'approcha de quelques pas, et après avoir cérémonieusement salué don Pablo, il prit la parole d'une voix ferme.

— Señor coronel, dit-il, je me nomme don Sebastiao Vianna, et j'ai l'honneur de servir en qualité de capitaine dans l'armée de Sa Majesté le roi de Portugal et des Algarves.

— Je le sais, caballero, répondit sèchement don Pablo, venez donc au fait, s'il vous plaît, sans plus tarder.

— M'y voici, señor; cependant, avant de m'acquitter du message dont je suis chargé, je devais d'abord me faire connaître officiellement de vous.

— Fort bien, continua nué.

— Le général don Roque, marquis de Castelmelhor, commandant en chef la deuxième division du corps d'occupation de la Banda orientale, dont j'ai l'honneur d'être aide de camp, m'envoie vers vous, don Pablo Pincheyra, colonel commandant une cuadrilla au service de Sa Majesté le roi d'Espagne, pour vous prier de vous expliquer clairement et catégoriquement au sujet de la marquise de Castelmelhor, son épouse, et de doña Eva de Castelmelhor, sa fille, que, d'après certains bruits parvenus jusqu'à lui, vous retiendriez, contre le droit des gens, prisonnières dans votre camp de Casa Trama.

— Oh! fit don Pablo avec un geste de dénégation, une telle supposition attaque mon honneur, señor capitaine, prenez y garde.

— Je ne fais pas de supposition, caballero, reprit don Sebastiao avec fermeté, veuillez me répondre clairement; ces dames sont-elles oui ou non en votre pouvoir?

— Ces dames ont réclamé mon assistance pour échapper aux rebelles qui les avaient faites prisonnières.

— Vous les retenez dans votre camp, ici, à Casa Trama?

Don Pablo se tourna d'un air dépité vers le Français dont il sentait instinctivement que le regard pesait sur lui.

— Il est vrai, répondit-il enfin, que ces dames se trouvent dans mon camp, mais elles y jouissent de la liberté la plus entière.

— Cependant, lorsqu'à plusieurs reprises elles vous ont prié de les laisser rejoindre le général de Castelmelhor, toujours vous vous y êtes opposé sous de vagues prétextes.

La situation se tendait de plus en plus; le partisan sentait la colère bouillonner dans son sein, il comprenait qu'il avait été trahi, que sa conduite était connue, que toute dénégation était impossible; le brevet d'honnêteté que si récemment lui avaient octroyé les officiers espagnols, l'obligeait à se contraindre; cependant il ne fut pas maître de réprimer un telle marque de mécontentement, il y avait encore en lui trop du sujet et du bandit.

— Vive Dios! s'écria-t-il avec violence, on croirait, sur mon âme, que vous me faites en ce moment subir un interrogatoire, señor capitaine.

— C'en est un, en effet, caballero, répondit fièrement l'officier.

— Vous oubliez, il me semble, où vous vous trouvez et à qui vous parlez, señor.

— Je n'oublie rien, j'accomplis mon devoir sans me soucier des conséquences probables que cette conduite aura pour moi.

— Vous vous égarez, señor, reprit le partisan avec un sourire cauteleux, vous n'avez rien à redouter de moi ni des miens; nous sommes des soldats et non des bandits; parlez donc sans crainte.

Don Sebastiao sourit avec amertume.

— Je n'éprouve aucune autre crainte, señor, dit-il, que celle de ne pas réussir dans l'accomplissement de ma mission; mais je remarque que je vous retiens plus de temps que je ne l'aurais désiré; je terminerai donc en deux mots: à don Pablo Pincheyra, l'officier espagnol, mon général me charge de rappeler que son honneur de soldat exige qu'il ne manque pas à sa parole loyalement donnée, en retenant contre leur gré deux dames qui, de leur propre volonté, se sont placées sous sa sauvegarde; il le prie en conséquence de me les remettre pour qu'elles retournent sous mon escorte au quartier général de l'armée portugaise, au chef de partisans Pincheyra, homme pour lequel les mots honneur et loyauté sont vides de sens et qui ne recherche que le lucre, le marquis de Castelmelhor offre une rançon de quatre mille piastres que je suis chargé de compter contre la remise immédiate des deux dames. Maintenant j'ai terminé, caballero, c'est à vous de me dire à qui je m'adresse en ce moment, si c'est à l'officier espagnol ou au Montonero.

Après ces paroles prononcées d'une voix brève et sèche, le capitaine s'appuya sur son sabre et attendit.

Cependant une vive agitation régnait dans la salle, les partisans chuchotaient entre eux en lançant des regards courroucés au téméraire officier qui osait les braver ainsi jusque dans leur camp; quelques-uns portaient déjà la main à leurs armes : un conflit était imminent.

Don Pablo se leva, d'un geste impérieux il calma le tumulte, et lorsque le silence se fut rétabli, il répondit avec la plus exquise courtoisie à l'envoyé du général.

— Señor capitaine, j'excuse ce qu'il y a d'acerbe et d'exagéré dans ce que vous venez de me dire, vous ignorez ce qui s'est passé et ne faites que vous acquitter de la mission dont on vous a chargé; le ton que vous avez cru devoir prendre, avec un autre homme que moi, aurait pu avoir pour vous des conséquences fort graves, mais je vous le répète, je vous excuse parce que vous me supposez à tort des intentions qui toujours ont été bien éloignées de ma pensée; ces dames m'ont demandé ma protection, je la leur ai accordée pleine et entière; elles jugent aujourd'hui pouvoir s'en passer, soit; elles sont libres, rien ne les empêche de partir avec vous; elles ne sont pas mes prisonnières, je n'ai donc pas de rançon à exiger d'elles; ma seule récompense sera d'avoir été assez heureux pour leur être utile dans une circonstance très périlleuse; voilà, señor capitaine, la réponse que je puis vous faire. Veuillez informer son excellence le marquis de Castelmelhor de la façon dont j'agis avec vous et assurez-le que j'ai été heureux de rendre à ces dames le service qu'elles ont réclamé de mon honneur de soldat.

— Cette réponse me comble de joie, caballero, reprit l'officier; croyez que je considérerai comme un devoir de faire disparaître de l'esprit de mon général les préventions qui s'y sont élevées contre vous, avec une espèce de raison, permettez-moi de vous le dire; il ne vous connaît pas, et vos ennemis vous ont noirci auprès de lui.

— Donc, voilà qui est entendu, señor; je suis heureux que cette grave affaire soit enfin terminée à notre satisfaction commune. Quand désirez-vous partir?

— Le plus tôt que cela me sera possible, señor.

— Je le comprends, le marquis de Castelmelhor doit être impatient de revoir deux personnes qui lui sont si chères et dont il est depuis longtemps séparé; cependant ces dames ont besoin de quelques heures pour faire leurs préparatifs de voyage; elles ne sont pas prévenues encore. J'ose donc espérer que vous accepterez l'invitation que j'ai faite à ces caballeros, et que vous voudrez bien à partager l'hospitalité que je puis leur offrir.

— De grand cœur, caballero, cependant je voudrais qu'il me fût permis de voir ces dames sans retard.

— Je vous conduirai moi-même près d'elles, señor capitaine, aussitôt que vous aurez pris quelques rafraîchissements.

Le capitaine s'inclina, une plus longue insistance aurait été de mauvais goût.

Don Pablo sortit alors de la salle avec ses hôtes et ses plus intimes officiers; en passant près du peintre français, il ne lui dit pas un mot, mais il lui lança un regard sardonique accompagné d'un sourire qui donna fort à réfléchir au jeune homme.

— Hum, murmura-t-il à part lui, tout cela n'est pas clair, je crois qu'il me faut plus que jamais veiller sur ces deux pauvres dames; don Pablo a trop facilement consenti à les laisser partir.

Et il quitta la salle en hochant la tête à plusieurs reprises.

VIII

Le toldo.

En quittant la salle de réception, Emile Gagnepain s'était dirigé vers le toldo habité par la marquise de Castelmelhor et sa fille; en agissant ainsi, le jeune homme obéissait à un pressentiment qui lui disait que, dans ce qui s'était passé devant lui, une sombre comédie avait été jouée par don Pablo, et que la facilité avec laquelle il avait consenti à laisser partir ses captives cachait une perfidie.

Ce pressentiment était devenu tellement vif dans l'esprit du jeune homme, il avait à ses yeux si bien revêtu les apparences de la réalité, que bien que rien ne vînt corroborer cette pensée de trahison, il en avait acquis la certitude morale et aurait au besoin affirmé sa réalité.

Entraîné malgré lui et contre sa volonté dans une suite d'aventures fort désagréables pour un jeune homme, comme lui, était venu chercher en Amérique cette liberté de mouvements et cette tranquillité d'esprit que son pays, bouleversé par les factions, lui refusait, le jeune homme avait fini, ainsi que cela arrive toujours, par s'intéresser à cette position anormale que les circonstances lui avaient faite et à suivre les diverses péripéties de la lutte étrange sans laquelle il se trouvait jeté avec l'anxiété fébrile d'un homme qui voit se dérouler devant lui des scènes d'un drame émouvant. Depuis sans qu'il y eût pris garde, un sentiment qu'il n'essayait pas d'analyser avait sourdement germé dans son cœur; ce sentiment avait grandi à son insu, presque insensiblement, et avait fini par acquérir une force telle, que le jeune homme, qui commençait à s'effrayer de la nouvelle situation dans laquelle son esprit se trouvait tout à coup, désespérait de s'arracher de son cœur, et de même que toutes les natures, non pas faibles, mais insouciantes, n'osant s'interroger sérieusement et sonder le gouffre qui s'était ainsi ouvert dans son âme, il se laissait nonchalamment entraîner par le courant qui l'emportait, jouissant du présent sans songer à l'avenir, et se disant que, le moment de la catastrophe arrivé, il serait temps assez de faire face au péril et de prendre un parti quelconque.

A peine avait-il fait quelques pas dans le camp que, en tournant la tête, il aperçut don Santiago Pincheyra à quelques pas derrière lui.

Le Montonero marchait nonchalamment, les bras derrière lui, les regards vagues, sifflotant une sombajueca entre ses dents, ayant enfin toute la démarche d'un homme qui se promène; mais le peintre ne s'y trompa pas : il comprit que don Pablo, empêché par ses hôtes, auxquels il était tenu de faire les honneurs du camp, avait délégué son frère, afin de suivre ses mouvements et lui rendre compte de ses démarches.

Le jeune homme ralentit peu à peu le pas, sans affectation, et, pivotant tout à coup sur les talons, il se trouva nez à nez avec don Santiago.

— Eh! fit-il, en feignant de l'apercevoir, quelle charmante surprise; señor, vous avez donc laissé à votre frère don Pablo le soin de traiter les officiers espagnols.

— Comme vous le voyez, señor, répondit l'autre assez interloqué et ne sachant trop quoi répondre.

— Et vous vous promenez, sans doute?

— Ma foi oui; entre nous, cher señor, ces réceptions d'étiquette m'ennuient; je suis un homme simple, moi, vous le savez.

— Caraï! si je le sais, dit le Français d'un air narquois; ainsi, vous êtes libre?

— Mon Dieu oui, complètement.

— Eh bien! je suis charmé que vous soyez parvenu à vous débarrer de ces étrangers si fiers et si hautains; c'est bien heureux pour moi que vous soyez libre, et je vous avoue que je ne comptais guère sur le plaisir de vous rencontrer si à point.

— Vous me cherchiez donc? fit don Santiago avec étonnement.

— Certes, je vous cherchais; vu les circonstances présentes, je n'espérais pas, je vous le répète, réussir à vous rencontrer.

— Ah! pourquoi donc me cherchiez-vous ainsi?

— Voilà, cher seigneur, comme je sais de longue main, que vous êtes un de mes meilleurs amis, j'avais l'intention de vous demander un service.

— Me demander un service, à moi?

— Parbleu! à qui donc, excepté votre frère don Pablo et vous, je ne connais personne à Casa-Trama.

— C'est vrai, vous êtes forastero-étranger.

— Hélas, oui! tout ce qu'il y a de plus forastero.

— Voyons le service? demanda le montonero, complètement trompé par la feinte bonhomie du jeune homme.

— Voici ce dont il s'agit, répondit celui-ci avec un sang-froid imperturbable, seulement je vous prie de me garder le secret, car la chose intéresse d'autres personnes et, par conséquent, est assez grave.

— Ah! ah! fit don Santiago.

— Oui, reprit le jeune homme en baissant affirmativement la tête, vous me promettez le secret, n'est-ce pas?

— Sur mon honneur.

— Merci, me voilà tranquille, je vous avouerai donc que je commence à m'ennuyer terriblement à Casa-Trama.

— Je comprends cela, répondit le montonero, en hochant la tête.

— Je voudrais partir.

— Qui vous en empêche?

— Mon Dieu, une foule de raisons; d'abord les deux dames que vous savez.

— C'est juste, dit-il avec un sourire.

— Vous ne me comprenez pas.

— Comment cela?

— Dame! vous semblez supposer que je désire demeurer près d'elles, tandis que ce sont elles, au contraire, qui s'obstinent à exiger que je demeure ici.

Le montonero lança à la dérobée un regard soupçonneux à son interlocuteur, mais le Français était sur ses gardes, son visage semblait de marbre.

— Bien. Continuez, fit-il au bout d'un instant.

— Vous savez que j'assistais à l'entrevue.

— Parbleu! puisque je vous y ai conduit moi-même; vous étiez assis auprès du secrétaire.

— Le señor Vallejos, c'est cela : un bien aimable cavalier; eh bien! ces dames sont sur le point de quitter Casa-Trama. Don Pablo consent à leur départ.

— Vous voudriez partir avec elles?

— Vous n'y êtes pas; je voudrais partir c'est vrai, mais pas avec elles; puisqu'elles vont sous l'escorte des officiers étrangers, je leur deviens inutile.

— En effet!

— Donc, elles n'auront plus de prétexte pour m'empêcher de me séparer d'elles.

— C'est vrai alors?

— Alors, je désire que vous me fassiez accorder par votre frère, à moins que vous ne préfériez me le donner vous-même, un sauf-conduit pour traverser en sûreté vos lignes et regagner au plus vite le Tucuman que je n'aurais jamais dû quitter.

Imp. Ch. Schiller fils, 10, r. du Fg-Montmartre.

— C'est bien réellement pour retourner au Tucuman que vous désirez un sauf conduit?

— Pour quelle raison serait-ce donc?

— Je ne sais pas; mais mon frère... Il s'arrêta subitement avec un embarras mal dissimulé.

— Votre frère? insinua le jeune homme.

— Rien, je m'étais trompé; ne faites pas, je vous prie, attention à mes paroles, et n'attachez pas à ce que je vous dis un sens qui ne saurait être vrai; je suis sujet à commettir souvent des erreurs.

— Y a-t-il des difficultés à ce que vous m'accordiez ce sauf-conduit.

— Je n'en vois pas; cependant, je n'oserais le faire, sans m'en prévenir mon frère.

— Qu'a cela ne tienne, je n'ai nullement l'intention de quitter le camp sans son autorisation; si vous voulez, nous irons le trouver ensemble.

— Vous êtes donc pressé de partir?

— Jusqu'à un certain point, il vaudrait mieux, je crois, que je pusse m'éloigner sans voir ces dames et avant elles; de cette façon, j'éviterais la demande qu'elles ne manqueront pas de m'adresser de les accompagner.

— Cela vaudrait mieux, en effet.

— Allons donc trouver votre frère, afin de terminer cela le plus tôt possible.

— Soit.

Ils se dirigèrent vers le toldo de don Pablo; mais, à moitié route à peu près, le Français s'arrêta en se frappant le front.

— Qu'avez-vous? lui demanda don Santiago.

— J'y songe, nous n'avons pas besoin d'aller ensemble; vous arrangerez cette affaire beaucoup mieux que moi; pendant que vous serez là-bas, j'irai à votre toldo où je pourrai me mettre en route aussitôt après votre retour.

Le jeune homme parlait avec une si grande bonhomie, sa figure respirait si bien la franchise et l'insouciance, que don Santiago, malgré toute sa finesse, y fut trompé.

— C'est cela, dit-il; pendant que je serai près de mon frère, faites vos préparatifs; je n'ai pas besoin de vous.

— Cependant, si vous le préférez, peut-être serait-il plus convenable que je vous ac compagnasse?

— Non, non, c'est inutile; dans une heure je serai à votre toldo avec le sauf-conduit.

— Je vous remercie d'avance.

Les deux hommes se serrèrent la main et se séparèrent, don Santiago se dirigeant vers la maison de son frère, qui était aussi la sienne, et le Français suivant en apparence le chemin qui le devait conduire à l'habitation qui lui avait été assignée; mais aussi tôt que le partisan eut tourné l'angle de la plus prochaine rue, Emile, après s'être assuré qu'un nouvel espion n'était pas attaché à ses pas, changea immédiatement de direction et reprit celle de la demeure des deux dames.

Pincheyra avait logé ses captives dans un toldo isolé à une des extrémités du camp, toldo, adossé à une montagne taillée presque à pic, et qui pour cette raison le rassurait sur les probabilités d'une fuite. Ce toldo était, au reste partagé en plusieurs compartiments, propre et meublé avec tout le luxe que comportait l'endroit où il se trouvait.

Deux femmes indiennes avaient été par le partisan attachées au service des deux dames, non-seulement comme domestiques, mais sur tout pour les surveiller et lui rendre compte de ce qu'elles disaient et faisaient; car, malgré les délégations de don Pablo, la marquise et sa fille, bien que traitées avec le plus grand respect et en apparence complètement libres de leurs actions, étaient bien réellement prisonnières et elles n'avaient pas tardé à s'en apercevoir.

Ce n'était qu'avec de grandes précautions, et pour ainsi dire à la dérobée, que le jeune peintre parvenait à les voir et à échanger avec elles quelques mots sans témoins.

Les domestiques rôdaient sans cesse autour de leurs maîtresses, furetant, écoutant et regardant, et si par hasard elles s'éloignaient, la sœur de don Santiago, qui affectait de témoigner une vive amitié pour les étrangères, venait s'installer chez elles sans façon et y demeurait presque toute la journée, les fatiguant de ses caresses étudiées et des témoignages menteurs d'une amitié qu'elles savaient parfaitement être fausse.

Cependant grâce à Tyro, dont le dévouement ne se ralentissait pas, et qui avait su se mettre au mieux dans l'esprit des deux Indiennes, Emile était parvenu à se débarrasser à peu près d'elles; le Guaranis avait trouvé le moyen de se attirer de petits présents, et à les mettre jusqu'à un certain point dans les intérêts de son maître, qui n'arrivait jamais au toldo sans leur offrir quelque bagatelle; il ne restait donc que la sœur de Pincheyra. Mais ce jour là; après avoir, le matin, fait une longue visite aux dames, elle s'était retirée afin d'assister au repas que son frère donnait aux officiers étrangers, et pour remplir à leur égard ses devoirs de maîtresse de maison, soin dont elle n'avait pu se dispenser.

La marquise et sa fille étaient donc, pour quelque temps du moins, délivrées de leurs espionnes, maîtresses de leur temps et libres jusqu'à un certain point de se concerter avec le seul ami qu'il ne les eût pas abandonnées, sans craindre que leurs paroles fussent répétées à l'homme qui avait si indignement trahi à leur égard les lois de l'hospitalité et méconnu le droit des gens.

A quelques pas du toldo, le jeune homme se croisa avec Tyro, qui, sans lui parler, lui fit comprendre, par un signe muet, que les dames étaient seules.

Le jeune homme entra.

La marquise et sa fille, tristement assises auprès l'une de l'autre, lisaient dans un livre de prières.

Au bruit que fit Emile en franchissant le seuil de la porte, elles relevèrent vivement la tête.

— Ah! fit la marquise dont le visage s'éclaira aussitôt, c'est vous enfin, don Emile.

— Excusez-moi, madame, répondit-il, je ne puis que fort rarement me rendre auprès de vous.

— Je le sais, comme nous vous êtes surveillé, en butte aux soupçons. Hélas! nous n'avons échappé aux révolutionnaires que pour tomber aux mains d'hommes plus cruels encore.

— Auriez-vous à vous plaindre des procédés de don Pablo Pincheyra ou de quelqu'un des siens, madame?

— Oh! répondit-elle avec un sourire ironique, don Pablo est poli, trop peut-être avec moi? Oh! mon Dieu! qu'a-t-il fait pour être ainsi en butte à des persécutions!

— Avez-vous un mot à servir, ce matin, madame. Je vous demande pardon de vous interroger ainsi, mais le temps me presse.

— Est-ce de Tyro dont vous me parlez?

— De lui-même, oui, madame.

— Je l'ai vu un instant.

— Il ne vous a rien dit?

— Peu de chose; il m'a annoncé votre visite, en ajoutant que, sans doute, vous auriez d'importantes nouvelles à m'apprendre, dans la position où ma fille et moi nous nous trouvons, tout est pour nous matière à espérance.

— J'ai, en effet, madame, de graves nouvelles à vous annoncer; mais je ne sais comment le faire.

— Pourquoi donc? s'écria doña Eva en fixant sur lui ses grands yeux avec une expression indéfinissable; craignez-vous de nous affliger, señor don Emilio?

— Je crains, au contraire, señorita, de faire entrer dans votre cœur un espoir qui ne se réalisera pas.

— Que voulez-vous dire? Parlez, señor, au

nom du ciel! interrompit vivement la marquise.

— Ce matin, madame, plusieurs étrangers sont entrés à Casa-Trama.

— Je le sais, caballero; c'est à cette circonstance que je dois de ne pas avoir près de moi la garde du corps en corvette qu'on a jugé convenable de me donner, c'est-à-dire la sœur du señor don Pablo Pincheyra.

— Connaissez-vous ces étrangers, madame?

— Votre question a lieu de me surprendre, caballero. Depuis mon arrivée ici, vous savez que c'est à peine s'il m'a été permis de faire quelques pas hors de cette misérable chosa.

— Excusez-moi, madame; je vais mieux préciser ma question : avez-vous entendu parler d'un certain don Sebastiao Vianna?

— Oui, oui! s'écria doña Eva en joignant les mains avec joie; don Sebastiao est un des aides du camp de don Pablo Pincheyra.

Le visage du jeune homme s'assombrit.

— Ainsi, vous êtes sûre de le connaître? reprit-il.

— Certes, répondit la marquise. Comment, ma fille et moi, ne connaîtrions-nous pas un homme qui est notre parent éloigné et qui a servi de parrain à ma fille?

— Alors, madame, si je ne me trompais, et les nouvelles que je vous apporte sont réellement de bonnes nouvelles pour vous; j'ai eu tort de tant hésiter à vous les annoncer.

— Comment cela?

— Parmi les étrangers arrivés ce matin à Casa-Trama, un est chargé de réclamer votre mise en liberté immédiate, de la part du marquis de Castelmelhor, votre époux, madame, votre père, señorita; cet étranger se nomme don Sebastio Vianna; avec vous entendu parler; il se dit, aide de camp du général marquis de Castelmelhor; je dois reconnaître que don Pablo Pincheyra s'est en cette circonstance conduit en véritable caballero; après avoir nié que vous fussiez ses prisonnières, il a noblement refusé la somme proposée pour votre rançon, et s'est engagé à vous remettre aujourd'hui même aux mains de don Sebastiao, qui doit, sous son escorte, vous reconduire à votre mari.

Il y eut un instant de silence; la marquise avait pâli, ses sourcils froncés se sont à se joindre sous l'effort d'une pensée intérieure et ses regards fixes dénotaient chez elle une émotion contenue avec peine; doña Eva, au contraire, rayonnait; l'espoir de la liberté illuminait ses traits d'une auréole de bonheur.

Le jeune homme regardait la marquise sans rien comprendre à cette émotion dont il cherchait vainement la cause; enfin elle reprit la parole.

— Êtes-vous bien certain, caballero, qu'elle, que l'officier dont vous parlez se nomme don Sebastiao Vianna?

— Parfaitement, señora, je l'ai plusieurs fois entendu nommer devant moi; d'ailleurs, il me serait de toute impossibilité d'inventer ce nom que jamais, avant aujourd'hui, je n'avais entendu prononcer.

— C'est vrai, et pourtant ce que vous me dites est tellement extraordinaire que je vous avoue que, malgré moi, je crois, je le crains; je le redoute un piège.

— Ah! ma mère! s'écria doña Eva d'un ton de reproche, don Sebastiao Vianna, l'homme le plus loyal et le plus...

— Qui vous assure ma fille, interrompit vivement la marquise, que cet homme soit réellement don Sebastiao?

— Oh! madame, fit le jeune homme.

— Caballero, don Sebastiao était, il y a deux mois à peine, en Europe? répondit la marquise d'un ton péremptoire.

Cette parole tomba comme la foudre au milieu de la conversation, et glaça subitement l'espoir dans le cœur de la jeune fille.

Au même instant un coup de sifflet résonna au dehors.

— Tyro m'avertit, dit Emile, que quelqu'un vient de ce côté, je ne puis demeurer devantage. Quoi qu'il arrive, ne vous abandonnez pas au désespoir, feignez d'accepter, quelles qu'elles soient, les propositions qui vous seront faites ; tout est préférable pour vous à demeurer plus longtemps ici ; moi, de mon côté, je veillerai ; à bientôt, courage ! comptez sur moi !

Et sans attendre la réponse que les deux dames se préparaient sans doute à lui faire, le jeune homme s'élança hors du toldo.

Tyro, qui guettait son apparition, le saisit vivement par le bras et l'entraîna derrière le toldo.

— Regardez, lui dit-il.

Le peintre se pencha avec précaution, et il aperçut don Pablo Pincheyra, sa sœur, l'officier portugais et trois ou quatre autres personnes qui se dirigeaient vers l'habitation des dames.

— Hum ! fit-il, il était temps.

— N'est-ce pas ? mais je veillais, heureusement.

— Viens, Tyro, retournons chez moi ; don Santiago doit m'attendre.

— Vous lui avez donné rendez-vous ?

— Oui.

— Eh bien ! vous avais-je trompé, mi amo ?

— Non, certes ; ce que j'ai vu a surpassé mon attente. Mais quel est donc ce don Sébastiao ?

Le Guarani répondit par un ricanement de mauvais augure.

— Il y a quelque chose, n'est-ce pas ? demanda Emile avec inquiétude.

— Avec les Pincheyras, il y a toujours quelque chose, mi amo, reprit l'Indien à voix basse ; mais nous voici à votre toldo, soyez prudent.

— Avertis les Gauchos que, probablement, nous partons aujourd'hui ; prépare tout pour que nous soyons en mesure.

— Nous partons ?

— Je l'espère.

— Oh ! alors, tout n'est pas encore perdu.

Ils entrèrent dans le toldo, il était désert, don Santiago n'avait pas encore paru.

Tandis que Tyro allait avertir les Gauchos de lacer et de seller leurs chevaux et de ramener les mules de charge du corral, le jeune homme se mit avec une rapidité fébrile à faire ses préparatifs.

Aussi, lorsque une demi-heure plus tard, don Santiago entra dans le toldo, le regard soupçonneux qu'il jeta autour de lui ne lui révéla aucun indice qui pût lui faire soupçonner que le Français ne s'était pas mis à la besogne aussitôt après l'avoir quitté.

— Ah ! dit-il le jeune homme en le voyant, soyez le bien venu, don Santiago, surtout si vous m'apportez mon sauf-conduit.

— Je vous l'apporte, répondit laconiquement don Santiago.

— Pardieu ! il faut avouer que vous êtes un ami précieux ; don Pablo n'a pas fait de difficultés ?

— Aucunes.

— Allons, il est définitivement fort aimable pour moi, ainsi je puis partir.

— Oui, à deux conditions.

— Ah ! il y a des conditions, et quelles sont-elles ?

— La première est que vous partirez tout de suite et sans voir personne, ajouta-t-il en pesant avec soin sur le dernier membre de phrase.

— Mes gens ?

— Vous les emmènerez avec vous ; que voulez-vous que nous en fassions ici ?

— C'est juste ; eh bien ! mais cette condition me plaît extraordinairement, vous savez que je désire surtout partir sans prendre congé de qui que ce soit ; tout est bien pour le mieux. Voyons maintenant la seconde condition, si elle est comme la première, je ne doute pas que je l'accepte sans observation.

— La voici : don Pablo désire que je vous escorte, avec une dizaine de cavaliers, jusqu'à quelques lieues d'ici.

— Ah ! fit le jeune homme.

— Cela vous déplaît-il ?

— A moi ? répondit en riant Emile, qui déjà avait repris son sang-froid ; pourquoi cela me déplairait-il ? Je suis, au contraire, fort reconnaissant à votre frère de cette nouvelle gracieuseté. Il craint sans doute que je m'égare dans le dédale inextricable de ces montagnes, ajouta-t-il avec une pointe d'ironie.

— Je ne sais pas ; il m'a ordonné de vous escorter : j'obéis, voilà tout.

— C'est juste et surtout extraordinairement logique.

— Ainsi, vous acceptez ces deux conditions ?

— Avec reconnaissance.

— Alors nous partirons quand vous voudrez.

— Je voudrais vous répondre, tout de suite ; malheureusement, je suis obligé d'attendre mes chevaux qui ne sont pas encore arrivés du corral.

— Il n'est pas encore tard, ainsi il n'y a pas de temps de perdu.

— Maintenant que nous sommes d'accord, si nous buvions un gato d'aguardiente (1).

— Ma foi, ce sera avec plaisir, señor.

Le Français prit une boia et versa de l'eau-de-vie dans deux gobelets en corne.

— A votre santé, dit-il en buvant.

— A votre heureux voyage, répondit don Santiago.

— Merci.

Un bruit de pas de chevaux se fit entendre au dehors.

— Voici vos animaux qui arrivent.

— Alors, nous serons prêts dans quelques instants. Si vous voulez, pendant que nous chargeons, prévenir les hommes qui doivent vous accompagner.

— Ils sont prévenus, ils nous attendent aux retranchements.

Tyro et les Gauchos se mirent alors, aidés par Emile et don Santiago, à charger les deux mules et à seller les chevaux.

Le Français, habitué à voyager dans ces contrées, n'avait que fort peu de bagages ; il n'emportait jamais avec lui que les choses les plus indispensables.

Une demi-heure plus tard, la caravane se mettait en marche au petit pas, accompagnée par don Santiago qui la suivait à pied en fumant sa cigarette et causant amicalement avec le jeune homme.

Ainsi que l'avait dit le montonero, une dizaine de cavaliers attendaient aux retranchements.

Le Pincheyra se montra à monture, donna l'ordre du départ, les gardiens ouvrirent la barrière et la petite troupe quitta le camp en bon ordre.

IX

Dans la montagne.

Il était à peu près trois heures de l'après-midi, au moment où Emile Gagnepain quittait le camp, malgré l'escorte assez suspecte dont il était accompagné ; ce fut cependant avec un soupir de satisfaction que le jeune homme se vit enfin dehors de ce repaire de bandits, dont il avait un instant craint de ne plus sortir.

La route que suivait la petite caravane était des plus pittoresques et des plus accidentées ; un sentier étroit serpentait sur le flanc des montagnes côtoyant presque continuellement des précipices insondables, du fond desquels s'élevaient les murmures mystérieux produits par des eaux invisibles ; parfois un pont formé par deux troncs d'arbres jetés en

(1) Un coup d'eau-de-vie.

travers d'une quebrada qui interrompait tout à coup la route était franchi, comme en se jouant, par les chevaux et les mules accoutumés de longue date à marcher par des chemins bien plus périlleux encore.

Obligés de marcher les uns derrière les autres à cause du peu de largeur du sentier à peine frayé sur lequel ils étaient engagés, les voyageurs ne causaient pas entre eux, à peine leur était-il possible d'échanger quelques paroles, et ils étaient contraints de se laisser aller à leurs propres pensées sans qu'il leur fût permis de charmer les ennuis du voyage autrement qu'en chantant, en sifflant, ou comme déjà nous l'avons dit, en réfléchissant ; ce fut alors en examinant le paysage abrupt et sauvage dont il était environné de tous les côtés, que le jeune homme se rendit bien compte de la formidable et presque imprenable position choisie par le partisan pour son quartier-général, et de la redoutable influence que cette position devait lui donner sur les populations effrayées de la plaine ; il frémit en songeant qu'il avait commis l'imprudence de se laisser conduire dans cette forteresse qui, de même que les cercles de l'Enfer du Dante, était, par la nature, entouré d'infranchissables retranchements et ne rendait jamais la proie qui y avait été une fois entraînée, une foule de lugubres histoires de jeunes filles enlevées et disparues pour toujours lui revinrent alors à l'esprit, et, par une étrange réaction de la pensée, il éprouva une espèce de terreur rétrospective, s'il est permis de s'exprimer ainsi, en songeant aux dangers terribles qu'il avait courus au milieu de ces bandits sans frein, par lesquels, en maintes circonstances, le droit des gens, sacré pour tous les peuples civilisés, n'avait pas été respecté.

Puis, de réflexions en réflexions, par une pente toute naturelle suivie par son esprit, la pensée se fixa sur ses compagnes, demeurées sans appui et sans protecteur au milieu de ces hommes. Bien qu'il ne les eût quittées que dans le but de tenter un effort suprême pour leur délivrance, sa conscience lui reprocha, malgré l'impossibilité matérielle où il se trouvait à Casa-Trama de leur être utile, cependant il avait la conviction que sa présence imposait aux Pincheyras, et que devant lui aucun d'eux n'aurait osé se porter sur les captives à des actes de brutalité répréhensibles.

En proie à ces pensées pénibles, il sentit son humeur s'assombrir peu à peu, et la joie qu'il avait éprouvée d'abord de se voir si inopinément rendu à la liberté, fit place de nouveau au découragement qui, plusieurs fois déjà, s'était emparé de lui, avait brisé son énergie et énervé ses plus belles qualités.

Il fut tiré des réflexions dans lesquelles il était plongé par la voix de don Santiago qui tout à coup résonna à son oreille.

Le jeune homme releva vivement la tête et regarda autour de lui comme un homme qu'on éveille en sursaut.

Le paysage avait complètement changé. Le sentier s'était élargi peu à peu, avait pris les allures d'une route, les montagnes s'étaient abaissées, leurs flancs étaient maintenant couverts de forêts verdoyantes, dont les cimes feuillues étaient teintées de toutes les couleurs du prisme par les rayons affaiblis du soleil couchant ; la caravane débouchait en ce moment dans une plaine assez étendue, entourée de taillis épais et traversée par un mince filet d'eau dont les capricieux méandres se perdaient çà et là au milieu d'une herbe haute et touffue.

— Que me voulez-vous ? demanda le Français qui, impressionné comme tous les artistes, subissait déjà à son insu l'influence de ce majestueux paysage, et sentait la gaieté remplacer dans son cœur la tristesse qui depuis longtemps le gonflait, que me voulez-vous donc, don Santiago ?

— Au diable ! reprit celui-ci, il est heureux

que vous consentiez enfin à me répondre; voici près d'un quart d'heure que je vous parle sans parvenir à obtenir un mot de vous; il paraît que vous avez le sommeil dur, compagnon?

— Pardonnez-moi, señor, je ne dormais pas; je réfléchissais, ce qui bien souvent est à peu près la même chose.

— Demonio, je ne vous chicanerai pas là-dessus; mais puisque maintenant vous consentez à m'écouter, veuillez, je vous prie, me répondre.

— Je ne demande pas mieux; cependant, afin que je puisse le faire, il faudrait que vous consentissiez, cher don Santiago, à me répéter votre question, dont je vous certifie que je n'ai pas entendu un mot?

— J'y consens, bien que, sans reproche, voilà au moins dix fois que je vous la fais en pure perte.

— Je vous ai déjà prié de m'excuser.

— Je le sais, aussi je ne vous garde pas rancune de votre inattention. Voici le fait : il est au moins six heures du soir, le soleil se couche au milieu de nuages cuivrés de la plus mauvaise apparence, je redoute un temporal pour cette nuit.

— Oh! oh! fit le jeune homme, êtes-vous sûr de cela?

— J'ai trop l'habitude des montagnes pour m'y tromper.

— Humi... Et que comptez-vous faire?

— Voilà ce que je vous demande, cela vous regarde au moins autant que moi, je suppose.

En effet, même davantage, puisque c'est pour m'être agréable que vous avez consenti à m'accompagner; eh bien ! quel est votre avis, je me range tout d'abord aux expédients que vous suggérera votre expérience, et je les accepte les yeux fermés.

— Voilà ce que j'appelle parler, et pour s'être fait attendre, votre réponse n'en est pas pour cela plus mauvaise; donc, mon avis serait de nous arrêter ici, où nous pouvons, à moins d'un cataclysme impossible à prévoir, nous mettre à l'abri de l'ouragan, et d'y camper pour la nuit; qu'en pensez-vous?

— Je pense que vous avez raison, et que ce serait une folie, dans une circonstance comme celle-ci, vu l'heure avancée et surtout l'endroit charmant où nous nous trouvons, de nous obstiner à aller plus loin.

— D'autant plus qu'il nous serait presque impossible d'atteindre un refuge aussi bon que celui où nous sommes avant la nuit noire.

— Arrêtons-nous donc, alors, sans davantage discourir, et hâtons-nous d'installer notre campement.

— Eh bien ! cher seigneur, puisqu'il est ainsi, pied à terre, et déchargeons les mules.

— Soit, dit le jeune homme en sautant à bas de son cheval, mouvement immédiatement imité par le Pincheyra.

Don Santiago avait dit vrai, le soleil se couchait, noyé dans des flots de nuages blafards; la brise qui se levait avec une certaine force , les oiseaux tournoyaient en longs cercles en poussant des cris discordants; tout présageait enfin un de ces terribles ouragans, nommés *temporales*, dont la violence est si grande, que la contrée sur laquelle ils sévissent est, en quelques minutes à peine, changée de fond en comble et bouleversée comme si un tremblement de terre l'avait retournée.

Le peintre avait déjà, plusieurs fois depuis son arrivée en Amérique, été à même d'assister au spectacle terrifiant de ces effroyables convulsions de la nature en travail; aussi, connaissant l'imminence du péril, il se hâta de tout faire préparer, afin que la tempête n'occasionnât que peu de dommages; les ballots empilés les uns sur les autres, au centre même de la vallée, non loin du ruisseau, formèrent, par la façon même dont ils furent placés, un rempart solide contre la plus grande furie du vent; les chevaux furent laissés

libres et abandonnés à cet instinct infaillible dont les a doué la Providence, et qui, en leur faisant pressentir le danger bien avant qu'il les menace réellement, leur suggère les moyens de lui échapper. Puis dans un trou creusé à la hâte on alluma le feu nécessaire pour faire cuire les lanières de *charqui* ou viande de taureau sauvage séchée au soleil, destinées, avec de l'*harina tostada* et un peu de *queso* de chèvre, au repas du soir; l'eau du ruisseau devait servir à satisfaire la soif des voyageurs, car, excepté don Santiago et le peintre, qui chacun s'était muni d'une large *bota* d'aguardiente blanche de pisco, les autres voyageurs ne portaient avec eux ni vin ni liqueurs, mais cet oubli, si c'en était réellement un, était de peu d'importance pour des hommes d'une aussi grande frugalité que les Hispano-Américains, gens qui vivent pour ainsi dire de rien, et dont la première chose venue suffit pour apaiser la faim et la soif.

Le repas fut ce qu'il devait être, entre hommes qui s'attendent à voir d'un moment à l'autre fondre sur eux un danger terrible et inévitable, c'est-à-dire triste et silencieux. Chacun mangea à la hâte sans lier conversation avec son voisin; puis, la faim satisfaite, la cigarette fumée, sans se souhaiter même le bonsoir les uns aux autres, les voyageurs s'enveloppèrent dans leurs lourdes fressadas et leurs *pellones*, et essayèrent de dormir avec cette résignation placide qui forme le fond du caractère des créoles et leur fait accepter sans murmures les conséquences souvent fâcheuses de l'existence nomade à laquelle ils sont condamnés.

Bientôt, excepté les trois ou quatre sentinelles placées aux abords du campement afin de surveiller l'approche des fauves, et des deux chefs de la caravane, c'est-à-dire don Santiago et Emilie, tout le monde fut plongé dans un profond sommeil.

Le Pincheyra paraissait soucieux; il fumait nonchalamment sa cigarette, le dos appuyé à un tronc d'arbre et les pieds devant lui, sans cependant arrêter ses regards sur aucun objet; le Français, au contraire, plus éveillé et plus gai que jamais, chantonnait entre ses dents, s'amusait, avec la pointe de son couteau, à creuser un trou dans lequel il empilait ensuite du bois mort, dans le but évident d'allumer un feu de veille, destiné sans doute à lui chauffer les pieds lorsque l'envie lui prendrait de se livrer au sommeil.

— Eh! don Santiago, dit-il, enfin, en s'adressant au Pincheyra et lui touchant légèrement l'épaule, à quoi pensez-vous donc? est-ce que vous n'allez pas essayer de dormir une couple d'heures?

Le Chilien secoua la tête sans répondre.

— Que signifie cela? reprit le jeune homme avec enjouement, vous, qui, il n'y a qu'un instant, me reprochiez ma tristesse, vous semblez en avoir hérité, sur mon âme; serait-ce la pesanteur de l'atmosphère qui influe sur vous?

— Me prenez-vous pour une femme, répondit-il enfin d'un ton bourru; que m'importe à moi l'état du ciel, ne suis-je pas un enfant des montagnes, habitué, dès mon jeune âge, à braver les plus terribles temporales?

— Mais, alors, qu'avez-vous qui vous tourmente?

— Ce que j'ai, vous voulez le savoir?

— Pardieu ! puisque je vous le demande.

Don Santiago hocha la tête à plusieurs reprises, jeta autour de lui un regard soupçonneux, puis il se décida, enfin, à prendre la parole d'une voix basse et presque indistinct comme s'il redoutait d'être entendu, bien que tous ses compagnons fussent endormis à une distance trop grande pour que le son de sa voix parvînt jusqu'à eux.

— J'ai, dit-il, qu'une chose me chagrine.

— Vous, don Santiago, vous m'étonnez étrangement; seriez-vous en délicatesse avec votre frère, don Pablo?

— Mon frère c'est, il est vrai, pour quelque chose dans cette affaire, mais avec lui person-

nellement, je n'ai rien, ou du moins, je le crois, car, avec lui, jamais on ne sait à quoi s'en tenir; non, c'est uniquement à cause de vous que je suis chagrin en ce moment.

— A cause de moi ! s'écria le jeune omme avec surprise, je vous avoue que je ne vous comprends pas.

— Parlez plus bas; il est inutile que nos compagnons entendent ce que nous disons, tenez, don Emilio, je veux être franc avec vous : nous allons nous quitter peut-être pour ne jamais nous revoir, et je désire pour vous qu'il en soit ainsi; je veux que notre séparation soit amicale, et que vous ne conserviez contre moi aucune prévention.

— Je vous assure, don Santiago...

— Je sais ce que je dis, interrompit-il avec une certaine vivacité ; vous m'avez rendu un grand service; je ne puis nier que vous dois en quelque sorte la vie, car lorsque je vous rencontrai dans le souterrain du rancho ma position était presque désespérée; eh bien ! je ne me suis pas, en apparence, conduit avec vous comme j'aurais dû le faire; je m'étais engagé à mettre, vous et les vôtres, à l'abri du danger qui vous menaçait, et je vous ai conduit à Casa-Trama lorsque j'aurais dû, au contraire, vous guider dans une direction tout opposée. Je sais cela; j'ai mal agi en cette circonstance et vous avez le droit de m'en garder rancune; mais je n'étais pas libre de faire autrement; j'étais contraint d'obéir à une volonté plus forte que la mienne, la volonté de mon frère, à qui nul n'a jamais osé résister. Aujourd'hui je reconnais mon tort, et je voudrais, autant que possible, réparer le mal que j'ai fait et celui que j'ai laissé faire.

— Ceci est parler en caballero et en homme de cœur, don Santiago ; soyez convaincu que, quoiqu'il arrive, je vous saurai gré de ce que vous me dites en ce moment; mais puisque vous avez si bien commencé, ne me laissez pas plus longtemps dans la doute pénible où je me trouve; répondez-moi sincèrement, le voulez-vous?

— Oui, autant que cela dépendra de moi.

— Les dames que j'ai été contraint d'abandonner, courent-elles des dangers en ce moment?

— Je le crois.

— De la part de votre frère?

— De la sienne, oui, et d'autres aussi. Ces deux étrangers ont d'implacables ennemis acharnés à leur perte.

— Pauvres femmes ! murmura le jeune homme en soupirant; elles ne quitteront donc pas le camp?

— Au contraire; demain, au tour du soleil, elles en sortiront, escortées par l'officier qui, devant vous, les a réclamées à mon frère.

— Cet officier, vous le connaissez?

— Un peu.

— Qui est-il?

— Ceci, je ne puis le dire, j'ai fait serment de ne le révéler à personne.

Le Français comprit qu'il ne devait pas insister, il modifia ses questions.

— Quelle route prendront-elles ? demanda-t-il.

— Celle que nous suivons.

— Et elles se dirigeront?

— Vers la frontière brésilienne.

— Ainsi elles vont rejoindre le général de Castelmelhor?

Le Pincheyra secoua négativement la tête.

— Alors pourquoi prendre cette direction?

— Je l'ignore.

— Et cependant, vous croyez qu'un danger les menace?

— Un terrible.

— De quelle sorte ?

— Je ne sais pas.

Le jeune homme frappa du pied avec dépit. Ces réticences continuelles de la part du partisan l'inquiétaient plus que la vérité si affreuse qu'il se fût attendu à l'entendre.

— Ainsi, reprit-il au bout d'un instant, en supposant que je demeure ici quelque temps, je les verrai.

— Cela ne fait aucun doute.

— Que me conseillez-vous?

— Moi?

— Oui.

— Rien; je ne suis pas, comme vous, amoureux de doña Eva, moi, dit-il avec une certaine nuance de raillerie qui fit tressaillir le jeune homme.

— Amoureux de doña Eva! s'écria-t-il, moi?

— Quel autre motif pourrait vous engager avec toutes les chances contre vous de risquer votre vie pour la sauver s'il n'en était pas ainsi?

Le jeune homme ne répondit pas; une lumière terrible venait subitement de se faire dans son cœur; ce secret, qu'il se cachait à lui-même, d'autres le connaissaient, et lorsqu'il n'osait pas s'interroger sur cet amour insensé qui le brûlait, la certitude de son existence était acquise même aux indifférents.

— Oh! balbutia-t-il enfin, don Santiago, me croyez-vous donc capable d'une telle folie?

— Je ne sais si c'est une folie d'aimer lorsqu'on est jeune et ardent comme vous l'êtes, répondit froidement le Pincheyra; jamais je n'ai aimé que mon cheval et mon fusil; mais je crois savoir que l'amour de deux êtres jeunes et beaux est une loi de nature, et je ne vois pas pour quel motif vous essayeriez de vous y soustraire. Je ne vous blâme ni ne vous approuve, je constate un fait, voilà tout.

Le jeune homme fut étonné d'entendre parler ainsi un homme que, jusqu'à ce moment, il avait supposé doué d'une dose fort restreinte d'intelligence, et dont toutes les aspirations lui semblaient tournées vers la guerre et le pillage, ce demi-sauvage, émettant d'un air aussi insouciant des sentiments si humainement philosophiques, lui semblait un phénomène incompréhensible.

Le Pincheyra, sans paraître remarquer l'impression qu'il avait produite sur son interlocuteur, continua tranquillement:

— L'officier qui escorte ces dames ignore non-seulement votre amour pour la plus jeune des deux dames, mais encore il ne sait pas que vous les connaissez; pour des motifs particuliers et qui lui sont personnels, mon frère a cru devoir garder le silence à ce sujet; je vous donne ce renseignement dont je vous garantis l'exactitude, parce qu'il pourra vous servir au besoin.

— Maintenant, il est trop tard.

— Don Emilio, sachez ceci: c'est qu'aussitôt après notre conversation, mes compagnons et moi nous nous retirerons, parce que notre mission est terminée, car si je suis demeuré avec vous si longtemps, c'est que je tenais à vous dire certaines choses.

— Je vous en remercie.

— Eh bien, je suis certain que vous ne quitterez pas ce lieu sans avoir essayé non pas de revoir ces dames, mais de les enlever à ceux qui les conduisent, ce qui, du reste, ne serait pas impossible puisqu'ils ne seront qu'une dizaine tout au plus. Je vous souhaite bonne chance du fond du cœur, parce que vous me plaisez et que je voudrais réellement que vous réussissiez. Seulement, croyez-moi, agissez avec prudence, la ruse a dénoué plus de liens que la violence et la force n'en ont brisé; suivez le conseil que je vous donne, et j'espère que vous vous en trouverez bien. Maintenant nous allons nous séparer, j'espère avoir sinon réparé, du moins amoindri les conséquences funestes de la faute qu'on m'a obligé à commettre; séparons-nous donc comme deux amis. Le seul vœu que je forme, c'est que nous ne nous revoyions jamais.

— Eh quoi! vous allez partir ainsi au milieu des ténèbres, lorsque nous sommes menacés d'un temporal?

— Il le faut, don Emilio; je suis attendu là-bas. Mon frère prépare une importante expédition, à laquelle je dois et je veux assister. Quant au temporal, il ne sévira pas avant deux ou trois heures, et, si terrible qu'il soit, c'est une trop vieille connaissance pour que je ne sache pas les moyens de m'en garantir. Adieu donc, et encore une fois, bonne chance. Quoi qu'il arrive, silence sur ce que je vous ai dit; maintenant, enveloppez-vous dans votre poncho et feignez de dormir jusqu'à ce que j'aie donné le signal du départ à mes cavaliers.

Le jeune homme suivit le conseil qui lui était donné, il se roula dans son manteau et s'étendit sur le sol.

Lorsque don Santiago se fut assuré que rien ne pourrait laisser soupçonner l'entretien qui venait d'avoir lieu, il se leva, frappa du pied pour se dégourdir, et prenant un sifflet suspendu à son cou par une mince chaîne d'argent, il en tira un son aigu et prolongé.

Les cavaliers dressèrent aussitôt la tête.

— Allons, enfants! cria le Pincheyra d'une voix forte, debout et sellez vos chevaux, nous retournons à Casa Trama.

— Eh quoi! vous nous quittez à cette heure, señor don Santiago? lui demanda le jeune homme, en feignant de s'être éveillé au bruit du sifflet.

— Il le faut, señor, répondit-il, votre escorte ne vous est plus nécessaire, et nous avons une longue marche à faire, si nous voulons être rendus à Casa Trama au lever du soleil.

Cependant les Pincheyras avaient obéi avec empressement à l'ordre qu'ils avaient reçu, ils s'étaient levés et s'étaient mis aussitôt en devoir de lacer leurs chevaux et de les seller.

Par un hasard, prémédité sans doute par don Santiago, les sentinelles qui avaient été chargées de veiller à la sûreté commune étaient les deux Gauchos et le Guaranis, de sorte qu'il avait la certitude que le secret de son entretien avec le Français ne transpirerait pas.

Au bout de quelques minutes, les cavaliers furent en selle; le Pincheyra se mit à leur tête, et se tournant vers Emilie en lui faisant un geste amical de la main:

— Adios, señor, et bonne chance, lui dit-il avec intention.

Le jeune homme lui rendit son cordial salut, et la petite troupe se mit en marche. Bientôt elle disparut à l'angle du sentier; le bruit de ses pas alla peu à peu en s'affaiblissant et ne tarda pas à s'éloigner tout à fait.

Lorsque le silence fut complètement rétabli, Emilie fit un signe à ses compagnons:

— Maintenant que nous sommes seuls, señores, dit-il, causons, car les circonstances sont graves. Tyro, allumez du feu, nous allons tenir un conseil à l'indienne.

Le Guaranis ramassa du bois sec, l'empila avec soin, battit le briquet, et bientôt une légère aigrette de flamme s'éleva également vers le ciel.

Un silence de mort régnait dans la vallée, la brise s'était éteinte, il n'y avait pas un souffle dans l'air; le ciel noir comme de l'encre, n'avait pas une étoile, la nature semblait rassembler toutes ses forces pour livrer un combat plus terrible à la matière; dans les profondeurs inexplorées des quebradas, des bruits sourds et mystérieux s'élevaient parfois, se mêlaient, à de longs intervalles aux sourds rugissements des fauves à l'abreuvoir.

Les quatre hommes s'accroupirent en rond autour du feu, allumèrent leurs cigarettes, et le jeune homme prit la parole, après leur avoir rapporté ce qu'il croyait nécessaire de leur dire de l'entretien qui avait eu lieu entre lui et don Santiago.

— Maintenant, ajouta-t-il, répondez-moi franchement, puis-je compter sur vous pour tout ce qu'il me plaira de faire?

— Oui, répondirent-ils tout d'une voix.

— Quoi qu'il arrive?

— Quoi qu'il arrive.

— Bien, je ne serai pas ingrat, la récompense égalera les services; maintenant, si vous avez quelques observations à me soumettre, je suis prêt à les entendre.

Les Gauchos, hommes d'exécution avant tout et peu parleurs de leur nature, se contentèrent de dire que telle était la conformation du dehors et qu'ils n'avaient aucune observation à faire sur la manière de procéder; que cela ne les regardait pas.

— C'est juste, observa Tyro. Allez dormir, mes braves, et laissez-nous, le seigneur noire maître et moi, convenir de ce qui sera opportun de faire.

Les Gauchos ne se le firent pas répéter deux fois; ils se levèrent et allèrent s'étendre au milieu des ballots; deux minutes plus tard, ils dormaient à poings fermés.

Emile et le Guaranis, demeurés seuls, entamèrent alors un entretien fort long et fort sérieux, et dressèrent un plan qu'il est inutile de faire connaître ici.

X

Le Partisan.

Il nous faut maintenant retourner auprès des chefs guaycurus que nous avons abandonnés au moment où, à la suite de don Zéno Cabral, ils entraient dans une caverne, où le Montubaro, ou moins d'après les paroles qu'il avait prononcées en les accostant, paraissait avoir donné rendez-vous au Cougouar.

Cette caverne dont l'entrée, à moins de bien la connaître, était impossible à distinguer du dehors à cause de la conformation du paysage dont elle formait le centre, et de la difficulté avec laquelle on y parvenait était vaste et parfaitement claire à cause d'une infinité de fissures imperceptibles presque, qui y laissaient pénétrer la lumière en y renouvelant l'air; dans le fond et sur les côtés s'ouvraient plusieurs galeries qui se perdaient sous la montagne à des distances probablement fort grandes.

L'endroit où le partisan s'arrêta, c'est-à-dire à quelques pas à peine de l'ouverture, contenait plusieurs sièges formés avec des blocs de chêne mal équarris et deux ou trois amas de feuilles sèches, servant probablement de lits à ceux qui venaient chercher en ce lieu un refuge temporaire.

Au centre de la caverne, un grand feu était allumé. Sur ce feu, suspendu par une chaîne, à trois pieux placés en faisceau, bouillait une marmite de fer, tandis qu'un quartier de guanaco, enfilé dans une baguette de fusil fichée dans le sol, rôtissait tout doucement; et quelques patates cuisaient sous la cendre et plusieurs cornes de bœuf contenant de l'harina tostada étaient placées près des sièges par terre. Les armes de Zéno Cabral, c'est-à-dire son fusil et son sabre, étaient appuyés contre une des parois de la caverne. Il n'avait conservé que son couteau à sa poléna droite.

— Señores, dit le partisan avec un geste courtois, asseyez-moi de vous offrir la mince hospitalité que les circonstances où nous nous trouvons m'obligent à vous donner. Avant tout, nous mangerons et boirons ensemble, afin de bien établir la confiance entre nous et d'éloigner tout soupçon de trahison.

Ces paroles avaient été prononcées en portugais, les capitaos répondirent dans la même langue et s'assirent à l'exemple de leur amphytrion sur les sièges préparés pour eux.

Zéno Cabral décrocha alors la marmite et servit avec une adresse et une vivacité peu communes, des cous qu'il présenta ensuite à ses hôtes du tocino, du chorisjo et du charqui, assaisonné avec des camotes et du maï, ce qui forme le plat national de ces contrées.

Le repas commença, et les chefs attaquèrent vigoureusement les mets placés devant eux, se servant de leur couteau en guise de fourchette et buvant à la ronde de l'eau légèrement coupée avec de l'aguardiente de piso, afin d'en enlever l'âcreté.

Les Indiens ne parlent pas en mangeant; aussi leurs repas sont-ils généralement fort courts. Après le *charqui*, ce fut le tour du guanaco ; puis l'harina tostada fut mangée délayée avec de l'eau chaude, et enfin Zéno Cabral confectionna le maté (1), et l'offrit à ses convives.

Lorsque le maté fut bu et que nos trois personnages eurent allumé leurs cigarettes de paille de maïs, Zèno Cabral prit enfin la parole.

— Je dois m'excuser près de vous, señor capitao, dit-il en portugais à Gueyma, l'espèce de surprise au moyen de laquelle j'ai obtenu une entrevue de vous; le Cougouar dont depuis longtemps j'ai l'honneur d'être l'ami, m'avait engagé d'agir ainsi que je l'ai fait ; si une faute a été commise, c'est donc sur lui que doit en retomber le blâme.

— Ce que le Cougouar fait est toujours bien, señor, répondit en souriant le chef, il est mon père, puisque c'est à lui que je dois d'être ce que je suis, je n'ai donc pas à le blâmer, convaincu que les raisons fort sérieuses et qui, sans doute, me seront plus tard expliquées, l'empêchaient de procéder autrement.

— Gueyma a bien parlé comme toujours, dit le Cougouar, la sagesse réside en lui ; le chef blanc ne tardera pas à déduire les motifs de sa conduite.

— C'est ce que je vais faire à l'instant, si les capitaos veulent bien me prêter leur attention, reprit Zèno Cabral..

— Que mon père parle, nos oreilles sont ouvertes.

Le partisan se recueillit pendant deux ou trois minutes, puis il commença en ces termes :

— Mes frères les guerriers guaycurus, trompés par les paroles menteuses d'un blanc, ont consenti à former une alliance avec lui et à le suivre dans cette contrée pour l'aider à combattre d'autres blancs qui jamais n'avaient fait de mal à mes frères, et dont ils ignoraient jusqu'à l'existence. Mais pendant que le guerriers entraînaient le sentier de la guerre et abandonnaient leurs territoires de chasse sous la sauvegarde de l'honneur de leurs nouveaux alliés, ceux-ci, qui n'avaient d'autre but que celui de les éloigner, afin de s'emparer plus facilement de leurs riches et fertiles contrées, envahissaient au mépris de la foi jurée leurs territoires de chasse, et essayaient de s'y établir. Ce projet inique, cette infâme trahison aurait réussi probablement, vu l'éloignement des plus braves guerriers de la nation, si un ami des Guaycurus, révolté de cette action infâme, n'eût fait prévenir Tarou-Niom, le grand capitao des Guaycurus, de se mettre sur ses gardes et ne lui avait fait contracter une alliance offensive et défensive avec Emavidi-Chaimé, le grand chef des Payagoas, afin de s'opposer aux attaques de l'ennemi commun.

Malgré l'impassibilité de commande dont les Indiens font parade dans les circonstances les plus sérieuses, Gueyma, en apprenant ces nouvelles si nettement et si froidement articulées, ne put se contenir. Ses sourcils se froncèrent, ses narines se dilatèrent comme celles d'une bête fauve; il bondit sur ses pieds, et frappant violemment ses mains l'une contre l'autre :

— Mon frère, e chef pâle a les preuves de ce qu'il avance, n'est-ce pas? s'écria-t-il avec un accent du sourde menace.

— Je les ai, répondit simplement Zéno Cabral.

(1) Dans un précédent ouvrage, le grand *Chef des Aucas*, j'ai expliqué ce que c'est que cette boisson qui, dans l'Amérique du Sud, remplace le thé, et est fort prisée des habitants blancs et indiens.
(G. AIMARD.)

— Bon, alors il me les donnera.
— Je les donnerai au capitao.
— Mais il est autre chose que je veux, savoir encore.
— Que veut savoir mon frère.
— Quel est l'ami des Guaycurus qui les a avertis de l'horrible trahison qui se tramait contre eux ?
— A quoi bon dire cela à mon frère?
— Parce que, de même que je connais mes ennemis, je veux connaître mes amis.

Zèno Cabral s'inclina.
— C'est moi, dit il.

Gueyma le regarda un instant avec une fixité étrange, comme s'il eût voulu lire jusqu'au fond de son cœur ses pensées les plus secrètes.

— C'est bon, dit-il enfin, ce que dit mon frère doit être vrai, Gueyma le remercie et lui offre sa main.

Il l'accepte avec empressement, car depuis longtemps déjà j'aime le capitao, répondit le partisan, en pressant la main que lui tendait le chef.

— Maintenant, quelles sont les preuves que mon frère me donnera?

Zèno Cabral fouilla sous son poncho et en retira un quipos (1) qu'il présenta sans répondre au chef.

Celui-ci le saisit vivement et se mit aussitôt à le déchiffrer, avec la même rapidité qu'un Européen lit une lettre.

Peu à peu, les traits du chef reprirent leur rigidité marmoréenne ; puis , après avoir complètement déchiffré le quipos, il le tendit au Cougouar, et se tournant vers Zèno Cabral, qui suivait tous ses mouvements avec une anxiété secrète :

— Maintenant que je sais l'insulte qui m'a été faite, dit-il froidement, mon frère me donnera sans doute les moyens de me venger.

— Peut-être y parviendrai-je, répondit le partisan.

— Pourquoi avoir le doute sur les lèvres quand la certitude est dans le cœur? reprit Gueyma.

— Que veut dire le capitao ?

— Je veux dire que personne, dans le but unique d'être agréable à un homme qu'il ne connaît pas, ne fait ce qu'à fait mon frère.

— Je connais le capitao plus qu'il ne le suppose.

— C'est possible, j'admets cela; mais il n'en reste pas moins évident pour moi que mon frère le chef pâle avait un but en agissant ainsi qu'il l'a fait; c'est ce but que Gueyma désire connaître.

— Que mon frère suppose que moi aussi j'aie à me venger de l'homme qui l'a insulté, et que, pour que cette vengeance soit plus sûre et plus éclatante, j'aie besoin de l'aide de mon frère; me le refuserait-il ?

— Non, certes, si tu le fais, au lieu d'être une supposition, était une réalité.

— Le capitao me le promet?
— Je le promets.

— Eh bien ! les prévisions du chef sont justes. Malgré la vive et sincère amitié que j'ai pour lui, obligé, en ce moment, de m'occuper d'affaires fort sérieuses, peut-être aurais-je négligé de m'occuper des siennes, si je n'avais pas eu un puissant intérêt à la faire et si l'homme dont il veut se venger n'était pas depuis longtemps mon ennemi; voilà la vérité toute entière.

— Eah! mon frère a bien parlé ; sa langue n'est pas fourchue; les paroles que souffle sa poitrine sont loyales. Que fera mon frère pour assurer ma vengeance en même temps que la sienne?

— Deux choses.
— Quelle est la première?
— Je livrerai entre les mains du capitao la femme et la fille de son ennemi.

L'œil de l'Indien lança un fulgurant éclair de joie.

(1) Voir le *Grand Chef des Aucas*. 2 vol. in-12 Amyot, éditeur.

— Bon! s'écria-t-il; voyons la seconde maintenant.

— Je guiderai mon frère par des sentiers de bêtes fauves, connus de moi seul, et avec les riches proies que je lui aurai livrées, je lui ferai atteindre, en moins de cinq jours, la frontière de ses territoires de chasse.

— Mon frère fera cela?
— Je le ferai, je le jure!
— C'est bien; quand les deux femmes pâles seront-elles mes captives?

— Avant deux jours, si le chef consent à m'aider?

— J'ai dit au chef blanc qu'il pouvait disposer de moi, qu'il parle donc sans crainte.

Zèno Cabral jeta un regard interrogateur au Cougouar qui, jusqu'à ce moment, avait assisté muet et impassible à cet entretien.

— Mon frère peut parler, dit le vieux chef, la parole de Gueyma est celle d'un capitao, rien ne saurait la faire changer.

— Seulement, que mon frère prête la plus sérieuse attention à ce que je vais lui dire ; je ne ferai ce que j'ai proposé qu'à une condition.

— J'écoute.

— Mon frère ne pourra disposer, sous aucun prétexte, des captives remises entre ses mains sans mon autorisation; sous aucun prétexte, il ne leur rendra la liberté sans que j'y consente. Pour le reste, le Cougouar connaît mes intentions, et il a promis de s'y conformer.

— Est-ce vrai? demanda Gueyma au vieux chef en se tournant vers lui.

— C'est vrai, répondit laconiquement celui-ci.

— Le Cougouar, reprit le jeune homme, est un des plus sages guerriers de la nation ; ce qu'il fait est toujours bien ; il est ce mon désir de suivre son exemple; j'adhère à ce que désire le chef blanc.

Zèno Cabral inclina la tête en signe de remerciement et, malgré lui, un éclair de satisfaction illumina pour une seconde son visage austère.

Gueyma reprit :

— Le chef pâle a-t-il autre chose à ajouter à ce qu'il m'a dit?

— Rien, répondit le partisan.

— C'est bien ; à moi maintenant à poser mes conditions.

— C'est trop juste, chef, je vous écoute.

— Mon père, le chef blanc, connaît les coutumes de la pampa, n'est-il pas vrai?

— Je les connais, ma vie presque entière s'est écoulée au désert.

— Connaît-il la cérémonie du pacte de vengeance en usage dans la nation des Guaycurus?

— J'en ai entendu parler, sans cependant l'avoir jamais encore pratiquée pour mon propre compte; je sais que c'est une espèce de fraternité d'armes qui lie deux hommes l'un à l'autre par un lien plus fort que la parenté la plus proche.

— Oui, c'est en effet cela; mon frère consent-il à ce que cette cérémonie soit faite par nous ?

— J'y consens de grand cœur, chef, répondit le partisan sans hésiter, que mes intentions sont pures, que nulle pensée de trahison n'est dans mon cœur et que j'éprouve pour mon frère une vive amitié.

— Bien, reprit en souriant le jeune chef, je remercie mon frère de m'accepter pour compagnon du sang; le Cougouar nous attachera l'un à l'autre.

— Soit, répondit simplement celui-ci.

Les trois hommes se levèrent.

Le Cougouar s'avança alors entre eux, et leur faisant étendre en avant à chacun la main droite :

— Chacun de vous, dit-il, est double; il a un ami pour veiller sur lui en tous lieux et en toutes circonstances, le jour comme la nuit, le matin comme le soir; les ennemis de l'un sont les ennemis de l'autre; ce que l'un possède appartient à son ami. A l'appel de son compagnon de sang, n'importe où il se trouve, n'importe ce qu'il fasse, l'ami doit aussitôt tout abandonner pour accourir auprès de celui qui réclame sa présence. La mort même ne saurait vous désunir : dans l'autre vie, votre pacte continuera aussi fort que dans celle-ci. Vous, Zéno Cabral, pour la nation des Guaycurus, vous vous nommez maintenant Cabral Gueyma; et vous, Gueyma, pour les frères de votre ami, vous êtes Gueyma Zéno. Votre sang même doit se mêler dans votre poitrine, afin que vos pensées soient bien réellement les mêmes, et que, à l'heure où vous comparaîtrez, après votre mort, devant le Maître du monde, il vous reconnaisse et vous réunisse dans le *cout.*

Après avoir ainsi parlé, le Cougouar tira son couteau de sa gaîne et piqua légèrement la poitrine du partisan juste à la place du cœur.

Zéno supporta sans trembler ni pâlir cette effrayante incision, le vieux chef recueillit le sang qui coula de la blessure dans un *cout* dans lequel un peu d'eau était restée; il incisa de même la poitrine du jeune chef et fit aussi couler son sang dans le *cout.*

Élevant alors le vase au-dessus de sa tête :

— Guerriers, s'écria-t-il d'une voix sombre et empreinte d'une majesté suprême, là est contenu votre sang, si bien mêlé qu'il ne pourrait plus être séparé; chacun de vous va boire à cette coupe que, entre vous deux, vous devez vider; à vous d'abord, ajouta-t-il en se tournant vers Zéno Cabral en tendant le vase vers lui.

Donnez, répondit froidement le partisan et il le porta sans hésiter à ses lèvres.

Lorsqu'il eut bu la moitié à peu près de ce qu'il contenait, il le présenta à Gueyma; celui-ci le prit sans prononcer une parole et le vida d'un trait.

— A notre prochaine rencontre, frère, dit alors le jeune chef, nous échangerons nos chevaux, car nous ne le pouvons faire en ce moment. En attendant, voici mon fusil, mon sabre, mon couteau, ma poire à poudre, mon sac à balles, mon lazo et mes bolas; acceptez-les, et veuille le Grand-Esprit qu'ils vous fassent un aussi bon service qu'ils m'en ont fait un à moi.

— Je les reçois, frère, en échange de mes armes que voici.

Puis les deux hommes s'embrassèrent, et la cérémonie fut terminée.

— Maintenant, dit le Cougouar, le moment de nous séparer est arrivé, il nous faut rejoindre nos guerriers; où nous retrouverons-nous et quand aura lieu cette rencontre?

— Le deuxième soleil après celui-ci, répondit le partisan, j'attendrai mes frères trois heures avant le coucher du soleil au *cagnon de yerbas-monté,* les captives seront avec moi; le cri de l'aigle des Cordillières, trois fois répété, avertira mes frères de ma présence, ils me répondront par celui du mawkawis répété le même nombre de fois.

— Bon; mes guerriers seront exacts.

Les trois hommes se serrèrent énergiquement la main à la chefs guaycurus se retirèrent, reprenant pour s'en aller le chemin presque impraticable par lequel ils étaient venus, mais qui ne devait pas offrir de difficultés sérieuses à des hommes brisés comme eux à tous les exercices du corps et doués d'une souplesse et d'une agilité sans égale.

Zéno Cabral demeura seul dans la caverne.

Le partisan se laissa tomber sur un siége, pencha la tête sur sa poitrine et demeura ainsi pendant un laps de temps considérable plongé dans de profondes réflexions.

Lorsque les premières ombres du soir commencèrent à envahir l'entrée de la caverne, le jeune homme se redressa.

— Enfin! murmura-t-il à voix basse, je vais donc atteindre cette vengeance que depuis si longtemps je poursuis; nul désormais ne pourra me ravir ma proie; mon père tressaillera de joie dans sa tombe en voyant de quelle façon je tiens mon serment; hélas !

pourquoi me faut-il être la hache destinée à martyriser deux femmes innocentes! Le véritable coupable m'échappe encore! Dieu permettra-t-il qu'il tombe entre mes mains? Comment le contraindre à se livrer à moi?...

Il garda quelques instants le silence, puis il reprit avec une énergie sauvage :

— A quoi bon m'apitoyer sur le sort de ces femmes! la loi du désert ne dit-elle pas : Œil pour œil, dent pour dent? ce n'est pas moi qui ai commis le crime! Je venge l'insulte faite à ma famille; le sort en est jeté, Dieu me jugera!

Il se leva et fit quelques tours dans la caverne. L'obscurité était presque complète.

Zéno Cabral prit une torche de bois pourri, l'alluma et la ficha en terre; puis, après une dernière hésitation, il secoua la tête à plusieurs reprises, se passa la main sur le front, comme pour chasser une idée importune, et alla se rasseoir sur un des siéges, après avoir fait disparaître les traces du repas et celles laissées par la présence des guerriers guaycurus.

— Je suis fou! murmura-t-il à demi-voix; il est trop tard maintenant pour regarder en arrière.

Et saisissant son fusil, il le déchargea en l'air.

Le bruit de la détonation, répercuté par les nombreux échos de la caverne, roula pendant un temps assez long, s'affaiblissant de plus en plus et finit par s'éteindre tout à fait.

Presque aussitôt la lueur de plusieurs torches brilla au fond d'une galerie latérale, grandit rapidement, et bientôt illumina la caverne de teintes rougeâtres qui couraient sur les parois avec des reflets fantastiques; ces torches étaient portées par des montoneros conduits par plusieurs officiers, parmi lesquels se trouvait don Silvio Quiroga.

— Nous voici, général, dit le capitaine avec un salut respectueux.

— Où sont les prisonniers? demanda Zéno Cabral, tout en rechargeant son fusil qu'il plaça à portée de sa main.

— Gardés à quelques pas par un détachement de nos hommes.

— Qu'ils viennent.

Le capitaine se retira sans répondre; quelques minutes se passèrent, au bout desquelles il reparut accompagné de trois hommes désarmés qui marchaient au milieu d'un groupe de partisans.

— C'est bien, dit le général, laissez-moi avec ces caballeros, je désire causer avec eux; seulement, soyez prêts à accourir, si besoin était, au premier signal. Allez.

Le capitaine Quiroga planta deux ou trois torches dans le sol, s'enfonça ensuite dans la galerie de laquelle il était sorti, suivi par les montoneros.

Don Zéno demeura seul avec les trois prisonniers; ceux-ci se tenaient debout devant lui, froids, hautains, la tête fièrement rejetée en arrière et les bras croisés sur la poitrine.

Il y eut un instant de silence.

Ce fut un des prisonniers qui le rompit.

— Je suppose, seigneur général, dit-il avec un léger accent de raillerie, puisque tel est le titre qu'on vous donne, que vous nous avez appelés en votre présence afin de nous faire fusiller?

— Vous vous trompez, seigneur le partisan, quant à présent, du moins, telle n'est pas mon intention.

— Vous me connaissez? s'écria l'Espagnol avec un mouvement de surprise qu'il ne put réprimer.

— Oui, señor, je vous connais, ainsi que vos compagnons, le señor comte de Mendoza et le colonel Zinozain; je sais même dans quel but vous êtes venus vous fourvoyer dans ces montagnes. Vous voyez que je suis bien servi par mes espions.

— Caramba! fit gaîment le capitaine Ortega, j'aurais voulu être aussi bien servi par les miens.

Le partisan sourit avec ironie.

— Au fait, señor, dit le comte, que prétendez-vous nous imposer, puisque nous sommes en votre pouvoir et que vous ne voulez pas nous fusiller?

— Vous reconnaissez, n'est-ce pas, que j'aurais le droit de le faire, si tel était mon bon plaisir?

— Parfaitement, reprit le capitaine; quant à nous, soyez convaincu que nous n'aurions pas manqué de vous faire sauter le crâne si le sort vous avait fait tomber entre nos mains. N'est-ce pas, señores?

Les deux officiers répondirent affirmativement.

— Touchante unanimité, dit en raillant le montonero; je vous sais gré, croyez-le bien, de vos bonnes intentions à mon égard; cependant elles ne changent rien à ma résolution.

— Alors, reprit le capitaine, il est probable que vous trouvez plus d'avantage pour vous à nous laisser vivre qu'à ordonner notre exécution?

— Cela est évident.

— Mais il est probable aussi que les conditions que vous nous poserez, dit le colonel, seront de telle sorte que nous refuserons de les accepter, préférant la mort au déshonneur.

— Eh bien, vous n'y êtes pas du tout, mon cher colonel, répondit avec bonhomie le partisan, je sais trop ce qu'on se doit entre soldats, hommes d'ennemis, pour profiter des avantages que me donne ma position, et ces conditions seront, au contraire, excessivement douces.

— Oh! oh! voilà qui est étrange, murmura le comte.

— Fort étrange, en effet, monsieur le comte, de voir un de ces misérables créoles, ces bêtes fauves, ainsi que vous nous nommez, conserver des sentiments d'humanité et complétement mis en oubli par leurs ex-maîtres, les nobles Castillans.

— Je vous avoue que, pour ma part, je suis curieux de connaître ces bénignes propositions? dit en ricanant le capitaine.

— Vous allez être satisfait, señor, reprit le partisan de ce ton narquois qu'il affectait depuis le commencement de l'entretien; mais avant tout, veuillez vous asseoir : je suis chez moi, je désire vous faire les honneurs de ma demeure.

— Soit; nous vous écoutons, dit le capitaine en s'asseyant, mouvement imité par ses deux compagnons.

— Mes conditions, les voici, reprit le partisan : je vous offre de vous rendre immédiatement la liberté en vous restituant tous les bagages qui vous ont été enlevés, en vous laissant la faculté de continuer votre voyage et d'accomplir la mission dont vous êtes chargé pour don Pablo Pincheyra.

— Hein! s'écria le capitaine, vous savez cela aussi?

— Je sais tout, ne vous l'ai-je pas dit?

— C'est juste; pardonnez-moi cette interruption, fit le capitaine; vous disiez donc que vous offriez de nous rendre la liberté, etc., etc., à la condition...

— A la condition, reprit don Zéno, que d'abord vous me donnerez votre parole d'honneur de gentilshommes et de soldats, que, quoi qu'il arrive pendant tout le temps que nous demeurerons ensemble, vous ne prononcerez jamais mon nom, et vous me garderez un secret inviolable.

— Jusqu'à présent, je ne vois rien qui s'oppose à ce que nous prenions cet engagement; ensuite, señor, car ce n'est pas tout, j'imagine?

— En effet, ce n'est pas tout. Je désire me rendre en votre compagnie au camp de Casa-Trama, afin de traiter avec don Pablo Pincheyra une affaire qui m'est personnelle. Je prendrai le nom et le costume d'un officier portugais. Vous ne me trahirez pas, et de plus vous m'aiderez à terminer l'affaire en question; je sais que vous possédez assez d'influence sur don Pablo pour me faire réussir.

— Refusez-vous de nous instruire de cette affaire? demanda le comte.

— En aucune façon. Cette susceptibilité est trop honorable pour que je ne fasse pas droit à votre demande. Il s'agit de deux dames portugaises, la marquise de Castelmelhor et sa fille, dont les Pincheyras se sont emparés contre le droit des gens et que je veux délivrer.

— Voilà tout?

— Oui, caballero. Voyez si votre honneur vous permet d'accepter ces conditions.

— Señor don Zèno Cabral, répondit le comte, l'histoire qu'il vous plaît de nous conter est fort bien imaginée, bien que nous doutions beaucoup de la réalité de votre dévouement pour ces dames; comme elles nous sont à peu près inconnues, et que, ainsi que vous nous l'avez annoncé, cette affaire vous est entièrement personnelle, nous ne nous reconnaissons pas le droit de l'approfondir; en conséquence, mes compagnons et moi, nous acceptons vos conditions, qui, nous le constatons, sont réellement fort douces. Nous vous donnons notre parole d'honneur de remplir exactement l'engagement que nous prenons vis-à-vis de vous, sans y être aucunement contraints par la force.

— Nous donnons notre parole d'honneur, ainsi que notre noble ami le comte de Mendoza, dirent ensemble le capitaine et le colonel.

— Et maintenant, ajouta don Luis Ortega, quand serons-nous libres?

— A l'instant, caballeros.

— Et nous partirons?

— Au lever du soleil, de façon à être demain, dans la matinée, à Casa-Trama; maintenant, disposez de moi, señores, je ne suis plus que votre hôte.

Nous avons rapporté plus haut de quelle façon le comte et les personnes qui l'accompagnaient avaient été reçues par les Pincheyras.

———

XI

Les captives.

Aussitôt après la réception terminée, don Pablo avait offert aux envoyés espagnols et à l'officier portugais, c'est-à-dire à don Zèno Cabral, qui était loin de se douter d'avoir pour hôte dans son camp, une collation que ceux-ci avaient accepté.

Bien que ce camp fût dans une des parties les plus inaccessibles des Cordillères, les Pincheyras, grâce à leurs excursions continuelles et aux vols et aux pillages qu'ils commettaient dans les chacras, les bourgs, et même les villes situées sur les deux versants des montagnes, étaient fort bien approvisionnés, leur repaire regorgeait des choses des plus rares et les plus délicates.

Par les soins de la sœur de don Pablo, chargée par son frère des détails intérieurs de sa maison, une table avait été dressée et couverte d'une profusion de vivres de toutes sortes, de dulces, de fruits, de liqueurs, et même de vins d'Espagne et de France, que, certes, on eût été loin de s'attendre à rencontrer en pareil lieu.

Les Espagnols et les créoles hispano-américains sont généralement sobres; cependant, lorsque l'occasion s'en présente, ils ne méprisent nullement les agréments d'une table bien garnie. En cette circonstance, ils fêtèrent à l'envi la bonne chère que leur offrait leur amphitryon, soit à cause des longues privations qu'ils avaient précédemment endurées, soit parce que tout était en réalité exquis et servi avec beaucoup de goût; aussi le repas se prolongea-t-il assez longtemps, et il était plus de trois heures de l'après-dîner lorsque les convives se levèrent enfin de table.

Don Pablo prit alors à part don Zèno Cabral, qu'il avait placé auprès de lui à table, et pour lequel il éprouvait une vive sympathie.

— Señor don Sebastiao, lui dit-il d'une voix un peu émue, car malgré ou peut-être même à cause de sa sobriété habituelle, les quelques verres de vin généreux que le partisan avait été contraint de boire pour fêter ses convives, lui avaient donné une légère teinte d'ivresse, je vous trouve, vive Dios! un charmant compagnon, et je désirerais faire quelque chose qui vous fût agréable.

— Vous me faites honneur, caballero, répondit Zèno Cabral avec une certaine réserve.

— Oui, Dios me empare! c'est ainsi; je vous avoue que ce matin j'étais assez contrarié de vous rendre les deux dames.

— Pour quelle raison?

— Diablos! j'aurais pu en tirer une bonne rançon.

— Qu'à cela ne tienne, caballero, et je suis tout prêt.

— Non, non, reprit-il vivement, ne parlons plus de cela, je me rattraperai sur d'autres de ce que je perds avec celles-ci; je voulais donc vous dire que je suis charmé maintenant de ce qui est arrivé. Bah! vous me plaisez, mieux vaut qu'il en soit ainsi; d'ailleurs, ces femmes m'ennuient, elles pleurent continuellement, c'est insupportable.

— En effet, vous disiez donc?

— Et bien, ma foi, je disais que, si je pouvais vous être agréable en quelque chose, je serais heureux que vous me missiez à même de vous prouver l'estime que je fais de vous.

— Vous me flattez, caballero, en parlant ainsi, je ne mérite pas cette indulgence de otre part.

— Si, je vous jure; ainsi parlez, que désirez-vous?

— Eh bien! puisqu'il en est ainsi, je serai franc avec vous, señor; il y a, en effet, une chose dans laquelle vous pouvez m'être utile.

— Eh bien! à la bonne heure, de quoi s'agit il?

— Oh! mon Dieu, d'une chose bien simple : laissez, je vous prie, ces dames dans l'ignorance de leur délivrance; vous savez que la joie comme la douleur sont souvent fort à redouter lorsque tout à coup on les éprouve sans préparation; je redoute la révolution que pourrait occasionner à ces dames l'annonce de ce départ subit auquel elles sont si loin de s'attendre.

— Ce que vous me demandez là est en réalité très facile ; cependant, il me faudra les avertir demain ou ce soir.

— Qu'à cela ne tienne, la chose est toute simple ; dites-leur seulement qu'elles soient prêtes à monter à cheval demain au lever du soleil, sans les informer des causes ni du but de ce voyage ; j'aurai soin de me tenir hors de leur vue jusqu'à ce que je trouve une occasion de me présenter à elles sans leur faire éprouver une trop forte commotion.

Le Pincheyra, homme fort peu sentimental de sa nature, ne comprenait rien à ce que lui disait le montonero ; cependant, par suite de cette espèce de vanité innée chez tous les hommes qui les pousse à s'attribuer des qualités qu'ils ne possèdent pas, et d'ailleurs entraîné malgré lui vers sa nouvelle connaissance par une inexplicable sympathie, il ne fit aucune difficulté d'acquiescer à ce que lui demandait don Zèno Cabral, et consentit à le laisser complétement agir à sa guise, intérieurement flatté de la bonne opinion que celui-ci semblait avoir de lui et jaloux de lui prouver qu'il ne s'était pas trompé sur son compte.

Les choses ainsi arrangées, don Pablo chargea, pour entrer dans aucun détail, son frère José Antonio de prévenir les dames de leur prochain départ, et, s'éloignant en compagnie de don Zèno, il lui fit visiter le camp de Casa-Trama.

José Antonio, le troisième frère de Pincheyra, était un homme de vingt et quelques années, d'un caractère sombre, d'une intelligence bornée, qui accepta de mauvaise volonté la commission qui lui était donnée; il se hâta de s'en acquitter au plus vite.

Il se dirigea donc vers le toldo habité par les deux dames.

Elles étaient seules, occupées à causer entre elles, lorsque le Pincheyra se présenta.

A sa vue elles ne purent réprimer un mouvement de surprise et presque d'effroi; mais elles se remirent bientôt et lui rendirent le salut brusque qu'il leur fit, sans cependant leur adresser la parole, ce qui obligea la marquise à lui demander quel motif l'amenait auprès d'elles.

— Señora, répondit-il, mon frère le colonel don Pablo Pincheyra m'a chargé de vous avertir de vous tenir prêtes à quitter le camp demain au lever du soleil.

— Je vous remercie de cette bonne nouvelle, caballero, répondit froidement la marquise.

— Je ne sais si la nouvelle est bonne ou mauvaise, et cela m'est fort égal; on m'a ordonné de vous avertir, je le fais, voilà tout. Maintenant que ma commission est faite, adieu, je me retire.

Et sans plus de conversation il fit un geste pour s'éloigner.

— Pardon, caballero, lui dit la marquise en faisant un effort pour continuer l'entretien dans l'espoir de voir jaillir une lueur favorable dans le chaos qui l'enveloppait, un mot s'il vous plaît.

— Un mot, soit, répondit-il en s'arrêtant, mais pas davantage.

— Savez-vous pour quelle raison nous quittons le camp?

— Ma foi non; qu'est-ce que cela me fait, à moi, que vous partiez ou non.

— C'est vrai, cela doit vous être fort indifférent, cependant vous êtes, je crois, un des pricipaux officiers de votre frère.

— Je suis capitaine, répondit-il en se redressant avec orgueil.

— En cette qualité, vous devez être dans la confidence des projets de votre frère, savoir quelles sont ses intentions.

— Moi, pourquoi faire? mon frère n'a pas de comptes à me rendre, je ne lui en demande pas.

La marquise se mordit les lèvres avec dépit, cependant elle continua, en changeant brusquement de conversation.

— Si je dois sitôt quitter le camp, permettez-moi, caballero, de vous offrir avant de me séparer de vous cette légère marque de souvenir, et retirant de sa poitrine un mignon reliquaire d'or curieusement ciselé, elle le lui présenta avec un gracieux sourire.

L'œil du bandit lança un éclair de convoitise.

— Oh! fit-il en tendant la main, qu'est-ce que c'est que cela?

— Ce médaillon, reprit la marquise, contient des reliques.

— Des reliques, fit-il, véritables?

— Certes, il renferme un morceau de la vraie croix et une dent de santa Rosa de Lima.

— Ah! et cela peut servir, n'est-ce pas? Le père Gomez, le chapelain de mon frère, dit que les reliques des saints sont les meilleures armes qu'un chrétien puisse porter avec lui.

— Il a raison, celles-ci sont infaillibles contre les blessures et les maladies.

L'œil du bandil brilla, une indicible expression de joie bouleversa sa figure.

— Et vous me les donnez? s'écria-t-il vivement.

— Je vous les donne, mais à une condition.

— Sans condition, reprit-il en fronçant le sourcil et en jetant un regard sinistre sur la marquise.

Le seul sentiment vivace au fond du cœur de cet homme, sa superstition, était éveillé. Peut-être pour s'emparer de ses reliques qu'il convoitait, n'aurait-il pas reculé devant un crime.

La marquise comprit à l'instant la pensée qui s'agitait indistincte encore dans son esprit obtus; elle ne s'émut pas et continua :

— Ces reliques perdraient aussitôt leur vertu, si elles étaient enlevées par violence à la personne qui les possède.

— Ah! murmura-t-il d'une voix sourde et inarticulée, il faut qu'elles soient librement données.

— Il le faut, répondit froidement la marquise.

Doña Eva avait senti un frisson de terreur parcourir ses membres à la menace voilée du bandit; mais son exclamation la rassura, elle comprit que la bête féroce était domptée.

— Quelle est cette condition? reprit-il.

— Je désire savoir si des étrangers sont arrivés au camp aujourd'hui.

— Il en est arrivé ce matin.

— Des Espagnols?

— Oui.

— Il n'y avait pas de Portugais parmi eux?

— Je crois qu'il y en avait un.

— Vous en êtes sûr?

— Oui, c'est celui-là qui vous doit emmener; il a offert une forte rançon pour vous; je me le rappelle, parce que mon frère a refusé la rançon, tout en consentant à vous laisser partir, ce que je n'ai pas pu comprendre de sa part.

— Ah! murmura-t-elle d'un air rêveur.

— Vous n'avez plus rien à me demander?

— Une seule question encore.

— Faites vite, répondit-il les yeux avidement fixés sur le reliquaire, qu'il ne quittait pas du regard.

— Connaissez-vous don Emilio?

— Le Français?

— Oui, celui-là même.

— Je le connais.

— Je désirerais causer avec lui.

— C'est impossible.

— Pourquoi donc?

— Parce qu'il a quitté le camp il y a une heure, en compagnie de mon frère Santiago.

— Savez-vous quand il sera de retour?

— Jamais; je vous répète qu'il est parti.

Un soupir de soulagement s'échappa de la poitrine de la marquise. Si le jeune homme était parti, c'était dans l'intention de leur être utile, d'essayer de les sauver : tout espoir n'était donc pas perdu pour elles, puisqu'un ami dévoué veillait encore à leur salut.

— Je vous remercie, reprit-elle, de ce que vous avez consenti à me dire, voilà le reliquaire.

Le Pincheyra bondit dessus comme une bête fauve sur sa proie et le fit disparaître sous son poncho.

— Vous me jurez que les reliques sont vraies? demanda-t-il d'un ton soupçonneux.

— Je vous le jure.

— C'est égal, murmura-t-il en hochant la tête, je les ferai bénir par le Père Gomez, cela ne peut pas nuire; adieu, ma âme.

Et sans plus de salutations, il tourna sur les talons et quitta le toldo aussi brusquement qu'il y était entré, sans autrement prendre congé des deux dames, et tenant la main droite fortement appuyée sur la poitrine dans le but sans doute de s'assurer que le précieux reliquaire était toujours à l'endroit où il l'avait caché.

Il y eut un long silence entre les deux dames après le départ du Pincheyra.

La marquise releva enfin les yeux et fixa un long regard sur sa fille, qui, la tête penchée sur la poitrine, semblait plongée dans d'amères réflexions.

— Eva! lui dit-elle d'une voix douce.

La jeune fille tressaillit, et, redressant vivement sa belle tête pâlie par le chagrin :

— Vous me parlez, ma mère? répondit-elle.

— Oui, ma fille, reprit la marquise; vous pensiez à notre malheureuse situation, sans doute?

— Hélas! fit-elle.

— Situation, continua la marquise, que chaque instant qui s'écoule rend plus affreuse, car ne vous y trompez pas, mon enfant, cette liberté que nous accorde le bandit dont nous sommes les prisonnières, cette liberté n'est qu'un leurre.

— Oh! le croyez-vous donc, ma mère? qui vous fait supposer cela?

— Je ne sais rien, et pourtant je suis convaincue que l'homme qui se dit envoyé par votre père pour nous ramener près de lui, et qui s'obstine à se tenir à l'écart, au lieu de se présenter à nous, ainsi qu'il le devrait faire; je suis convaincue que cet homme est un ennemi, plus redoutable peut-être pour nous que celui auquel il nous enlève, et qui, bien que sans foi ni loi, ne nous retenait cependant que dans l'espoir d'une riche rançon, n'ayant contre nous ni haine ni colère.

— Pardonnez-moi, ma mère, de ne pas être de votre avis en cette circonstance. Dans une contrée si éloignée de notre pays, où, à part don Emilio, nous ne connaissons personne, étrangers au milieu du peuple à demi sauvage qui nous entoure, quel ennemi pouvons-nous redouter?

La marquise sourit tristement.

— Votre mémoire est courte, dit-elle, ma chère Eva; insouciante comme tous les enfants de votre âge, le passé n'est plus pour vous qu'un rêve, et vos regards, sans se fixer sur le présent, se dirigent sur l'avenir seul. Avez-vous donc oublié déjà le chef de partisans qui, il y a deux mois, nous fit prisonniers et dont nous sauva le dévouement de don Emilio.

— Oh! non, ma mère, s'écria-t-elle avec un tressaillement nerveux, non, je ne l'ai pas oublié, car cet homme semble être notre mauvais génie! Mais, Dieu soit loué! ici, du moins, nous n'avons rien à redouter de lui.

— Vous vous trompez, ma fille, c'est lui, au contraire, qui aujourd'hui nous poursuit encore.

— Cela ne saurait être, ma mère; cet homme est loin, savez-vous, a lâché au point contraire à celui que soutient le bandit aux mains duquel nous nous trouvons.

— Pauvre enfant, les méchants se ligueront toujours lorsqu'il s'agira de faire le mal; je vous le répète, cet homme est ici.

— Ma mère, dit la jeune fille d'une voix que l'émotion faisait trembler, mais cependant avec un accent résolu, vous le connaissez depuis longtemps cet homme?

— Oui, répondit-elle sèchement.

— Puisqu'il en est ainsi, vous savez sans doute les motifs vrais ou faux de cette implacable haine?

— Je les sais, oui, ma fille.

— Et, fit-elle avec une certaine hésitation, pourriez-vous me les faire connaître?

— Non, cela m'est impossible.

— Me permettez-vous de vous adresser une question, ma mère?

— Parlez, ma fille; si je puis vous répondre, je le ferai.

— Les motifs de cette haine vous touchent-ils personnellement?

— Non; je suis de toutes les manières innocente des faits qu'on me reproche.

— Pourquoi nous, ma mère?

— Parce que, chère enfant, tous les membres d'une famille sont solidaires les uns des autres; vous le savez, n'est-ce pas?

— Je le sais, oui.

— De là cette conséquence indiscutable qu'une action reprochée à un membre d'une famille doit l'être à tous, et que, si cette action est honteuse ou coupable, tous en subissant la faute et en doivent accepter la responsabilité.

— C'est juste; merci, ma mère, je vous comprends; maintenant, il reste seulement un point sur lequel je ne suis pas bien édifiée.

— A quoi faites-vous allusion?

— A ceci, lorsqu'à Santiago de Chile, et plus tard à Salto, le señor don Zeno Cabral...

c'est ainsi qu'il se nomme? je crois...

— En effet, tel est son nom; continuez.

— Donc, lorsqu'il se présenta dans notre maison, connaissiez-vous déjà cette haine qu'il nous portait?

— Je la connaissais, ma fille, répondit nettement la marquise.

— Vous la connaissiez, ma mère! s'écria doña Eva avec surprise.

— Oui, je la connaissais, je vous le répète.

— Mais alors, ma mère, s'il en était ainsi, pourquoi le receviez-vous donc sur le pied de l'intimité lorsqu'il vous aurait été si facile de lui fermer votre porte.

— Vous le croyez ainsi.

— Excusez-moi cette insistance, ma mère, mais je ne puis m'expliquer une telle conduite de votre part, à vous, douée, ainsi que vous l'êtes, d'un tact si exquis et d'une si profonde connaissance du monde.

La marquise haussa légèrement les épaules tandis qu'un sourire d'une expression indéfinissable plissait les coins de sa bouche.

— Vous raisonnez comme une folle, ma chère Eva, lui répondit-elle, en appuyant légèrement ses lèvres pâles sur le front de la jeune fille; je ne connaissais pas personnellement don Zeno Cabral, il ignorait et probablement il ignore encore aujourd'hui que j'étais maîtresse du secret de sa haine, secret dont, en effet, avec un caractère moins franchement loyal que celui de votre père, je n'aurais pas dû, à cause de certaines particularités blessantes pour mon caractère de femme, je n'aurais pas dû, dis-je, partager le lourd fardeau; mon but, en attirant chez moi notre ennemi, en m'introduisant même dans notre intimité la plus privée, était de lui donner le change, de le convaincre que j'étais dans une ignorance complète, par conséquent, d'éveiller sa confiance et de parvenir, sinon à le faire renoncer à ses projets contre nous, du moins, à les lui faire modifier, ou à en obtenir l'aveu de sa bouche. La faiblesse apparente de don Zéno, ses manières efféminées, sa fausse douceur, son visage imberbe, qui le fait paraître beaucoup plus jeune qu'il ne doit l'être en réalité, tout me portait à supposer que j'aurais bon marché de lui, et que je réussirais facilement. Il n'en a malheureusement pas été ainsi. Cet homme est de glace; rien ne l'émeut, rien ne le touche; se faisant de l'ironie une arme, d'autant plus dangereuse qu'elle est plus difficile à combattre de sang-froid, toujours il a su déjouer mes ruses et repousser mes attaques. De guerre lasse, froissée un jour par le ton de moqueuse raillerie dont il ne se départait pas dans nos entretiens particuliers, je me laissai emporter par la colère, et je le blessai grièvement par un mot sanglant que le trouble jeté au visage et que, à peine prononcé, j'aurais voulu retenir; mais il était trop tard: l'imprudence commise par moi était irréparable. En voulant démasquer mon adversaire, j'avais laissé à nu mon cœur. De ce moment tout fut fini entre nous, ou plutôt tout commença. Après m'avoir froidement saluée, il se retira en m'avertissant ironiquement de mieux me tenir sur mes gardes dorénavant, et je ne le revis plus jusqu'au moment où il nous fit tomber dans l'embuscade qui nous mit en son pouvoir.

Pendant que la marquise parlait, le visage de doña Eva exprimait tour à tour les sentiments les plus divers. La jeune fille, en proie à une vive émotion qu'elle essayait vainement de maîtriser, comprimait sa poitrine haletante et essuyait furtivement ses yeux qui d'instants en instants se remplissaient de larmes; enfin cette émotion se fit tellement que force fut à la marquise de s'en apercevoir. Elle s'arrêta brusquement, en fixant sur sa fille un regard doux et impérieux tandis que ses sourcils se fronçaient à se joindre et que sa voix prenait une sourde intonation de menace :

Paris. — Imp. SCHILLER, 10, Faub.-Montmartre.

— Qu'avez-vous donc, niña? lui demanda-t-elle et pourquoi ces larmes que je vous vois répandre.

La jeune fille rougit et baissa la tête avec embarras.

—Répondez, reprit sévèrement la marquise; répondez, je le veux.

— Ma mère, balbutia-t-elle d'une voix faible et tremblante, les choses que vous me dites ne suffisent-elles donc pas pour me causer la douleur à laquelle vous me voyez en proie? Je ne mérite en aucune sorte l'injuste colère que vous me témoignez.

La marquise hocha la tête à plusieurs reprises, et continuant à fixer son regard sur sa fille qui, rougissant et pâlissant tour à tour, perdait de plus en plus contenance.

— Soit, dit-elle, je veux bien feindre d'ajouter foi à ce qu'il vous plaît de me répondre, mais prenez garde qu'un jour je m'aperçoive que vous m'avez menti, et qu'un sentiment dont vous ignorez sinon, l'existence, du moins la force, et que vous essayeriez en vain de me cacher, a germé dans votre cœur.

— Que voulez-vous dire, ma mère? Au nom du ciel, je ne vous comprends pas.

— Veuille le ciel que je me sois trompée, reprit-elle sourdement; mais, brisons-là, nous ne sommes que trop appesanties sur ce sujet, je vous ai avertie, et je veille; l'avenir décidera.

— Ma mère, quand nous sommes si malheureuses déjà, pourquoi augmenter ma douleur par d'injustes reproches?

Elle lui lança un regard dans lequel brilla un fulgurant éclair de colère, mais se remettant aussitôt :

— Vous m'avez donc comprise! s'écria-t-elle avec une froideur calculée.

La jeune fille frissonna et tomba palpitante sur le sein de sa mère, en balbutiant une réponse entrecoupée par la douleur et s'éva nouit.

La marquise la souleva légèrement dans ses bras et l'étendit sur un hamac; longtemps elle la contempla avec une expression de colère, d'amour et de tristesse impossible à rendre.

— Pauvre, pauvre enfant! murmura-t-elle, et, tombant à ses genoux auprès du hamac, elle joignit les mains et adressa au ciel une fervente prière.

Elle pria longtemps ainsi; soudain elle sentit une larme brûlante tomber sur son front, elle releva vivement la tête.

Sa fille, à demi levée hors du hamac, penchée sur elle, la regardait prier.

— Ma mère! ma mère! s'écria-t-elle en l'attirant doucement vers elle.

La marquise se leva sans répondre, s'approcha de sa fille, et les deux femmes tombèrent dans les bras l'une de l'autre, confondant leurs larmes dans une étreinte passionnée.

La journée s'écoula tout entière sans nouvel incident. Grâce à la présence des étrangers dans le camp, nul ne vint troubler la solitude des captives, qui eurent au moins cette satisfaction d'échapper, pendant cette dernière journée, au milieu des Pincheyras, aux obsessions intéressées de la sœur de leur chef.

Vers le soir, on les avertit par un message assez laconique de faire tous leurs préparatifs, de façon à être prêtes à se mettre en route au premier signal.

Les bagages des deux dames avaient été, chose étrange, scrupuleusement respectés par les partisans; aussi étaient-ils assez importants et nécessitaient quatre mules pour leur transport; on leur promit que des bêtes de somme seraient mises à leur disposition.

La nuit fut sombre; une chaleur lourde pesait sur la nature; la lune, cachée par d'épais nuages bordés de reflets grisâtres, ne répandait aucune lumière; le ciel était noir; de sourdes rumeurs, emportées sur l'aile du vent, traversaient l'espace comme des plaintes sinistres; par intervalles, des mugissements lugubres s'échappaient des quebradas,

et, répercutés par les échos, allaient éveiller les fauves au fond de leurs repaires, ignorés.

Un silence funèbre planait sur le camp, où tous les feux étaient éteints; les sentinelles elles-mêmes étaient muettes, et leurs longues silhouettes immobiles, semblables à des spectres, se détachaient en gris sur la teinte plus sombre des mornes environnants.

Vers quatre heures du matin, au moment où l'horizon commençait à s'iriser de bandes grisâtres, un bruit de chevaux se fit entendre dans la partie du camp habitée par les captives et se rapprocha rapidement de leur hatto.

Elles comprirent que le moment de leur départ était arrivé, et elles se mirent en mesure de recevoir les gens que sans doute don Pablo leur envoyait pour charger leurs bagages.

Elles avaient passé la nuit en prière, sans que pendant une seule minute le sommeil fût venu clore leurs paupières.

Au premier coup frappé à leur porte, elles quittèrent leur siège et l'ouvrirent.

Un homme entra, cet homme était don Pablo; un épais manteau l'enveloppait, un chapeau à larges bords était rabattu sur ses yeux.

Il salua poliment les dames.

— Etes-vous prêtes? leur demanda-t-il.

— Nous attendons répondit laconiquement la marquise, voici nos bagages.

— C'est bien! répondit-il, et s'adressant à plusieurs hommes entrés à sa suite dans le hatto : allons, vous autres, leur dit-il d'un ton bref, chargez cela rondement, nous n'avons pas de temps à perdre.

— Señoras, reprit don Pablo, veuillez me suivre, s'il vous plaît.

Les dames s'inclinèrent pas répondre et sortirent du hatto.

Plusieurs cavaliers étaient arrêtés devant la porte. Deux chevaux étaient tenus en bride par un peon.

— Voici vos montures, señoras, dit le Pincheyra; mettez-vous en selle.

— Est-ce que nous partons tout de suite? hasarda la marquise.

— Il le faut, madame, répondit don Pablo avec une respectueuse politesse, nous sommes menacés d'un temporal; tout retard pourrait nous causer de graves préjudices, au lieu qu'en faisant diligence, nous aurons atteint un refuge sûr avant qu'il éclate.

— Ne vaudrait-il pas mieux différer de quelques heures notre voyage? demanda encore la marquise.

— Vous ne connaissez pas encore nos cordillères, señora? répondit en souriant Pincheyra, un temporal de deux heures seulement occasionne ordinairement de tels désastres que les communications se trouvent coupées pendant des semaines, et souvent des mois entiers; du reste, je suis complètement à vos ordres, et, si vous le désirez, nous attendrons.

La marquise réfléchit un instant; ce ton et ces formes polies auxquelles cet homme ne l'avait nullement habituée depuis leur rencontre, lui causèrent une impression singulière et lui rendirent, sinon l'espoir, du moins le courage; il se tenait immobile devant elle, prêt, en apparence, à satisfaire le désir qu'elle manifesterait.

— Partons donc, puisqu'il en est ainsi, lui dit-elle.

Don Pablo s'inclina et lui offrit la main pour se mettre en selle.

XII

Le Temporal

Les premières heures d'un voyage de nuit

sont toujours pénibles : on est à peine éveillé, on a froid, on s'enveloppe avec soin dans son manteau pour se garantir autant que possible contre les atteintes piquantes de la brise du matin; malgré soi on cherche à reprendre le sommeil interrompu, on se laisse aller à une invincible somnolence. Les chevaux eux-mêmes subissant l'influence des ténèbres et mal éveillés encore, ne marchent qu'en hésitant et en trébuchant à chaque pas. A droite et à gauche le paysage noyé dans la brume n'apparaît qu'en masses confuses et indistinctes auxquelles l'obscurité donne une apparence fantastique qui augmente encore l'instinctive tristesse dont l'âme est remplie. Cependant peu à peu le ciel s'éclaircit, une teinte grisâtre s'étendait en larges plaques, envahit l'horizon; une lueur pâle, qui n'est pas encore le jour, remplace les ténèbres et laisse à travers le rideau de brume qui s'élève de la terre comme un nuage de fumée transparente, le regard s'étendre et deviner les accidents du paysage qui tour à tour se dégagent du milieu des vapeurs où ils étaient ensevelis; puis tout à coup une gerbe de feu s'élance à l'horizon, un immense embrasement monte dans le ciel, s'étend avec une rapidité extrême en l'illuminant de reflets pourpres. Le soleil apparaît : aussitôt tout change et renaît comme au coup de baguette magique d'un puissant enchanteur, le paysage si triste quelques instants auparavant devient subitement gai et riant, les oiseaux s'éveillent sous la feuillée, commençant leurs joyeux concerts; les fleurs entr'ouvrent leurs corolles; les insectes bourdonnent joyeusement; les arbres pertés de rosés inclinent majestueusement leurs cimes feuillues sous l'effort de la brise matinale; les chevaux redressent fièrement la tête, leur pas devient plus sûr et plus rapide; les arrieros fredonnent leurs joyeuses chansons en laissant flotter les lourds manteaux qui les couvraient et que la chaleur rend désormais inutiles; les visages se dérident, le sourire renaît, on cause, et déjà on oublie la tristesse que la nuit a emportée avec elle dans ses sombres ailes.

Ce que nous avons essayé de décrire, nos voyageurs en avaient subi toutes les phases; tristes et moroses d'abord, engourdis par le froid et le sommeil, ils avaient marché côte à côte sans échanger une parole, enfouis dans leurs manteaux, se laissant machinalement bercer au mouvement lent et régulier de leurs montures, insoucians d'un danger dont ils n'avaient pas conscience, laissant aux chevaux et aux mules le soin de les diriger à travers les méandres abrupts du sentier qu'ils suivaient. Au lever du soleil, ils se trouvaient déjà assez éloignés du camp.

Un horizon immense se déroulait devant eux, une nature sévère et grandiose frappait leurs regards.

De tous côtés de sombres forêts couvraient les flancs de hautes montagnes dont les cimes neigeuses se cachaient dans le ciel; des torrents bondissaient en larges nappes d'argent du milieu des quebradas, et d'épais nuages de vapeur s'élevaient des vallées montaient lentement vers la cime des monts, déchirés par la pointe aiguë des rochers, puis se condensaient aussitôt pour se déchirer encore.

Les deux dames tenaient à peu près le centre d'une troupe formée d'une vingtaine de cavaliers environ. Par un raffinement de courtoisie remarquable de la part de partisans grossiers, don Pablo avait fait placer deux cavaliers à la droite des dames, afin de les préserver d'une chute pendant les ténèbres.

Un groupe d'une douzaine de cavaliers, séparé du gros de la troupe, marchait en avant en éclaireurs, tandis que six ou huit autres venaient un peu en arrière probablement afin de veiller à la sûreté générale.

Malgré la situation précaire dans laquelle elle se trouvait et les appréhensions dont son esprit était harcelé, la marquise éprouvait cependant un certain bien-être et un indéfinissable sentiment de joie, de se voir enfin hors du repaire des bandits. Comme toutes les organisations impressionnables, elle subissait malgré elle l'influence de la nature forte qui l'entourait; elle se sentait renaître à l'espérance, et pour la première fois depuis bien des jours, son visage prenait peu à peu une autre expression que celle de la tristesse qui lui était devenue pour ainsi dire habituelle.

Don Pablo, afin sans doute de ne pas gêner les deux dames par sa présence, se tenait à l'avant-garde, et aussitôt que le jour fut devenu assez clair pour qu'il fût possible de se diriger sans risquer de s'écarter du droit chemin, les deux cavaliers placés auprès des dames s'étaient éloignés, de sorte qu'elles jouissaient d'une liberté relative et pouvaient causer entre elles sans craindre que leurs paroles fussent entendues. Ce fut doña Eva qui, la première, entama l'entretien.

— Ma mère, dit-elle après avoir jeté un regard curieux autour d'elle, est-ce qu'il ne vous semble pas étrange que depuis notre départ de Casa-Trama, le señor don Sebastiao Vianno ne se soit pas approché encore de nous pour nous souhaiter la bienvenue et nous donner des nouvelles de mon père.

— En effet, cette conduite de la part d'un ami intime de notre famille me paraît singulière, mon enfant; cependant il ne nous faut pas hâter de le juger, peut-être don Sebastiao a-t-il des motifs que plus tard il nous expliquera de demeurer ainsi à l'écart, ou peut-être est-il parti en avant, ce que je suppose d'autant plus, qu'au camp il ne nous a à mon plus fait visite, et ne nous rejoindra-t-il qu'à un endroit convenu, sans doute à la halte à laquelle nous allons probablement bientôt arriver.

— Don Sebastiao doit cependant comprendre quelle hâte nous avons de recevoir des nouvelles de mon père; je vous avoue que je suis inquiète plus que je ne saurais le dire.

— Ma fille, nos rôles sont-ils donc changés, fit en souriant la marquise, c'est vous qui doutez lorsque maintenant, moi j'espère.

— C'est vrai, ma mère; je doute en effet, la façon dont nous avons entrepris ce voyage; les avertissements de don Emilio, son départ précipité, ce que vous a dit hier don José Antonio, tout jusqu'aux façons courtoises de don Pablo et les attentions dont il nous comble, augmentent mes soupçons au lieu de les diminuer; plus nous avançons sur cette route, plus je me sens inquiète sans en comprendre les motifs: est-ce pressentiment, intuition ou découragement? Je ne saurais vous le dire, ma mère; mais je suis convaincue que ce voyage cache un mystère, et que notre position déjà si malheureuse doit, dans un temps fort rapproché, le devenir encore davantage.

— Vous êtes folle, Eva, répondit la marquise; vos pressentiments ne proviennent que d'une mauvaise disposition de votre esprit; que pouvons-nous avoir à redouter de plus? Les hommes aux mains desquels nous nous trouvons sont complètement maîtres de notre sort; ils n'ont aucunement besoin de dissimuler avec nous; rassurez-vous donc, chère enfant; tout cela, j'en ai l'espoir, finira pour nous beaucoup mieux que nous ne l'espérons.

En ce moment le galop d'un cheval se fit entendre derrière elles; les deux femmes se retournèrent machinalement, et un cavalier passa rapidement à leur côté en les frôlant légèrement, sans doute à cause du peu de largeur du sentier.

Mais si vite que cet homme eût passé, il avait cependant eu le temps de jeter adroitement un livre d'heures recouvert en maroquin rouge, fermé par des agrafes en or guilloché; puis il avait piqué des deux et s'était éloigné à toute bride.

Ce livre d'heures, elle en avait fait présent quelques jours auparavant au jeune peintre, comment se faisait-il qu'il lui revenait d'une

façon aussi singulière? Quel était l'homme qui le lui rendait ainsi à la dérobée?

Sa course avait été si rapide et les ailes de son chapeau était tellement rabattues sur ses yeux, que la marquise n'avait pu le reconnaître; d'ailleurs, son mouvement avait été si brusque, qu'elle n'avait pas songé à l'examiner, et que lorsqu'elle voulut le faire, il était déjà trop loin et presque confondu au milieu de l'avant-garde; du reste, il portait le même costume que les autres cavaliers de l'escorte.

Les deux dames demeurèrent un instant interdites, ne comprenant rien à cette action en apparence si bizarre. Cet homme était-il un ami qui voulait les prévenir contre un danger qui les menaçait, ou était-ce un ennemi qui les voulait au contraire tromper? Le cas était difficile à résoudre.

Cependant, le seul moyen de connaître la vérité, était d'ouvrir le livre qui, sans doute, contenait quelque avertissement; la marquise s'y décida.

Nous avons dit que les deux dames se trouvaient à peu près seules; en effet, les partisans marchaient à une distance assez grande en avant et en arrière; la marquise s'assura que personne ne les observait et ouvrit le livre.

Un billet plié en deux était placé à la première page; ce billet, écrit au crayon, était en français et signé Emile Gagnepain.

Les deux dames reconnurent l'écriture du peintre au premier coup d'œil; toutes deux parlaient un peu le français; elles n'éprouvèrent donc aucun embarras à lire cette lettre arrivée d'une façon si bizarre à son adresse.

Voici ce qu'elle contenait:

« On vous trompe en étant soi-même trompé; le bandit est de bonne foi dans la trahison dont il est complice à son insu; quoi que vous voyez, quoi que vous entendiez, ne témoignez aucune surprise; n'essayez aucune résistance, ne demandez aucune explication; je veille sur vous; tout ce qui sera possible de faire pour vous sauver, je le tenterai; j'ai à prendre une revanche de l'homme auquel vous allez être livrées dans quelques heures. A trompeur, trompeur et demi. Nous verrons qui, de lui ou de moi, sera le plus fin.

» Ne conservez pas ce papier, qui pourrait vous compromettre; ayez confiance en Dieu et fiez-vous au dévouement de l'homme qui déjà vous a délivrées une fois et qui espère réussir encore. Surtout, je vous en conjure, ne vous étonnez de rien, quoi qu'il arrive.

D' EMILE GAGNEPAIN. »

La marquise relut deux fois ce billet avec une angoisse croissante; puis, elle le passa à sa fille.

Lorsque doña Eva en eut pris connaissance, sur un signe de sa mère, elle le déchira en parcelles impalpables et le sema peu à peu sur la route.

Pendant quelques instants, les prisonnières, retombées du haut de toutes leurs espérances au plus profond de l'abîme, dont elles croyaient être enfin sorties, demeurèrent pâles, inertes et sans voix, accablées par cette désillusion horrible.

— Vous aviez raison, ma fille, dit enfin la marquise d'une voix brisée par la douleur, vos pressentiments étaient vrais, c'est moi qui étais folle de supposer que la fatalité se fatiguerait de s'acharner après nous. J'avais raison de douter hier.

— Ma mère, répondit doña Eva, mieux vaut pour nous avoir la certitude de notre malheur, que de continuer à nous bercer de chimères; en nous avertissant, don Emilio nous a rendu un immense service. Lorsque le coup dont nous sommes menacés tombera sur nous, grâce à lui nous serons préparées à le recevoir; d'ailleurs, ne nous assure-t-il pas que tout n'est point désespéré et qu'il veille sur nous; c'est un cœur puissant, il nous

sauvera, ma mère, ainsi que déjà il l'a fait, et puis la façon dont ce livre nous est parvenu ne vous prouve-t-elle pas que même ici, nous avons des amis, un au moins? Cette assurance doit nous rendre fortes; que comptez-vous faire, ma mère?

— Hélas! pauvre enfant, que puis-je faire? Rien, si ce n'est suivre ponctuellement le conseil que nous donne notre ami; malheureusement, il est seul pour lutter contre nos ennemis, il se perdra sans réussir à nous sauver.

— Non, ma mère, don Emilio a, sans doute, pris ses précautions et n'agira qu'à coup sûr; déjà vous l'avez vu à l'œuvre, vous savez combien il est prudent; fiez-vous à lui.

— La prudence et le courage ne suffisent pas dans cette circonstance, ma pauvre enfant. La force seule peut donner le succès et malheureusement cette force lui manque; il est isolé, sans ami, dans un pays dont il parle à peine la langue et dont les mœurs lui sont inconnues; il se perdra, j'en ai la triste conviction, sans réussir à nous être utile. Oh! s'écria-t-elle avec une énergie fébrile en serrant le poing et lançant un regard de défi vers le ciel; si moi seule j'étais au pouvoir de ces misérables! si je ne tremblais pas pour vous, mon enfant adorée! j'en aurais fini depuis longtemps avec ces tigres à face humaine, ces monstres lâches et sans cœur qui n'ont pas honte de martyriser des femmes innocentes!

— Calmez-vous, ma mère, au nom du ciel, calmez-vous, on pourrait vous entendre et tout serait perdu. Notre escorte s'est beaucoup rapprochée, voyez, ces hommes ne sont qu'à quelques pas de nous, un mot qui parviendrait à l'oreille de l'un d'eux suffirait, s'il était compris, pour rendre inutile l'avertissement que nous avons reçu en leur apprenant que nous connaissons leurs projets contre nous.

— Vous avez raison, ma fille, il faut renfermer au fond de notre cœur la douleur qui nous dévore; soit, je suivrai votre conseil, rien ne fera sur mon visage connaître la souffrance horrible que j'endure.

Doña Eva se pencha vers sa mère, lui fit un collier de ses bras et l'embrassa à plusieurs reprises.

— Vous êtes grande et courageuse, ma mère, dit-elle, je suis fière et heureuse d'être votre fille.

La marquise lui rendit ses caresses avec une ardeur passionnée, et comme en effet, les partisans s'étaient rapprochés d'elles jusqu'à les joindre, les deux dames se turent et continuèrent à cheminer silencieusement, plongées dans les réflexions douloureuses que leur suggérait le billet qu'elles avaient reçu si à l'improviste.

Cependant, depuis quelques instants, le ciel avait pris une apparence menaçante, le soleil avait subitement perdu sa force et n'apparaissait plus que noyé dans des nuages d'une couleur cuivrée, qui couraient avec rapidité dans l'espace et à chaque seconde voilaient son disque. La chaleur était étouffante, l'atmosphère lourde; sans qu'il y eût un souffle dans l'air, les arbres frémissaient de la racine jusqu'à leur faîte en entrechoquant leurs branches avec des plaintes lugubres. Une vapeur fauve s'élevait au fond des quebradas, se condensait peu à peu et enveloppait le paysage comme d'un sinistre linceul. Les oiseaux tournoyaient en longs cercles au-dessus des barrancas en poussant des cris discordants, et, par intervalles, on entendait des roulements de mauvais augure qui s'échappaient des profondeurs du désert: tout semblait présager l'approche du temporal.

Elles reconnurent don Pablo Pincheyra, le partisan leur faisait des signes tout en galopant et poussait des cris que la distance les empêchait de comprendre, bien qu'il fût évident qu'il leur donnait un indice sérieux.

Enfin il les atteignit.

— Êtes-vous ginetes? leur demanda-t-il aussitôt sans prendre même le temps de les saluer, vous sentez-vous capables de vous tenir fermes sur vos chevaux lancés à fond de train?

— S'il le faut absolument, oui, señor, répondit la marquise.

— Écoutez, l'instant est suprême; avant une heure le temporal fondra sur nous; s'il nous atteint dans ces gorges étroites qui ne nous offrent aucun abri pour nous en garantir, nous sommes perdus; il nous enveloppera dans son tourbillon et nous tordera comme des fétus de paille; je ne réponds pas de vous sauver, mais je ferai tout ce que je pourrai pour y réussir, voulez-vous avoir foi en moi et m'obéir?

— Ordonnez, señor.

— Bien, piquez donc vos chevaux et laissez-vous emporter par eux, ils sauront vous diriger mieux que vous ne pourriez le faire vous-mêmes; les animaux sentent le danger mieux que les hommes. En avant donc, et à la grâce de Dieu!

— A la grâce de Dieu! répétèrent les deux dames en se signant, et, se penchant sur le cou de leurs montures, elles leur lâchèrent la bride.

Les chevaux partirent avec une extrême vélocité.

— Santiago! ah! Santiago! s'écria don Pablo, en mettant les éperons aux flancs de son cheval.

Alors toute la caravane détala avec une vélocité effrayante sur ce sentier à peine praticable, où le moindre faux pas aurait été mortel; mais les nobles animaux, élevés dans les montagnes, avaient le pied sûr, et couraient sans broncher à travers les ronces, les cailloux et les fondrières.

En Amérique, la science de l'équitation est poussée à son extrême limite, hommes, femmes et enfants, montent des chevaux souvent à demi sauvages et accomplissent, comme en se jouant, des prodiges d'adresse et de solidité devant lesquels pâliraient nos plus fermes cavaliers européens; cela soit dit, entre parenthèse et pour bien faire comprendre au lecteur la course étrange à laquelle il va assister.

Nous avons dit que les voyageurs suivaient les méandres d'un sentier à peine tracé sur les flancs d'une montagne abrupte; mais, à moins que d'avoir soi-même parcouru le nouveau monde, il est impossible de se rendre un compte exact de ce que, dans ces contrées sauvages, on décore du nom de route ou de chemin : un de nos sentiers de village destiné à séparer les champs est, sans contredit, plus sûr et plus praticable que certaines routes américaines sur lesquelles nous accoupions d'avoir voyagé. Le sentier dont nous parlons, et qui servait en ce moment de terrain de course aux voyageurs, avait primitivement été tracé par les fauves, puis les hommes l'avaient adopté depuis le commencement de la guerre de l'indépendance. Comme il formait la seule voie de communication pour venir de la plaine à Casa-Trama, le quartier général des Pincheyras, ceux-ci s'étaient naturellement bien gardés de le rendre, nous ne dirons pas commode, mais seulement praticable pour tous autres qu'eux. Dans sa plus grande largeur il avait six pieds, souvent il se rétrécissait jusqu'à ne plus en avoir que deux à peine; de distance en distance, il était coupé par des ravins creusés par les torrents que formait la fonte des neiges, ravins qu'il fallait souvent franchir d'un seul bond au risque de se briser, ou bien traverser sur des pierres rendues glissantes par les eaux verdâtres qui y croupissaient. Incessamment montant et descendant selon les accidents du terrain, le sol en était raboteux et crevassé, obstrué presque partout par des quartiers de roches ou par des buissons; à droite il était bordé par un précipice d'une profondeur insondable, et à gauche par une muraille de granit qui s'élevait presqu'à pic. Voilà par quel chemin les deux dames et leur escorte étaient contraintes de galoper à toute bride afin d'échapper au temporal qui les menaçait.

L'imminence seule du péril pouvait donner à des gens si braves qu'ils fussent, le courage nécessaire pour affronter d'aussi grands dangers.

Ravins, fossés et fondrières étaient franchis avec une rapidité vertigineuse dans cette fuite affolée, exécutée presque dans les ténèbres, car une lueur pâle et terne avait remplacé le jour, le soleil était sans chaleur et sans rayons, semblable à une boule de cuivre jaune; les nuages s'abaissaient de plus en plus, et des rumeurs sinistres montaient sourdement du fond des quebradas; un brouillard grisâtre s'épaississait incessamment aux flancs des montagnes, et rendait la situation des voyageurs plus précaire encore, si cela était possible.

Cependant, le vent, commençant à souffler par bouffées, dispersait quelquefois le brouillard, mais pas assez pourtant pour laisser distinctement voir les accidents du paysage et aider les voyageurs à se diriger dans les ténèbres opaques qui les enveloppaient de toutes parts, d'autant plus que le brouillard, seulement agité et déplacé par la brise, retombait plus intense un instant après.

Les voyageurs galopaient ainsi sans échanger une parole, pressant désespérément leurs chevaux, dont les efforts semblaient déjà surnaturels.

Tout à coup la voix de don Pablo s'éleva, dans le silence, avec un accent de commandement suprême :

— Halte! cria-t-il, pied à terre et à plat-ventre, si vous tenez à la vie! Hâtez-vous! hâtez-vous!

Il y avait dans le son de la voix du partisan un tel accent d'angoisse, que les plus braves se sentirent, malgré eux, frissonner.

Mais tous comprirent que, pour eux, il y allait de la vie dans le prompt accomplissement de l'ordre qu'ils venaient de recevoir. Par un effort désespéré, ils pesèrent sur la bride et arrêtèrent court leurs chevaux. Deux ou trois cris d'agonie, suivis du bruit rauque de plusieurs chutes se firent entendre.

C'étaient des cavaliers dont les chevaux avaient, en se cabrant, trébuché sur le rebord du sentier et qui avaient roulé le précipice.

Ces chutes horribles passèrent inaperçues, l'intérêt égoïste de la conservation dominait trop la situation pour que nul songeât à d'autres qu'à lui-même.

En un instant tous les cavaliers eurent mis pied à terre et furent couchés sur le sol auprès de leurs chevaux, qui, comprenant instinctivement le danger, s'étaient accroupis eux aussi sur le sentier, enfonçant leurs naseaux dans la terre et présentant la croupe à la tempête.

— L'ouragan! l'ouragan! cria alors le Pincheyra d'une voix retentissante; cramponnez-vous à tout ce qui se trouve sous vos mains si vous ne voulez pas être enlevés.

Tout à coup un grondement horrible se fit entendre et le vent se déchaîna avec une furie si extraordinaire que la montagne sembla tressaillir comme si elle avait été secouée par un tremblement de terre; une rafale terrible balaya la vallée en mugissant, et, pendant quelques minutes écartant le voile du brouillard, laissa nettement discerner le paysage depuis si longtemps invisible, en rendant aux voyageurs la vue des horreurs qui les entouraient.

Don Pablo se redressa à demi, au risque d'être enlevé comme une feuille sèche par le tourbillon qui faisait rage, tordant et déracinant les arbres comme des fétus de paille et les enlevant dans une course échevelée. D'un coup d'œil rapide mais sûr le partisan explora les environs; alors il s'assura que, à quelques pas à peine, après une descente assez douce, le sentier s'élargissait et formait une plate-forme de trois à quatre cents mètres environ, assez bien abritée contre les efforts de la tempête.

C'était cet endroit qu'il connaissait bien vers lequel avaient tendu tous les efforts du partisan. Une fois arrivé dans le vallon, la situation, bien que demeurant toujours assez périlleuse, ne serait plus aussi critique.

Il fallait donc, coûte que coûte, atteindre le vallon.

Seulement, au premier et si terrible choc de la tempête, qui, dans ces régions sauvages, agit dans si formidables proportions, une avalanche s'était précipitée de roc en roc avec un fracas effroyable entraînant avec elle la terre, les broussailles et les arbres qui poussaient sur son passage et s'était à demi écrasée sur le sentier où elle s'était à demi écrasée, l'encombrant de débris de toutes sortes et interceptant toute communication avec l'esplanade.

Le cas était d'autant plus grave, que la tempête redoublait de violence, et que les ténèbres, un instant dissipées, étaient retombées plus opaques, et rendaient presque impossible toute exploration.

Mais Pincheyra était un de ces hommes de granit contre la volonté desquels toute impossibilité se brise; né dans les montagnes, bien souvent, il avait lutté corps à corps avec la tempête, et toujours il était sorti vainqueur de cette lutte gigantesque; aussi, loin de désespérer, il se mit en devoir de s'assurer des moyens de salut qui restaient à ses compagnons et à lui.

Essayer de se lever et de marcher, aurait été une folie; le partisan n'y songea pas un seul moment. Prenant à la main le couteau placé dans sa polena droite, afin de pouvoir s'en servir comme de point d'appui, en le plantant dans le sol, le hardi montagnard commença à ramper doucement et avec précaution sur les genoux et sur les coudes, du côté des débris entassés en travers du sentier.

A chaque pas il s'arrêtait et laissait la tête pour laisser passer la rafale qui tournoyait au-dessus de lui; puis il reprenait impassiblement sa route.

Il lui fallut près d'une heure pour parcourir une distance de moins de soixante mètres. Pendant ce temps, ses compagnons demeuraient immobiles, cramponnés après le sol, et luttant à grand'peine contre le temporal qui semblait redoubler d'intensité et de furie.

Enfin don Pablo atteignit l'endroit où l'avalanche s'était écrasée; alors il regarda.

Si brave que fût le partisan, il ne put retenir un cri d'angoisse au spectacle terrible qui s'offrit à ses regards; il eut un instant de stupeur et de découragement.

Les rochers, sur lesquels le sentier était tracé, déchaussés par la chute de l'avalanche, s'étaient en partie écroulés sur un espace de plus six mètres et avaient roulé dans le précipice, en ouvrant un gouffre effroyable, impossible à combler, entre la route et la plate-forme.

Les débris laissés par l'avalanche se composaient en grande partie d'arbres de quartiers de roche qui, enchevêtrés les uns dans les autres et soudés pour ainsi dire par les branches et les broussailles, formaient un mur épais sur l'arête même du gouffre qui était si subitement ouvert.

Il n'y avait pas à songer à tenter le passage avec des chevaux et des mules chargées; peut-être en courant les dangers les plus sérieux des hommes résolus seraient-ils parvenus à franchir cet obstacle; mais, dans la situation présente, battus par l'ouragan, c'était chose complètement impraticable.

Le partisan frappa du poing avec rage l'obstacle qu'il ne pouvait détruire, et se mit en devoir de rejoindre ses compagnons. Après avoir jeté un dernier regard sur le gouffre, il se préparait à rétrograder, lorsque tout à coup il lui sembla entendre un cri aigu et prolongé semblable à ceux employés par les montagnards de toutes les contrées pour communiquer entre eux, souvent à des distances considérables, par-dessus des précipices d'une profondeur et d'une largeur prodigieuse.

Don Pablo s'arrêta subitement et prêta l'oreille ; mais un laps de temps considérable s'écoula pendant lequel il n'entendit que le fracas horrible causé par le temporal ; le partisan crut avoir été le jouet d'une illusion ; mais soudain le même cri plus fort et plus rapproché résonna à son oreille.

— Vive Dios ! s'écria-t-il, d'autres chrétiens se trouveraient-ils par cette tempête horrible perdus dans les montagnes ?

XIII

Entre la vie et la mort.

Cependant après quelques secondes de réflexion, Don Pablo hocha tristement la tête.

— Je me suis trompé, murmura-t-il, ces montagnes sont désertes ; nul n'oserait se hasarder aussi près de Casa-Trama, j'ai été dupe d'une illusion.

En ce moment il sentit qu'on lui touchait légèrement l'épaule ; il se retourna tout frissonnant. Un homme l'avait rejoint et se tenait à demi couché derrière lui.

Cet homme était don Zèno Cabral.

Depuis le départ du camp, le partisan était continuellement demeuré à l'avant-garde avec les trois espagnols, afin d'échapper aux regards des deux dames dont il ne voulait être reconnu qu'au dernier moment, c'est-à-dire lorsque les Pincheyras se seraient séparés de lui.

— Ah ! c'est vous, don Sebastiao, lui dit don Pablo, que pensez-vous de notre situation ?

— Elle est mauvaise, fort mauvaise même, cependant je ne la crois pas désespérée, répondit froidement le partisan.

— Hum, je ne partage aucunement votre opinion, je suis persuadé au contraire que nous sommes bien malades.

— C'est possible, mais nous ne sommes pas encore morts, que je sache.

— Non, mais peu s'en faut.

— Avez-vous cherché un moyen de nous tirer du mauvais pas où nous sommes.

— J'en ai cherché mille, mais je n'en ai pas trouvé un qui fût praticable.

— C'est qu'alors vous aurez mal cherché, cher seigneur ; en ce monde, vous savez cela aussi bien que moi, tant que le cœur bat dans la poitrine, il y a de la ressource, si critique que soit la position dans laquelle on se trouve ; donc le remède existe toujours, seulement il s'agit de le trouver, voulez-vous que je vous aide à cela ?

— Vive Dios ! je n'y mets pas d'amour-propre, répondit presque en souriant don Pablo, je ne demande pas mieux, mais je crois que nous aurons de la peine à trouver.

— Bah ! qui sait ?

— Vous êtes optimiste.

— Non, je suis un homme résolu, comme vous en êtes un autre ; mon orgueil se révolte à la pensée de mourir d'une mort ridicule dans cette souricière, et je veux m'échapper, voilà tout.

— Pardieu ! vous me plaisez de parler ainsi, don Sebastiao. Vous êtes réellement un charmant compagnon.

— Vous me flattez, señor.

— Non, je vous dis ce que je pense, comptez sur moi comme je compte sur vous, et, vive Dios ! nous ferons des merveilles, j'en suis sûr.

— Les miracles n'appartiennent qu'à Dieu, mais soyez tranquille nous ferons de notre mieux, et si nous succombons ce ne sera qu'après avoir disputé notre vie pouce à pouce dans une lutte acharnée contre le temporal, et, d'abord, où sommes-nous ici ?

— Nous sommes à quelques pas à peine du Valle del Tambo, où nous serions en sûreté depuis longtemps déjà sans l'avalanche maudite qui, en tombant, a rompu le sentier.

— Fort bien ;... mais, s'arrêtant tout à coup, n'avez-vous rien entendu ? demanda-t-il.

— Si, reprit Pincheyra, voilà plusieurs fois que ce bruit frappe mon oreille.

— C'est un cri d'appel.

— Croyez-vous ?

— Pardieu ! et vous ne m'en avez rien dit.

— Je craignais de m'être trompé ; d'ailleurs, vous savez que la contrée que nous traversons est déserte et que nul ne peut s'y trouver.

— Nous y sommes bien, nous ?

— Ce n'est pas une raison, nous sommes chez nous ou à peu près ici ; personne n'oserait s'aventurer sur cette route.

Don Zèno sourit avec ironie.

— C'est possible ; cependant, jusqu'à preuve du contraire, agissons comme si nous étions certains de rencontrer quelqu'un.

— Quand il y aurait en effet d'autres voyageurs aux environs, ne doivent-ils pas se trouver dans la même situation que nous, sinon pire, et ce que vous prenez pour des cris d'appel peut au contraire fort bien être des cris de détresse.

— Voilà pourquoi il faut nous assurer de la vérité.

— Mais par quel moyen ?

— En répondant pardieu ! cela est simple il me semble.

— Vous avez raison ; répondez donc puisqu'il en est ainsi.

— Attendons un cri nouveau, afin de nous rendre compte autant que possible de la direction vers laquelle nous devons nous tourner en répondant.

— Soit, attendons, répondit Pincheyra.

Ils s'étendirent de nouveau sur le sol, l'oreille collée à terre, écoutant avec la plus vive anxiété ; quelques minutes s'écoulèrent, pendant lesquelles on n'entendit d'autre bruit que celui de la tempête, qui sévissait avec un redoublement de fureur, et dont le fracas assourdissant augmentait à chaque seconde.

D'instant en instant, la situation devenait plus critique ; déjà plusieurs chevaux avaient été précipités dans la barranca, et ce n'était qu'avec des difficultés extrêmes que gens et bêtes parvenaient à résister aux efforts du tourbillon qui, à tout moment, menaçait de les enlever.

Cependant, après quelques minutes qui semblèrent durer un siècle, les deux hommes entendirent retentir de nouveau le cri qui, déjà, s'était élevé au milieu de l'ouragan.

Cette fois il paraissait beaucoup plus rapproché, il était clair et parfaitement distinct.

— C'est un cri d'appel, dit don Zèno avec joie.

Et plaçant ses deux mains, en forme de porte-voix, aux coins de sa bouche, il répondit aussitôt par un cri non moins strident et non moins prolongé qui, s'envolant sur l'aile de la brise, alla d'écho en écho mourir à une grande distance, après avoir duré pendant vingt fois une minute.

— Vous êtes sûr que c'est un cri d'appel que nous venons d'entendre ? dit alors Pincheyra avec un accent de doute.

— Oui, vive Dios, c'en est un, répondit Zèno Cabral, dont le visage prit une expression d'énergie impossible à rendre, car nous sortirons d'ici, mon maître, nous en sortirons sains et saufs, c'est moi qui vous le certifie.

Don Pablo hocha tristement la tête.

— Vous doutez encore, reprit le hardi partisan d'un ton de dédain ; est-ce que vous auriez peur, par hasard ?

— Certes, j'ai peur, dit nettement le Pincheyra, et je ne trouve rien d'humiliant dans cet aveu ; tout autre, dans une situation aussi affreuse, tremblerait plus que moi encore, j'en suis convaincu ; mais, soyez tranquille, cette peur, si grande qu'elle soit, ne m'empêchera pas de faire bravement mon devoir ; je ne suis qu'un homme, après tout, bien faible et bien chétif devant la colère de Dieu ; je ne puis empêcher mes nerfs de tressaillir ni mon cœur de faiblir en me trouvant face à face avec la mort horrible qui nous est réservée.

Zèno Cabral lui tendit la main avec un sourire sympathique.

— Excusez-moi, don Pablo, lui dit-il d'une voix douce, excusez-moi de vous avoir parlé ainsi que je l'ai fait ; il faut qu'un homme soit bien réellement brave et soit bien sûr de lui-même pour avouer aussi nettement qu'il a peur.

— Merci, don Sebastiao, répondit le Pincheyra, touché plus qu'il ne le voulait montrer de ces paroles si franches et si loyales ; faites, ordonnez, je serai le premier à vous obéir en tout ce que vous jugerez convenable de tenter pour le salut commun.

— Avant tout, rejoignons nos compagnons ; il nous faut leur aide et leurs conseils ; hâtons-nous ; le plus grand effort de la tempête me semble passé ; avant quelques instants nous pourrons agir.

Les deux hommes rejoignirent alors leurs compagnons en rampant avec les coudes et sur les genoux avec les mêmes difficultés qu'ils avaient éprouvées précédemment, car bien que le temps commençât à s'éclaircir, le vent n'avait pas cessé de souffler avec furie et de balayer le sentier sur lequel c'eût été un acte de folie d'essayer de se tenir debout.

En quelques mots don Pablo Pincheyra mit les partisans au courant de la situation et leur fit part du faible espoir qu'il avait conçu ; mais ces hommes si braves et si résolus cependant, qui souvent avaient, avec un rire de dédain, regardé la mort en face, brisés par les émotions sans nombre qu'ils avaient supportées depuis le commencement de la tempête, et découragés par les obstacles immenses qui s'opposaient à leur délivrance, hochèrent la tête avec incrédulité et ne répondirent pas une parole ; toute énergie était brisée en eux, ils attendaient la mort avec une résolution apathique.

— Il n'y a rien à attendre de ces brutes, dit Zèno Cabral avec dédain, la peur a neutralisé chez eux tous les sentiments humains, même l'instinct de la vie.

— Que faire ? murmura le partisan.

— S'il ne s'agissait que de vous et de moi, reprit don Zèno, forts, déterminés et adroits comme nous le sommes, bientôt nous saurions nous tirer de péril, mais je ne veux pas abandonner ces deux malheureuses femmes ; coûte que coûte, je les sauverai ou je mourrai avec elles.

— Je partage complétement votre opinion à ce sujet.

— Ainsi, je puis compter sur vous ?

— En tout et pour tout ; mais que pouvons-nous ?

— Rappelez-vous souvenirs, vous connaissez bien ces montagnes, n'est-ce pas ?

— Elles ne possèdent pas une gorge, un repaire ignoré, une cachette secrète, que je n'aie vingt fois parcourue.

— Bien ! vous êtes sûr alors de l'endroit où nous sommes ?

— Oh ! parfaitement.

— Le sentier que nous suivons est-il donc le seul qui mène à l'endroit où nous voulons nous rendre ?

— Il y en a un autre, mais pour le prendre il nous faudrait rétrograder pendant au moins quatre lieues.

— Jamais nous ne pourrions opérer ce mouvement ; quelle direction suit ce chemin ?

— Ma foi, je ne saurais positivement vous le dire.

Don Zèno fit un geste de dépit.

— Nous n'avons plus qu'une ressource, reprit-il, c'est de rejoindre l'homme dont l'appel s'est à plusieurs reprises fait entendre.

— A quoi cela nous avancera-t-il ?

— Je ne sais pas ; mais comme nous n'avous que cette chance de salut, il faut l'employer.

— Je ne demande pas mieux; mais comment descendre dans le précipice?

— Voici mon projet: nous prendrons et nous attacherons, bout à bout, tous les lassos de ces poitrons; l'un de nous roulera une extrémité de ces lassos autour de son corps et tentera la descente, tandis que son compagnon conservera le reste dans ses mains, ne filant qu'à mesure la reata de façon à ce que, si précaire que soit ce point d'appui, il serve à maintenir en équilibre celui qui descendra; voilà, à mon avis, le seul moyen qui nous reste de sortir d'ici; l'adoptez-vous?

— Oui, répondit nettement le Pincheyra, mais à une condition.

— Laquelle?

— C'est que ce sera moi qui descendrai.

— Non, je ne puis admettre cette condition; mais je vous en propose une autre.

— Voyons?

— Le temps nous presse, il faut en finir. Chaque minute que nous perdons nous rapproche de la mort; rapportons-nous-en au hasard.

— Soit, je suis heureux au jeu.

— Tant mieux.

Le partisan retira de la poche de son pantalon une bourse pleine d'or et la plaça entre lui et le Pincheyra.

— Je ne sais pas quelle somme contient cette bourse, dit-il, je le jure sur l'honneur. Pair ou non? Si vous devinez, vous descendrez; sinon vous me céderez votre place. Est-ce convenu?

— Je le crois bien.

— Alors, demandez?

— Pair, dit sans hésiter le Pincheyra.

Malgré la prostration dans laquelle ils se trouvaient, quelques-uns des aventuriers, poussés par l'attrait irrésistible de cette étrange partie jouée au milieu d'une horrible tempête et dont la mort était l'enjeu, s'étaient à demi relevés et fixaient des regards ardents sur les deux hommes qui avaient vidé l'or sur le sentier et comptaient froidement les pièces.

— Quarante-sept! s'écria don Zéno avec un accent joyeux, j'ai gagné.

— C'est vrai, répondit don Pablo, faites-donc à votre guise.

Sans perdre un instant, le partisan s'empara des lazos des Pincheyras, les attacha solidement ensemble, et après s'être fixé une des extrémités autour de la ceinture, il remit l'autre à don Pablo et se prépara à commencer sa hasardeuse descente.

Le visage de don Zéno était grave et triste; il jeta un long regard vers l'endroit où les deux âmes étaient évanouies, et, se penchant à l'oreille de don Pablo:

— Je vous confie ces deux pauvres femmes lui dit-il à voix basse, si, comme cela est probable, je suis brisé sur les rochers, promettez-moi de veiller sur elles jusqu'à votre dernier soupir.

— Allez hardiment, je vous jure de le faire.

— Merci, répondit simplement don Zéno.

Il s'agenouilla, adressa au ciel une prière mentale; puis, saisissant d'une main son couteau et de l'autre son poignard:

— A la grâce de Dieu! dit-il d'une voix ferme; et il s'approcha en rampant de la lèvre du précipice.

Tous les aventuriers se signèrent pieusement, et, ranimés par l'action héroïque qu'ils voyaient accomplir par le partisan pour le salut général, ils sentirent renaître leur courage et se préparèrent à aider de tout leur pouvoir leur chef, en maintenant avec lui le lasso, dont la tension menaçait de l'entraîner dans le gouffre.

Cependant don Zéno avait commencé sa descente avec ce sang-froid de l'homme qui, bien qu'ayant résolument fait le sacrifice de sa vie, applique pourtant toute l'énergie de sa volonté à la réussite d'une périlleuse entreprise.

Le bord du précipice était moins escarpé qu'il ne le paraissait d'en haut; bien qu'avec de grandes difficultés cependant le partisan réussissait à maintenir assez bien son équilibre en s'accrochant aux herbes et aux arbustes que se rencontraient sous sa main.

Le brouillard qui se levait peu à peu permettait aux aventuriers, penchés sur le gouffre, de suivre d'un œil anxieux les mouvements du jeune homme, qui, de la façon dont il était placé, et à la distance où il se trouvait déjà, ressemblait plutôt, tant sa situation était précaire, à un insecte rampant sur la surface d'une muraille perpendiculaire, qui change de place sans qu'il soit possible de connaître comment il parvient a se soutenir, qu'à un homme marchant par la voie naturelle.

Don Zéno continua à s'avancer ainsi sur un rebord étroit qui paraissait aller insensiblement en se rétrécissant, et sur lequel il ne se maintenait que par un prodige d'équilibre; puis, arrivé auprès d'un arbre qui avait poussé ses branches horizontalement, il disparut au milieu du feuillage, et, au bout d'un instant, les aventuriers reconnurent que la tension du lasso qu'ils filaient pouce à pouce avait subitement cessé: don Pablo tira à lui la reata; elle vint sans résistance, flottant à droite et à gauche au gré de la brise.

Don Zéno avait lâché son point d'appui. Ce fut en vain que les aventuriers essayèrent de découvrir le jeune homme: un laps de temps assez long s'écoula; ils ne le découvrirent pas; puis, tout à coup, l'arbre dans les branches duquel il avait disparu, oscilla lentement, et, tout à coup il roula avec fracas au milieu du précipice.

— Oh! s'écria don Pablo avec désespoir en se rejetant en arrière, le malheureux! il est perdu.

Les aventuriers, qui s'étaient un instant repris à espérer, retombèrent sur le sol, où ils se roulèrent avec de sourds gémissements et incapables de rien tenter pour leur salut; ils attendirent la mort qui, selon toutes les probabilités, ne pouvait pas tarder à les saisir.

Cependant, le partisan, froid et calme, envisageant le danger dans toute son étendue réelle, mais le soumettant, grâce à son habitude du désert, à la juste mesure du bon sens, avait continué pas à pas son terrible voyage, n'avançant que lentement et avec précaution, fouillant le terrain de son poignard et ne s'aventurant à se cramponner à une souche ou à une touffe d'herbe que lorsqu'il s'était bien assuré de leur solidité, prudence qui seule le sauva d'une mort horrible et imminente.

Il atteignit ainsi l'arbre dont nous avons parlé et qui formait à peu près l'angle du précipice, juste au-dessous de l'endroit où l'avalanche avait rompu le sentier, bien qu'entre l'arbre et l'autre bord du précipice la distance fût assez grande. Cependant, Zéno Cabral, après mûres réflexions, ne désespéra pas de le franchir. S'il parvenait à sauter de l'autre côté, il pourrait alors se rendre compte des dégâts causés par l'éboulement et peut-être trouver moyen de frayer un passage à ses compagnons.

En conséquence, il se débarrassa du lasso qui non-seulement lui devenait inutile, mais qui encore l'aurait empêché d'exécuter son hardi projet.

Embrassant le tronc de l'arbre, il s'éleva jusqu'à la maîtresse branche et s'en servant comme de pont, tout en se retenant aux branches supérieures, il s'avança vers son extrémité qui se trouvait à quelques pas de l'endroit qu'il voulait atteindre.

Mais à peine avait-il parcouru la moitié de la longueur de la branche, qu'il s'aperçut avec effroi que l'arbre, ébranlé par la chute de l'avalanche et déchaussé par la pluie, vacillait sous lui et s'inclinait par un mouvement lent vers l'abîme; un frisson de terreur parcourut les veines du partisan; ses cheveux se dressèrent sur sa tête; une sueur froide monta à ses tempes; ses regards se portèrent mal-

gré lui sur le gouffre béant qui s'ouvrait au-dessous de lui prêt à l'engloutir; le vertige le prit; il se sentit perdu et ferma les yeux en murmurant une dernière prière; mais, au moment où il allait s'abandonner et se laisser tomber dans le gouffre, l'instinct de la vie se réveilla subitement en lui. Par un effort suprême de sa volonté il dompta le vertige, ordonna, pour ainsi dire, à ses artères de cesser de battre et, résolu à tenter un effort suprême, il s'élança en courant sur la branche qui pliait de plus en plus sous lui, bondit en avant et atteignit le bord opposé du précipice, au moment juste où l'arbre, perdant tout à coup l'équilibre, roulait dans l'abîme avec un bruit horrible.

Épuisé par l'effort terrible qu'il lui avait fallu faire, et ne sachant encore s'il était perdu ou sauvé, le jeune homme demeura, pendant quelques minutes, étendu sur le sol, pâle, haletant, les yeux hagards, ne se rendant pas bien compte de la façon miraculeuse dont il avait échappé à une mort presque inévitable, et n'osant bouger, tant il lui semblait sentir encore le sol se dérober sous lui.

Cependant, peu à peu, le calme rentra dans son esprit, la lucidité revint à son cerveau; il se redressa et jeta un regard anxieux autour de lui.

Le lieu où il se trouvait était une espèce de petite plate-forme, située à quelques mètres au-dessous du chemin qui, à cet endroit, s'abaissait par une pente douce et une inclinaison presque insensible pour aboutir à la vallée que la chute de l'avalanche avait empêché les voyageurs d'atteindre, en rompant le sentier.

Bien que la position du partisan fût très améliorée, cependant elle ne laissait pas que d'être encore fort précaire. En effet, la paroi du précipice au-dessus duquel il se trouvait littéralement suspendu, s'élevait complètement à pic; il était impossible de l'escalader. Zéno Cabral n'avait réussi qu'à changer de genre de mort. S'il ne craignait plus d'être précipité au fond de l'abîme, en revanche il acquit, d'un regard, la certitude que, à moins d'un secours étranger, il ne pouvait quitter le lieu où il était et que par conséquent, à moins de se brûler la cervelle ou de s'enfoncer son poignard dans le cœur, il était condamné à mourir misérablement de faim, prisonnier, sur l'espèce de piédestal qu'il avait réussi à atteindre.

Ces sinistres réflexions, il les fit avec cette rapidité d'intuition des gens placés dans une situation désespérée, pour lesquels, comme dernière et foudroyante ironie du sort, l'avenir semble se dévoiler soudain, afin de bien leur montrer toute l'horreur de leur position.

Le partisan s'appuya contre la muraille de granit, afin de se garantir contre la violence du vent qui s'engouffrait avec des rugissements sinistres dans la quebrada; et, bien qu'il eût la conviction de son impuissance, cependant il chercha résolument dans son esprit un moyen d'échapper au sort affreux qui le menaçait.

Pendant quelques instants, il demeura ainsi la tête basse, les yeux fixés sur le roc, puis machinalement il releva la tête, et il fit un geste de terreur. Un énorme vautour chauve s'était abattu à l'extrémité de la plate-forme et le regardait avec une expression sinistre.

Si brave que fût le jeune homme, il ne put supporter le regard froid et glauque du hideux oiseau qui semblait le fasciner. Par un mouvement instinctif, il saisit à sa ceinture un de ses pistolets et le déchargea sur le vautour, qui s'envola aussitôt avec un cri rauque et discordant.

Le bruit de la détonation, renvoyé par les échos, de quebrada en quebrada, comme autant de coups de tonnerre, ne fit place au silence que lorsqu'il se fut élevé jusqu'aux régions des neiges éternelles, qui l'entendirent et le laissèrent mourir, sans y répondre dans leurs majestueuses solitudes.

Mais à peine ce bruit se fut-il éteint, que le cri d'appel, qui déjà avait à plusieurs reprises frappé l'oreille du partisan, résonna de nouveau plus intense et plus rapproché.

Le jeune homme se reprit de nouveau à espérer. Réunissant toutes ses forces afin de donner plus d'ampleur à sa voix, il répondit par un cri semblable ; presqu'immédiatement l'appel fut répété, mais cette fois au-dessus de lui.

Convaincu que des hommes se trouvaient près de lui et ne sachant quel moyen employer pour leur indiquer l'endroit juste où il se trouvait, Zéno Cabral déchargea son second pistolet ; presqu'en même temps, une formidable détonation éclata au-dessus de sa tête ; puis, lorsque le silence se fut enfin rétabli, une voix sonore et fermement accentuée, lui cria à deux reprises :

— Courage ! courage !

Il faut s'être trouvé seul, abandonné, sans espoir de salut, lorsque déjà la mort étendait sa griffe hideuse et implacable pour saisir une proie pleine encore de vie et de force, pour comprendre l'émotion que, dans un tel moment, fait éprouver le son d'une voix humaine qui, par un seul mot, rend l'espoir perdu.

Zéno Cabral fut contraint de s'appuyer contre le roc pour ne pas tomber ; un tremblement convulsif agita ses membres, un sanglot déchira sa gorge, un cri rauque s'échappa de sa poitrine haletante ; ses flancs serrés perdirent cette agitation convulsive que lui imprime l'épouvante, et il cacha sa tête dans ses mains en fondant en larmes.

S'il n'avait pas pleuré, il serait devenu fou ou bien il aurait succombé aux coups répétés des poignantes émotions qui, depuis quelques heures, l'avaient assailli sans discontinuer et avaient enfin brisé son énergie et presque anéanti les forces vives de sa volonté.

Mais cet état de prostration n'eut que la durée de l'éclair ; presque aussitôt le jeune homme se redressa, plus ferme et plus résolu, et certain désormais que des amis inconnus veillaient sur lui, il attendit patiemment le résultat de leurs efforts pour le sauver, se préparant à les aider quand le moment serait venu de le faire, avec cette froide détermination qui distingue les organisations d'élite.

Dix minutes, dix siècles, s'écoulèrent ainsi sans que le partisan aperçût rien qui le pût faire supposer qu'on s'occupât de son sauvetage ; déjà l'inquiétude commençait à rentrer sourdement dans son cœur, lorsque soudain il vit au-dessus de la crête du précipice apparaître la tête cuivrée d'un Indien.

— Je suis là ! cria-t-il aussitôt en s'avançant un peu, afin d'être bien aperçu.

— Nous vous voyons, répondit-on, êtes-vous blessé ? Pouvez-vous vous aider ?

— Je ne suis pas blessé, grâce à Dieu ! dit-il, et j'ai toutes mes forces.

— Tant mieux ! parce que l'ascension sera rude. On va vous jeter un lasso, vous l'attacherez à votre corps et nous tirerons en haut, à moins que vous vous sentiez en état de vous enlever sur une corde à nœuds, mieux vaudrait la corde, si vous étiez assez fort pour vous en servir.

— Descendez-moi une corde ; je l'isolerai du bord et je la fixerai solidement à une certaine distance, de façon à ne pas être ballotté et jeté contre les rochers.

— Bien. Attendez, nous allons vous filer la corde.

L'Indien disparut, mais presque aussitôt une corde assez grosse et garnie de nœuds de distance en distance descendit lentement. On y avait attaché une pierre d'un assez fort volume à son extrémité pour l'empêcher de flotter. Cependant le vent avait encore une force si grande, que malgré cette précaution elle avait un balancement qui inquiétait fort le jeune homme, qui craignait de ne pas réussir à la saisir lorsqu'elle arriverait à sa portée.

Pourtant, lorsque la pierre toucha la plate-forme, soit à cause de son poids, soit parce

que la tempête avait perdu de son intensité, il fut assez facile au jeune homme de la prendre. Il s'occupa aussitôt de la fixer solidement dans une fissure du rocher.

— L'avez-vous attachée ? cria l'Indien.

— Oui, répondit-il.

— Bien ! maintenant, nous allons la roidir afin que vous montiez plus commodément.

— Bah ! fit-il, ce n'est pas la peine ; tenez bien, seulement.

— Allez.

Alors, le jeune homme, pour lequel cette ascension toute périlleuse qu'elle eût été pour tout autre, n'était qu'un jeu d'enfant, grâce à sa force et à son adresse, saisit la corde et monta.

Quatre hommes le reçurent, lorsqu'il mit le pied sur le chemin.

— Soyez le bien venu en terre ferme, lui dit en riant et en lui tendant la main celui qui paraissait être le maître.

— Merci ! répondit Zéno Cabral, et vaincu enfin par tant d'émotions, il roula à demi évanoui dans les bras de ses amis inconnus.

XIV

El valle del Tambo.

El valle del Tambo est une vallée assez étroite, mais ombragée par de beaux arbres et garantie presque entièrement contre les temporales qui sévissent si souvent dans ces régions, par les parois à pic de la montagne, qui, montant perpendiculairement à une hauteur prodigieuse et l'entourant presque en entier forme une barrière infranchissable aux vents impétueux de la Cordillière.

Ce lieu sert ordinairement de campements de nuit aux arrieros qui y trouvent à foison de l'herbe et de l'eau pour leurs mules. Une espèce de maisonnette assez basse, mais solidement construite en pierres sèches où les voyageurs se garantissent contre la pluie, le vent et la neige, lui a fait sans doute donner le nom de valle del Tambo, c'est-à-dire vallée de l'Hôtellerie.

Nous constaterons que ces loges ou tambos se rencontrent fréquemment dans les hautes régions des Cordillières ; le gouvernement espagnol alors qu'il était tout puissant dans ces contrées, en avait ordonné la construction sur une grande échelle, afin que les marchandises transportées à dos de mulets à travers les montagnes, ne fussent pas gâtées et détériorées en demeurant pendant les haltes exposées en plein air lors de la saison des pluies.

Aujourd'hui, grâce à l'incurie des gouvernements qui ont succédé à celui d'Espagne, la plupart de ces tambos sont en ruines et nul ne songe à les réparer malgré leur incontestable utilité.

Lorsque don Santiago Pincheyra, après la conversation avec Émile Gagnepain que nous avons rapportée plus haut, s'était éloigné avec ses partisans pour retourner à Casa-Trama, le peintre et son serviteur s'étaient assis devant le feu de veille et avaient tenu conseil.

Les nouvelles que le Pincheyra, cédant à un mouvement de reconnaissance, avait, bien qu'avec certaine réticence, donné au jeune Français étaient de la plus haute importance pour lui ; malheureusement ces renseignements arrivaient trop tard pour qu'il fût possible d'avertir les dames et de les mettre sur leurs gardes contre les dangers qui les menaçaient, dangers dont au reste Émile ignorait complètement l'espèce.

Il se torturait vainement l'esprit pour trouver un moyen de sortir à son honneur de la situation difficile dans laquelle il se trouvait lorsque Tyro, qui lui avait laissé expliquer, dans les plus grands détails, les projets, plus impraticables les uns que les au-

tres, qui lui venaient à l'esprit, interrompit brusquement ses réflexions.

— Eh ! seigneur mon maître, dit-il, nous nous creusons la tête pour peu de chose ; je me charge, moi, de prévenir ces dames.

— Toi, Tyro ? mais de quelle façon ?

— Laissez-moi faire, je réponds de tout ; écrivez seulement une lettre à la señora marquise ; placez-la dans un objet quelconque qu'elle reconnaisse à première vue, et moi je la lui remettrai, soyez tranquille.

— Mais quel moyen emploieras-tu pour cela ?

— Cela me regarde.

— Diable ! ne va pas te faire tuer, surtout.

— Il n'y a pas de danger ?

— Tu me le promets ?

— Foi de Tyro ?

— Bon ! je vais écrire la lettre ; j'ai justement un livre d'heures dont la marquise a daigné me faire présent il y a quelques jours à peine ; elle ne manquera pas de le reconnaître ; je placerai le billet à la première page.

— C'est parfait, mon maître, écrivez tout de suite, afin que je parte plus tôt.

Tout en parlant ainsi, le Guaranis avait allumé une torche à la clarté de laquelle le jeune homme traça quelques signes sur une feuille de son agenda, puis il plia le papier en deux, le plaça dans le livre d'heures, et ferma les agrafes afin que le billet ne se perdit pas.

Pendant que son maître écrivait, Tyro avait sellé son cheval, de sorte qu'il se trouva prêt aussitôt que lui.

— Maintenant, dit-il, soyez sans inquiétude, mon maître ; demeurez tranquille ici, bientôt vous me reverrez.

— Va donc ; puisque tu le veux, mais surtout sois prudent.

— Il n'y a pas le moindre danger à courir ; au revoir, mon maître.

— Allons, au revoir, Tyro.

L'indien poussa les deux et s'éloigna au galop, bientôt il disparut dans la nuit, et le bruit des pas de son cheval cessa de se faire entendre.

Le jeune homme poussa un soupir et alla tristement s'étendre dans le tambo, où, malgré l'inquiétude dont son esprit était bourrelé, il ne tarda pas à s'endormir profondément, à cause de la fatigue qui l'accablait.

Cependant Tyro était parti ; le brave Indien, sans se soucier de la nuit dont les épaisses ténèbres l'enveloppaient, ni du temporal qui menaçait, galopait à toute bride dans la direction de Casa-Trama ; le plan qu'il avait conçu était extrêmement simple, et, par cela même, devait réussir, à moins d'un hasard impossible à prévoir.

À quatre ou cinq lieues du camp environ, la route traversait une quebrada assez large, dont les flancs couverts de bois touffus s'élevaient en pente douce à droite et à gauche. Ce fut en cet endroit que l'Indien fit halte ; il entra sous le couvert, se dissimula derrière les arbres et les buissons, mit pied à terre, serra avec sa faja les naseaux de son cheval pour l'empêcher de hennir, et attendit.

La nuit était sombre et froide, de mystérieux murmures couraient dans l'air, de folles bouffées de vent faisaient sourdement frissonner les feuilles des arbres. Parfois un oiseau de nuit venait de son aile frôler le visage du jeune homme, qui, malgré son courage, sentait alors passer dans ses muscles des tressaillements nerveux.

Le corps penché en avant, l'œil et l'oreille au guet, il écoutait le bruit que, sur son aile humide, lui apportait la brise nocturne, prêt à agir aussitôt que le moment serait venu.

Enfin, un peu avant le lever du soleil, au moment où l'ombre luttait par un dernier et suprême effort contre la clarté du jour qui faisait pâlir les étoiles et nuançait le ciel de bandes grisâtres, Tyro, dont les yeux ne s'étaient pas un instant fermés, crut saisir un bruit imperceptible dans la direction de Casa-Trama.

Ce bruit, d'abord indistinct, alla peu à peu en augmentant, devint plus clair, et bientôt fut facile à reconnaître pour celui produit par les pas pressés de plusieurs animaux marchant avec hésitation sur un sentier rocailleux et butant contre les pierres du chemin.

Il n'y avait pas à s'y tromper, c'était la caravane partie du camp et au milieu de laquelle se trouvaient les deux dames.

Tyro se mit en selle, bientôt il distingua à travers les branches des arbres, derrière lesquels il se cachait, de longues ombres qui passaient lentement sur la route. Le Guaranis s'avança pas à pas, et à peine le dernier cavalier se fut-il confondu dans les ténèbres du sentier qu'il sortit du bois et commença à suivre la même direction que les voyageurs, se rapprochant insensiblement de l'arrière-garde à laquelle, dix minutes plus tard, il réussit à se réunir sans que personne s'aperçût de sa présence.

La première partie du plan de l'Indien avait réussi avec une facilité plus grande qu'il n'aurait osé l'espérer. Seulement restait la seconde partie, c'est-à-dire la remise du livre d'heures à la marquise.

Tyro, tout en affectant les allures somnolentes de ses compagnons, chatouillait doucement son cheval qu'il tenait serré en bride, et, sans exciter les soupçons, il se rapprochait de plus en plus du gros de la troupe.

Son but était de joindre les deux dames et de glisser, si cela était possible, le livre dans leurs mains sans être aperçu ; mais bientôt il reconnut que ce projet était impraticable ; les deux dames formaient le centre d'un groupe au milieu duquel il ne pouvait songer à pénétrer.

Nous avons dit plus haut que don Pablo Pincheyra, dans le but d'éviter une chute aux dames qu'il escortait, avait placé auprès d'elles des cavaliers chargés de les retenir s'ils les voyaient, succombant au sommeil chanceler sur leurs selles.

Cependant Tyro ne se découragea pas ; cette difficulté qui tout à coup surgissait devant lui, au lieu de l'abattre, ne fit qu'augmenter son désir de sortir, à son honneur, de l'entreprise hasardeuse dans laquelle il s'était jeté.

Il n'y avait pas un instant à perdre ; toute hésitation devenait périlleuse ; le jour commençait à se faire, les voyageurs s'éveillaient ; quelques instants encore, et il courait le risque d'être reconnu.

Le parti du Guaranis fut pris aussitôt. Placé à dix pas environ en arrière des deux dames, au risque de ce qui pourrait lui arriver et déterminé à accomplir à tout risque sa mission, il profita de ce que les cavaliers, placés à droite et à gauche des captives, venaient de s'éloigner d'elles, et, lâchant la bride, il partit à fond de train.

Nous avons vu qu'il avait réussi à donner au passage du livre à la marquise. Certain maintenant, qu'elle lirait le billet placé par le peintre à la première page, l'Indien, dont la présence n'était plus nécessaire au milieu de l'escorte et dont la situation se faisait extrêmement hasardeuse parmi des hommes qui, avec raison, lui auraient demandé compte de sa conduite plus que suspecte, et qui, en demeurant davantage, risquait de perdre celles qu'il voulait sauver, continua bravement à galoper, passant, avec la rapidité de l'éclair, au milieu des partisans qu'il eut laissé bientôt derrière lui.

Don Pablo Pincheyra, étonné de l'allure insolite de ce cavalier qu'il n'avait fait qu'entrevoir au passage, mais qui lui parut ne pas faire partie de sa troupe, se préparait à le poursuivre afin de s'assurer de son identité, lorsque tout à coup un autre soin vint subitement changer le cours de ses idées, en le contraignant à s'occuper du salut de ses compagnons. La tempête qui menaçait depuis si longtemps éclatait enfin avec une force extrême.

Au premier souffle de l'ouragan, Tyro comprit qu'un danger cent fois plus terrible

que celui auquel il venait d'échapper était suspendu sur sa tête ; excitant son cheval, dont les efforts étaient déjà prodigieux ; franchissant ravins et fondrières, au risque de se briser au fond des précipices qu'il côtoyait, dans sa course affolée, il semblait voler sur ce sentier étroit à peine praticable et que l'obscurité qui tout à coup s'était étendue sur les montagnes rendait plus périlleux encore.

Soudain, un bruit effroyable éclata à quelques pas de lui, un nuage de poussière l'enveloppa, son cheval fit un écart, se dressa sur ses pieds de derrière, se tenant pendant quelques secondes en équilibre sur le bord même du gouffre. L'Indien se sentit perdu ; par un prodige d'équitation, il rendit la bride en enfonçant vigoureusement les éperons dans les flancs haletants de sa monture et en pesant de tout son poids sur le cou de l'animal. Le cheval hésita un instant ; soudain il s'élança en avant, fit quelques pas en trébuchant et manqua des quatre pieds à la fois, en jetant à la volée son cavalier par-dessus sa tête.

L'Indien se releva tout froissé et tout meurtri de sa chute et regarda anxieusement autour de lui. Un spectacle affreux s'offrit à ses yeux. Une avalanche énorme s'était détachée du sommet de la montagne et avait roulé sur le sentier où elle s'était écrasée, en ouvrant une énorme crevasse qui interceptait complétement le passage.

Par un hasard providentiel, Tyro, grâce à la rapidité de sa course, avait atteint la vallée ; il était sauvé, mais séparé des voyageurs qui le suivaient par une barrière presque infranchissable : la chute de l'avalanche avait coïncidé presque avec le passage de l'Indien. Quelques secondes de plus, il aurait été englouti sous la masse énorme de terre et de rochers qu'elle avait entraînée avec elle.

Le jeune homme s'empressa de courir vers son cheval, qui déjà s'était relevé ; mais, en proie à une terreur folle, l'animal se soutenait à peine sur ses jarrets tremblants ; il couchait les oreilles et renâclait avec force. Tyro le flatta en lui parlant pour le rassurer ; mais, reconnaissant l'impossibilité de le monter dans l'état de prostration où il se trouvait, il le prit par la bride et continua sa route en le traînant derrière lui.

Heureusement, il n'avait plus que quelques pas à faire pour atteindre le tambo où le peintre et les deux Gauchos s'étaient réfugiés lorsque avait éclaté la tempête.

Émile était en proie à la plus vive inquiétude ; ce fut avec joie qu'il reçut Tyro, qu'il félicita chaleureusement d'être revenu sain et sauf. L'Indien, sans lui rien dire du danger auquel il avait si miraculeusement échappé, s'assit auprès du feu, et, tout en expliquant comme si rien d'extraordinaire ne lui était arrivé, il rendit compte à son maître de la façon dont il s'était acquitté de sa mission.

Le jeune homme frémit à la pensée des périls dont les deux dames étaient menacées.

— Il faut les sauver ! s'écria-t-il avec élan. Tyro hochala tête avec découragement.

— Elles sont perdues, dit-il.

— Perdues ! reprit Émile avec énergie ; allons donc, tu ne le crois pas, Tyro ; ce n'est pas possible. Comment, toi si brave, tu doutes ?

— Je ne doute pas, maître ; je suis sûr.

— Mais non, tu te trompes ; je ne veux pas le croire ? cela serait trop affreux. Doña Eva si jeune, si belle, périr ainsi ! non, cela ne saurait être.

— Hélas ! maître, fit l'Indien avec un sourire d'une tristesse navrante ; combien en ai-je vues mourir ainsi aussi jeunes, aussi belles, et aussi aimées sans doute ! ajouta-t-il d'une voix basse et inarticulée.

Quelques minutes s'écoulèrent pendant lesquelles les deux hommes demeurèrent muets et pensifs, on n'entendait d'autre bruit que celui de l'ouragan qui faisait rage dans la vallée et faisait craquer avec de lugubres

plaintes les ais mal joints de la porte et des fenêtres du tambo.

Le Français releva la tête : son front rayonnait, une expression de bravoure suprême était répandue sur sa physionomie, ses yeux semblaient lancer des éclairs.

— Dussé-je être brisé contre les rochers, dit-il d'une voix ferme qui dénotait une immuable résolution, je ne laisserai pas mourir ces malheureuses femmes sans essayer de leur venir en aide. Notre sort est entre les mains de Dieu ; quoi qu'il arrive je veux leur porter secours, tous les hommes se doivent appui et protection dans une circonstance comme celle-ci, je me manquerais à moi-même si je ne tentais pas un effort suprême en faveur de ces malheureux placés si fatalement entre la vie et la mort.

En parlant ainsi, le jeune homme s'était levé et se dirigeait résolument vers la porte du tambo.

— Maître, que prétendez-vous faire? s'écria Tyro, en se jetant vivement devant lui, pour lui barrer le passage ; vous ignorez ce que c'est qu'un temporal dans ces montagnes ; vous allez, sans espoir de réussite, vous exposer à une mort horrible.

— Soit! répondit froidement le jeune homme, en essayant de se dégager des bras vigoureux qui l'enlaçaient, mais j'aurai fait mon devoir.

— Votre devoir, maître ? s'écria l'Indien avec douleur, vous aurez couru à votre perte, voilà tout.

— C'est impossible ; bien que ne connaissant pas l'importance du danger qui me menace, je le crois grand, mais ma résolution est irrévocablement prise et, s'il le faut, je mourrai pour essayer de l'accomplir. Laisse-moi donc aller, mon brave Tyro, tes efforts et les paroles pour me retenir seraient inutiles.

L'Indien ouvrit les bras.

— Que votre volonté soit faite, maître, dit-il, essayons donc, puisque vous le voulez.

— Je n'exige rien de toi, mon ami, reprit-il ; cela me regarde seul. S'il me plaît de faire une folie, il n'est pas juste que tu en subisses les conséquences, demeure donc ici.

— Oh ! maître, répondit l'Indien d'un ton de reproche, que vous ai-je donc fait pour que vous me parliez ainsi, pour que vous me laissiez de côté dans une circonstance aussi grave?

— Tu ne m'as rien fait, mon ami, je ne suis nullement fâché contre toi, seulement je ne me reconnais pas le droit de t'exposer, pour satisfaire à un de mes caprices, à une mort terrible.

— Maître, fit l'Indien d'un ton pénétré, je suis à vous âme et corps : où vous allez, je vais ; ce que vous faites, je le fais ; vous voulez essayer de sauver ces voyageurs? soit, essayons ; mais je vous en supplie, au nom du dévouement sans bornes que je professe pour vous, ne soyez plus aussi dur pour moi, et, à défaut de l'intelligence qui, malheureusement, me manque, accordez-moi l'abnégation et le désir de vous seconder.

— Tu m'as compris fort mal, mon ami ; je n'ai nullement eu l'intention de te blesser ; tu m'as dit toi-même que je courais à une mort certaine en essayant de venir en aide à ces malheureux ; je n'ai pas voulu, tel que cela ne saurait toucher, te mettre de moitié dans ces périls….

— Pardon, maître, interrompit vivement le jeune homme, résumons la question ; je ne condamne ni approuve votre projet. Vous voulez le mettre à exécution, fort bien ; c'est votre désir, je ne discuterai point, avec vous ; seulement, je revendique le droit qui m'appartient d'en partager les périls, d'autant plus que mon expérience vous est indispensable, et que, habitué au désert, s'il surgit une chance de salut pour nous et pour ceux que vous prétendez sauver, seul je pourrai la saisir.

— Viens donc, puisqu'il en est ainsi ; mais je tiens à constater que je ne te fais pas violence et que tu m'accompagnes par l'effet de ta propre volonté.

— Certes, mon maître, et, quoi qu'il arrive, soyez convaincu que nul reproche ne sortira de mes lèvres.

Une plus longue conversation devenait inutile entre les deux hommes: ils s'étaient compris. Malgré l'ouragan, ils quittèrent le tambo, suivis par les Gauchos, auxquels ils ordonnèrent de les accompagner, et se dirigèrent résolûment vers l'endroit où l'avalanche avait rompu le sentier et intercepté le passage.

Grâce au plan incliné du sentier et à sa largeur à l'endroit où il débouchait dans la vallée, le mal causé par l'avalanche, bien que fort grand, n'était pas irréparable. Ce que les voyageurs ne pouvaient tenter à cause de la situation précaire dans laquelle ils se trouvaient placés, les quatre hommes, en unissant leurs forces, avaient l'espoir de parvenir à l'accomplir, c'est-à-dire qu'après trois ou quatre heures d'un travail fort pénible, ils étaient certains de rétablir un passage provisoire assez solide, cependant, pour que les chevaux et les bêtes de somme pussent s'y aventurer. Il s'agissait seulement de jeter sur l'abîme un pont formé avec des troncs d'arbres, reliés entre eux par des lassos et garnis de feuilles et de branches, en assez grande quantité pour former un plancher.

Ils se mirent immédiatement à l'œuvre, malgré les efforts de la tempête alors dans toute sa force, mais dont les rafales, brisées par les montagnes, n'avaient point cette intensité qu'elles atteignaient sur la route où aucun obstacle ne s'opposait à leur furie.

— Pendant que vous travaillez ici à rétablir le passage, dit Tyro, je vais de mon côté m'occuper du soin d'avertir les malheureux que nous voulons sauver, et, en leur faisant connaître qu'il est près d'eux des hommes résolus à leur venir en aide, leur rendre le courage nécessaire pour disputer leur vie à la tempête.

Et, sans attendre de réponse, l'Indien s'éloigna. Nous avons dit comment ses appels répétés avaient été entendus et avaient poussé Zéno Cabral à tenter un effort suprême, afin de s'assurer des moyens de salut qui restaient encore à ses compagnons et à lui.

Lorsque le partisan se trouva enfin sur la terre ferme, son premier mouvement fut de remercier Dieu de sa merveilleuse délivrance; puis, tendant la main à Emilie joue du premier coup d'œil il avait reconnu pour le maître de ceux qui lui avaient porté secours:

— Merci, señor, lui dit-il, grâce à vous, je suis sauvé; je ne l'oublierai pas, mais je ne suis pas seul, d'autres malheureux...

— Je le sais, caballero, interrompit le jeune homme. Une troupe assez nombreuse de voyageurs est en ce moment encore exposée à un danger terrible sur le sentier qui aboutit à cette vallée; avec l'aide de Dieu nous les sauverons.

— Le croyez-vous? s'écria vivement le partisan.

— Je l'espère du moins, señor; depuis plusieurs heures déjà, mes compagnons et moi, nous travaillons afin d'obtenir un résultat; venez, votre aide ne nous sera pas inutile.

Zéno Cabral le suivit avec empressement. Il poussa un cri de joie en apercevant le pont improvisé, que le peintre avait réussi, avec des difficultés extrêmes, à jeter d'un bord à l'autre du gouffre.

Le travail était presque terminé: le plancher seul restait à établir, ce fut l'affaire d'une demi-heure au plus.

— Pensez-vous, maintenant, demanda le jeune homme, que vos compagnons oseront se risquer sur ce pont si frêle, sans craindre le vertige?

— Oh! ce ne sera qu'un jeu pour eux, répondit le partisan.

— Traversez donc le pont, frayez-vous un passage à travers les débris laissés par l'avalanche; puis, arrivé de l'autre côté, vous n'aurez plus qu'à ouvrir dans la terre amoncelée sur le rocher une tranchée assez large pour

le passage d'un cheval, chose facile et qui, avec l'aide de vos compagnons, ne vous demandera que quelques minutes.

— Ne venez-vous donc pas avec moi?

— A quoi bon? Mieux vaut que vous alliez seul, notre présence subite pourrait causer à vos amis une surprise trop grande.

— Vous avez raison; cela aurait peut-être des conséquences fâcheuses. Au revoir donc, et à bientôt.

Le jeune homme serra une dernière fois la main du Français, s'élança en courant sur le pont, qu'il franchit en une minute, et il disparut presque aussitôt au milieu du fouillis de branches, de terre et de feuilles qui, à l'autre rive, formait une barrière de plusieurs mètres de hauteur.

Cependant les Pincheyras, qui avaient eu un moment d'espoir lorsqu'ils avaient vu avec quelle adresse et quelle insouciante bravoure don Zéno Cabral s'était lancé dans le précipice pour essayer de trouver un passage, avaient subitement senti cet espoir s'éteindre dans leurs cœurs, lorsque tout à coup l'arbre sur lequel se tenait l'aventureux jeune homme avait roulé dans le gouffre. Ils s'étaient de nouveau étendus sur le sol, et, incapables désormais de rien tenter pour leur salut, ils attendaient la mort avec cet inerte et égoïste découragement d'hommes qui se reconnaissent vaincus par la fatalité et qui n'ont plus la force de soutenir une lutte impossible.

En vain don Pablo, dont l'indomptable courage n'avait pas été abattu par ce coup terrible, essaya-t-il à plusieurs reprises, soit en les gourmandant, soit en les excitant, de galvaniser ses compagnons et de réveiller en eux une étincelle de bravoure. Tout fut inutile: l'instinct de la conservation, le dernier sentiment qui résiste dans le cœur de l'homme et qui le soutient dans les crises les plus horribles, était éteint dans leurs cœurs. Ils ne vivaient plus que de l'existence de la brute, sourds à toutes les injonctions, prières ou menaces de leur chef, dont la voix n'arrivait à leur oreille que comme un son vague et dénué de signification.

Don Pablo, désespéré de cette torpeur dans laquelle ses soldats étaient tombés, et reconnaissant l'impossibilité de les en retirer, alla s'accroupir au pied de la barricade, et là, les bras croisés sur la poitrine, il attendit, lui aussi, la mort, non pas en homme résigné à la subir, mais en vaincu qui se révolte contre le destin qui l'accable.

La tempête avait sensiblement diminué, le ciel s'était éclairci, le vent ne soufflait plus que par rafales et le brouillard, en se dissipant, laissait apercevoir le paysage bouleversé par le temporal, et dont l'aspect désolé ajoutait encore, s'il était possible, à l'horreur de la situation dans laquelle se trouvaient les voyageurs.

— Il faut en finir, murmura don Pablo, puisque ces brutes sont incapables de s'aider, et que la terreur les paralyse, je les abandonnerai, s'il le faut, à leur sort; mais, sur ma part de paradis, je jure que je sauverai ces deux malheureuses dames. Si je ne puis aller en avant, peut-être me sera-t-il permis de retourner sur mes pas, du moins j'essayerai; si je succombe, eh bien! jusqu'à la dernière seconde de ma vie j'aurai bravement soutenu le combat.

Tout en parlant ainsi, le partisan se leva et jetant autour de lui un dernier regard, il se prépara à se rendre auprès des dames, qui gisaient, évanouies, à quelques pas de l'endroit où il était.

Soudain les branches de la barricade, repoussées par une main vigoureuse, s'écartèrent brusquement derrière lui, et un homme sauta dans le sentier.

— Don Sebastiao! s'écria don Pablo en joignant les mains avec une surprise impossible à exprimer.

— Moi-même, señor don Pablo, répondit joyeusement Zéno Cabral.

— O Dios santo! vous n'êtes pas mort.

— Probablement.

— Mais je vous ai vu rouler dans l'abîme.

— Vous vous êtes trompé, puisque me voici.

— Mais par quel miracle du ciel?...

— Cela serait trop long à vous raconter; nous avons autre chose à faire en ce moment. D'abord il faut sortir d'ici.

— Vous avez trouvé un passage?

— C'est vrai, pardonnez-moi, mais la joie, la surprise, le saisissement, que sais-je encore, m'a complètement bouleversé.

— Je m'en aperçois, reprit en souriant don Zéno.

— Vous riez, nous sommes sauvés alors.

— Pardieu! Voulez-vous vous en assurer?

— Tout de suite.

— Venez, alors.

Don Pablo le suivit.

A la vue du pont, le Pincheyra joignit les mains avec les marques de la stupéfaction la plus profonde.

— C'est un miracle! dit-il.

— Oui, un miracle de dévouement; mais ce n'est pas tout encore, il nous faut maintenant travailler de notre côte à élargir le passage.

— C'est juste; agissons sans perdre de temps.

Lorsqu'ils reparurent dans le sentier, un changement total s'était opéré dans la troupe: à la vue de Zéno Cabral qu'ils croyaient mort; les partisans s'étaient relevés comme frappés d'une commotion électrique, et l'espoir, en rentrant dans leurs cœurs, leur avait rendu tout leur courage.

Don Pablo n'eut pas besoin de leur ordonner de se mettre au travail, ils se ruèrent sur la barricade avec une ardeur fébrile, et, en moins d'une demi-heure, tout obstacle avait disparu; la terre, les rochers, les arbres eux-mêmes avaient été précipités dans le gouffre aux cris de joie des partisans, qui s'excitaient l'un l'autre à qui ferait le plus d'ouvrage.

Les chevaux et les mules, tenus en bride par leurs maîtres, traversèrent le pont sans grande difficulté, et se trouvèrent bientôt en sûreté dans la vallée.

Un brancard avait été fabriqué pour transporter les deux dames toujours évanouies; on les déposa dans le tambo sur un lit de feuilles sèches recouvert de pellones et de ponchos, et on les confia aux soins intelligents de Tyro.

Don Pablo, en apercevant son ancien prisonnier, poussa une exclamation de surprise.

— Comment, s'écria-t-il, don Emilio, vous ici?

— Comme vous voyez, répondit le jeune homme en s'inclinant avec un sourire.

— Et c'est à vous que nous devons notre salut?

— Après Dieu, c'est en effet à moi que vous le devez, oui, señor.

Le partisan regarda le Français avec admiration.

— Est-il possible, murmura-t-il, qu'il existe des natures aussi grandes et aussi nobles!

Puis, se découvrant et s'inclinant avec humilité devant le jeune homme:

— Don Emilio, lui dit-il, j'ai eu des torts graves envers vous, je vous ai persécuté pendant tout le temps que vous êtes demeuré à Casa-Trama, ma conduite a été indigne, vous devriez me haïr et vous me sauvez! Je vous demande pardon de vous avoir méconnu, don Emilio; tout autre, à votre place, pour se venger, serait resté neutre et m'aurait laissé périr; pourquoi ne l'avez-vous pas fait?

— Pourquoi? don Pablo, répondit le jeune homme, parce que vous êtes un homme dans la véritable expression du mot, parce que vos défauts sont ceux que la vie que vous menez vous oblige à avoir, mais que tout bon sentiment n'est pas mort en vous et que votre

Paris. — Imp. SCHILLER, 10, Faub.-Montmartre.

cœur est généreux. Je ne me suis pas reconnu le droit d'être plus sévère que Dieu et de vous condamner à périr lorsqu'un espoir existait de vous sauver; d'ailleurs, en vous imposant l'obligation de me devoir la vie, je me suis mieux vengé de vous que par tout autre moyen.

— Cette obligation que vous m'imposez, don Emilio, je l'accepte avec joie; vous avez de moi une meilleure opinion que je n'ose en avoir moi-même. J'essayerai de me montrer digne dans l'avenir de ce que vous avez aujourd'hui fait pour moi.

— Vous vous connaissiez donc, señores? dit alors don Zéno avec défiance.

— Un peu, répondit don Pablo.

L'entretien en resta là provisoirement; les partisans se mirent en devoir d'établir leur camp et de préparer leur déjeuner dont, maintenant qu'ils étaient sauvés, ils commençaient à éprouver le plus grand besoin; les émotions creusent l'estomac; au désert, le danger passé la faim se réveille.

—————

XV

Diplomatie.

Cependant le temporal s'était calmé, le ciel était presque subitement redevenu pur, et le soleil, sortant enfin du chaos de nuages qui le masquaient et que le dernier effort de la tempête avait emportés au loin, déversait à profusion ses chauds rayons sur les montagnes; le paysage, bouleversé par l'ouragan, témoignait seul par son apparence échevelée de la force de la tourmente qui, pendant de si longues heures s'était avec une fureur inouïe abattue sur les arbres tordus, renversés les uns sur les autres, les sentiers obstrués par les avalanches et devenus impraticables, les torrents qui se précipitaient en bondissant de la cime des monts, les gouffres soudainement ouverts çà et là par la violence des eaux se frayait une issue, donnaient un aspect sinistre et désolé à cette contrée, la veille encore si riante et si pittoresque.

Emile, après avoir confié les deux dames aux soins intelligents du Guaranis, avait quitté le tambo sous le poids d'une sombre appréhension.

Dans le premier moment, emporté par l'élan de son cœur, il avait, au péril même de sa vie, essayé de sauver des hommes menacés d'une mort affreuse, mais le danger passé, toute la difficulté de la situation dans laquelle il se trouvait placé lui était apparu tout à coup. En effet, parmi les hommes qu'il avait sauvés, deux étaient ses ennemis, ou, du moins, les ennemis des dames au service desquelles il s'était si généreusement voué et qu'il avait juré de défendre.

La position était critique pour le jeune homme; un événement, impossible à prévoir, avait brisé toutes ses combinaisons et rendu impossible le moyen presque infaillible qu'il avait imaginé pour délivrer les prisonnières. Le temporal, venant ainsi en aide aux ravisseurs, obligeait le Français à adopter un système de dissimulation incompatible avec son caractère loyal et dont le résultat n'aboutirait peut-être qu'à un échec.

Cependant, il n'y avait pas d'autre moyen que celui-là; il fallait l'adopter. Le jeune homme s'y résigna, à contre-cœur il est vrai, espérant intérieurement que peut-être la Providence se lasserait de persécuter les deux faibles créatures que, lui, il voulait sauver, et qu'un hasard heureux viendrait, lorsqu'il y songerait le moins, lui fournir l'occasion de les délivrer.

En proie à des pensées qui n'étaient nullement couleur de rose, Emile, les bras croisés derrière le dos et la tête penchée sur la poitrine, arpentait de long en large, d'un pas saccadé, l'étroite plate-forme qui s'étendait devant le tambo, lorsqu'il s'entendit appeler d'une voix forte à plusieurs reprises.

Il releva la tête. Don Zéno et don Pablo Pincheyra, assis côte à côte sur le revers d'un fossé, à quelques pas de lui sur la droite, lui faisaient signe de les venir joindre.

— Que me veulent ces démons? murmura-t-il, selon sa coutume de se parler à demi-voix. C'est égal ce sont deux beaux types de scélérats. Ah! fit-il avec un soupir que Salvator Rosa était heureux, lui, qui pouvait à son gré peindre tous les brigands qu'il rencontrait! Quel splendide tableau je ferais ici! quel magnifique paysage! Hélas! il faut y renoncer, voyons ce que me veulent ces honorables coquins.

Tout en parlant ainsi, le jeune homme s'était dirigé vers les deux partisans devant lesquels il se trouva juste au dernier mot de son aparté; il s'inclina devant eux, le sourire sur les lèvres et, touchant légèrement de la main droite les rebords de son chapeau :

— Vous désirez me parler, señores? dit-il, pourrai-je vous être bon à quelque chose?

— Vous pouvez, répondit en souriant Zéno Cabral, me rendre, à moi personnellement, un service dont je vous garderai une éternelle reconnaissance.

— Je ne vous comprends pas, caballero.

— Veuillez m'écouter.

— Un mot, avant tout.

— Parlez!

— Bien que j'ignore ce que vous attendez de moi et quel est le service que vous allez me demander, je ne veux pas abuser de votre confiance et vous tromper; il est nécessaire que nous convenions bien de nos faits avant que vous vous laissiez aller à parler à cœur ouvert.

— Que voulez-vous dire, señor? répondit don Zéno avec un tressaillement de surprise.

— Je m'explique; vous me reconnaissez sans doute pas, señor. J'avoue que moi-même, dans le premier moment, lorsque je suis venu à votre secours, je ne savais pas quel était l'homme auquel je sauvais la vie; mais, maintenant que je suis de sang-froid et que j'ai pu vous examiner à loisir, je vous reconnais pour être don...

— Sébastiano Vianna, officier portugais, ami et aide de camp du général marquis de Castelmelhor, interrompit vivement don Zéno avec un geste si péremptoire, que le jeune homme s'arrêta net; parbleu! pourquoi nierais-je? je ne cache nullement mon nom, je n'ai aucun motif pour en faire mystère; le seigneur don Pablo, sait que, ami dévoué de la marquise et de sa fille, ma mission n'a d'autre but que de les conduire en sûreté près du général.

— Il n'y a rien que de fort honorable dans cette mission, appuya le Pincheyra, et avec l'aide de Dieu, le colonel l'accomplira.

— Je l'espère, répondit don Zéno.

— Est-ce tout ce que vous vouliez me dire? continua don Zéno.

— C'est tout, oui, seigneur, répondit le peintre en s'inclinant, sans oser hasarder une révélation devenue aussi dangereuse pour lui.

— Fort bien, reprit le partisan avec un sourire aimable, je n'attendais pas moins de votre courtoisie; mais ce que vous ne voulez pas révéler, c'est à moi de le faire connaître et de l'avouer hautement : le service que vous m'avez rendu m'en fait un devoir.

— Hum! je suis assez curieux de savoir ce que vous tirera de là, murmura le jeune homme en fixant un regard railleur sur le hardi partisan.

Mais celui-ci, sans paraître remarquer l'expression ironique du coup d'œil que lui lançait le Français, reprit avec bonhomie :

— Votre conduite envers moi, don Emilio, dit-il, vous voyez que je me rappelle votre nom, est d'autant plus belle et d'autant plus généreuse, que la mienne, en apparence du moins, n'est pas à votre égard complètement exempte de blâme. A notre première rencontre, j'ai voulu, je crois, si ma mémoire m'est fidèle, vous faire arrêter comme espion. De là à être fusillé, il n'y avait qu'un pas, et je dois avouer que je l'aurais franchi sans le moindre scrupule.

— Je vous remercie de cette franchise, señor, répondit en souriant le jeune homme.

— Vous me jugez mal, caballero, reprit le partisan avec une certaine animation, et cela ne m'étonne pas. Vous ne sauriez comprendre tout ce que notre position, à nous autres Américains du Sud, a, en ce moment, d'étrange et d'anormal: nous subissons la plupart du temps les événements de vue, j'avais raison d'agir ainsi que je le faisais à votre égard. Grâce à Dieu, vous avez non-seulement su vous soustraire au sort qui vous menaçait, mais encore, vous, étranger en ce pays, dont vous parlez à peine la langue, et où votre nationalité même est un titre à la haine générale, vous avez réussi à vous venger de moi, en m'enlevant par un coup de filet, dont je proclame hautement l'habileté, un trésor dont je croyais, cependant, m'être complétement assuré la possession; aujourd'hui, vous avez, par un dévouement héroïque, mis le comble à cette noble vengeance toute française en sauvant ma vie et celle de mes compagnons; vous voyez, caballero, que je suis franc et que je ne marchande pas avec vous; je parle net, parce que j'attends un dernier service ou, si vous le préférez, une dernière preuve de votre générosité.

Emile Gagnepain était surtout homme d'esprit; la façon délibérée dont le partisan, tout en fardant légèrement les détails, était convenu de ses torts, lui plut par son excentricité même.

— Parlez, don Sebastiao, répondit-il en appuyant avec intention sur ce nom, pour bien faire comprendre à son interlocuteur qu'il savait fort bien à quoi s'en tenir sur son incognito; je serai heureux de vous rendre le service que vous attendez de moi, et croyez bien que si cela est en mon mon pouvoir, je le ferai sans hésiter.

— Je le sais et je vous en remercie, señor; voici ce dont il s'agit. En deux mots, vous serez au courant; veuillez donc, je vous prie, me prêter toute votre attention.

— Parlez, reprit le jeune homme vivement intrigué par de si longs préambules, mais qui, nous le devons constater, était fort loin de s'attendre à la singulière révélation que le partisan allait lui faire.

Don Zéno sembla pendant quelques instants en proie à une hésitation assez marquée; mais surmontant enfin le sentiment, quel qu'il fût, qui l'agitait, il jeta un regard de côté à don Pablo Pincheyra, qui fumait flegmatiquement une cigarette sans paraître autrement s'inquiéter de la conversation à laquelle il assistait, s'adressant brusquement au peintre:

— Voici ce fait en deux mots, dit-il, en fixant son interlocuteur, don Pablo Pincheyra, mon ami, et il appuya avec intention sur cette qualification, don Pablo Pincheyra m'a appris que vous accompagniez la marquise de Castelmelhor et sa fille lorsque son frère les conduisit à Casa-Trama.

— C'est vrai, répondit sérieusement le peintre, ces dames m'avaient fait l'honneur de m'accepter pour guide; je suis de plus demeuré auprès d'elles tout le temps qu'elles ont passé à Casa-Trama, puisque c'est hier seulement que je me suis séparé d'elles.

— Donc vous leur êtes dévoué? dit nettement le partisan, dont le regard demeurait cloué sur le visage du Français.

Celui-ci ne sourcilla pas; il pressentit un piège.

14

— Pardon, fit-il d'un ton de bonhomie impossible à traduire, avant d'aller plus loin, entendons-nous bien, s'il vous plaît, caballero; je suis étranger à ce pays, j'en parle fort mal la langue et j'en ignore complétement les coutumes; vous dites, n'est-ce pas, que je suis dévoué à ces malheureuses dames?

— Don Pablo me l'a assuré, répondit le partisan.

— N'est-ce donc pas la vérité? ajouta le Pincheyra.

— Jusqu'à un certain point, oui, señor; ces dames avaient besoin d'aide, je me suis trouvé là, elles ont réclamé la mienne; les refuser n'eût été ni galant ni de bon goût; j'ai dû souscrire à leur volonté, mais mieux que personne vous savez, señor don Pablo, que hier, ayant appris qu'elles n'avaient plus besoin de moi, je me suis nettement expliqué avec vous à ce sujet et que j'ai pris congé d'elles.

— Hum, voilà qui est fâcheux, murmura Zéno Cabral, aviez-vous donc de sérieux motifs pour agir ainsi?

— Pas précisément, señor; ces dames ont toujours été parfaites pour moi; mais maintenant que mes services leur deviennent inutiles, j'ai compris qu'il était de mon devoir de me retirer, et je l'ai fait avec d'autant plus d'empressement que j'avais hâte de recouvrir ma liberté.

Il y eut un silence assez long entre les trois interlocuteurs; l'accent du jeune peintre était si naïf et si brutalement franc que don Zéno, malgré toute sa finesse, ne parvenait pas à deviner s'il émettait réellement l'expression de sa pensée ou s'il le trompait; malgré son habitude de lire sur le visage des hommes leurs divers sentiments, celui du jeune peintre était tellement froid et impassible, qu'il demeurait pour lui comme un livre fermé. Cependant un pressentiment secret l'avertissait que, sous son apparente bonhomie, cet homme cachait une intention bien ferme, qu'il jouait un rôle et qu'il le trompait. Enfin, il reprit:

— Je suis désespéré de ce que vous m'annoncez, señor, d'autant plus désespéré que j'avais l'intention de vous demander de me rendre un service.

— A propos de ces dames? fit le jeune homme avec un étonnement si bien joué que le partisan s'y trompa.

— Oui! service dont, entre parenthèse, je vous aurais été fort reconnaissant.

— Je ne vois pas en quoi je puis vous servir, señor.

— Je le vois, moi; tenez, cher seigneur, jouons cartes sur table; le voulez-vous?

— Je ne sais à quel propos vous me parlez ainsi, señor; ma conduite, envers vous devrait, j'imagine, me mettre à l'abri de tout soupçon de déloyauté, répondit il d'un ton piqué.

— Vous ne me comprenez pas, je le vois, señor.

— Je l'avoue, caballero.

— Je vais tâcher d'être clair.

Le Français s'inclina sans répondre. Don Zéno continua:

— Ces dames, à tort ou à raison, je ne veux pas discuter cela avec vous, s'imaginent qu'elles sont entourées d'ennemis acharnés à leur perte; peut-être ici je les présentais à elles, leur esprit aigri en ce moment par les contrariétés dont le hasard s'est plu à les abreuver depuis quelque temps, leur ferait-il voir en moi, qu'elles ne connaissent que fort imparfaitement, au lieu d'un ami sûr et d'un serviteur dévoué, un de ces ennemis qu'elles s'obstinent à voir partout.

— Oh! s'écria hautement le peintre, que dites-vous donc là, señor? n'êtes-vous pas aide de camp du général marquis de Castelmelhor.

— C'est vrai, répondit le partisan avec un certain embarras qu'il ne réussit pas à dissimuler assez bien pour que son interlocuteur ne le remarquât pas.

— Eh bien! mais il me semble, caballero, que ce titre doit vous servir de sauvegarde contre d'injurieux soupçons?

— Oui, il en serait probablement ainsi, du moins, je l'espère; malheureusement, des raisons de la plus haute importance exigent que je confie à un autre que moi le soin de conduire la marquise à son époux; cet autre...

— Ce sera moi, n'est-ce pas? interrompit vivement le jeune homme; voilà ce que vous me vouliez proposer, caballero?

— Qui pourrai-je choisir, si ce n'est vous? señor; vous que ces dames connaissent, en qui elles ont pleine confiance; je crois, pour vous parler franc, que nul choix ne saurait être aussi heureux que celui-là.

— Malheureusement, caballero, mon adhésion est nécessaire en cette affaire, et déjà j'ai eu l'honneur de le dire, sinon à vous, du moins à don Pablo : je ne me sens aucunement disposé à continuer vis-à-vis de ces dames le rôle que j'ai joué pendant près d'un mois. Je vous le répète, je suis étranger : venu en ce pays pour me livrer en toute liberté à mon goût pour la peinture, je n'ai pu, depuis près d'un an que j'ai débarqué en Amérique, faire une seule esquisse, dessiner le moindre croquis; amoureux, avant tout de la liberté, et ayant en exécration la politique, je me suis vu impliqué, malgré moi et complétement à mon corps défendant, dans des machinations dont j'ignorais le premier mot, mais qui, à plusieurs reprises, ont failli me coûter la vie et m'ont mis en butte à la haine des Espagnols et des libéraux; aujourd'hui, voilà que, d'après votre proposition, je n'ai pu, exposé à être aussi poursuivi par les Portugais ou les Brésiliens, comme il vous plaira de les nommer. C'est trop de moitié. Je renonce à soutenir plus longtemps une partie dont ma vie est ainsi l'enjeu, à mon insu. Pardonnez-moi de décliner l'honneur que vous voulez me faire, et laissez-moi gagner paisiblement le port le plus prochain, afin que je puisse mettre, dans le plus bref délai, la mer entre moi et ceux que j'ai, à mes dépens, appris à redouter. J'en suis désespéré pour ces dames, que j'estime en dépit de ce que je voudrais servir, mais il faudra qu'elles se passent de mon appui.

Cette longue tirade fut débitée par le jeune homme avec un accent de désespoir si comique que les deux partisans ne purent s'empêcher de rire.

— Allons, allons, répondit don Zéno, vous êtes un excellent compagnon, caballero, et je vois avec plaisir que je ne m'étais pas trompé sur votre compte; rassurez-vous, la mission que je désire vous confier n'est nullement périlleuse pour vous et ne contrariera en aucune façon vos projets d'embarquement; les dames que je vous prie d'escorter seront avant trois jours, quatre jours au plus tard, réunies à leurs amis. Ainsi, vous voyez que cette fois, du moins, vous ne risquerez pas votre tête.

— Hum! qui sait? murmura le jeune homme, en paraissant réfléchir.

Don Zéno, qui l'examinait attentivement, le crut ébranlé.

— Je vous donne ma foi de caballero, reprit-il en appuyant avec une certaine solennité sur ses paroles, que, quoi qu'il arrive, vous serez libre, et nul ne vous molestera!

— Hum! hum! fit encore le jeune homme en hochant la tête.

— Ah çà, dit tout à coup don Pablo Pincheyra en se redressant, pourquoi donc, mon cher don Sebastiao, tenez, tant à présent à ne pas escorter ces dames que vous êtes exprès venu me demander de vous rendre de la part du général de Castelmelhor?

— Ne vous ai-je pas fait part, répondit don Zéno en se pinçant les lèvres de dépit, du message qui m'a été remis par ce cavalier qui nous a croisé presque à la sortie du camp, et que, dans le premier moment, vous avez pris pour un espion.

— C'est juste, fit don Pablo, je n'y songeais plus; ce message est donc pressant?

— On ne saurait davantage.

— Diable, diable. Voyons, don Emilio, reprit le Pincheyra d'un ton conciliant, rien ne saurait-il vous convaincre. Vive Dieu! si je le pouvais, moi, je n'hésiterais pas à escorter ces deux malheureuses dames.

— Me refuserez-vous donc ce service, caballero? ajouta don Zéno.

Le jeune homme sembla réfléchir profondément pendant quelques secondes.

— Enfin, dit-il, comme si cela lui coûtait beaucoup de prendre cette détermination, puisque vous le voulez, pour cette fois encore je consens à me jeter dans les embarras, dont je croyais cependant être sorti; puisqu'il le faut, soit; j'escorterai ces dames.

— Merci, caballero, dit-il ; peut-être Dieu permettra-t-il qu'un jour je m'acquitte envers vous de tout ce que vous dois; en attendant, croyez à ma vive sympathie pour vous. Maintenant que cette affaire est réglée à notre mutuelle satisfaction, permettez-moi de prendre congé de vous.

— Comptez-vous donc vous éloigner aussi vite?

— Il le faut; les intérêts fort graves dont je suis chargé réclament impérieusement ma présence sur un point très éloigné de l'endroit où nous nous trouvons et dont nous dépendons mainte... je ne saurais mettre trop d'empressement à m'y rendre. Ainsi maintenant que je suis suffisamment reposé des fatigues de toutes sortes que j'ai endurées depuis quelques heures, je vous quitte confiant en votre parole loyale et convaincu que vous l'accomplirez.

— Je tiendrai ma promesse, señor.

— Merci, caballero, je vous en tiendrai compte, croyez le bien.

Et après avoir serré amicalement la main du jeune Français et s'être incliné avec courtoisie devant don Pablo, le partisan alla rejoindre ses compagnons qui, sans doute, prévenus à l'avance par lui, étaient déjà en selle depuis quelques minutes; Don Zéno monta à cheval, tira un dernier salut et rendant la main à sa monture, il partit à toute bride.

Le peintre le suivit des yeux aussi longtemps qu'il put l'apercevoir; puis lorsqu'enfin le montonero eut disparu derrière une pointe de rocher, il poussa un soupir de soulagement et se tournant vers le Pincheyra, lui murmurant à voix basse entre ses dents.

— Un; à l'autre maintenant; pour celui-là, je crois que ce ne sera pas fort difficile.

Don Pablo, toujours assis sur le tertre dont il s'était fait un siège, continuait à fumer sa cigarette avec cette béatitude qui caractérise les Hispano Américains.

Le jeune homme s'assit à son côté, le considéra un instant, et lui posant la main sur l'épaule:

— Vive Dieu! don Pablo, s'écria-t-il avec entraînement depuis un mois passé que j'habite votre camp, je vous ai vu accomplir des choses si merveilleuses, mais celle-ci les dépasse toutes de cent coudées.

— Hein! fit le partisan comme réveillé en sursaut, que voulez-vous dire?

— Rien; je vous rends hommage, voilà tout, continua le jeune homme sur le même ton.

— Hommage! répéta don Pablo, et de quoi?

— Comment, de quoi! Parbleu, je ne m'attendais pas à un tel excès de modestie.

— Parlons-nous par énigmes?

— Pas e moins du monde; ce que je dis est fort clair, au contraire.

— Pas pour moi, je vous jure.

— A quoi bon feindre? ne sais-je pas que vous avez joué votre rôle avec une rare perfection, moi qui, sans être dans le secret des motifs qui vous ont engagé à agir ainsi que vous l'avez fait, connais cependant l'homme aussi bien que vous.

— Quels secrets, quels motifs, compagnon? s'écria don Pablo avec impatience.

— Pardieu! l'homme qui vient de nous

quitter.

— Don Sebastiao Vianna, l'aide de camp du général de Castelmelhor?

Emile considéra pendant quelques secondes le partisan avec les marques de la plus grande admiration et, éclatant de rire tout à coup :

— Allons, c'est bien joué, dit-il, mais maintenant toute dissimulation est inutile; du reste, si vous tenez à ne pas prononcer son nom, bien qu'il soit parti et assez loin déjà, cela vous regarde; tout cela, au résumé, ne m'inquiète que médiocrement; donc vous êtes libre, et tant que cela vous plaira, je continuerai, pour vous être agréable, à donner à don Zèno Cabral le nom de don Sébastiao.

— Hein! s'écria le partisan en se levant comme s'il avait reçu une commotion électrique; quel nom avez-vous prononcé?

— Un nom que vous savez aussi bien que moi, celui de l'homme qui, il y a quelques instants à peine était ici même où nous sommes.

Don Pablo fronça le sourcil ; une pâleur livide couvrit son visage, et un tremblement convulsif agita tous ses membres.

— Ainsi, cet homme, s'écria-t-il d'une voix saccadée par la colère, cet homme est Zèno Cabral?

— L'ignoriez-vous donc réellement? demanda le jeune homme avec une feinte surprise.

— Si je l'ignorais! s'écria le Pincheyra. Puis se reprenant : Jurez-moi que cet homme est en effet Zèno Cabral? jurez-le moi?

— Pardieu ! je le connais depuis assez long temps pour ne pas craindre de me tromper, et je vous donne ma parole que c'est bien lui.

Le partisan lui lança un regard farouche, Il ouvrit la bouche comme pour parler; mais, changeant sans doute d'avis, il se détourna subitement, et se dirigeant à grands pas vers ses hommes campés autour du tambo :

— A cheval ! à cheval leur cria-t-il.

— Je crois, murmura le Français en le suivant des yeux d'un air narquois, que celui-là me délivrera de l'autre, à moins que ce soit l'autre qui me délivre de celui-ci ; laissons-les s'expliquer.

XVI

Libres.... peut-être!

Après cet aparté machiavélique, le Français, tout en se frottant les mains, s'avança à petits pas vers le tambo et en suivant d'un œil sournois les préparatifs de départ des Pincheyras qui, aiguillonnés par leur chef, sellaient en toute hâte leurs chevaux, et s'interrogeaient avec inquiétude sur les motifs de cette détermination subite à laquelle ils ne comprenaient rien.

Don Pablo fut le premier prêt.

— Don Emilio, dit-il au jeune homme en s'approchant vivement de lui et avec un sourd accent de colère dans la voix, je ne veux pas essayer de sonder les motifs qui vous ont poussé à me me révéler qu'en ce moment seulement le nom d'un homme que depuis longtemps déjà vous savez être mon ennemi.

Le Français voulut l'interrompre.

— Ne me dites rien, s'écria-t-il avec violence, le service que vous m'avez rendu est trop récent encore pour que je vous demande compte de cette conduite ambiguë, mais retenez bien ceci : je me considère dégagé envers vous de toute reconnaissance. Dieu veuille que nous ne nous retrouvions plus face à face, car ce serait en ennemi que je vous traiterais.

— Soit, señor don Pablo, répondit le jeune homme en s'inclinant froidement devant lui; vous me connaissez assez bien, je suppose, pour être convaincu que je ne vous redoute pas plus que je ne vous aime.

— Je sais que vous êtes un homme brave, señor, et que le moment arrivé de me faire face, me vous tiendrai vaillamment tête; mais brisons là, le temps me manque pour faire ou écouter de longs discours. Je n'ai pas voulu vous quitter sans vous apprendre mes intentions et vous avertir de vous tenir sur vos gardes.

— Je vous remercie de cet acte de courtoisie, señor, et je mettrai, n'en doutez pas, votre avertissement à profit.

— Maintenant, adieu; tâchez de ne plus vous trouver sur ma route.

— Je ne vous chercherai pas, señor, répondit le jeune homme; mais, au cas où je vous rencontrerais, je n'essayerais pas de vous éviter.

Le partisan lui jeta un regard oblique, demeura un instant immobile; puis, frappant du poing avec colère le pommeau de sa selle, il se détourna brusquement, alla se mettre en avant de sa troupe et après avoir crié :

— En avant! d'une voix tonnante, il s'élança au galop suivi de tous les Pincheyras dans la même direction que don Zèno Cabral.

— Ah! ah! fit Emile, voilà qui va bien; les vautours sont lancés à la curée; voyons maintenant ce qu'il est possible de faire pour le salut des deux dames! La situation, au lieu de s'éclaircir devient de plus en plus difficile ; n'importe, puisque mon mauvais destin m'a jeté dans cette affaire contre ma volonté, je persévérerai, et, quoi qu'il arrive, j'irai jusqu'au bout ; c'est une belle partie à gagner que de soustraire ces deux colombes aux serres crochues de ces deux oiseaux de proie! Essayons, vive Dieu! On ne sait pas ce qui peut arriver, la chance tournera peut-être à la fin.

Et complètement remis de bonne humeur par cet aparté, le peintre entra, le visage calme et le sourire aux lèvres, dans le tambo.

Les deux dames étaient à demi-couchées sur des pellones, devant un feu allumé par les Guaranis. A peine remises encore des périls qu'elles avaient courus et des terreurs qu'elles avaient éprouvées, elles demeuraient immobiles, silencieuses, le front pâle, les yeux à demi fermés, recueillies en elles-mêmes, ne sachant si elles devaient se réjouir ou regretter d'être enfin à l'abri du danger et d'avoir échappé aux efforts furieux de la tempête.

A l'entrée du jeune peintre dans le tambo, un pâle sourire apparut sur leurs lèvres. Lorsqu'elles se furent assurées que l'expression de sa physionomie était calme, presque joyeuse, et sa démarche assurée, les battements de leur cœur furent moins forts, et, sans en pouvoir encore deviner les motifs, elles sentirent qu'un événement heureux avait surgi en leur faveur, et que tout espoir n'était pas perdu pour elles.

— Enfin, vous voilà ? s'écria la marquise en lui tendant la main.

— Don Emilio! dit doña Eva en rougissant.

— Me voilà; oui, mesdames, répondit le jeune homme en s'inclinant ; ne m'attendiez-vous pas ?

— Hélas! reprit la marquise, je n'osais espérer.

— Oh! moi, j'étais sûre de vous revoir, don Emilio, s'écria doña Eva avec entraînement.

— Je vous remercie, señorita, d'avoir eu foi en ma parole, répondit le jeune homme avec un imperceptible tremblement dans la voix.

Doña Eva, honteuse des paroles qu'elle avait laissé ainsi monter de son cœur à ses lèvres, courba la tête pendant qu'une vive rougeur colorait son visage.

— Ainsi, reprit la marquise après avoir, à la dérobée, jeté un regard sévère à sa fille, c'est grâce à votre courage et à votre présence d'esprit que nous avons échappé à la mort af-

---

freuse suspendue sur nos têtes.

— Je n'ai été qu'un instrument dans la main de Dieu, madame; toute force humaine eût été impuissante à accomplir un si grand miracle.

— Cet Indien m'a tout appris, dit la marquise en désignant Tyro d'un geste; je sais le maintenant don Pablo Pincheyra, lié par la reconnaissance qu'il vous doit, n'oserait rien vous refuser, et vous, loin de nous nuire, il nous protégerait au besoin.

— Don Pablo n'était pas seul, madame.

— En effet, don Sebastiao Vianna l'accompagne, dit-on. Je vous avoue même, à ce sujet, mon cher don Emilio, que je suis blessée de la façon dont ce gentilhomme, l'ami de mon mari et le mien, agit avec nous; je ne l'ai pas encore vu ; il n'aura pas sans doute jugé à propos de présenter ses hommages à la femme de son général, de celle qu'il doit lui conduire après l'avoir délivrée de sa captivité.

Le peintre sourit d'un air narquois.

— Vous riez, don Emilio? fit-elle avec étonnement.

— Pardonnez-moi, madame, cet excès de gaieté; il doit en effet vous paraître étrange dans les circonstances où nous nous trouvons. Je m'explique : vous ne vous étiez pas trompée, madame; ce n'est pas don Sebastiao Vianna que se nomme l'homme qui est venu au camp des Pincheyras réclamer votre liberté.

— Ah! murmura-t-elle, est-ce un homme que je connais, un ami?

— Vous le connaissez, en effet, il se nomme don Zèno Cabral.

— Don Zèno Cabral! s'écria-t-elle avec épouvante; cet homme a osé s'introduire jusque parmi les Pincheyras pour s'emparer de moi. Oh! alors, je suis perdue!

— Rassurez-vous, madame, vous êtes en sûreté, quant à présent du moins.

— Que voulez-vous dire?

— La conduite de don Zeno est extraordinaire et inexplicable pour moi.

— Qu'a-t-il fait ?

— Il est parti.

— Parti?

— Il y a une heure à peine, après m'avoir prié de vous servir de guide et de vous conduire auprès de votre mari.

— Cette conduite est, en effet, incompréhensible; cette feinte renonciation à un plan si bien conçu et si bien exécuté pour s'emparer de moi, lorsque j'étais de nouveau retombée entre ses mains, doit cacher un piège.

— J'en suis convaincu ; sans doute, don Zèno a de nombreux affidés dans ces montagnes, espions invisibles chargés de surveiller tous nos pas et il a jugé inutile de continuer à jouer, en demeurant près de vous, un rôle devenu impossible.

— Que faire, hélas ? Que devenir? Si nous étions seuls, peut-être réussirions-nous à échapper, mais don Pablo?

— Don Pablo est reparti, je l'ai lancé à la poursuite de don Zèno en lui révélant le nom de celui-ci. Donc en apparence nous sommes complètement délivrés de tous nos ennemis.

La marquise lui tendit la main.

— Je vous remercie, lui dit-elle, votre dévouement ne se lasse jamais.

— Et jamais il ne se lassera, madame, mais pardonnez-moi d'insister auprès de vous pour hâter de prendre une détermination quelle qu'elle soit; nous ne pouvons plus longtemps demeurer ici, il nous faut tenter un dernier effort et lutter de ruses avec nos ennemis pour glisser inaperçus entre les mailles de l'invisible réseau qu'ils ont, je n'en doute pas, tendu autour de nous.

— Avez-vous un projet?

— Malheureusement non, madame; mais peut-être qu'avec votre aide et celle de notre brave et fidèle Tyro, parviendrons-nous à concerter un plan.

— Essayons donc, répondit-elle avec découragement, et ne perdons pas un temps qui, pour nous, est si précieux.

Tyro, qui pendant la conversation du peintre avec la marquise s'était discrètement éloigné, rentra en ce moment.

— Eh bien, lui demanda Émile, est-il survenu quelque nouvel événement?

— Non, mi amo, Sacatripas, que j'avais chargé de surveiller le départ des Pincheyras, les a vus se diriger à toute bride vers la plaine; ils sont actuellement entre nous et don Zéno Cabral, ce qui nous enlève provisoirement la crainte d'une surprise de celui-ci ou de ses affidés; car jusqu'à une assez longue distance en avant, il n'existe qu'un chemin praticable, et c'est celui sur lequel nous nous trouvons.

— Tu en es sûr?

— Parfaitement, mi amo.

— Voilà qui est fâcheux, en vérité; la fuite nous est impossible.

— Mon Dieu! murmura doña Eva en joignant les mains avec angoisse.

— Ainsi, nous sommes perdus? fit la marquise.

— Je ne dis pas cela, madame; je suis contraint cependant de vous avouer que la situation est extrêmement critique.

— Voyons, Tyro, mon ami, toi qui connais si bien les montagnes au milieu desquelles tu as été élevé, cherche, invente, que sais-je, moi? trouve un expédient qui nous donne une chance de salut! s'écria le peintre.

— Dieu m'est témoin, mi amo, que mon désir le plus vif est de vous voir hors de danger, répondit-il.

— Nous n'avons d'espoir qu'en toi, mon brave Indien, lui dit Émile en lui frappant amicalement sur l'épaule.

— Il y aurait bien un moyen, fit le Guaranis devenu rêveur.

— Lequel?... Parle, parle vite!

Tyro secoua la tête.

— Non, murmura-t-il, ce serait une folie; ne faut plus y songer; nous ne réussirions pas.

— Une folie, dis-tu, Tyro; vive Dieu! explique-toi sans plus tarder. Tu ignores donc, pauvre ami, que les projets les plus fous sont justement ceux qui ont le plus de chances de succès.

— Non, mi amo, ne m'obligez pas à vous faire part de ce projet, c'est une idée qui, je ne sais comment, m'a passé par la tête; mieux vaut ne pas en parler.

— Dis toujours, nous verrons après ce que nous aurons à faire.

— Parlez au nom du ciel, señor, c'est à Dieu qui vous inspire, dit la marquise avec prière.

— Vous le voulez, je vous obéirai, madame, mais je vous demande pardon, au préalable, pour ce que vous allez entendre, répondit le Guaranis d'un air rechigné.

— Va, va, mon ami, et n'aie aucune crainte, nous ne t'adresserons aucun reproche.

— Écoutez donc, puisque vous l'exigez; d'abord, je dois vous apprendre qu'à une lieue d'ici, un peu plus un peu moins, il existe un sentier presque impraticable, qui n'est autre chose que le lit d'un torrent desséché; ce sentier, peu de personnes le connaissent, et personne, j'en suis convaincu, ne se hasarde à le suivre, tant il est difficile. À peine tracé sur le flanc des montagnes, il serpente à travers les rochers et les précipices, et doit en ce moment être inondé, à cause de l'effroyable orage qui a sévi dans ces régions. Ce sentier, cependant, a cet avantage énorme sur celui-ci: qu'il raccourcit fort le trajet d'ici à la plaine.

— Jusqu'à présent, interrompit le peintre, je ne vois rien que de fort avantageux pour nous dans ce que tu nous dis; je ne comprends donc pas le moins du monde d'où provient la crainte ridicule qui te paraît être si fort agité.

— Patience, mi amo, je n'ai point fini encore.

— Finis donc, au nom du diable! s'écria le Français avec impatience.

— Si nous n'étions que vous et moi, mi amo, reprit le Guaranis, si dangereux que soit ce sentier, quelques périls qui nous y attendent, je n'hésiterais pas à vous conseiller de vous y engager, mais...

— Pourquoi t'interrompre? lui demanda le jeune homme.

— Je vous comprends, dit la marquise; ce que deux hommes forts et résolus peuvent entreprendre avec quelque chance de réussite, ce serait à des femmes une folie de le tenter; n'est-ce pas cela que vous n'osez dire?

L'Indien s'inclina respectueusement devant les deux dames.

— Telle est, en effet, ma pensée, señora, dit-il; mais en admettant qu'il fût possible que vous et votre fille consentissiez à nous suivre par cette route périlleuse, et nous resterait encore à prendre des précautions qui rendraient, j'en suis convaincu, l'exécution de ce projet impossible.

— De quelles précautions parlez-vous?

— Ce sentier, fort peu connu et surtout fort peu utilisé par les blancs qui, pour la plupart, ignorent son existence ou ne veulent pas s'y risquer, est cependant assez fréquenté par les Indiens puelches et les Pampas, nations féroces et indomptées, aux mains desquelles nous serions à peu près certains de tomber, et qui nous réduiraient en esclavage; nous n'aurions donc échappé à un danger que pour choir dans un autre plus terrible encore. Il faudrait, dans tous les cas, que ces dames consentissent à reprendre les vêtements masculins qu'elles avaient adoptés pour s'échapper de San Miguel.

— Qu'à cela ne tienne, s'écria la marquise.

— Il faudrait, de plus, ne marcher en avant qu'avec la plus grande prudence, en s'éclairant avec soin, de crainte de surprise ou d'embuscade.

— Et le cas échéant d'une surprise, interrompit vivement la marquise, se faire bravement tuer, plutôt que de devenir la proie des barbares païens!

— Vous résumez admirablement ma pensée, señora, répondit en s'inclinant respectueusement le Guaranis; je n'ai rien autre à ajouter; réfléchissez, et ce qu'il vous plaira de m'ordonner, je l'exécuterai avec le plus vif empressement et le dévouement le plus sincère.

— Ce projet est hasardeux et hérissé de difficultés, j'en conviens, dit alors le peintre, mais, pour moi, je n'y vois rien qui en rende l'exécution impossible. Tous les moyens doivent nous être bons pour échapper au danger terrible suspendu sur nos têtes, puisque celui-ci est le seul que nous pouvions employer, je crois qu'une plus longue discussion serait oiseuse et que nous devons nous y résoudre; il nous faut quitter le tambo dans le plus bref délai, sous peine de voir bientôt revenir ceux que nous avons tant de motifs de désirer de ne plus revoir. Partons donc au plus vite, à moins, ajouta-t-il en se reprenant, que vous hésitez encore, madame la marquise, et que les dangers qui nous attendent sans doute sur ce chemin ne vous semblent trop grands; auquel cas, madame, je me conformerai à votre volonté.

— Puisqu'il en est ainsi, répondit noblement la marquise, une plus longue discussion devient inutile; partons, partons sur le champ. Pendant que vous préparerez les chevaux et chargerez les mules, ma fille et moi, nous reprendrons nos vêtements masculins; allez, dans quelques minutes, nous serons toutes deux prêtes à vous suivre.

— Soit, madame, dit le peintre, nous obéissons.

Il fit signe au Guaranis de le suivre, et tous deux quittèrent le tambo, où les dames demeurèrent seules.

Les Gauchos sellèrent leurs chevaux et les mules, et bientôt tout fut prêt pour le départ.

En effet, à peine s'était-il écoulé un quart d'heure lorsque les dames sortirent du tambo, prêtes à se mettre en route.

Il était environ trois heures et demie après midi, heure assez avancée pour reprendre un voyage, surtout au milieu des montagnes, dans des régions abruptes et sauvages, où les orages sont si fréquents et les changements de temps si rapides; mais les fugitifs, environnés d'ennemis auxquels ils n'avaient échappé que par miracle, avaient le plus grand intérêt à s'éloigner au plus vite d'un endroit où ils savaient que ceux qu'ils redoutaient ne manqueraient pas de les venir chercher; aussi, au risque de ce qui pourrait survenir, voulaient-ils atteindre ce jour même le sentier dont Tyro leur avait affirmé l'existence, et où ils avaient l'espoir de faire perdre leurs traces, soit aux Pincheyras soit aux montoneros de Zéno Cabral.

Le ciel était d'un bleu mat; le soleil, presque au niveau du sol, répandait à profusion ses rayons obliques sur la terre qu'il échauffait; une légère brise tempérait la chaleur et agitait les feuilles des arbres qui frémissaient doucement; de longues files de cygnes noirs s'élevaient du fond des vallées, et fuyaient à tire d'ailes dans la direction des plaines, poursuivies par les grands vautours chauves; l'après-dîner était magnifique et semblait présager la continuation du beau temps pendant un laps d'au moins quelques jours.

Émile, après s'être assuré d'un coup d'œil investigateur que tout était en ordre, donna enfin le signal du départ et la petite caravane s'éloigna d'un pas pressé du vallée del Tambo où, pendant plusieurs heures, elle avait joui d'un repos indispensable après les fatigues surhumaines supportées pendant l'orage.

Malgré la situation d'esprit assez perplexe dans laquelle se trouvaient nos voyageurs, cependant la route se faisait assez gaiement, ils causaient et même plaisantaient entre eux, s'efforçant de voir sous un jour meilleur un avenir qui semblait pourtant être encore enveloppé de nuages assez épais.

Ainsi que Tyro l'avait annoncé, à environ une lieue de la vallée, dissimulé au milieu d'un bois touffu, ils trouvèrent le commencement du sentier sur lequel ils s'engagèrent aussitôt.

Pour tous autres que des gens habitués de longue date à la vie du désert, l'aspect de ce sentier aurait paru des plus rassurants; en effet, les broussailles l'obstruaient presque en entier, une herbe haute et touffue le recouvrait comme d'un tapis de velours vert. À l'approche des voyageurs, les oiseaux s'envolaient à grand bruit, et les viscachas s'échappaient effarés presque sous les pieds des chevaux.

Cependant, malgré ces indices rassurants d'une solitude complète, le Guaranis connaissait trop bien l'astuce de ses congénères, et il était trop au courant des ruses qu'ils employent pour dissimuler les traces de leur passage dans un endroit lorsqu'ils ont intérêt à ce qu'elles soient ignorées, pour se laisser tromper aussi facilement; et l'apparence déserte et désolée de ces parages, au lieu de lui rendre la confiance, l'engagea, au contraire, à redoubler de précautions.

— Eh bien! Tyro, lui demanda le peintre, vous ne vous plaindrez pas, j'espère? on croirait, sur mon âme, que depuis vingt ans, ce sentier n'a pas été foulé aux pieds des chevaux ou des hommes tant il est sauvage.

— Trop sauvage, mi amo, répondit l'Indien en hochant la tête, je le trouve même trop bien ordonné pour être réel; je soupçonne, au contraire, que des voyageurs sont passés par ici depuis peu.

— Oh! oh! et qui vous fait supposer cela, mon ami? J'ai beau regarder à mes pieds et tout autour de moi, je ne vois absolument rien de suspect.

— C'est que vous ne regardez pas au-dessus de vous, mi amo; au désert, et surtout dans la montagne, une piste se suit dans les arbres et non sur la terre; elle serait trop facile à découvrir.

— Mais nous, il me semble que nous suivons tout simplement le sentier.

— Et nous avons tort, mi amo, à notre entrée dans le bois nous aurions dû n'avancer que de branches en branches sur les arbres, nos chevaux nous trahiront, soyez-en sûr, si, ainsi que cela est probable, certaines gens que vous savez reviennent sur leurs pas pour nous poursuivre; malheureusement ce que vous et moi aurions pu faire avec quelques chances de succès, les dames qui nous accompagnent ne sauraient le tenter sans succomber avant une heure à la fatigue.

— Ce que tu dis est fort juste, mon ami; ainsi nos efforts n'aboutiront, d'après tes prévisions, qu'à retarder de quelques heures seulement notre capture.

— Peut-être oui, peut-être non, mi amo, si Dieu nous accorde jusqu'à midi, à notre entrée dans le bois nous aurions dû n'avancer sans que nos ennemis nous aient rejoints; nous serons probablement sauvés ou du moins nous aurons de grandes chances pour l'être.

— Comment cela, mon ami?

— Voici, mi amo : ce sentier se dirige vers le désert des *Frentones*, nation indépendante campée dans le llano de Manso, sur le territoire contesté, c'est-à-dire libre, entre les Portugais et les Espagnols. Les Frentones sont surtout ennemis des blancs, à quelque race qu'ils appartiennent; mais ils sont bons et hospitaliers pour les voyageurs. Si nous parvenons à atteindre leur territoire, nous serons relativement en sûreté; notre liberté ne sera plus qu'une question de rançon à débattre avec les chefs de la nation.

— Fort bien? et tu comptes atteindre demain ce territoire?

— Non pas; mais nous nous trouverons presque hors des montagnes, sur les bords du rio Primero, et là nous laissant aller à la dérive sur un radeau, nous échapperons à ceux qui nous poursuivent.

— Pardieu! s'écria joyeusement le jeune homme, voilà une triomphante idée; il serait désolant qu'avec tant de chances de succès nous ne réussissions pas à nous échapper.

— Ne chantons pas encore victoire, mi amo; soyons prudents, au contraire; vous connaissez les gens contre lesquels il nous faut lutter; croyez-moi, nous ne sommes pas sauvés encore.

— Bah! bah! tu vois tout en noir, toi.

— C'est vrai; mais, par contre, vous voyez tout en beau.

— Pardieu! avec cela que la vie serait amusante si on ne l'égayait pas un peu! reprit le jeune homme en haussant les épaules.

Et, laissant à ses pensées son défiant compagnon, le peintre se rapprocha des dames.

XVIII

Complications.

Le même jour et presqu'à la même heure où Emile Gagnepain quittait le Valle del Tambo, une petite troupe composée de sept ou huit cavaliers au plus, émergeait d'un bois touffu de chênes-lièges, et, après une légère hésitation, s'engageait sur un sentier peu éloigné du campement des Guaycurus.

Ces voyageurs, bien montés et bien armés, paraissaient être des Indiens, une femme, ou plutôt une jeune fille, les accompagnait, particularité singulière et complétement en dehors des habitudes des indigènes américains qui, sur le sentier de la guerre, ne conduisent jamais de femmes avec eux.

Cette jeune fille paraissait âgée de quinze ans au plus. Toute gracieuse et toute mignonne, elle laissait flotter en désordre les boucles soyeuses de sa longue chevelure d'un noir bleu sur ses blanches épaules, légèrement brunies par le soleil, qui avait donné à son teint un reflet doré. Sa peau fine, sous laquelle on distinguait le réseau de ses veines, conservait encore le duvet velouté de l'enfance; ses traits étaient beaux, ses yeux pétillants de malice, sa bouche rieuse et d'une rare perfection de dessin.

Elle portait le costume des femmes guaycurus, c'est-à-dire une longue robe en toile de coton rayée, serrée aux hanches par l'*ayulate*, cette ceinture symbolique que les femmes doivent conserver jusqu'à leur mariage, un large manteau de même étoffe que la robe, et pouvant, au besoin, envelopper tout son corps, reposait en ce moment sur la croupe de son cheval; de petits cylindres d'argent, enfilés les uns au bout des autres, formaient une espèce de chapelet qu'elle portait au cou; des plaques de métal, affectant différentes figures, tombaient sur sa poitrine, et des demi-cercles en or étaient suspendus à ses oreilles.

Ses petits pieds délicats, et aristocratiquement cambrés, étaient emprisonnés dans d'élégants brodequins fabriqués avec les fibres d'un certain palmier dont la souplesse et la solidité sont extrêmes.

Le cavalier qui cheminait côte à côte de la jeune fille, avait avec elle une ressemblance frappante. Ses traits étaient fins et intelligents, son front large, ses yeux noirs et bien ouverts. Bien qu'il portât le costume complet des guerriers guaycurus, aucun tatouage, aucune peinture ne souillaient la blancheur de sa peau; il paraissait être de huit à dix ans plus âgé que sa compagne; son visage imberbe lui donnait une apparence féminine rendue plus frappante par l'expression douce et mélancolique de sa physionomie et le timbre de sa voix; cependant lorsque sous l'impression d'un sentiment quelconque, ses sourcils se fronçaient, un éclair si fulgurant jaillissait de son regard que son visage semblait subitement transfiguré, tant il respirait l'énergie et la résolution.

Bien que sa taille fût à peine au-dessus de la moyenne, ses membres délicats et ses manières légèrement efféminées, on comprenait cependant que cette enveloppe élégante et faible en apparence renfermait une âme ardente et un cœur fort.

Les autres guerriers composant la petite troupe étaient des hommes aux traits durs, au teint bistré, à l'aspect farouche, qui formaient un contraste parfaitement tranché avec les deux personnages que nous avons essayé de décrire; ils marchaient un peu en arrière, surveillant avec soin les abords du sentier dont ils sondaient chaque buisson de la pointe de leur lance, prêts à toute éventualité, et jetant, par intervalles, des regards inquiets sur leurs deux compagnons qui marchaient en avant en causant entre eux à voix basse.

— Arriverons-nous bientôt, mon frère? demandait la jeune fille, au moment où nous la mettons en scène.

— Bientôt, je l'espère, répondit distraitement le guerrier; les indications qui nous ont été données me semblent être bonnes; rien, du moins jusqu'à présent, ne me fait supposer qu'on nous ait trompés.

— Ainsi, vous croyez, mon frère, que nous atteindrons le camp avant le coucher du soleil?

— Selon toutes probabilités, oui, ma sœur. Il y eut un silence de quelques minutes; puis la jeune fille reprit :

— Savez-vous, mon frère, pour quelle raison le Cougouar nous fait mander auprès de lui?

— Je l'ignore, ma sœur, répondit le jeune homme avec une certaine hésitation; le Cougouar est un chef prudent qui ne fait rien sans y avoir d'abord mûrement réfléchi; pour agir ainsi qu'il l'a fait, il a sans doute de sérieux motifs qu'il nous expliquera.

— Et nous reverrons Gueyma? demanda-t-elle vivement.

— N'est-ce pas lui qui, avec le Cougouar, commande les guerriers de notre tribu?

— C'est juste; je suis folle de vous adresser cette question, mon frère. Que je suis heureuse! ajouta-t-elle tout à coup en frappant ses petites mains l'une contre l'autre.

— OEil-de-Colombe, répondit le guerrier avec sévérité, que signifie cette exclamation? ne vous rappelez-vous plus mes recommandations?

— Oh! si, mon frère, fit-elle en rougissant légèrement et en baissant les yeux; mais quel mal y a-t-il à dire cela, puisque seul vous m'entendez et qu'il ne le saura pas?

— Ma sœur, une jeune fille doit savoir renfermer ses sentiments dans son cœur et ne pas se laisser aller à les exprimer ainsi tout haut.

— Mais, vous savez, mon frère, combien j'ai me Gueyma; vous-même avez semblé encourager notre inclination mutuelle; d'où provient donc ce changement que vous affectez depuis quelques jours?

— Vous vous trompez, ma sœur, je suis toujours le même à votre égard, c'est vous au contraire qui...

— Oh! ne me grondez pas, mon frère, interrompit vivement OEil-de-Colombe, ne gâtez pas par vos remontrances la joie que j'éprouve; je vous promets, lorsque le moment sera venu, de me contraindre, de ne laisser à personne deviner mes sentiments.

Le jeune homme hocha la tête d'un air de doute.

— Vous ne me croyez pas, reprit-elle, vous avez tort, Arual, je tiendrai ma promesse. Depuis douze jours que nous avons quitté le E-Canan pour entreprendre ce voyage à travers les pays inconnus, vous ai-je donné un seul motif de mécontentement?

— Je ne dis pas cela, chère enfant; je n'ai eu jusqu'à présent, au contraire, qu'à me louer de votre conduite sage et modeste; seulement je redoute pour vous le moment où nous reverrons nos amis.

— Ne vous inquiétez pas de cela, mon frère; je serai, si vous l'exigez, aussi froide et aussi impénétrable qu'un bloc de rocher.

— Il ne faut pas tomber d'un excès dans l'autre, ma sœur; sans témoigner une joie trop vive, vous devez cependant laisser voir sur votre physionomie et l'expression d'une satisfaction franche et cordiale, en retrouvant des amis et des frères de notre nation dont depuis longtemps nous sommes séparés.

— Bien! je vous entends, mon frère; vous serez content de moi.

En ce moment, un guerrier s'approcha, et, après s'être respectueusement incliné devant le jeune homme :

— Arual a-t-il remarqué que la piste devient plus ferme? demanda-t-il.

— Je l'ai remarqué depuis quelques instants. Que suppose mon frère l'Agouti?

— Je suppose que nous sommes sur la tracé d'une nombreuse troupe de cavaliers.

— L'Agouti a-t-il reconnu ces cavaliers? reprit Arual.

— Je crois les avoir reconnus; je n'oserais cependant l'affirmer.

— Mon frère est prudent. Je serais heureux qu'il me communiquât le résultat de ses observations?

— Je le ferai, si le chef le désire, répondit respectueusement l'Agouti.

— J'écoute mon frère.

L'Agouti se rapprocha et, levant le bras droit jusqu'à la hauteur des premières branches des arbres dont le sentier était bordé :

— Qu'Arual regarde, dit-il laconiquement, ces branches placées juste à la hauteur des épaules d'un cavalier sont toutes froissées; quelques-unes même sont froissées et tordues.

— C'est vrai, observa le guerrier.

— Voyez le sol maintenant, l'herbe est couchée sur un espace assez large. Voici dans cette flaque d'eau la trace parfaitement dessinée du pied d'un cheval.

— En effet, murmura Arual d'un ton rêveur; vous concluez de ceci?

— Je conclus que vingt cavaliers au moins ont passé ici il y a une heure à peine.

— Sont-ce des blancs ou des guerriers indigènes?

— Ce sont des blancs, de ceux qu'ils nomment des soldats; voyez, les fourreaux de fer des sabres ont, en plusieurs endroits, déchiré l'écorce des arbres.

— Oui, cette piste est bien distincte; ces hommes, quels qu'ils soient, marchent franchement devant eux, ils se sentent assez forts sans doute pour ne pas avoir besoin de se cacher; mais, heureusement pour nous, ces voyageurs vont dans une direction contraire à celle que nous suivons nous-mêmes; nous n'avons donc rien à redouter d'eux.

— En effet, de plus, voici ici le sentier par lequel ils ont débouché sur cette route.

— Nous pouvons donc continuer à pousser en avant; cependant l'Agouti, dont la prudence est extrême, redoublera de précaution, et, à la moindre trace suspecte, nous avertira. Nous sommes ici sur un territoire ennemi, nous ne saurions trop nous tenir sur nos gardes.

— Mon frère Arual peut être tranquille, je veillerai.

— Bon. Mon frère est un guerrier sage, j'ai confiance en lui, répondit Arual en le congédiant d'un geste.

L'Agouti s'inclina et reprit sa place à l'avant-garde de la petite troupe, qui se remit en marche, car pendant cette courte conversation les guerriers s'étaient arrêtés.

OEil-de-Colombe allait toute pensive auprès de son compagnon. La jeune fille paraissait avoir perdu toute sa gaieté et sa charmante étourderie. La tête baissée sur la poitrine, sans rien regarder et sans rien voir, de sa main mignonne elle frappait à petits coups son cheval, sans avoir conscience de ce qu'elle faisait, tant elle était absorbée par ses pensées. Arual lui lançait parfois un regard oblique, et un sourire d'une expression singulière se dessinait sur ses lèvres; mais, pour une raison ou pour une autre, le jeune guerrier ne témoignait aucun désir de renouer l'entretien et semblait, au contraire, satisfait du mutisme obstiné de sa compagne.

Cependant le soleil commençait à baisser à l'horizon, les silhouettes noires des arbres s'allongeaient de plus en plus sur la terre, une brise fraîche faisait frissonner les feuilles, les oiseaux regagnaient les taillis à tire-d'ailes, la nuit s'approchait.

L'Agouti semblait, depuis quelques instants, en proie à une vive inquiétude, ses regards erraient à droite et à gauche comme s'ils eussent voulu sonder les profondeurs du désert; tout à coup il s'arrêta, mit pied à terre, s'étendit à plat ventre sur le sol et parut, pendant deux ou trois minutes, écouter avec la plus sérieuse attention.

Les voyageurs avaient retenu la bride de leurs chevaux, ils l'attendaient.

L'Indien se releva, sauta en selle d'un bond et, lançant signe à ses compagnons de le suivre, il s'élança au galop dans le bois qui bordait la route.

Les Guaycurus avaient obéi, pour ainsi dire, instinctivement à l'ordre péremptoire du guerrier; ils comprenaient qu'un danger les menaçait, mais quel était ce danger?

Après une course de quelques minutes les Indiens s'arrêtèrent.

Un rideau de feuillage les enveloppait aussi complètement que l'eût pu faire une épaisse muraille, rideau transparent cependant et à travers lequel il leur était possible de voir, sans risquer d'être aperçus, le sentier qu'ils avaient si brusquement quitté et dont un espace d'une dizaine de mètres à peine les séparait.

Arual se pencha alors vers l'Agouti, qui était, avec intention peut-être, venu se placer près de lui.

— Que se passe-t-il donc, lui demanda-t-il.

— Une nombreuse troupe de cavaliers s'avance, répondit celui-ci; je ne sais encore

qui ils sont, mais amis ou ennemis, j'ai pensé que le plus prudent pour nous était de ne pas nous laisser surprendre à l'improviste.

— Et tu as bien fait; écoute, ils s'approchent.

— Oui, dans un instant ils passeront devant nous.

— Nous les reconnaîtrons à notre aise sans craindre d'être découverts par eux.

— Vous croyez? s'écria du milieu du feuillage une voix rauque et gutturale avec un accent d'ironie indicible.

Les Indiens tressaillirent; bien que fort braves ils firent un geste d'effroi, un frisson de terreur passa au milieu d'eux, glacé comme un souffle de mort. Arual et l'Agouti avaient parlé en langage guaycuru, et c'était dans la même langue que ces deux mots leur avaient été adressés si à l'improviste.

Mais avant qu'ils eussent eu le temps de se reconnaître et de reprendre leur présence d'esprit, les buissons s'écartèrent brusquement, refoulés à droite et à gauche par un effort puissant, et un cavalier surgit devant eux comme s'il se fut élevé du sol.

— Ah! s'écria Arual avec un geste de joie, le Cougouar.

— Le Cougouar! répéta l'Agouti avec stupeur.

— C'est moi, répondit le chef, vous ne vous attendiez pas sans doute à me rencontrer aussitôt.

— En effet, reprit Arual, mais je remercie ce hasard qui vous a amené près de nous; avez-vous donc abandonné votre campement?

— Depuis le lever du soleil, mes guerriers ont repris leur marche, ils viennent derrière moi.

— Gueyma est avec eux, mon frère? demanda timidement la jeune fille d'une voix anxieuse.

— OEil-de-Colombe oublie, répondit sévèrement le vieux chef, qu'une femme n'a pas le droit d'interroger un guerrier.

— J'ai tort, je le reconnais, fit-elle en baissant humblement la tête; mais, mon père est bon, il aime OEil-de-Colombe, il me pardonnera!

— Je te pardonne, mon enfant, parce que ton inquiétude est naturelle, et que depuis longtemps tu es séparée de nos guerriers; mais à l'avenir ne m'adresse plus de questions indiscrètes, une jeune fille ne doit parler que lorsqu'on l'interroge.

Cette verte réprimande était tempérée par un regard si doux et un sourire si bon, que la jeune fille, toute rougissante cependant, ne se sentit pas la force de garder rancune au vieux chef et se dissimula toute joyeuse derrière ses compagnons.

— Tu avais donc deviné que nous étions ici? demanda Arual.

— Ne l'attendais-je pas? répondit laconiquement le Cougouar.

— C'est vrai; nos frères sont-ils loin encore?

— A quelques pas à peine; avant dix minutes, tu les verras, c'est en cet endroit même qu'ils doivent camper pour la nuit.

— Avons-nous à redouter des ennemis?

— Aucuns, quant à présent. Donne l'ordre à tes guerriers de s'installer pour la nuit.

Arual fit un geste.

Les Guaycurus mirent pied à terre.

Le Cougouar entraîna alors le jeune guerrier à sa suite, et tous deux regagnèrent le sentier, tandis que l'Agouti faisait disposer le camp, couper le bois et allumer les feux.

Le Cougouar, dès qu'il fut sur le sentier, jeta un regard investigateur autour de lui, afin de s'assurer qu'il était bien seul avec son compagnon; puis il se tourna vers lui et sembla attendre qu'il lui adressât la parole.

Arual hésita un instant; ses sourcils se froncèrent comme sous l'effort d'une pensée intérieure; le vieux chef sourit doucement, comme pour l'encourager.

Enfin, le guerrier se décida à prendre la parole; mais, au lieu de la langue des Guay-

curus, ce fut en espagnol qu'il s'exprima :

— Comment est-il, depuis que je l'ai vu? demanda-t-il.

Les manières du vieux chef changèrent aussssitôt, et il prit toutes les façons d'un homme civilisé.

— Bien, quant au physique; sa santé est excellente.

— Se doute-t-il de quelque chose?

— De rien encore.

— A-t-il vu celui que vous savez?

— Il l'a vu.

— Quand?

— Il y a quelques jours à peine.

Les traits d'Arual exprimaient la plus vive anxiété.

— Rassurez-vous; tout s'est passé dans cette entrevue mieux que vous et moi nous n'aurions osé l'espérer, reprit vivement le chef.

— Vous me le jurez, Diogo.

— Par mon honneur, señor... Maisse reprenant aussitôt : Caballero, dit-il, ils se sont juré amitié; ils ont échangé leurs armes.

— Oh! j'en remercie le ciel, s'écria avec éclan Arual, en joignant les mains avec ferveur, Mais lui?

— Lui, est toujours le même.

— Se doute-t-il de quelque chose?

— Je le crois, bien que cependant je n'ose l'affirmer.

— Ainsi le moment approche.

— Oui, si nous ne commettons pas d'imprudence.

— Que lui avez-vous dit?

— Strictement ce qu'il était nécessaire qu'il apprît, rien de plus; j'ai voulu vous laisser, à vous, le soin de tout lui révéler.

— Oh! je tremble, Diogo; je tremble qu'il ne me pardonne pas.

Le vieux chef fronça les sourcils.

— Ne pas vous pardonner! Et de quoi donc êtes-vous coupable d'avoir été victime de la plus odieuse trahison, d'avoir souffert une horrible torture pendant de longues années, sans avoir rien fait pour mériter un sort aussi affreux?... Oh! s'il en était ainsi, ce serait à douter de la justice divine! Non, non, rien n'est à redouter.

— Je n'ose espérer, murmura Arual avec un douloureux soupir.

— Silence, répondit le Cougouar, composez votre visage, reprenez votre impassibilité de commande; rentrons pour quelques jours encore dans nos rôles, et surtout conservons bien notre secret si nous voulons réussir. Voilà, nos amis.

— Oh! vous êtes fort, vous, Diogo, dit faiblement le jeune guerrier; mais moi, hélas!

— Vous, vous êtes Arual, un des guerriers les plus braves et, malgré leur jeunesse, les plus renommés des Guaycurus, ne l'oubliez pas.

Le jeune homme sourit à travers ses larmes.

— Oh! vous êtes bon et dévoué, mon ami! répondit-il; je tâcherai de me souvenir de votre recommandation.

Le bruit du galop précipité d'une nombreuse troupe de cavaliers se rapprochait rapidement, bien que, à cause des courbes nombreuses du sentier, il fût encore impossible de les apercevoir.

— OEil-de-Colombe? demanda le Cougouar.

— Toujours bonne, naïve et aimante, répondit Arual; mais Gueyma?...

— Ne craignez rien de ce côté; sa leçon est faite.

— D'ailleurs, je veillerai, reprit le guerrier.

En ce moment les premiers cavaliers guaycurus apparurent dans un nuage de poussière au tournant du sentier.

— Rejoignez vos compagnons, dit rapidement le vieux chef, laissez-moi le soin de préparer votre réunion.

— Cela vaut mieux, en effet, répondit le jeune homme.

Et, après avoir fait un dernier geste de la

main au Cougouar, il rentra dans le bois.

Le vieux chef demeura seul; sa tête se pencha sur sa poitrine, et, pendant deux ou trois minutes, il parut en proie à une grave préoccupation; mais bientôt il se redressa en jetant autour de lui un regard empreint d'une fierté et d'une énergie singulières.

— Ce n'est pas maintenant qu'il me faut faiblir, murmura-t-il d'une voix basse et presque inarticulée; plus je sens le moment approche, plus je dois sentir ma volonté devenir ferme et immuable. Quoi qu'il arrive, je tiendrai mon serment!

Bientôt il se trouva entouré par les guerriers guaycurus.

— Eh bien! lui demanda Gueyma, quoi de nouveau? pourquoi avoir fait halte?

— Parce que c'est en ce lieu même que nous nous arrêtons pour la nuit.

— Déjà camper! lorsqu'il reste encore près de deux heures de jour, fit le jeune chef d'un ton de mauvaise humeur.

— C'est vrai, reprit le chef; votre observation est très juste, mais cela ne dépend pas de moi.

— Comment cela?

— Parce que les feux sont allumés dans ce bois et les campements préparés.

— Le campement préparé! fit Gueyma avec étonnement. Et par qui donc?

— Par des amis, probablement, répondit le Cougouar avec un sourire énigmatique.

— Ah! fit Gueyma en l'interrogeant du regard, parce qu'il n'osait formuler sa pensée d'une façon plus explicite.

— Oui, des amis, reprit le vieux chef en appuyant avec intention sur les mots, et en attendions-nous donc pas quelques-uns.

— Si, en effet, Arual peut-être et...

Il s'interrompit avec une hésitation visible.

— Œil-de-Colombe, n'est-ce pas? fit le Cougouar en souriant.

— Eh bien? demanda le jeune homme avec anxiété.

— Eh bien! ils sont là-bas où ils nous attendent.

— Oh! alors, s'écria l'impétueux jeune homme en faisant cabrer son cheval pour s'élancer en avant.

Mais le Cougouar l'interrompit brusquement, et appuyant froidement la main sur la bride que le jeune chef tourmentait vainement.

— Souvenez-vous de la parole que vous m'avez donnée, Gueyma, lui dit-il.

— Mais elle est là.

— Oui, elle y est, puisque je vous l'ai dit, mais qu'importe un retard de quelques minutes pour la voir.

— Une minute est un siècle pour moi.

— Est-ce donc ainsi que vous me répondez, Gueyma? Est-ce donc de cette façon que vous comptez tenir votre serment? L'amour d'une femme suffira-t-il donc pour vous faire oublier tous vos engagements d'honneur. Vous qui prétendez commander aux autres, êtes-vous donc incapable de vous dompter vous-même? Oh! je regrette de m'être ainsi fié à vous; allez, Gueyma, ajouta-t-il en lâchant la bride que jusqu'à ce moment il avait tenue dans sa main; allez, laissez-vous dominer par une passion insensée, mettez tout en oubli pour satisfaire un honteux mouvement d'impatience; je ne vous retiens plus.

Le jeune homme pâlit affreusement à ces sévères paroles. Un instant il fixa un regard courroucé sur l'intrépide vieillard qui avait sur lui ses yeux avec une expression de douloureux dédain, mais, rentrant par un effort immense de volonté presque aussitôt en lui-même et tendant, par un mouvement de cordial repentir, la main à son vieil ami :

— Pardonnez-moi, lui dit-il, j'étais fou. Je vous remercie de m'avoir rappelé à moi-même; vous serez content de moi, Cougouar, je saurai tenir mon serment.

— Venez donc alors, répondit le chef en pressant la main qui lui était tendue avec un vif sentiment de joie; maintenant je suis cer-

tain que vous ne sortiez pas des bornes que vous vous êtes vous-même posées.

Les deux chefs entrèrent dans le bois suivis par leurs guerriers, et bientôt ils atteignirent le campement où les attendait Arual.

XIX

L'Hospitalité.

L'entrée des guerriers guaycurus dans le campement fut caractéristique.

Gueyma et le Cougouar marchaient côte à côte, modérant le pas de leurs chevaux et se jetant à la dérobée des regards investigateurs.

Derrière eux se pressait la foule des Indiens. Arual et Œil-de-Colombe, debout auprès du principal feu de veille, immobiles et la main dans la main, avaient les yeux dirigés vers les arrivants avec une fixité étrange.

Que se passait-il dans ces quatre cœurs? Quel sentiment les faisait frissonner, mais cependant arrêtait sur leurs lèvres les paroles de joie ou de douleur prête à s'échapper?

Œil-de-Colombe était pâle et frémissante, mais en apparence froide et calme.

Arual souriait doucement à Gueyma, dont le regard se fixait parfois sur lui avec une tendresse indicible.

Le Cougouar, seul, paraissait inquiet, non du présent, peut-être, mais de l'avenir.

Lorsque les deux chefs ne se trouvèrent plus qu'à trois ou quatre pas du brasier, ils mirent pied à terre, et, rejetant la bride sur le cou de leurs chevaux, ils s'inclinèrent courtoisement devant le jeune guerrier; celui-ci leur rendit immédiatement leur salut.

— Je suis heureux de vous voir, chef, dit-il d'une voix suave, dont les mélodieuses modulations avait quelque chose de doux et de mélancolique qui arrivait au cœur; parti depuis plusieurs soleils déjà pour me rendre auprès de vous, je remercie le Grand Esprit qui me fait ainsi vous rencontrer à l'improviste; soyez donc doublement les bienvenus à notre campement.

Gueyma s'inclina de nouveau et, affectant de ne pas se préoccuper de la présence d'Œil-de-Colombe, qu'il feignait de ne pas avoir aperçue :

— Je vous remercie, mon frère, répondit-il en s'adressant à Arual; mon campement ne saurait mieux me convenir que le vôtre; bien que je m'attendisse à vous revoir bientôt, je n'osais espérer que notre réunion serait si prompte.

— Veuillez donc prendre place devant ce foyer, mon frère, reprit Arual; l'air est froid dans ces montagnes, réchauffez-vous pendant qu'Œil-de-Colombe préparera le repas dont sans doute, après une longue route, vous devez éprouver le besoin.

Gueyma s'assit silencieusement devant le feu sans paraître remarquer que le nom d'Œil-de-Colombe avait été prononcé devant lui et que, à l'ordre d'Arual, la jeune fille s'était éloignée, vive comme une abeille, pour hâter les apprêts du repas du soir.

Ces formules de politesse strictement exigées par les règles sévères de l'étiquette indienne épuisées, la glace se trouva rompue entre les chefs, et la conversation en cessant d'être aussi cérémonieuse, devint plus amicale et surtout plus intime.

Séparés depuis longtemps, ils avaient bien des choses à se dire, bien des renseignements à se donner, bien des nouvelles à s'apprendre.

Cependant, Œil-de-Colombe n'avait pas perdu de temps; elle s'était si intelligemment occupée des apprêts du repas, que bientôt il se trouva en état d'être servi.

Parmi les Indiens, les femmes sont exclusi-

vement chargées de tous les soins du ménage et de tous ces travaux durs et souvent répugnants qui, en d'autres pays, sont le lot des hommes; les guerriers les considèrent plutôt comme des esclaves faites pour obéir à leurs moindres caprices, que comme des compagnes destinées à supporter en commun avec eux la bonne et la mauvaise fortune. Les femmes élevées dans ces sentiments ne supposent pas qu'il puisse en être autrement; elles acceptent sans murmurer la position abjecte qui leur est faite et s'acquittent, avec un dévouement à toute épreuve, sans se plaindre ou protester, des devoirs qui leur sont si durement imposés; en un mot, pour l'Indien, la femme est un être d'une qualité inférieure, faite pour servir aux plaisirs de l'homme dans ses joies matérielles, et pour prendre la part la plus rude de sa vie de privation et de lutte.

Œil-de-Colombe, après avoir servi avec empressement aux guerriers les mets préparés par elle et leur avoir offert un maté cimarron, c'est-à-dire fait sans sucre, s'était discrètement assise, un peu en arrière du groupe, auprès d'Arual.

Ce fut alors seulement que Gueyma sembla s'apercevoir de sa présence. Il fixa son regard d'aigle sur la jeune fille, et, lui tendant amicalement la main :

— Euah! fit-il avec un doux sourire, Œil-de-Colombe a donc consenti à quitter les vallées de sa nation pour suivre Arual? Je suis heureux de la voir ici.

A ces paroles bienveillantes, la jeune fille devint rouge comme une cerise, et baissant modestement les yeux, répondit d'une voix légèrement tremblante.

— Arual est le frère d'Œil-de-Colombe; il lui a servi de père; partout où va Arual, Œil-de-Colombe doit le suivre, c'est son devoir.

— Bon! je remercie Œil-de-Colombe, dit le chef; car, si Arual est le frère adoptif de la jeune fille, il est aussi le frère de Gueyma; mais la place d'une femme est-elle bien parmi des guerriers qui suivent le sentier de la guerre?

— La place d'une femme est partout où il y a des amis à aimer et à servir.

— Œil-de-Colombe se souvient que, mourante et délaissée, elle a, toute enfant, été recueillie par les Guaycurus, dit alors le Cougouar, et elle leur a donné son cœur.

— Elle se souvient aussi, répondit la jeune fille avec une certaine animation dans la voix, qu'elle a été élevée par Arual, le frère de Gueyma; n'est-elle pas sa sœur?

Il nous faut ici ouvrir une parenthèse de quelques lignes.

Tarou-Niom, le principal capitan des Guaycurus, après une absence assez longue, était un jour arrivé au village des guerriers de sa nation, accompagné d'Arual et du Cougouar. Arual, bien qu'il fût un homme, et qu'il en portât le costume et les armes, tenait, chose étrange, un enfant dans ses bras; cet enfant était son frère Gueyma, ou du moins ce fut ce que dit Tarou-Niom à ceux qui lui demandèrent des explications.

Présentés par Tarou-Niom, le Cougouar et Arual devaient être bien reçus par les membres de la nation. Ce fut en effet ce qui arriva. Jamais personne ne songea à demander aux deux amis du grand chef qui ils étaient ni d'où ils venaient; d'ailleurs, les deux étrangers surent si bien conquérir en peu de temps, par leur sagesse et leur bonté, l'estime générale, que tous les guerriers les considérèrent bientôt comme des compatriotes et des membres de la nation.

Quelques années s'écoulèrent, divers événements importants survinrent, et on oublia complètement, devant les services rendus par les deux étrangers, la façon dont ils avaient été amenés; de sorte qu'ils se trouvèrent de fait être des Guaycurus.

Arual et le Cougouar habitaient ensemble une charmante petite case ou jen bâtie par eux-mêmes, où tous deux s'occupaient avec un égal dévouement de l'éducation de Gueyma, qui, déjà grand, commençait à prendre part aux exercices guerriers des jeunes gens de la tribu, et se faisait remarquer parmi eux par son adresse, sa force et son courage.

Une seule particularité de la vie des deux guerriers aurait pu à bon droit sembler étrange et éveiller l'attention d'hommes moins insouciants que les Guaycurus, qui eux ne la remarquèrent jamais. Deux ou trois fois chaque année, le Cougouar quittait le village et demeurait absent pendant un laps de temps qui variait entre sept et huit semaines, puis il reparaissait de nouveau, sans avoir plus annoncé son arrivée qu'il n'avait annoncé son départ. Si, par un hasard extraordinaire, quelqu'un lui demandait d'où il venait et ce qu'il avait fait pendant cette longue absence, il se contentait de répondre qu'il avait chassé, réponse qui, naturellement, satisfaisait la curiosité de l'interrogateur qui n'avait aucun motif d'en suspecter la véracité; car, à chacune de ces mystérieuses excursions au dehors, le Cougouar revenait toujours littéralement chargé de gibier de toute sorte; gibier, hâtons-nous de le dire, qu'il partageait généreusement avec tous ses amis, ce qui faisait que ceux-ci étaient, au résumé, fort satisfait de ces absences qui, selon eux, ne se renouvelaient pas aussi souvent qu'ils l'auraient désiré.

Les choses allaient ainsi, depuis plusieurs années, lorsqu'un jour, de retour d'une excursion qui s'était prolongée beaucoup plus longtemps que de coutume, le Cougouar reparut au village, amenant avec lui, ou plutôt portant dans ses bras une charmante petite fille de deux ou trois ans au plus, qu'il prétendit avoir trouvée abandonnée et mourante de faim dans un village incendié.

Cette fois le Cougouar était peu chargé de gibier, mais il paraît que celui qu'il avait tué lui avait causé de grandes difficultés à abattre, car il avait sur la poitrine les traces de deux blessures graves à peine cicatrisées encore, malgré la connaissance que les Indiens possèdent des simples et la facilité avec laquelle ils se guérissent.

La petite fille, si miraculeusement sauvée par le Cougouar, avait été adoptée par Arual, qui lui avait donné, à cause de la douceur de son regard, le nom caractéristique d'Œil-de-Colombe, et avait été élevée auprès de Gueyma, dont bientôt elle s'était considérée comme étant la sœur, et auquel elle avait voué une profonde amitié.

Les deux enfants avaient donc ainsi vécu côte à côte, grandissant de compagnie, si bien que peu à peu, insensiblement, sans même qu'ils s'en doutassent ou cherchassent à s'en défendre, leur amitié s'était changée en amour.

Arual et le Cougouar partageaient également leur tendresse entre les deux enfants, et semblaient heureux de les voir si intimement liés l'un à l'autre.

Cependant, par une contradiction singulière et impossible à expliquer, cette amitié des deux enfants qui, dans d'autres circonstances, il encourageait de tout son pouvoir, semblait irriter Arual; sous les sourcils se fronçaient, il rudoyait Œil-de-Colombe et réprimandait son frère, sous les plus frivoles prétextes, mais presque aussitôt, faisant un effort sur lui-même, son visage se rasérénait, le sourire revenait sur ses lèvres, et il pressait les deux enfants, les pressait dans ses bras avec une fiévreuse énergie et les engageait à s'aimer toujours. Gueyma était devenu, grâce à son courage, un des guerriers les plus renommés de la nation, et, malgré sa jeunesse, Tarou-Niom, qui l'aimait beaucoup, l'avait fait élire chef, et, lorsque le traité dont il a plus haut nous avons parlé, avait été conclu avec les Portugais, par l'influence toute puissante de son protecteur Tarou-Niom, Gueyma avait été nommé, en compagnie du Cougouar, chef de l'expédition chargée d'opérer dans la bande orientale, sous les ordres des Portugais.

La séparation avait été douloureuse entre Gueyma et Œil-de-Colombe; ce fut alors que les deux jeunes gens comprirent, pour la première fois, la force des liens qui les attachaient l'un à l'autre; mais il fallait partir. Le Cougouar, qui, calme et impassible comme toujours, assistait aux adieux, entraîna Gueyma en lui promettant que la séparation ne serait pas aussi longue qu'il le redoutait, et que bientôt il reverrait Œil-de-Colombe.

Le Cougouar avait une grande autorité sur l'esprit du jeune chef, qui professait pour lui une profonde amitié jointe à un respect et à une déférence sans bornes. Il obéit bien qu'à contre-cœur et laissa derrière lui son premier amour.

Nous avons vu comment le Cougouar avait tenu, à Gueyma, la parole qu'il lui avait donnée en appelant auprès de lui, non-seulement Œil-de-Colombe, mais encore Arual.

Nous fermerons ici cette parenthèse, un peu longue peut-être, et nous reprendrons notre récit au point où nous l'avons interrompu pour donner aux lecteurs ces renseignements indispensables pour l'intelligence des faits qui suivent.

La joie de Gueyma avait été grande en retrouvant enfin Œil-de-Colombe, qu'il n'espérait pas revoir aussi tôt, car, malgré sa confiance en la parole du Cougouar, il n'osait croire qu'il l'accomplît d'une façon aussi péremptoire; aussi, le premier moment d'ivresse passé, se souvenant des recommandations du vieux chef, il refoula, bien qu'à grand'peine, sa joie au fond de son cœur, et réussit à étendre un masque si complet d'indifférence sur son noble et beau visage, que Arual et Œil-de-Colombe elle-même s'y trompèrent.

La jeune fille, blessée dans sa tendresse par cette froideur qu'elle ne savait à quoi attribuer après une aussi longue absence, sentit bientôt se révolter en elle sa fierté. Comme lui elle refoula les divers sentiments qui l'agitaient, et, se conformant aux conseils d'Arual plus peut-être que celui-ci ne s'y attendait, elle soutint la conversation entamée entre elle et Gueyma, avec cette puissance de coquetterie ironie qui, en faisant le désespoir des hommes, rend les femmes si fortes, sentiment elle eut si bien aiguillonné le jeune homme sous ses incessantes piqûres, que celui-ci fut contraint de s'avouer vaincu; il rompit brusquement l'entretien, se leva d'un air maussade et, sous prétexte de fatigue, il alla à une assez grande distance du brasier s'étendre sur le sol; il s'enveloppa dans ses couvertures, et bientôt il s'endormit ou plutôt feignit de s'endormir.

Sur un signe d'Arual, Œil-de-Colombe alla se renfermer dans une enramada ou cabane de feuillage construite pour elle, où elle demeura libre de se livrer à ses pensées. Les deux guerriers restèrent seuls auprès du feu.

Après s'être assurés d'un regard que nul ne les surveillait, et que tous les Indiens, enveloppés dans leurs couvertures, dormaient étendus autour des feux, le Cougouar et Arual commencèrent à converser à voix basse en langue espagnole, de crainte sans doute que leurs paroles fussent comprises par quelque guerrier mal endormi.

Leur entretien fut long; les étoiles commençaient à pâlir au ciel, lorsqu'ils songèrent enfin à prendre du repos, ce qu'ils ne firent toutefois qu'après avoir visité les sentinelles, afin de s'assurer qu'elles veillaient bien véritablement sur la sûreté commune.

Au lever du soleil, le camp fut levé et les Guaycurus reprirent leur marche.

Arual, avec cette réserve qui distingue les Indiens, n'avait adressé aucune question à Gueyma sur la route qu'il faisait suivre à sa troupe; ce fut avec un vif sentiment de joie qu'il reconnut que la direction suivie par le jeune chef, était celle des plaines du Tucuman; chaque pas rapprochait ainsi les Guaycurus de leurs territoires de chasse, et ils pouvaient espérer de revoir bientôt le pays qu'ils regrettaient tant depuis qu'ils en étaient éloignés.

Les guerriers semblaient aussi savoir qu'ils retournaient sur leurs pas, et qu'ils quittaient enfin cette terre espagnole où, depuis qu'ils combattaient, ils avaient tant souffert; malgré l'impassibilité dont les Indiens croient ne devoir jamais se départir, leurs traits, à leur insu, avaient une expression de joie mal contenue; leur allure était plus libre, et c'était avec une gaieté depuis longtemps négligée et oubliée par eux qu'ils supportaient les obstacles qu'ils rencontraient à chaque pas devant eux, dans les sentiers affreux et presque impraticables qu'ils étaient contraints de suivre pour descendre des montagnes dans les plaines fertiles du Tucuman.

Cependant les Indiens étaient trop prudents et trop circonspects pour oublier qu'ils se trouvaient en pays ennemi et pour négliger de prendre les précautions nécessaires pour éviter une surprise. Lorsque la largeur du sentier le permettait, des batteurs d'estrade, dispersés sur les flancs de la troupe, éclairaient sa marche, tandis que d'autres, placés en avant et en arrière, interrogeaient chaque buisson et chaque fourré.

Gueyma affectait de marcher en tête de ses guerriers en compagnie du Cougouar avec lequel il s'entretenait, tandis que Arual et Œil-de-Colombe étaient, avec intention sans doute, demeurés à l'arrière-garde, au milieu des guerriers qui composaient leur troupe particulière.

Les Guaycurus descendaient ainsi depuis deux jours les pentes des Cordillères qu'ils coupaient par une ligne oblique, à travers des chemins perdus et ignorés, afin de dérober leur marche aux ennemis qui seraient tentés de les poursuivre et qui raccourcissaient presque des deux tiers le chemin qu'il leur fallait faire pour regagner leur pays. Le soir du second jour, au moment où Gueyma et le Cougouar se préparaient à donner l'ordre de camper pour la nuit, un cavalier, lancé à toute bride tourna un angle du sentier suivi par les Indiens, et se dirigea vers eux en agitant, en signe de paix, un poncho qu'il tenait de la main droite et faisait flotter audessus de la selle.

Bientôt, en arrière de ce cavalier, un autre apparut, puis un autre, un autre encore; en tout six, lui compris.

Du reste, ces inconnus paraissaient être dans des dispositions pacifiques, leurs carabines démontées rejetées en bandoulière sur leur épaule, leurs lassos attachés à l'arceau de la selle.

D'un geste, Gueyma ordonna aux siens de s'arrêter; puis, après avoir échangé quelques mots à voix basse avec le Cougouar, il remit ses armes à l'Agouti, qui se tenait à ses côtés, et s'avança au petit galop au-devant du cavalier qui n'avait pas ralenti sa course, mais dont les compagnons avaient imité les Indiens et comme eux avaient fait halte un peu en arrière.

Lorsque les deux hommes arrivèrent à portée l'un de l'autre, d'un regard rapide, ils s'examinèrent, et reconnurent au premier coup d'œil que bien qu'appartenant à des nations différentes, tous deux étaient de la même race, c'est-à-dire Indiens.

Les deux guerriers se saluèrent; chacun courbant la tête jusque sur le cou de son cheval, puis après un instant d'attente, Gueyma voyant que l'étranger persistait, par courtoisie, lui laisser entamer l'entretien, il se décida à prendre la parole.

— Mon frère voyage au milieu de ces montagnes dans une mauvaise saison, lui dit-il; plus il ira en avant, plus les chemins seront mauvais.

— Je ne veux pas aller plus avant dans les montagnes, répondit l'étranger; je désire, au contraire, en sortir au plus vite.

— Alors, fit Gueyma, mon frère a perdu sa route, il s'est égaré, car il tourne le dos à la direction qu'il doit suivre.

Paris.— Imp. SCHILLER, 10, Faub.-Montmartre.

— Je le sais, dit laconiquement l'étranger. Gueyma le considéra un instant avec surprise.

— Je ne comprends pas mon frère, dit-il enfin.

— Mes compagnons et moi, nous avons, depuis ce matin, eu connaissance de la troupe de mon frère, que nous précédons sur le même sentier; en nous apercevant que mes frères faisaient des préparatifs de campement, nous avons tenu conseil, et j'ai été chargé de revenir sur mes pas, afin de m'entretenir avec le chef principal des cavaliers dont nous étions suivis.

— Epoï (c'est bon), reprit Gueyma en souriant, l'œil de mon frère est droit, sa langue n'est pas double; son cœur doit être loyal; je suis le principal chef des guerriers guaycurus qui sont derrière moi; que mon frère s'explique, les oreilles de Gueyma sont ouvertes.

Comme les deux Indiens s'étaient reconnus de nations différentes, ils avaient commencé l'entretien en castillan, langue mixte, que tous deux devaient comprendre, sinon parler couramment; ils continuèrent à s'entretenir dans le même idiome.

A la réponse du chef, l'étranger s'était respectueusement incliné, puis il avait repris la parole.

— Ceux qui me suivent, dit-il, ne sont pas des enfants de notre terre, ce sont des visages pâles, dont les territoires de chasse sont bien loin d'ici, dans la contrée où se cache le soleil, là-bas, derrière le grand lac Salé; je leur sers de guide, dans ces régions qu'ils explorent et qu'ils ne connaissent pas, redoutant d'être attaqués par les ennemis embusqués dans ces montagnes et qui pillent et assassinent cruellement les voyageurs, trop peu nombreux pour espérer de se défendre avec succès au cas où ils seraient surpris à l'improviste; ils viennent franchement demander aide et protection à mon frère et se placer sous sa sauvegarde en réclamant les droits de l'hospitalité indienne, jusqu'à ce qu'ils jugent que tout péril est passé pour eux; j'ai dit, j'attends la réponse que mon frère daignera me faire.

— Quels que soient les hommes qui accompagnent mon frère, à quelque nation qu'ils appartiennent, quand même ils seraient les ennemis les plus implacables de ma tribu, ils ont droit à ma protection et à ma bienveillance; du moment qu'ils réclament les droits de l'hospitalité indienne, ces droits sont sacrés, nul n'oserait les méconnaître. Que mon frère dise à ses compagnons que je ne veux rien savoir sur eux, ils sont voyageurs, voilà tout, des hôtes envoyés au Guaycurus par le grand Amieto (Dieu). Ils vivront avec nous aussi longtemps que cela leur sera nécessaire; lorsqu'il leur plaira de nous quitter, nul ne s'opposera à leur départ. Voici mon haak, ajouta-t-il en retirant un couteau de sa ceinture et le remettant entre les mains de l'étranger; si je trahis ma promesse, mon frère me l'enfoncera dans le cœur devant tous les chefs de ma nation réunis. Mon frère et ses compagnons dormiront ce soir auprès des guerriers Guaycurus. J'ai dit.

Les deux guerriers se saluèrent, puis, faisant volter leurs chevaux sur place, chacun d'eux retourna au galop vers les siens.

XX

Le guide.

Cependant, ainsi que nous l'avons vu dans un précédent chapitre, après le conseil tenu au Valle del Tambo, après le double départ de Zéno Cabral et de don Pablo Pincheyra

Tyro s'était chargé de servir de guide à la petite caravane composée des deux dames, du peintre français, des deux Gauchos et de lui-même.

Il ne répondait pas, bien entendu, de réussir à soustraire ceux qui se confiaient ainsi à lui, aux dangers dont, sans doute, ils étaient menacés; mais ceux-ci savaient par expérience que le fidèle Guaranis tenterait des choses impossibles et accomplirait presque des miracles pour atteindre ce but. Les voyageurs s'étaient donc mis presque aussitôt en route, et, après un laps de temps relativement fort court, ils s'étaient engagés résolument dans le sentier perdu, au milieu duquel nous les avons laissés pour revenir à d'autres personnages de cette histoire.

Ainsi que l'avait prévu Tyro, les voyageurs ne devaient rencontrer sur cette route d'autres obstacles que les difficultés matérielles du chemin; obstacles qu'à force de courage et surtout de persévérance, ils parvinrent à surmonter sans trop de peine.

Le Guaranis, en guerrier habitué de longue main à parcourir les pays ennemis, veillait avec une sollicitude extrême à la sûreté de ceux qui s'étaient si franchement fiés à lui, rôdant continuellement autour de la caravane, en avant, en arrière et sur les côtés; il sondait chaque buisson, inspectait chaque motte de terre, et semblait se multiplier pour remplir à son honneur le difficile métier de batteur d'estrade dont dépendait en ce moment le salut général.

Chaque soir il campait dans une position étudiée avec soin, et qui les mettait pendant leur sommeil à l'abri d'une de ces surprises si fréquentes dans ces contrées.

Les hautes cimes des Cordillères commençaient peu à peu à s'abaisser devant les voyageurs. Ils avaient quitté les régions froides, et déjà se trouvaient au milieu des régions tempérées : l'air devenait plus doux, le soleil plus chaud, l'atmosphère moins âcre à respirer; les arbres prenaient des teintes moins durement tranchées, leurs branches étaient plus feuillues, et les oiseaux apparaissaient plus nombreux et diaprés de couleurs plus vives; tout enfin portait à supposer que bientôt on atteindrait les plaines.

Aussi les deux dames, qui, par leurs habitudes aristocratiques, étaient peu faites pour supporter ces gigantesques fatigues, et qui cependant les avaient endurées, sans laisser échapper une plainte, avec un courage héroïque, sentaient elles peu à peu l'espoir rentrer dans leurs cœurs brisés par la souffrance et entrevoyaient-elles, dans un avenir peu éloigné, la fin de leurs maux.

Quelques jours déjà s'étaient écoulés ainsi depuis leur départ du Valle del Tambo, sans que rien fût venu mettre d'obstacle sérieux à leur voyage, disons mieux, à leur fuite, lorsqu'un matin la petite caravane abandonna son campement pour s'engager sur la pente un peu roide d'une quebrada, où, après un trajet d'une douzaine de lieues, elle devait enfin atteindre les derniers contre-forts de la Cordillère, et, après avoir traversé une forêt de chênes-lièges assez étendue, se trouver sur les rives même du rio Primero, en laissant un peu sur la droite, caché comme un nid de bengalis dans un fouillis de feuilles, une petite ville ou plutôt un village, nommé la villa del Valle Fertile, village situé à une vingtaine de lieues à peu près au-dessous de San Miguel de Tucuman.

Les voyageurs se trouvaient presque en pays civilisé, et, bien qu'ils dussent redoubler de prudence pour échapper aux nombreuses montoneras des patriotes, montoneras qui couraient la campagne dans tous les sens, cependant, la perspective de se voir bientôt hors des montagnes désolées, au milieu desquelles depuis si longtemps ils erraient, les avait rendus tout joyeux et leur faisait, si l'on peut employer cette expression, non-seulement oublier tout ce qu'ils avaient souffert, mais encore voir pour le présent tout en rose; et cette fois, du moins, depuis

bien longtemps ils s'étaient gaiement mis en marche.

Tyro, seul, qui avait assumé sur sa tête la responsabilité de la sûreté générale ne se laissait aller à aucune folle espérance; plus on approchait des contrées civilisées, ou du moins plus on les côtoyait, plus il se croyait obligé de redoubler de précautions et de prudence.

Il savait, l'Indien rusé, que les montoneros et autres écumeurs de grands chemins ou, pour être plus clair, de grandes plaines, avaient la coutume,—coutume que, par expérience, nous savons qu'ils n'ont pas perdue,— de s'embusquer au débouché des montagnes, afin de surveiller le passage des voyageurs ou des caravanes, de foudre sur leur proie et de s'en emparer, au moment précis, où tout danger semblait être enfin passé; ce qui simplifiait singulièrement la question, en ce sens que les pauvres diables de voyageurs se croyant sauvés, n'étaient pas sur leurs gardes et se trouvaient pris et dépouillés sans coup férir, double avantage pour les montoneros, qui, de cette façon, moissonnaient force butin sans combat et par conséquent sans péril.

Tyro, fort au fait de cette particularité, au rebours des ses compagnons dont les traits s'épanouissaient de plus en plus, se faisait, lui, de plus en plus sombre et de plus en plus sérieux, parce qu'il comprenait que chaque pas qu'il faisait le rapprochait d'un danger d'autant plus terrible qu'il était, à moins d'un miracle du Très-Haut, presque inévitable. Cependant, comme il y aurait eu barbarie de sa part à troubler la joie de ses compagnons, tout en redoublant de vigilance, il renfermait avec soin ses appréhensions dans son cœur, et feignait même parfois de partager leur gaieté.

Le jour dont nous parlons, lorsque le camp fut levé, que chacun fut prêt à partir, l'Indien prit le peintre à part et lui donna tous les renseignements nécessaires pour suivre, sans s'égarer, le sentier qui s'ouvrait dans la quebrada et tournait autour de ces flancs abrupts.

— Pourquoi tant de détails? lui demanda Émile, puisque vous êtes avec nous, vous saurez bien nous guider, je suppose.

Tyro sourit d'un air mystérieux.

— Non, mi amo, répondit-il, je ne serai pas avec vous, voilà pourquoi je dois vous renseigner ainsi.

— Comment, vous ne serez pas avec nous, s'écria le jeune homme avec surprise, et où serez-vous donc alors?

— Je serai d'avant-garde, mi amo, afin de reconnaître le terrain que nous devons traverser et nous assurer qu'il ne recèle pas de piéges.

— Des piéges! tu es fou, mon bon Tyro, tu sais fort bien, et tu me l'as dit toi-même plusieurs fois déjà, que maintenant nous n'avions plus rien à redouter; nous sommes loin du Valle del Tambo et de l'antre des Pincheyras. Que diable! nous avons fait du chemin depuis quelques jours; à quoi bon ce grand luxe de précautions maintenant?

— Mi amo, bien que comme vous, répondit froidement, mais nettement, le Guaranis, je sois convaincu que nous ne sommes menacés d'aucune des catastrophes qui si longtemps ont été suspendues sur nos têtes, cependant, comme il serait terrible pour nous d'échouer à l'instant même où tout nous fait supposer que nous sommes sauvés, et que dans cette affaire c'est mon honneur surtout qui est en jeu, laissez-moi, je vous en prie, agir à ma guise. En toutes choses, mi amo, mieux vaut trop de précautions que pas assez.

Le jeune homme réfléchit un instant. Il fixa un regard perçant sur le visage impassible et sévère de l'Indien; puis, paraissant prendre un parti :

— Soit, dit-il, fais ce que tu voudras; cours, regarde, surveille, je te laisse liberté entière de manœuvrer. Nous avons avec

15

nous deux dames que j'ai juré de sauver, je n'ai donc pas le droit d'être imprudent en cette circonstance; si un malheur arrivait, les conséquences pour elles en seraient trop graves, et je me le reprocherais toute ma vie. Va donc! mais ne sois pas trop longtemps.

— Le moins longtemps possible, répondit-il en s'inclinant.

Et, mettant son cheval au galop, il s'élança en avant, laissant les voyageurs continuer leur route au petit pas.

— Que vous a donc dit Tyro, et pourquoi nous quitte-t-il ainsi, monsieur Emile? demanda la marquise au jeune homme, lorsque celui-ci vint se ranger auprès d'elle.

— Il m'a indiqué, madame, répondit-il en la saluant, la route que nous devons suivre, et il est parti en avant en éclaireur.

— Toujours dévoué, reprit en souriant la marquise, toujours fidèle.

— Comme son maître, ajouta à voix basse doña Eva, en jetant à la dérobée un clair regard sur le peintre.

Plusieurs heures s'écoulèrent sans incident qui mérite d'être rapporté.

Vers onze heures du matin, les voyageurs s'arrêtèrent à l'ombre d'un bouquet d'arbres, afin de laisser passer la plus grande chaleur du jour et de donner un peu de repos à leurs montures, fatiguées d'une longue marche.

Tyro n'avait pas reparu; jamais, depuis le commencement du voyage, il n'avait fait une absence aussi prolongée; malgré lui, le jeune homme se sentait inquiet; mais il cachait avec soin ses appréhensions, de crainte de troubler la tranquillité dont jouissaient ses compagnes, qui, assises près de lui, s'entretenaient à voix basse et formaient force projets sur ce qu'elles feraient dès que leur voyage serait terminé.

Plusieurs fois, sous un prétexte ou sous un autre, le peintre, que l'inquiétude talonnait de plus en plus, et qui ne pouvait tenir en place, s'était levé et avait, d'un regard anxieux, interrogé la route solitaire qui, à perte de vue, s'étendait devant lui; mais il n'avait rien aperçu, la route était toujours solitaire; enfin, vers trois heures de l'après-dîner, le jeune homme donna le signal du départ.

On se mit en marche; seulement, cette fois, au lieu de se tenir auprès des dames, ainsi qu'il l'avait fait jusque-là, Emile mit les éperons au ventre de son cheval et s'élança en avant, sans cependant trop s'éloigner de ses compagnes, que, malgré la confiance relative qu'il avait pour les Gauchos, il ne voulait pas laisser seules avec eux.

Déjà le bouquet d'arbres, espèce d'oasis jetée par la Providence au milieu d'un désert de sable, et sous lequel les voyageurs avaient trouvé une ombre protectrice, avait depuis longtemps disparu dans les lointains bleuâtres de l'horizon, le soleil commençait à s'abaisser visiblement, lorsque le peintre aperçut enfin, en tournant un angle du sentier qu'il suivait, un cavalier qui se dirigeait vers lui à toute bride.

Dans ce cavalier, le jeune homme reconnut aussitôt son guide, ou si on le préfère son serviteur Tyro.

Cédant aussitôt à l'impatience qui, depuis si longtemps, le tourmentait, le peintre mit son cheval au galop, afin d'être plus tôt auprès de lui.

Bientôt il l'eut rejoint.

— Eh bien! lui demanda-t-il, quoi de nouveau?

— Beaucoup de choses, répondit laconiquement l'Indien.

— Hein? fit-il avec une inquiétude croissante.

— J'ai dit beaucoup de choses, mi amo, reprit l'Indien.

— J'ai parfaitement entendu, pardieu! s'écria-t-il, seulement je veux savoir si ces choses sont bonnes ou mauvaises.

— C'est selon de quelle façon vous les jugerez, mi amo; pour moi, je les crois bonnes.

— Dis-les vite, alors.

— Je ne demande pas mieux, mi amo, seulement, peut-être vaudrait-il mieux que, au lieu de rester ainsi immobiles au milieu de la route, nous continuassions à marcher; je préférerais que vous entendissiez seul d'abord ce que j'ai à vous apprendre; vous en ferez part à ces dames ensuite, si vous le jugez nécessaire.

— Tu as raison, mon ami; marchons, et, tout en marchant, tu me raconteras ce que tu as fait, dit le jeune homme en rendant la bride à son cheval, qui repartit aussitôt. Maintenant, parle, ajouta-t-il.

Tyro, par habitude plutôt que par prudence, jeta un regard autour de lui; puis, assuré qu'il était bien seul avec son maître et que les buissons ne recélaient aucun écouteur indiscret, il se décida enfin à parler.

— Ce que j'ai à vous rapporter n'est pas long, mi amo, dit-il, mais je le crois fort important pour vous.

— Va toujours, répondit le jeune homme avec impatience, je te ferai connaître mon opinion dès que je saurai ce dont il s'agit.

— Voici la chose en deux mots: Nous approchons des plaines; plus nous avançons dans cette direction, plus nous risquons de trouver des ennemis devant nous. Il nous faut donc être sans cesse sur nos gardes afin de déjouer les piéges qui pourraient nous être tendus. Donc, je ne sais pourquoi, mais ce matin, au moment de lever le camp, je me sentis tout à coup saisi d'une inquiétude secrète qui, sans cause apparente, me tourmentait plus que je ne saurais dire.

— C'est comme moi, interrompit le jeune homme devenu subitement sombre, je ne sais ce qui se passe en moi, mais j'éprouve comme le pressentiment d'un malheur ou tout au moins d'un événement important qui, une fois encore, modifiera subitement la position dans laquelle nous nous trouvons maintenant; est-ce en bien? est-ce en mal? voilà ce que je ne pourrais dire.

— Je penche pour la première opinion, mi amo, et voici pour quelle raison: ce matin donc, après avoir causé quelques instants avec vous, je vous quittai pour aller en quête de nouvelles, ainsi que vous le savez.

Le peintre baissa affirmativement la tête, le Guaranis continua.

— A environ trois lieues de l'endroit où nous sommes en ce moment, le sentier que nous suivons se bifurque et forme deux routes, dont l'une remonte vers les montagnes, tandis que l'autre continue à descendre dans la plaine. Arrivé d'assez bonne heure à cette bifurcation, par une inspiration subite, au lieu de continuer à descendre droit devant moi, j'appuyai sur ma gauche et je m'engageai dans le sentier qui remonte; ce sentier, bordé de bois épais à droite et à gauche, m'offrait un abri fort convenable et me fournissait le moyen de voir sans être vu; je le suivis pendant assez longtemps sans que rien de suspect vînt s'offrir à mes regards; je me préparais même à rebrousser chemin afin de vous rejoindre et de vous rassurer; mais je ne voulus pas le faire avant que d'avoir pris une dernière précaution. Je mis pied à terre et, appuyant l'oreille sur le sol, j'écoutai: j'entendis alors un bruit éloigné, presque indistinct, mais ressemblant à celui produit par une troupe nombreuse de cavaliers. Après m'être assuré que je ne me trompais pas, je remontai à cheval et je m'élançai en avant. Un quart d'heure plus tard, tous mes doutes étaient évanouis, j'avais bien entendu: à deux portées de fusil environ devant moi, je les apercevais, venant d'un pas assez modéré, l'avant-garde de cette troupe.

— L'avant-garde! s'écria Emile; ce sont donc des soldats!

— Non, ce sont des partisans.

— Des partisans?

— Oui, mais écoutez-moi avec attention, mi amo, car voilà où la question devient pour nous intéressante.

— Parle, parle.

— Vous avez entendu dire, n'est-ce pas, reprit-il, que les Portugais, en entrant sur le territoire espagnol, se sont adjoints, comme auxiliaires, plusieurs tribus indiennes du Brésil.

— En effet, je crois me souvenir; mais qu'a de commun?...

— Attendez, attendez, mi amo; la troupe que j'ai rencontrée se trouve justement être composée des guerriers de ces tribus, de la plus belliqueuse de toutes peut-être, les Guaycurus; leur costume diffère trop des Indios Pampas, et est trop remarquable pour que je ne les aie pas reconnus au premier coup d'œil.

— J'admets bien que cela m'étonne que tu ne te sois pas trompé; que conclus-tu de cela?

— Une chose fort simple; d'après le chemin qu'ils suivent, ces guerriers se dirigent vers leurs territoires qui ne sont pas fort éloignés de ces parages, c'est-à-dire vers le Brésil.

— Le Brésil! s'écria le jeune homme.

— Oui, le Brésil, le pays où nous voulons nous rendre, mais que nous n'atteindrons que difficilement, à cause de notre petit nombre.

— Que pouvons-nous faire à cela, mon pauvre ami? l'affaire est malheureusement sans remède.

— Pardon, mi amo, il y en a un, au contraire.

— Pardieu! je serais curieux de le connaître.

— Cela ne tient qu'à vous, mi amo; ce remède, le voici.

— Voyons-le donc, répondit le jeune homme avec incrédulité.

L'Indien ne remarqua pas ou feignit de ne pas remarquer le ton dont cette question lui était faite, il continua froidement:

— Ces guerriers guaycurus forment une troupe d'au moins deux cents hommes, ennemis des Espagnols, auxquels ils font la guerre en ce moment, et voulant rentrer dans leurs pays; de deux choses l'une: ou ils essayeront de glisser inaperçus au milieu des montoneros qui sillonnent les plaines; ou, s'ils ne peuvent s'échapper ainsi, ils s'ouvriront un passage à la pointe de leurs lames.

— Eh bien! fit le jeune homme devenu attentif.

— Eh bien! mi amo, en nous joignant à eux, nous suivrons leur fortune et nous doublerons les chances de succès de notre voyage.

— Oui, ton raisonnement est juste, mon brave Tyro, fort juste même; je crois même qu'en nous joignant à cette troupe, nous serons infailliblement sauvés.

— N'est-ce pas? fit l'Indien tout joyeux.

— Certes; seulement, vous oubliez une chose, mon pauvre ami, une chose bien importante, pourtant.

— Laquelle donc, mi amo?

— Celle-ci: c'est que nous ne pouvons pas nous mêler ainsi à cette troupe, et que si nous sommes assez faux pour nous découvrir à elle, nous serons à l'instant faits prisonniers.

— Est-ce cela seulement qui vous embarrasse, mi amo?

— Ma foi! oui, mon ami, répondit en riant le jeune homme; seulement, je t'avoue que cela m'embarrasse beaucoup.

— Alors, mi amo, soyez tranquille, je me charge, moi, de vous faire recevoir par cette troupe d'une façon, non-seulement flatteuse, mais encore avantageuse pour vous; je connais les mœurs indiennes, étant indien moi-même, ainsi que vous le savez.

— Parfaitement, mon ami, continue.

— Parfaitement les droits de l'hospitalité indienne, mi amo; les Guaycurus sont nommés Indios caballeros, à cause de leur loyauté; une fois que vous serez sous leur protection, vous n'aurez pas de trahison à redouter et tous se feront tuer pour vous défendre.

— Hum! sais-tu que c'est fort tentant ce

que tu me proposes-là, mon ami?

— Acceptez-vous alors, mi amo ?

— Je ne demande pas mieux, mais il me semble qu'avant de rien faire, je dois d'abord consulter ces dames ; cela les regarde plus que moi encore.

— En effet, mi amo, consultez-les donc, mais tout de suite, si cela est possible, car le temps nous presse.

— Ce ne sera pas long, répondit le jeune homme, et tournant bride aussitôt avec cette décision qui formait le fond de son caractère, il rejoignit au galop les voyageuses qui ne se trouvaient plus qu'à une légère distance en arrière.

Les dames écoutèrent avec la plus sérieuse attention la communication du jeune homme ; le projet de Tyro leur parut ce qu'il était en effet, c'est-à-dire très simple et d'une réussite infaillible ; aussi elles y adhérèrent avec empressement.

Le Guaranis se prépara aussitôt à le mettre à exécution.

Nous avons rapporté plus haut son entretien avec Gueyma, entretien à la suite duquel il était retourné auprès de ses compagnons qui attendaient son retour avec une impatience qui n'était pas exempte d'inquiétude ; mais toute anxiété cessa lorsqu'ils connurent la réponse noble et franche du chef.

Emile, suivi par les deux dames, s'avança alors vers les Guaycurus qui avaient fait halte pour recevoir leurs hôtes, et remercia chaleureusement Gueyma de la protection qu'il consentait à accorder à lui et à ses compagnons.

Le chef indien répondit avec une dignité pleine de noblesse qu'en agissant ainsi qu'il le faisait, il remplissait un devoir prescrit par l'honneur ; que ces remerciements étaient superflus, et que tant que les étrangers demeureraient au milieu de ses guerriers, ils seraient considérés comme des frères chéris et des enfants de la tribu.

Après ces compliments mutuels, les blancs se retirèrent et établirent leur camp au milieu de celui de leurs nouveaux amis.

Le Couguar était demeuré spectateur impassible de cette scène, à laquelle il ne s'était mêlé en aucune façon. Lorsque les étrangers se furent éloignés, il se pencha à l'oreille de Gueyma :

— As-tu bien regardé ces gens-là? lui demanda-t-il.

— Oui, répondit celui-ci ; pourquoi m'adresses-tu cette question?

— Parce que deux d'entre eux sont des femmes.

— En effet, mais que nous importe?

— Plus que tu ne le supposes, fit-il avec un sourire d'une expression singulière.

— Que veux-tu dire?

— Plus tard, tu le sauras; il n'est pas temps encore.

Et il s'éloigna, rompant brusquement l'entretien pour échapper sans doute à des interrogations auxquelles il ne se souciait pas de répondre.

XXI

Le camp.

Zeno Cabral, après son entretien avec le jeune peintre, s'était éloigné au galop del Valle del Tambo, suivi naturellement par les officiers espagnols qui n'avaient pas de motifs plausibles pour rester avec don Pablo Pinchoyra, auquel cependant ils avaient, en le quittant, sacré la main comme à un ami qu'ils espéraient bientôt revoir.

Le Montonero galopa ainsi pendant quatre heures environ, excitant incessamment sa monture, dont pourtant la vélocité semblait

tenir du prodige ; puis, arrivé à une espèce de carrefour où la route se bifurquait en deux sentiers, dont l'un tournait brusquement à droite, tandis que l'autre inclinait sur la gauche, il s'arrêta, et, se penchant vers ses deux compagnons qui l'avaient suivi jusque-là à grand'peine :

— Caballeros, dit-il en les saluant cérémonieusement, veuillez, je vous prie, agréer tous mes remerciements pour la façon loyale dont vous avez tenu la parole que vous m'avez donnée; c'est ici que nous devons nous séparer. Voici votre chemin, fit-il en étendant le bras vers le sentier de gauche, et voici le mien, ajouta-t-il en montrant celui de droite. Quittons-nous donc ; Dieu veuille que nous ne nous retrouvions pas bientôt face à face, les armes à la main ; je vous rends votre liberté et je vous souhaite bon voyage.

— Je vous remercie, monsieur, répondit courtoisement le comte. Seulement, veuillez me permettre de vous adresser une question.

— Laquelle, monsieur? faites vite, je vous prie, car le temps me presse.

— Je serai bref.

— Parlez.

— Je me suis mal exprimé, monsieur ; ce n'est pas une question que je veux vous adresser, c'est une prière que je désire vous faire.

— Prière ou question, parlez, monsieur, je vous répondrai.

— Monsieur, mon compagnon et moi nous sommes Espagnols d'Europe, c'est-à-dire étrangers à ce pays, que nous ne connaissons pas ; si vous nous laissez ici, nous nous perdions inévitablement, ignorants que nous sommes de la route que nous devons suivre, pour rejoindre ceux de notre parti.

— Dans quel lieu désirez-vous vous rendre?

— Mon Dieu, señor, voilà justement ce qui nous embarrasse, dit la capitaine se mêlant à la conversation; depuis assez longtemps déjà nous avons quitté l'armée royale, de sorte que nous ne savons réellement comment la rejoindre.

— C'est juste, ainsi vous désirez?

— Mon Dieu, nous désirons atteindre ses avant-postes, et cela le plus tôt possible.

Le Montonero réfléchit pendant quelques instants.

— Messieurs, répondit-il enfin, ce que vous me demandez-là est fort difficile ; il est évident que vous aurez beaucoup de peine à vous frayer un passage à travers nos troupes; cependant je ne sais réellement comment vous venir en aide, bien que j'en aie le ferme désir; je ne vois qu'un moyen de vous sortir d'embarras, mais je crains que vous ne consentiez pas à l'accepter.

— Quel est ce moyen, monsieur? s'écrièrent les deux Espagnols.

— Le voici : me suivre où je vais ; seulement j'exige votre parole d'honneur de soldats et de gentilshommes que vous serez muets sur ce que vous aurez vu ou entendu pendant tout le temps que vous demeurerez en ma compagnie. A cette condition, je m'engage à vous faire atteindre dans un délai fort court les avant-postes de votre armée, et cela sans que vous couriez d'autres risques que ceux que je courrai moi-même. Acceptez-vous cette proposition?

— Nous l'acceptons de grand cœur, cabalero, s'écrièrent les deux officiers.

— Ainsi, vous me donnez votre parole.

— Nous vous la donnons, reprirent-ils en le saluant avec courtoisie.

— Il suffit, messieurs, dit Zeno Cabral en se découvrant avec amabilité et s'inclinant jusque sur le cou de son cheval; nous faisons un nouveau marché qui, j'en suis convaincu, sera aussi loyalement tenu que le premier. Venez donc, messieurs, nous ne sommes que trop longtemps déjà demeurés ici.

— Marchez, monsieur, répondit le comte; marchez, nous vous suivons.

Ils repartirent.

Ils coururent ainsi jusqu'au soir sans échanger une parole; pourquoi auraient-ils parlé? il n'avaient rien à dire ; il n'y avait entre le chef montonero et les deux Espagnols ni communion de croyances, ni communion de pensées ; le hasard, qui un instant s'était plu à les réunir, ne les avait liés que par une question d'intérêt personnel qui, une fois résolue, devait ne jamais les rattacher dans l'avenir.

Au moment où le soleil disparaissait derrière les pics neigeux des Cordillières, sur un signe du partisan les cavaliers s'arrêtèrent.

La nuit commençait à se faire, mais cependant l'obscurité n'était pas encore assez épaisse pour que le paysage, à demi-voilé par les ombres du soir, n'apparût encore grandiose et majestueux aux yeux des voyageurs.

Le sentier s'était peu à peu élargi; il formait maintenant une route bordée à droite et à gauche par de hautes forêts de chênes-lièges, au milieu desquels elle passait sous de magnifiques arceaux de feuillage au dôme élevé et verdoyant; une herbe épaisse et drue montait presque jusqu'au poitrail des chevaux, et une cascade, se précipitant par bonds échevelés du haut d'un chaos de rochers, au milieu desquels elle se frayait un passage, formait à la droite des voyageurs une large nappe argentée où se reflétait le disque blafard de la lune ; par une éclaircie ménagée par le hasard, on apercevait à l'horizon les cimes neigeuses des montagnes noyées déjà dans les ténèbres et enveloppées d'une couronne de nuages ; la brise du soir courait avec des frémissements mystérieux dans les hautes branches des arbres, et mille bruits indistincts, mêlés aux grondements de la cataracte, achevaient de donner à cette nature puissante et abrupte un cachet de grandeur primitive et sévère qui saisissait l'âme et la plongeait dans une douce et mélancolique rêverie.

Nous avons dit que les cavaliers s'étaient arrêtés sur un signe de Zeno Cabral; celui-ci mit presque aussitôt pied à terre.

— Nous sommes arrivés, messieurs, dit-il, vous pouvez quitter la selle.

— Arrivés, fit le comte en regardant autour de lui.

— Pour ce soir, du moins, monsieur le comte, répondit le partisan; les quelques pas que nous avons à parcourir, nous les ferons à pied.

Tout en parlant ainsi, le montonero avait attaché la bride de sa monture au pommeau de la selle et relevé les étriers.

— Mais nos chevaux? demanda le capitaine.

— Ne vous inquiétez pas d'eux; faites seulement comme vous m'avez vu faire.

— Mais ils ne peuvent demeurer ainsi !

— Aussi n'y demeureront-ils pas; soyez tranquille, on en aura soin.

Le comte et le capitaine, sans plus d'explication, mirent pied à terre.

— Bien, reprit don Zeno ; maintenant, attendez un instant.

Il prit alors un sifflet pendu à son cou par une chaîne d'or et caché sous ses vêtements, il approcha ce sifflet de ses lèvres et en tira un son aigu et prolongé.

Presque même instant un bruit léger se fit entendre dans les broussailles, elles s'écartèrent et un homme parut.

— Ah! ah! c'est vous don Sylvio, dit le partisan d'un ton de bonne humeur.

— Oui, mon général, c'est moi, répondit le vieux soldat en grimaçant un sourire.

— M'attendez-vous depuis longtemps?

— Depuis hier matin, nous avons commencé à être inquiets.

— Vous n'êtes donc pas seul ici.

— J'ai six hommes avec moi.

— Fort bien; qu'on prenne soin des chevaux et qu'on les conduise au camp.

L'officier se tourna vers les broussailles dont il était sorti si inopinément.

— Holà! dit-il d'une voix forte, venez vous autres.

Les six soldats annoncés, et qui sans doute étaient embusqués à quelques pas à peine, s'élancèrent tout à coup du milieu des buissons et, après avoir respectueusement salué Zéno Cabral, se rangèrent derrière le vieil officier, prêts à obéir aveuglément aux ordres qu'ils recevraient.

— Le camp est-il loin ? reprit le Montonero en s'adressant à don Sylvio.

— À une portée de fusil, au plus, général.

— Vous nous guiderez ; quant à vous, ajouta-t-il en se tournant vers les soldats, vous savez où vous devez mettre les chevaux; seulement je vous recommande d'en avoir grand soin, parce que ce sont des animaux de prix.

Les soldats s'inclinèrent, sans répondre ; puis ils s'approchèrent des nobles animaux.

Don Zéno jeta un regard circulaire autour de lui comme s'il eût voulu sonder les ténèbres et s'assurer que nul œil ennemi ne le surveillait dans l'ombre; puis, ordonnant d'un geste à don Sylvio de passer devant lui :

— Allons, dit-il, venez, messieurs.

Tous trois entrèrent alors dans le taillis à la suite du capitaine. Malgré l'obscurité toujours croissante, celui-ci se dirigeait avec une certitude qui témoignait, ou que de même que ses curtatias animaux, il possédait la faculté de voir dans les ténèbres, ou qu'il avait une connaissance approfondie des lieux qu'il parcourait; car, malgré les mille détours qu'il obligeait ceux qui le suivaient à faire incessamment, cependant jamais il n'hésitait et marchait toujours du même pas ferme et assuré sans presser ni ralentir sa marche.

Les soldats étaient demeurés en arrière, sans doute qu'obligés de conduire les chevaux avec eux, ils avaient pris un chemin plus droit et surtout plus praticable.

Un quart d'heure au moins s'écoula, pendant lequel les quatre hommes marchèrent en file indienne, c'est-à-dire à la suite les uns des autres, sans échanger une parole. Au bout de ce temps, ils commencèrent à apercevoir la lueur rougeâtre de plusieurs feux brillant, comme des étoiles, à travers les arbres de plus en plus rapprochés.

Tout à coup, un homme sembla sortir de terre, et appuyant le canon de son fusil sur la poitrine du capitaine, qui marchait en avant.

— Halte! qui vive! cria-t-il d'une voix menaçante.

— Zéno y libertad! répondit froidement le capitaine.

— Passez! fit la sentinelle en redressant son arme.

Les voyageurs continuèrent leur route; à dix pas plus loin, une seconde sentinelle les arrêta, puis une troisième leur barra le passage au moment où ils atteignaient la lisière d'une vaste clairière au milieu de laquelle était établi un campement qui, par le nombre des feux allumés, paraissait être considérable. Cette sentinelle, lorsqu'elle eut échangé le mot d'ordre avec le capitaine, ne releva pas son arme, ainsi que cela avait été fait par les autres; elle se contenta de tourner à demi le visage en arrière.

— Officier de garde, reconnaissez, cria-t-elle.

Il se fit un certain mouvement dans la clairière, on entendit un bruit d'armes, suivi immédiatement du pas pressé de plusieurs hommes, et une dizaine de soldats, commandés par un officier, se dirigèrent vers la sentinelle, passant comme de noirs fantômes à travers les broussailles.

— Vive Dios! dit à demi-voix le capitaine don Lucio Ortega au partisan, recevez mes félicitations, señor, vous entretenez une rare discipline dans votre montonera.

— Que voulez-vous, capitaine, répondit en souriant don Zeno, il faut qu'il en soit ainsi; ne serait-il pas par trop ridicule que nous, dont le métier est de surprendre l'ennemi, nous nous laissassions un jour, faute d'un peu de vigilance, surprendre bêtement par lui.

— Diable! je le crois bien.

— Silence! voici le commandant de la garde.

En effet, l'officier appelé par la sentinelle arrivait en ce moment, suivi par plusieurs soldats prêts, selon toutes probabilités, à lui venir en aide si besoin était.

Mais, cette fois, ce fut Zéno Cabral qui se chargea de répondre; en apercevant l'officier, il écarta de la main don Sylvio, et, prenant sa place :

— Chacun son tour, lui dit-il à voix basse en lui posant amicalement la main sur l'épaule.

— C'est juste, répondit le vieil officier en s'inclinant respectueusement, et il s'écarta.

— Qui vive! cria le chef de la patrouille venue à l'appel de la sentinelle.

— Hé! fit le montonero en apostrophant l'officier, vous voilà donc, capitaine don Estevan Albino!

— Cuerpo de Cristo! s'écria l'officier, c'est la voix du général.

— Là, je savais bien que vous me reconnaîtriez, reprit gaiement le montonero.

— Ah! voilà une heureuse arrivée par exemple, dit avec un joyeux éclat de voix le capitaine.

— Vous savez, fit don Zéno, que j'attends que vous me permettiez de passer, ainsi que les personnes qui m'accompagnent.

— Vive Dios! général, n'êtes-vous pas chez vous, nous vous escorterons.

— Allons, venez, messieurs, dit-il en s'adressant aux deux Espagnols, je crois que nous serons bien reçus.

Ils passèrent.

— Il ferait beau voir qu'il en fût autrement, grommela don Sylvio dans sa moustache.

Déjà la nouvelle de l'arrivée du général s'était répandue dans le camp; ceux qui veillaient encore s'étaient levés; les dormeurs, tirés brutalement de leur sommeil, les avaient imités en se froltant les yeux, et tous s'étaient précipités, armés de torches et en poussant de joyeux vivats, au-devant du chef qu'ils adoraient.

Zéno Cabral entra donc dans son camp, aux reflets sanglants des torches, dont les flammes agitées par la brise nocturne, faisaient courir de fantastiques ombres dans les halliers de la forêt.

Dès que le chef se trouva au milieu de son état-major, qui s'empressait autour de lui pour le féliciter, d'un geste il réclama le silence; aussitôt, chacun se tut comme par enchantement.

— Señores, dit-il en désignant du doigt les deux hommes qui l'accompagnaient et qui se tenaient modestement derrière lui, ces deux caballeros sont mes amis et non mes prisonniers. Bien que servant une autre cause que la nôtre et ne partageant pas nos convictions politiques, ils sont provisoirement, du moins, placés sous la sauvegarde de notre honneur; je les recommande à votre prudhomie, veillez à ce qu'ils ne manquent de rien; puis, se tournant vers les Espagnols : Messieurs, ajouta-t-il, vous êtes mes hôtes.

Les deux hommes s'inclinèrent.

— Merci, général, dirent-ils; nous n'attendions pas moins de votre courtoisie.

Cette présentation faite, on s'occupa de l'installation des nouveaux venus.

Probablement que l'arrivée du général, ainsi que le nommaient les Montoneros, était non-seulement prévue, mais encore attendue, car une vaste tente dressée au milieu du camp avait été expressément préparée pour lui; mais, malgré la lassitude qu'il éprouvait et le besoin de nourriture, il ne consentit à s'y retirer que lorsqu'il eut vu les Espagnols installés, aussi confortablement que le permettaient les circonstances où se on trouvait, sous une enramada, espèce de cabane en branchage élevée à la hâte par les soldats.

Peu à peu, le calme s'était rétabli dans le camp, les Montoneros avaient repris leurs places autour des feux de bivouac et s'étaient rendormis enveloppés dans leurs manteaux.

Les sentinelles seules veillaient.

Nous nous trompons, un autre homme veillait encore; cet homme était Zéno Cabral.

Courbé sur une table, la tête dans la main, il examinait attentivement, à la lueur incertaine d'une lampe fumeuse, une carte déroulée devant lui.

Cette carte était celle de la vice-royauté de Buenos-Ayres.

Puis, par intervalles, à certaines places de cette carte qu'il étudiait avec un si grand soin, le Montonero plantait des épingles dont la tête était enduite de cire noire ou rouge.

Depuis environ une heure, don Zéno se livrait à ce travail qui l'absorbait à un tel point qu'il en avait oublié la fatigue et le sommeil, lorsque le rideau de la tente se releva et un homme parut. Au bruit des pas, le général releva la tête.

— Ah! c'est vous, don Juan Armero, dit-il en saluant le nouveau venu d'un geste amical, quoi de nouveau? vous revenez de battre l'estrade, je crois?

— En effet, général, répondit don Juan, après avoir militairement salué son chef, j'arrive à l'instant et j'apporte des nouvelles.

— Des nouvelles, fit-il en se redressant subitement, nt-elles bonnes?

— Je ne sais, général, mais vous en jugerez.

— Voyons-les donc, je vous prie.

— Puis-je parler sans crainte ?

— Oh! certainement, tout le monde dort dans le camp.

— C'est égal, si vous me le permettez, général, je vous dirai ces nouvelles en plein air, et non ici.

— Pourquoi donc, fit don Zéno avec un regard interrogateur, nous sommes à mon avis fort bien ici pour causer.

Mais don Juan Armero hocha la tête d'un air de doute.

— Excusez-moi, général, dit-il au bout d'un instant, mais ces murs de toile qui interceptent la vue tout en laissant entendre les paroles, me causent un effroi que je ne puis surmonter, je crains bien qu'il ne soit plus que probable que je me trompe, qu'il y ait un espion aux écoutes.

Don Zéno lui lança un regard pénétrant. L'officier ne sourcilla pas, il supporta sans qu'un muscle de son visage bougeât le regard acéré de son chef.

— Ce que vous avez à m'annoncer est donc bien important? lui demanda enfin celui-ci.

— Je le crois d'une certaine importance.

— Hum! fit Zéno devenu rêveur; venez donc, puisqu'il en est ainsi.

Ils sortirent.

La nuit était calme et pure, des millions d'étoiles étincelaient dans le ciel d'un bleu sombre; la brise faisait doucement frissonner les cimes feuillues des arbres; la lune, à son déclin, répandait une lueur incertaine qui illuminait le paysage de reflets blafards.

Les deux hommes firent silencieusement quelques pas côte à côte; Zéno Cabral réfléchissait, don Juan Armero attendait respectueusement que son chef lui adressât la parole.

Enfin le partisan releva la tête.

— Eh bien! demanda-t-il, quelles sont ces nouvelles, don Juan? Je crois que vous pouvez sans crainte me les communiquer ici.

— En effet, général, répondit-il. Sans plus de préambule donc, je commence. J'ai été, ainsi que vous le savez, expédié en batteur d'estrade; depuis deux jours je suis absent du camp.

— Ah! ah! fit don Zéno; continuez, je vous prie.

— Voici ce que j'ai appris. L'armée brésilienne a quitté ses cantonnements de la Bande orientale; une division de cette armée s'avance à marche forcée dans cette direction, afin de s'emparer des gués des rivières et des débouchés des défilés, pour permettre à une seconde division, qui la suit à un jour de marche, d'envahir le Tucuman.

— Oh! oh! murmura le partisan, voilà qui

est sérieux, en effet. Et cette nouvelle vous a été donnée par une personne sûre?

— Oui, général.

— Bien, continuez; mais, avant tout, un mot. Avez-vous appris par quel général était commandée cette division brésilienne?

— Oui, général, répondit don Juan Armero.

— Et il se nomme? demanda-t-il avec un léger tremblement dans la voix.

— Il se nomme le marquis don Roque de Castelmelhor.

Quelque chose comme un sourire passa sur le visage austère du montonero et lui donna une inexprimable expression d'espérance et de haine.

— Quelle direction suivent ces troupes et où se trouvent-elles en ce moment? dit-il.

— Elles se préparent à traverser les plaines désertes des Abipones.

— C'est bien, murmura-t-il, répondant plutôt à sa pensée intime qu'aux paroles de son lieutenant : si vite qu'ils marchent, nous les rejoindrons; et, haussant légèrement la voix : des Guaycurus, quelles nouvelles?

— Aucunes, général.

— C'est étrange; n'avez-vous rien autre à me communiquer?

— Pardon, général, j'ai à vous apprendre une nouvelle assez importante même.

— Ah! voyons, parlez, je vous écoute.

— Don Pablo Pincheyra, l'ours de Casa-Trama, a subitement abandonné son inaccessible repaire.

— Je le sais, dit le général.

— Mais ce que vous ignorez sans doute, c'est que, furieux d'avoir été si complètement trompé par vous, il s'est mis à votre poursuite, avec quelques hommes seulement, il est vrai; mais il a envoyé à sa Cuadrilla l'ordre de le rejoindre, et nous devons nous attendre à être attaqués d'un moment à l'autre.

— Bon, fit en souriant Zeno Cabral, qu'ils viennent, don Juan, qu'ils viennent, ils seront bien reçus; avez-vous autre chose à me dir'?

— Rien, général; sinon de vous demander si votre expédition a réussi et si vous êtes satisfait du résultat.

— Enchanté, don Juan, enchanté; j'espère que d'ici à quelques jours j'aurai enfin atteint le but que je vise depuis si longtemps.

— Dieu le veuille, général; bien que j'ignore complètement à quoi Votre Excellence fait allusion, je serai heureux d'assister à la réussite de vos projets.

— Merci, don Juan, dit-il avec une certaine animation; j'espère que Dieu ne trompera pas mon espoir.

— Puis-je me retirer? général.

— Oui, allez vous reposer; vous devez être exténué de fatigue. Ah! un mot encore.

— Je suis aux ordres de Votre Excellence, général.

— Entendez-vous avec don Sylvio pour que des éclaireurs soient laissés en arrière, de façon à prévenir les guerriers guaycurus de nos mouvements, et leur donner ainsi la facilité d'opérer leur jonction avec nous le plus tôt possible; peut-être, d'un moment à l'autre, aurai-je besoin de leur aide.

— Vos ordres seront exécutés, général.

— C'est bien! allez, bonne nuit, don Juan! L'officier salua et se retira aussitôt.

Zeno Cabral regagna sa tente à pas lents.

— Ah! murmura-t-il en se laissant tomber sur un siège, Dieu serait-il enfin pour moi, et permettrait-il que je les prisse tous d'un d'un coup de filet.

Il demeura un instant pensif; puis, après avoir ravivé la lumière de sa lampe, il se pencha de nouveau sur la carte qu'il recommença à étudier avec une profonde attention.

Le silence le plus complet régnait au dehors; excepté les sentinelles, tout le monde dormait dans le camp.

Jusqu'au matin, la lampe du général brilla dans sa tente.

XXII

Les fourrageurs.

Dix jours environ s'étaient écoulés entre les événements que nous venons de raconter et le jour où nous reprenons notre récit en priant le lecteur de nous suivre, non plus dans les Cordillières cette fois, mais au milieu des vastes déserts qui séparent le Brésil des possessions espagnoles, espèce de territoire neutre que les deux nations se disputaient depuis longues années avec acharnement et qui en réalité n'appartenait ni à l'une ni à l'autre et était possédé par des Indiens belliqueux et indépendants qui seuls erraient en liberté dans ces solitudes grandioses et inexplorées.

Le soleil se levait, la nature semblait renaître. Pendant qu'une partie du ciel était éclairée d'une éblouissante clarté, dans les derniers lointains de l'horizon, l'ombre s'enfuyait comme chassée par la baguette d'un puissant enchanteur. Les bêtes fauves regagnaient à pas lents leurs repaires ignorés, jetant, comme une plainte, un dernier rugissement vers le ciel; les oiseaux s'éveillaient sous la feuillée qu'ils agitaient de mystérieux frémissements et entonnaient à pleine gorge leur chant matinal, hymne d'amour qu'ils lançaient au Très-Haut; déjà çà et là les taureaux et les cerfs s'élevaient au-dessus de l'herbe et jetaient autour d'eux leurs regards mélancoliques; dans les régions élevées des airs, les vautours et les urubus tournoyaient en longs cercles, poussant leurs cris sinistres et discordants.

L'endroit où nous avons transporté notre scène était une plaine immense encadrée par de hautes montagnes aux cimes couvertes de neige; une large rivière coupait cette plaine en deux parties presque égales, formant mille capricieux détours; ses eaux d'un blanc d'argent légèrement ridées par la brise matinale et frappées par les premiers rayons du soleil, lançaient de chatoyants reflets comme si des milliers de diamants eussent surnagé à sa surface.

Le calme de ce majestueux désert, qui semblait être demeuré tel qu'il était sorti des mains du Tout-Puissant au jour de la création, n'était troublé en ce moment que par une troupe nombreuse de cavaliers qui, au milieu d'un nuage épais de poussière, suivait au galop la rive gauche de la rivière.

Ces cavaliers, dont il était, vu leur éloignement, impossible de reconnaître la nationalité, paraissaient appartenir être des gens de guerre, car, non-seulement ils étaient armés ainsi que le doivent être des voyageurs; mais encore, ils portaient de longues lances au fer acéré et orné de banderoles couleur de poupre, qui flottaient agitées par la brise, armes employées seulement par les soldats ou les partisans.

Du reste, quels que fussent ces hommes, ils paraissaient avoir grande hâte, et malgré leur harnais militaire, ils s'avançaient avec une rapidité qui, s'ils continuaient ainsi seulement quelques heures, menaçait de semer leur route de traînards.

Plus cette troupe s'avançait dans la plaine, plus il était facile, à travers le nuage de poussière qui l'enveloppait, et qui parfois s'ouvrait coupé par la brise, de reconnaître les détails de sa marche; elle se composait de plus de quatre mille hommes divisés en trois corps, dont le premier et le dernier, assez éloignés de celui du milieu, formaient une avant-garde et une arrière-garde de chacune quatre à cinq cents hommes au plus; chaque cavalier du corps principal portait un fantassin en croupe.

Cette particularité n'avait, du reste, rien d'extraordinaire; en Amérique, l'infanterie est toujours transportée de cette façon d'un lieu à un autre, de sorte, qu'en peu de temps les armées peuvent sans peine franchir de grandes distances, et que le moment venu de combattre, les soldats se trouvent frais et dispos et parfaitement en état de faire bravement leur devoir.

Arrivée à une acore de la rivière, l'avant-garde s'arrêta; les cavaliers mirent pied à terre et commencèrent, sous les ordres de leurs officiers, à abattre des arbres, à remuer la terre, en un mot, à tout préparer pour établir un camp.

En effet, deux heures plus tard, les tentes étaient dressées, des retranchements établis, des sentinelles posées, et le corps d'armée dont nous avons parlé se trouvait solidement établi dans une position excellente et parfaitement à l'abri d'un coup de main, peu à l'abri du reste dans ces parages, à cause de sa force numérique.

Il était dix heures du matin.

A part le corps d'armée au campement duquel nous avons fait assister le lecteur, l'immense plaine paraissait entièrement déserte. Cependant, s'il eût été donné à un œil humain de sonder les mystérieux couverts des bois épars çà et là sur les flancs des collines ou d'interroger les herbes d'une hauteur démesurée qui couvraient la surface du sol, il eût, à deux lieues à peine de l'armée, aperçu, campés sous l'abri tutelaire d'un bois épais, une nombreuse troupe de cavaliers qu'à leurs costumes et à la couleur de leur peau il était facile de reconnaître pour des guerriers indiens.

Assis ou couchés nonchalamment sur l'herbe, endormis pour la plupart, ces guerriers ne semblaient pas soupçonner le voisinage des soldats, ou, s'ils le connaissaient, ils paraissaient fort peu s'en soucier.

Cependant, quelques mesures de précautions avaient été prises par eux pour leur sûreté; des sentinelles, placées d'espace en espace, veillaient au salut général, et leurs chevaux, qu'ils laissent ordinairement paître en liberté pendant les haltes, étaient entravés en liberté et être traités pour eux comme des hôtes et des amis, malgré l'antipathie insurmontable des Indiens pour la race blanche.

Puis de l'autre côté de la rivière, à l'angle opposé du triangle dont le corps d'armée formait, pour ainsi dire, le sommet, sur une ligne presque parallèle au campement des Indiens, se trouvait une troisième troupe fort nombreuse aussi de cavaliers; mais ceux-ci avaient tout simplement fait halte dans les hautes herbes, qui, du reste, les cachaient entièrement.

Ces cavaliers étaient des montoneros, c'est-à-dire des partisans.

Pour ceux-là, ils n'avaient négligé aucune précaution pour échapper aux regards; cachés derrière un épais rideau de broussailles, ils se tenaient embusqués comme des chasseurs à l'affût, l'œil au guet, le doigt sur la détente de la carabine.

Les chevaux, tout sellés et prêts à être montés, avaient les naseaux serrés par une faja pour les empêcher de hennir et de révéler la position de l'embuscade; près de chaque cheval une lance était piquée en terre le fer en bas.

Cette dernière troupe, connaissait évidemment la situation précaire dans laquelle elle se trouvait, et les voisins incommodes que le hasard ou la fatalité lui avaient donnés; aussi faisait-elle bonne garde.

Cependant, ces montoneros, loin de montrer la moindre inquiétude ou la plus légère appréhension des ennemis campés si près d'eux, semblaient au contraire fort gais et fort tranquilles, et s'ils témoignaient quelque impatience, c'était évidemment dans l'attente trop prolongée d'un événement qu'ils savaient devoir avoir lieu bientôt.

Mais, à la surface, la plaine conservait son calme apparent, nulle ondulation suspecte n'agitait les herbes, les bois conservaient leur silence mystérieux, et un observateur superficiel se serait cru, de la meilleure foi du monde, au centre de la solitude la plus complète et loin de tout regard humain.

Il était environ deux heures de l'après-midi, une chaleur torride pesait sur la terre, une atmosphère embrasée que nulle brise ne rafraîchissait penchait vers le sol les herbes à demi-brûlées; en ce moment une trentaine de cavaliers, parmi lesquels étincelaient les broderies d'or des uniformes de plusieurs officiers, quittèrent le camp dont nous avons parlé plus haut et obliquant légèrement, gagnèrent les bords de la rivière dont ils commencèrent à suivre au petit pas les rives sablonneuses.

Ces cavaliers portaient l'uniforme brésilien. Soit qu'ils fussent persuadés que la plaine était réellement solitaire, soit qu'ils comptassent sur la proximité de leur camp pour les défendre contre les dangers qui pourraient les menacer, soit pour tout autre motif, ils marchaient à peu près sans ordre, les officiers, parmi lesquels se trouvait un officier général, tenant la tête, et les cavaliers d'escorte venant à peu près pêle-mêle, à une cinquantaine de pas en arrière, les armes au repos et causant gaiement entre eux, sans regarder ni à droite ni à gauche.

A peu près au même instant où ces fourrageurs ou batteurs d'estrade sortaient de leur camp pour faire, à une heure aussi insolite, une pointe dans la plaine, à une assez grande distance devant eux, sur le bord même de la rivière dont elle suivait les sinuosités, une troupe de cavaliers, égale en nombre, c'est-à-dire composée d'une trentaine d'hommes revêtus du costume pittoresque des Gauchos buenos-ayriens, apparut marchant à leur rencontre.

Cette seconde troupe s'avançait aussi rapidement que le lui permettaient ses chevaux, harassés par une longue traite et accablés par la chaleur intolérable des rayons du soleil.

Bientôt les deux troupes se trouvèrent en vue l'une de l'autre, bien qu'elles fussent encore à une distance assez considérable.

— Eh! eh! dit l'officier général brésilien, en s'adressant à un capitaine qui chevauchait à ses côtés, je crois que voilà nos gens; qu'en pensez-vous?

— Je le crois aussi, général, répondit l'officier après avoir jeté un coup d'œil en avant; allons, voilà qui me raccommode avec eux et me prouve qu'ils ont bien véritablement l'intention de traiter.

— Oui, ils sont gens de parole; cela me fait bien augurer du résultat de notre conférence. Remarquez que nous sommes ici fort loin du Tucuman, et qu'ils ont dû faire grande diligence pour arriver ici au jour dit et presque à l'heure dite.

— En effet, général, nous nous trouvons, si je ne me trompe, en plein territoire des Indios Bravos, sur une terre neutre, bien qu'elle ait toujours été revendiquée par les Portugais et les Espagnols.

— Oui, vous avez raison, don Sebastiao, répondit le général devenu subitement pensif, je crois même avoir un souvenir confus d'être déjà venu dans ces parages.

— Vous? général.

— Oui, oui, mais il y a longtemps, bien longtemps de cela; j'étais jeune alors, je ne songeais nullement à prendre du service. Poussé par je ne sais quelle furieuse ardeur, je parcourais ces régions désertes à la recherche d'aventures..... pour mon plaisir, ajouta-t-il avec un sourire amer en laissant tomber sa tête sur sa poitrine.

Le capitaine le considéra un instant avec une expression de douce pitié; mais comprenant, sans doute, que les quelques paroles échangées entre lui et le général avaient réveillé chez celui-ci des souvenirs tristes, et peut-être rouvert une blessure mal fermée, il respecta son silence et continua à marcher côte à côte avec lui.

Quelques minutes s'écoulèrent ainsi; enfin, le général releva la tête, et s'adressant de nouveau à son aide de camp; telle était, en effet, la position que le capitaine occupait auprès de lui.

— Ces Gauchos sont de rudes hommes, n'est-ce pas, don Sebastiao? lui demanda-t-il de l'air le plus indifférent qu'il put affecter.

— On dit, en effet, général, répondit l'officier, que ce sont des hommes remarquables comme force, adresse et courage; je ne pourrais l'affirmer, ne l'ayant appris que par ouï dire; car voici la première fois qu'il m'arrive de me rencontrer avec eux.

— Je les connais, moi, je les ai vus à l'œuvre; ce sont des démons, rien ne les arrête, rien ne leur résiste.

— C'est possible, général, dit en souriant le capitaine; mais cependant, sans leur faire tort ni vouloir en aucune façon nuire à leur réputation, je crois que, sans aller bien loin, il nous serait facile de trouver au Brésil qui, comme bravoure, comme force et comme astuce, les égalent, s'ils ne leur sont pas supérieurs.

— Oh! oh! vous plaisantez, sans doute, don S. bastiao.

— Je ne plaisante pas le moins du monde, général, j'exprime au contraire une conviction.

— Une conviction? et de quels hommes voulez-vous donc parler, mon ami?

— Mais des Paulistas, général, des Paulistas que vous connaissez aussi bien que moi, de ces hommes extraordinaires qui ont accompli tant de choses étonnantes depuis la découverte de l'Amérique et auxquels le Brésil est redevable, non-seulement de la connaissance exacte de son immense territoire, mais encore de ses incalculables richesses.

L'aide de camp aurait pu continuer à parler longtemps encore sur ce ton, le général ne l'écoutait pas, son visage était devenu d'une pâleur livide, un tremblement convulsif avait, comme un courant électrique, parcouru tout son corps, et il s'était affaissé sur son cheval comme s'il avait été sur le point de perdre connaissance.

— Ciel! qu'avez-vous, général? s'écria l'officier, remarquant enfin l'état de prostration de son chef.

— Je ne sais, répondit celui-ci d'une voix étrangère, je ne me sens pas bien.

— La chaleur, sans doute, général.

— Oui, c'est cela, je le crois; mais rassurez-vous, je suis mieux, bien mieux; ce ne sera rien, je l'espère!

— Dieu le veuille! général; vous m'avez réellement inquiété quand je vous ai vu si pâle et si défait; je vous avoue que j'ai eu peur.

— Je vous remercie don Sebastiao, votre amitié m'est connue, ce que vous me dites m'étonne pas; mais rassurez-vous, me voici tout à fait bien maintenant.

— Vous me dites la vérité, général? reprit-il avec sollicitude.

— Je vous en donne ma parole; d'ailleurs, que ce qui m'arrive en ce moment ne vous étonne plus à l'avenir mon ami; depuis quelque temps je suis sujet ainsi à de subites défaillances, que je ne sais à quoi attribuer, mais cela n'a rien de dangereux, et ainsi que vous l'avez vu vous-même l'accès est toujours fort court.

Le capitaine s'inclina sans répondre, et la conversation en resta là, les deux interlocuteurs semblant n'avoir ni l'un ni l'autre envie de la continuer.

Cependant les cavaliers aperçus par don Sebastiao avançaient rapidement, bientôt ils ne se trouvèrent plus qu'à une cinquantaine de pas des Portugais.

Alors ils firent halte, et pendant quelques instants ils parurent se concerter entre eux; puis un cavalier se détacha du groupe qu'ils formaient et piqua droit vers les Brésiliens. Arrivé à demi portée de pistolet, cet homme s'arrêta, dégaîna son sabre, attacha un mouchoir blanc à la pointe, l'éleva à deux reprises au-dessus de sa tête et attendit.

Le général avait attentivement suivi de l'œil les mouvements des nouveaux venus, sur un signe de lui don Sebastiao qui, sans doute, avait reçu à l'avance ses instructions, quitta sa troupe qui demeura immobile en l'attendant et, enfonçant les éperons aux flancs de son cheval, il s'approcha résolument du gaucho après toutefois avoir à son exemple attaché un mouchoir blanc à la pointe de son épée.

Les deux parlementaires, qui s'étaient ainsi reconnus pour tels, se joignirent donc à égale distance des deux troupes, toujours arrêtées en arrière, mais prêtes à l'attaque comme à la défense.

Après avoir attentivement examiné pendant un instant l'homme en face duquel il se trouvait, don Sebastiao se résolut enfin, voyant qu'il restait silencieux, à rompre le premier le silence.

— Caballero, dit-il en langue castillane en inclinant légèrement la tête, je suis don Sebastiao Vianno, capitaine au service du Brésil, envoyé vers vous par mon général, dont le corps d'armée campe à une lieue d'ici, et qui est lui-même venu à votre rencontre afin de savoir si vous et vos compagnons êtes ennemis ou amis.

— La question que vous me faites l'honneur de m'adresser, señor capitaine, répondit le Gaucho avec une exquise courtoisie, est extrêmement délicate, et je ne saurais y répondre moi-même, laissant à d'autres, mieux placés que moi-même pour le faire, le soin de la résoudre.

— Ce raisonnement est fort sensé, caballero; cependant, j'aurai l'honneur de vous faire observer que tenant la plaine avec des forces supérieures, nous sommes en droit d'exercer pour le soin de notre sûreté une police sévère sur le territoire qui nous entoure et les personnes, quelles qu'elles soient, qui par hasard ou autrement s'y rencontrent, et que je suis contraint, au nom du général commandant le corps auquel j'ai l'honneur d'appartenir, d'exiger une réponse immédiate; je me plais à espérer que parmi les personnes qui vous accompagnent, il s'en trouvera au moins une en état de me donner cette réponse, sinon à moi, du moins à mon chef.

— Je l'espère aussi, caballero, répondit en souriant le Gaucho; du reste, rien n'est plus facile que de vous en assurer; la chaleur est étouffante. Voici à quelques pas de nous un bois touffu dont les épais ombrages semblent nous inviter à y chercher un refuge temporaire contre les ardeurs torrides du soleil. Arrêtons-nous-y pendant une heure, nous jurant sur l'honneur de nous séparer sans coup férir si nos mutuelles explications ne nous persuadent pas, et pouvoir nous retirer chacun de notre côté sans être inquiétés. De cette façon, ou je me trompe fort, toutes difficultés seront aplanies.

— Vive Dios! caballero, votre proposition me semble de tout point loyale et je l'accepte de grand cœur. Au désert, les haines doivent se taire, et les hommes civilisés, à quelque nation qu'ils appartiennent et quelle que soit la cause qu'ils défendent, se considérer comme des amis et des frères.

Les deux cavaliers se saluèrent alors cérémonieusement, tournèrent bride et rejoignirent au galop ceux qui les avaient expédiés ainsi en avant.

Ainsi que le lecteur l'aura compris, sans doute, les paroles échangées par les deux parlementaires n'étaient qu'une comédie préparée de longue main pour mettre sur le compte du hasard une entrevue convenue depuis plus d'un mois, et pouvoir, le cas échéant, nier hardiment toute arrière-pensée de trahison.

Quelques minutes plus tard, les deux troupes se joignaient et se confondaient en une seule; les cavaliers mettaient pied à terre et s'étendaient nonchalamment sur l'herbe à l'ombre des grands arbres qui formaient la lisière du bois; les officiers brésiliens et trois ou quatre Gauchos qui paraissaient être les chefs de la troupe, après s'être poliment salués, s'étaient, sans échanger une parole, enfoncés sous le couvert, où bientôt ils avaient disparu aux regards de leurs gens, qui, du reste, n'avaient même pas tourné la tête de leur côté pour voir ce qu'ils faisaient et pourquoi ils s'éloignaient ainsi de compagnie, au lieu de suivre leur exemple et de se reposer comme eux.

Si ces officiers n'avaient pas été aussi absorbés par leurs pensées en entrant dans le bois et eussent songé à jeter les regards autour d'eux, peut-être les ondulations insolites des hautes herbes et les étranges froissements qui se produisaient dans les buissons auraient-ils éveillé leur attention et probablement leur défiance; ils ne se seraient pas ainsi aventurés sous le couvert avant d'avoir fait sonder avec soin les fourrés et les taillis qui les environnaient; mais, grâce au soin qu'ils avaient pris de quitter les régions civilisées pour s'avancer aussi avant dans le désert, au secret profond qu'ils avaient gardé sur leurs intentions, et plus que tout, confiants dans les forces nombreuses qui les accompagnaient et, au premier signal, accourraient à leur secours, ils étaient convaincus qu'ils n'auraient aucun danger à redouter et que nul espion, si avisé qu'il fût, ne surprendrait le secret de leur entrevue.

Après une marche d'un quart d'heure au plus, les officiers atteignirent une clairière assez vaste, entourée de fourrés et de taillis en apparence impénétrables, et qui en faisaient, avec son dôme de feuillage, une délicieuse salle de verdure.

Les cendres froides d'un feu, quelques restes de bois calcinés, montraient que, quelques jours ou peut-être quelques heures auparavant, d'autres voyageurs étaient venus chercher un abri provisoire en cet endroit.

— Nous ne sommes pas les premiers qui ayons découvert cette clairière, dit le général en s'arrêtant et il beau cavalier courtoisement les personnes qui l'accompagnaient; mais, peu importe, señor, à mon avis, le lieu est bien choisi pour l'entretien que nous désirons avoir, et je crois que nous ferions bien de nous y tenir.

— Je partage complètement votre opinion, señor général, restons donc ici, il nous serait difficile de rencontrer mieux.

Les six officiers formèrent alors un groupe au milieu de la clairière et en commença les présentations, car ces hommes qui se connaissaient parfaitement de nom et qui venaient de si loin traiter d'importants intérêts, ne s'étaient jamais vus jusqu'à ce jour.

Ces officiers étaient du côté des créoles espagnols : le général don Eusebio Morarlin, le duc de Mantoue, le Français qui exigeait qu'on ne l'appelât que Louis Dubois, et don Juan Armero, officier montonero de la cuadrilla de Zèno Cabral.

Les Brésiliens étaient représentés par le général don Roque, marquis de Castelmelhor, le capitaine don Sébastiao Vianna, son aide de camp, et un autre officier d'un grade inférieur qui joua un rôle trop effacé dans cette histoire pour que nous le présentions plus sérieusement au lecteur.

Le marquis de Castelmelhor n'était plus l'élégant et beau cavalier que nous avons vu dans le prologue de ce long récit. Les années, en s'accumulant sur sa tête, avaient sillonné son visage de rides profondes, le feu de son regard s'était éteint pour ne lui laisser qu'une expression inquiète, sombre et presque farouche; ses cheveux avaient blanchi, et sa haute taille commençait à se courber sous le poids des fatigues incessantes de la vie militaire, ou peut-être, ainsi que le disaient ses ennemis, et le général en comptait un grand nombre, sous le lourd fardeau de cuisants remords.

M. Dubois était toujours le même personnage aux traits ascétiques, au teint pâle et aux gestes froids et compassés.

Après leur présentation mutuelle, les six hommes s'examinèrent curieusement pendant quelques minutes, s'étudiant sournoisement, et chacun cherchant à part soi à deviner les traits de son adversaire l'endroit où il le pourrait attaquer avec plus d'avantage.

Ces officiers silencieux et sombres, se regardant ainsi à la dérobée avant d'entamer l'entretien, ressemblaient bien plutôt à des duellistes prêts à engager le fer qu'à des diplomates réunis pour discuter de hautes questions politiques.

Le marquis comprit bientôt que ce silence, en se prolongeant, deviendrait de plus en plus difficile pour tous et les placerait dans une situation embarrassante; aussi, après avoir passé à plusieurs reprises la main sur son front, comme pour en chasser une pensée importune, prit-il sur lui-même de le rompre.

— Caballeros, dit-il en réclamant l'attention d'un geste, je suis heureux qu'il nous soit enfin permis de nous rencontrer face à face; l'occasion qui s'offre à nous est trop précieuse pour que nous n'en profitions pas en hommes de cœur, afin d'essayer d'aplanir les difficultés en apparence insurmontables qui, depuis si longtemps, nous divisent et qui, animés comme nous le sommes de sentiments véritablement patriotiques, n'existeront plus dans quelques minutes, j'en ai l'espoir.

— Voilà qui est bien parlé, vive Dios! s'écria une voix railleuse partant de l'intérieur du bois, et j'aurais été désespéré de ne pas arriver à temps pour assister à une aussi philanthropique réunion.

Les officiers se retournèrent avec un étonnement qui touchait à l'épouvante en attendant les accents ironiques de cette voix et ils se reculèrent en portant vivement la main à leurs armes.

— Y aurait-il trahison? s'écria le marquis en interrogeant du regard le général Morartin.

Au même instant, les buissons s'écartèrent, et un homme bondit plutôt qu'il entra dans la clairière.

— Don Zèno Cabral! firent les Buenosayriens avec stupeur.

— Moi-même, señores, répondit railleusement le montonero, en ôtant son chapeau et saluant courtoisement à la ronde, vous ne m'attendiez pas, il me semble. Et faisant quelques pas en avant : J'arrive au bon moment, à ce qu'il paraît. Que je ne vous gêne en rien, continuez, je vous prie; ce caballero dont je regrette de ne pas savoir le nom, mais vous me l'apprendrez, n'est-ce pas? ajouta-t-il en s'inclinant avec une expression de mordante ironie devant le marquis, ce caballero était en train de dire des choses fort sensées que je serais au désespoir d'interrompre plus longtemps.

XXIII

Tigres et renards.

Comment don Zèno Cabral, que nous avons quitté au milieu des Cordillières, était-il arrivé ainsi à l'improviste pour assister à ce mystérieux conciliabule?

C'est ce que nous allons expliquer au lecteur, mais pour cela il nous faut retourner de quelques pas en arrière et revenir au moment où nous l'avons laissé rentrant dans son camp.

A peine le soleil commençait-il à paraître au niveau de l'horizon, que le montonero sortit de la tente dans laquelle il avait veillé pendant la nuit tout entière, et donna l'ordre à un soldat d'aller chercher don Juan Armero.

Celui-ci arriva au bout de quelques minutes à peine.

— Écoutez, don Juan, lui dit Zèno Cabral en passant son bras sous le sien et en l'entraînant à l'écart, où il commença à lui parler presque à l'oreille, après s'être assuré d'un regard circulaire, que nul ne pouvait entendre, vous m'êtes dévoué, n'est-ce pas?

— A la vie et à la mort, général, vous le savez.

— Oui, je le sais, mon ami, mais la mission que je veux vous confier est d'une si haute importance, que j'avais besoin de vous entendre me le répéter.

L'officier s'inclina sans répondre; le général reprit :

— Depuis que je vous ai quitté pour me rendre au camp des Pincheyras, dit-il, j'ai appris bien des choses. Pendant que nous sommes ici à guerroyer loyalement au péril de notre vie pour assurer l'indépendance de notre patrie, il paraît que là-bas, au Tucuman, ceux qui nous gouvernent nous tendent en ce moment d'assez jolis pièges; les preuves de leur trahison sont à peu près toutes entre mes mains; mais elles ne suffisent pas encore pour le coup que je veux leur porter. J'ai conçu un projet audacieux dont la réussite dépend complètement de vous.

— Bon, fit l'officier; alors soyez tranquille, général, je réponds de tout.

— Tenez, don Juan, ajouta-t-il en lui présentant une large lettre cachetée avec soin : prenez ce papier, il contient vos instructions; j'ai préféré vous les donner écrites que de vive voix, afin que vous n'oubliiez aucun détail lorsque le moment d'agir sera arrivé; vous me comprenez, n'est-ce pas?

— Parfaitement, général; quand partirai-je?

— Tout de suite; vous emmènerez six hommes avec vous.

— Pour quoi faire? général.

— Vous le saurez plus tard.

— Ah! bon, continuez.

— Hier, sont arrivés avec moi, au camp, deux officiers royalistes dont je ne sais que faire; cependant, comme ils sont mes hôtes, je veux les traiter avec égard, vous les accompagnerez jusqu'en vue des avant-postes espagnols, et là vous les laisserez; il est bien entendu que, pendant tout le temps qu'ils demeureront avec vous, vous aurez pour eux les attentions les plus amicales, et vous les défendrez même au besoin.

— Cela est fait, général. Après?

— Vous n'ouvrirez la lettre contenant vos instructions que lorsque vous aurez atteint les plaines; vous lirez attentivement ces instructions, vous les graverez dans votre mémoire, puis, vous anéantirez ce papier de façon à ce que le plus mince parcelle ne puisse en être retrouvée.

— C'est entendu, général; avez-vous d'autres ordres à me donner?

— Aucun, mon ami; il ne me reste qu'à vous recommander, non pas d'être brave, je vous connais trop bien pour douter de votre courage, mais d'être prudent, adroit, et surtout de réussir.

— Je réussirai, je vous le jure sur l'honneur, mon général.

— Je retiens votre parole, mon ami; et maintenant, mon cher don Juan, il ne me reste plus qu'à vous souhaiter un bon voyage, une bonne chance, et à vous serrer la main, ajouta-t-il en tendant vers lui la main droite, que l'officier serra énergiquement à plusieurs reprises.

— Eh! général, voici mes compagnons de route, il me semble, dit don Juan.

— Ce sont eux; en effet, répondit le montonero en s'avançant au-devant des deux Espagnols qui se dirigeaient vers lui dans l'intention évidente de le saluer.

Après l'échange des premiers compliments, Zèno Cabral aborda franchement la question avec eux, certain, du reste, qu'ils ne pourraient qu'être satisfaits de la perspective de rejoindre bientôt en sûreté l'armée dont ils faisaient partie. Le montenero ne s'était pas trompé dans ses suppositions à cet égard. Le comte de Mendoça et le capitaine Ortega, reçurent, avec les marques du plus vif contentement, la nouvelle de leur prochain départ, et ce fut de la façon la plus cordiale, et en le remerciant vivement de la façon loyale dont il avait agi envers eux, qu'ils prirent congé de lui pour se préparer à quitter le camp sans délai.

Une heure plus tard, une petite troupe de cavaliers, commmandée par don Juan Armero, et ayant avec elle les deux officiers espagnols, s'éloignait du camp et prenait au galop la direction des plaines.

Zèno Cabral, pour des motifs que sans doute il connaissait seul, mais qui devaient être fort graves, demeura encore deux jours arrêté dans le lieu où il s'était trouvé; cependant, malgré cette immobilité, il était loin de demeurer inactif, des éclaireurs et des batteurs d'estrades, choisis avec soin parmi les hommes les plus agiles, les plus braves et les plus adroits étaient incessamment expédiés dans toutes les directions, et à leur rentrée au camp ils étaient immédiatement interrogés avec la plus sérieuse attention par le général qui paraissait attacher la plus grande importance à leurs rapports.

Enfin, dans la soirée du deuxième jour écoulé depuis le départ de don Juan Armero, un batteur d'estrade sorti depuis la veille, rentra dans le camp; cet homme semblait accablé de fatigue, son cheval était couvert de sueur et se soutenait à peine sur ses pieds.

A la vue de cet homme, le visage de don Zèno qui, pendant toute la journée avait été sombre et inquiet, s'éclaircit tout à coup; il s'avança rapidement vers lui et, lui laissant à peine le temps de se mettre pied à terre, il le saisit par le bras et l'entraîna dans sa tente, où il eut avec lui un entretien qui se prolongea pendant plus d'une heure.

Enfin le batteur d'estrade sortit et rejoignit ses compagnons qui, à leur tour, voulurent l'interroger, mais tous leurs efforts furent vains, ils ne purent en rien obtenir; il avait probablement reçu de son chef de sévères instructions à cet égard, car il se borna à répondre par oui et par non à toutes les questions qui lui furent adressées, et évita soigneusement et avec la plus grande adresse d'entrer dans aucun détail sur son expédition.

Le lendemain, au point du jour, Zèno Cabral donna enfin l'ordre attendu si impatiemment par tous les montoneros de lever le camp; puis, lorsque tous les hommes furent à cheval et que les premiers rangs commencèrent à s'ébranler dans la direction des plaines, d'un signe le chef appela auprès de lui le capitaine Quiroga.

Le vieil officier, dont les regards étaient incessamment fixés sur son commandant, accourut aussitôt se ranger auprès de lui.

Zèno Cabral était une de ces natures franches, déterminées, qui ont horreur des longs discours et vont toujours droit au but.

— Don Sylvio, dit-il à son subordonné, certaines raisons qu'il est inutile que je vous fasse connaître en ce moment, m'obligent à vous confier le commandement de nouveau la cuadrilla.

— Comment, général, s'écria-t-il avec une pénible surprise, à peine de retour vous nous quittez déjà ?

— Il le faut. Pendant que vous sommes ici il se passe là-bas, dans les villes, d'étranges choses qu'il est de mon devoir de surveiller. Je vous ai indiqué la route à suivre, ne vous en écartez pas d'une ligne, peut-être vous rejoindrai-je plus tôt que vous ne le croyez.

— Dieu le veuille, général.

— Merci donc; au revoir, bon courage.

— Est-ce que vous partez seul ?

— Pardieu! fit-il en souriant.

Le vieil officier hocha la tête à plusieurs reprises d'un air mélancolique.

— Prenez garde, général, dit il enfin, ces imprudences, j'en ai le pressentiment, vous coûteront cher quelque jour !

— Bah! vous êtes fou de vous inquiéter ainsi, don Sylvio ; bientôt vous me verrez reparaître gai et dispos, croyez-en ma parole.

Et sans plus écouter le vieil officier qui essayait encore de le retenir, le jeune homme enfonça les éperons aux flancs de son cheval qui l'emporta au galop et disparut au bout de quelques minutes à l'angle du sentier.

Pendant près de trois heures, malgré les difficultés du terrain qu'il foulait et qui, dans certains endroits, devenait presque impraticable le montonero maintint son cheval à une allure rapide, puis, lorsque sans doute il se crut assez éloigné de ses compagnons pour ne pas risquer d'être rejoint par eux, il retint la bride, prit le pas et, laissant tomber sa tête sur sa poitrine, il se laissa aller à ses réflexions.

En quittant ainsi sa cuadrilla à l'improviste, Zèno Cabral agissait sous l'influence de sérieuses préoccupations. Depuis son départ de Tucuman, la situation politique s'était complétement modifiée; l'indépendance des provinces buenos-ayriennes, grâce à la trahison de plusieurs chefs du mouvement révolutionnaire, étaient plus que jamais mise en question.

Non pas que ces chefs eussent la pensée de traiter avec les royalistes et de replacer leur patrie sous le joug détesté de l'Espagne, telle n'était pas leur intention, loin de là; mais ainsi que cela existe toujours dans les moments de crise pour les pays qui, lorsqu'ils ont renversé, ou à peu près, un gouvernement, cherchent à en constituer un autre, les ambitions, noyées d'abord sous le flot toujours montant du patriotisme, commençaient déjà à surnager à la surface, à se faire jour peu à peu, et les chefs qui jusque-là avaient combattu avec le plus de dévouement et d'enthousiasme pour la cause de leur pays, jugeant le moment favorable, tendaient leurs filets et s'essaient leurs batteries dans l'espoir de confisquer la révolution à leur profit et de se tailler une toge de dictateur, ou peut-être un manteau de roi dans l'étamine sanglante du drapeau de l'indépendance dont ils avaient été les premiers soldats, qu'ils avaient tenu d'une main si ferme et si élevé si haut contre les oppresseurs de la métropole.

Le montonero avait accueilli la révolution avec cette joie et cet entraînement qui caractérisent les natures d'élite; la première cuadrilla sérieuse que les insurgés avaient opposée aux troupes royales, avait été celle qu'il commandait encore aujourd'hui et qu'il avait, avec un dévouement et un désintéressement rares, levée et équipée à ses frais; jamais il ne s'était mêlé aux intrigues politiques qui, dès le premier jour du soulèvement, avaient commencé à déchirer les colonies. Sans ambition personnelle, aimant profondément sa patrie, Zèno Cabral s'était contenté de combattre pour elle en toutes circonstances et se placer résolument à l'avant-garde, en offrant généreusement sa poitrine aux premiers coups de l'ennemi.

Un homme du caractère de Zèno Cabral devait donc, pour une foule de raisons inutiles à déduire, porter ombrage à tous ces ambitieux de bas étage, et à cette vautours en haut suite qui cherchent une curée facile et productive dans tous les grands mouvements populaires; qui, dans leur égoïsme sordidement vil, ne volent que leur intérêt personnel, et pour lesquels le nom sacré de patrie, qui fait tressaillir de joie et d'orgueil les nobles cœurs, n'est qu'un écho sonore d'un sentiment ridicule.

Aussi le hardi montonero, dont les téméraires coups de mains et les audacieuses entreprises avaient si souvent rétabli la fortune chancelante de la révolution, celui qui avait

toujours marché en avant sans douter et sans hésiter, lorsque autour de lui les plus convaincus sentaient leur foi chanceler et leur espoir s'évanouir, comptait-il un nombre considérable d'ennemis secrets et implacables parmi les hommes que les circonstances toujours étranges d'une révolution avaient tout à coup fait sortir de la foule, où jusque-là ils étaient demeurés confondus, et qui maintenant se croyaient appelés à prendre en main les rênes du nouveau gouvernement.

Quelques-uns le supposaient un homme à courte vue et sans valeur politique; d'autres ui prêtaient, au contraire, une ambition démesurée et lui supposaient des projets mûris dans le silence et qui n'attendaient qu'une occasion favorable pour paraître au grand jour; d'autres encore en faisaient un niais de bonne foi, contraint d'abandonner l'Europe, ne s'était réfugié en Amérique que dans l'espoir battre et se faire tuer, sans même savoir pourquoi.

Mais tous le redoutaient.

Deux hommes surtout avaient pour lui une antipathie profonde et une crainte instinctive que rien ne parvenait à dissiper.

Ces deux hommes étaient le duc de Mantoue et le général don Eusebio Moratin.

C'est que, ennemis d'abord, ces deux personnages n'avaient pas tardé à se comprendre et à se réunir dans une même pensée : l'accomplissement du même projet, et qu'ils prévoyaient qu'au moment de l'exécution un obstacle infranchissable se dresserait devant eux, et que cet obstacle, le montonero seul le ferait surgir.

Du reste, ces deux personnages étaient faits pour s'entendre, l'esprit du mal qui s'occupe plus des choses de ce monde qu'on ne le suppose généralement, les avait créés sans doute afin qu'ils pussent se compléter l'un par l'autre.

M. Dubois, ancien oratorien, ancien conventionnel, ayant servi tour à tour tous les gouvernements qui s'étaient depuis vingt ans succédé en France, et les ayant trahis tour à tour, contraint d'abandonner l'Europe, ne s'était réfugié en Amérique que dans l'espoir de se reconstituer une fortune et une position équivalente à celle qu'il avait perdue. Pour atteindre ce but, il lui fallait pêcher dans l'eau trouble des révolutions, et l'insurrection des colonies espagnoles lui offrait l'occasion qu'il cherchait si ardemment.

Résolu à rompre avec son passé, la rencontre fortuite qu'il avait faite du peintre français lui avait été excessivement désagréable à cause des histoires peu édifiantes sur celui-ci, s'il était interrogé, pourrait raconter sur sa vie passée. La contrariété que lui avait causée cette rencontre, avait feint la plus grande joie de retrouver un compatriote sur la terre d'exil, et, sous les apparences de la plus vive amitié, il avait tout doucement essayé de le perdre, ce à quoi il avait presque réussi; le peintre n'avait que par miracle échappé aux piéges tendus sous ses pas avec un si profond machiavélisme.

Arrivé à Tucuman et mis en relations suivies avec le général don Eusebio Moratin, avec cette expérience du cœur humain qu'il possédait à un si haut degré, il avait jugé en un instant s'était dit : voilà l'homme qui me rendra ce que j'ai perdu.

Son parti fut pris aussitôt, et il manœuvra en conséquence. Don Eusebio ne visait à rien moins qu'à être nommé président de la république. M. Dubois résolut de l'aider à arriver au pouvoir, et un pacte fut conclu entre les deux hommes, dont l'un était une espèce de brute féroce, sauvage à demi dégrossi par une fausse civilisation, et l'autre un ambitieux froid, cauteleux, calculateur, et dont la civilisation atrophiée du dix-huitième siècle avait fait moins qu'un homme et plus qu'un démon.

Zèno Cabral, qui par sa présence aurait gêné et probablement contrecarré les machina-

Paris. — Imp. Ch. Schiller, r. Faub. Montmartre.

tions ténébreuses des deux personnages, avait, sous un prétexte honorable, été éloigné ainsi que sa cuadrilla; puis des négociations avaient été entamées.

Malheureusement pour les projets de don Eusebio et de M. Dubois, Zéno Cabral, bien qu'il fût éloigné, n'en était pas moins à craindre, et peut-être était-il plus redoutable par son absence même.

Si le montonero avait un grand nombre d'ennemis, il comptait aussi quelques amis, hommes honnêtes, et, comme lui, dévoués à la chose publique. Ces amis, sans être parvenus à dévoiler complétement les menées coupables du général et de son acolyte, avaient cependant réussi, si grande que fût la prudence de ceux-ci, à obtenir sur leurs projets certaines données qui leur avaient suffi pour deviner à peu près le but auquel tendaient leurs efforts.

Si incomplets que fussent ces renseignements, les amis du montonero n'avaient pas hésité, vu la gravité des circonstances, à l'avertir et à le mettre au courant de tout ce qui s'était passé dans la ville, à l'assemblée des représentants de l'ancienne vice-royauté de Buenos-Ayres; mais encore ils lui apprirent tout ce qu'ils avaient réussi à surprendre des projets cachés du diplomate français et du général Moratin.

Zéno Cabral avait depuis longtemps de fortes préventions contre ces deux hommes; ses soupçons sur leur loyauté avaient, à plusieurs reprises, été éveillés par les tentatives que que ceux-ci avaient faites à plusieurs reprises auprès de lui, sans oser cependant jamais s'expliquer clairement, de crainte d'échouer honteusement auprès d'un homme dont ils étaient, malgré eux, contraints de reconnaître l'inflexible honorabilité.

Depuis la veille, les soupçons du montonero s'étaient subitement changés en certitude. Le dernier batteur d'estrade arrivé au camp lui avait annoncé des nouvelles d'une si haute gravité que le doute devenait impossible devant les faits accomplis, faits dont les preuves lui avaient été fournies d'une manière péremptoire par le messager.

Le général Moratin, se croyant assez fort pour marcher à découvert, grâce à l'appui que lui avait prêté dans le congrès une majorité achetée à beaux deniers comptants, avait soudainement jeté le masque, et posé sa candidature, non pas à la présidence des provinces unies de Buénos-Ayres, mais à la dictature des provinces unies de Buénos-Ayres, s'appuyant d'un côté sur la majorité dont nous avons parlé et dont les voix lui étaient acquises, et de l'autre sur les forces militaires de longue main travaillées par ses agents, qui se trouvaient, à cause des récents événements, concentrées autour de la place, et dont le concours lui paraissait assuré pour un coup de main.

Sans perdre de temps, le général s'était fait proclamer dictateur sur les marches du Cabildo, aux applaudissements de la populace; puis il avait dissous le congrès désormais inutile, formé un ministère dont M. Dubois avait été nommé par lui président, lancé des manifestes dans toutes les provinces de la république, et, après avoir mis le Tucuman en état de siége, fait camper ses troupes sur toutes les places de la ville et emprisonner les citoyens suspects, c'est-à-dire d'une opinion opposée à la sienne; il avait inauguré sa dictature en condamnant à mort et faisant exécuter dans les vingt-quatre heures six personnages des plus influents et les plus justement respectés de la province.

La terreur régnait dans le Tucuman; le régime militaire, l'abus de la force, le mépris du droit des gens avaient, au nom de la liberté, inauguré une ère de sang et de larmes.

En apprenant ces sinistres nouvelles, un frisson d'horreur avait parcouru les membres du montonero; la nuit tout entière s'était écoulée pour lui dans une insomnie terrible. Il frémissait de honte et de désespoir

en songeant à l'abîme subitement ouvert par l'ambition hideuse d'un homme sans foi et sans moralité, abîme dans lequel allait s'engloutir à jamais l'indépendance de son pays et ces franchises si chèrement acquises par dix ans de luttes et de combats opiniâtres.

Mais don Zéno Cabral était non-seulement un véritable homme de cœur, mais encore une de ces natures énergiques, immuables dans leurs convictions, que les obstacles excitent au lieu de les décourager, et qui, grandissant avec le danger, se trouvent toujours au niveau de la situation, quelle qu'elle soit, dans laquelle la fatalité les place. Au point du jour sa résolution était prise : sauver son pays de la ruine dont il était menacé, quelles qu'en dussent être, pour lui personnellement, les conséquences. Son plan dressé avec soin, il se mit immédiatement en mesure de l'exécuter. Mais comme le montonero était aussi prudent et aussi rusé qu'il était brave, malgré la confiance illimitée qu'il avait en ses compagnons, il leur laissa ignorer les faits qui s'étaient accomplis à Tucuman en leur absence, et après avoir exigé du batteur d'estrade porteur des nouvelles une promesse solennelle de garder le silence le plus profond sur ce qu'il lui avait appris, il quitta sa cuadrilla et se dirigea hardiment vers les basses terres, afin d'obtenir par lui même les derniers renseignements qui lui étaient indispensables pour mettre ses projets à exécution, tout en se réservant in petto, si cela devenait nécessaire plus tard, de mettre en quelques mots ses soldats au fait des événements, certain de l'appui qu'ils n'hésiteraient pas à lui donner.

Un voyage à travers les Cordillières n'était rien pour Zéno Cabral, dont la vie tout entière s'était écoulée à parcourir les pampas dans tous les sens, et dont les besoins matériels se réduisaient au strict nécessaire.

Bien que le montonero ne s'astreignît pas à suivre les sentiers tracés et qu'il voyageât à l'indienne, c'est-à-dire en coupant en ligne droite et à vol d'oiseau à travers ravins et fondrières, franchissant les obstacles sans dévier d'une ligne, ce ne fut que vers le soir du troisième jour après son départ du camp, qu'il atteignit enfin les plaines, au moment où le soleil disparaissait à l'horizon, et que presque sans transition aucune les ténèbres envahissaient le ciel.

Zéno Cabral, fatigué d'une longue course, chercha immédiatement un endroit propice pour établir son campement de nuit.

Cette recherche ne fut pas longue. Devant lui, une rivière assez large, aux flots couleur d'émeraude, déroulait comme un serpent les sinuosités de son cours. En homme expérimenté et connaissant depuis longtemps les lieux où il se trouvait, le montonero se dirigea vers une agora assez élevée qui s'avançait dans le lit de la rivière et dont la cime et les flancs dénudés lui offraient un refuge assuré contre les rôdeurs, hommes ou fauves, qui, dans les llanos, sont sans cesse aux aguets pour surprendre les voyageurs.

Après avoir enlevé les harnais à son cheval et lui avoir bouchonné avec soin, le jeune homme l'entrava pour l'empêcher de s'éloigner, le fit boire, puis il étendit une pessada à terre et lui donna sa ration de maïs sec, provende que le noble animal, malgré sa fatigue, accepta avec un hennissement de plaisir et se mit incontinent à broyer à pleine bouche.

Ce devoir accompli envers son fidèle compagnon, le Montonero songea à son souper et à son campement; de quelques coups de sabre, il abattit le bois nécessaire pour entretenir, pendant toute la nuit, un feu de veille destiné à éloigner les bêtes féroces; puis, après avoir jeté sur les tisons ardents quelques morceaux de charqui, viande coupée en longues lanières et séchée au soleil, qui, avec

l'harina tostada, ou farine rôtie délayée avec de l'eau et du sucre dans une corne de taureau sauvage, forme la principale nourriture des habitants de ces régions; il soupa de bon appétit.

Son repas terminé, il alluma une cigarette qu'il fuma avec cette religieuse béatitude qui caractérise les Hispano-Américains lorsqu'ils se livrent à cette occupation, pour eux si remplie de charmes; puis il fit sa prière, s'enveloppa dans son poncho, plaça ses pistolets et sa carabine à portée de sa main, s'étendit les pieds au feu, ferma les yeux et s'endormit presque aussitôt, sans paraître se soucier des bruits mystérieux du désert, ni des rauquements des bêtes fauves qui, chassées par la faim des lanières ignorées, rôdaient dans les ténèbres en quête d'une proie et, parfois attirées par les lueurs rougeâtres du feu de veille, venaient sournoisement reconnaître les abords du campement.

XXIV

Double duel.

Bien que le montonero eût atteint, grâce à la rapidité avec laquelle il voyageait, la zone tempérée des Cordillières, et que déjà il ressentît pendant le jour une chaleur assez forte, cependant les nuits étaient toujours froides, ou, pour mieux dire, glaciales; l'aventurier ne s'était autrement occupé de cette particularité désagréable qu'il connaissait depuis longtemps que pour s'envelopper avec soin dans ses ponchos, ses couvertures et ses pellones, peaux de moutons pelues fort en usage dans ces contrées, et qui, après avoir recouvert la selle du cavalier pendant le jour, lui forment la nuit un lit chaud et moelleux que la pluie et la neige ne sauraient traverser. De plus il avait eu le soin, avant de se livrer au repos, de jeter une quantité considérable de bois dans le feu et de se coucher les pieds exposés à la flamme. Cependant, malgré toutes ces précautions, vers minuit, la bise devint si piquante et le froid tellement vif, que don Zéno s'éveilla, et, après une lutte désespérée de plus d'un quart d'heure pour reprendre le sommeil qui l'avait fui, et courant de s'avouer vaincu, il sortit à demi-gelé de dessous ses fourrures et alla en maugréant s'asseoir près du feu à demi éteint, et qu'il fut obligé de raviver.

La nuit éclairée par les pâles rayons de la lune était calme, belle et claire; le ciel d'un bleu profond semblait paillette d'éblouissantes étoiles; l'atmosphère, d'une pureté et d'une transparence singulière, laissait à une assez grande distance distinguer presqu'aussi bien qu'en plein jour, bien que la lumière fût toute indécise, les accidents du paysage qui prenaient aux reflets blanchâtres de la lune des proportions grandioses et des apparences fantastiques.

Les hulottes voletaient çà et là, attirées par le bourdonnement des cerfs-volants dont elles font leur nourriture, et qui planaient autour du feu; les petites chouettes grises de la pampa, gravement perchées sur les branches basses des arbres, fixaient d'un air mélancolique leurs yeux ronds sur le campement du chasseur. Au loin dans les fourrés s'entendaient les hurlements saccadés des loups auxquels à de longs intervalles se mêlait quelquefois un autre de même espèce répondait immédiatement dans une direction opposée. Lorsque s'élevait dans le silence ce miaulement sinistre, tous les cris du désert faisaient immédiatement silence, des froissements précipités agitaient les buissons sous les pas effrayés des animaux fuyants éperdus, car ils reconnaissaient

16

le rauquement formidable du cougouar. Le tyran de la pampa était en quête d'une proie et chassait en compagnie de sa famille.

Zéno Cabral était trop familiarisé avec les bruits du désert, pour s'inquiéter des hurlements des fauves, bien que ceux-ci semblassent se rapprocher assez rapidement de l'endroit qu'il avait choisi pour son campement de nuit. Il se contenta d'aller parler à son cheval, attaché à quelques pas, et de le flatter afin de rassurer le pauvre animal que les rauquements des tigres faisaient trembler de terreur; puis il revint s'asseoir auprès du feu, en renonçant définitivement à dormir; il se mit en devoir de tordre une cigarette en promenant autour de lui des regards indifférents, plutôt par désœuvrement que par l'impulsion d'une crainte quelconque.

Nous l'avons dit, la nuit était splendide; le ciel semblait un dôme de diamant, la superbe végétation qui accidentait le paysage apparaissait çà et là comme des masses sombres dont la lune éclairait doucement les contours. D'innombrables vers-luisants jetaient de longues et brillantes étincelles dans les interstices des branches des arbres, tandis que des millions d'insectes invisibles faisaient bruire le bois de leurs faibles rumeurs.

Ces beautés naturelles jointes au bruit cadencé des flots d'une large rivière qui, comme un ruban d'argent, dessinait à peu de distance ses capricieux détours, et à la calme majesté de la nuit, présentaient un spectacle gracieux et sévère qui, peu à peu, émut l'âme impressionnable du hardi montonero et le plongea presque à son insu dans une mélancolique rêverie dans laquelle toutes ses facultés furent bientôt si complètement absorbées, qu'il perdit la conscience non-seulement du lieu où il se trouvait, mais encore des hôtes incommodes dont il était environné, nageant voluptueusement dans le riant pays des chimères et s'élevant par la pensée à des hauteurs incommensurables telles que seule l'imagination, cette folle du logis, les peut atteindre.

Depuis assez longtemps déjà le montonero était plongé dans cette rêverie, lorsqu'il en fut subitement tiré par la même impression de froid qui déjà avait, deux heures auparavant, interrompu son sommeil.

Le jeune homme releva la tête en réprimant un léger frisson et s'enveloppa avec soin dans son poncho, tout en jetant machinalement les yeux autour de lui.

Deux hommes gravement accroupis devant le feu, en face de lui, le regardaient attentivement tout en fumant du tabac roulé dans des feuilles sèches. Ces deux hommes étaient armés, leurs fusils reposaient sur leurs genoux.

Malgré la surprise toute naturelle cependant qu'il devait éprouver en apercevant ainsi à l'improviste des hôtes qu'il était loin d'attendre à cette heure avancée de la nuit et surtout au fond de ce désert, le visage du montonero demeura impassible, ses traits conservèrent leur rigidité, ses sourcils même ne se froncèrent pas.

— Oh! oh! dit-il en espagnol en essayant de distinguer à travers le rideau de flamme qui les voilait à quelles sortes de gens il avait affaire et s'ils étaient amis ou ennemis, vous voyagez tard, señores? N'importe, soyez les bienvenus à mon feu de veille; si vous avez faim ou soif, parlez, j'ai quelques provisions dont je serais heureux de disposer en votre faveur.

— Les visages pâles ont les oreilles bouchées lorsque leurs yeux sont clos, répondit un des étrangers; il est facile d'arriver jusqu'à eux.

— C'est vrai, répondit en souriant le jeune homme, qui, au premier mot qu'il avait prononcé, avait reconnu son interlocuteur; vous avez raison, Cougouar: nous autres blancs, quelque grande que soit notre habitude du désert, nos sens n'atteignent jamais le degré de perfection que possèdent les vôtres, et...

nous nous laissons surprendre; mais cette fois, heureusement, si je l'ai été, c'est par des amis que je suis heureux de rencontrer, car je les cherchais, et je suis heureux de les voir.

— Alors, dit Gueyma en souriant, vous ne nous gardez pas rancune de vous avoir ainsi surpris à l'improviste?

— Loin de là; d'ailleurs, ne savez-vous pas que, en tous lieux et à toute heure, je serais charmé de recevoir votre visite. Mais, comment se fait-il que vous trouviez dans ces parages juste en même temps que moi?

— Avez-vous donc oublié le rendez-vous que vous nous aviez donné? objecta le Cougouar.

— Non, certes; mais si mes calculs sont justes, vous devriez avoir passé ici depuis longtemps déjà.

— En effet, reprit Gueyma, nous sommes en retard de trois jours.

— Ce n'est pas un reproche que je vous adresse, chefs, bien au contraire, dit vivement le montonero. J'avais, ainsi que je le crois vous l'avoir fait observer déjà, le plus vif désir de vous voir; je vous répète même que je vous cherchais.

— Voilà qui est bien, et le Cougouar a été bien inspiré lorsque, après avoir aperçu la lueur de votre feu, il m'a engagé à aller avec lui à la découverte.

— Je reconnais là la prudence et la sagesse du Cougouar; grâce à lui, nous éviterons une grande perte de temps pour la réalisation de nos projets, dont, je vous l'annonce avec joie, mes amis, je crois désormais le succès assuré.

— Oooh! parlez vous sérieusement, frère? s'écria Gueyma avec joie.

— Vous me jugerez bientôt, je l'espère, mais parlons de vous d'abord : vous avez été retardé, m'avez-vous dit?

— Oui, répondit le Cougouar, voici de quelle façon : premièrement, nous avons été rejoints par un des principaux chefs de notre nation, qui, à la tête d'un faible détachement de guerriers, a traversé le désert pour nous confirmer la nouvelle que déjà vous nous aviez donnée de la trahison des...

— Ah! fit Zéno Cabral, et chef vous était expédié.

— Par Tarou-Niom lui-même, dit le Cougouar; il se nomme Arual, ajouta-t-il en lançant un regard significatif au montonero.

— Arual! s'écria celui-ci avec un tressaillement nerveux et en fronçant les sourcils.

— Mon frère connaît-il donc ce chef? demanda Gueyma.

— Moi, répondit Zéno Cabral avec une feinte indifférence, mon frère veut rire, ma doute; comment le connaîtrais-je?

— Cela paraît effectivement difficile, à moins que mon frère n'ait, dans d'autres temps, parcouru les territoires de chasse de ma nation.

— Jamais je n'ai dirigé la tête de mon cheval de ce côté; ce chef est reparti sans doute après avoir accompli sa mission?

— Non pas; il est demeuré avec nous, au contraire, dit le Cougouar; mais notre troupe s'est encore augmentée depuis.

— D'autres guerriers l'ont rejointe.

— Non, ceux-ci sont des voyageurs, des blancs.

— Des blancs!

— Oui, au nombre de six.

— Ah! fit le Montonero avec une expression étrange; des voyageurs blancs dans ces régions, à cette époque de l'année, voilà qui est singulier; sur mon âme, ce sont des ennemis probablement qui ont été surpris par vous ainsi que je l'ai été moi-même.

— Non; ce sont des hôtes.

— Des hôtes? reprit Zéno Cabral avec incrédulité.

— Cela est ainsi; ce sont voyageurs se sont, leur plein gré, présentés à nous en réclamant notre aide et notre appui.

— Et... fit-il avec une anxiété mal dissimulée.

— Nous les avons reçus d'après les lois de l'hospitalité indienne; ils sont nos frères; Arual a exigé que nous agissions ainsi.

— Malédiction! s'écria le montonero en frappant du pied avec colère et se levant en proie à une agitation extrême.

— Cette nouvelle serait-elle mauvaise pour mon frère? demanda Gueyma.

Mais Zéno Cabral, par un effort violent de sa volonté, avait déjà repris tout son empire sur lui-même.

— Mon frère se trompe, répondit-il en souriant; cette nouvelle ne m'affecte en aucune sorte. Que m'importe ces hommes, à moi!

— Deux d'entre eux sont des femmes, je le suppose du moins, insinua le Cougouar.

Le montonero feignit de ne pas entendre cette remarque charitable; il se détourna pour dissimuler le trouble qu'elle lui causait, et, penchant la tête en avant :

— Entendez-vous? dit-il en leur faisant signe de prêter l'oreille.

— Nous entendons depuis longtemps, répondit Gueyma.

— Les fauves se rapprochent; ils rôdent aux environs. Je ne sais pourquoi j'éprouve en ce moment un grand désir de les abattre, dit le montonero.

— Désir facile à satisfaire, répondit le vieux chef, les lions seront ici avant dix minutes.

— Le croyez-vous?

— J'en suis sûr; écoutez.

Les trois hommes s'étaient levés, et la main sur leurs armes, la tête penchée en avant, les yeux fixés sur les taillis et l'oreille au guet, ils demeuraient immobiles.

Quelques minutes s'écoulèrent pendant lesquelles on n'entendait d'autre bruit que ces rumeurs sans nom qui, seules, pendant la nuit, troublent le silence du désert.

Soudain un froissement assez fort suivi d'un craquement de branches se fit entendre dans les hautes futaies qui avoisinaient le campement; puis à deux ou trois minutes d'intervalle, le même froissement fut répété du côté opposé, sur la lisière sombre de la forêt, et dans les basses branches d'un arbre, au milieu d'un fouillis de feuilles, apparurent, brillants comme deux tisons, les yeux d'un fauve.

L'animal, après un moment d'hésitation ou peut-être de crainte, avança peu à peu la tête en lançant à droite et à gauche des regards effarés, puis il commença à ramper doucement le long de la branche sur laquelle il était posté, et bientôt tout son corps s'émergea de l'ombre et se trouva en pleine lumière.

C'était un cougouar ou lion d'Amérique de la plus belle espèce et dans toute la force de l'âge, ainsi que cela était facile à reconnaître à sa peau qui, au lieu d'avoir la livrée, c'est-à-dire au pelage laineux parcouru de petites raies brunes transversales, était d'un fauve agréable et uniforme, sans aucune tache; ses oreilles, qui tenait couchées en arrière, étaient noires ainsi que l'extrémité de sa queue; sa longueur totale atteignait environ deux mètres cinquante centimètres.

Il était couché ou plutôt rasé sur la branche où il se tenait; sa tête était posée sur ses pattes de devant elles-mêmes, sa queue battait ses flancs avec force par un mouvement saccadé, et ses regards se dirigeaient avec une fixité étrange sur le feu derrière lequel les trois hommes étaient embusqués; après quelques minutes de cette contemplation singulière, le lion retroussa ses lèvres, ouvrit démesurément sa gueule sanglante, et poussa un sourd rauquement; au même instant, un rauquement semblable éclata, mais si intense et si rapproché, que, malgré tout leur courage, les trois hommes tressaillirent et se retournèrent en même temps que le mouvement instinctif.

À vingt pas d'eux au plus, embusqué aussi sur la basse branche d'un arbre, un second cougouar, en tout semblable au premier, fixait sur eux ses regards étincelants.

La situation se compliquait, et pour tout autre que ces hardis chasseurs aurait été critique.

— Eh bien, dit avec un sourire le montonero, nous sommes plus heureux que nous ne le pensions ; au lieu d'un lion, nous en avons deux.

— Peut-être en aurons-nous trois, répondit Gueyma du même ton.

— Abondance de bien ne nuit pas ; cependant, cela m'étonnerait.

— Écoutez, reprit le chef.

En effet, un froissement assez fort, ressemblant à celui d'une marche précipitée dans les taillis, se faisait entendre depuis quelques instants.

— Ceci n'est pas le bruit causé par le passage d'un fauve, murmura le vieux chef en hochant la tête ; c'est le pas d'un homme.

— Un homme ! s'écrièrent Gueyma et le montonero ; c'est impossible.

— Voyez, reprit le vieillard avec un sourire narquois, me suis-je trompé ?

Au même instant, les broussailles s'écartèrent avec fracas et un homme bondit au milieu du campement.

Cet homme n'était autre qu'Émile Gagnepain ; sa poitrine était haletante ; malgré le froid, son visage, inondé de sueur, témoignait du violent exercice auquel il s'était livré et de la course rapide qu'il venait de faire à travers les halliers, au milieu desquels il avait laissé son chapeau et même des lambeaux de ses habits.

Il tenait un fusil doublé à la main ; d'abord ébloui par le passage subit de l'obscurité à la lumière, le jeune homme ne distinguait qu'imparfaitement les personnes parmi lesquelles il s'était si brusquement introduit ; cependant un instant lui suffit pour reconnaître les deux Indiens, quant au montonero il ne le vit pas.

— Ah ! pardieu, señores, s'écria-t-il en reprenant à grand'peine sa respiration, voilà plus de trois heures que je suis en chasse, je vous en prie laissez-moi tuer ce magnifique animal, c'est le premier de son espèce que j'ai le plaisir d'apercevoir depuis que je suis en Amérique.

— Faites, répondirent courtoisement les deux Indiens en reposant flegmatiquement la crosse de leur fusil à terre.

— Cependant, en cas de danger, je serai prêt à vous venir en aide, don Emilio, dit Zéno Cabral.

Le peintre se retourna vivement.

— Ah ! c'est vous, don Zéno, dit-il en lui tendant la main avec une joyeuse surprise, merci, je suis heureux de vous voir ; quelle rencontre bizarre !

— Très bizarre, en effet.

— Pourquoi donc cet animal ne bouge-t-il pas ?

— Par une raison fort simple, parce qu'il a peur.

— Vous croyez.

— Certes, mais soyez tranquille, bientôt il sera ou plutôt ils seront rassurés.

— Comment ils seront ?

— Dame, regardez de ce côté, voici un second cougouar, il me semble.

— C'est ma foi vrai ; comment les tuer tous les deux.

— Je vous aiderai.

— Vous me ferez plaisir ; je vous avoue que je suis déjà assez embarrassé du premier sans désirer encore avoir maille à partir avec son compagnon.

— Dites sa compagne, celui-ci est une femelle.

— Quel malheur, dit en riant le peintre, de porter le trouble dans un ménage qui paraît si uni... Eh, mais, ajouta-t-il, les voilà qui s'éveillent, il me semble.

— Attention ! ils ne vont pas tarder à nous attaquer.

Les chefs indiens avaient remarqué avec étonnement la reconnaissance opérée entre les deux hommes ; mais comme le moment n'était pas propice pour une explication, ils s'étaient contentés d'échanger un regard d'intelligence entre eux, se réservant, sans doute, de demander plus tard à Zéno Cabral comment il se faisait qu'il paraissait être aussi intimement lié avec un homme qu'il avait, une heure auparavant, déclaré ne pas connaître.

Cependant, bien qu'une dizaine de minutes se fussent écoulées depuis la subite apparition des cougouars et l'arrivée imprévue du jeune Français, les fauves étaient demeurés immobiles sur leurs branches respectives. Ce fait, qui peut sembler extraordinaire, a besoin d'être expliqué.

Bien que le cougouar soit le plus grand et le plus vigoureux carnassier de l'Amérique du Sud, pourtant, tout en faisant d'énormes ravages parmi les troupeaux, et attaquant en général tous les animaux qu'il rencontre, il fuit l'homme, pour lequel il éprouve une terreur instinctive ; ce n'est que poussé dans ses derniers retranchements, et littéralement à son corps défendant, qu'il se résout enfin à lui faire face et à lui tenir tête ; mais alors il devient terrible, se défend avec un acharnement inouï, ne recule pas d'un pouce et ne tombe que mort.

Les deux lions, mâle et femelle, étaient, au coucher du soleil, sortis de leur tanière pour se mettre en chasse. Après avoir parcouru le désert dans toutes les directions, ils avaient aperçu le feu du campement du montonero et, attirés par la lumière, ils s'en étaient peu à peu rapprochés, rampant avec cette souplesse légère et élégante qui caractérise la race féline, bondissant d'un arbre à l'autre et glissant par des mouvements onduleux le long des branches. Mais en apercevant les hommes immobiles et fermes devant eux, ils s'étaient immédiatement arrêtés, espérant sans doute ne pas avoir été vus par leurs implacables ennemis, et songeant déjà à rétrograder et à chercher leur salut dans une prompte fuite. Mais lorsque les chasseurs s'étaient levés en saisissant leurs armes, les cougouars avaient compris que toute chance de salut leur échappait, et qu'ils devaient se préparer à la lutte ; alors ils avaient poussé un rauquement pour s'avertir mutuellement, et, bien que toujours immobiles et indifférents en apparence, ils épiaient le moment de bondir sur les chasseurs du haut de leur forteresse improvisée.

Au cri d'avertissement poussé par le montonero, Émile s'était vivement rejeté en arrière et avait épaulé son fusil.

Presque aussitôt les deux fauves, comme si d'avance ils se fussent entendus entre eux, poussèrent un rugissement de colère et, s'élançant à la fois d'un bond terrible ils se précipitèrent sur les chasseurs.

Mais ceux-ci étaient sur leurs gardes ; sans reculer d'un pas, ils tirèrent les animaux au vol, et, saisissant ensuite leurs fusils par le canon, ils s'engagèrent en combat corps à corps avec les fauves.

Combat terrible, lutte désespérée, où les hommes et les fauves formaient un groupe informe qui se débattait avec fureur sur le sol.

Émile, bien que ce fût la première fois, non seulement son coup de fusil se trouvât acteur dans une si dangereuse chasse, mais encore qu'il vît ce redoutable gibier, avait fait preuve d'un sang-froid remarquable, ne lâchant la détente de son fusil qu'après avoir visé son adversaire avec le plus grand soin ; puis, son arme déchargée, il avait abandonné pour saisir deux pistolets passés à sa ceinture.

Les deux Indiens avaient réussi à se défaire assez facilement de la lionne que Gueyma avait blessée au défaut de l'épaule droite, tandis que la balle du vieux chef lui avait brisé les reins ; l'animal était tombé presque expirant sur le sol, et les dernières convulsions seules de son agonie avaient été à redouter pour eux ; la lutte de ce côté n'avait donc point été longue.

Mais pour le lion, les choses s'étaient passées tout autrement. Bien que les deux balles des chasseurs lui eussent traversé le corps, cependant son élan avait été si bien calculé, qu'il était tombé presque sur le montonero. Celui-ci, renversé par le choc, avait roulé à quelques pas, horriblement froissé et contusionné, à demi-évanoui, et, par conséquent hors d'état de se défendre.

L'animal, lui aussi, avait été étourdi par le bond prodigieux qu'il avait fait. Affaibli par le sang qu'il perdait et qui coulait à flots de ses blessures, il demeura un instant immobile sur ses jarrets tremblants, puis poussant un sourd rauquement de colère en creusant le sable de ses griffes puissantes, tandis que sa queue battait ses flancs haletants, il sembla recueillir ses forces pour s'élancer de nouveau sur l'ennemi étendu à quelques pas devant lui sur le sol.

Émile, dans cette circonstance suprême, ne consultant que son cœur et la situation horrible dans laquelle se trouvait le montonero, résolut de le sauver, fût-ce au péril de sa vie ; armant ses pistolets, il se jeta résolument entre le lion et l'homme.

Le fauve, étonné, effrayé peut-être par l'apparition subite de ce nouvel adversaire qui se plaçait si témérairement à quatre pas au plus de lui, se rassa sur le sol en couchant les oreilles, et le regarda d'un œil sournois, en faisant entendre ce grondement sourd et saccadé qui, chez les animaux de la race féline, dénote le dernier paroxysme de la colère.

— Ma foi, murmura le Français avec un sourire narquois, tout en regardant bien en face mon formidable adversaire, voilà ce qu'appelle un beau duel, et si je succombe, au moins cela sera-t-il sous les efforts d'un lion, c'est flatteur.

Et il éclata d'un rire si franchement joyeux, que les chefs indiens, malgré leur impassibilité habituelle, ne purent réprimer un geste d'étonnement ; ils croyaient que la terreur avait fait perdre la tête au pauvre garçon.

Il n'en était rien, au contraire ; jamais Émile n'avait été plus maître de lui, jamais ses pensées n'avaient été plus nettes et son sang-froid plus grand ; le jeune Français et enfant de Paris avant tout, en face du danger le caractère gouailleur du gamin avait repris le dessus, et il n'avait pas voulu jouer sa vie sans risquer une dernière plaisanterie.

Tout en parlant, il avait froidement levé ses pistolets, et, au moment où le tigre se roidissait sur ses jarrets pour s'élancer sur lui, il lâcha les détentes.

L'animal bondit sur place en poussant un rugissement terrible et retomba mort ; il avait été littéralement foudroyé.

— Ma foi, dit le peintre en riant, je croyais que c'était plus difficile que cela ; le lion me fait l'effet d'avoir usurpé sa réputation, ou bien il faut qu'il ait considérablement dégénéré ; c'est égal, c'est une chasse fort divertissante.

Après cet aparté, il se hâta de s'approcher de Zéno Cabral, auprès duquel se trouvaient déjà les deux chefs.

Celui-ci avait repris connaissance et, aidé par ses amis, il essayait de se remettre debout, honteux, lui, le hardi et expert chasseur d'avoir été si rudement mené par une bête fauve.

En apercevant le jeune homme qui lui tendait la main en souriant, une expression de vive reconnaissance éclaira son mâle physionomie.

— Don Emilio, lui dit-il avec une émotion profonde, cette fois encore je vous dois la vie ; jamais je ne pourrai m'acquitter envers vous.

— Peut-être, señor, répondit affectueusement le jeune homme.

— Oh ! s'écria-t-il avec effusion, je vous le jure, don Emilio, sur ce qui existe de plus sacré au monde, quoi que vous exigiez de moi, à quelque époque et en quelque lieu que ce soit, je le ferai sur l'heure, sans hésitation ; s'agirait-il de vous donner cette vie que deux fois vous avez sauvée, et qui désormais vous appartient.

— Je retiens votre parole, señor don Zèno, répondit sérieus-ment le jeune homme, et je vous la rappellerai dans l'occasion.

— Toujours vous me trouverez prêt à la te nir.

Et trop faible pour rester plus longtemps debout, il s'assit devant le feu; ses amis prirent place à ses côtés.

XXV

Explications.

Le feu avait été rallumé; les quatre hommes, vaincus par le sommeil et fatigués de la lutte qu'ils avaient été contraints de soutenir contre les lions, s'étaient enveloppés dans leurs ponchos et leur-couvertures, et n'avaient pas tardé à s'endormir.

Au moment où le soleil parut à l'horizon, tous quatre s'éveillèrent presque en même temps.

Zéno Cabral, grâce au repos qu'il avait pris, était presque entièrement remis, et à part quelques douleurs sourdes dans les articulations, il s'était réveillé frais, dispos et en état de continuer son voyage.

Le premier soin du montonero, en s'éveillant, fut de se lever et de courir à son cheval, qu'il commença à étriller et à bouchonner soigneusement; puis il lui donna la provende.

Ce devoir accompli, le jeune homme revint à petits pas rejoindre ses compagnons, qui s'étaient conten és de le suivre de l'œil quand ils l'avaient vu se lever, sans lui adresser une question et sans manifester la moindre curiosité de savoir ce qu'il allait faire.

Quant au peintre, il avait rôliré de sa gibecière quelques palomas, les avait plumées, puis après les avoir enfilées dans la baguette de son fusil, il les avait placées sur le feu, en glissant en même temps des patatas douces sous les cendres chaudes.

Le Français songeait au solide, les événements de la nuit lui avaient ouvert l'appétit et il se préparait à déjeuner.

La grande hâte mise par le montonero à s'occuper de son cheval, n'était qu'un prétexte pour remettre de l'ordre dans ses idées et se préparer à répondre aux questions que, sans doute, lui adre-seraient les chefs Indiens. La surprise qu'ils avaient témoignée en voyant qu'il connaissait don Emilio ne lui avait pas échappé; il ne voulait pas laisser à leurs doutes le temps de se changer en soupçons, il connaissait la méfiance instinctive des Indiens, et il était de la plus haute importance pour lui de ne pas l'éveiller; aussi résolut-il d'aborder la difficulté de front afin d'éviter les commentaires désagréables.

— Eh! don Emilio, dit-il gaiement au jeune peintre en prenant place à ses côtés; vous êtes homme de précaution, il me semble; diable, voilà un succulent déjeuner que vous préparez-là.

— Déjeuner, dont vous et ces caballeros, prendrez votre part, je l'espère, répondit gracieusement le jeune homme.

— Pour ma part, j'accepte avec le plus grand plaisir; maintenant, ajouta-t-il en changeant de ton , me permettez-vous de vous adresser une question?

— Deux, si cela peut vous être agréable, señor.

— Vous me pardonnerez cette apparente indiscrétion dont l'intérêt que je vous porte est la seule cause.

— J'en suis persuadé, señor; mais vous pouvez parler; je n'ai, grâce à Dieu, à redouter d'indiscrétion d'aucune part.

— Puisqu'il en est ainsi, et je vous en félicite, je m'explique sans crainte.

— Pardieu, fit Emile, en retournant la broche sur laquelle il concentrait toute son attention, parlez, cher seigneur, ne vous gênez pas le moins du monde.

Les deux chefs, indifférents en apparence à cette conversation qu'ils comprenaient parfaitement, car elle avait lieu en espagnol, y prêtaient une oreille attentive.

— D'abord, reprit le montonero, permettez-moi de m'étonner, de vous rencontrer ici lorsque je vous croyais bien loin dans une autre dir ction.

— La chose est pourtant fort simple; après le temporal qui nous avait assaillis près de la vallée del Tambo, lorsque vous nous avez si laissés ainsi que le señor Pincheyra, je vous avoue que mes compagnons et moi nous nous sommes trouvés fort embarrassés.

— Comment! le señor don Pablo Pincheyra vous quitta si subitement? s'écria le montonero avec une feinte surprise.

— Mon Dieu! oui, répondit le jeune homme avec bonhomie; il prétexta que nous étions assez loin de so n camp pour que son escorte nous fût inutile, et que, puisque vous aviez jugé convenable d'aller à vos affaires, il ne voyait pas de motifs pour ne pas aller aux siennes; et là dessus, il nous fit ses compliments et partit; ce dont, entre nous, je fus assez aise, car malgré toute la courtoisi- dont le señor don Pablo a fait preuve à notre é gard, sa compagnie, je vous l'avoue, ne m'était nullement agréable.

— Mais les personnes avec lesquelles j'étais sorti du camp de Casa Trama et que je vous avais recommandées avant mon départ?

— Le señor don Pablo ne s'occupa nullement d'elles, et après avoir pris congé de moi en deux mots, il s'éloigna avec ses partisans.

— Ah! et alors?

— Alors, ma foi, je me mis en route de mon côté, un peu à l'aventure et assez embarrassé, ainsi que je le vous l'ai dit; heureusement pour moi et pour les personnes qui m'accompagnaient, au moment où, perdus dans les montagnes, nous errions à travers des sentiers inconnus sans savoir de que l côté diriger nos pas, la Providence nous fit rencontrer une troupe nombreuse de cavaliers Indiens.

— Comment, interrompit vivement Zèno Cabral, ces blancs dont vous me parliez cette nuit, chef, sont...?

— Ce caballero et les personnes de sa suite, répondit le vieux chef en baissant affirmativement la tête.

— Voilà, sur ma foi, un hasard tout à fait extraordinaire et auquel j'étais loin de m'attendre; j'étais si loin de-supposer que ce fût vous, que, sur la demande que m'avait adressée le chef à ce sujet, j'avais résolument répondu que je ne vous connaissais nullement; n'est ce pas, chef?

— Effectivement, dit le chef dont tous les soupçons s'étaient subitement évanouis devant cette franche explication.

Le montonero comprit qu'il avait atteint le but vers lequel il tendait; il jugea inutile d'insister davantage sur un sujet désormais sans intérêt pour lui.

— Vous n'avez pas d'autres questions à m'adresser, señor? lui dit alors le peintre d'un ton légèrement goguenard.

— Je crains de vous fatiguer ou de vous paraître indiscret.

— Bah! pendant que vous y êtes, ne vous gênez pas.

— Eh bien, puisque vous me le permettez, je vous demanderai encore une chose.

— Faites; je vous répondrai, soyez tranquille.

— Eh bien, je désirerais savoir si le hasard seul vous a conduit ici cette nuit ou bien si vous êtes venu directement et avec intention?

— Les deux m'ont conduit ici, répondit le jeune homme d'un ton légèrement sardonique.

— Ce qui veut dire?

— Tout simplement ceci : éveillé par les raquements des lions, la pensée m'est subitement venue de les chasser; je suis Français, Parisien; ce que je me mets une fois dans la tête, coûte que coûte il faut que je l'exécute; aussitôt ma résolution bien arrêtée dans mon esprit, je me suis levé, j'ai saisi mon fusil, et, sans autre indication que les raquements des fauves, je me suis mis à leur poursuite, bien déterminé à ne rentrer au camp, que lorsque je les aurais vus face à face et que j'aurais eu maille à partir avec eux. Le hasard les a conduits de ce côté, je les ai suivis, voilà toute l'histoire; en êtes-vous satisfait? ajouta-t-il en lui lançant un regard d'une expression singulière.

— Parfaitement, cher seigneur, répondit le montonero, et il ajouta mentalement : Cette chasse au lion n'est qu'un prétexte; il me cache quelque chose, je veillerai.

— Et maintenant, si cela vous convient, señor, reprit le jeune homme, nous allons déjeuner, n'est-ce pas?

— De grand cœur, répondit le montonero.

Les palomas furent sorties de la broche, les patatas douces retirées de dessous la cendre, et le déjeuner commença. Il est inutile d'ajouter que les quatre convives firent honneur à ce repas improvisé; ils semblaient lutter d'appétit entre eux; seulement lorsque le moment de boire fut venu, les chefs guaycurus, selon la coutume de leur nation, se contentèrent de l'eau pure de la source qu'ils puisèrent dans des couis destinés à cet usage, tandis que les blancs, dont le goût était plus raffiné ou plus... comme cela plaira le mieux au lecteur, mêlèrent à cette eau quelques gouttes d'aguardiente blanche de Pisco, dont le montonero avait une ample provision dans sa gourde.

Le repas terminé, et il ne dura pas plus d'un quart d'heure, car les ha-ards de la vie du désert rendent sobre, les cigarettes furent allumées.

— Je crois, dit alors Emile en s'adressant aux chefs, qu'il serait temps que nous retournassions au camp; nos compagnons doivent être inquiets de notre longue absence, et, si rien ne retient en ce lieu le señor Zèno Cabral, sans doute, il nous fera l'honneur de nous accompagner.

— Ce serait avec le plus vif plaisir que j'accepterais votre offre obligeante, caballero, répondit le montonero; malheureusement, mon chemin à moi est diamétralement opposé à celui que vous semblez suivre; de plus, je suis fort pressé d'arriver où je vais; de sorte qu'à mon grand regret je suis contraint de décliner votre invitation, si gracieuse et si honorable pour moi.

— Permettez-moi alors, caballero, de prendre congé de vous, répondit le jeune homme en se levant.

— Vous ne partirez pas sans emporter la peau de votre lion, caballero?

— Et celle de la lionne, que je suis heureux de vous offrir, ajouta Gueyma, pour vous prouver, señor, l'estime que je fais de votre courage.

— Je vous remercie et j'accepte, dit joyeusement le jeune homme; malheureusement, je suis fort maladroit, je ne sais comment m'y prendre pour dépouiller ces nobles bêtes.

— Veuillez nous permettre d'échanger quelques courtes paroles avec notre ami; nous serons heureux ensuite de vous rendre ce léger service et de vous accompagner au camp.

— Soit, señores, je suis à vos ordres, répondit le jeune homme en s'étendant de nouveau sur l'herbe, que je ne vous gêne pas; et il ajouta intérieurement :Peut-être ainsi apprendrai-je quelque chose.

Mais l'espoir du peintre fut complètement déçu; il eut beau ouvrir les oreilles et prêter la plus sérieuse attention à ce qui se disait, il lui fut impossible, non pas d'entendre, car les interlocuteurs parlaient à haute voix, mais de comprendre un seul mot de toute la conversation, par la raison fort simple que, soit par méfiance, soit parce qu'il leur était plus facile d'exprimer leurs pensées en cette langue, la conversation des trois hommes avait lieu en guaycurus, idiome complétement inintelligible pour l'écouteur, qui en fut pour sa courte honte, mais qui, selon son habitude, prit assez galement son parti de cette contrariété qu'il n'avait pas prévu.

La conversation dura plus d'une heure sur un ton fort animé; enfin, les trois interlocuteurs se levèrent et semblèrent prêts à prendre congé; Zèno Cabral se tourna alors vers Emile, toujours couché sur l'herbe et fumant nonchalamment son cigare; il lui tendit la main en lui disant du ton le plus amical :

— Je pars, señor don Emilio; nous nous quittons dans de bons termes, je l'espère?

— Je ne vois pas pour quels motifs il en serait autrement, señor, répondit le jeune homme en serrant légèrement la main qui lui était tendue; puisque vous nous quittez, il ne me reste plus qu'à vous faire mes adieux et à vous souhaiter bon voyage.

— Merci; adieu don Emilio, et il se dirigea vers son cheval qu'il commença à seller et à brider.

Le peintre français s'était levé et s'était approché des bêtes fauves que les chefs indiens, aussitôt leur entretien terminé, s'étaient mis en devoir d'écorcher; le jeune homme était désireux d'assister à cette curieuse opération que les Guaycurus, armés seulement de leurs couteaux, exécutaient avec une adresse et une rapidité inimaginable.

Zèno Cabral était monté à cheval.

— Don Emilio! cria-t-il au jeune homme.

— Que me voulez-vous, señor? répondit celui-ci.

— Je vous ai dit adieu, je crois, tout à l'heure?

— Vous m'avez, en effet, dit adieu, señor.

— Alors, je me suis trompé, c'est au revoir que j'aurais dû vous dire; car, je ne sais pourquoi, mais j'ai la conviction que nous nous reverrons bientôt.

— Moi aussi, répondit le peintre en le regardant fixement.

— Que voulez-vous dire? demanda Zèno Cabral avec un léger froncement de sourcil.

— Rien autre que ce que vous dites vous-même, señor; vous avez une conviction, moi un pressentiment; que d'étonnant à cela? Il existe, vous ne l'ignorez pas, certaines sympathies inexplicables; au revoir donc, señor Zèno Cabral.

Le partisan l'examina un instant avec une attention profonde; puis, paraissant prendre une résolution subite :

— Au revoir, señor don Emilio, lui dit-il d'une voix sombre: et, portant la main à son chapeau qu'il souleva légèrement, il rendit la bride, fit sentir l'éperon et partit ventre à terre.

Le jeune homme le suivit assez longtemps du regard dans les sinuosités de la route; lorsqu'enfin il eut disparu à la lisière d'une forêt dans laquelle il s'enfonça sans ralentir l'allure de sa monture, le peintre hocha la tête à plusieurs reprises et rejoignit à pas lents les chefs en murmurant en aparté, selon sa coutume :

— Il y a évidemment quelque chose... plus que jamais il faut veiller!

Les deux chefs, après avoir écorché les lions, étaient en train de frotter l'intérieur des peaux avec de la cendre, précaution indispensable et destinée à les préserver de la décomposition, ce qu'il fût possible de les faire sécher au soleil, selon la coutume adoptée en ce pays, et qui, ceci soit dit en passant, conserve parfaitement les peaux, en laissant à la fourrure tout son luisant.

Il était environ sept heures du matin: le camp des Guaycurus ne se trouvait qu'à une demi-lieue tout au plus de l'endroit où le partisan s'était établi pour la nuit; cette distance pouvait donc être franchie en fort peu de temps; d'ailleurs, les chefs savaient fort bien qu'Arual ne donnerait pas l'ordre du départ avant leur retour; aussi, ne s'étaient-ils aucunement hâtés.

— Eh bien! leur demanda le peintre, que faisons-nous maintenant, chefs?

— Ce que vous voudrez, señor, répondit le Cougouar; les peaux sont préparées, il ne s'agit plus que de les charger sur nos épaules.

— Ce soin me regarde, fit le jeune homme; déjà je vous ai donné assez de peine.

Le vieux chef sourit doucement.

— Laissez-moi en porter une, et chargez-vous seulement de l'autre.

Le peintre n'insista pas; bientôt il reconnut la justesse de l'observation du vieil Indien; la peau qu'il avait mise sur ses épaules, tout humide encore, était fort lourde et surtout fort difficile à porter; s'il lui avait fallu se charger des deux, le poids l'aurait évidemment accablé.

Comme il ne leur restait rien à faire au campement du partisan, ils s'éloignèrent alors, abandonnant les cadavres sanglants des lions aux vautours, qui depuis longtemps tournoyaient en longs cercles au plus haut des airs, et qui s'abattirent dessus avec de rauques et discordants cris de joie, aussitôt que les hommes eurent disparu.

Ceux-ci avaient repris, en marchant de ce pas gymnastique particulier aux Indiens et qui en un laps de temps fort court leur fait franchir de grandes distances, le chemin de leur camp, suivis à grand'peine par le Français, qui était presque toujours forcé de courir pour ne pas être laissé en arrière, ce dont il maugréait, du reste, de tout son cœur.

Nous expliquerons en deux mots au lecteur, qui se doute déjà probablement que le peintre a fait une histoire forgée à plaisir au partisan, quel motif avait amené si à l'improviste le jeune homme au campement de Zèno Cabral.

Pour cela, il nous faut rétrograder de quelques heures et revenir au moment où le Cougouar et Gueyma, après s'être longtemps entretenus avec Arual autour du feu du conseil, s'étaient levés, avaient fait le tour du camp pour s'assurer que tout le monde dormait bien réellement, puis s'étaient éloignés sous le prétexte d'aller à la découverte et de reconnaître un feu qu'on voyait, dans la nuit, briller comme un phare solitaire à une assez courte distance.

Après leur départ, Arual s'était assuré du sommeil calme et tranquille d'Œil-de-Colombe, avait étendu plusieurs fourrures sur elle, afin de la préserver du froid piquant de la nuit; puis, s'enveloppant dans ses fourrures, le chef s'était couché non loin de la jeune fille et n'avait pas tardé à s'endormir.

Nous avons dit assez souvent que les Indiens se gardent mal lorsqu'ils ne soupçonnent pas avoir d'ennemis auprès d'eux; cette particularité est d'une exactitude que les faits sont venus malheureusement trop souvent justifier, car maintefois cette négligence a causé la surprise, et par suite le massacre de détachements nombreux, attaqués pendant leur sommeil par des ennemis aux aguets.

Dans le désert où ils se trouvaient ce moment comptes les Guaycurus, une surprise n'était pas à redouter; d'ailleurs, leurs deux chefs les plus expérimentés battaient l'estrade et les avertiraient au moindre danger; ils n'avaient donc rien à craindre; aussi les sentinelles, peu vigilantes, s'étaient-elles laissé aller au sommeil aussitôt qu'elles avaient été certaines que personne ne les surveillait plus.

Une demi-heure environ après le départ des chefs, Emile Gagnepain, commodément couché auprès d'un feu, se débarrassa des fourrures qui lui couvraient le visage. Relevant en ce moment la tête, et le bras appuyé à terre pour se soutenir, il regarda curieusement autour de lui.

Le silence le plus profond régnait dans le camp.

Après un instant d'un sérieux examen, le jeune homme, convaincu que tous les guerriers dormaient, et que, par conséquent, personne ne songeait à l'épier, se leva, passa ses pistolets à sa ceinture, saisit son fusil, et d'un pas léger comme serait celui d'un spectre, si les spectres marchaient, il se dirigea vers une enramada, située à quelques pas seulement du feu, et en travers de laquelle un homme était couché.

Si léger que fût le pas du peintre, cependant cet homme l'entendit et releva brusquement la tête; Emile se pencha à son oreille, lui dit quelques mots, et l'autre se recoucha sans plus s'occuper de lui.

Le jeune homme entra dans l'enramada qui servait de refuge à la marquise et à sa fille.

La marquise ne dormait pas; le dos appuyé au tronc d'un arbre, elle tenait sur ses genoux la tête charmante de sa fille plongée dans un calme et bienfaisant sommeil.

La lune répandait sous l'enramada une clarté douce et voilée qui, cependant, permettait, toute faible qu'elle fût, de distinguer assez nettement les objets.

La marquise vit à l'arrivée du jeune homme; elle se préparait sans doute à l'interroger, mais celui-ci mit vivement un doigt sur ses lèvres pour lui recommander la prudence et vint prendre place à ses côtés, non cependant sans avoir jeté sur le délicieux visage de doña Eva un regard chargé d'amour et d'admiration; mais il avait aussitôt détourné la tête en étouffant un soupir.

La marquise, inquiète de la visite insolite du jeune homme à une pareille heure, attendait avec impatience qu'il lui plût de s'expliquer.

— Rassurez-vous, madame, lui dit-il à voix basse se penchant à son oreille; jusqu'à présent, Dieu en soit loué, nous n'avons, je le crois, rien à redouter, et je ne viens pas vous annoncer une mauvaise nouvelle.

— Cependant, répondit-elle sur le même ton, vous n'avez pas, sans de sérieux motifs, interrompu votre sommeil, et ma visage de ce qui pourrait arriver, quitté votre feu pour vous rendre ici.

— J'ai, en effet, un motif pour me rendre ici, madame, mais ce motif ne repose que sur des craintes peut-être exagérées et des soupçons qui, je me plais à le croire, sont mal fondés.

— Expliquez-vous, je vous en supplie, don Emilio, vous redoublez mon inquiétude au lieu de la calmer.

— Voici le fait, madame; depuis plusieurs jours déjà, j'ai, à plusieurs reprises, entendu prononcer, par les chefs de ce détachement, le nom de votre implacable ennemi, don Zèno Cabral.

— Ah! fit-elle avec une émotion soudaine, ces gens sont ses amis, alors ils s'entendent avec lui; nous sommes perdus.

— N'allez pas aussi vite et aussi loin, madame, rien ne prouve que cette supposition soit justifiée, bien que, cependant, nous devions redoubler de prudence et nous tenir sur nos gardes.

— Voyons, cher don Emilio, je vous en supplie, ne me laissez pas dans cette situation; s'il y a quelque chose, n'est-ce pas? Vous n'êtes pas homme à vous effrayer ainsi pour une ombre.

— Ce qu'il y a, je l'ignore, madame; seulement, au cas où il y aurait quelque chose, je suis résolu à le savoir; voilà pourquoi j'ai osé venir troubler votre repos.

— Mais enfin, que s'est-il passé, voyons? reprit-elle avec instance.

— Moins que rien, madame.

— Ah! vous venez enfin de l'avouer... Je savais bien qu'il y...

— Pardon, madame, interrompit-il vivement, vous vous méprenez; voici le fait en deux mots.

— Dites vite, je vous en prie, vous me faites mourir avec tous ces ménagements et toutes ces circonlocutions.

— Le fait, le voici : vous ne tarderez pas vous-même à juger de son insignifiance.

La marquise ne put retenir un vif mouvement d'impatience.

Le jeune homme reprit :

— Ce soir, dit-il, les trois chefs guaycurus ont eu entre eux un long entretien autour du feu du conseil; puis, à la suite de cet entretien, le Cougouar et Gueyma, après avoir fait une ronde dans le camp, afin sans doute de s'assurer du sommeil de tous les guerriers, sont sortis, pour aller, ont-ils dit, à la découverte.

— Ils sont sortis à cheval?

— Non, à pied.

La marquise demeura un instant rêveuse, puis, relevant la tête :

— Je ne vois-là rien d'extraordinaire, ni qui doive nous inquiéter? dit-elle.

Mais en voyant la marquise aussi complètement rassurée, à son tour le jeune homme devint soucieux.

— Il n'y aurait, en effet, rien d'inquiétant dans cette sortie, répondit-il, si elle n'était pas motivée par autre chose que par le désir de battre l'estrade.

— Elle a un autre motif?

— Oui, madame.

— Ah! fit-elle; et ce motif, vous le connaissez?

— Je crois le connaître, du moins.

— Quel est-il?

— Sans doute, le désir d'aller visiter les individus campés auprès de nous, et dont on aperçoit d'ici le feu briller dans les ténèbres.

— Oh! fit la marquise avec un tressaillement de crainte, vous avez raison, ceci est fort sérieux. Que comptez-vous faire, don Emilio?

— J'ai le projet de sortir du camp à mon tour, de suivre de loin les chefs, de m'assurer de la direction qu'ils prennent, et à leur suite d'aller, moi aussi, visiter ce campement, où peut-être je rencontrerai des visages de connaissance.

La marquise hocha la tête avec tristesse.

— Vous courrez un grand danger dans cette excursion, dit-elle. Don Emilio, nous n'avons que vous sur le dévouement de qui nous puissions compter.

— Je vous remercie sincèrement de cette bonne opinion que vous daignez avoir de moi, madame, et pour la justifier davantage, je vais m'éloigner au plus tôt; je n'ai déjà que trop perdu de temps.

— Mon Dieu! si vous êtes découvert!

— Je prendrai des précautions pour ne pas l'être, madame.

— Ces Indiens sont si subtils!

— Bah! s'ils me découvrent, j'en serai quitte pour inventer un prétexte quelconque qu'ils accepteront les yeux fermés; mais je veux m'assurer si mes conjectures sont justes. Je vous quitte, madame; si je tardais trop à revenir, ne soyez pas inquiète de cette longue absence; je vous engage ma parole d'honneur qu'il ne m'arrivera rien de fâcheux.

— Allez donc, puisque vous l'exigez, répondit-elle avec tristesse, et soyez béni pour ce que vous ne cessez de faire pour ma fille et pour moi.

Le jeune homme salua respectueusement la marquise et quitta l'enramada. À sa sortie du camp, une sentinelle entr'ouvrit à demi les yeux et lui posa la main sur l'épaule.

— Où vas-tu, mon frère? demanda l'Indien.

— J'ai été réveillé par les fauves, je ne puis dormir, je vais essayer d'en tuer un.

— Tu as bonne chasse, répondit la sentinelle, à qui cette raison parut excessivement plausible, en se laissant de nouveau aller sur le sol et en fermant les yeux.

— Tiens, dit Emile dès qu'il fut seul, voilà mon prétexte tout trouvé; je n'ai plus besoin de me cacher maintenant : cet imbécile de factionnaire a bien fait de m'interpeller brusquement; grâce à lui, j'ai trouvé ce que je cherchais.

Et le jeune homme se mit à rire à cœur joie.

Les choses avaient mieux tourné pour le

Français qu'il n'eût osé le supposer lui-même. Car il n'avait pas eu besoin de donner de prétexte, et son explication avec Zéno Cabral avait été tout amicale.

XXVI

Événements

Grande fut la surprise de la marquise lorsque, vers huit heures du matin environ, elle vit entrer dans le camp le jeune peintre en compagnie des deux chefs guaycurus et portant fièrement sur son épaule les dépouilles opimes d'un lion, ce roi si redouté du désert

La longue absence du jeune homme, qui s'était, ainsi que nous l'avons dit plus haut, prolongée pendant la nuit tout entière, commençait à sérieusement inquiéter la marquise, qui, de même que toutes les personnes éprouvées par de longs malheurs souvent immérités, était prompte à supposer, même aux événements les plus simples et les plus fortuits, des dénoûments lamentables. Déjà se laissant aller au cours de ses pensées, elle se figurait que le jeune homme, surpris par les Indiens en flagrant délit d'espionnage, avait été tué par eux, et elle se reprochait cette mort supposée comme si elle en avait été réellement cause; les observations de sa fille et celles de Tyro auquel elle avait raconté son entrevue de la nuit avec le peintre, ne parvenaient pas à la rassurer, bien que Tyro, qui était l'homme à qui le jeune homme avait parlé avant de se glisser sous l'enramada, lui affirmât qu'il n'était pas probable que son maître eût été victime de sa curiosité; que, s'il en avait été ainsi, les chefs seraient aussitôt rentrés au camp, et que sans doute, lui, Tyro, ainsi que toutes les personnes de la suite du jeune homme auraient été immédiatement détromptés par eux, afin d'apprendre pour quelle raison don Emilio avait eu la pensée de les espionner.

La marquise, aigrie par de longues souffrances, ne voulait rien entendre, et plus le temps s'écoulait, plus son anxiété devenait poignante.

Mais lorsqu'elle aperçut le jeune homme, dont la démarche était si calme et le visage si radieux, une réaction subite s'opéra en elle, et, sans transition, elle passa de la plus profonde tristesse à la joie la plus vive.

Les guerriers, mis en émoi par l'arrivée de leurs chefs et surtout par l'espèce d'entrée triomphale qu'ils faisaient avec les peaux de lion qu'ils portaient sur l'épaule, s'étaient assemblés à l'entrée du camp, où ils poussaient des cris de joie assourdissants et battaient des mains à tout rompre, oubliant, dans leur enthousiasme, le masque d'impassibilité que continuellement ils conservent sur leur visage.

Le Cougouar et Gueyma, en hommes habitués à de semblables ovations pour des prouesses pareilles, n'hésitèrent pas à rendre au jeune Français la part qui lui était due dans la mort des lions, et racontèrent dans tous leurs détails les faits tels qu'ils s'étaient passés; puis Gueyma, en terminant, donna à Emile la fourrure que jusqu'à ce moment il avait conservée sur son épaule.

À cette action faite si noblement devant tous les guerriers assemblés, les cris redoublèrent et l'enthousiasme fut porté à son comble.

Les Guaycurus qui, jusqu'alors, avaient eu le Français en assez mince estime, à cause de la répulsion instinctive qu'ils éprouvent pour les blancs en général, lui donnèrent leur véritable considération, et cela devait être ainsi, car le jeune homme avait fait preuve d'un grand courage, vertu que les Indiens honorent plus que toutes les autres.

Emile, assez satisfait de son ovation fortuite, non que son orgueil fût flatté des

louanges que lui adressaient les Guaycurus, mais parce qu'il espérait que, grâce à ce retour de l'opinion publique en sa faveur, il jouirait de plus de liberté au milieu des Indiens et pourrait plus efficacement protéger les deux dames, se déroba, aussitôt que l'occasion s'en présenta, à l'empressement que plutôt à l'engouement dont il était l'objet; et, accompagné de Tyro, qui s'était chargé des fourrures, qu'il amairait en amateur, il se dirigea en toute hâte vers l'enramada, afin de rendre à la marquise compte de son expédition de la nuit.

Les deux dames, assises côte à côte devant l'enramada, protégées par les Gauchos qui se tenaient respectueusement à quelques pas d'elles, ne comprenaient rien à ce qui se passait dans le camp et aux cris joyeux que poussaient incessamment les Indiens. Leur complète ignorance de la langue guaycurus faisait que, malgré elles, elles éprouvaient une inquiétude secrète, ne sachant à quelle cause attribuer l'émoi général; trop éloignées du théâtre de l'action pour bien juger de ce qu'on faisait, mais assez rapprochées cependant pour voir que le jeune peintre était le centre de groupes de guerriers qui gesticulaient avec animation et, ainsi qu'elles le supposaient, avec colère. Aussi fut-ce avec un sentiment de vive satisfaction que la marquise et sa fille reconnurent que le jeune homme s'était enfin débarrassé de ceux qui l'entouraient et accourait vers elles.

La marquise avait hâte d'apprendre des nouvelles; aussi à peine si elle permit au Français de la saluer, tant son anxiété était grande.

Emile lui raconta alors de point en point tout ce qui s'était passé entre lui et les chasseurs depuis son départ du camp jusqu'à son retour, en appuyant sur la façon dont les deux chefs s'étaient directement dirigés vers l'endroit où brillait le feu solitaire, comme s'ils fussent allés à un rendez-vous assigné d'avance, et quel était l'homme qu'ils y avaient rencontré.

Après ce récit que la marquise avait écouté avec l'attention la plus soutenue, sans l'interrompre une seule fois, il y eut un instant de silence.

— Ainsi, dit enfin la marquise avec inquiétude, vous croyez être certain que cet homme attendait bien réellement les deux chefs guaycurus, et que ce n'est pas le hasard qui l'avait fait choisir ce campement de nuit?

— Je le jurerais, señora, répondit vivement le jeune homme. Caché dans les buissons depuis quelques instants, non seulement toutes leurs paroles arrivaient distinctement à mon oreille, mais encore le jeu même de leur physionomie ne pouvait m'échapper; la façon dont ils se sont abordés, les premières paroles qu'ils ont échangées entre eux m'ont prouvé que les chefs savaient fort bien devoir rencontrer le partisan à cette place, mais ce sans qu'ils étaient liés à lui par la plus grande intimité et par des intérêts de la plus haute gravité.

— Cet homme est étrange, sa conduite incompréhensible, murmura la marquise avec découragement; partout je le trouve sur mes pas, acharné à ma perte, et de plus, selon toute apparence, disposant d'un pouvoir presque sans limites. Que faire? ajouta-t-elle en laissant, avec découragement, tomber la tête sur sa poitrine.

La marquise, en parlant ainsi, avait plutôt répondu à ses pensées secrètes qu'aux paroles que le jeune homme lui avait adressées; mais si faiblement que ces mots eussent été prononcés, ils furent par elle entendus.

— Madame, répondit-il avec un accent de profonde douleur, je suis bien peu de chose, un étranger jeté par un hasard sur cette terre lointaine, sans amis ni soutien; cependant je ne désespère pas, moi qui ai voué mon existence à vous servir; je lutte sans répit contre vos nombreux ennemis, sans me décourager. Pourquoi me feriez-vous pas pour vous-même ce que moi je tente avec toute l'ardeur d'un dévouement sincère? Pourquoi vous rebuter lorsque rien ne prouve encore que nous échouerons dans la lutte que, depuis si longtemps, nous soutenons, sans avoir jusqu'à présent éprouvé un véritable échec? Notre situation n'est-elle pas en réalité meilleure qu'elle ne l'était lorsque nous nous trouvions à Tucuman, aux mains de vos ennemis, ou prisonniers des Pincheyras, à Casa-Trama? Réfléchissez-y, madame, et daignez m'en croire: ne doutez pas de la puissance et de la justice de Dieu; c'est lui qui a pris votre cause en main, il vous sauvera.

— Le voudra-t-il? murmura douloureusement la marquise, en baissant la tête pour cacher les larmes qui, malgré elle, remplissaient ses yeux.

— Oh! ma mère, lui dit doña Eva avec tendresse, en lui serrant furtivement la main, craignant, à cause du costume qu'elle portait, de se livrer à des témoignages qui eussent divulgué son déguisement qu'elle croyait ignoré de tous.

— Hélas! reprit la marquise avec cette impatience febrile des individus blessés de ne pas être compris de ceux auxquels ils s'adressent, ni l'un ni l'autre vous ne comprenez la situation réelle dans laquelle nous a placés la fatalité. Notre prison pour ne pas avoir de bornes visibles aux yeux, n'en est pas moins sensible, elle s'est agrandie, voilà tout. Au lieu d'être renfermés entre des murailles de pierres, nous sommes, croyez-le bien, retenus par les murailles bien autrement solides que forment autour de nous les forêts, les montagnes et les rivières; notre persécuteur, certain qu'il nous est impossible de lui échapper, dédaigne de se montrer à nos yeux et de nous faire sentir le poids de la chaîne rivée à notre corps, il se contente de nous surveiller de loin, nous laissant ainsi une apparence de liberté qu'il nous ravira lorsqu'il le jugera nécessaire. Oh! depuis bien longtemps déjà son plan m'est connu, j'ai deviné cet homme, la haine est clairvoyante, rien ne la peut tromper: dans huit jours, de main, aujourd'hui peut-être, vous le verrez tout à coup, comme un mauvais génie, surgir devant nous, et alors tout sera fini, nous serons perdus!

Emile et la jeune fille n'essayèrent pas de répondre à ces paroles, dont, malgré eux, la justesse les frappait; Emile surtout, qui ja- mais ne s'était fait illusion sur la position désespérée de la marquise, et que le dévouement et un autre sentiment peut-être qu'il n'osait pas s'avouer à lui-même, retenaient seul auprès d'elle, reconnaissant l'inutilité de ba- nales consolations, dont l'inefficacité lui était surabondamment prouvée; il était évident pour lui que nul pouvoir humain ne par- viendrait à ravir les deux dames aux pour- suites de leur ennemi, ou que, à moins d'un miracle, elles étaient bien positivement per- dues.

Cependant l'enthousiasme des Guaycurus s'était peu à peu calmé; sur l'ordre de leurs chefs, ils s'étaient alors occupés avec leur acti- vité ordinaire de faire leurs préparatifs de départ; on allait monter à cheval pour des- cendre dans les plaines, où on espérait cam- per le soir même.

Bientôt chacun fut en selle; le mot: En avant! retentit, et la troupe quitta le camp.

Emile et Tyro allaient côte à côte, causant entre eux à voix basse, suivis à une courte distance par les deux dames et, ainsi qu'ils le supposaient, par les Gauchos qui condui- saient les mules de charge.

La descente, bien que rapide, était assez fa- cile, ainsi que cela arrive généralement dans ces contrées où les routes sont inconnues et les sentiers tracés, pour la plupart, par les bêtes fauves. Les Indiens suivaient le lit d'un tor- rent desséché, et tout portait à supposer que, longtemps avant le coucher du soleil, on at- teindrait un endroit convenable pour camper sur les bords d'une petite rivière, dont les eaux diamantées par les rayons du soleil ap- paraissaient assez loin dans la plaine, à tra- vers les hautes herbes.

Cette rivière, nommée le rio Vermejo, était un affluent du rio Paraguay et servait de frontière naturelle à l'immense plaine connue sous le nom de Llano de Manco, et qui, pres- que inconnue à cette époque, n'était encore parcourue que par les hordes indomptées des Indios Bravos, dont elle formait un des plus giboyeux territoires de chasse.

Les Guaycurus venaient de traverser à gué le rio Quachipas, affluent considérable du rio Parana, mais presque tari à cette époque de l'année. Le Cougouar donna l'ordre de camper sur la lisière d'un bois de cotonniers, pour reposer les chevaux et laisser passer la grande chaleur du jour.

Les dames, fatiguées de cette longue course (car on marchait depuis près de cinq heures), se retirèrent un peu à l'écart, afin de prendre quelques instants d'un repos qui leur deve- nait indispensable. Emile se préparait à en faire autant, laissant à Tyro le soin des mules et des chevaux, et déjà il s'était commodé- ment installé auprès d'un buisson parfaite ment abrité du soleil, lorsqu'il aperçut les deux Gauchos arrêtés devant lui, la carabine d'une main et le chapeau de l'autre.

Le jeune homme examina un instant ses deux honnêtes acolytes, pour lesquels, soit dit en passant, il éprouvait une profonde ré- pulsion, bien qu'il s'attachât avec soin à leur cacher ce sentiment, et, à son grand déplaisir, il lui sembla remarquer sur le visage des deux coquins une expression qui lui donna fort à réfléchir.

Les Gauchos demeuraient devant lui silen- cieux et immobiles; le jeune homme, dési- rant faire cesser cette situation embarrassante, se décida à leur adresser la parole.

— Que désirez-vous, señores? leur deman- da-t-il.

Les deux frères échangèrent un regard d'intelligence à la dérobée, semblant s'inviter l'un l'autre à prendre la parole; il paraît que la communication qu'ils voulaient faire était difficile et qu'ils ne savaient trop comment l'entamer, car ils se contentèrent de s'incliner sans répondre autrement.

— Ma foi, señores, dit Emile impatienté de ce mutisme auquel il ne comprenait rien, et désirant s'en débarrasser au plus vite, puis- que vous ne voulez pas parler, vous me per- mettrez de faire la sieste; j'ai grande envie de dormir, et je vous serai obligé de me laisser me livrer au repos.

— Nous aussi, caballero, répondit enfin Sa- catripas en faisant un effort et se décidant enfin à prendre la parole, nous devrions faire la sieste, car le soleil est très chaud, et nous n'avons pas l'intention de vous importuner longtemps; seulement nous désirons vous dire quelques mots auparavant.

— Est-ce pour une affaire importante, se- ñor Sacatripas?

— Fort importante, du moins pour nous, caballero, répondit Mataseis en s'enhardissant et prenant à son tour la parole.

— Très bien, dit Emile, alors faites vite, je vous prie; je vous écoute.

— Señor, reprit Sacatripas complètement remis de l'émotion passagère qu'il avait éprouvée, et prenant un air agréable, nous n'êtes pas, je suppose, sans vous rappeler les conventions que nous avons eu l'honneur de faire avec vous.

— C'est-à-dire, avec le señor Tyro.

— Avec le señor Tyro, soit, caballero; par- donnez-moi si j'insiste sur ce point, vous les rappelez-vous?

— Je vous avoue, en toute humilité, señor, que je ne me rappelle que vaguement ces conditions, et que je vous serais très obligé de me rafraîchir la mémoire à ce sujet.

— Soit, caballero, cela ne sera pas long, dit Mataseis en interrompant avec un gracieux sourire; nous avons stipulé que huit jours avant la fin de chaque mois, nous devrions vous avertir si nous consentions à demeurer à votre service.

— Ah! très bien, je crois en effet mainte- nant que cette clause existe. Alors?

— Señor, interrompit Sacatripas avec un salut courtois, il y a trois semaines que le mois est commencé.

— Ce qui veut dire?

— Dame, caballero, vous comprenez, sans doute, qu'il ne manque plus qu'une semaine pour qu'il soit terminé.

— Je le comprends en effet, caballero, mon intelligence va jusque-là, répondit le peintre en souriant, mais qu'est-ce que cela fait à nos conditions?

— Il me semble, caballero, que cela fait tout, reprit Mataseis.

— Ainsi, répondit nettement Emile, c'est votre congé que vous me demandez, n'est-ce pas, señores?

— On ne saurait l'être davantage, caballero, répondirent-ils tous deux à la fois.

— Je suis heureux que vous nous quittions bons amis; mais pardon, me permettez-vous de vous adresser une question à mon tour, señores?

— Nous serons heureux d'y répondre, ca- ballero.

— Vous n'avez jamais eu à vous plaindre de moi depuis que vous êtes à mon service?

— Jamais! s'écrièrent-ils en posant tragi- quement la main sur la place où ils auraient dû avoir le cœur.

— Alors, peut-être est-ce la mesquinerie de la somme que je vous alloue qui vous engage à vous retirer?

— Oh! firent-ils avec un geste de dénéga- tion.

— Cette somme, si je la doublais?

— Nous en serions désespérés, caballero, mais nous refuserions.

— Si je la triplais? reprit-il en les regar- dant bien en face.

Les bandits baissèrent, malgré eux, les yeux devant le regard fulgurant du jeune homme.

— Nous refuserions encore, caballero, di- rent-ils en détournant la tête.

— Si je la quadruplais? reprit-il dans l'in- tention évidente de les pousser jusque dans leurs derniers retranchements.

Ils hésitèrent un instant, leurs yeux lancè- rent un éclair de convoitise qui s'éteignit aussitôt, et Mataseis, après avoir échangé un regard avec son compagnon, répondit enfin d'une voix étranglée par l'émotion qu'il es- sayait vainement de dissimuler:

— Ce serait avec un épouvantable déses- poir, caballero, mais nous refuserions tou- jours.

— Alors, c'est un parti pris de votre part, señores?

— Parfaitement, caballero.

— Mais vous avez de graves motifs, sans doute, pour agir ainsi?

— Nous en avons deux, caballero.

— Deux. Ah! diable! ce n'est pas beaucoup pour une si sérieuse détermination.

— Ils suffisent, señor, s'ils sont réellement importants.

— C'est juste; votre raisonnement est d'une logique fort serrée; ces motifs, pouvez-vous me les faire connaître?

— Nous n'y voyons pas d'inconvénients, caballero.

— Ah! puisqu'il en est ainsi, je serais char- mé que vous consentissiez à me les dire.

— Avec plaisir, caballero, répondit Mataseis; votre service est fort agréable, — vous voyez que nous vous rendons pleinement justice, — trop agréable même, car nous n'avons rien à faire.

— Comment, rien à faire? s'écria le jeune homme.

— Oui, dans notre partie, repartit Sacatripas en faisant un geste significatif et en portant la main au couteau placé dans sa polena.

— Et cela vous contrarie?

— Considérablement, señor.

— Mais s'il me plaît qu'il en soit ainsi; puisque vous êtes payés malgré cela, que vous importe?

— Beaucoup, caballero; nous sommes des hommes d'action nous autres, señor, des caballeros connus, nous avons une réputation à soutenir; ce n'est pas pour rien qu'on nous a nommés Sacatripas et Mataseis; nous nous rouillons à votre service, señor, et de plus, ajouta-t-il avec dignité, nous vous volons votre argent, cela ne peut durer ainsi.

— Comment vous me volez mon argent?

— Certes, caballero, puisque vous ne nous employez pas.

Le jeune homme fixa sur les bandits, qui, cette fois, le supportèrent la tête haute, un regard d'une expression singulière, puis il reprit :

— Bon, j'admets ce premier motif, voyons le second maintenant.

— Pardon, caballero, c'est que je crains que vous conserviez quelques doutes, fit Sacatripas.

— Pas le moindre, je vous assure; passons donc au second.

— Le second, le voici, señor: nous sommes en ce moment arrêtés près du rio Guachipas, n'est-ce pas?

— Cela, vous devez le savoir mieux que moi.

— C'est, en effet, le rio Guachipas, dit Tyro qui arrivait et qui s'assit auprès de son maître.

— Fort bien, reprit Mataseis en saluant courtoisement le Guaranis, nous avons ce matin traversé le rio Dulu.

— Quel rapport cela a-t-il?... interrompit Emile.

— Pardon, señor, un grand rapport, le rio Dulu se trouve dans la province de Tucuman.

— Le rio Gachipas aussi, fit observer le Guaranis.

— Oui, répondit sans se déconcerter le Gaucho, mais vous traverserez ce soir le rio Vermejo, et le rio Vermejo est dans le llano de Manso et fait partie de la province de Yapizlaga.

— C'est vrai; mais que vous importe?

— Beaucoup, señor, nous ne savons où s'arrêtera votre voyage ni quel peut durer longtemps encore; d'un autre côté, le rio Dulu passe à San-Iago del Estero où nous sommes nés, ou à peu près; nous avons le plus vif désir de revoir notre pays; or, comme nous en sommes en ce moment à une distance comparativement fort courte, nous comptons retourner sur nos pas, suivre les rives de la rivière et rentrer à Santiago le plus tôt possible, afin de rassurer nos familles, ajouta-t-il en prenant un visage piteux, qu'une si longue absence a dû considérablement inquiéter.

Emile et Tyro eurent beaucoup de peine à ne pas éclater de rire au nez des Gauchos à cette singulière sortie.

— Soit, dit enfin le peintre, vous partirez quand vous voudrez; vous êtes libres.

Les Gauchos se confondirent en remerciements, firent leurs saluts les plus gracieux et se préparèrent à se retirer; ils avaient déjà fait quelques pas, lorsque tout à coup Tyro les rappela.

— Eh! señor Sacatripas, eh! señor Mataseis, cria-t-il.

Ils se retournèrent.

— Vous désirez nous parler, señor, demanda Sacatripas.

— Dame! nous avons un compte à régler, il me semble, avant votre départ.

— En effet, señor.

— Et vous vous en alliez comme cela sans réclamer ce qui vous est dû, reprit le Guaranis d'un ton sarcastique qui donna beaucoup à réfléchir aux deux Gauchos qui, en effet, dans leur désir de s'éloigner au plus vite, avaient complétement oublié l'argent; voilà qui est fort gracieux de votre part.

— Je vous prie de m'excuser, señor, répondit avec aplomb Mataseis, nous avions l'intention de vous réclamer cette misère avant de vous quitter.

— Diable! huit onces (1), vous appelez cela une misère; la somme tidessassez rone pourtant et nullement à dédaigner.

— Et nous ne la dédaignons nullement, croyez-le bien.

Tyro retira huit onces d'or d'une poche en cuir qu'il portait toujours sur lui, et les présenta à Sacatripas.

L'œil du Gaucho s'alluma subitement à la vue de l'or, et il avança vivement la main pour le saisir, mais Tyro retira la main, et, paraissant se souvenir d'une chose oubliée :

— A propos, dit-il, vous vous souvenez de toutes les conditions de votre traité, sans doute?

— De toutes, répondit le Gaucho les regards fixés sur les pièces d'or que Tyro s'amusait à faire sauter dans sa main et qui jetaient des reflets fauves aux rayons du soleil.

— Bon, vous savez que vous ne pouvez rien entreprendre contre le señor don Emilio ou ses amis pendant le mois qui suit la rupture de votre traité avec lui.

— Hein? firent les bandits en tressaillant, comme s'ils avaient été piqués par un serpent.

— Dame! c'est écrit, répondit nonchalamment Tyro.

— Vous croyez?

— Voulez-vous le voir?

— C'est inutile; nous nous en rapportons vous, señor.

— C'est égal, si vous le désirez?...

— Non! non! nous nous fions à votre parole.

— Pardon! fit alors observer doucereusement Sacatripas; mais je crois que cette clause ajoute que nous serons libres de cet engagement, sous la condition de ne pas accepter à notre départ le dernier mois de nos appointements.

— Ah! vous voyez bien, s'écria Tyro en riant, que vous vous souvenez de cette clause, et en faisant plus que jamais miroiter l'or aux regards éblouis des Gauchos; ainsi, décidez-vous, mes maîtres, acceptez-vous ou refusez?

— Nous refusons, dit Mataseis.

— Que refuser-vous?

— De recevoir nos appointements, répondirent avec eff rt les deux hommes, dont la langue semblait se coller à leur palais, tant ils éprouvaient de difficulté à articuler ces quelques paroles.

— Bon, vo là qui est convenu, dit Tyro, en remettant l'or dans sa poche en cuir et replaçant celle-ci dans sa poitrine; à bon entendeur salut, nous nous tiendrons sur nos gardes.

— Oh! je ne les crains pas, dit Emile en haussant les épaules avec mépris.

— Caraï! ni moi non plus, fit le Guaranis; cependant, il est bon de savoir à quoi s'en tenir.

— Señor, dit Mataseis en se drapant avec dignité dans les lambeaux de son poncho, vous n'avons pour vous ni haine ni amitié, vous vous êtes indifférent; nous ne nourrissons aucun projet à votre préjudice, mais nous voulons demeurer libres; la liberté vaut mieux que l'or.

Et après cette dernière pantalonnade, les deux Gauchos saluèrent comme l'aurait fait

(1) 680 fr. de notre monnaie.

Scaramouche, et se retirèrent en apparence fort satisfaits d'eux-mêmes.

Emile les suivit un instant du regard, puis se tournant vers Tyro :

— C'est égal, mon ami, lui dit-il en riant, il faut avouer que voilà deux drôles joliment réussis au physique comme au moral.

— Oui, ils sont assez complets.

— Je crois que nous entendrons bientôt parler d'eux.

— C'est probable, répondit le Guaranis en devenant pensif; je les surveillerai.

— Tu auras raison; quant à moi, du diable si je m'en occupe. Sur ce, bonsoir; je vais essayer de réparer le temps qu'ils m'ont fait perdre; je tombe de sommeil; quelle bonne invention que la sieste!

Le jeune homme s'étendit sur l'herbe, ferma les yeux, et, en effet, cinq minutes plus tard, il dormait à poings fermés.

Tyro l'avait quitté.

XXVII

Les Gauchos.

Les Gauchos, en gens bien avisés et sachant qu'ils ne tarderaient pas à avoir besoin de leurs chevaux, s'étaient bien gardés de les desseller; ils s'étaient contentés de leur enlever la brido pour leur donner la facilité de paître l'herbe fraîche et drue de la rive, et, de crainte d'accident, ils les avaient attachés par des lassos au tronc des arbres.

Après l'entrevue dont nous avons rendu compte, ils revinrent prestement retrouver leurs chevaux, ayant, selon toute apparence, une grande hâte de s'éloigner.

Mais au moment de mettre le pied à l'étrier, Mataseis qui, ainsi que le lecteur a été à même de s'en apercevoir, était la forte tête de cette étrange association, s'arrêta subitement, et se tournant vers son ami déjà en selle :

— Eh! compadre, lui dit-il, que faites-vous donc?

— Je pars, vous le voyez bien, répondit l'autre d'un air bourru.

— Vous partez ainsi comme cela?

— Dame! comment voulez-vous que je m'en aille?

— Caraï! comme un véritable caballero que vous êtes, en prenant honnêtement congé de vos compagnons de voyage.

— Au diable les simagrées! fit l'autre en chatouillant de l'éperon les flancs de sa monture.

Mais Mataseis saisit vivement le cheval à la gourmette et le contraignit à demeurer immobile.

— Ce ne sont pas des simagrées, cher compadre, dit-il; au moins que moi ne serait-il posé à en faire, mais il s'agit de choses sérieuses.

— De choses sérieuses? fit Sacatripas avec étonnement.

— Caraï! je le crois bien. Ah! ça où sontez-vous, cher compadre, avez-vous donc oublié que nous, croyez le bien, bien que d'y penser cela me donne la petite mort et j'en ai la chair de poule.

— Bah! rassurez-vous, les choses se passeront mieux que nous ne le supposez; je suis convaincu que ces honnêtes païens seront charmés de nous voir partir.

— Espérons-le, compadre, espérons le; je vous avoue que s'ils ont envie de se débarrasser de nous, il y a entre eux et moi une extraordinaire sympathie, car je désire bien vivement ne plus les voir.

— Bon, vous reconnaissez la justesse de mon argument, alors?

— Comment? si je la reconnais, dites donc que je la proclame! s'écria-t-il avec enthousiasme.

— Puisqu'il en est ainsi, comme il est important pour nous de perdre le moins de temps possible, descendez de cheval et suivez-moi.

— Où allons-nous? demanda Sacatripas en mettant aussitôt pied à terre.

— Près des chefs, caraï! N'est-ce pas à eux que nous devons nous adresser.

Les capitans guaycurus s'étaient assis un peu à l'écart, à l'ombre d'un bouquet d'arbres de haute futaie qui les garantissait complètement des ardeurs du soleil, et au lieu d'imiter l'exemple de leurs guerriers et de se livrer au repos, ils s'entretenaient entre eux de choses graves, sans doute, ainsi que le donnait à supposer leurs gestes remplis de dignité et la façon sérieuse dont celui qui parlait était écouté par les autres.

Malgré la forte dose d'effronterie dont les avait doués la nature, cependant ce ne fut qu'avec un mélange singulier de crainte et de timidité que les Gauchos s'approchèrent des guerriers, devant lesquels ils s'arrêtèrent après les avoir humblement salués.

Arual se tourna vers eux et, après les avoir toisés d'un air de froid mépris pendant une minute ou deux:

— Que voulez-vous? leur demande-t-il en langue espagnole.

— Honorable capitan, répondit Mataseis en faisant un salut qui ressemblait à une génuflexion, mon frère et moi nous aurions l'ambitieux désir d'obtenir de la bienveillante équité de Votre Seigneurie, que... que...

Et le pauvre diable s'arrêta net dans la phrase embrouillée dont il ne savait guère comment sortir, interloqué par le regard terne et dédaigneux du chef.

Celui-ci haussa les épaules avec dédain.

— Au fait, que voulez-vous? expliquez-vous en deux mots?

— Nous désirons partir, reprit Mataseis en prenant son courage à deux mains.

— Comment, partir? êtes-vous donc si pressés? attendez que nous donnions l'ordre de reprendre la marche.

— Votre Seigneurie ne me fait pas l'honneur de me comprendre, vaillant capitan, répondit humblement Mataseis en plus en plus à son aise.

— Nous désirons nous séparer de votre honorable troupe, afin de vaquer à nos affaires personnelles.

— Ah! fit le chef avec un certain éclat dans la voix et en lui lançant un regard perçant; s'il en est ainsi, votre maître connaît-il si peu la courtoisie, qu'il vous envoie à sa place, vers nous, au lieu de nous croit-il au-dessous de lui.

— Votre Seigneurie ne me comprend pas encore, reprit le Gaucho avec un dépit mal dissimulé, mon maître ignore notre démarche auprès de vous, il n'a aucunement l'intention de vous quitter.

— Eh bien, alors, puisqu'il en est ainsi, que me racontez-vous donc depuis un quart d'heure, s'écria le chef, dont à cette nouvelle le visage se rasséréna subitement; allons, allez dormir et ne nous importunez pas davantage. Puis se tournant vers ses compagnons impassibles et muets: Ces blancs, dit-il avec mépris, quand ils ont goûté de l'eau de feu, ils déraisonnent.

— Votre honorable Seigneurie fait erreur, repartit le Gaucho, sans se préoccuper du congé qui lui était donné si vertement, je n'ai pas bu d'eau de feu, ni mon compère non plus. Mon maître nous a renvoyés de son service, ajouta-t-il en se permettant d'altérer légèrement la vérité; nous vous demandons pour ce motif la permission de quitter votre

camp et de nous retirer où bon nous semblera.

— Ah! ah! fit Arual avec un sourire dédaigneux, ce n'est que cela?

— Pas autre chose, honorable capi...

— Allez! allez! partez au plus vite! s'écria le chef en lui coupant la parole; plutôt nous serons débarrassés de vous, mieux cela vaudra.

Et arrêtant d'un geste péremptoire les expressions pompeuses de gratitude et les salutations obséquieuses qu'ils se croyaient obligés de faire, le chef les congédia et reprit immédiatement son entretien avec les capitaos, comme s'il n'avait pas été interrompu par cet incident.

Les Gauchos ne se firent pas répéter l'invitation qui leur était faite, ils mirent immédiatement à profit la permission qui leur était donnée et s'éloignèrent aussitôt au grand galop de leurs chevaux dans la direction du rio Dulu.

Pendant une demi-heure environ, ils marchèrent grand train sans échanger une parole; puis, lorsqu'ils eurent complètement disparu dans les méandres du sentier, qu'ils furent certains que les hautes herbes les cachaient de façon à ne pas risquer d'être aperçus, ils ralentirent peu à peu l'allure de leurs montures, et bientôt ils entrèrent dans un épais fourré, où ils se blottirent, eux et leurs chevaux.

Après avoir mis pied à terre, dessellé leurs montures et s'être assurés, par une minutieuse recherche qu'ils n'avaient provisoirement à redouter ni les yeux ni les oreilles d'un espion quelconque, ils s'étendirent sur l'herbe avec volupté, et désormais débarrassés de tout soucis, ils allumèrent leurs puros qu'ils se mirent à déguster avec béatitude.

— Ah! querido compadre, dit Mataseis en envoyant vers le ciel une longue colonne de fumée bleuâtre, qui sortit à la fois par son nez et par sa bouche, que ces gens-là sont brutes, que c'est bien avec justesse qu'on les nomme gente sin razon (1); ils sont idiots, sur mon âme! Mais que voulez-vous, compadre, nous étions en leur pouvoir; notre vie ne tenait qu'à un fil, j'ai dû faire des concessions.

— Et vous avez parfaitement agi, compadre, répondit Sacatripas; le principal, pour nous, était de nous dépêtrer d'un guêpier, dans lequel nous nous trouvions; nous en voilà hors, tout est pour le mieux.

— Votre approbation m'est bien sensible, mon cher compadre; il est doux d'être compris et apprécié à sa juste valeur.

— Mais, dites-moi un peu, compadre, maintenant que nous voilà seuls et bien certains de ne pas être entendus, nous pouvons parler à cœur ouvert.

— Entre nous, nous ne parlons jamais autrement.

— C'est vrai; la nature nous a créé frères, mais le cœur nous a fait amis.

— Bien dit, Sacatripas, vous avez résumé en deux mots les liens qui nous unissent.

— Merci, répondit modestement Sacatripas. Maintenant si nous causions un peu de nos affaires?

— Je ne demande pas mieux; causons, compadre, le temps est à nous, il nous est loisible de l'employer à notre guise.

— Donc, pour vous parler net, j'ai peur que vous n'ayez commis une erreur.

— Oh! oh! et comment cela, s'il vous plaît?

— Dame! c'est que je ne reconnais pas du tout ce pays, moi.

— Parce que la mémoire vous fait défaut.

— C'est possible, cependant, je ne serais pas fâché, je vous l'avoue, d'être bien fixé à cet égard.

— C'est chose facile; écoutez-moi bien.

— Allez, allez, je vous écoute, compadre.

— Bon, nous avons traversé ce matin le

gué du rio Dulu, n'est-ce pas?

— Oui, nous l'avons traversé.

— Suivez-moi bien.

— Je vous suis.

— Au gué de ce côté-ci de la rivière, nous sommes passés près d'un bouquet d'yeuses, n'est-il pas vrai?

— En effet, à notre droite, je l'ai remarqué.

— Très bien; puis, sur notre gauche, nous avons contourné un morne nu.

— Puis, un brûlis.

— Puis un brûlis, c'est vrai; or, derrière ce brûlis, qu'avez-vous vu?

— Moi!

— Oui.

— Ma foi, attendez donc, je ne me rappelle plus bien.

— Je vois qu'il faut que je vous aide?

— Vous me ferez plaisir.

— Nous avons vu un bois que nous avons traversé, et dont tous les arbres à hauteur d'homme étaient encochés verticalement.

— C'est ma foi vrai; eh bien?

— Eh bien! derrière ce bois se trouvaient des maquis fort épais que nous avons traversés aussi; n'est-ce pas dans ce maquis qu'on nous a dit de nous rendre.

— Oui, mais dans un endroit désigné.

— Bon! comment doit être cet endroit?

— Cette fois, je me rappelle.

— Je ne demande pas mieux que d'en juger.

— Vous allez voir; cet endroit est un taillis au milieu duquel doit s'élever un mélèze.

— C'est fort bien. Regardez autour de vous, nous sommes dans les taillis, et voilà le mélèze ici derrière nous.

— Ma foi, je vous avoue que je ne l'avais pas remarqué.

— Je m'en aperçois.

— Ah! mais attendez donc, fit-il en se frappant le front.

— Quoi encore?

— Sur la première branche du mélèze, il doit y avoir une croix.

— Regardez, cher compadre, regardez, répondit nonchalamment Mataseis.

— Caraï j'en aurai le cœur net, s'écria Sacatripas en se levant et se dirigeant aussitôt vers l'arbre.

Au bout d'un instant il revint, et s'inclinant respectueusement vers son frère qui n'avait pas fait un mouvement et s'était contenté de le suivre seulement du regard:

— Honneur à vous, lui dit-il, vous suivez une piste comme un Indien Pampas; la croix s'y trouve.

— Ne vous l'avais-je pas dit, répondit nonchalamment Mataseis.

— C'est vrai, fit humblement l'autre, vous me l'aviez dit; mais je n'avais pas voulu vous croire.

Il y eut un silence de quelques minutes, pendant lesquelles les deux Gauchos bâillèrent à se démettre la mâchoire; ce fut encore Sacatripas qui reprit la parole.

— Quand doit-il venir? demanda-t-il.

— Il sera certainement ici au coucher du soleil; il lui est impossible de venir plus tôt. Sacatripas leva les yeux au ciel en étouffant un nouveau bâillement.

— Hum! murmura-t-il, il est à peine deux heures de la tarde, nous avons encore trois heures à attendre, c'est bien long.

— Vous vous ennuyez, cher compadre? lui demanda tendrement son frère.

— Je vous l'avoue à ma honte, cher compadre, je m'ennuie considérablement, en effet.

— Eh bon frère, Mataseis lui jeta un regard de commisération.

Sacatripas battit le briquet pour allumer un secónd puro.

— Les heures ne semblent longues lorsqu'on ne fait rien, reprit sentencieusement Mataseis.

— C'est vrai, mâchonna Sacatripas qui allumait son cigare.

— Que pourrions-nous bien faire? dit Mataseis en lui jetant un regard de côté.

— Je ne sais trop; ce que vous voudrez. Le

(1) Gens sans raison, nom que les Espagnols affectent de donner aux Indiens.

17

principal est de tuer le temps.

Mataseis parut réfléchir profondément pendant une minute ou deux; puis il s'écria avec explosion, comme s'il venait enfin de trouver une triomphante idée :

— Eh! mais, j'y songe, cher compadre! si nous faisions un monte?

Et il attendit.

— Au fait, répondit Sacatripas, pourquoi ne ferions-nous pas un monte?

Les deux hommes s'étaient compris.

— Faisons un monte, s'écrièrent-ils en se redressant et en prenant chacun un jeu de cartes crasseux de leur poche, en même temps que, retirant leur couteau de la polena, ils le plantaient dans le sol à portée de leur main.

Ces deux mouvements avaient été exécutés avec un ensemble et une précision admirables, précision qui montrait que malgré la grande amitié dont ils faisaient parade, les deux frères n'avaient pas dans leur honnêteté réciproque une confiance tellement illimitée, qu'ils dussent négliger de prendre leurs précautions pour éviter une légèreté de main souvent préjudiciable dans le maniement des cartes de leur adversaire.

— Que jouons-nous, cher compadre? demanda négligemment Mataseis en battant les cartes avec une dextérité qui prouvait une grande habitude et une longue pratique de ce noble exercice.

— Il nous faut intéresser la partie.

— Certainement, sans cela nous n'aurions pas de plaisir.

— Parfaitement raisonné, si nous jouions l'honneur?...

— Peuh! fit Sacatripas en allongeant les lèvres avec dédain, entre nous, cher compadre, l'honneur ne signifie pas grand'chose, il me semble.

— Que voulez-vous dire? s'écria Mataseis en relevant la tête avec fierté.

— Je veux dire, reprit Sacatripas qui se mordit les lèvres en s'apercevant qu'il avait lâché une sottise, que nous sommes tous deux des caballeros trop accomplis et trop justement renommés pour risquer notre honneur sur une carte.

— Caraï! Voilà qui est bien pensé et délicatement dit! je partage entièrement votre opinion, cher compadre, risquons donc autre chose.

— Il me semble que l'enjeu est facile à trouver. Depuis quelque temps nous avons reçu assez d'onces, sans avoir rencontré l'occasion d'en dépenser aucune honnêtement....

— C'est vrai.

— Si cela vous convient, nous jouerons une once.

— Va pour une once.

— Soit, va pour une once.

Les deux pièces d'or furent mises sur l'herbe. On tira à qui tiendrait la main; le sort favorisa Mataseis, et la partie commença.

Le monte est le lansquenet américain. Ses combinaisons sont les mêmes, à peu de chose près, que celles du lansquenet; seulement, comme on étale plus de cartes à la fois sur la table, les chances du banquier sont plus grandes. Le grand talent consiste à ce jeu-là, comme dans tous les jeux de hasard du reste, à faire adroitement sauter la coupe et à savoir filer la carte, talents que possèdent admirablement les Hispano-Américains, qui, cela soit dit sans intention de froisser leur amour-propre, sont les plus grands tricheurs au jeu du monde entier; ils en remontreraient aux grecs les plus fins de l'Europe, qui sont cependant bien experts en la matière.

La partie que jouaient les deux frères était d'autant plus curieuse, que chacun connaissait à fond les ressources que possédait son adversaire et sa manière de jouer; à force de roueries, sous l'œil vigilant incessamment fixé sur le jeu, ils étaient à leur corps défendant contraints de jouer presque loyalement, d'autant plus qu'ils taillaient tour à tour chacun avec son jeu particulier, ce qui, on le comprendra, égalisait encore les chances, à cause de la science certaine qu'ils possédaient des cartes dont ils se servaient.

D'ailleurs, nous sommes convaincu que c'était seulement par pudeur qu'ils jouaient avec les cartes cachées; car ils les connaissaient aussi bien à l'envers qu'à l'endroit, grâce aux nombreuses marques qu'ils avaient eu le soin d'y faire antérieurement.

Deux heures environ s'écoulèrent pendant lesquelles ils ne se firent presque aucun mal; ce que le lecteur comprendra facilement; les deux frères se surveillaient de trop près pour qu'il en fût autrement.

Pendant tout ce temps, la conversation avait été fort peu animée entre les joueurs. Les seules paroles qu'ils prononçaient avaient trait au monte et se bornaient à l'annonce des couleurs, mots comme ceux-ci par exemple et fort peu compréhensibles pour un tiers : *bastos, palos, capas, oro*, et toujours ainsi en ajoutant parfois le chiffre devant la couleur, *siete de copas, cinque de palo*, etc. Cependant, ainsi que cela arrive souvent, Mataseis, en jouant loyalement, voyait depuis quelques instants la chance lui sourire, voulut forcer la veine et l'obliger à lui demeurer fidèle. Le moyen était facile pour lui et parfaitement à sa portée; rendons-lui la justice de reconnaître qu'il hésita pendant assez longtemps à l'employer, non que sa conscience se révoltât le moins au monde contre cet expédient qui lui semblait de bonne guerre, mais tout simplement parce qu'il avait peur d'être pris sur le fait par son frère.

La lutte fut longue, elle dura au moins cinq minutes, mais il y avait quatre onces sur le jeu, une fort jolie somme; il succomba. Il s'agissait pour gagner de retourner un *dos de oro*. Mataseis balançait la carte dans ses doigts, il était prêt à la retourner... soudain il s'arrêta, se pencha en avant et prêta l'oreille.

— N'avez-vous rien entendu, cher compadre? dit-il.

Celui-ci détourna un peu la tête.

— Non, rien, dit-il.

Mais le mouvement qu'il avait fait, si rapide qu'il eût été, avait suffi : le tour était joué, un magnifique *dos de oro*, négligemment jeté par Mataseis, se prélassait à côté de l'autre.

— J'ai encore perdu, dit piteusement Sacatripas en retirant une nouvelle once de sa poche.

— Voulez-vous continuer? lui demanda Mataseis en enlevant les enjeux.

Cette parole dite de trop, elle éveilla les soupçons mal endormis de Sacatripas.

— Oui, répondit-il, pourquoi pas?

— Dame, c'est parce que vous n'êtes pas en veine et que je craindrais de vous occasionner de trop graves pertes, cher compadre.

— Je vous remercie, mais n'ayez souci de cela, je vous prie; la veine me reviendra, je l'espère.

— Soit, combien jouons-nous cette fois?

— Quatre onces, dit résolûment Sacatripas.

— Hum! c'est beaucoup, prenez garde de vous enfiler, compadre.

— Bah! qui ne risque rien, n'a rien. Allons toujours; voilà mes quatre onces.

— Voilà les miennes.

Mataseis tailla, il gagna encore; mais cette fois loyalement; le hasard avait été pour lui. Sacatripas se mordit les lèvres jusqu'au sang, mais il ne fit pas d'observation, il se piquait d'être beau joueur; il retira froidement son argent de sa poche et l'empilant devant lui :

— Dix onces, dit-il.

— Oh! oh! fit Mataseis, c'est beaucoup, il me faut ajouter deux onces, car il n'y en a que huit sur le jeu.

— C'est vrai; eh bien, ajoutez-les.

— C'est beaucoup, reprit-il.

— Moi peur, s'écria Mataseis, blessé dans son amour-propre, et dont la convoitise était encore surexcitée par tout l'or étalé devant lui, allons donc! vous voulez rire; et il ajouta les deux onces qui manquaient.

La partie devenait réellement intéressante, il y avait vingt onces sur le jeu.

La codicia rompe el saco, dit un proverbe espagnol que nous traduirons ainsi en français : l'avarice fait se rompre la bourse. La vue des pièces d'or qui miroitaient devant ses yeux fit oublier toute prudence à Mataseis, il n'eut plus qu'une pensée, s'approprier n'importe par quel moyen la somme placée comme un appât devant lui.

Après une ou deux secondes d'hésitation, il saisit le jeu d'une main fébrile et commença la taille.

Sacatripas, au lieu de prendre un troisième puro, tordait nonchalamment une cigarette. Indifférent en apparence, il suivait d'un œil sournois tous les mouvements de son adversaire.

Plusieurs cartes avaient été retournées sans que le *ocho de bastos*, qui décidait la partie en faveur de Mataseis, eût paru; plus le jeu avançait, plus l'inquiétude devenait grande pour le Gaucho.

Sacatripas riait doucement; il faisait d'agréables plaisanteries sur le retard que le *tres de copas* lui faisait gagner, mettait à paraître.

La question était donc entre le *ocho de bastos* et le *tres de copas*, suivant que l'un ou l'autre des deux serait retourné le premier, Mataseis gagnerait ou perdrait.

Tout à coup le Gaucho pâlit, il avait reconnu, en tirant la carte qu'il allait retourner, que cette carte était le *tres de copas*, c'est-à-dire celle qui le faisait perdre; une sueur froide inonda son visage, sa main tremblait.

Sacatripas ne bronchait pas; lui aussi avait reconnu la carte ; nous avons dit que, pour ces deux hommes si habiles, l'envers n'existait pas.

— Eh bien! dit-il au bout d'un instant, vous ne retournez pas, cher compadre?

— Si, si, répondit Mataseis d'une voix étranglée; puis tout à coup bondissant sur lui-même comme un daim blessé: cette fois, j'en suis sûr, s'écria-t-il avec explosion, on nous guette!

D'un mouvement rapide comme la pensée, Sacatripas avait d'une main ramassé l'enjeu, et de l'autre saisi et retourné la carte à l'instant où Mataseis essayait de la filer sous le jeu.

— Cette fois, cher compadre, dit-il d'une voix brève et ironique, je vous y prends, vous me volez.

— Je vous vole, s'écria l'autre d'une voix tonnante, moi! un caballero, vous osez m'accuser d'une telle infamie; vous en avez menti, misérable picaro! C'est vous qui êtes un voleur.

Mataseis n'avait plus qu'une ressource, c'était de se mettre en colère, et il s'y mettait. Du reste, sournois qu'il avait bien des raisons pour cela : d'abord, il avait été surpris la main dans le sac en flagrant délit de vol, et puis, ce qui surtout le rendait furieux, il perdait vingt onces, car il connaissait trop bien son frère pour supposer que celui-ci consentirait jamais à lui rendre l'enjeu dont il s'était emparé.

— Ma foi, dit Sacatripas avec ironie, le jeu devenait ennuyeux, la veine m'était contraire; bientôt, nous n'aurions plus eu que faire. Battons-nous un peu, cela nous aidera à passer le temps.

— Battons-nous donc, s'écria Mataseis en saisissant son couteau et plaçant son poncho à demi roulé sur son bras gauche pour s'en faire un bouclier.

— Un instant, dit Sacatripas, qui avait imité tous les mouvements de son frère, et, comme lui, se trouvait prêt au combat, réglons d'abord les conditions du duel; nous sommes des caballeros.

— C'est juste, réglons-les, répondit Mataseis en faisant un pas en arrière.

— Posons premièrement cette question : l'injure est-elle grave?

— Elle est grave, répondit sèchement Mataseis.

— Soit; je l'admets, elle veut du sang.

— Elle en veut.

— Exige-t-elle qu'un de nous reste sur le terrain?

Mataseis hésita un instant.

— Non, répondit-il enfin.

— Très bien ; nous ne nous battrons pas alors à toute la lame.

— Non, certes; il me semble qu'à cinq pouces cela sera suffisant.

— Je crois que ce sera trop, répondit sentencieusement Sacatripas; nous nous battons parce que notre honneur est attaqué et que nous sommes des caballeros ; mais la colère qui nous agite en ce moment ne doit pas nous faire oublier que nous sommes frères, et que nous nous aimons beaucoup.

— C'est vrai, nous nous aimons beaucoup.

— Donc voici ce que je propose: nous nous battrons à deux pouces et au premier sang. Cela vous convient-il ainsi, cher compadre?

— Je suis à vos ordres; ce que vous avez proposé me semble juste, et je l'accepte (1).

— Eh bien! puisqu'il en est ainsi, que Dieu protège le bon droit.

Chacun des deux adversaires saisit son couteau de façon à ce que la main fût placée juste à deux pouces de la pointe de la lame et empêchât que le fer entrât plus avant! après s'être salués avec courtoisie, ils tombèrent en garde, le corps penché en avant, les jambes écartées et un peu ployées, le bras gauche étendu pour parer et la main droite armée du couteau appuyée légèrement sur la cuisse droite.

Le combat commença.

Les deux frères étaient experts dans le maniement du couteau, ils n'ignoraient aucune feinte, et se portaient avec une rapidité extrême coups sur coups, en tournant incessamment autour l'un de l'autre.

Le couteau n'est pas une arme aussi facile à manier qu'on serait au premier abord porté à le supposer ; les Hispano-Américains en ont fait une étude approfondie et nul ne les égale dans la façon de s'en servir.

Cette arme exige une grande souplesse de corps, une rapidité de mouvement inouïe et une extrême légèreté.

Deux lutteurs habiles peuvent combattre fort longtemps sans se blesser, grâce au poncho, véritable bouclier, dont les plis ondoyants amortissent tous les coups et les empêchent d'arriver jusqu'au corps, en garantissant parfaitement la poitrine.

Les deux frères semblaient avoir complétement oublié l'amitié dont ils se vantaient si bien à tout propos, tant ils mettaient d'acharnement dans leurs feintes et de force dans les coups qu'ils se portaient.

Cependant, malgré le sang-froid qu'il feignait, Mataseis était profondément irrité par la cause même qui l'avait contraint à mettre son arme à la main ; la honte d'avoir ainsi été pris sur le fait de vol augmentait encore sa colère et lui ôtait, l'aveuglant par l'espoir d'une prompte vengeance, la présence d'esprit nécessaire pour soutenir le combat sans désavantage.

Cette particularité n'avait pas échappé à Sacatripas, qui, tout en pressant incessamment son frère et le menaçant de tous les côtés à la fois, ne se livrait jamais et avait le plus grand soin de toujours se tenir sur ses gardes.

— Rayo de Dios! s'écria tout à coup Mataseis en faisant un bond en arrière, je crois que j'en tiens.

— Je le crois aussi, répondit Sacatripas en regardant froidement la pointe de son couteau; voilà du sang.

Au même instant, un bruit de pas se fit entendre et un homme parut dans le taillis.

— Tiens! tiens! tiens! dit-il en se frottant joyeusement les mains, on se bat ici; ne

(1) Tout cet épisode est rigoureusement historique; nous ne nous sommes pas permis d'y changer un mot. (Gustave Aimard.)

vous dérangez pas, compagnons, je vous serviral de témoin ; je serais désespéré de vous gêner en rien.

Au son de cette voix, les deux hommes se retournèrent en tressaillant.

— Vous arrivez trop tard, don Pablo, dit Mataseis avec un gracieux sourire ; c'est fini.

— Déjà ! répondit don Pablo Pincheyra, — car c'était lui qui était ainsi arrivé à l'improviste, — c'est fâcheux.

— Nous nous divertissions en vous attendant, señor, simplement pour nous entretenir la main, dit alors Sacatripas.

— Hum ! fit le partisan, le divertissement est joli et tout à fait de mon goût. Vous y alliez franchement, il me semble : le señor Mataseis a sur la joue une estafilade du plus bel effet.

— Oh! une égratignure! reprit Mataseis en grimaçant un sourire et, faute de mouchoir, en s'essuyant avec son poncho ; mieux vaut que ce soit moi qui aie été blessé que mon frère, qui est si bon et que j'aime tant.

— Ces sentiments vous honorent ainsi que votre frère, répondit ironiquement don Pablo; c'est charmant, sur ma foi! de voir une famille aussi unique que la vôtre ; j'en suis tout attendri.

— Vous nous flattez, señor, répondit Mataseis qui ne savait pas s'il devait rire ou se fâcher ; mais qui, dans le doute, prit le premier parti.

— Ah çà, reprit don Pablo, puisque maintenant vous avez fini de vous divertir, car vous avez fini, n'est-ce pas?

— Complétement, señor.

— Fort bien. Alors, si vous le voulez bien, vous, señor Mataseis, vous vous laverez le visage avec un peu d'eau, et puis, comme je suis très pressé et que je n'ai pas un instant à perdre, nous parlerons un peu de nos affaires.

— Nous sommes à vos ordres, caballero.

— Dans un instant, je reviens, dit Mataseis en sortant du taillis et courant vers un ruisseau peu éloigné.

— Ah çà! vous vous êtes donc disputé avec votre frère, señor Sacatripas? demanda don Pablo.

— Moi! señor, s'écria vivement le Gaucho avec un accent d'intraduisible étonnement, me disputer avec mon frère, avec mon parent, mon seul ami, lui que je chéris plus que moi-même. Oh ! señor, vous ne le croyez pas.

Don Pablo le regarda un instant avec admiration :

— Allons, dit-il, c'est bien joué ; vous vous complétez réellement l'un par l'autre, n'en parlons plus ; il est convenu maintenant que vous êtes des frères modèles.

En ce moment Mataseis revint, il s'était fait une compresse de feuilles de coca mâchées et l'avait placée sur son visage où elle était retenue par une bande déchirée à une couverture, ce qui lui composait une physionomie extraordinairement originale.

— Causons, dit alors don Pablo en s'asseyant sur l'herbe et en faisant signe aux Gauchos de prendre place à ses côtés.

— Causons, répondirent ceux-ci.

XXVIII

Complot.

Le soleil presqu'au niveau du sol n'allait pas tarder à disparaître, son disque n'apparaissait plus à travers les branches des arbres, dont ses rayons obliques allongeaient démesurément l'ombre sur la terre, que sous la forme d'un globe de cuivre rouge sans chaleur ; la brise du soir se levait par folles bouffées et faisait courir

de mystérieuses rumeurs dans le feuillage, qui frissonnait, incessamment agité par les oiseaux regagnant leur gîte à tire-d'ailes. L'atmosphère se rafraîchissait sensiblement, et bien que la clarté fût encore entière dans la plaine, les taillis et les fourrés prenaient déjà les demi-teintes du crépuscule; les maringoins bourdonnaient par myriades innombrables au-dessus des étangs et des lagunes, dont les eaux verdâtres et stagnantes étaient intérieurement agitées et se soulevaient sous l'effort des reptiles. Déjà quelques sourds rauquements avaient troublé le silence du désert, annonçant le réveil des fauves, saluant au sortir de leurs repaires ignorés le coucher du soleil.

Les trois hommes étaient assis dans le taillis, qui commençait à se voiler sous de grandes ombres. Le Pincheyra était allé chercher son cheval, laissé primitivement par lui au dehors, et l'avait attaché auprès de ceux des Gauchos, leur laissant comme aux autres la faculté de brouter l'herbe fraîche et les jeunes pousses des arbres.

— Allumons-nous un feu? demanda Mataseis.

— Pour quoi faire? répondit don Pablo.

— Dame, pour voir clair d'abord et pour nous chauffer ensuite.

— Sans compter que la lueur du foyer éloignera les fauves, ajouta Sacatripas.

— Et attirera les espions rouges ou blancs qui rôdent aux environs, fit le partisan avec ironie. Est-ce que vous avez peur?

— Peur, et de quoi? dit Mataseis.

— Je ne sais pas, moi, de votre ombre peut-être?

— Jamais, ni mon frère, ni moi, nous n'avons eu peur, dit le Gaucho d'un ton rauque.

— Ah! pas même celle de vous taper sur les doigts en battant le briquet, reprit le Pincheyra d'un ton de sarcasme, alors je vous adresse tous mes compliments, caballeros; car cette peur-là je l'ai éprouvée bien souvent.

Les Gauchos comprirent la raillerie et froncèrent le sourcil.

— Est-ce pour bavarder comme de vieilles femmes radoteuses ou pour nous entretenir d'affaires sérieuses comme des hommes braves que vous nous sommes ici? demanda Mataseis d'un ton bourru.

— Tout beau! señor caballero, s'écria en riant don Pablo; vive Dios! comme vous prenez feu à une innocente plaisanterie.

— Il y a des plaisanteries qui ne doivent pas être faites ainsi, dit le Gaucho d'un ton sec.

— Allons, calmez-vous, vaillant caballero, je serai désormais sérieux comme un chef indien, puisque vous l'exigez ; donc, je crois qu'il vaut mieux ne pas allumer de feu.

— N'en allumons pas, cela m'est parfaitement égal ; mais pour peu que l'entretien se prolonge, nous serons transis de froid lorsqu'il se terminera.

— Je ne dis pas non, mais la prudence exige que nous prenions les plus grandes précautions; nous ne sommes pas ici sur un morne désert uni où, vaste, plantant sans obstacle de tous les côtés à la fois, permet à la simple ondulation des herbes de reconnaître l'approche d'un ennemi; nous nous trouvons, au contraire, tapis comme des loups au milieu des broussailles, enveloppés de toutes parts de murailles de feuillage. Souvenez-vous de cet axiome du désert, dont la justesse a été bien des fois reconnue : Dans les forêts, les arbres ont des oreilles et les feuilles ont des yeux. Qui nous assure que des espions ne rôdent pas autour de nous dans l'ombre; la lueur d'un cigare suffirait pour nous trahir; les matières dont nous avons nous entretenir sont trop graves, pour que nous courrions, lorsque cela dépend de nous de l'éviter, le risque d'être surpris et écoutés.

— Vous avez raison, je n'insiste plus; maintenant, je vous prie, venez donc au fait sans plus tarder.

— Avant tout, une question.
— Faites !
— Etes-vous libres ?
— Libres comme l'oiseau, libres comme l'air.
— Vous avez rompu votre engagement avec don Emilio ?
— Ce matin même.
— S'il en est ainsi, je comprends maintenant votre divertissement au couteau.
— Toute révérence gardée, señor, vous ne comprenez rien du tout.
— Allons donc ! dit-il avec incrédulité.
— C'est comme cela.
— Bah ! don Emilio, en vous congédiant, vous a compté à chacun une somme assez ronde, naturellement vous avez joué en m'attendant, et de là la *navajada*.
— Eh bien, señor, vous n'y êtes pas du tout ; bien que dans ce que vous dites il y ait du vrai, vous commettez cependant une erreur grave et qu'il est de mon devoir de redresser.
— Redressez, je ne demande pas mieux, bien que cet incident me semble bien futile.
— Il est plus important que vous ne le supposez.
— Voyons, je suis tout oreilles.
— Oh ! ce ne sera pas long : don Emilio nous a congédiés en effet ; il nous a offert à chacun quatre onces qu'il nous devait pour notre mois de solde.
— Vous les avez acceptées naturellement ?
— Voilà ce qui vous trompe, señor, nous les avons refusées au contraire.
— Vous les avez refusées ? Oh ! oh ! voici commence à prendre des formes par trop fantastiques, mes maîtres.
— Il est cependant vrai de tous points.
— Bon ! je le veux bien, vous aviez sans doute alors un motif pour agir ainsi ?
— Certes, nous en avions un.
— Et ce motif ?
— Le voici. En recevant l'argent de don Emilio, nous nous engagions sur l'honneur, d'après le traité passé avec lui, à ne pas chercher à lui nuire avant un mois.
— Caspita ! voilà qui est grave en effet, et vous avez eu le courage de refuser ?
— Pour ne pas trahir notre conscience et conserver notre liberté d'action, oui, señor.
— Nous sommes caballeros, appuya Sacatripas, et, vous le savez, señor, pour un caballero l'honneur est tout.
— Caspita ! je le sais, s'écria don Pablo, en s'inclinant avec un sourire ironique qui, grâce à l'obscurité toujours croissante, passa inaperçu des Gauchos. Savez-vous, caballeros, que c'est très beau, cela, et plus j'y réfléchis, plus je trouve cette action magnifique.
— Nous n'avons fait que notre devoir, répondit modestement Mataseis.
— C'est vrai ; mais combien d'autres, à votre place, eussent empoché les onces.
Les deux drôles étaient ravis ; ils faisaient orgueilleusement la roue à ces compliments railleurs, qu'ils prenaient, ou pour mieux dire, car ils n'étaient point sots, qu'ils feignaient de prendre pour argent comptant.
— Toute belle action mérite récompense, continua le Pincheyra, et tôt ou tard cette récompense arrive ; vous allez en avoir la preuve à l'instant, ajouta-t-il en retirant un petit sac en peau de vigogne, dont la rotondité faisait plaisir à voir, de dessous son poncho ; vous avez fait preuve d'un désintéressement et d'une loyauté qui me prouvent que vous êtes bien réellement des caballeros ; vous avez refusé quatre onces ; eh bien ! moi je veux les en rendre dix.
— Oh ! caballero ! s'écrièrent les bandits.
— Je sais ce que vous allez me dire, reprit don Pablo en feignant de se méprendre à l'exclamation des Gauchos, vous allez me prouver que toute belle action porte en soi sa récompense.
— Oui, señor, vous nous avez devinés ! s'écria avec enthousiasme Mataseis, dont ce n'était pas du tout la pensée.

— M is je ne l'entends pas ainsi, continua don Pablo ; je veux que vous compreniez bien que je sais apprécier le mérite d'une action comme la vôtre.
Il ouvrit alors le sac sans paraître s'apercevoir que les bandits le couvaient des yeux, il introduisit délicatement ses doigts longs et effilés par l'ouverture, ni une once de moins ni une de plus.
— Tenez, mes braves, dit-il, en leur partageant la somme et en faisant du même coup disparaître le sac, voici votre argent.
Les Gauchos avancèrent la main, s'emparèrent de la somme et l'engouffrèrent dans leurs larges poches avec un tressaillement de plaisir, mêlé cependant d'un peu d'amertume, en songeant qu'il leur aurait été facile et bien plus profitable à leurs intérêts de prendre les huit onces de don Emilio ; mais, malheureusement, ne songe pas à tout, ils reconnaissaient trop tard leur maladresse.
— Maintenant, revenons à notre affaire, dit froidement don Pablo, en coupant sans façon la parole aux Gauchos, qui se croyaient obligés de se confondre en témoignages exagérés de gratitude, êtes-vous bien décidés à me servir ?
— Nous le sommes, répondit Mataseis, en son nom et en celui de son frère.
— Voici ce dont il s'agit : pour des motifs qu'il est inutile de vous faire connaître, je désire m'emparer de deux personnes qui, d'ici à quelques jours, doivent se rencontrer en compagnie de plusieurs autres, à une vingtaine de lieues environ de l'endroit où nous sommes, à un rendez-vous assigné d'avance.
— Bon ! cela peut se faire ?
— C'est plus difficile que vous ne le supposez, au contraire ; malheureusement, il m'est impossible d'employer des hommes de ma cuadrilla, sans cela, je l'eusse fait ; mais ils sont trop connus, et le secret aurait à l'instant été éventé.
— Quelles sont ces deux personnes ?
— La première est un Français ?
— Don Emilio ! s'écria le Gaucho.
— Vous n'y êtes pas ; je crois, au contraire, que ce Français est l'ennemi acharné de don Emilio.
— Tant mieux, répondit avec sensibilité Mataseis ; j'aurais été désespéré d'être son ennemi.
— C'est un si bon jeune homme ! dit Sacatripas en écho.
— Le Pincheyra sourit.
— Ce Français se nomme, je crois, Dubois ou quelque chose d'approchant.
— Oui, oui, nous le connaissons ; il est arrivé en ce pays, où maintenant il jouit d'un grand pouvoir auprès du gouvernement, depuis quelques mois à peine. Il venait du Chili, si ma mémoire ne me fait pas défaut.
— C'est justement de cet homme dont il s'agit ; trouvez-vous quelque inconvénient à vous en emparer ?
— Pas le moindre. Maintenant, voyons l'autre.
— L'autre est le général don Eusebio Moratin.
— Celui qui va être élu président de la république ?
— Lui-même.
— Hum ! l'affaire est grave.
— Fort grave, je vous en ai prévenus d'avance.
— Le général Moratin est un excellent patriote, un homme fort considéré et fort aimé ; c'est un des piliers de la république.
— C'est justement pour cela que je veux le faire disparaître, s'écria don Pablo avec impatience.
— Le faire disparaître ! Vous voulez donc le tuer ?
— Le tuer ou le prendre, peu importe, pourvu qu'il disparaisse, la manière n'y fait rien.
— Et l'autre ?
— Le Français ?

— Oui.
— La question est la même pour tous les deux.
— Diable ! diable ! murmura le Gaucho en se grattant la tête avec fureur, sans doute pour y trouver une solution.
— Alors, ce sera cher, n'est-ce pas ?
— Deux, bons patriotes ! continua Mataseis sans paraître avoir entendu les paroles de don Pablo ; nous, aussi, nous sommes patriotes ; nous avons glorieusement versé notre sang pour la liberté !
— Ce sera très cher, à ce que je vois ?
— Oh ! ma belle patrie ! s'écria Sacatripas en levant les mains et les yeux au ciel dans un beau mouvement d'enthousiasme.
Don Pablo frappa du pied avec colère ; il savait très bien à quoi s'en tenir sur les sentiments patriotiques des deux drôles, et, bien que lui-même ne fût pas un homme très délicat en pareille matière, et même sur beaucoup d'autres, cette ridicule palinodie le révoltait ; cependant, il lui fallut dissimuler son dégoût ; il s'était trop avancé maintenant pour reculer.
— Oh ! s'écria Mataseis, une telle proposition, à nous ?
— A des caballeros ! exclama Sacatripas en se voilant la face.
— Ainsi, vous refusez ? dit froidement le Pincheyra, en faisant un mouvement pour se lever.
— Nous ne disons pas cela ! s'écria vivement Mataseis en le retenant par son poncho.
— Nous n'avons jamais dit cela, appuya Sacatripas.
— Seulement, à la pensée de commettre cette action, notre cœur saigne.
— Il saigne extraordinairement, dit Sacatripas, en poussant un soupir.
— Il faudrait cependant vous décider, mes maîtres, reprit don Pablo ; si j'agréable que soit votre compagnie, je ne puis demeurer toute la nuit avec vous ; je vous supposais des hommes intelligents, dénués de préjugés, voilà pourquoi je vous avais de préférence choisis pour ce coup de main. S'il ne vous convient pas de me servir, mettons que je n'ai rien dit ; je le proposerai à d'autres moins scrupuleux, qui n'y regarderont pas d'aussi près, et qui seront charmés de gagner ainsi cent onces, ce qui est une belle somme.
— Comment avez-vous dit, señor ? s'écria vivement Mataseis.
— J'ai dit cent onces ! répondit froidement don Pablo ; par le temps qui court, señores, on doit y regarder à deux fois avant de refuser de gagner dix-sept cents piastres (1) ; l'argent devient de plus en plus rare, et pourvu que la révolution dure encore deux ans seulement, on n'en trouvera plus du tout.
— C'est vrai, señor, nous vivons dans un temps bien malheureux.
— Oh ! oui, bien malheureux, ajouta Sacatripas en larmoyant.
— Allons, décidez-vous, est-ce oui ? est-ce non ? dit don Pablo d'un ton péremptoire, d'ailleurs, j'ajouterai, si cela peut calmer vos honorables scrupules, que ces deux hommes sur le compte desquels vous apitoyez en ce moment, ne vont au rendez-vous dont je vous ai parlé, que dans le but de trahir ce que vous nommez votre république.
— Oh ! oh ! êtes-vous bien certain de ce que vous avancez-là, señor ? demanda Sacatripas en respirant comme un homme sur le point de se noyer et qui revient tout à coup au-dessus de l'eau.
— Tout ce qu'il y a de plus certain ; d'ailleurs comme probablement vous assisterez à l'entrevue qu'ils doivent avoir avec le général brésilien.
— Comment, ils veulent traiter avec les Brésiliens ?
— Ils veulent vendre leur pays au Brésil,

(1) Huit mille cinq cents francs de notre monnaie.

tout simplement.

— Eh! dites donc, cher compadre Sacatripas, voilà, il me semble, quelque chose qui change considérablement la question.

— Qui la change complètement, répondit celui-ci.

— Nous faisons œuvre de bons patriotes en arrêtant un traître.

— En déjouant une horrible machination, fit Sacatripas avec un geste d'horreur.

— Et vous gagnez cent onces, ce qui ne peut pas nuire.

— Et nous gagnons cent..., s'écria Mataseis avec entraînement, mais s'arrêtant tout à coup et se mordant les lèvres; oh! croyez bien, señor, dit-il avec componction, que l'amour seul de la patrie nous dirige en cette affaire. Nous n'avons d'autre intérêt que celui-ci : sauver notre pays de l'abîme dans lequel des traîtres le veulent précipiter.

— Pas d'autre que celui-là, ajouta Sacatripas qui, décidément, se faisait un point d'honneur de se modeler en tout sur son frère.

— C'est convenu, dit don Pablo en s'inclinant, ainsi cela est bien entendu maintenant, vous acceptez?

— Nous acceptons; il faut servir sa patrie chaque fois que l'occasion s'en présente.

— Nous avons besoin de certaines indications.

— Je suis prêt à vous donner toutes celles que vous désirerez.

— Alors l'affaire ira toute seule.

— D'abord, comment devons-nous nous y prendre?

— Pour cela c'est votre affaire, je vous laisse entièrement le choix des moyens; le résultat m'importe seul. Vous êtes des caballeros fort intelligents, doués d'une imagination très riche, de plus habitués à ces sortes d'affaires dans lesquelles vous avez acquis une grande expérience; je ne doute pas que, si vous voulez vous en donner la peine, vous en sortiez à votre honneur.

— Vous nous flattez, señor; cependant, le cas nous paraît assez épineux.

— Très épineux, dit Sacatripas en hochant la tête.

— Bah! il faut un peu d'adresse, voilà tout; vous êtes connus pour de bons patriotes. Dans l'escorte, vous rencontrerez probablement des amis ou au moins des connaissances; on ne fera aucune difficulté pour vous recevoir, et lorsque l'occasion se présentera, eh bien! vous la saisirez.

— C'est cela, nous la saisirons. Est-il important de les tuer?

— Ma foi, cela vous regarde; pourvu que vous me donniez une preuve irrécusable que vous avez accompli votre mission, je ne vous demande pas autre chose; après cela, vous verrez, vous réfléchirez... des prisonniers sont souvent bien embarrassants dans le désert, lorsqu'on n'a pas le nombre d'hommes nécessaire pour les garder, de façon à ce qu'ils ne puissent tenter une évasion; d'ailleurs, vous ferez comme vous le jugerez plus convenable.

— Ce qui veut dire que nous avons carte blanche?

— Parfaitement.

— Bon! c'est qu'il faut bien nous entendre, afin plus tard de ne pas commettre d'erreurs souvent fort regrettables. Où pensez-vous que nous rencontrerons nos deux personnages?

— Quant à cela, vous n'avez pas à vous tromper, ils viennent de Tucuman et suivront naturellement le bord du rio Dulce, puisqu'il n'existe pas d'autre chemin praticable.

— Sont-ils en route déjà?

— Je ne l'affirmerai pas, mais je le suppose.

— Fort bien! nous les joindrons, cela ne sera ni long ni difficile, puisque nous n'avons qu'à rebrousser chemin, ce que nous allons faire ce soir même; car nous ne nous soucions nullement de passer la nuit dans l'endroit où nous sommes.

— Bien raisonné, mon maître!

— Lorsque notre mission sera terminée, nous aurons probablement à vous en rendre, compte, ne serait-ce que...

— Pour toucher votre argent, interrompit dont Pablo.

— Ce n'est pas cela que je voulais dire, reprit vivement Mataseis, dont c'était cependant la pensée cachée, car il n'était pas fâché de revoir poindre à l'horizon la récompense promise; ne serait-ce, disais-je, que pour vous rendre compte de ce qui se sera passé, vous remettre les prisonniers, si nous les avons, ou du moins les preuves que vous nous avez demandées de leur mort.

— En effet, nous avons besoin de nous revoir. Oh! mon Dieu! cela sera très facile, pourquoi ne pousseriez-vous pas jusqu'à Casa-Trama?

Les Gauchos firent la grimace; cette proposition ne leur souriait nullement, c'était se mettre dans les griffes du lion.

— C'est fort loin, observa Mataseis, les chemins sont très mauvais, ce voyage nous occasionnerait une perte de temps irréparable.

— Oui, et puis, dit en souriant le Pincheyra, si grande que soit la confiance que vous avez en moi, elle ne va pas jusqu'à vous mettre à ma merci; je comprends ce scrupule.

— Oh! señor, ne croyez pas...

— Je ne crois rien, et cela ne me blesse nullement, je vous jure; en ce monde, il est bon d'être prudent, et puis, en effet, vous avez raison : venir à Casa-Trama vous obligerait à faire un voyage qui, au cas où vous amèneriez des prisonniers, vous serait fort pénible. Ce rendez-vous ne vaut rien; je préfère vous en donner un autre.

— Quel qu'il soit, caballero, nous l'accepterons avec le plus grand plaisir.

— J'en suis convaincu. Vous connaissez sans doute la ville de Cordova?

— Sur le rio Primero, oui, señor.

— Elle est peu éloignée du rio Dulce?

— Une vingtaine de lieues tout au plus.

— C'est cela. Eh bien! à deux lieues environ de Cordova, en venant du rio Dulce, il y a un tambo?

— Le tambo de l'Almendral nous le connaissons parfaitement, il y a deux magnifiques amandiers devant la porte.

— C'est cela même. Eh bien! votre expédition terminée, rendez-vous directement à ce tambo, je vous y attendrai.

— Nous n'aurons garde d'y manquer, caballero.

— Là, voilà qui est bien entendu, n'est-ce pas?

— Il n'y a pas à se tromper, señor.

— Je veux, avant de vous quitter, vous donner une preuve de la confiance que je mets en vous.

— Confiance qui sera justifiée, n'en doutez pas, señor.

— Pour vous montrer que je n'en doute pas, écoutez bien ceci :

— Nous écoutons.

— Je vous ai promis cent onces à chacun, n'est-ce pas?

— Oui, señor, cent onces à chacun, dirent les bandits dont les yeux brillèrent de convoitise.

Don Pablo reprit sous son poncho le sac de peau de vigogne et, après l'avoir ouvert, il en retira une certaine quantité de pièces d'or.

— Voici vingt-cinq onces chacun, dit-il en leur présentant, que je vous prie d'accepter comme arrhes de notre marché.

— Oh! señor, s'écrièrent-ils en empochant joyeusement l'argent, il n'était pas besoin de cela.

— Je vous connais trop bien pour ne pas être assuré de votre complet désintéressement, répondit-il; mais on ne sait ce qui peut arriver. Peut-être aurez-vous des dépenses à faire, mieux vaut que vous soyez en fonds.

— Oui, oui, cela est préférable, en effet.

— N'est-ce pas, dit le Pincheyra en ricanant. Maintenant, señores, nous n'avons, je le suppose, plus rien à nous dire, j'aurai donc l'honneur de prendre congé de vous, car j'ai loin à aller encore avant de me reposer.

— Nous-mêmes allons partir, señor, et si vous vous dirigez de notre côté, nous serons heureux de faire, pendant quelque temps, route en votre compagnie.

— Quelle que soit la direction que vous preniez, répondit-il en fronçant le sourcil, celle que je dois suivre lui est diamétralement opposée.

— Il suffit, señor, répondit Mataseis d'un ton piqué.

— Ne vous méprenez pas à mes paroles, reprit don Pablo qui comprit sa maladresse; l'intérêt même de l'affaire qui nous lie exige que nul n'ait connaissance des relations qui existent entre nous, sinon j'aurais été heureux et honoré de profiter plus longtemps de votre agréable compagnie.

Les Gauchos s'inclinèrent avec déférence; les choses ainsi rétablies sur un bon pied, don Pablo se hâta de seller son cheval et sauta immédiatement sur son dos.

— Adieu, señores, dit-il en saluant légèrement; avant de nous séparer, laissez-moi vous dire une dernière parole.

— Parlez, señor.

— Eh bien! si je suis satisfait de la façon dont vous aurez accompli votre mission, retenez bien ceci : les vingt-cinq onces que je vous ai données ne diminueront en rien la somme que je vous ai promise; vous m'avez compris, au revoir.

Et, piquant aussitôt des deux, il sortit du taillis où il laissa les deux Gauchos dans un état de jubilation impossible à décrire.

— Eh! eh! dit Mataseis en se frottant les mains, la journée n'a pas été mauvaise; qu'en pensez-vous? mon cher compadre.

— Je la trouve excellente, moi, répondit Sacatripas.

— Oui, oui, l'autre avec un reste de rancune, parce que vous m'avez subtilisé dix onces.

— Ne parlons plus de cela, l'affaire a été vidée.

— Oui, sur ma figure, par une navajada.

— Plaignez-vous-en! elle est si adroitement faite, que vous ressemblez à un guapo (brave) de Santiago.

— Je ne m'en plains pas, mais cela me cuit horriblement.

— Bah! demain, vous n'y penserez plus.

— Je l'espère bien. Partons-nous? il est déjà tard.

— Six heures et demie, à peu près. Comme le temps passe vite en causant.

— Oui, et en comptant de l'argent, fit Mataseis en riant.

— Allons, partons, nous profiterons de la lune pour marcher un peu, d'autant plus que nos chevaux ne sont pas fatigués.

Ils sellèrent alors leurs montures.

— Je ne croyais pas don Pablo Pincheyra aussi généreux, dit Sacatripas tout en plaçant les harnais sur le dos de son cheval.

— Ni moi non plus; on me l'avait représenté comme un avare.

— Il faut que le mort de ces deux hommes lui tienne bien au cœur.

— C'est aussi mon avis. À propos, les tuonsnous, oui ou non?

— Qu'en ferions-nous? ils nous embarrasseraient.

— Bah! tuons-les! de cette façon, nous ne craindrons pas qu'ils s'échappent.

— C'est le plus sûr; une affaire comme celle-là ne doit pas être faite à demi.

— Ainsi, voilà qui est bien arrêté : nous les tuerons.

— Nous les tuerons.

Après s'être ainsi mis d'accord, les deux bandits allumèrent leurs cigares, montèrent à cheval et prirent le sentier qui devait les conduire hors du taillis où venait de se traiter cette ténébreuse machination.

XXIX

Arual

Plusieurs jours s'étaient écoulés depuis celui où les deux Gauchos, après avoir quitté le service du jeune peintre, étaient allés se reposer dans ce taillis, où les appelait un sinistre rendez-vous. Les Guaycurus avaient continué leur voyage avec cette rapidité extraordinaire que possèdent les Indiens pour se transporter d'un lieu à un autre, dans un laps de temps fort court.

Nous les retrouvons maintenant campés dans une immense plaine, cachés au milieu d'une épaisse forêt, dont les arbres centenaires forment autour d'eux des murailles de verdure impénétrables aux regards.

Cette plaine, sentinelle avancée du grand *Chaco*, cet infranchissable désert, refuge inexploré des Indios Bravos fuyant devant la civilisation, fait partie du *llano de Manso* dans la province fictive de Yapiziaga; nous disons fictive, et ce n'est pas sans intention, car depuis la découverte, si les Européens ont réussi à donner un nom à cette partie du territoire américain, en revanche, jamais ils n'ont réussi à bâtir des villes, ou seulement à y établir des missions.

Ce territoire est bien réellement le sol sacré des aborigènes américains; eux seuls l'habitent et le parcourent dans tous les sens; même aujourd'hui, les blancs ne trouvent, dans cette immense vallée, qu'une mort misérable après des souffrances horribles, et leurs os blanchis, éparpillés dans toutes les directions, semblent avertir ceux qu'une folle témérité pousse à suivre leurs traces, que tel est le sort qui les attend dans cette région inhospitalière.

Et cependant le llano de Mansos n'est point, ainsi qu'on serait porté peut-être à le supposer, une plaine stérile comme les pampas de Buenos-Ayres ou un désert désolé comme le Sahara; aucun pays monde, peut-être, ne possède une végétation plus luxuriante, des coteaux plus verdoyants, des forêts plus touffues et plus remplies de gibier de toutes sortes. Plusieurs cours d'eau, et quelques-uns, d'une certaine importance, prennent leur cours sinueux à travers le llano qu'ils fécondent. De ces cours d'eau, les principaux sont le rio Tarija, affluent du rio Vermejo, qui lui-même est un affluent du rio Paraguay, et enfin le rio Pilcomayo qui, après avoir traversé le llano dans toute sa longueur, va se perdre dans le rio Paraguay par trois embouchures; toutes ces rivières, d'abord torrents, descendent des Cordillières; leurs rives accidentées sont souvent inondées à deux et même trois lieues au loin dans la saison des pluies, et alors le llano, dont la basse végétation disparaît presque tout entière sous l'eau, prend un aspect des plus étranges et des plus fantastiques.

Cette immense plaine, dont les frontières naturelles s'étendent fort loin du côté du Brésil et des anciennes colonies espagnoles, est considérée par la plupart des tribus indiennes qui vivent dans le Chaco, comme un territoire neutre, où chacun a le droit de tenter la fortune, au point de vue de la chasse, bien entendu, sans que personne y trouve à contester.

Les principales nations, qui parcourent ce désert ou y ont des habitations temporaires, sont les *Lengoas*, les *Zamucos*, les *Chiriguanos*, enfin les *Payagoas* et les *Guaycurus*, les plus renommés de tous, ceux auxquels les Portugais, pour les distinguer des autres tribus, ont donné le nom caractéristique de *Indios caballeiros*, non pas seulement parce que leur vie se passe pour ainsi dire à cheval, mais surtout à cause de leur intelligence remarquable, de leurs mœurs et de leurs coutumes qui témoignent d'une ancienne civilisation presque perdue, il est vrai, mais qui devait être fort avancée.

Seuls, nous le répétons, les blancs, à quelque titre que ce soit, étaient exclus de ce territoire sacré où leur présence entraînait la mort avec tous les raffinements inventés par l'imagination des Indiens.

Le détachement de guerre des Guaycurus que nous avons vu au commencement de ce volume partir du Rincon del Bosquecillo pour aller guerroyer au profit des Brésiliens dans les anciennes colonies espagnoles, maintenant presque complètement émancipées, était donc enfin de retour sur les territoires de chasse de sa nation, après avoir parcouru d'énormes distances, s'être enfoncé fort avant dans les Cordillières chiliennes, et avoir, pendant plusieurs mois, bravé toutes sortes de périls et livré des combats sans nombre.

La joie était grande parmi les Indiens; elle tenait presque du délire, car beaucoup d'entre eux avaient perdu l'espérance de revoir jamais les fertiles régions où ils étaient nés, et avaient tremblé bien souvent de mourir sans gloire au milieu des glaces des Cordillières.

Le soir précédent, ils avaient enfin atteint le but où tendaient depuis si longtemps tous leurs désirs. Le llano leur était apparu dans toute sa grandiose majesté, et un cri de bonheur s'était élancé de toutes ces poitrines si longtemps oppressées par la crainte. Le camp avait été établi dans une vaste clairière, au milieu d'une immense forêt dont les plus mystérieux repaires étaient bien connus de tous les guerriers, qui bien souvent s'y étaient hasardés, sur le sentier de la chasse, à la poursuite des fauves.

Aussitôt que le camp avait été installé, les feux de veille allumés, car la position était si bien choisie qu'il était impossible que la lueur fût aperçue de la plaine, tant étaient fourrés les taillis qui enveloppaient la clairière, le Cougouar avait immédiatement expédié un émissaire à Tarou-Niom, le premier chef de la nation, qui résidait dans un village éloigné d'une trentaine de lieues au plus, à vol d'oiseau, distance fort courte pour les Indiens.

L'émissaire parti, les capitaos s'étaient occupés de faire ramasser de grandes provisions de bois sec comme produisant moins de fumée, pour l'entretien des feux; une quarantaine de guerriers, sous les ordres de Gueyma, étaient partis en chasse pour deux ou trois jours, et les Indiens, demeurés au camp, avaient employé à construire des *enramadas* pour abriter les guerriers, et des corales afin de renfermer les chevaux.

Tous ces travaux montraient que le détachement, au lieu de continuer le voyage jusqu'aux villages de la nation, devait faire un séjour assez long dans la clairière, car ordinairement les campements pour deux ou trois jours ne nécessitent aucunes précautions, et on se contente d'allumer des feux pour rôtir les viandes et écarter les bêtes fauves pendant la nuit.

Ce nouveau retard apporté à leur retour avait causé un assez vif désappointement aux Indiens, qui, tout en diminué leur joie, car presque tous avaient des femmes et des enfants qu'ils brûlaient de revoir; mais ils avaient été contraints d'obéir, et notons qu'ils l'avaient fait d'assez bonne grâce, convaincus que leurs chefs aspiraient autant qu'eux-mêmes au retour dans leurs foyers, et que, s'ils s'arrêtaient ainsi au moment où ils touchaient presqu'au but, c'est que probablement de graves raisons les obligeaient à agir ainsi.

Il était environ deux heures de l'après-dîner. Grâce aux travaux exécutés sous la surveillance des capitaos, la clairière avait pris l'apparence d'un village indien à cause des enramadas appuyées les unes contre les autres, formant des rues qui toutes rayonnaient vers un centre commun, où, au milieu d'une espèce de place, s'élevait une enramada, plus grande et faite avec plus de soin, destinée à servir de hutte au conseil.

Çà et là des Guaycurus allaient et venaient, les uns transportant de l'eau, les autres du bois, d'autres conduisaient les chevaux à un abreuvoir prochain. Le Cougouar était parti depuis le matin avec les pourvoyeurs chargés de ramasser les bourrées; le seul chef qui restait au camp était donc Arual, puisque Gueyma s'était éloigné au point du jour à la tête des chasseurs.

Arual faisait en ce moment une promenade dans le camp, en compagnie d'Œil-de-Colombe. La gracieuse enfant riait et sautait auprès du chef, dont le maintien plus grave et les sourcils froncés témoignaient d'une sérieuse préoccupation.

— Voyez donc, chef, disait la jeune fille en regardant autour d'elle avec admiration, comme tout est bien installé; s'il y avait des femmes, on se croirait dans un village.

— Pourquoi m'appelez-vous chef? demanda le guerrier.

— Dame, mon frère, répondit-elle ingénument, je croyais vous faire plaisir en vous donnant ce titre qui vous appartient.

— Vous êtes une folle enfant, Œil-de-Colombe, votre cervelle est vide.

— Oui, mais mon cœur ne l'est pas, répondit-elle étourdiment.

— Qu'est-ce à dire? fit Arual avec sévérité.

— Gueyma reviendra-t-il bientôt de la chasse? mon bon frère, reprit l'enfant d'une voix caline.

— Que vous importe?

— Il m'importe beaucoup, mon frère, Gueyma est un chef puissant, il m'aime.

— Qui vous l'a dit? fit Arual en s'arrêtant.

— Lui-même, ce matin, avant de partir pour la chasse, répondit-elle sans se décontenancer; oh! ce n'est pas la première fois.

— Gueyma a mal agi en vous parlant ainsi, répondit sévèrement le chef, et vous avez mal fait en l'écoutant, tous deux vous avez manqué à vos promesses.

— Pardonnez-moi, mon frère, reprit la jeune fille, les yeux pleins de larmes.

— Racontez-moi ce qui s'est passé entre vous, fit le chef en entraînant la jeune fille un peu à l'écart.

— Je le veux bien, mon frère; mais, je vous en prie, quittez ce visage sévère qui m'effraye, ou sans cela je n'aurai le courage de rien vous avouer.

— Vous me direz bien tout?

— Oh! je vous le promets, mon frère.

— Allons, je vous crois. Parlez, je vous écoute, dit Arual, dont le front s'éclaircit.

— Voici comment cela est arrivé, mon frère, reprit la jeune fille en prenant un ton câlin et en baissant les yeux, tout en rougissant légèrement. C'était, il y a trois jours, on s'était arrêté plus tôt qu'à l'ordinaire, et le camp avait été dressé sur le bord d'une rivière qu'on devait traverser le lendemain. Vous vous le rappelez, n'est-ce pas, mon frère?

— Je me le rappelle, en effet; continuez.

— Gueyma avait été désigné par vous-même pour aller avec quelques guerriers à la recherche d'un gué. Le soleil était haut encore sur l'horizon; la course du jour n'avait pas été longue; je n'éprouvais aucune fatigue. Obligé de surveiller l'installation du campement, vous m'aviez laissée seule; je m'ennuyais. J'eus d'abord la pensée de causer avec ces visages pâles, qui sont si bons et auxquels vous témoignez tant d'égards et d'amitié.

— Gueyma bien fait de vous rendre près d'eux, interrompit Arual avec une certaine émotion dans la voix.

— Je n'osai pas mon frère; je craignais d'être grondée par vous, reprit doucement Œil-de-Colombe. Alors, comme vous ne reveniez pas et que je m'ennuyais de plus en plus, l'idée me vint d'aller cueillir des fleurs sur le bord de la rivière; était-ce mal?

— Non, si vous n'aviez pas une arrière-pensée.

— Quelle arrière-pensée, mon frère? demanda ingénument la jeune fille.

Arual se mordit les lèvres.

— Rien, rien, continuez, dit-il.

— Je m'en allai donc jusqu'à la rive; il y avait foison de belles fleurs bleues, jaunes, blanches, violettes, rouges, que sais-je, moi? Je sautai de plaisir et je commençai à cueillir autant de fleurs que j'en pus porter; puis je m'assis au bord de l'eau pour tresser une couronne; pendant que j'étais occupée ainsi, tout en chantant cette jolie chanson, vous soyez, mon frère :

> Un oiseau du ciel
> Aux ailes d'azur
> Doucement voltige
> Sur.....

— Je connais cette chanson, enfant, puisque c'est avec elle que vous avez été bercée; il est donc inutile de me la répéter.

— Je la chantais donc, reprit la jeune fille en reprenant son récit, lorsque j'entendis un bruit léger auprès de moi; je me retournai, Gueyma était à deux pas, arrêté au pied d'un arbre; il me regardait; ses yeux étaient mouillés de larmes.

— Vous ne savez ce que vous dites, enfant, interrompit brusquement Arual.

— Oh! je suis bien sûre, au contraire, car je les ai bien vues; je ne sais ce que j'éprouvai, mon frère; ma poitrine se gonfla comme si elle allait éclater; mon cœur battit avec force; je me sentis pâlir et je demeurai tout interdite. « Oh! continuez, OEil-de-Colombe, me dit-il avec prière, chantez, chantez encore;» alors je sentis la parole me revenir et je terminai la chanson. Il l'écouta sans m'interrompre; puis, lorsque j'eus fini, il s'approcha de moi, me saisit la main, et, d'une voix douce et tremblante, me dit :«Vous êtes bonne, OEil-de-Colombe; merci de l'instant de bonheur que vous m'avez donné. » Je sentais ma main trembler dans la sienne, je n'osai répondre et je demeurai immobile, les yeux baissés, ne sachant quelle contenance tenir. «Pourquoi avez-vous cueilli ces fleurs? me demanda-t-il au bout d'un instant. — Pour moi, répondis-je en balbutiant. — Voulez-vous me permettre d'en prendre une? reprit-il d'une voix aussi tremblante que la mienne. — Oh! prenez-les toutes, » m'écriai-je en les lui présentant; et, malgré moi, je ne sais comment cela se fit, je sentis mon cœur se gonfler et je fondis en larmes! «Oh! je vous ai fait du chagrin,» s'écria-t-il avec un accent si déchirant, que, malgré moi, je souris à travers mes larmes, en lui répondant doucement :«Oh! non, Gueyma, au contraire!» A ces paroles, son visage changea subitement et devint radieux. Vous voyez que je vous dis bien tout, mon frère.

— Continuez, continuez, s'écria celui-ci avec une impatience mal contenue.

— Tous deux nous gardions le silence, reprit la jeune fille; nous nous regardions sans oser nous parler, et pourtant j'éprouvais un bonheur indicible à le sentir auprès de moi; plusieurs fois il sembla sur le point de m'adresser la parole; ses lèvres s'entrouvraient; j'écoutais, mais elles ne laissaient échapper aucun son. Enfin, il se pencha vers moi, et, d'une voix faible comme un soupir, je vous aime, OEil-de-Colombe, me dit-il, m'aimez-vous? Oui, murmurais-je; il se redressa alors, cette simple parole paraissait lui avoir causé tant de joie que je ne regrettais pas de l'avoir laissé échapper.

OEil-de-Colombe, me dit-il alors; nous sommes maintenant liés l'un à l'autre par un amour mutuel que rien ne pourra rompre sur la terre ni dans le ciel; m'aimerez-vous toujours?—Toujours.— Merci, OEil-de-Colombe, reprit-il; j'ai foi en vous; nulle autre que vous ne sera ma femme; je vous demanderai à votre frère; à la lune des aigles, nous serons unis. Au revoir, OEil-de-Colombe; si votre frère vous interroge, ne lui cachez rien, dites-lui tout ce qui s'est passé entre nous; il est bon, il comprendra notre amour et consentira à nous rendre heureux.» Je choisis une fleur, une seule, parmi toutes celles que je lui avais présentées. Je pris cette fleur, j'imprimai un baiser sur son calice entr'ouvert, puis je l'offris à Gueyma. Il la prit, la porta vivement à ses lèvres, me fit un dernier signe de la main, disparut derrière le buisson, et je demeurai seule. Alors, je repris, toute pensive, le chemin du camp; il me semblait avoir vécu un siècle en quelques minutes, et que tout était changé autour de moi. Voilà le récit que vous m'avez demandé, mon frère, ainsi que Gueyma me l'avait commandé et que je vous l'ai promis à vous-même. Je ne vous ai rien caché; m'en voulez-vous de ce qui s'est passé?

— Eh! pourquoi vous en voudrais-je, pauvre enfant, s'écria Arual avec une douloureuse émotion, puis-je vous rendre responsable d'une faute qui n'est pas la vôtre, vous avez obéi à l'instinct de votre cœur, la nature a été plus forte que mon expérience et a déjoué tous mes calculs de bonheur pour vous. Je verrai Gueyma, je sonderai ses intentions; seulement promettez-moi de ne plus lui parler autrement que devant moi, je soin de votre avenir me regarde seul et je veux que vous soyez heureuse.

— Je vous obéirai, mon frère, quoi que vous exigiez de moi.

— Bien, mon enfant, je compte sur votre promesse; maintenant séchez vos larmes et suivez-moi. Nous allons visiter les blancs que vous aimez tant.

— Ah! tant mieux, s'écria la jeune fille redevenue subitement joyeuse à cette nouvelle.

Contrairement aux préventions que les Indiens nourrissent contre les blancs, pour lesquels ils professent une haine implacable, les Guaycurus avaient traité le peintre français et les personnes qui l'accompagnaient avec les plus grands égards, considérant leurs hôtes presque comme s'ils avaient été leurs frères. Quant à Emile Gagnepain, la cordialité que les Indiens lui témoignaient n'avait fait que s'accroître, et, en toutes circonstances, les capitaos avaient pour lui une déférence marquée; plusieurs fois même ils l'avaient invité à prendre place avec eux autour du feu du conseil, paraissant attacher une grande importance à ses avis.

Bien que flatté intérieurement de ces preuves de sympathie, le jeune homme avait constamment décliné ces avances, craignant, s'il les acceptait, de donner de la jalousie à certains guerriers et de se créer ainsi des ennemis dans le détachement où il désirait ne compter que des amis, afin qu'au moment venu où il aurait besoin d'user de toute son influence pour protéger ses compagnes, ne pas rencontrer de malveillance parmi des hommes, et dont il connaissait l'humeur changeante.

Cette conduite sage et adroite en même temps, loin de nuire au jeune homme n'avait au contraire fait qu'augmenter l'estime que lui témoignaient les Indiens et surtout les capitaos; parmi ceux-ci il en était un qui semblait éprouver pour lui et pour ses compagnes une amitié sincère; ce chef était Arual.

Chaque fois qu'il trouvait l'occasion de se soustraire aux exigences de sa position de chef, soit au camp, soit dans les marches, Arual la saisissait avec empressement pour se rendre, toujours accompagné d'OEil-de-Colombe, auprès des amis blancs, ainsi qu'il les nommait, bien que son teint fût absolument le même que le leur, et à cause de longues heures avec eux.

Ces conversations tout intimes étaient remplies de charme, pour les étrangers surtout : Arual causait bien; il avait vu beaucoup; son expérience de la vie était grande; il y avait donc beaucoup à apprendre dans sa fréquentation, d'autant plus que ses idées élevées, ses connaissances acquises, formaient un contraste parfaitement tranché avec la complète ignorance des autres Indiens.

Chose singulière! jamais Arual n'avait paru s'apercevoir du déguisement des dames, jamais il n'avait fait d'allusion à ce sujet, et s'il l'avait pénétré, il avait renfermé avec soin cette découverte dans son cœur.

La naïveté et la grâce native d'OEil-de-Colombe adoucissaient dans ces entretiens ce qu'il y avait de grave et même de sévère dans le maintien et dans les paroles de son frère : ces dames l'avaient prise en amitié; elles la choyaient comme une sœur et se laissaient complaisamment lutiner par elle.

Les heures que le frère et la sœur passaient ainsi auprès des étrangers étaient les seuls rayons de soleil qui venaient égayer leur douloureuse existence; aussi était-ce avec un véritable sentiment de joie qu'ils les voyaient arriver à leur enramada si on était campé, ou se ranger auprès d'eux si le détachement était en marche.

Le jour où nous reprenons notre récit, Emile attendait, avec une vive impatience, la visite de ses amis, ce fut donc avec le plus grand plaisir qu'il les vit enfin paraître.

La conversation fut d'abord générale entre les cinq personnes; puis, peu à peu, les deux dames s'emparèrent d'OEil-de-Colombe, qu'elles entraînèrent à leur suite à l'autre extrémité de l'enramada, de sorte que Emile et Arual demeurèrent, pour ainsi dire, seuls.

— Je vois que vous voulez me parler, dit le chef en souriant, et je crois deviner ce que vous vous préparez, sans doute, à me demander, señor don Emilio.

— Il est vrai que je désire causer avec vous, chef, répondit le jeune homme assez surpris de cette brusque mise en demeure; quant à ce qui a l'intention de vous demander, à moins d'être devin, je doute que vous trouviez juste.

— Vous le supposez; ne savez-vous pas qu'on est souvent devin sans que soit amis. Écoutez-moi donc, et vous verrez si je me trompe.

— Ma foi! je ne demande pas mieux, ne serait-ce que pour la rareté du fait; et si vous dites la vérité, eh bien, je conviendrai que vous avez raison.

— Vous pouvez en convenir tout de suite, mon ami, répondit sérieusement Arual; jugez plutôt : voici en substance, car je ne prétends pas me servir des mêmes termes que vous, le sujet que vous désirez aborder. Nous sommes campés au milieu à peu près du llano Manso, à une quarantaine de lieues au plus des frontières du Brésil, où vous avez l'intention de vous rendre avec vos amis; la distance qui vous sépare de vos persécuteurs est trop grande maintenant pour que vous ayez à les redouter davantage; vous avez le plus vif désir de passer la frontière et de vous trouver enfin sur le territoire brésilien; la protection que vous nous avons accordée vous devient dès ce moment inutile; au lieu de perdre votre temps à demeurer dans cette forêt où ne nous retiennent aucuns intérêts sérieux, vous voulez obtenir que, grâce à mon influence, on vous accorde le droit de continuer votre voyage sous l'escorte de dix ou douze de vos guerriers; est-ce bien cela, mon ami? vous ai-je bien tout dit? ai-je oublié quelque chose? Parlez! je suis prêt à vous faire amende honorable, si je me suis trompé.

— Arual aurait pu sans inconvénient continuer à parler ainsi longtemps encore, sans craindre d'être interrompu par son interlocuteur; celui-ci était littéralement abasourdi par la surprise : ce que le chef lui avait dit était exact de tout point, dans une longue conversation avec la marquise et doña Eva, il était effectivement convenu d'adresser cette demande au capitao à sa première visite; mais ce qu'il ne pouvait comprendre, c'était comment celui-ci avait pu être si bien instruit d'un secret que les deux dames et lui possédaient seuls.

Mais Arual ne comptait pas le tenir quitte à si bon marché; il jouit un instant de son triomphe, puis il reprit d'une voix douce et insinuante :

— Cela vous contrarie, mon ami, de me voir si bien instruit de vos projets; je possbde des secrets bien plus importants encore.

— Chef ! murmura enfin le jeune homme en rougissant et en jetant furtivement un regard en arrière.

— Rassurez-vous, mon ami ; comme ces secrets vous regardent seul et que je te les ai surpris sans y être autorisé par vous, je les conserverai dans mon cœur, je les oublierai même si vous le désirez.

— Mais comment se fait-il...

— Ami, interrompit Arual avec mélancolie, bien que ma vie ne me compte pas encore de longues années, j'ai appris bien des choses ; mais assez là-dessus ; que cela vous suffise.

— Soit. Un mot seulement : Favoriserez-vous mes projets ?

— Non, répondit-il nettement.

— Non ! fit le jeune homme avec stupeur.

Les deux dames s'étaient insensiblement rapprochées ; elles écoutaient, pâlissantes ; d'un geste Arual ordonna à la jeune fille de s'éloigner. Celle-ci obéit aussitôt et se retira hors de la portée de la voix.

— Non, reprit-il alors d'un ton péremptoire qui glaça d'effroi ses auditeurs, je ne favoriserai pas votre projet ; j'emploierai au contraire tout mon pouvoir et toute l'influence que me donne mon amitié, pour vous retenir auprès de nous, et cela dans votre intérêt même.

— Dans notre intérêt ! s'écria Emile.

— Certes, dans votre intérêt, pauvre fou, s'écria-t-il avec véhémence ; ces ennemis que vous supposez si loin sont ici, à quelques pas à peine du lieu où nous sommes ; ils vous ont suivi là, pas à pas, depuis votre fuite de San Miguel de Tucuman ; vous avez tout à redouter, non pas don Emilio, mais la marquise de Castelmelhor et sa fille doña Eva.

A cette foudroyante révélation, les deux dames se cachèrent le visage dans les mains en poussant un cri déchirant.

— Croyez-vous, continua le chef avec véhémence, que votre déguisement nous a trompés un instant ; non, non, mesdames, dès la première minute que vous avez été parmi nous, vous avez été reconnues, au contraire.

— Oh ! nous sommes perdues ! s'écria la marquise en proie à la plus vive douleur.

— Eh non, vous êtes sauvées, ou du moins je l'espère, dit vivement Arual ; vous êtes nos hôtes, et en cette qualité, nul n'osera vous faire la plus légère insulte ; quel que soit le lien qui vous attache à nous, il est impuissant à vous nuire, tant que vous demeurerez auprès de nous ; tous ses efforts se briseront contre une volonté immuable, la mienne ! dit le chef avec une énergie suprême ; croyez-vous que déjà il n'ait pas essayé de s'emparer de vous, mais toutes ses tentatives ont été inutiles.

— Oh ! chef, s'écria la marquise en lui prenant les mains, ce n'est pas pour moi que je vous implore ; que m'importe la vie à moi ! c'est pour ma fille, mon seul bien, mon seul bonheur.

— Hélas ! chef, dit humblement la jeune fille en s'agenouillant devant Arual, s'il faut qu'une victime soit sacrifiée, choisissez-moi, je vous en conjure ; mais, au nom de ce qui existe au monde de plus sacré, oh ! sauvez, sauvez ma mère !

Malgré son stoïcisme indien, Arual sentait ému par ces douleurs si sincères ; son front était pâle, des larmes roulaient dans ses yeux.

Emile frappait du pied avec rage, en proie au plus profond désespoir.

— Ne vous passaffligez ainsi, dit enfin le chef d'une voix légèrement tremblante, malgré ses efforts pour dissimuler son émotion ; je vous ai promis de vous sauver, j'espère y réussir ; j'y emploierai tout mon pouvoir, seulement laissez-moi agir : la façon dont je me suis conduit envers vous doit vous donner confiance en moi. Courage et espoir !

— Oui, vive Dieu ! s'écria Emile, incapable de se contenir plus longtemps, j'ai confiance en vous ; vous êtes un vrai homme, et taillé sur un rude patron, j'ose le dire. Consolez-vous donc, madame, et vous aussi, señorita, la situation devient plus nette, et, j'en suis convaincu, meilleure ; réjouissez-vous, au lieu de vous lamenter ainsi ; au lieu d'un ami, vous en avez deux, et j'en connais un qui se fera hacher pour vous défendre.

Par un mouvement spontané, les deux dames tendirent les mains au jeune homme.

— Chef ! dit la marquise, après Dieu qui nous voit et qui nous juge, tout mon espoir est en vous, je ne vous parlerai pas de reconnaissance, les cœurs comme les vôtres savent lorsqu'ils sont compris et appréciés comme ils le méritent.

— Merci, madame, répondit le chef avec dignité. Quoi qu'il arrive, ne désespérez pas. En ce moment on entendit un grand bruit dans le camp, OEil-de-Colombe accourut.

— Que se passe-t-il lui demanda Arual.

— Frère, le grand chef Tarou-Niom entre dans le camp, répondit-elle.

— Je vais le recevoir ; vous, enfant, demeurez ici jusqu'à ce que je vous fasse demander, et, se tournant vers les dames avec un gracieux sourire : Espérez ! dit-il ; et il sortit à grands pas de l'enramada.

C'était, en effet, Tarou-Niom qui arrivait au camp, à la tête d'une troupe nombreuse de près de quinze cents guerriers, qui tous étaient parfaitement montés et armés de fusils.

Chose singulière, pas une femme n'avait suivi cette troupe, qui, par sa tenue et sa prestance, paraissait bien plutôt être sur le sentier de la guerre que venir faire une visite pacifique à un détachement de guerriers de sa nation.

Tarou-Niom fut reçu avec tous les honneurs usités en pareil cas ; puis, après avoir donné l'ordre à ses guerriers de dresser leur camp auprès de celui de leurs frères, il entra dans la hutte du conseil, précédé par Arual, et la couverture placée devant l'entrée en guise de porte tomba derrière eux.

L'entrevue des deux chefs fut longue ; elle dura plusieurs heures ; lorsque enfin ils sortirent de la hutte du conseil, le front de Tarou-Niom était soucieux : il paraissait en proie à une vive préoccupation.

Les deux chefs traversèrent le camp, salués par les guerriers qui se pressaient sur leur passage, et se dirigèrent vers l'enramada, où habitait la marquise avec sa fille.

Averties par Emile de l'approche des capitaos, les dames se hâtèrent d'aller au-devant d'eux, mais d'un geste Tarou-Niom les arrêta.

— Voici, dit Arual en désignant les trois étrangers, les personnes pour lesquelles j'ai réclamé la toute-puissante protection de mon frère.

— Elle leur est acquise, dit Tarou-Niom en rendant courtoisement le salut qui lui était fait. Les hôtes des Guaycurus sont leurs frères ; ceux que recommande Arual ont droit à toutes les sympathies comme à tous les égards ; les Guaycurus sont puissants sur leurs territoires de chasse ; nul ennemi ne peut lutter contre eux. Que mes frères se rassurent : Tarou-Niom les aime ; il saura les défendre.

Puis, selon la coutume indienne, qui se rapproche beaucoup en ceci de l'hospitalité arabe, les deux chefs entrèrent dans l'enramada.

— J'ai faim, dit Tarou-Niom. Mes frères n'ont-ils rien à offrir à leur ami ?

Tyro, qui suivait d'un œil inquiet les mouvements des deux chefs, parut aussitôt avec des vivres qu'il étala devant eux.

Tarou-Niom invita d'un signe les deux dames à se placer près de lui. Emile s'assit auprès d'Arual, et le repas commença aussitôt.

OEil-de-Colombe s'était envolée, légère comme un oiseau, aussitôt qu'elle avait vu la direction que prenaient les chefs.

Les capitaos mangèrent de bon appétit, louant les mets bien simples cependant et se faisant, à plusieurs reprises, verser à boire par Tyro ; quant aux dames, elles s'efforçaient de faire bonne contenance, mais l'émotion qu'elles avaient éprouvée avait été trop forte ; à peine si elles avalèrent quelques bouchées.

Au bout d'une demi-heure environ, les chefs se levèrent.

— Je remercie mes frères de leur hospitalité, dit gracieusement Tarou-Niom, s'ils me le permettent, je reviendrai m'asseoir à leur foyer.

— Nous en serons heureux et honorés, chef, répondit Emile pour lui et ses compagnes.

Après divers compliments, les chefs prirent congé et sortirent.

— Vous voyez que je ne perds pas de temps, dit Arual en se penchant à l'oreille du jeune homme.

Celui-ci lui serra la main avec effusion et ils se séparèrent.

Les Indiens groupés au dehors avaient vu leurs deux principaux chefs manger et boire avec les étrangers ; désormais ceux-ci étaient sacrés pour eux, le pacte était scellé.

Plusieurs jours s'écoulèrent pendant lesquels les chefs tinrent plusieurs fois conseil ; des émissaires furent envoyés dans plusieurs directions.

Tous les jours de nombreuses troupes de guerriers, non-seulement guaycurus, mais encore payaguas, lenguas, zamucos, etc., tous bien armées, arrivaient au camp, et s'établissaient aussitôt auprès des autres.

Au bout de huit jours, le nombre des Indiens cachés dans la forêt montait à près de quinze mille hommes ; ce n'était plus un détachement, mais bien une véritable armée.

Tarou-Niom était plusieurs fois revenu visiter les étrangers et partager leur repas ; aussi ceux-ci en jouissaient-ils d'une grande considération.

Chaque jour Arual leur faisait visite. Seulement, lorsque Emile, inquiet du mouvement qu'il remarquait autour de lui, essayait de lui adresser quelque question, afin de savoir ce qui se passait, le chef lui fermait la bouche en lui disant, avec un sourire de bonne humeur :

— Ne vous inquiétez de rien, nous vous ménageons une charmante surprise.

Force était au jeune homme de se contenter de cette réponse peu concluante, mais qui ne présageait rien que d'agréable.

Tyro, en sa qualité d'Indien, furetait et écoutait partout, mais le secret était bien gardé, tout ce qu'il parvint à apprendre fut que les Guaycurus et leurs alliés préparaient une expédition excessivement importante.

Enfin, un jour après, un conseil eut avaient assisté tous les chefs, et qui dura toute la matinée, les divers détachements qui étaient venus se joindre à celui de Guayna, s'éloignèrent les uns après les autres dans différentes directions. Celui de Tarou-Niom quitta le dernier la clairière, fractionné en trois corps de cinq cents hommes chacun.

Cependant, Tarou-Niom et Arual demeurèrent au camp, réduit de nouveau à ses primitives proportions.

Emile comprit que le moment décisif approchait, et il se prépara, autant que son ignorance de la situation le permettait, à faire face à toutes les éventualités.

Zéno Cabral

Cependant les Gauchos étaient sortis du taillis et avaient repris au grand trot le sentier qui devait les conduire au rio Dulac. Depuis une demi-heure à peu près ils cheminaient bon pas, lorsqu'il leur sembla entendre derrière eux le bruit, d'abord éloigné, mais qui se rapprochait rapidement des pas d'un cheval.

Tout est suspect au désert pendant le jour, à plus forte raison pendant la nuit. Les Gauchos étaient braves ; le métier qu'ils faisaient de compte à demi l'exigeait, mais ils étaient prudents aussi ; ils consentaient bien à risquer leur vie dans ce qu'ils étaient convenus de nommer une affaire, mais à la condition d'en tirer un bénéfice quelconque.

Ce cheval invisible les chagrinait considérablement. Après quelques instants d'hésitation, ils résolurent d'en avoir le cœur net et de savoir définitivement à quoi s'en tenir sur le compte du cavalier qu'il portait ; en conséquence, ils tournèrent bride et se campèrent résolûment en travers du chemin.

A peine avaient-ils depuis cinq minutes pris cette position belliqueuse, qu'ils aperçurent à la pâle clarté des étoiles la noire silhouette d'un cavalier.

— Holà ! leur cria une voix railleuse, holà ! caballeros, je suis un ami, que diable ! expliquons nous d'abord, nous nous pourfendrons ensuite si cela est absolument nécessaire.

— Eh ! il me semble que je connais cette voix, dit Mataseis.

— Elle ne m'est point non plus inconnue, répondit Sacatripas.

— Que faisons-nous ?

— Dame ! attendons, je crois que c'est le plus simple. Nous sommes deux contre un, nous avons l'avantage.

— Eh ! là-bas ! reprit la voix toujours avec son même accent railleur, vous décidez-vous à vous décider à quelque chose ? Est-ce bataille ?

— Non, non, cria Mataseis ; nous préférons parlementer.

— Alors, dégagez la route.

— C'est juste.

Et ils se placèrent de côté, sans cependant négliger la précaution de tenir la main sur leurs armes, afin d'être prêts à tout événement.

Le cavalier les eut bientôt rejoint.

— Eh ! s'écria-t-il, ce sont les frères modèles, mes dignes amis les señores Mataseis et Sacatripas. Flatté de vous rencontrer, señores ; bien mes compliments.

— Tiens ! s'écrièrent-ils de leur côté, c'est Son Excellence don Zèno Cabral ; en voilà une rencontre !

— Ma foi ! oui, répondit gaiement celui-ci ; c'est extraordinaire, j'en conviens ; mais les rencontres se font toujours comme cela, en se trouvant par hasard.

— Si nous attendions quelqu'un, ce n'était pas vous, par exemple, Excellence ! s'écria Mataseis.

— N'est-ce pas ? C'était un autre, probablement ?

— Non, nous cheminions paisiblement.

— C'est édifiant sur mon honneur ! Mais à propos, que diable faites vous par ici à cette heure passablement indue ?

— Nous voyageons pour nos affaires, Excellence.

— Voyez-vous cela ! je vous croyais au service de je ne sais plus quel Français ?

— Nous y étions, Excellence.

— Bah ! vous n'y êtes plus.

— Il nous a congédiés aujourd'hui même.

— Hum ! c'est un procédé assez mesquin, cela.

— Fort mesquin, en effet.

— Ainsi vous voilà libres ?

— Comme l'air, oui, Excellence.

— Tiens ! à propos d'air, est-ce que vous ne trouvez pas qu'il fait assez froid ?

— Mais oui, la brise commence à piquer ; nous nous préparons même à camper lorsque nous avons aperçu Votre Excellence.

— Bon ! que je ne vous gêne pas, je vous ferai compagnie.

— Ce sera beaucoup d'honneur pour nous, Seigneur.

Ils mirent alors pied à terre, réunirent des branches sèches dont la terre était jonchée en grande quantité, et, au bout d'un instant, ils eurent allumé un feu, dessellé et attaché leurs chevaux, et se trouvèrent assis côte à côte devant la flamme de leur foyer.

Chacun retira des provisions de ses alforjas, espèce de doubles poches que les cavaliers portent derrière la selle ; ces provisions furent mises en commun, et les trois convives si fortuitement réunis par le hasard, ils le croyaient du moins, se mirent à manger de bon appétit, entrecoupant çà et là leur repas de larges rasades d'eau-de-vie blanche de pisco ; puis, leur souper terminé, ils allumèrent leurs cigarettes.

— Ah çà ! señores, dit alors Zèno Cabral, maintenant que nous avons bien mangé, que nous sommes devant un bon feu et que nous fumons d'excellentes cigarettes, si nous causions... qu'en pensez-vous ?

— On gagne toujours à causer avec un homme comme Votre Excellence, répondit sentencieusement Mataseis.

— Vous dites peut-être plus vrai que vous ne pensez.

— Ainsi, vous avez donc été congédiés par ce drôle de Français ?

— Hélas ! oui.

— Vous a-t il payés, au moins ?

— Nous ne lui réclamons rien, Excellence.

— De sorte que vous voilà sans place.

— Oui, mais nous sommes libres.

— C'est juste, c'est une compensation ; c'est fort mal de vous avoir abandonné ainsi au milieu du désert.

— Ces Français manquent complétement de procédés.

— Donc, vous pouvez aller où cela vous plaît ?

— Oui, Excellence.

— Pardon, si j'ai l'air de m'immiscer ainsi dans vos affaires, avez-vous un but déterminé en ce moment ?

Les deux Gauchos échangèrent un regard.

— Non, Excellence, répondit effrontément Mataseis, nous marchons tout droit devant nous.

— Diable ! cela peut vous mener loin ; mais j'y songe, peut-être pourriez-vous me rendre un léger service, dont je vous tiendrais compte, bien entendu.

— Oh ! Excellence, le plaisir de vous être agréable nous suffirait.

— Je vous remercie, mais vous me connaissez, vous savez que je n'aime pas déranger les gens pour rien.

— Nous savons que vous êtes très généreux, Excellence ; veuillez nous dire ce dont il s'agit, et s'il nous est possible de le faire, nous le ferons.

— Oh ! la mission dont je désire vous charger n'est pas difficile ; j'ai une dépêche à envoyer au général don Eusebio Moratin, et si vous pouviez vous en charger, je vous avoue que cela m'arrangerait beaucoup.

— Et pourquoi refuserions-nous de nous en charger, Excellence ?

— Je l'ignore ; mieux que moi vous connaissez vos affaires, et vous savez si cela est possible.

La proposition du partisan était d'autant plus agréable aux Gauchos, qu'ils avaient besoin d'un prétexte pour s'introduire auprès du général Moratin, au moyen de la dépêche. Le chemin leur était tout naturellement aplani, de plus, recommandés par Zèno Cabral, ils n'éveilleraient aucun soupçon et étaient sûrs, au contraire, d'être bien reçus ; aussi ne se sentaient-ils pas d'aise, et, malgré leur avarice, ils auraient consenti avec joie à se charger sans rétribution de la missive.

— Eh bien, reprit au bout d'un instant Zèno Cabral, que résolvez-vous ?

— Nous porterons la dépêche, Excellence.

— Réfléchissez qu'il faut qu'elle soit remise au général Moratin lui-même.

— Nous la lui donnerons en mains propres.

— Hum ! c'est peut-être beaucoup exiger, murmura le partisan en aparté ; puis il reprit à haute voix : Je vais écrire la dépêche à la lueur du feu, et comme toute peine mérite salaire, vous me permettrez de vous offrir dix onces.

— Nous acceptons avec reconnaissance, Excellence, répondirent joyeusement les Gauchos.

Zèno Cabral retira de ses alforjas un petit nécessaire de voyage qui contenait encre, plumes et papier, et il se mit aussitôt à écrire sa dépêche, qu'il termina en quelques minutes ; puis il la plia, la cacheta et la remit à Mataseis.

— Maintenant, dit-il, voilà les dix onces ; je compte sur votre exactitude.

— C'est comme si c'était fait, Excellence, répondit Mataseis en empochant l'argent avec cette prestesse que lui connaît le lecteur.

Au bout de quelques instant·, les trois hommes se roulèrent dans leurs pellones et leurs couvertures, s'étendirent les pieds au feu et ne tardèrent pas à s'endormir.

— Si à présent ces drôles ne réussissent pas à se faire agréer par Moratin, dit à part lui le partisan, il faudra qu'ils soient bien maladroits ! j'ai fait, en conscience, tout ce qu'il fallait pour cela.

Lorsque les Gauchos se réveillèrent au point du jour, ils étaient seuls ; Zèno Cabral était parti, ainsi que dit le proverbe espagnol, en prenant congé à la française, c'est-à-dire sans les avertir.

La vérité est qu'il les avait quittés aussitôt qu'il les avait vus endormis, ne se souciant point de demeurer plus longtemps en compagnie de pareils drôles.

Les Gauchos se consolèrent facilement de ce manque de procédé ; ils étaient payés d'avance, et grassement payés même.

Ils se mirent gaîment en route pour accomplir leur mission.

Nous dirons en deux mots que ils rencontrèrent le général Moratin à Santiago del Estero, et qu'ils n'éprouvèrent aucune difficulté à être incorporés dans l'escorte du général, grâce à un paragraphe de la missive du partisan, où il était dit qu'ils connaissaient parfaitement le llano de Manso, qu'en réalité ils n'avaient vu que de loin, en supposant même qu'ils l'eussent aperçu.

Aux questions que le général et M. Dubois leur adressèrent, à ce sujet, ils répondirent qu'ils connaissaient le désert dans ses plus cachés détours, ce dont les voyageurs furent très satisfaits.

Nous abandonnerons maintenant les señors Mataseis et Sacatripas, que nous retrouverons bientôt, et nous retournerons auprès de Zèno Cabral.

Pendant que les Gauchos complotaient dans le taillis en compagnie de don Pablo Pincheyra, la mort du général Moratin et de celui qui était, à juste titre, considéré comme son ministre, Zèno Cabral, qui, de loin, les avait aperçus au moment où ils quittaient la tente pour s'enfoncer sous le couvert, avait caché son cheval, et couché à travers terre, il s'était dirigé vers l'endroit où ils se trouvaient.

Zèno avait donc assisté invisible, non-seulement aux péripéties comico-tragiques de leur partie de monte, mais encore, ce qui était pour lui d'une bien autre importance, il avait entendu, sans en perdre une syllabe, tout leur entretien avec la Pincheyra ; il est probable que les projets de don Pablo cadraient avec les siens, car la surprise de satisfaction avait plissé ses lèvres à cette révélation inattendue, et il s'était mis aussitôt en mesure de faciliter aux Gauchos l'exécution de leur complot. Nous avons rendu compte du moyen qu'il avait employé, moyen dont la réussite devait être complète.

Sa négociation terminée, le partisan avait immédiatement éprouvé le besoin de quitter la mauvaise compagnie dans laquelle la nécessité l'avait contraint de se fourvoyer ; mais la prudence lui obligeait à attendre que le sommeil eût fermé les yeux et les oreilles des deux drôles ; il patienta donc en feignant de se livrer lui aussi au sommeil.

Bientôt des ronflements sonores lui annoncèrent que les Gauchos dormaient profondé-

18

ment; alors il se leva avec précaution, sella doucement son cheval, sauta en selle sans toucher l'étrier, et, malgré l'obscurité, car la nuit était sans lune, il s'élança à toute bride à travers le désert.

Cette course, faite à cette heure au milieu des ténèbres, dans une région aussi sauvage, aurait, selon toutes probabilités, été fatale à tout autre que le hardi montonero, habitué, dès son enfance, à parcourir les pampas et les llanos de jour et de nuit, se dirigeant, à défaut du soleil ou de la lune, au moyen des étoiles, ou, si cette dernière ressource lui manquait, prenant ses points de repères dans les accidents mêmes du paysage.

La nuit tout entière s'écoula ainsi : au point du jour, le montonero avait fait vingt lieues et franchi deux rivières.

Son cheval, rendu de fatigue, trébuchait à chaque pas; force fut au montonero de s'arrêter s'il ne voulait voir son cheval tomber mort sous lui, tant il l'avait surmené.

Il fit halte sur la lisière d'un bois, enleva les harnais à son cheval, le bouchonna vigoureusement avec une poignée d'herbe sèche, lui lava les naseaux, le garrot et les jambes avec de l'eau mélangée d'eau-de-vie de pisco; puis, lui donnant une claque sur la croupe, il le laissa libre, certain qu'il ne chercherait pas à s'enfuir.

L'animal hennit deux ou trois fois de plaisir, se roula avec délices sur l'herbe, puis, au bout d'un quart d'heure, Zèno Cabral eut la satisfaction de lui voir broyer sa provende à pleine bouche.

Complètement rassuré sur le sort de sa monture, le partisan battit un instant les herbes avec la baguette de son fusil afin d'éloigner les serpents; ensuite il s'enveloppa dans son poncho et s'étendit sur le sol.

— Il est quatre heures, dit-il en examinant le ciel, à neuf heures je partirai; dormons. Avec cette puissance de volonté que possèdent seules certaines natures d'élite, il ferma les yeux et s'endormit aussitôt. A neuf heures juste, ainsi qu'il se l'était promis, il se réveilla.

Il retira de ses alforjas une corne de taureau sauvage, la remplit d'eau avec deux tiers, y mit du sucre et de l'harina tostada, ou farine grillée au moyen d'une cuiller de bois; il mélangea le tout de façon à en faire une espèce de bouillie; puis il se mit à avaler de bon appétit ce singulier ingrédient qui compose dans ces contrées le fond de la nourriture des classes pauvres. Ce repas frugal terminé, il alluma une cigarette et se prit à réfléchir.

Quelques minutes plus tard, il repartait. Ainsi qu'il lui avait fait pendant la nuit, il ne suivait, nous ne dirons pas aucune route tracée, les routes n'existent pas dans ces régions, mais aucune sente; il piquait droit devant lui, à la mode indienne, ne se dérangeant ni à droite ni à gauche, franchissant les obstacles qui surgissaient sur son passage, traversant les rivières où il les rencontrait, bondissant par-dessus les ravins et les fondrières, et suivant toujours sans dévier la ligne qu'il s'était tracée d'abord.

Pendant six jours, il voyagea ainsi, sans qu'il lui arrivât d'incidents dignes de remarque; le soir du sixième jour, il atteignit une colline assez élevée dont le sommet n'était ombragé que par un seul arbre, mais cet arbre, espèce de mimosa gigantesque, étendait à une grande distance ses rameaux touffus dans toutes les directions.

Ce fut dans cet endroit, au pied même de cet arbre dont le tronc, à hauteur d'homme, avait plus de douze mètres de tour, que le montonero s'établit pour la nuit et alluma son feu de veille.

La position était merveilleusement choisie pour servir d'observatoire; de l'endroit où il était placé, le montonero dominait complètement la plaine, et ses regards s'étendaient de tous les côtés jusqu'aux lointains bleuâtres de l'horizon, sans que rien ne vînt gêner la vue.

Cette fois Zèno Cabral, après avoir bouchonné sa monture, au lieu de lui donner la liberté ainsi qu'il le faisait chaque soir, lui remit les harnais à l'exception de la bride, afin qu'il pût manger sa provende, l'attacha à un piquet fortement planté en terre, et sur une couverture étendue sur le sol il plaça une ration de maïs, régal que le cheval apprécia sans doute à sa juste valeur, car après avoir poussé un hennissement de plaisir, il se mit à manger gaiement.

Le jeune homme le considéra un instant en le flattant et lui parlant doucement, caresses que le noble animal semblait recevoir avec reconnaissance; puis après avoir mangé, sans même s'asseoir, sa corne de taureau sauvage remplie d'harina tostada, le montonero descendit rapidement la colline au sommet de laquelle brûlait son feu solitaire, et s'enfonça à grands pas dans les taillis, regardant attentivement autour de lui et cherchant, aux derniers rayons du soleil couchant, une chose à laquelle il paraissait attacher une grande importance.

Depuis une heure environ il se livrait à d'actives recherches, tournant incessamment autour de la colline dans un périmètre de cent mètres au plus, lorsqu'il s'arrêta en poussant un cri de joie, il avait enfin trouvé ce qu'il désirait; devant lui s'élevait un groupe de baisamiers élémifères (1), nommés vulgairement par les Indiens bois chandelle. Ce genre d'arbrisseaux appartient à la famille des térébinthacées; les Brésiliens, au moyen d'incisions pratiquées dans l'arbre, font couler une gomme résineuse d'un jaune blanchâtre parsemé de points bruns ou rouges, qu'ils nomment élemi et que, après en avoir formé des espèces de masses ou gâteaux compactes, ils expédient en Europe et dont ils font un grand commerce à l'extérieur. Dans le pays même les classes pauvres se servent de cette gomme pour confectionner leur luminaire. Quant aux Indiens, ils ne font pas tant de façon : ils coupent les branches, et parfois l'arbrisseau lui-même, dont ils se servent tout simplement en guise de torche. La clarté répandue par les torches est vive et fort résistante, et la torche elle-même dure assez longtemps.

Zèno Cabral abattit avec son sabre quelques-unes des branches du balsamier, les dégarnit de feuilles, en fit un fagot qu'il chargea sur son épaule et remonta ensuite au sommet de la colline.

Cependant le soleil avait disparu et le jour avait été presque sans transition remplacé par la nuit.

Bientôt l'obscurité confondit tous les objets, noya tous les accidents du paysage, et le désert fut, comme d'un funèbre linceul, couvert par d'épaisses ténèbres.

Le montonero, assis devant son feu, le dos appuyé au tronc de l'arbre, dans la position la plus confortable qu'il avait pu prendre, se chauffait nonchalamment les pieds en fumant sa cigarette; ses armes à feu étaient placées à portée de sa main.

Il avait laissé tomber sa tête sur sa poitrine, et semblait en proie à une vague rêverie. Son feu, dans lequel avec intention peut-être il avait négligé de jeter du bois, était réduit en une braise qui, bien que donnant une certaine chaleur, ne répandait plus qu'une lueur mourante, qu'à dix pas il aurait probablement été impossible d'apercevoir.

Le partisan demeura ainsi pendant près de deux heures sans faire un mouvement; on l'aurait cru endormi, si chaque fois qu'une cigarette était consumée il ne l'avait immédiatement remplacée par une autre.

Un silence de plomb régnait sur le désert; les fauves eux-mêmes se taisaient; seul, le susurrement des infiniment petits bruissait dans l'ombre et formait une rumeur incessante et monotone.

_____

(1) Amyris Elemifera.

Tout à coup un sifflement aigu traversa l'espace.

Au même instant, Zèno Cabral se redressa et se trouva debout comme poussé par un ressort.

Ravivant les braises à demi-éteintes du foyer, sur lesquelles il jeta une brassée de bois mort, il ramassa une branche de balsamier, l'alluma, s'avança jusqu'au commencement de la pente de la colline; puis, après avoir fait tournoyer rapidement la torche au-dessus de sa tête, il la lança en l'air, où elle traça un long sillon de feu.

Presque aussitôt un second sifflement, mais plus rapproché, se fit entendre.

Zèno Cabral prit une seconde torche, et après l'avoir allumée et fait de nouveau tournoyer autour de sa tête, il la lança comme la première, et, comme la première, avant de s'éteindre, elle traça d'un long sillon de feu les ténèbres.

Ce signal donné, le partisan retourna auprès de son feu, passa ses pistolets à sa ceinture, prit son fusil, sur lequel il s'appuya et attendit.

Son attente ne fut pas longue. Au bout de cinq ou six minutes au plus, un bruit de pas et un froissement dans les herbes indiquèrent que plusieurs personnes s'approchaient et montaient la colline.

— La lune de la folle avoine est-elle donc si avancée déjà; que les ténèbres sont si épaisses dit une voix.

— Il est facile de se procurer de la lumière, répondit Zèno Cabral en allumant une torche; et, l'élevant au-dessus de sa tête, les silhouettes noires et indistinctes de plusieurs hommes parurent alors sur le sommet de la colline.

— La nuit est froide; voici du feu, réchauffez-vous.

— Merci, répondit un des arrivants, le feu est bon à cette heure de la nuit.

Les nouveaux venus entrèrent alors dans le cercle de lumière répandu par la torche; deux portaient le costume des chefs guaycurus, c'étaient Gueyma et le Cougouar; le troisième, habillé à l'européenne, n'était rien moins que don Silvio Quiroga, si vieil officier montonero, un des plus dévoués lieutenant de Zèno Cabral.

— Grâces soient rendues à ces caballeros, dit-il après avoir respectueusement salué son chef, je cris qu'ils sont nyctalopes, et, que le même que les chats et autres animaux, ils possèdent la faculté de voir dans les ténèbres; sans leur gracieux concours, le diable m'emporte si je serais jamais arrivé jusqu'ici, général. J'étais complètement perdu lorsqu'ils m'ont rencontré tâtonnant comme un aveugle et me frappant toutes les tours les arbres.

— Eh bien, reposez-vous, don Sylvio, pendant que je causerai avec ces caballeros, répondit en riant le montonero, et chauffez-vous en même temps.

— Je ne voudrais pas être indiscret; général.

— N'ayez pas cette crainte, mon ami, nous nous entretiendrons dans une langue que vous ne comprenez pas.

— Puisqu'il en est ainsi, je ne risque, répondit le vieux soldat en s'asseyant sur le sol et allongeant ses longues jambes devant le feu, en même temps qu'il penchait son grand corps en avant et saisissait un tison pour allumer son cigare, qu'il se mit incontinent à fumer avec les marques de la plus complète béatitude.

Les Indiens étaient demeurés immobiles et indifférents à ce court entretien. Zèno Cabral se tourna alors vers eux, et s'inclinant avec politesse:

— Veuillez prendre place à mes côtés, capitaos, dit-il, je suis heureux de vous voir.

Lorsque les visiteurs furent assis, Zèno Cabral, après leur avoir offert du tabac qu'ils acceptèrent, reprit la parole.

— Chefs, dit-il, vous m'avez fait, il y a quelques jours, demander une entrevue, me voici à vos ordres, prêt à écouter la communication que vous avez sans doute à me faire, et à répondre ensuite aux questions qu'il vous plaira de m'adresser, autant toutefois que cela dépendra de moi; veuillez donc vous expliquer, je vous prie, car vous savez aussi bien que moi combien le temps nous presse.

— Señor don Zèno Cabral, depuis longues années nous nous connaissons, répondit le Cougouar.

— Oui, fit le partisan dont les sourcils se froncèrent, c'est vous, Diogo qui, lorsque j'étais bien jeune encore, êtes venu à travers mille périls m'annoncer la mort funeste de ma sœur; depuis ce jour, nous sommes constamment demeurés en relations, liés par le même serment de vengeance, vous entrant dans la vie indienne et moi adoptant la vie du Gaucho et du Paulista, afin que, le jour de la justice divine arrivé, l'homme que depuis tant d'années nous poursuivons, ne réussit point à nous échapper. J'ajouterai, Diogo, dit-il avec une émotion contenue, que jamais je n'ai rencontré cœur plus dévoué, un ami plus sincère que vous, et une âme plus grande et plus noble.

— J'ai fait mon devoir envers vous et envers ma maîtresse, señor don Zèno; à tous deux je vous ai obéi. Dieu, qui voit tout, saura, je n'en doute pas, me tenir compte de mes bonnes intentions.

— Sur un point, Diogo, sur un point seulement, j'aurais peut-être en des reproches à vous adresser. Jamais vous n'avez consenti à me dire comment ma pauvre sœur était morte, en quel endroit se trouve son tombeau.

— Caballero, répondit Diogo avec un embarras mal dissimulé, à quoi bon revenir sur ce sujet. Un serment solennel me ferme la bouche; voulez-vous donc me contraindre à commettre un parjure? Un jour viendra où vous saurez tout.

Zèno Cabral baissa la tête sans répondre.

— Me permettrez-vous, Seigneurie, reprit Diogo en le Cougouar, ainsi qu'il plaira au lecteur de le nommer, me permettez-vous de reprendre l'entretien où nous l'avons laissé.

Le partisan fit un geste d'acquiescement.

— Seigneurie, dit le capitan, l'heure est arrivée d'instruire Gueyma de ce qu'il doit savoir; seul vous pouvez éclaircir les ténèbres qui enveloppent son existence, lui et moi nous attendons de vous que vous daigniez le faire; c'est ce motif seul qui m'a engagé à vous demander cet entretien.

— Oh! señor, s'écria Gueyma avec tout l'élan de la jeunesse, je vous en supplie au nom de l'amitié que vous semblez me témoigner au nom du pacte conclu entre nous et qui nous fait frères, parlez, que je sache enfin qui je suis.

— Enfant, répondit douloureusement Zèno Cabral, n'êtes-vous pas heureux ainsi, à quoi bon porter le trouble dans votre cœur et y ouvrir un gouffre où disparaîtra tout votre bonheur à venir? Hélas! la science tue; conservez votre insouciante ignorance, vous êtes jeune, la vie vous sourit, l'amour vous attend bientôt peut-être, ne sacrifiez pas les joies d'une existence tout entière à une vaine curiosité; bientôt le repentir entrerait dans votre âme, mais alors il serait trop tard!

Le jeune chef avait écouté ces paroles avec une impatience et une agitation que le respect qu'il éprouvait à son insu pour Zèno Cabral avait seul réussi à contenir.

— Oh! s'écria-t-il avec explosion, quoi qu'il arrive, je veux tout savoir! Parlez! parlez!

— Vous l'exigez?

— Je vous en prie, Seigneur, répondit-il d'une voix tremblante.

— Soit! Puisqu'il en est ainsi, que votre volonté soit faite!... Interrogez-moi, je répondrai.

— Vous avez connu ma famille, n'est-ce pas?

— Je l'ai connue.

— Qui était mon père?

— Un seigneur portugais appartenant à l'une des principales familles du royaume.

— Ma mère?

— Une Portugaise aussi noble que belle et vertueuse.

— Ainsi j'appartiens à la race blanche?

— Oui.

— Je m'en doutais, murmura le jeune homme, mais comment se fait-il que j'aie été élevé par les Guaycurus.

— Après la mort de votre mère lâchement assassinée sur le soupçon d'une faute qu'elle n'avait pas commise, je vous enlevai moi-même pour vous ravir à la haine implacable d'un homme qui voulait vous tuer sur le cadavre de celle qui vous avait donné le jour, et je vous confiai aux soins de Diogo en lui faisant jurer de vous élever auprès de lui et de ne jamais vous laisser soupçonner à quelle race vous apparteniez.

— Je l'en remercie, dit le jeune homme avec une énergie sauvage, cette race je la hais, je suis honteux de lui appartenir, puisque le meurtrier de ma mère en fait partie, car c'était un blanc n'est-ce pas?

— C'était un blanc, répondit Zèno Cabral, qui suivait attentivement sur le visage du jeune homme les diverses passions qui, tour à tour, s'y reflétaient.

— Bien! je ne veux même pas savoir, reprit-il avec feu, quel est le nom de ma famille; que m'importe cela, à moi je me nomme Gueyma, je suis enfant des Guaycurus, un des captilans les plus renommés de la nation; ce nom et ce titre me suffisent, je n'en veux pas d'autre.

— Gueyma, dit Zèno en lui tendant la main, vous êtes un homme de cœur, je vous aime; Diogo, je vous remercie de l'avoir élevé ainsi.

— Un mot encore, un seul, reprit le jeune homme.

— Parlez?

— L'assassin de ma mère vit-il encore?

— Il vit.

— Savez-vous où il est?

— Je le sais.

— Vous me le direz?

— Oui.

— Quand?

— Dans cinq jours.

— Vous me le promettez?

— Je vous le jure.

— M'aiderez-vous à le trouver?

— Je vous mettrai en face de lui.

— Merci, don Zèno Cabral, voilà tout ce que je voulais savoir; adieu, ma tête est en feu, j'ai besoin d'être seul.

Et se levant d'un bond de bête fauve, le jeune homme s'élança sur la pente de la colline et disparut avant même que ses amis pussent essayer de le retenir.

Il y eut un instant de silence.

— Ce jeune homme a un grand cœur, murmura enfin le partisan.

— Oui, reprit Diogo, c'est une belle et noble nature, son cœur sera brisé.

— Le mien ne l'est-il pas? répondit durement le montonero.

Le capitan se tut.

— Parlons d'affaires, reprit brusquement don Zèno au bout d'un instant.

Pendant le long entretien des deux chef avec les guerriers guaycurus, le vieux soldat, qui ne comprenait pas un mot à ce qui se disait et qui, en outre, était accablé de fatigue, s'était bravement endormi auprès du feu.

Le Montonero respecta son sommeil, jeta quelques ponchos sur lui pour le garantir du froid, et au lieu de l'imiter et de se livrer à un repos qui, sans doute lui était nécessaire, il se mit à marcher à grands pas de long en large devant le feu.

Au lever du soleil, cette promenade durait encore.

Le partisan était pâle comme un cadavre, ses yeux rouges brillaient d'un feu sombre et lançaient des lueurs étranges, un frémissement convulsif agitait tous ses membres et des gouttelettes d'une sueur glacée perlaient à ses tempes.

Zèno Cabral avait vieilli de dix ans en quelques heures.

Quelle lutte terrible avait-il donc soutenue contre ses pensées pendant cette longue insomnie d'une nuit tout entière?

XXXI

Catastrophe.

Au souffle bienfaisant de la brise matinale qui se jouait dans ses cheveux et rafraîchissait son front brûlant, Zèno Cabral sembla renaître à la vie; il se redressa fièrement; les rides qui sillonnaient son visage s'effacèrent, sa belle physionomie reprit son calme ordinaire, et n'eût été la pâleur livide répandue sur ses traits, ceries, personne n'eût deviné l'orage terrible qui, pendant de longues heures, avait grondé dans son cœur.

D'un regard perçant, il examina le paysage que la veille il n'avait fait qu'entrevoir à travers les dernières heures du jour.

Cette plaine, encadrée par de hautes montagnes neigeuses qui masquaient l'horizon, cette rivière aux flots d'argent qui la coupait en deux parties presque égales, et promenait son cours sinueux dans toute sa longueur, ces bois touffus éparpillés çà et là, jusqu'à la colline au sommet de laquelle il se trouvait placé comme sur un immense belvéder, les moindres accidents enfin lui rappelaient complètement le paysage gravé dans sa mémoire.

Cette région était bien celle qu'il voulait atteindre et vers laquelle, depuis tant de jours déjà, il se dirigeait au galop furieux de son cheval.

Un sourire de satisfaction sinistre entr'ouvrit ses lèvres pâlies, car à certaines ondulations des herbes, ondulations imperceptibles pour tout autre que pour lui, il reconnaissait que Diogo ne l'avait pas trompé, que ses alliés étaient déjà rendus à leur poste, que cette plaine, si tranquille et si solitaire en apparence, s'animerait tout à coup et vivrait d'une existence fébrile, à un cri poussé par lui; que des milliers d'hommes, en ce moment blottis et cachés dans l'herbe, surgiraient subitement et pendant en poussant leur cri de guerre à son premier signal; son front s'illumina soudain d'une auréole d'orgueil, et ce fut avec un accent de triomphe indicible qu'il murmura, en jetant un regard de satisfaction hautaine autour de lui, ce seul mot:

— Enfin!...

Mot qui pour lui résumait toute une existence de luttes pour arriver à un but désormais atteint.

Il demeura un instant pensif; puis, relevant fièrement la tête, passa la main sur son front comme pour chasser une pensée importune, et s'approcha à grands pas du foyer devant lequel le vieil officier était toujours étendu, dormant comme s'il ne devait ne se réveiller jamais.

Pendant une minute ou deux, il regarda avec envie peut-être, le sommeil calme de son vieux compagnon d'armes, puis il se décida enfin à le pousser doucement du pied.

Si léger qu'eût été cet attouchement, il suffit pour éveiller don Sylvio.

— Eh! s'écria-t-il en se frottant les yeux et en regardant autour de lui d'un air effaré, Dieu me pardonne, je crois que j'ai dormi!

— Oui, un peu, répondit en souriant le montonero, pendant sept ou huit heures à peu près.

— Tant que cela! s'écria le vieux soldat en rejetant les pellones loin de lui et se levant d'un bond.

— Un peu plus peut-être, je ne sais pas au juste.

— Oh! général, s'écria le capitaine d'une voix désolée, je ne me pardonnerai jamais ce manque involontaire de respect.

— Où voyez-vous un manque de respect là-dedans, mon cher Quiroga; vous étiez fatigué d'une longue course, faite à pied dans les ténèbres; vous aviez envie de dormir, vous vous êtes endormi: cela est fort naturel, il me semble.

— Mais il fallait me réveiller, général.

— Pour quoi faire? Ma foi, vous dormiez si bien que je ne m'en suis pas senti le courage.

— Le fai est, général, s'il faut vous l'avouer, dit-il naïvement, qu'il y a longtemps que j'ai fait un aussi bon somme.

— Vous voyez bien. Ah! çà, maintenant songeons un peu à nos affaires; la cuadrilla est-ce pas.

— Depuis deux jours, oui, général; elle a pris le campement que vous aviez désigné dans un bois assez touffu, situé près de la rivière, et au centre duquel se trouve une clairière assez vaste.

— De mieux en mieux. Ce campement est-il loin d'ici?

— A une lieue tout au plus, général. Tenez, dans cette direction, ajouta-t-il en étendant le bras vers un point de l'horizon.

— C'est parfait. Tenez; mieux vaut nous y rendre tout de suite. Vous savez le chemin?

— Oh! de jour, je ne crains pas de m'égarer.

Ils se mirent en marche côte à côte.

— Comment vous ne montez pas à cheval, général?

— Non, je préfère le mener en bride; d'ailleurs le trajet n'est pas long, et rien ne nous presse; nous causerons plus facilement ainsi.

— A votre aise, général; je ferai ce qui vous conviendra.

— Depuis que vous êtes ici avez-vous reçu des messages?

— Un seul, général.

— Ah! ah! et de quelle part? demanda le Montonero avec une nuance de curiosité.

— De la part de don Juan Armero.

Zéno Cabral tressaillit imperceptiblement.

— Et que nous annonce ce message, mon vieil ami? dit-il.

— Une nouvelle qui, je le suppose, vous fera plaisir, général; don Juan Armero nous dit qu'il n'est plus qu'à vingt-cinq lieues d'ici et qu'il espère arriver demain dans la matinée, au plus tard.

— Diable! j'ai bien fait de me presser alors. Mentionne-t-il les personnes dont il est accompagné?

— Certes, général, ce sont celles-là même que vous attendez, c'est-à-dire le général don Eusebio Moratin et le Français, son âme damnée! Il cite aussi deux Gauchos, deux mauvais drôles à face patibulaire qui, à Santiago del Estero, se sont joints à l'escorte, il témoigne même une certaine inquiétude au sujet de ces drôles.

— Oui, oui, je sais ce dont il s'agit, répondit Zéno en se frottant les mains d'un air de bonne humeur, ces coquins sont de ma connaissance, c'est même un peu grâce à ma protection qu'ils ont été incorporés à l'escorte.

— Alors vous êtes satisfait, général? tout va ainsi que vous le désirez?

— Je ne pourrais souhaiter mieux, mon vieil ami.

— Alors au diable la mélancolie, s'écria le capitaine d'un air radieux, le chagrin tuerait un chat!

Le général éclate de rire à cette sortie insolite de don Sylvio Quiroga, et ils continuèrent à s'avancer en causant de choses et d'autres.

Ils arrivèrent bientôt au bois dans lequel était campée la cuadrilla et se trouvèrent au bout de quelques minutes dans la clairière où le gros de la troupe était réuni.

En l'absence de don Sylvio, le plus ancien officier du corps, la cuadrilla était commandée par don Estevan Albino.

Le jeune officier reçut son chef avec de grandes démonstrations de joie.

— Vous ne m'attendiez pas aussi tôt, sans doute, don Albino? lui dit le montonero.

— Pardonnez-moi, général; depuis une demi-heure déjà, votre approche m'avait été signalée par les sentinelles.

— Vous faites bonne garde.

— Nous obéissons à vos ordres. Notre cordon de sentinelles s'étend à une lieue environ dans toutes les directions de l'endroit où nous sommes, et bien qu'elles ne crient pas : Qui vive? elles sont échelonnées de façon à communiquer entre elles.

— Je suis content de vous, don Albino. Vos dispositions sont bien prises; vous vous êtes, en cette circonstance, montré officier d'expérience et d'initiative : c'est bien!

— Vous êtes mille fois trop bon, général, répondit le jeune homme en rougissant de plaisir à cet éloge mérité de sa conduite.

Vers le soir, un nouveau message de don Juan Armero annonça que, à cause d'un accident survenu, le général Moratin n'arriverait pas avant trois jours.

Cette nouvelle, loin de contrarier Zéno Cabral, lui causa au contraire une vive satisfaction, parce qu'il avait été averti, d'autre part, que les Brésiliens ne seraient au rendez-vous qu'à cette même époque; cette singulière coïncidence, en lui donnant tout le temps de prendre ses dernières mesures, cadrait parfaitement avec l'exécution de ses plans.

Les deux jours qui suivirent furent employés par Zéno Cabral en courses incessantes dans la plaine, afin de s'assurer de la position des détachements alliés, et de rectifier celles qui ne lui paraissaient pas favorables.

Du reste, si on peut se servir de cette expression, bien que toujours solitaire en apparence, la plaine était littéralement bourrée de troupes; toutes les nations amies ou vassales des Guaycurus avaient envoyé leurs contingents. Ceux-ci, afin de parer à toute éventualité, s'étaient même décidés à expédier leur dernier détachement, celui commandé par Gueyma et Diogo, ou le Cougouar.

Seulement, une vingtaine de guerriers, sous les ordres d'Arual, étaient demeurés dans la clairière du llano de Manso, afin de protéger le peintre français et ses deux compagnes.

Le jeune homme, curieux comme un artiste, et fort intrigué par tout ce qui se passait autour de lui, avait vivement intercédé auprès de Tarou-Niom afin d'obtenir la permission de suivre; le chef, auquel le caractère du jeune homme plaisait beaucoup, s'était laissé convaincre et avait consenti à l'emmener ainsi que Tyro. Arual était donc demeuré seul au camp avec Œil-de-Colombe, la marquise et doña Eva; mais les deux dames avaient maintenant la conviction que le chef indien leur portait un véritable intérêt et elles ne craignaient plus de demeurer sous sa protection; seulement, tous ces mouvements qui s'exécutaient autour d'elles, sans qu'elles en connussent les causes, les plongeaient dans une inquiétude mortelle, que les assurances réitérées d'Arual ne parvenaient pas à calmer; un pressentiment secret, qu'elles ne savaient à quoi attribuer les avertissait que bientôt ils n'étaient pas aussi étrangers qu'elles le supposaient aux événements qui se préparaient et que ces événements auraient une grande influence sur leur sort futur.

La veille du jour où le général Moratin devait arriver, Zéno Cabral alla faire visite à Tarou-Niom.

Le grand chef des Guaycurus reçut le Montonero avec les plus grands honneurs et les marques de la plus haute estime et de la plus vive amitié.

Emile qui, depuis qu'il habitait avec les Indiens, s'était peu à peu identifié avec leurs coutumes, ne comprenait rien à cette réception, si en dehors de leurs usages, il fut intérieurement attristé de voir le partisan si avant dans les bonnes grâces du chef, et il trembla pour ses compagnes.

Cependant Zéno Cabral, en apercevant le jeune homme, était accouru vers lui les bras ouverts, paraissait éprouver beaucoup de plaisir de le revoir; puis il avait hautement fait l'éloge de son courage et de son cœur à Tarou-Niom.

Emile, contraint de répondre à ces marques d'amitié, ne l'avait cependant fait qu'avec une certaine froideur que le partisan n'avait pas paru remarquer, car il avait continué de causer assez longtemps avec lui; enfin il avait pris congé et s'était retiré.

Zéno Cabral avait franchi la limite du camp des Guaycurus, il allait s'engager dans une sente de bête fauve qui serpentait dans les hautes herbes, lorsqu'il s'entendit appeler à deux reprises à voix basse.

— Qui m'appelle? répondit-il en s'arrêtant.

— Moi, répondit-on aussitôt.

Et un homme s'élança du milieu d'un taillis sur la pente.

— Gueyma! fit le Montonero avec étonnement.

— Oui, señor, répondit le jeune homme, c'est moi.

— Que me voulez-vous? mon ami.

— Vous faire souvenir que c'est demain que les cinq jours expirent.

— Je m'en souviens, mon ami. Vous exigez donc que je tienne ma promesse?

— Je veux connaître l'assassin de ma mère, dit-il avec une sourde énergie.

Zéno Cabral lui jeta un regard de douce compassion.

— Votre mère, vous ne l'avez pas connue, dit-il.

— Si, j'effacés pour toujours les souvenirs de ma première enfance, répondit le jeune homme d'une voix triste, ces souvenirs sont toujours demeurés intacts au fond de mon cœur; un enfant n'oublie jamais sa mère lorsqu'il a été assez heureux pour recevoir ses caresses si douces. Écoutez, ajouta-t-il en saisissant brusquement le bras du Montonero, souvent, pendant mon sommeil, il me semble voir son visage souriant se pencher vers moi; ses grands yeux bleus pleins de larmes fixent sur moi des regards d'une ineffable douceur, ses longs cheveux bruns flottent en désordre sur ses épaules de neige; elle murmure des paroles que je ne puis comprendre, mais je sens alors mon cœur se gonfler de joie et de bonheur.

Zéno Cabral écoutait le jeune homme avec une surprise qu'il n'essayait pas de cacher. Ce qu'il entendait le confondait malgré lui; cette espèce de double vue qui faisait en dormant revoir, telle qu'elle avait été en effet, à un fils la mère qu'il avait perdue presqu'au berceau, bouleversait toutes ses idées; sa main droite, cachée sous son poncho, semblait agitée de mouvements fébriles.

— Oh! don Zéno, reprit le jeune homme avec un accent de conviction impossible à rendre, vous croyez que je n'ai pas connu ma mère! Mais vous ne savez donc pas que je la vois toutes les nuits veillant sur mon sommeil. Elle paraissait ici, devant nous, en ce moment, je la reconnaîtrais, ajouta-t-il avec un accent de tendresse instable.

Par un mouvement brusque, don Zéno retira son bras de dessous son poncho et tendant au médaillon au jeune homme.

— Regardez! dit-il.

— Ma mère! s'écria le chef en s'emparant du médaillon, et avec une joie délirante, il le couvrit de baisers.

Mais l'émotion que lui avait fait éprouver cette vue inespérée avait été trop forte, une réaction terrible s'opéra, le jeune homme pâlit affreusement; il chancela, pressa l'image adorée sur sa poitrine et roula sur le sol en murmurant une dernière fois d'une voix déchirante :

— Ma mère !

Il était évanoui. Zèno Cabral avait disparu.

Le lendemain, une heure environ avant le lever du soleil, le campement des montoneros offrait un coup d'œil des plus singuliers et des plus pittoresques à la fois.

Le signal du réveil avait été donné à la cuadrilla par Zèno Cabral, et les officiers allaient de soldat en soldat pour les obliger à se lever, ce que ceux-ci ne faisaient qu'à leur corps défendant, en grommelant, en se détirant et en bâillant à se démettre la mâchoire, tout en répétant que le jour n'était pas encore venu.

Mais enfin, bon gré mal gré, au bout de dix minutes tout le monde était debout.

La cuadrilla de Zèno Cabral était peut-être la plus belle et la mieux organisée de toute la Bande orientale; elle se composait d'environ six cents hommes, tous choisis avec soin par leur chef et dont le courage était éprouvé ; c'était donc, en réalité, non pas une cuadrilla formée seulement de volontaires, un véritable corps d'élite.

Au moment où le soleil apparaissait enfin au-dessus de l'horizon, tous les soldats étaient frais, dispos, complètement armés et prêts à combattre.

Le général, ainsi qu'ils le nommaient leur chef, les passa minutieusement en revue afin de s'assurer par lui-même que tout était bien en ordre; puis il commanda qu'on fît manger la troupe.

Chacun se mit aussitôt en devoir de préparer le repas, qui fut mangé d'un bon appétit; les montoneros sentaient instinctivement la poudre et prévoyaient la bataille.

Le déjeuner fini, les naseaux des chevaux furent serrés avec des fajas pour les empêcher de hennir, et, sur un geste de Zèno Cabral, chaque homme alla occuper immédiatement un poste qui lui avait été assigné à l'avance.

Cinq minutes plus tard, tous les montoneros avaient disparu; il ne restait dans la clairière que Zèno Cabral et son état-major.

Du reste, les précautions avaient été si bien prises, les ordres du partisan exécutés avec tant d'intelligence qu'il aurait été impossible à l'Indien, même le plus rusé, de deviner qu'un nombreux corps de cavalerie était, pendant plusieurs jours, campé en cet endroit.

Zèno Cabral eut avec ses officiers un entretien confidentiel assez long, dans lequel il leur donna probablement ses dernières instructions ; puis ceux-ci s'éloignèrent dans différentes directions ; le partisan disparut à son tour dans les taillis de la clairière, un instant auparavant si vivante et si animée, reprit son apparence solitaire.

Plusieurs heures s'écoulèrent sans qu'un craquement de branches, un froissement dans le feuillage vînt révéler la présence des guetteurs invisibles.

Alors un bruit de voix et de chevaux se fit entendre au dehors, et six hommes entrèrent dans la clairière.

Ces six hommes nous les connaissons déjà, nous savons à peu près quel motif les amenait dans ce lieu.

Nous avons rapporté comment leur entretien avait été subitement interrompu, dès le début, par l'apparition subite de Zèno Cabral au milieu d'eux.

Rien ne saurait rendre l'étonnement et la stupeur dont ils furent frappés à la vue du célèbre et hardi montonero.

Celui-ci jouit un instant de son triomphe; puis, croisant les bras et fixant sur les six personnages un regard d'écrasant mépris, il reprit avec un accent de sarcasme intraduisible :

— En quoi señores, vous ne voulez pas continuer l'intérêt que j'ai si malencontreusement interrompu ? Trouvez-vous donc ma présence déplacée au milieu de vous ? ou bien supposeriez-vous que je ne prends pas aussi à cœur que vous-mêmes les intérêts de la patrie ?

Il se tut, semblant attendre une réponse ; mais les personnages les plus intéressés dans le débat ne se sentaient pas encore assez remis de l'émotion qu'ils avaient éprouvée pour être certains de répondre avec avantage.

Zèno Cabral haussa les épaules.

— Comment vous, señor général Don Eusebio Moratin, vous n'avez pas une parole de bienvenue pour moi, qui n'ai pas craint de faire un si long voyage afin de vous rencontrer ? ni vous non plus, señor Dubois ? Ah! çà, mes maîtres, savez-vous que ceci commence à me sembler étrange; je vois ici des uniformes qui ne devraient pas y paraître, car les hommes qui les portent sont nos ennemis? Me serais-je trompé, et croyant venir au milieu d'amis, serais-je tombé au milieu de conspirateurs? Cette réunion cacherait-elle une trahison?

— Une trahison ! s'écria le général, recouvrant enfin la parole à cette sanglante insulte si bien méritée, et, portant vivement la main à son épée qu'il sortit à demi du fourreau, qu'osez-vous dire, señor? oubliez-vous devant qui vous parlez?

— Je n'oublie rien, señor, répondit froidement le montonero; je me souviens au contraire : qu'y aurait-il d'extraordinaire à ce que l'ancien bandit des Pampas devînt aujourd'hui pour de l'or traître à sa patrie?

Don Eusebio dégaîna son épée en poussant un cri de rage et fit un geste pour se précipiter sur l'audacieux montonero.

Mais celui-ci, sans le quitter du regard, sans faire un pas en arrière, prit un pistolet à sa ceinture, et, le dirigeant sur la poitrine du général :

— Si vous bougez, je vous brûle! dit-il froidement.

Don Eusebio s'arrêta en grinçant des dents.

— Qu'est-ce que c'est que cet homme? dit alors le général brésilien avec un accent de suprême dédain; que signifient ces menaces? Don Sebastiao, arrêtez ce drôle, je vous prie.

Zèno Cabral se retourna vers lui comme un lion blessé; il fit un pas et lui lança un regard chargé de tant de haine, que, malgré lui, le général sentit un frisson de terreur courir dans ses veines.

— A moi, mes amis! s'écria don Eusebio, feu sur ce misérable !...

— Silence, reprit le partisan d'une voix forte.

— Mais, señor, observa M. Dubois d'un ton conciliateur, ce que vous faites n'a pas de nom; on n'agit pas ainsi, vous manquez complètement de procédés envers...

— Silence! dit une seconde fois Zèno Cabral; si bien prises qu'aient été vos précautions, si loin que vous soyez venus vous cacher pour ourdir votre trahison, depuis longtemps je vous surveillais, mais je voulais vous prendre en flagrant délit; jetez vos épées, caballeros, vous êtes mes prisonniers.

— Vos prisonniers? vous voulez rire! s'écrièrent-ils en brandissant leurs armes et en se ruant sur lui avec fureur.

— Il est temps! s'écria don Armero, qui jusque-là était demeuré témoin impassible, mais non désintéressé de cette scène.

Zèno Cabral n'avait pas fait un mouvement. Au cri de don Juan Armero, la clairière s'était, comme par enchantement, remplie de soldats.

Don Roque et don Eusebio comprirent qu'ils étaient perdus. Suivis par don Sebastiao, qui s'était bravement rangé à leur côté, le pistolet d'une main et l'épée de l'autre, ils se précipitèrent sur les montoneros les plus rapprochés et essayèrent de s'ouvrir un passage de vive force.

Il y eut un moment de tumulte effroyable, mêlé de cris, d'imprécations de rage ou de douleur, de coups de feu, de trépignements; puis, le calme se rétablit tout à coup.

Don Eusebio, le bras gauche brisé par une balle, gisait sur le sol étroitement lié avec un lasso; don Roque et don Sebastiao, tous deux sans blessures, étaient garrottés aussi, et renversés sur le sol, à quelques pas du général Moratin ; quant à M. Dubois, au moment où il retirait deux pistolets de sa poche et se préparait à vendre chèrement sa vie, il avait reçu une balle au milieu du front et avait été tué roide.

On voit que Matasels et Sacatripas avaient essayé de gagner honorablement l'argent qu'ils avaient reçu : eux seuls avaient tiré, Zèno Cabral ayant donné l'ordre de s'emparer des conspirateurs sans les blesser, s'il était possible.

Trois ou quatre montoneros avaient reçu des estafilades assez légères.

Le partisan s'approcha alors des prisonniers.

— Reconnaissez-vous maintenant que vous êtes en mon pouvoir? dit-il.

— Tout n'est pas fini encore, répondit le marquis avec dédain; je ne suis pas venu seul ici, j'ai des troupes, et bientôt...

— Écoutez, lui dit Zèno Cabral en lui coupant brusquement la parole.

Au même instant, une clameur horrible dont rien ne saurait rendre ni la force ni l'expression s'éleva dans la plaine.

Les montoneros eux-mêmes, bien qu'ils en connussent la cause, éprouvèrent un frissonnement de terreur.

— Qu'est-ce cela ? s'écria le marquis avec épouvante.

— Le cri de guerre des Indiens, répondit froidement le partisan, des Indiens qui égorgent vos soldats.

— Oh! ce n'est pas, ne peut être, mes soldats sont braves, ils sont nombreux, ils se défendront! s'écria le général avec désespoir.

— Ils seront égorgés, reprit Zèno Cabral, et ceux qui échapperont au massacre seront brûlés vifs.

— Brûlés vifs ! s'écria-t-il.

— Ne vous apercevez-vous pas que, depuis quelques instants, l'air se raréfie, les Indiens ont mis le feu à la plaine; et, se tournant vers les montoneros : A cheval, muchachos! s'écria-t-il d'une voix tonnante, à cheval ! A peine nous reste-t-il le temps nécessaire pour nous échapper.

— Oh! ces hommes sont des bêtes féroces! s'écria le marquis en laissant tomber sa tête sur sa poitrine avec désespoir.

— Ne saviez-vous pas qu'on ne foule point impunément le territoire sacré des Guaycurus, lui dit Zèno d'une voix incisive.

Le marquis eut un tressaillement nerveux.

— C'est vrai, murmura-t-il, semblant plutôt répondre à sa propre pensée qu'aux paroles du montonero ; hélas! j'aurais dû m'en souvenir.

— Donnez-moi votre parole d'honneur de ne pas essayer de fuir, ce qui, du reste, serait inutile, lui dit Zèno Cabral, et vous serez libre à l'instant de toute contrainte.

— Je vous la donne, répondit le marquis avec découragement.

Ses liens tombèrent aussitôt ainsi que ceux de don Sébastiao Vianna qui, lui aussi, avait engagé sa parole.

Le général don Eusebio, depuis qu'il était tombé au pouvoir des montoneros, avait gardé un silence farouche; la seule réponse qu'il obtint de lui lorsqu'on lui proposa de donner sa parole, se borna à ces trois mots :

— Allez au diable !

Il fallut l'emporter et l'attacher tant bien que mal sur un cheval.

Cependant le temps pressait, il fallait se hâter de fuir, l'air se raréfiait de plus en plus, une chaleur suffocante se faisait sentir, d'épais tourbillons de fumée passaient sur la clairière, des nuées d'étincelles pleuvaient en pétillant sur les arbres; les buissons commençaient à prendre feu, il n'y avait pas une minute à perdre.

Zèno Cabral se plaça en tête de sa troupe, ayant à ses côtés don Roque et don Sebastiao, et après avoir crié : En avant, d'une voix tonnante , il se lança à toute bride hors de la clairière, suivi par toute la cuadrilla.

M. Dubois était demeuré à l'endroit ou la mort l'avait frappé , nul n'avait songé à relever son cadavre.

Au bout de quelques minutes, la cuadrilla déboucha dans la plaine.

Alors un spectacle étrange, épouvantable, rempli d'une sublime horreur, s'offrit aux regards terrifiés des montoneros.

La plaine tout entière, dans un réseau de plus de dix lieues, n'était qu'un immense lac de flammes, au milieu desquelles les Indiens, à demi nus, ressemblaient à autant de démons, bondissaient en brandissant leurs armes et poussant des hurlements de bêtes fauves.

Les troupes brésiliennes, retranchées sur la colline où elles avaient établi leur camp, cernées par une infranchissable muraille de feu qui montait lentement vers elles, et dont de longues langues de flammes venaient déjà lécher les retranchements, faisaient un feu nourri et continuel sur les Indiens, non pas dans l'espoir de vaincre, ils se savaient perdus, mais afin de se faire de belles funérailles et de faire acheter cher leur trépas à leurs féroces et implacables ennemis.

Des forêts tout entières brûlaient. On voyait leurs arbres centenaires se tordre avec des sifflements aigus et tomber avec fracas dans la fournaise qui les dévorait aussitôt.

Les fauves chassés de leurs repaires, en proie à la plus folle terreur, couraient éperdus à travers les flammes en poussant des rugissements de détresse et de terreur.

Une partie de la plaine avait été préservée autant que possible de l'incendie, afin de servir de retraite aux Indiens. Malheureusement, le vent avait tourné, l'espace où les herbes avaient été arrachées, gagné à son tour par le feu, se rétrécissait de plus en plus.

Ce fut cependant dans ce passage étroit, sous une voûte de flamme qui les aveuglait et leur coupait la respiration, que se lancèrent les montoneros.

Leurs chevaux, excités par l'épouvante, couraient avec une vélocité vertigineuse, les emportant comme dans un tourbillon, couverts d'une écume sanglante et hennissant de terreur.

Pendant vingt minutes, qui durèrent vingt siècles, les montoneros coururent ainsi sous une voûte de flamme; ils atteignirent enfin les premiers contre-forts des montagnes.

Ils étaient sauvés.

Zeno Cabral donna l'ordre de faire halte pour laisser souffler les chevaux.

Ils se retournèrent : les Brésiliens combattaient toujours, ou du moins ils continuaient à tirer, car ils n'avaient plus d'ennemis ; les Indiens fuyaient dans toutes les directions, poursuivis à leur tour par le feu qu'eux-mêmes avaient allumé.

Tout à coup, on entendit une détonation épouvantable; un immense nuage de poussière, des quartiers de roc, des arbres brisés s'élevèrent en l'air à une hauteur prodigieuse; puis tout retomba.

Les Brésiliens avaient disparu. Ils avaient mis le feu aux poudres et s'étaient fait sauter pour terminer enfin cette horrible tragédie.

Dix jours s'étaient écoulés depuis cette effroyable catastrophe. Dans une plaine aride et sablonneuse, sur les bords d'un lac dont les eaux stagnantes et noirâtre semblaient frappées d'immobilité, une troupe d'une trentaine de cavaliers avait établi un campement provisoire.

Cet endroit, un des plus reculés et des plus ignorés du llano de Manso, n'offrait aussi loin que la vue pouvait s'étendre que l'aspect désolé d'un désert de sable, sur lequel à de rares intervalles, poussaient çà et là des arbres rabougris et blancs de poussière.

Les cavaliers dont nous parlons étaient arrivés en cet endroit depuis deux heures à peine. Une partie d'entre eux portaient le costume européen, tandis que les autres étaient vêtus à la mode indienne.

Les premiers étaient Zeno Cabral, le marquis de Castelmelhor, Emile Gagnepain, la marquise de Castelmelhor et sa fille doña Eva.

Une dizaine de montoneros servant d'escorte probablement, et commandés par don Sylvio Quiroga, s'étaient établis un peu à l'écart.

Le nombre des Indiens était plus considérable que celui des blancs ; ils formaient aussi un campement particulier, sous les ordres de Tarou-Niom, de Diogo, de Gueyma et d'Arusi.

Toutes les personnes dont nous parlons s'étaient, sur l'invitation de Zeno Cabral, rendues à sa suite en cet endroit d'un aspect si lugubre, sans même soupçonner les motifs qui avaient engagé le montonero à les y conduire.

Il était environ trois heures de l'après-dîner ; une chaleur lourde pesait sur la nature. Nos divers personnages, abrités çà et là sous des enramadas, attendaient avec inquiétude la communication que don Zeno Cabral avait promis de leur faire le jour même. Ils pressentaient vaguement une chose sinistre; mais tous, ou du moins presque tous ignoraient complétement ce qui allait se passer.

Zeno Cabral, qui depuis près d'une heure était demeuré en conférence avec Diogo et Gueyma, sortit enfin de l'enramada où il était resté si longtemps; les deux chefs le suivaient la tête basse et le visage triste.

D'un geste, Zeno Cabral réunit ses amis autour de lui.

— Venez, señor marquis, di le partisan, et vous aussi, madame, et vous, señorita, ce qui va se passer ici vous regarde particulièrement.

Ces trois personnes, qui jusque-là étaient demeurées à l'écart, se rapprochèrent alors. Emile et Tyro se placèrent aussitôt sans affectation aux côtés des deux dames.

Zeno Cabral feignit de ne pas remarquer ce mouvement; il fit un signe : au même instant les guerriers guaycurus et les montoneros montèrent à cheval et vinrent se ranger en cercle derrière le groupe, qui se trouva ainsi renfermé.

Chacun attendait avec une anxiété secrète ce qui allait se passer; le silence était si profond et si solennel que le vol d'un oiseau, s'il y avait eu des oiseaux dans cette plaine désolée, aurait été entendu.

Zeno Cabral releva enfin la tête que jusqu'à ce moment il avait tenue baissée sur la poitrine; son visage était livide, ses yeux caves et rougis ; il était en proie à une émotion intérieure si violente que tout son corps était agité de mouvements convulsifs.

Cependant ce fut d'une voix ferme qu'il prit la parole, après avoir jeté un regard triste autour de lui :

— Amis, dit-il, une parole avec un accent douloureux, e vous remercie d'avoir consenti à me suivre jusqu'ici, où doit s'accomplir un grand acte de justice et d'expiation ; bien des années se sont écoulées depuis le jour où fut commis le crime, dont on m'a imposé la tâche terrible d'être le vengeur ; c'est en ce lieu que nul de vous ne connaissait avant d'y être venu avec moi, que cette vengeance doit s'accomplir.

Puis, après un instant de silence, il ajouta en se tournant vers le général, qui l'écoutait le front pâle et les sourcils froncés :

— Marquis de Castelmelhor, vous souvenez-vous de la malheureuse Laura ?

— Je m'en souviens, répondit le marquis d'une voix éteinte, j'ai été criminel et lâche, j'ai porté le désespoir et la honte dans une famille qui m'avait offert une paternelle hospitalité, au mépris de toutes les lois divines et humaines; poussé par une soif insensée de richesses, j'ai commis un crime horrible, non-seulement en voulant voler la fortune de mon bienfaiteur, mais encore en lui volant son bonheur, en lui enlevant sa fille, que je n'aimais pas, mais dont je voulais me servir pour m'approprier ces richesses que je convoitais.

Tous les assistants furent frappés de stupeur en entendant cet homme parler ainsi de lui-même ; la marquise se voila le visage, doña Eva se jeta dans les bras de sa mère en sanglotant; seul, Zeno Cabral demeura calme, froid, impassible comme une statue de marbre.

— Ainsi, dit-il, vous vous reconnaissez coupable ?

— Je me reconnais coupable, oui; mais les crimes du jeune homme ont été rachetés, si de tels crimes peuvent l'être, par la conduite pleine d'honneur et de loyauté de l'homme mûr.

— Vous mentez, marquis de Castelmelhor, interrompit froidement Zeno Cabral.

— Caballero, s'écria avec indignation le général en redressant vivement la tête et portant par un mouvement instinctif la main à son côté comme pour y chercher une épée absente.

— Vous mentez! reprit Zeno Cabral de la même voix cassante et saccadée ; l'homme mûr a été, s'il est possible, plus criminel encore que le jeune homme, il a assassiné froidement, lâchement la femme de son meilleur ami, parce qu'elle ne voulait pas condescendre à ses honteux désirs. Gueyma, voilà l'assassin de ta mère !

— Oh! fit le jeune homme avec un sanglot ressemblant à un rugissement.

Zeno Cabral continua :

— L'homme mûr, après avoir lâchement séduit une jeune fille dont on lui avait confié imprudemment la tutelle, a fait jeter son enfant dans les rues de Rio-Janeiro, et a empoisonné la jeune fille déshonorée par lui, afin de s'emparer de sa fortune. L'enfant fut sauvé par moi et confié aux Guaycurus : c'est Œil-de-Colombe. L'homme mûr, enfin, le général au service du Brésil, a été par moi arrêté il y a dix jours, au moment où il se préparait à vendre 'es intérêts de son maître à un autre misérable comme lui.

Le général, éperdu, à demi-fou de douleur et de honte, s'affaissa sur lui-même, et s'accroupit sur le sol en cachant son visage dans ses mains.

Par un mouvement instinctif, la marquise avait saisi brusquement le bras de sa fille et s'était éloignée avec un mouvement d'horreur loin de cet homme qu'elle avait tant aimé, auquel elle avait tout sacrifié, et qui, elle l'apprenait enfin par cette foudroyante révélation, était un monstre indigne d'elle.

Les assistants, muets d'horreur, entendaient comme dans un rêve le récit de ces crimes horribles, si nettement et si froidement précisés.

— Jeté malgré moi sur le chemin de cet homme, reprit Zeno Cabral, mêlé contre ma volonté à son existence, je l'ai suivi pas à pas jour par jour, pendant de longues années; je n'ai le droit de lui demander compte de tous, du premier; sang pour sang, œil pour œil, dent pour dent, je lui infligerai la loi du talion. Cet homme a tué ma sœur, je le tuerai. Posant alors la main droite sur l'épaule du général : Marquis de Castelmelhor, continua-t-il, regarde autour de toi, voilà le pays diamantaire que tu voulais atteindre, dont tu prétendais voler le secret à ma sœur qui ne te possédait pas; tout le sable qui nous couvre à dix lieues à la ronde est formé de diamants dont le moindre te ferait riche à jamais; ce pays m'appartient puisqu'il fut découvert par mon aïeul et que nul après lui ne l'a jamais revu; eh bien, réjouis-toi, marquis de Castelmelhor, s'écria-t-il avec un accent de terrible ironie, ce pays je te le donne, tous les diamants que tu vis désormais, tu les posséderas pendant l'éternité. Se tournant alors vers les montoneros : Creusez une fosse, dit-il, d'une voix stridente, cet homme sera couché vivant sur un lit de diamants !

A cette terrible conclusion, la marquise poussa un cri déchirant et tomba évanouie sur le sol. Doña Eva, incapable de supporter une pareille scène, était en proie à un délire affreux. Emile et Tyro, fous de douleur eux-mêmes, prodiguaient en vain à la jeune fille et à sa mère les soins les plus empressés.

Cependant, sur l'ordre de Zèno Cabral, deux montoneros s'étaient mis en devoir de creuser la fosse.

Les témoins de cette scène affreuse échangeaient entre eux des regards effarés, n'osant se communiquer autrement les divers sentiments qui les agitaient.

Tout à coup Arual s'avança rapidement vers Zèno Cabral et lui prenant la main.

— Arrêtez, caballero, lui dit-il d'une voix ferme, arrêtez, prenez garde d'être criminel vous aussi, en ne croyant n'être qu'un juge ; la vengeance n'appartient qu'à Dieu, lui seul sait reconnaître les coupables! Cet homme n'a pas tué votre sœur !

— J'ai les preuves de son crime.

— Vous ne pouvez avoir les preuves de ce qui n'est pas! reprit Arual avec énergie.

— Que voulez-vous dire ?

— Votre sœur n'est pas morte !

— Mensonge !

— Je vous répète qu'elle existe !

Cette nouvelle péripétie d'un intérêt si puissant changeait complétement l'aspect de cette scène, les assistants se rapprochèrent avec anxiété.

— Elle existe! s'écria Tarou-Niom.

— Oui, dit aussi Diogo.

— Non, reprit Zèno Cabral, c'est impossible.

Arual laissa aller la main du partisan que, jusqu'alors, il avait tenue dans la sienne, et le regardant avec une expression de douleur et de tendresse infinie.

— Oh! hommes! hommes! s'écria-t-il avec une énergie fébrile, le cœur des femmes vous sera-t-il donc toujours incompréhensible? ne saurez-vous donc jamais en lire une seule page? Ne voulez-vous donc pas comprendre que votre sœur, cette naïve et pure enfant de seize ans, brisée par la douleur d'une honte imméritée, succombant sous le poids d'une faute qu'elle n'a pas commise, n'a pas voulu consentir à courber son front sans tache et à rougir devant ce monde implacable pour lequel les apparences sont tout et qui toujours croit au mal ? N'admettrez-vous donc pas cette abnégation sublime qui l'a poussée à se faire une auréole de sa sainte innocence et à consentir à se retrancher vivante du monde pour que, morte, on respecte le martyre de celle que, vivante, on insulterait?

— Mais, s'écria Zèno Cabral, ému et bouleversé malgré lui par ces paroles prononcées avec un accent de vérité irrésistible, qui vous a dit à vous que cela soit réellement ainsi?

— Qui?... qui?... balbutia Arual d'une voix faible et tremblante.

— Elle! elle! votre sœur ! s'écria Diogo en s'élançant vers Arual.

Et lui enlevant le chapeau dont sa tête était recouverte, il s'en échappa une longue et soyeuse chevelure brune qui tomba en désordre sur ses épaules.

— Mon frère, mon frère, murmurait-elle d'une voix entrecoupée.

— Courage, mon enfant, lui disait doucement Tarou-Niom en la soutenant dans ses bras.

Soudain un coup de pistolet se fit entendre; chacun se retourna avec anxiété, le marquis, le crâne fracassé, se tordait dans les dernières convulsions de l'agonie.

— J'ai vengé ma mère, dit froidement Gueyma en montrant l'arme fumante qu'il tenait encore à la main.

. . . .

. . . .

Laura, malgré les prières et les supplications de son frère, ne voulut jamais consentir à abandonner les Guaycurus auprès desquels elle avait trouvé pendant tant d'années une si constante protection ; elle vécut auprès de Gueyma et d'OEil-de-Colombe, souvent visitée par son frère dont l'existence s'écoula presque tout entière dans les pampas, et qu'un chagrin inconnu, un amour secret et méprisé peut-être, éloignait de plus en plus de la fréquentation des hommes civilisés.

Vers 1835, Zèno Cabral reçut une affreuse nouvelle : la peuplade dans laquelle Laura s'était réfugiée avait été surprise et massacrée presque tout entière par une tribu ennemie; son frère se hâta de se rendre près de sa sœur, espérant qu'elle avait échappé au massacre; il ne put que la venger.

La marquise était morte de douleur quelques mois à peine après la fin terrible de son mari, se reprochant jusqu'à sa dernière heure l'amour qu'elle conservait pour sa mémoire. Avant de rendre le dernier soupir, la marquise avait uni sa fille au peintre français, dont le dévouement dans les circonstances terribles où elle s'était trouvée lui avait été si utile.

Emile Gagnepain est marquis de Castelmelhor; il a une fortune incalculable, mais il ne peut pas s'habituer à son titre. Chaque fois qu'on lui parle, il regarde autour de lui pour chercher à qui l'on s'adresse, puis il rit comme un fou en s'apercevant de sa méprise.

Tyro est son intendant.

FIN.

Paris.—Imp. Schiller, r. Faubourg-Montmartre 10.

www.ingramcontent.com/pod-product-compliance
Lightning Source LLC
Chambersburg PA
CBHW060144100426
42744CB00007B/893